वे नायाब औरतें

वे नायाब औरतें

मृदुला गर्ग

वाणी प्रकाशन

वाणी प्रकाशन

4695, 21-ए, दरियागंज, नयी दिल्ली 110 002

फ़ोन : +91 11 23273167 फ़ैक्स : +91 11 23275710

शाखाएँ

अशोक राजपथ, पटना 800 004, बिहार

कॉफ़ी हाउस कैम्पस, महात्मा गांधी मार्ग, इलाहाबाद 211 001, उत्तर प्रदेश

महात्मा गांधी अन्तरराष्ट्रीय हिन्दी विश्वविद्यालय, वर्धा 442 001, महाराष्ट्र

www.vaniprakashan.com
marketing@vaniprakashan.in
sales@vaniprakashan.in

Ve Nayaab Aurtein
by Mridula Garg

ISBN : 978-93-5518-450-4
Memoirs

प्रथम संस्करण 2023

आवरण चित्र : लेखिका की 15 वर्षीय माँ की फ़ोटो लेखिका के निजी संग्रहालय से साभार।

मूल्य : ₹ 795

आर.के. ऑफ़सेट, शाहदरा, दिल्ली-110 032 में मुद्रित

वाणी प्रकाशन का लोगो मक़बूल फ़िदा हुसेन की कूची से

*“ख़ुदाई हँसी को समर्पित...
मेरा ख़ुदा हँसा तो यह संस्मरण हो गया।”*

दीवानगी क्या कहिए, किरदार जानें कि अफ़साना निगार

यह तमाम अफ़साना खिसकी बन्दियों का है। इसमें हमारा किया-धरा कुछ नहीं है। सारा करिश्मा हमारी क़िस्मत का है। ऐसी आला निकली कि एक के बाद एक, क़तार से बाहर, लीक से हटी, खिसकी, ख़ब्ती, सिफ़र से ज़बर तक का सफ़र तय करतीं, दीवानगी की हद को छूती पर बाल-बाल बच निकलती मोहतरमाओं से मुलाक़ात करवाती चली गयी। कहीं तलाशने नहीं जाना पड़ा। मामला घर बैठे शुरू हो गया, तीनेक पीढ़ी पहले से। फिर जहाँ क़दम बढ़ाया, महफ़ूज़ माने जाने वाले रास्तों से भटकी कोई न कोई औरत मिल गयी।

आप कह सकते हैं, हमारे ही दिमाग़ का पेंच ढीला होगा जो ढीले पेंच वाली मोहतरमाओं को अपने क़रीब महसूस किया और रब्त बनाते चले गये। हम कब इनकार कर रहे हैं। हम ठहरे अदीब, बाहर और भीतर की दुनिया में घालमेल करके एक और दुनिया ईजाद करना हमारी मजबूरी है। अब तक तो रचनात्मकता और पागलपन के बीच के नामालूम से फ़ासले को सभी स्वीकार कर चुके। जो तमाम आला मनोविश्लेषक कहें उसे नकारने वाले हम कौन! न पिद्दी, न पिद्दी का शोरबा। चलिए क़ुसूर हमारी फ़ितरत का सही पर कमाल तक़दीर का मानना पड़ेगा कि हमारी फ़ितरत के मुआफ़िक फ़ितने पेश करती चली गयी।

एक बात पहले ही कह दें। भले नाम इस फ़साने का *वे नायाब औरतें* है, पर इसमें मर्द भी ख़ूब हैं। अब साहेब, जहाँ औरत होगी वहाँ मर्द होगा ही। आज़ू-बाज़ू न सही, आगे होने का वहम पाले पीछे आने वाला या कहीं वाक़ई आगे चलने वाला। हम तो यही कह रहे थे कि साहेब इसका नाम भले नायाब औरतें हो, दरअसल इसमें मर्द भी हैं, जो... बीच जुमले एक चोटी के नक़्क़ाद बोल उठे, एकदम याब होंगे। हम कहने जा रहे थे, इसमें मर्द भी हैं जो ख़ासे नायाब हैं पर हमारी क्या मजाल कि नक़्क़ाद की बात में नुक्स निकालें।

लिहाज़ा चुप रहे। मन ही मन ज़रूर सोचा, जानेमन, ताश की गड्डी मान लीजिए इस दस्तावेज़ को; इसमें अदब के शहंशाह भी हैं और जोकर भी।

एक सच तो क़बूलना होगा कि शून्य की ईजाद हो या धरती के गोल होने का सबूत, ऐसे सब काम सिरफिरे मर्दों ने किये थे, औरतों ने नहीं। और भी कितने आविष्कार, वायरलेस हो या चेचक का टीका या चाँद पर बेमानी चढ़ना, सब कारनामे मर्दों ने किये औरतों ने नहीं। हमारा मक़सद औरतों को नायाब साबित करना क़तई नहीं है। बस जो ख़ास औरतें हमारी ज़िन्दगी में आयीं, उनका फ़साना कहना है और उनके परिवेश के साथ उन्हें याद करना है।

स्त्रीवाद के बलुआ पंक में फँसने का अपना तनिक इरादा नहीं है कि छटपट करते भीतर धँसते चले जाओ पर विमर्श का एक तिनका न दीखे जिसका सहारा ले बाहर निकलो, कुछ ज़्यादा ज्ञानी बन कर। हाँ, स्त्री को पुरुष के बराबर सिद्ध करने की तहरीर बेहिसाब मिलीं। जब उस पर हमारा पहले से यक़ीन है तो दूसरों के विमर्श के दलदल में क्यों फँसने जायें। यह भी जानते हैं कि स्त्री के साथ हज़ार ज़्यादतियाँ होती हैं, जिनसे उसे निजात दिलवानी निहायत ज़रूरी है। आन्दोलन करने से अपने को क़तई परहेज़ नहीं है पर यह संस्मरण, हम इस उस जेंडर को बेहतर साबित करने के चक्कर में नहीं लिख रहे।

फिर भी एक बात तंग किये जा रही है। औरत-मर्द दोनों काम एक ही करें तो मर्द का इश्तिहार ज़्यादा क्यों? जैसे हर औरत खाना बनाती है पर जब मर्द बनाता है तो मय पगार शेफ़ या रसोइया कहलाता है। हर औरत कपड़े सीती है पर टेलर मास्टर ज़्यादातर मर्द होते हैं। औरत-मर्द दोनों डॉक्टर होते हैं पर औरतें ज़्यादातर होती हैं, 'लेडी' डॉक्टर, समझ गये न! पर हमने कई बेमिसाल मर्द डॉक्टरों के साथ, जिस औरत डॉक्टर का ज़िक्र किया है, वह किसी हिसाब से 'लेडी' नहीं है। शख़्सियत और महकमे, दोनों की ख़सूसियात में तोप चीज़ है।

दस्तूरे दुनिया की यह नाफ़रमानी आप क़ुबूल कर लें। और भी हैं वैसे इसमें काफ़ी।

यह भी याद रखिएगा कि ऐसी कोई तोप नहीं होती जिसमें ज़िन्दगी या जंग दरार न डाल सके।

तो छोड़ें बाल की खाल निकालना और अपने मक़सद पर क़ायम रहें। ख़ुशक़िस्मती से या औचक मिले नायाब मोहतरमाओं-मोहतरमों को सलाम करें और लगे हाथों नर में नारी तलाश लें। यानी हमारे फ़साने में ऐसे नर भी हैं, जो बिला मुज़ायके नारी को अपने भीतर समेटते हुए रफ़्ता-रफ़्ता नारी बन लिये।

ऐसे भी हैं, जो जान न पाये कब नारी को दोयम दर्जे का मानते-मानते उसके शागिर्द बन बैठे। और बहुतेरे ऐसे हैं जो नर-नारी के फ़र्क़ को अँगूठा दिखला, सिर्फ़ नायाब हस्ती हैं।

एक सच्चाई ग़ौरतलब है। जैसे ही मर्द-औरत साथ हुए, मर्द घर से बाहर शिकार खेलते या जंग लड़ते नज़र आये और रुपये-पैसे का चलन होते ही, क़िस्म-क़िस्म के पेशे कर धन-दौलत कमाते। औरतें घर बैठ शख़्सियत को आला बनाने में लगीं। सामाजिक मेलजोल, बातचीत का सलीक़ा, तमीज़-तहज़ीब सीखी। शुरुआती दौर में क़िस्से-कहानियाँ भी उन्हीं ने कहीं और लगे हाथों आदिम तस्वीरें, मुजस्समे भी बना डाले। शिकार करता या जंग लड़ता मर्द बेचारा, कितना और कैसे निखारता-सँवारता अपनी ख़ुदी को।

औरत का सामना हो तो मुँह की न खाने का एक ही तरीक़ा था उसके पास कि उसे अपने इश्क़ में गिरफ़्तार करे। उसके लिए ज़रूरी था पहले ख़ुद इश्क़ का इक़रार करे, हो तब भी न हो तब भी। आप जानते ही हैं यह कितना रपटीला रास्ता है। फिर क़ुदरत ने औरत को वह सिफ़त बख़्शी थी कि हो, चाहे न हो, आराम-तसल्ली से मर्द को ग़लतफ़हमी में रख ले कि उसके संग साथ जन्नत नसीब कर ली थी।

वैसे मुँह खोल कर यह सच्चाई कहनी क्या लिखनी भी सख़्त मना है। हम भुगत चुके। नक़्क़ाद तो क़त्ल करेगा ही पेशा ठहरा उसका, ऐसा भी हो सकता है कि पुलिस आपको धर पकड़े। न जाने कितनी दफ़ाएँ हैं क़ानून में, जो सदियों पहले बनायी गयी थीं पर रफ़ा करनी सरकार को याद न रहीं। ऐसी बेसबब दफ़ा लगा कर आपको गिरफ़्तार कर सकती है, जिसकी पूरी जानकारी न हाकिम को हो न काज़ी को। बमुश्किल क़ानून की किताब में ढूँढ़ने पर मिले। इसीलिए न अपने मुल्क में वकीलों की इतनी चाँदी है कि उसके दाम बेहिसाब बढ़ते चले जा रहे हैं।

बुरा हो अर्थशास्त्र पढ़ने का, अब यह चाँदी के दाम कहाँ से आ टपके? बढ़ें या घटें हमारी बला से, हमें कौन ख़रीदनी है। वैसे मुल्क में हर चीज़ की क़ीमत बढ़ने का वह आला नमूना ज़रूर है। देखिए आटे-दाल की क़ीमत बढ़ने की कहें तो बड़बोलेपन की वह बू नहीं आती न जो चाँदी-सोने के दाम बढ़ने की कहने पर आती है। तभी, जब संकट रोज़ी-रोटी पर होता है तो लोगबाग़ आपस में लड़ते हैं, संस्कृति पर संकट का डर जतला कर। क़द ऊँचा हो जाता है ख़ुद अपनी नज़र में।

चलते-चलते ज़मीनी बतकही भी कर लें। मालूम हो तो बतलाएँ, यह जो शादी-ब्याह में लोग चाँदी का सिक्का पकड़ा देते हैं, उसका क्या करें? अचार डालें? पड़ता है क्या? हो तो रेसिपी ज़रूर भेजिएगा। बासी रोटी का चूरमा बना सकते हैं तो सिक्कों का अचार भी डाल लेंगे, औरत जात ठहरे। लो हो गया स्त्री-विमर्श बैठे-ठाले! सच, इस फ़ितने से इतनी आसानी से छुटकारा मुमकिन नहीं।

तो पाठक साहेबान, नायाब औरतों और मर्दों के इस फ़साने को आप स्त्री-विमर्श की तहरीर मान कर पढ़ना चाहें तो ज़रूर पढ़िए, हम उज्र न करेंगे। अफ़साना निगार को इतना ज़ब्त तो चाहिए।

–मृदुला गर्ग

ई-421 (भूतल), जी.के. 2

नयी दिल्ली-110048

मोबाइल : 9958661937

अनुक्रम

माँ का खिसका घर

एक बात पहले ही बतला दूँ। बचपन में एकआध अपवाद को छोड़, क़रीब-क़रीब सभी कहानियाँ मुझे मर्दों ने सुनायीं इसलिए मुझे नर में नारी और नारी में नर देखने की सहूलियत हो गयी। तो जब नायाब औरतों की बात करूँगी तो उसमें मर्द भी चले आयेंगे।

बचपन में हमारे साथ कई बरस हमारे फूफा, अक्षय कुमार जैन रहे। लेखक थे पर उससे ज़्यादा पाठक और पत्रकार। वे मंजुल और मुझे रोज़ाना महाभारत से एक कहानी सुनाते थे। गाहे बगाहे रामायण से भी। पर तब वे यह कहना न भूलते कि श्रीराम मर्यादा पुरुषोत्तम थे, भगवान नहीं। यह पढ़ कर जिस-जिस के कान खड़े हो गये हों, सुन लें, वे इस दुनिया में नहीं हैं। उनके ख़िलाफ़ कार्यवाही करने का मन न बनायें। पर रामायण का नम्बर कम आता। हम महाभारत पर लौटने को उतावले रहते।

उन्हीं दिनों हमारे साथ एक नौजवान चाचा, जुगेन्द्र प्रसाद भी रहते थे, जो जुग्गी चाचा के नाम से जाने जाते थे। देर रात, जब माँ-पिताजी सो जाते वे हमें भूत-प्रेत-चुड़ैलों की कहानियाँ सुनाते। बक़ौल चाचा, उनकी रिहाइश हमारी दुछत्ती में थी। हमारा घर रेलवे लाइन के पास था। जब रेल गुज़रती घर हिलता; चाचा कहते प्रेत करवट बदल रहा है। कँपकँपी छूट जाती। मारे डर के रात में बाथरूम तक न जा पाते। पर इतना रोमांच था उनमें कि माँ पिताजी को उनके बारे में न बतलाने का हुक्म कभी न तोड़ पाये। तमाम हौले दिल और चलायमान पेट के बावजूद, अगली रात फिर कहानी सुनाने की इल्तिजा लिए हाज़िर। शाम के वक़्त पिताजी, जिन्हें हिन्दी आती न थी; उर्दू या अंग्रेज़ी अदब से कुछ पढ़ कर सुनाते। वह इस्मत चुग़ताई की 'शरीर बीवी' हो सकती थी तो शेक्सपियर के सोनेट, चेखव की कहानी 'ग्रीफ़' या गोगोल का नाटक 'इंस्पेक्टर जेनरल'।

एक और चाचा थे, भूत वाले चाचा से उम्र में काफ़ी बड़े, गजेन्द्र प्रसाद, जिन्हें चचाजान के अलावा कुछ कहने की जुर्रत न हुई। वे जब-तब आते और इतनी सक़ील उर्दू में नज़्में, ग़ज़लें या लखनऊ के मनचलों के इश्क़िया क़िस्से सुनाते कि आधे से कम पल्ले पड़ते। पर जितने पड़े, उर्दू से आशिक़ी ज़रूर सिखला गये।

हम पाँच बहनें और एक भाई थे। पर जिन दिनों फूफा-चाचाओं की बहार थी, वे उम्र में छोटे थे इसलिए बैठकों में यदा-कदा शामिल होते। फूफाजी और पिताजी की बैठकों में हो भी जाते पर चाचाओं की में नहीं।

इन सब मर्दों के बीच जो अपवाद औरत थी, हमारी नानी, दादी या माँ नहीं, चालीस बरस तक घर पर रहने वाली तथाकथित आया स्वर्णा जी थीं। हमारी नानी और पिताजी को जन्म देने वाली माँएँ उनके बचपन में गुज़र गयी थीं। अलबत्ता पिताजी की सौतेली माँ थीं, जिन्हें सब भाभी जी कहते थे। उनका असली नाम चन्द्रावती, मुझे उनके इन्तक़ाल के बाद पता चला।

स्वर्णा जी नाम से आया थीं पर घर पर हुकूमत ऐसे करती थीं, जैसे पिताजी की दादी हों। आयाजी बंगाली थीं और बहुत आरज़ू-मिन्नत के बाद, हमें बंगला लोककथाएँ सुनाती थीं। एक कहानी हमेशा याद रही। उसमें दो बहनें थीं। एक के सिर पर एक चूल (बाल) था और दूसरी के दो चूल। उनका आपसी रश्क़, और अपने को बेहतर साबित करने के दाँव-पेंच मुझे बहुत दिलचस्प लगते, क्योंकि मेरे बाल मंजुल के मुक़ाबले काफ़ी घने थे। मंजुल उस कहानी से खीज खाती और मैं बार-बार सुनने की ज़िद करती। ज़्यादातर बंगालियों की तरह स्वर्णा आया को घने बाल पसन्द थे। मुझसे ख़ुश रहतीं क्योंकि मैं बालों में तेल मालिश से परहेज़ न करती जबकि मंजुल उससे चिढ़ती। बड़े होने पर मुझे अपने बचकाने रश्क़ के लिए शर्मिन्दगी महसूस हुई, लिहाज़ा अपने या मंजुल के बारे में लिखी किसी कहानी में उसे शामिल न किया।

लेखन पर जो असर आया, वह उनकी सुनाई कहानियों का नहीं बल्कि उनकी शख़्सियत और ज़िन्दगी के सच्चे हादसों का था। मर्दों की सुनाई कहानियों ने अलबत्ता कई तरह का असर डाला। एक कहानी 'छलावा' तो सीधी भूत चाचा की कहानी से प्रेरित थी। कई कहानियों के विचारों पर फूफाजी की कहानियों का असर था तो ज़बान पर उर्दूनवाज़ चाचा का।

पर आज अपने संग की नायाब औरतों की कहानी सुना रही हूँ। शुरू से शुरू कर रही हूँ। अन्त कहाँ होगा, किरदार जानें। तो लीजिए, सबसे पहले स्वर्णा आयाजी और नयी दादी की कहानी।

मेरी कृतियों में कई सबल या जिन्हें जैनेन्द्र जी कहते थे 'प्रबल' औरतों को सहजता से जगह इसीलिए मिल पायी, क्योंकि मुझे वे बेमिसाल औरतें ज़िन्दगी की रहगुज़र में मिलीं। किसी महाप्राण स्त्री के बारे में पढ़-सुन कर उसे ढूँढ़ने नहीं गयी। राह चलते ज़िन्दगी में मिल गयी। ख़ुशक़िस्मत कहें या बदक़िस्मत, मर्ज़ी आपकी। वे ज़्यादातर औरतें तरह-तरह की अलामातों से दो-चार होती कई बड़े हादसों से भी गुज़रीं। उनकी विलक्षणता यही थी कि उनसे निबटने की मजबूरी के बावजूद ख़ुशदिली से जीती गयीं।

सबसे पहले नयी दादी या भाभीजी की बात। उन्होंने हमें कभी कोई कहानी नहीं सुनायी। सुनायीं फड़कती हुई ग़ज़लें, वह भी गाकर। वे लखनवी चाचा की ग़ज़लों-नज़्मों-क़िस्सों की तरह सक़ील उर्दू में नहीं, आम हिन्दुस्तानी या उर्दू के बघार से महकती बोली में होतीं, रोमानी और आशिक़नवाज़। शादी-ब्याह हो या बच्चे का जन्म, अन्नप्राशन या अक्षर ज्ञान का त्योहार, वे ढोलक लेकर बैठतीं तो सुहाग-सोहर, बधाई या कजरी-कहरवा गाने के बजाय ग़ज़ल गातीं। सब मस्त हो सुनते। सुहाग-सोहर गाने को भतेरी औरतें थीं। बक़ौल बड़ी माँजी (पिताजी की दादी) "हम हाथी से हल न जुतवाया करते, हम पे बैल हैं!"

पर यह बचपन की बात है। कुछ उम्र होने पर उनकी दूसरी ख़ासियत सामने खुली, वे खाना बनाने में आला से आला शेफ़ को मात देती थीं। कोयले या ठीकरे से गोला खींच, जिसे लाँघना अशौच के चलते मना था, वे लकड़ी की आँच पर रोज़ का खाना और तरह-तरह के पकवान बनातीं। ज़्यादा लज़ीज़ क्या था कह नहीं सकती। हर हाल खाने से वह सोंधी महक उठती कि परहेज़ी से परहेज़ी का ईमान दग़ा दे जाता। मीठे में बेसन, सूजी, आटे, गोंद के लड्डू-पंजीरी हों या मूँग दाल, सूजी से लेकर गाजर ही नहीं, घिया और कद्दू का हलवा, या कुल्फ़ी और फ़ालूदा, सब करिश्माई होते। यहाँ तक कि परिवार के मर्द, ताउम्र, शादी-ब्याह या दावत में किसी और का बनाया मूँग दाल हलवा हलक के नीचे न उतार पाये। नमकीन में दही-सोंठ की मूँग दाल की पकौड़ी, उड़द के बड़े, पापड़ी-गोलगप्पे की चाट या रोज़मर्रा के भरवा करेले और यखनी, जिसमें बतौर पिताजी, कौवा चोंच डाले तो फँसी रह जाये, मटर की ताहिरी या सिर्फ़ बघार दी मूँग की दाल और करारा पर बेहद मुलायम फुल्का; उनके पकाये का तोड़ न था। आमफ़हम मूँग की दाल तक उनके हाथों में ख़ासुलख़ास हो जाती थी। फिर क़िस्म-क़िस्म के अचार और चटनियाँ; आम, करौंदा, कैर, गूलर, काली गाजर, मूली, अदरक, नीबू, जो नाम लो, अचार हाज़िर या खट्टीमीठी चटनी!

जब वे चूल्हे के सामने न बैठी होतीं तो अचार के लिए बारीक सब्ज़ियाँ कतर रही होतीं, मसाले कूट रही होतीं या पना, जलजीरा, फ़ालसे का शर्बत तैयार कर रही होतीं। तब आराम कब करती थीं? रात में सोना मिल जाता, बहुत समझो। एक ही ग़नीमत थी। जैन रिवायत के चलते, खाना सूरज छुपने से पहले निबट जाता। सोने से पहले वे ग़ज़ल छेड़ देतीं। उनका शग़ल, तफ़री और आराम वही था। सब को रात में दूध देने का काम दूसरी औरत सँभाल लेती। वह भी, कभी फेन कम होने, कभी औटाये कम जाने की शिक़ायत को नज़रअन्दाज़ करके, मुमकिन हो पाता।

शुरू-शुरू में सबने उनका बनाया खाना ख़ूब तारीफ़ करके खाया होगा, धीरे-धीरे आदत पड़ गयी। मेहमान बुला, उनकी और अपनी सिफ़ारिशें सामने रख परिजन मज़े से खाते। कोई यह नहीं सोचता वे कितने घण्टे चूल्हे के आगे बैठी रहीं या उन्होंने खाया या नहीं। सबके लिए पका लेने के बाद वे अपने लिए ख़ालिस मिर्च का सालन बनातीं, जिसे खाने की ताब किसी में न थी। बढ़ती उम्र और ढलती सेहत के साथ वे घण्टों चूल्हे में खपती रहीं। परिवार की बाक़ी औरतें यह कह कन्नी काट लेतीं कि हमें आप-सा उम्दा बनाना नहीं आता। हम पोतियाँ जवान होने लगीं तो उनका दर्द पहचाना। एक हुनर का ऐसा दर्दीला इस्तेमाल! ज़रा-सी तारीफ़ के बहाने, बुढ़ाते जिस्म से ऐसा भुगतान!

दादा के निधन के बाद, जब वे हमारे घर रहने आयीं तो पिताजी ने उनके खाना पकाने पर पाबन्दी लगा दी। ख़ानदान का कोई बाशिन्दा ख़ुश न हुआ, सबका कहना था, बेकार की नुक्ताचीनी थी। पर चूँकि पिताजी सबसे बड़े भाई थे, किसी की ज़बान उनके सामने न खुली, आपस में बतिया कर रह गये। तब तक वे काफ़ी कमज़ोर हो गयी थीं। दो-एक बार चूल्हे के सामने बेहोश हो कर गिर चुकी थीं। पाबन्दी से उन्हें राहत तो मिली पर ख़ुश न हुईं। रसोइये का बनाया खाना उनके हलक के नीचे न उतरता। मैं और मंजुल छिप कर मिर्च का सालन बनाने में उनकी मदद करतीं।

एक दिन उनके पेट में ज़ोर का दर्द उठा। पता चला अन्तड़ियाँ उलझ गयी हैं। ऑपरेशन के सिवा चारा न था। पर ऑपरेशन करने से पहले जो सवाल डॉक्टर ने किया, हमें भीतर तक चीर गया। पूछा, इस उम्र में (वे अस्सी पार थीं) इतना पैसा ख़र्च करके पिताजी अपनी सौतेली माँ का ऑपरेशन करवाना चाहते थे? हम दोनों लड़कियाँ इतनी ज़ोर से "हाँ, बिल्कुल," चीख़ीं कि पिताजी की "हाँ" भी ज़नाना चीख़-सी निकली। बाक़ी की ज़िन्दगी वे मिर्च का सालन

बना-खा न पायीं। हमने भी चोरी-छिपे मदद करने से इनकार कर दिया, हालाँकि बदमज़ा खाने की मजबूरी पर, हमदर्दी बहुत जगी। असल में उनकी बीमारी के दिनों, ज़मीर के बोझ तले हमने पिताजी से जुर्म क़बूल कर लिया था और इस क़दर फटकार खायी थी कि हमेशा के लिए सूफ़ी हो गये थे। मिर्च से परहेज़ और दूसरों के परहेज़ की हिफ़ाज़त।

उनके हुनर की सही विरासत सिर्फ़ उनकी बेटी ने हासिल की। वह उम्र में मुझसे कुछ छोटी थी पर शादी मुझसे पहले हो गयी थी। हमारे दादा यानी अपने पिता के घर रहते, उसने रोज़-दर-रोज़ लज़ीज़ खाना सिर्फ़ खाया नहीं बनाना भी सीखा। हम बहनों में न हुनर आया, न उतनी मशक़्क़त गवारा थी। इतना ज़रूर हुआ कि किसी बहिन ने माँ की तरह खाना पकाने से छत्तीस का आँकड़ा न बनाया। पर तीसमारख़ाँ क्या बनते, ज़्यादा पकाने से भी सहमे रहे। फिर भी दो-चार व्यंजन हर किसी ने अपने नाम कर लिए। हमारी माँ साहिबा ने शायद ही कभी रसोई का रुख़ किया था। हाँ, एक चीज़ जब-तब बहुत इन्तज़ामात के बाद बनाया करती थीं, आटे की मुलायम पर उम्दा सिंकी कुरकुरी मठरियाँ। अनेक मददगारों के रहते, ज़्यादातर उनका काम बिली मठरियों में नज़ाकत से महीन छेद करना भर होता। इसके बाद बेलने-तलने की शुरुआत करती थीं। ग़ौरतलब है कि भाभीजी ने सब कुछ बनाया, मठरी न बनाई कि कहीं नाज़ुक बहू के हाथों का तिलिस्म टूट न जाये।

एक और बात पर ग़ौर किया होगा आपने। घर की लड़कियों पर उनके हुनर का यह असर हुआ कि कुछ पकाना-बनाना सीख गयीं पर लड़के तुनकमिज़ाज हो कर रह गये; खाने में नुक्स निकालने में माहिर। यह था औरत-मर्द के बीच संस्कार का फ़र्क़। यह फ़र्क़ आसानी से मिटने वाला है नहीं। रफ़्ता-रफ़्ता हो तो हो। हमारे घर के मर्दों की शादियाँ हुईं तो उन्होंने इतनी शराफ़त ज़रूर बरती कि नुक्स जानने की सिफ़त रखते हुए भी, बीवियों के पकाये में खामियाँ नहीं निकालीं। तभी हमारी माँ साहिबा बिला रोज़मर्रा का खाना पकाये, इतने दिन इत्मीनान से जी सकीं।

वैसे उसकी कई वजूहात थीं।

तो चलिए, आपको स्वर्णा आया से पहले माँ का क़िस्सा सुनाये देती हूँ। आख़िर माँ को उनसे पहले जानना लाज़िमी था। माँ जन्म देतीं तभी न स्वर्णा या कोई आया घर में क़दम रखती। हमारी माँ बेहद नाज़ुक और काफ़ी हसीन थीं। मेरठ के ऐसे देसी बैरिस्टर साहब की बेटी, जो उसूल-क़ायदा मानने में

गोरे साहबों से दो क़दम आगे थे। पर शादी उनकी आज़ादी की जंग लड़ने वाले नौकरीपेशा नौजवान से हुई। नज़ाकत, ख़ूबसूरती, दहेज न लेने की दादा की ज़िद का लिहाज़ करने वाले नाना और उनकी साहबी आन-बान ने मिल कर ऐसा तिलिस्म गढ़ा कि तमाम ससुराल वाले, उन्हें ख़ूब साज-सँभाल कर रखने लगे।

उसके अलावा माँ में दो सिफ़त और थीं, जिसकी वजह से ससुराल वाले मुरीद हो गये थे। पहली, वे शायद ही कभी झूठ बोली हों। दूसरी, परनिन्दा का शौक़ न था और देवर-ननदों से ख़ासा प्यार। परिवार में हर काम को अंजाम देने के लिए, उनकी राय अहम मानी जाती। कभी-कभी तो तमाम परिजन एक राय रखते और वे अकेली, मुख़्तलिफ़। पर आख़िर में उन्हीं की राय को तरजीह दी जाती। चाहे बीच के वक़्त में, दादाजी कितनी बार उनके कमरे में डले पर्दे के बाहर यह कहते क्यों न गुज़रें, "अपनी राय बदली नहीं तो एक दिन पछताएँगी रविकान्ता।" जी, बहू होने के नाते, माँ ससुर से पर्दा करती थीं। दादाजी तक उनकी राय पहुँचाने में वाहक ज़्यादातर फूफाजी बनते, जिन्हें दामाद के लिहाज़ में वे डाँट न पाते। पर न रविकान्ता राय बदलतीं, न दादा रिवायत। यानी फ़ैसला माँ के मशविरे की ताईद करता।

पर माँ की जिस तीसरी सिफ़त से हम बच्चे दो-चार हुए, वह थी, छह बच्चों को जन्म देने के बावजूद बच्चों से न हो कर, किताबों से जुनून की हद तक लगाव होना। हमसे लगाव न होने से हमें परेशानी इसलिए न हुई क्योंकि उसकी कसर पिताजी और स्वर्णा आया ने बख़ूबी पूरी की। और खाने के मामले में, माँ की जगह शेफ़ दादी ने तो गागर छलक जाने तक कमी पूरी कर दी।

किताबों से लगाव या तीन ज़ुबानों, हिन्दी, उर्दू और अंग्रेज़ी में लिखे अदब के लिए जुनून ने हमें नुक़सान नहीं नफ़ा पहुँचाया। शौक़ से होते लत की तरफ़ बढ़ने और रफ़्ता-रफ़्ता अदब पर हाथ साफ़ करने लायक़ बनाया। ज़ुबानों के मामले में वे पिताजी से इक्कीस न थीं तो इसलिए कि जैसे पिताजी को हिन्दी न आती थी, माँ को फ़ारसी नहीं आती थी। यानी दोनों बराबर के पायदान पर खड़े थे। मामाजी ने बतलाया था, माँ ने पर्दे के पीछे बैठ चोरी छिपे उस मौलवी से उर्दू सीखी थी जो मामा को पढ़ाने आते थे। उन दिनों लड़कियों को उर्दू सिखलाने का रिवाज़ न था। नाना उसूल के पक्के थे, इसलिए तमाम साहबीपन के बावजूद रिवायत तोड़ी न थी। पर माँ उर्दू बख़ूबी सीख गयी थीं। यहाँ तक कि चचाजान की सुनाई चीज़ों पर दाद देने क़ाबिल बन गयी थीं।

नाज़ुक माँ, दरअसल हम उन्हें ममी कहते थे, क्योंकि सोलह साल की उम्र में वे माँ लफ़्ज़ सुन बेहद पशेमां हो जाती थीं। आगे ममी ही कहूँगी। पर पिताजी को हम डैडी या पापा नहीं, शुद्ध पिताजी कहते थे। ममी छह बच्चों की जचगी बर्दाश्त न कर पायीं; काफ़ी बीमार रहने लगीं, लिहाज़ा ज़्यादा वक़्त बिस्तर पर गुज़ारने लगीं। पर किताबों के ख़ब्त में फ़र्क़ न आया। उनके बिस्तर पर लेटे रहने से गुरेज़ न कर, कई नामी-गिरामी लेखक और संगीतकार हमारे घर आते और उनके बिस्तर के पास बैठ, श्रोताओं को रचनाएँ सुनाते। जैनेन्द्र जी, ममी की अदब की समझ के ख़ास क़ायल थे। वे कुछ कहते फिर मासूमियत से हाथ फैला कर जोड़ते, बात बिल्कुल सीधी है। लोग नज़रें चुरा कर मुस्कराते क्योंकि बात सीधी क़तई न होती। पर ममी इस इत्मिनान से हामी भरतीं कि पता न चलता, वे बात की सिधाई की दाद दे रही थीं या जैनेन्द्र जी की मासूमियत की।

जितनी वे अदब की फ़ैन थीं उतनी ग़ज़ल गायकी की, सो जब-तब महफ़िल सज जाती। उनकी महफ़िलों में औरत गायकों का ज़्यादा दख़ल रहता। बहुत-सी गायिकाएँ उनकी दोस्त थीं, जो जब-तब अकेले में भी संगीत से उनका दिल बहला जाती थीं। नयी बंदिश के असर की आज़माइश भी कर लेतीं। ममी ख़ुद गाती न थीं पर उनकी पसन्द वज़न रखती थी। ख़ुशगुलु नूरें, मराठी, पंजाबी, पहाड़ी, बंगाली, कई ज़ुबानों की जानकार; जगह-जगह से आयी रहतीं। ममी, मज़हब, रिहाइश या खानपान को लेकर तंगदिल न थीं पर अपने जीने का अन्दाज़, तिल भर बदलने को भी तैयार न थीं। मक्खन किसी सूरत नहीं, फल का ताज़ा निकला जूस ज़रूर, पूरी तरह शाकाहारी, यानी अंडा तक क़ुबूल नहीं। तली चीज़ों से परहेज़ और तनिक मुटाई की तरफ़ रुख़ किया फुल्का गले से न उतरना।

महफ़िल से एक वाक़या याद आ गया। उस ज़माने में शादियों में बाईजी के मुजरे का आम चलन था। पर होता सिर्फ़ मर्दों की बैठक में। एक बार ममी अड़ गयीं कि औरतें इतनी पायेदार मौज़िकी से क्यों महरूम रहें, वे भी बाईजी को सुनेंगी। बड़े अदब-क़ायदे से बाईजी को ज़नानखाने में तशरीफ़ लाने की दावत दी गयी। नाज़ोनख़रे के साथ आयीं और मीराबाई के दो आला भजन क्लासिक अन्दाज़ में गा दिये। बड़ी चाची ने ममी की तरफ़ देखा कि उनकी शह मिलेगी और तुनक कर कहा, "कोई फड़कती हुई चीज़ सुनाइए न?"

बाईजी ने कानों को हाथ लगा कर कहा, "ये तो रूहानी मसर्रत की चीज़ है, इससे बेहतर सुनाने की हमारी ताब नहीं।"

वे बोलीं, "वही ग़ज़ल गाइए न, जो मर्दों की महफ़िल में सुनाती हैं। चिलमन के पीछे से हम भी सुना करती हैं न..."

सख़्त पर शीरीं आवाज़ में उनका जवाब आया, "आप ख़ानदानी बीवियाँ हैं, जो चाहे करें पर हमारी भी कोई इज़्ज़त है। औरतों के बीच हम वह नहीं गाया करतीं।"

तब ममी ने कहा, "सुब्हान अल्लाह! आपकी मौज़िकी और मोजिजबयानी दोनों की जितनी तारीफ़ की जाये कम है, वाह!" चाची से कहा, "ये अज़ीम फ़नकार हैं, ख़ुद्‌मुख़्तार; आपकी मर्ज़ी की ताबेदार नहीं।"

बिस्तर से कम उठने वाली ममी, बाईजी के पास गयीं और झुक कर उनके दोनों हाथ अपने हाथों में सहेज लिए। बाईजी कम न थीं; सीधी खड़ी हुईं और उनका हाथ चूम लिया। ममी ने उन्हें गले लगा लिया। चाची उनसे दिनोंदिन नाराज़ रहीं। ममी ने भी फिर कभी किसी बाईजी को ज़नानखाने में आने की दावत देने के लिए न कहा।

जैसे-जैसे हम बड़े हुए, ममी हमारी दोस्त और राज़दार बनती गयीं। किताबें पढ़ने लगे तो किताबों पर बातें होने लगीं। कॉलेज के दोस्तों की बातें होतीं तो उसमें रोमांस की बू उन्हें जब-तब आ जाती। धुआँ बिला आग होता तो नाउम्मीद होतीं। मैंने उन्हें हमेशा नाउम्मीद किया। मेरे कारनामों में रोमांस की बू आयी ही नहीं। नाटक वग़ैरह का रिहर्सल कर देर रात लड़कों के साथ घर लौटती तब भी नहीं। उनका इंट्यूशन बेहद मार्के का था। उस मामले में मंजुल ने उनकी भरपूर दिलजोई की। मज़े की बात यह थी कि मेरी दोस्तियाँ सब खुली किताब थीं और मंजुल का इकलौता इश्क़, बहुत मेहनत से पोशीदा रखा राज़। पर ममी को अन्दाज़ हो गया था। इसका पता तब चला जब मेरे नाम से आ रहे बेशुमार ख़तों के बहाव में, एक दिन एक मुख़्तसर ख़त आया। मैंने मंजुल को पकड़ा दिया और उसने एक सफ़े का वह ख़त ममी के सामने खोल लिया। ख़त का पिछला हिस्सा देख उन्होंने पशेमां आवाज़ में पूछा, "वह तुझे इतने छोटे ख़त लिखने लगा?" सवाल मुझसे नहीं मंजुल से पूछा गया था, जबकि सब ख़त आते मेरे नाम से रहे थे। हमारे घर की रिवायत थी, कोई किसी और के नाम का ख़त न खोलेगा, चाहे मसला ज़िन्दगी-मौत का क्यों न हो। मज़मून तो उन्हें पता न था पर लिफ़ाफ़ा देख मज़मून समझ जाने में माहिर, ममी का इंट्यूशन लिफ़ाफ़े को झूठा साबित करना जानता था।

सब सन्न रह गये। राज़ जो राज़ न था, अफ़शां हो गया। मंजुल पर निगहबानी बढ़ गयी; मैं और आज़ादी पा गयी। चाहती तो आसानी से दो-चार रोमांस कर लेती पर क़िस्मत की मार, हुए ही नहीं। हाँ, दोस्ती में मस्ती ख़ूब की। जब इश्क़ हुआ तो ममी उम्रदराज़ हो चुकी थीं। पर काइयाँ इंट्यूशन और रोमानी तबियत बरक़रार थे।

मेरे पहले उपन्यास 'उसके हिस्से की धूप' पर उन्होंने टिप्पणी दी कि उसे बी.ए. के कोर्स में लगा देना चाहिए जिससे जवान होती लड़कियाँ जान सकें कि मुहब्बत अपने में हसीन शै है और उसके लिए एक मर्द की दरकार है। पर जो हम हासिल करते हैं, मर्द के नहीं, अपने ज़रिये करते हैं। इसलिए जैसा तुमने कहा, मर्द बदलने का कोई फ़ायदा नहीं।

ममी की लिखावट बेहद ख़राब थी, फिर भी उस मज़मून को पढ़ने में मुझे दिक़्क़त न हुई। उपन्यास से पहले मैंने कहानी लिखी थी, 'रुकावट,' जिसमें प्रेमिका, चश्मा पहनने से क़तरा कर सुबह वापस जाने से पहले प्रेमी के पास से टटोलकर अपनी चीज़ें उठाती है। ममी ने ख़त में लिखा, "मैं तुम्हारी कहानी पढ़ते ही समझ गयी थी कि तुम्हारी आँख में तकलीफ़ है।" ऐं? कैसे भला? पर उनसे हम 'कैसे' कभी न पूछते थे। बात उनकी सही थी सो हामी भर रह गयी।

ख़ैर, ये बाद की बातें हैं। क़ायदे से बचपन की बातों के बीच नहीं लानी चाहिए थीं। पर क्या करें? यादें बहुत क़ायदे से कहाँ ज़ेहन में उतरती हैं! दो-चार बेक़ायदा बातों के लिए तैयार रहें।

तो बचपन पर लौटती हूँ और सिलसिलेवार चलती हुई स्वर्णा आया पर आती हूँ। आयाजी का अपना बच्चा न था और वे हम बच्चों पर जान छिड़कती थीं। सबसे प्यारी उन्हें हमारी तीसरी बहन गौरी थी, जिसका फॉर्मल नाम चित्रा था। हमारे परिवार की यह एक और सनक थी। पहली तीन बेटियों के दो नाम थे। मंजुल के घर का नाम रानी, मेरा, उमा और चित्रा का गौरी। अगली दो बेटियों को एक-एक नाम शायद इसलिए दिया, क्योंकि दोस्त-रिश्तेदार चिढ़ाते थे, इतनी बेटियों से मन न भरा तो दो-दो नाम रख लिए। तो छोटी बहनें हुईं, रेणु और अचला। सबसे छोटा था इकलौता भाई, राजीव। वह अपने शौक़ के लिए कविताएँ लिखता था, जो कभी-कभाक सनक आने पर छपवा लेता वरना नहीं।

तो आयाजी सब बच्चों को बहुत प्यार करती थीं पर असली दुलार और अनुकम्पा ममी के लिए रिज़र्व थी। उनका पसन्दीदा जुमला था, "चोऽप! बीबीजी आराम करता," जिसे हमें फटकारते हुए, वे दिन में दर्जनों बार इस्तेमाल करती थीं। पिताजी को भी घुड़क कर कह देतीं, "धीरे! बीबीजी..."

आने वाला मेहमान बीबीजी से मिलेगा या नहीं, वही तय करतीं। हम बच्चे किस वक़्त क्या करेंगे और कितनी तहज़ीब से, उनकी निगरानी में होता। सुबह उठना, नाश्ता करना, स्कूल जाना, वापस आने पर नाश्ता करके स्कूल से मिला घर का काम करना। उसके बाद पिताजी घर लौट आते और हम उनके सुपुर्द हो जाते।

कुछ निगहबानी चचा लोग करते। हम किस वक़्त क्या खायेंगे, आयाजी तजवीज़ करतीं और माँ या पिताजी उसके ख़िलाफ़ न जाते।

एक बात बतलानी ज़रूरी है। आयाजी की सख़्त हिदायत थी कि खाने का एक कौर भी ज़ाया न जाये। एक दाना भात फेंकेगा तो एक वर्ष अकाल होगा! 1943 का बंगाल का अकाल देखा था; उसकी ऐसी लोमहर्षक वारदातें सुनातीं कि हम थर्रा जाते। आजतक उबर न पाये। शादी-ब्याह में अन्न की बर्बादी देख, खाने से आज़िज़ आ जाते हैं। तब हम नादान थे, आयाजी के कहे की बिना पर इतिहास समझते। बड़े होने पर समझ में आया कि जलियाँवाला बाग़ के बाद मौत के आँकड़े देखें तो वह ब्रितानी हुकूमत का सबसे विशाल नरसंहार था। उतना ही नियोजित। बंगाल का उगाया अन्न फ़ौज के लिए भेजा जाता रहा और बंगाल में रसद लाने की मनाही हो गयी। लोग भूख से मरते रहे और हिन्दुस्तानी, ब्रितानी फ़ौज में भरती हो, उनका साम्राज्य बचाने को लड़ते रहे।

1942 का आन्दोलन वापस ले लिया गया था। लगता था, नेताजी सुभाषचन्द्र बोस के अलावा किसी को बंगाल की परवाह न थी। कितने अचरज की बात है कि किसी अन्तरराष्ट्रीय मानव अधिकार अदालत में ब्रितानी सरकार पर मुक़दमा न चला। वे पाक साफ़ निकल गये, जबकि जर्मनी और जापान को अपने किये की कुछ सज़ा भुगतनी पड़ी। पर ये सब बाद की सोची बातें हैं। तब तो हमें आयाजी हौवा लगती थीं। वे लज़ीज़ खाना खाने से मना तो नहीं करतीं पर हमारे ज़मीर को ऐसे झकझोरतीं कि हम एक गस्सा फ़ालतू न खा पाते। जब सुभाषचन्द्र बोस की मृत्यु की सूचना आयी तो आयाजी, उनके पति और हम यूँ ज़ार-ज़ार रोये कि खाने का मन ही न हुआ।

स्वर्णा आया के मन में आज़ादी की जितनी ललक थी, शायद भगतसिंह, आज़ाद, बोस के मन में भी न रही हो, पर उनके पास वे साधन न थे, जिनके ज़रिये बड़ा काम कर पातीं। पर हमें ही नहीं, उन्होंने अनेक नामी लोगों को आज़ादी का पाठ पढ़ाया और उनकी इच्छाशक्ति को बढ़ावा दिया। 1944 में, आज़ादी की जलती मशाल, सिद्धेश्वर ढढ्ढ़ा घर आये हुए थे। स्वाधीनता आन्दोलन स्थगित था। पूरा हिन्दुस्तान ब्रिटेन के लिए युद्ध लड़ रहा था। उम्मीद थी कि युद्ध ख़त्म होते ही भारत को आज़ादी मिल जायेगी। पर अंग्रेज़ मुल्क को बाँटने की साज़िश में लगे थे। हिन्दू-मुसलमानों में फूट डाल रहे थे। सिद्धेश्वर ढढ्ढ़ा काफ़ी अवसाद में थे, पिताजी भी। स्वर्णा आया उनकी बातचीत सुनती रहती थीं। एक दुपहर खाना निपटने के बाद, जब ढढ्ढ़ाजी जाने की तैयारी में थे, स्वर्णाजी ने आकर उनका कन्धा पकड़ लिया। बोलीं, "कांचते कैनो। आजादी मिलेगा। ज़रूर मिलेगा।

तोम जिन्दा नईं रहा, अम जिन्दा नईं रहा तब क्या, बच्चा लोग लेगा। ज़रूर आजादी लेगा। अम बचन देता।"

हम भौचक उनकी तरफ़ देखते रह गये। वे साक्षात् काली माई लग रही थीं। माथे और माँग में सिन्दूर दिपदिपा रहा था, आँखें कपाल पर चढ़ी थीं। गहरे सम्मोहन में डूबे ढढ्ढ़ा अंकल ने बहुत धीमे-से कहा, "आज़ादी" और स्वर्णा आया के पाँव छू लिए। आशीर्वाद में आयाजी ने भी धीमे-से कहा, "आज़ादी"; और ऐसे बर्तन समेटने लगीं जैसे कुछ हुआ न हो।

मिज़ाज से वे दुर्गा थीं तो देखने में काली माई। चिकनी नीली-स्याह त्वचा, बड़ी लौ की तरह लपलपाती ताम्बई आँखें और घुटनों से नीचे तक लहराते घने रेशमी काले बाल। उनके चोऽप कहते ही सनाका खिंच जाता; छोटे-बड़ों, सबकी बोलती बन्द हो जाती।

जितनी गर्म मिज़ाज थीं, उतनी खिलन्दड़ी। उनकी पनाह में रात-रात जाग कर हमने, काली बाड़ी में दुर्गा पूजा और बिरला मन्दिर में जन्माष्टमी के त्योहार मनाये थे। सर्कस, जादूगर, नाटक, फ़िल्म वग़ैरह पिताजी या चचाओं के ज़िम्मे थे पर नौटंकी और रामलीला, आयाजी की मिल्कियत थीं। हर फ़नकारी का मज़ा लेते अपनी चौतरफ़ा परवरिश से हम इतने ख़ुश थे कि माँ के लाड़ लड़ाने की कमी कभी महसूस न की। उनकी देखा-देखी किताबें ख़ूब पढ़ीं, जिन्हें अँधेरा घिर आने पर, "आँख ख़राब हो जायेगा," कह आयाजी हाथों से छीन ले जाया करती थीं। इस वादे के साथ कि अगली सुबह वापस कर देंगी।

मनोवैज्ञानिक कह सकते हैं कि हम माँ के प्यार की चाह को किताबों से प्यार करके पूरा कर रहे थे। हो सकता है पर उससे हमारा कोई नुक़सान न हुआ। अगर आप हम में से तीन बहनों के लेखक और भाई के कवि बनने को नुक़सान न समझें। बाक़ी दो बहनें, चित्रा और रेणु, लिखती भले न हों पर पढ़ने के मामले में माँ की तरह जुनूनी हैं। वे किताब, साहित्य प्रेमी होने का रौब डालने के लिए नहीं, मज़े के लिए पढ़ती हैं। नशेड़ी की तरह एक किताब सिरहाने रखती हैं कि मन आ जाये पर किताब हाथ न लगे तो! मेरे पास जितनी किताबें आती हैं, रेणु के हवाले कर देती हूँ; वह पढ़ कर चित्रा के हवाले।

रात में हमारा घर क़ैदखाने की मानिन्द तालाबन्द होता था। घर छोटा था रहने वाले ज़्यादा; छह बच्चे, ममी-पिताजी, दो-एक चाचा, आया-लछमन, एकाध मेहमान। पिछवाड़े की गली में खुलने वाले चौदह फ़ुटे दरवाज़े पर अन्दर से मोटा ताला जड़ा रहता। निस्बतन निचले पर नुकीले काँच जड़े अगले फाटक पर दो ताले

मारे जाते, ऊँचाई पर ज़ंजीर में एक और नीचे कुंडी में एक। गलियारे के दोनों तरफ़ दो-दो कमरे थे, जिनमें इतने लोग सोये रहते कि छाया तक का घुसना मुश्किल था। फिर भी हर कमरे में अन्दर से ताला लगता। चारों कमरों को साथ बन्द करने के लिए, गलियारा ख़त्म होने पर एक दरवाज़ा लगवाया गया था, जो सर्दियों में ठण्ड से और गर्मियों में खस के पर्दे से लैस हो कर ताप से, कमरों का बचाव करता। उस गलियारे के ऊपर एक पोर्टेबल छत की तामीर थी, जिसे रस्सी के सहारे, मौसम के हिसाब से उठाया-गिराया जाता।

पिताजी की इस ख़ामख़्याली को असलियत का जामा पहनाने की कोशिश में कई बढ़ई आये-गये। आख़िरकार, एक ख़ब्ती बूढ़े बढ़ई ने बेहद ख़ूबसूरती से उसे बनाया और उस पर महीन नक़्क़ाशी भी की। ख़ब्त यह कि अपनी कारीगरी के एकमुश्त पैसे न ले शर्त रखी कि जब चाहेगा, दुपहर का खाना हमारे घर खा लेगा। इससे लछमन काफ़ी नाराज़ हुआ और हम बच्चे काफ़ी ख़ुश, क्योंकि वे जिन्न की तरह कभी भी नमूदार हो जाते और हमें तरह-तरह की चित्रकारी सिखला जाते। उनके आने का दिन मालूम न होता पर वक़्त वही रहता; हमारे स्कूल से लौटने के कुछ बाद।

ख़ैर। गलियारे को रोकते दरवाज़े पर भी रात में ताला लटका रहता। घर में घुसना जितना मुश्किल था, उतना किसी कमरे के भीतर जाना। यह दीगर है कि इस सारी क़वायद को धता बतलाते, हमारे चचा अगले आँगन में सोते और आया-लछमन पिछले में।

तो साहब, एक रात, एक लम्बा कसरती सेहतमन्द जवान चोर, चौदह फ़ुटा फाटक लाँघ पिछले आँगन में कूद गया। ऊँची कूद का रिकॉर्ड पार करने के लिए इनाम मिलने के बजाय, स्वर्णा आया का चीत्कार मिला। साथ ही उन्होंने चोर का हाथ कस कर पकड़ लिया। उसने छुड़ाने की भरसक कोशिश की पर नाकाम रहा। कुछ देर की कशमकश में, स्वर्णा आया के घने चमकीले स्याह बाल, जूड़े से खुल कमर के नीचे लहराने लगे। माथे पर बड़ी गोल लाल बिन्दी और माँग में मोटा लाल सिन्दूर। चेहरा, बालों जितना काला। अब स्वर्णा आया चीख़ीं, चोऽर! चोर उनसे भी ऊँची आवाज़ में चीख़ा, काली माई! आयाजी ने चोर को पकड़े रहने में पूरी ताक़त लगाई। चोर ने हाथ छुड़ाने की कसरत छोड़, चिल्लाने में ज़ोर लगाया, "छोड़ दे काली माईऽ छोड़ दे!"

फिर वह चिल्लाता चला गया।

जब तक पिताजी और जुग्गी चचा तमाम ताले खोल और दुबारा बन्द कर पिछले आँगन में पहुँचे, पूरी तरह पस्त चोर मिन्नत कर रहा था, "छोड़ दे काली माईऽ अब कभी चोरी नहीं करूँगा!" पिताजी को देखा तो उनकी मिन्नत कर उठा, "छुड़वा दो सरकार। पुलिस में दे दो!"

जुग्गी चाचा बोले, "पकड़े रहना आयाजी, हम पुलिस को फ़ोन करते हैं।"

पिताजी ने हँसी दबा कर कहा, "नहीं जुग्गी। उसका हाथ छोड़ दो आया।"

आया ने छोड़ने की कोशिश की पर हाथ जैसे आपस में चिपक गये थे। "नई छोटता साब!" उन्होंने धीमी आवाज़ में कहा।

"छुड़ाओ अपने को!" पिताजी ने डाँट कर चोर से कहा, "कैसे चोर हो!"

चोर ने पूरा ज़ोर लगाया, बोला, "इन्सान से छुड़ा सकता हूँ, देवी से नहीं। लगता है सब पापों की सज़ा आज ही देगी।"

"मैं पुलिस को बुलाता हूँ, वही छुड़ाएगी," जुग्गी चाचा दहाड़े।

"नहींऽ" पिताजी ने फिर डपटा। उन्हें ड्रामे में मज़ा आ रहा था।

"हे काली माई! क़सम खाता हूँ, कभी चोरी नहीं करूँगा। मुझे छोड़े तब न पाँव पड़ूँ," चोर ने गुहार लगाई।

तभी हवा चल पड़ी। बालों के साथ स्वर्णा आया का लाल पल्लू लहरा उठा। क्या समां था। मैं और मंजुल एक-दूसरे को पकड़े, थरथर काँपते नाटक को पी रहे थे। बाक़ी बच्चे कमरों के भीतर थे।

पिताजी ने आगे बढ़ आया और चोर के हाथ खींच कर अलग किये। माँ-माँ! करता चोर आया के पैरों से लिपट गया! हाथ मलते, वह अलग छिटक गयीं। चोर फिर भी माँ-माँ उचारता रहा। शायद आया की ममता जग गयी। बुदबुदा कर बोली, "आर चूरी नईंऽ" और ग़ायब हो गयी। चोर को यही लगा होगा। हम जानते थे कि दीवार से सटा एक पर्दा पड़ा था, वे उसी के पीछे गयी थीं। पर चोर नहीं जानता था। लिहाज़ा यही मानता रहा कि ग़ायब हो गयी। हम जान कर अनजान बन गये। जब कहानी दुहराई यही कहा, "फिर वे ग़ायब हो गयीं।" बौराया चोर पिताजी के पैर पकड़ने लगा तो उन्होंने कहा, "उसी रास्ते वापस जा सकते हो जिस रास्ते आये थे?" चोर ने फाटक देखा तो घिघ्घी बँध गयी। ज़रूर पीछे कोई ऊँची चीज़ रख ऊपर उछला होगा।

पिताजी ने कहा, "किसी और रास्ते जा सकते हो?"

चोर गलियारे की तरफ़ मुड़ा। मोटा ताला देख मासूमियत से बोला, "ताला तोड़ दें?"

"तोड़ दो।"

चोर ने ताला तोड़ दिया। आगे के दो दरवाज़ों को खोलने की कोशिश की तो महसूस किया अन्दर ताले लगे होंगे।

फुसफुसाकर बोला, "दरवाज़ा तोड़ दें?"

"एक नहीं, बाहर पहुँचने के लिए तीन तोड़ने पड़ेंगे।"

"तब रहने दें?"

उनका याराना देख जुग्गी चचा ख़ूब फड़फड़ाये पर मारे ग़ुस्से के मुँह से आवाज़ नहीं निकली।

"रहने दो। पिछला फाटक खोल देता हूँ, निकल जाओ।"

"भाई साहब!" जुग्गी चचा कराह कर चीख़े, "सज़ा दिलवाइए बन्दर को।"

बन्दर? मतलब समझ गये न? पिताजी के सामने बेचारे गाली तक न दे पाये। हालाँकि फुसफुसाकर "हरामी" कहा ज़रूर। या हमने तसव्वुर कर लिया। "काफ़ी मिल चुकी," पिताजी हँस दिये, "और क्या मिलेगी। मरते दम तक न भूलेगा। साला चाहेगा तब भी चोरी न कर पायेगा।"

आयाजी और लछमन महाराज, हर साल एक महीने की छुट्टी ले अपने गाँव जाते थे। जब मैं पाँचवीं क्लास में थी और मंजुल सातवीं में, लौटे तो साथ एक मरगिल्ला-सा लड़का था। भांजा बतलाया। दुबला-पतला कृशकाय फूला पेट (कुपोषण की तस्वीर, स्कूल में पढ़ाया गया था।) और लुटी-पिटी सूरत। पर आयाजी जितना काला नहीं। चेहरे के पीलेपन को नकार दें तो गोरा कह सकते थे या साँवला। लछमन का भांजा होगा। मज़े की बात यह थी कि आयाजी भले लछमन को ओड़िया बोका कह कर नवाज़ें, बच्चे-बालों में फ़र्क़ नहीं करती थीं। लड़के के मुँह में जैसे ज़बान न थी। ओड़िया में दो-चार शब्द बोल लेता होगा पर हमारे सामने नहीं बोला। "भोला है बेचारी," आयाजी ने कहा, "नाम भोला रखा अम। इसका शौतेली माँ इसको भात का माँड देता खाने को बऽस। तभी ऐसा काला कुटकुटिया हो गयी। खायेगी तो ठीक हो जायेगी।" यह उनका तकिया कलाम था। कोई कितना भी गोरा हो, बीमार या कमज़ोर मानी काला कुटकुटिया।

भोला नाम से भोला और हिन्दी न जानने की वजह से चुप्पा था पर भोला क़तई न था, बल्कि काफ़ी होशियार था। मंजुल और मैं स्कूल से लौटकर उसे पढ़ाने बैठ जाते। वह जल्द सब कुछ याद कर लेता। कुछ ही दिनों में हिन्दी बोलने लगा

और लिखना-पढ़ना सीख चला। खाने-पीने को मिला तो फूला पेट अन्दर जाने लगा और चेहरे पर निखार आ गया। वह गोरा ही था। जब आया था तो बाल क़ैदियों जैसे छोटे कटे थे, जो आयाजी को भात का माँड पीने से भी ज़्यादा दुखद लगता था। "मार सिर में जूँ था, डायन माँ शोब चूल काटा दिया।" आयाजी के अनुशासन में जूँ की क्या हस्ती थी, सिरे से ग़ायब हो गयीं। केश बढ़ने लगे तो हमने पाया कि वह ख़ासे फ़िल्मी स्टाइल में ज़ुल्फें सँवार कर रखने लगा था।

"ओ बाबा! की तो बोका ओड़िया छैला!" आयाजी छेड़तीं पर लाड़ से।

एक ख़ासियत भोला में हमने यह देखी कि दो पैसे कमाने को, हर काम फटाफट करने को तैयार रहता। मंजुल और मुझे चोलाई के लड्डू बहुत पसन्द थे; वे पास के रिफ़्यूजी मार्केट में मिलते थे। बतौर गुरु दक्षिणा पढ़ाई पूरी होने पर, हम रोज़ भोला को लड्डू ख़रीदने दौड़ा देते। वह वाक़ई दौड़ता हुआ जाता और दौड़ता हुआ वापस आता। तीन लड्डू लाता, दो हमारे लिए, एक अपने लिए। लड्डुओं के पैसों के अलावा हम उसे दो आने मजूरी देते। धीरे-धीरे हमें लत पड़ गयी। भोला ने अपना रेट बढ़ा कर चार आने कर दिया और दूनी शिद्दत से पढ़ाई करने लगा। यानी भोला की व्यावसायिक अक्ल काफ़ी तेज़ थी। विमाता ने उसकी अक्ल घास चरने भेज दी थी वरना आदमी काम का था। स्वर्णा जी ने उसे फटाफट हिन्दी बोलते सुना तो बोलीं, "एंग्रेजी भी सिखा दो, साहब दफ़्तर में पियोन लगा देगी।"

आयाजी की बात ग़लत न हुई। भोला की चुस्ती-फ़ुर्ती, सीखने की ललक और मेधा से मुतास्सिर हो, पिताजी ने उसका दाख़िला स्कूल में करवा दिया। उस ज़माने में जान पहचान के बूते बहुत कुछ मुमकिन था। कुछ महीनों की अनौपचारिक पढ़ाई के बाद, उसे सीधा दर्जा तीन में दाख़िला मिल गया। पढ़ाई ठीक चली और हर दर्जे में पास होता गया। जब नौवीं में पहुँचा तो आगे पढ़ाई करने में दिलचस्पी न दिखलाई। इसरार करने लगा कि उसे काम दिलवा दिया जाये। पिताजी ने काफ़ी समझाया कि जितनी पढ़ाई करेगा, उतनी ऊँची नौकरी मिलेगी पर वह तुरन्त नौकरी करने की ज़िद करता रहा। आयाजी और लछमन महाराज पहले से उसके साहब के दफ़्तर में पियोन लगने के सपने देख रहे थे।

सीधी-सी बात है। अपना बच्चा तो था नहीं कि उसका आगे न पढ़ना नामुमकिन माना जाता और पढ़ने को प्रेरित करने के लिए, हर चाल अपनायी जाती। लाड़-प्यार, डाँट-फटकार, लालच-रिश्वत, ख़ानदान की इज़्ज़त का सवाल सबका

इस्तेमाल करके नाज़-नख़रे उठा प्राइवेट ट्यूटर लगा पढ़ने के लिए मनाया जाता। वैसे भोला की प्राइवेट ट्यूटरी के लिए हम तैयार थे। पर अब हम उसे पढ़ा नहीं सकते थे; वह हमारे समकक्ष आ चुका था।

पिताजी के घर पहुँचते ही उनके साथ लग जाता। मुँह खोल कर कुछ कहने से पहले उनकी हर ज़रूरत पूरी कर देता। उनकी आदतों और दिनचर्या के बारे में उसकी मालूमात चकित करने वाली थी। कभी जो गफ़लत हो। अब ऐसा चाकर पा, कौन मध्यवर्गीय बन्दा अपने सिद्धान्त पर क़ायम रह सकेगा कि समाज के सभी सदस्यों को पढ़ाई-लिखाई का हक़ है और उसका फ़र्ज़ है उनकी मदद करना। जब कोई हक़ लेना न चाहे, उससे माथापच्ची कर ज़बरदस्ती हक़दार बनाने की कोशिश की हद होती है न? वह तो पिताजी का जिगरा था कि उसे बारहवीं तक स्कूल में डटे रहने को मजबूर किया। पास हो गया पर तीसरी डिविज़न में।

दरअसल उसकी दिलचस्पी किताबों से ज़्यादा पिताजी की फ़ाइलें सँभालने में थी। आख़िर उसकी स्वामिभक्ति और आया-लछमन के इसरार ने रंग दिखलाया और उन्होंने उसे अपने दफ़्तर में चपरासी की नौकरी दिलवा दी। कहने को वह चपरासी था पर दफ़्तर के तमाम कर्मचारियों पर ऐसे धौंस जमाता जैसे उनका पी.ए. हो। पिताजी जानते न थे कि बी.पी. साहेब के घर रहने और उनका क़रीबी होने का कितना फ़ायदा उठाता था। या शायद जान कर अनजान बने रहते हों। पिताजी का नाम बीरेन्द्र प्रसाद था पर लोग उन्हें बी.पी. कहते थे। मातहत आगे साहेब जोड़ देते वरना बी.पी. चलता।

लाते-ले जाते उनकी फ़ाइलें पढ़ लेता होगा; भीतरी बातों की तरफ़ इशारा कर ख़ुद को पिताजी का क़रीबी साबित करना आसान होता होगा। पिताजी कुछ भूल जाते तो फ़ौरन याद दिला देता, दवा का वक़्त हो या कोई अपाइंटमेंट। उसके लिए तैनात सेक्रेटरी से ज़्यादा मुस्तैदी दिखलाता।

आयाजी और लछमन के घर पर रहते हम चीज़ बस्त या पैसों को लेकर कभी फ़िक्रमन्द न हुए। पिताजी भी बटुए को लेकर काफ़ी लापरवाह थे, कितनी बार पैसों से भरा बटुआ, यहाँ-वहाँ से उठा भोला ने उन्हें पकड़ाया। कुछ ही दिनों में उन्हें उस पर हर तरह यक़ीन हो चला। इस हद तक कि उसे गाड़ी चलाना सिखलाया ही नहीं, अपनी गाड़ी भी चलवा ली। एक पुराने उम्रदराज़ ड्राइवर के अलावा, अमूमन अपनी गाड़ी किसी के हाथ में देते न थे। साथ जाकर जान गये कि कमउम्र भोला गाड़ी बढ़िया चलाता था। आयाजी-लछमन बहुत ख़ुश थे;

उन्हें यक़ीन था कि भोला हमेशा साहब का क़रीबी बन कर रहेगा। उस उम्र में भी मुझे दुख होता कि उनकी महत्त्वाकांक्षा इतनी तुच्छ थी; आख़िर मैं तकली कते सूत से बना कपड़ा बेचने के अभियान की मार्फ़त चपरासी के बेटे को इंजीनियर बनते देख चुकी थी। पर भोला पढ़ना ही नहीं चाहता था।

जब उसने गाड़ी बढ़िया चलाई तो मैंने मंजुल से कहा, "देखना, अब वह ड्राइवर बन जायेगा, फिर मोटर मैकेनिक की दुकान खोल लेगा और ख़ूब तरक़्क़ी करेगा।" मंजुल ने कहा, "रहने दे ख़्याली पुलाव, यह परियों की कहानी नहीं है।" मैं बुझ गयी पर कहने से बाज़ न आयी, "अक्ल तो ख़ूब है उसमें। पता नहीं मन लगा कर पढ़ा क्यों नहीं..." मंजुल ने कुछ ठहर कर जोड़ा, "हाँ, इतना नामुमकिन भी नहीं है। पढ़ने में पिछड़ गया वरना अक्ल तो ख़ूब तेज़ है।" हमारी बातचीत ममी के कमरे में हो रही थी। वे अचानक बोलीं, "मुझे बहुत घबराहट हो रही है। तुम लोग जाओ।"

बाहर आ कर मंजुल ने कहा, "उसका कुछ नहीं होगा ममी ने कह दिया न; उनका इंट्यूशन हमेशा सही होता है।"

"ऐसा तो कुछ नहीं कहा..." मैं शुरू हुई पर बीच में रुक गयी। जानती थी ममी की बात का सतही और निहितार्थ अलग होता था।

वाक़ई भोला से हमारे परिचय का अन्त बहुत दुखद हुआ। एक दिन ड्राइवर छुट्टी पर था तो कुछ ज़रूरी काग़ज़ात दे, पिताजी ने गाड़ी ले उसे वकील के दफ़्तर भेजा। जब देर तक वापस न आया और वकील साब से पता चला कि काग़ज़ पहुँचे नहीं तो घर फ़ोन करके पूछा, भोला घर तो नहीं आया? आयाजी ने फ़ोन उठाया, कहा वह तो उन्हीं के साथ गया था। ममी ने सुना तो बोलीं, "मैंने पहले ही कहा था, उसके हाथ में गाड़ी मत दो।" आयाजी ने घबरा कर कहा, "साऽब एक्सीडेंट!" पिताजी ने समझाया ऐसा कुछ नहीं हुआ होगा पर पुलिस में रिपोर्ट दर्ज करवा दी। कई घण्टे गुज़र गये। हम स्कूल से वापस आये तो आया के साथ मिल रोने लगे। ममी मुतमईन थीं कि एक्सीडेंट नहीं हुआ पर भोला लौटेगा नहीं।

कई घण्टे गुज़र गये। आख़िर पुलिस स्टेशन से फ़ोन आया कि दिल्ली की सरहद से कुछ दूरी पर, मय भोला गाड़ी पकड़ी गयी है। लड़के के पास काफ़ी रुपया है। पिताजी ने उसे लेकर दफ़्तर आने को कहा। उन्हें यक़ीन था कुछ ग़लतफ़हमी है, भोला ऐसी-वैसी हरक़त कर ही नहीं सकता। पर इस बात का पता चलते ही

दफ़्तर वालों ने लिहाज़ में बन्द ओंठ खोल दिये। भोला, शुरू से ही छोटी-मोटी चोरियाँ करता रहा था। यही पेन-पेन्सिल-नोटबुक की; बड़े साहब का विश्वासपात्र मान सिक्यूरिटी नज़रअन्दाज़ कर देती। पर पिछले कुछ दिनों से लोगों के बटुओं पर हाथ साफ़ करने लगा था। पक्का सबूत न रहने पर, आरोप नहीं लगाया गया था पर तफ़्तीश की जा रही थी। अब सबूत सामने था।

पिताजी अवसन्न थे। उस पर यक़ीन करके गहरे दलदल में फँस गये थे। दफ़्तर वालों के सामने भोला को माफ़ करना नामुमकिन था। उनसे कहा अपने नुक़सान की फ़ैहरिस्त बना कर दें। सब का पैसा लौटा दिया जायेगा। पर जब पुलिस इंस्पेक्टर उसे लेकर चला तो साथ गये। अपील की, पहला जुर्म था एक मौक़ा दिया जाये। एक बार पुलिस रिकॉर्ड में नाम आ गया तो सुधरना मुश्किल होगा। इसलिए एफ.आई.आर. दर्ज न की जाये, गाड़ी वापस मिल ही गयी है। भोला की तमाम ज़िम्मेवारी वे लेते हैं। दुबारा ऐसा मौक़ा नहीं आयेगा। आया तो बीच-बचाव का सोचेंगे भी नहीं। इंस्पेक्टर को भोला क़ाबिले एतबार नहीं लग रहा था पर इस बात से इनकार न था कि पहला जुर्म होने से रियायत मिल सकती थी। ख़ास कर जब शिक़ायती ख़ुद चोर की ज़िम्मेवारी ले रहा हो। उसे बेवक़ूफ़ी कहा जा सकता था पर सिरे से नकारा नहीं जा सकता था। काफ़ी हील-हुज्जत के बाद, बतौर शहरी अपनी इज़्ज़त, रसूख और वकीली बहस को परवान चढ़ा उन्होंने बात मनवा ली।

भोला से उन्होंने लम्बी मग्ज़मारी की। कभी समझा कर, कभी दुबारा ग़लती करने पर जेल और पुलिस की मार का ख़ौफ़ जतला कर। कोशिश की कि वह शर्मिन्दा हो और दुबारा ग़लती न करने का क़ौल भरे। उसने कह तो दिया पर लगा नहीं वाक़ई शर्मिन्दा था। चेहरे पर अजीब-सी चमक थी, जो या तो संन्यासियों के चेहरों पर देखी जाती है या जंग के मैदान पर फ़ौजियों के। लापरवाह और चौकन्नी। जैसे किसी जोखिम को अंजाम दे लौटा हो और अब तक उसके रोमांच की गिरफ़्त में हो। एक बार उन्हें ख़याल आया कि काश जब पुलिस ने कार और भोला के बरामद होने की ख़बर दी थी तो यह न कहा होता कि भोला उनका आदमी है, उससे क़तई मारपीट न की जाये। एक बार पुलिस की मार खा लेता तो इस तरह बेपरवाह न रहता। यह भी ख़याल आया कि ख़ुद उसकी पिटाई कर डालें। पर ग़म खा गये। मारपीट उनकी फ़ितरत में न थी।

अपनी ज़बान के करिश्मे पर गहरा यक़ीन था। उनका मानना था कि वे किसी से कुछ भी मनवा सकते थे। भोला की कारस्तानी में उनकी निजी हार थी।

अपने से हार कर, पिताजी उसे घर ले आये। आयाजी और लछमन के प्रति अपना फ़र्ज़ मानते थे कि भोला को सज़ा देने का अधिकार उन्हें दें। उन्होंने सोचा, समझा कर उनसे कहेंगे अपने प्यार और परवरिश का हवाला दे भोला को समझायें; अपने किये पर वह ज़रूर पछतायेगा। आने वाले वक़्त में सुधरने में पिताजी भरपूर मदद करेंगे। मनोचिकित्सक को दिखलायेंगे, छोटा-मोटा कारोबार करवा देंगे... यह सब उन्होंने हमसे बहुत बाद में कहा।

पिताजी के सोचे-समझे की आज़माइश का मौक़ा न आया। आयाजी और लछमन किसी और धातु के बने थे। जैसे ही उन्होंने चोरी का नाम सुना, भोला उनके लिए अछूत हो गया। आयाजी ने उसे घर के भीतर लेने से इनकार कर दिया। लछमन के बस में होता तो उसका ख़ून कर बैठता पर आयाजी ने उतनी मोहलत न दी। भोला को बाँह से खींच घर से बाहर धकेला, दरवाज़ा बन्द किया और चुप्पी साध ली। उसके बाद भोला का नाम उनकी ज़बान पर कभी न आया। भोला के किये के लिए उन्होंने पिताजी से उसकी तरफ़ से माफ़ी न माँगी। उनकी नज़र में वह उनका कम, साहब का ज़्यादा था फिर वे माफ़ी क्यों माँगते।

हमने फिर कभी भोला को न देखा। न उसकी कोई ख़बर आयी। शायद पिताजी ने उसे ढूँढ़ने की कोशिश न की। करते तो पता चल जाता। उनके इतने रसूख थे। पुलिस उसे ज़रूर खोज निकालती। आख़िर एक आदमी शहर से एकदम ग़ायब नहीं हो सकता। अब सोचती हूँ, वक़्ती भावुकता से उबरने पर उसके चले जाने पर राहत की साँस ली होगी। एक जान सुखाती दुविधा से निजात पाने पर कौन तसल्ली महसूस न करेगा।

आयाजी और लछमन के प्रति सबके मन में वही प्यार बना रहा। पर वे इन्सान से मशीन बन गये। सारा काम उसी सुचारु ढंग से होता पर मान-मनौवल, प्यार भरी रार-तक़रार के लिए जगह न बची थी। आयाजी ने हमें डाँटना-फटकारना छोड़ दिया। ममी और आयाजी आमने-सामने होतीं तो दोनों आँखें झुका लेतीं।

मुझे पक्का यक़ीन है, भोला को ढूँढ़ने के लिए पिताजी को ममी का न उकसाना आयाजी पर ज़्यादा भारी पड़ा। पिताजी ने नहीं ढूँढ़ा, उन्होंने बर्दाश्त कर लिया पर ममी! जिन्हें छोटी-से-छोटी घटना इस क़दर उद्वेलित कर देती थी?

जो आयाजी पर जान छिड़कती थीं? मुझे भी कम अविश्वसनीय नहीं लगा। ममी इतनी उदासीन और भावहीन कैसे हो पायीं? पर वे पहले से उसके ख़िलाफ़ थीं न। शायद वे भोला के मन के चोर को समझ गयी थीं। या वे इतनी आत्मग्रस्त थीं कि अपने सिवा किसी को कुछ आँकती न थीं। क्या भोला उनके लिए नगण्य था। पर आयाजी और लछमन, उनके बिना उनका आत्म कहाँ टिक पायेगा?

कुछ महीने बीत गये। सर्दी शुरू होने पर उनकी सालाना छुट्टी का वक़्त आया तो धीमे सुर में कहा, वे लौट कर नहीं आयेंगे। हम सन्न रह गये। घर बंजर रेगिस्तान लगने लगा। सब के मन में छुपी उम्मीद थी कि आयाजी और लछमन अपने पुराने तौर-तरीक़ों पर लौट आयेंगे; क्या पता भोला लौट आये। सनाके से उबरे तो सबने एक-साथ और अलग-अलग उनसे मनुहार-मिन्नत की कि हमें बीच भँवर छोड़ न जायें। पर वे निर्लिप्त रहे।

"यह तो सोचो, बीबीजी का क्या होगा? तुम्हारे बग़ैर कैसे रहेंगी।" सलाह-मशविरा कर मंजुल और मैंने उन्हें इमोशनल ब्लैकमेल करने की कोशिश की। ज़रा असर न हुआ। आयाजी ने लम्बी साँस खींच कर कहा, "तुम लोग हो।"

"और भाई?" हम लगे रहे। भाई पैदा हुआ था तो जितनी ख़ुशी आयाजी को हुई, माँ-पिताजी को नहीं। वह उनका लाड़ला था, घर की पहली मर्द सन्तान, जो पूरी तरह उन पर निर्भर था। पर उसके लिए भी वही कहा, "तुम लोग हो। देखना उसे।" बस इस बार आँखों में आँसू छलछला आये। हमारी हिम्मत बढ़ी। हमने ममी से कहा वे मनायेंगी तो आयाजी मान जायेंगी। आख़िर ममी ने उनसे कहा, "हम तुम्हारे क़ुसूरवार हैं। भोला को ढूँढ़ न पाये। पर हमें छोड़ कर मत जाओ।"

आयाजी ने कहा, "वो बात नई है। गाँव में अपना ज़मीन है, अब खेती करेगा। शहर में और नई रह सकता।"

उसके बाद जो भी हमने कहा उसके जवाब में वे ज़मीन और खेत की दुहाई देते रहे और एक हफ़्ते के भीतर हमें अनाथ कर हमेशा के लिए चले गये।

उनके जाने के बाद हमारे घर की तमाम व्यवस्था डाँवाडोल हो गयी। एक के बाद एक, अनेक रसोइये और आयानुमा नौकरानियाँ आयीं-गयीं किसी को हमने आयाजी न पुकारा। दो-तीन साल से ज़्यादा कोई न टिका। बिला मालकिन घर चलाने में सामान ग़ायब करने की छूट ख़ूब थी पर ज़िम्मेवारी भी कम न थी। कोई न कोई, कभी न कभी, चोरी करते पकड़ लेता और उनकी छुट्टी हो जाती। फिर... नयी कामवाली, नया रसोइया या नयी आयानुमा शै। इस चक्कर में सबसे ज़्यादा नुक़सान राजीव ने झेला। बतलाऊँगी उसकी कहानी ज़रा देर में।

पिता का प्यार और बेटियों के नख़रे

पिताजी बेटियों पर ख़ूब प्यार लुटाते और उनमें फ़ेवरिट थी, नम्बर चार, रेणु। पढ़ने-लिखने में औसत से कम पर बहसबाज़ी में अव्वल और ज़िद में बेमिसाल। पिताजी उसे हरदम अपने संरक्षण में रखते। हमें भी हिदायत देते कि ख़याल रखें उसका दिल न दुखे।

उससे तीन साल और सबसे छोटी बहन अचला थी। क्लास में गणित के सिवा हर विषय में अव्वल रहती पर फ़ितरत में चुप्पी शामिल थी। स्वर्णा आया के अचानक चले जाने का उस पर भी बुरा असर पड़ा। उसकी सेहत काफ़ी नाज़ुक थी। बुख़ार आता रहता। स्कूल बस के लिए सुबह जल्दी उठ भागना पड़ता तो कुछ खा न पाती। जी मिचलाने की शिक़ायत कर, ज़्यादातर बिना खाये निकल जाती। मेरे सिवा उसकी तरफ़ ध्यान देने की फ़ुर्सत या रुचि किसी को न थी। पिताजी ज़रूर परेशान होते और कई बार रिसेज़ में, नाश्ता ले स्कूल पहुँच जाते। रेणु और अचला हमारी तरह लेडी इर्विन स्कूल में नहीं, कॉनवेंट ऑफ़ जीसस एंड मेरी में पढ़ती थीं। मंजुल के इसरार पर, सहेलियों के स्टेटस सिम्बल्स पर उसकी अटूट आस्था थी। उन्हें कहते सुना कि बड़े लोगों के बच्चे कॉनवेंट में पढ़ते हैं तो पिताजी के पीछे पड़ गयी कि छोटी बहनों को वहीं पढ़ाया जाये।

ख़ैर, जब वे नाश्ता लेकर जाते तो कॉनवेंट की अनुशासन प्रिय मदर और सिस्टर्स दोनों को ख़ूब फटकारतीं, "खा कर क्यों नहीं आतीं, बूढ़े बाप को परेशान करती हो।" मीठी बातों से फुसला पिताजी बूढ़े न होने का दावा पेश करते और उनके लिए चॉकलेट-फूल ले जाते। वे मुस्करा कर ले लेतीं पर बहनों को फटकारने से बाज़ न आतीं। घर आकर रेणु, अचला से लड़ती कि खाकर वह नहीं जाती और डाँट उसे पड़ जाती है।

अचला स्कूल में ख़ुश थी और सख़्त अनुशासन वाली टीचर्स भी उससे ख़ुश थीं। पर रेणु बेहद नाख़ुश और परेशान रहती। न वह पढ़ाई-लिखाई में कुशल थी,

न पी.टी. या अनुशासन से रहने में। दो साल बाद वहाँ से निकाल लेडी इर्विन स्कूल में डाला, तब जाकर उसके और पिताजी की साँस-में-साँस आया।

स्कूल से ताल्लुक़ रखता एक मज़ेदार वाक़या रोज़ घटता। दोनों सुबह बस में स्कूल जातीं। लौटते हुए दुपहर दो बजे भरी गर्मी में बस उन्हें निर्धारित स्टॉप पर छोड़ देती, जहाँ से पैदल घर आना होता। सभी लड़कियाँ आती थीं पर पिताजी को चिलचिलाती धूप में उनका पैदल चलना गवारा न था। ड्राइवर को गाड़ी ले बस स्टॉप भेज देते। तब होता यह कि अचला तो अच्छी बच्ची की तरह गाड़ी में बैठ जाती पर क्रान्तिकारी रेणु साफ़ मना कर देती। नज़ारा कुछ यूँ होता। अचला गाड़ी में सवार चली आ रही है। रेणु उसके साथ-साथ, पैदल। ड्राइवर बार-बार गाड़ी रोक उससे भीतर आने की गुज़ारिश कर रहा है। रेणु बिना उसकी तरफ़ देखे चलती चली जा रही है। धीमे-धीमे सरकती बार-बार रुकती गाड़ी में सवार अचला और पैदल चलती रेणु दोनों बेहाल घर पहुँचतीं। हम रेणु को जल्दी से भीतर खींचते कि पिताजी को कैफ़ियत पता न लगे।

एक दिन तैश में आकर पिताजी ख़ुद लेने चल पड़े। रेणु ने रियायत नहीं की। रोज़ की तरह गाड़ी में बैठने से इनकार कर पैदल चल दी। पिताजी ने गाड़ी रोक डाँट कर कहा, “भीतर बैठो।” कोई असर न हुआ। वह चलती रही, अचला ज़रूर रो दी। आख़िर वे रोज़ की तरह घर पहुँचे। घर आ कर उन्होंने रेणु को समझाने और फटकारने की कोशिश की पर वह एक सुर में दुहराती रही, “मैंने पहले ही कह दिया था, जब कोई गाड़ी नहीं भेजता तो आप भी न भेजें। मैं गाड़ी में बैठूँगी तो दूसरी लड़कियों की बेइज़्ज़ती होगी।” ये वही लड़कियाँ थीं जिनसे तंग आकर दो साल बाद उसे स्कूल बदलना पड़ा था। पर वहाँ सवाल उसूल का था या ज़िद का।

रेणु की ज़िद का तोड़ किसी के पास न था पर अचला की परेशानी का उपाय मैंने ढूँढ़ लिया। सुबह जल्दी उठ उसके लिए फलों का जूस बना देती, जिसे वह पी पाती। साथ में दो-एक बिस्कुट या पिताजी का वैंगर्स से लाया प्लेन केक स्लाइस। मंजुल के ख़याल से न खाना अचला की नख़रेबाज़ी थी और मेरा उसके पीछे घूमना, ख़रदिमाग़ी। हमने उसे तवज्जह न दी।

फिर एक अनूठी घटना घटी।

एक दिन, पिताजी के दोस्त मशहूर बाल विशेषज्ञ, डॉक्टर के.एल. जैन घर आये। बैठक में चाय पी रहे थे कि अचला, भीतर बने गलियारे से होती हुई, एक कमरे से दूसरे में गयी। डॉ. जैन ने बमुश्किल दो-चार क़दम चलते देखा कि बोले,

"उस लड़की को बुलाओ। उसे तो बिनाइन टरशियन है।" हैरान पिताजी अचला को ले गये।

डॉक्टर जैन ने अपना निदान क़ायम रखा और इलाज शुरू कर दिया। बिनाइन टरशियन, मलेरिया का एक गम्भीर रूप था पर जीवन के लिए ख़तरनाक नहीं। कभी भी आ जाने वाला हल्का बुख़ार और सुबह जी मिचलना उसके लक्षण थे। पर मात्र उसकी चाल से उन्होंने कैसे पहचाना, रहस्य बना रहा। हमें तो निदान के बाद भी, उसकी चाल में कोई फ़र्क़ नज़र न आया। कुछ महीनों के इलाज से वह पूरी तरह सेहतमन्द हो गयी। जादू जैसा था।

तभी डॉक्टर जैन बददिमाग़ जादूगर की तरह विख्यात थे। बाल मरीज़ों से उनका व्यवहार जितना मधुर था, उनके माँ-बाप से उतना कटु। मरीज़ को दिखलाने के बाद लोग रोते हुए क्लिनिक से निकलते पर मरीज़ के ठीक होने पर, शुक्राना अदा कर मुस्कराते हुए। डॉक्टर जैन तब भी कटु रहते, "भगवान का शुक्र करो बच गया। तुम लोगों ने तो मार ही दिया था।" अचला के स्वस्थ होने और सुबह खा पाने की मुझे जितनी ख़ुशी हुई, उतनी मंजुल को ग़लत साबित करने की। उस हादसे के बाद से अचला रेणु की तरह पिताजी की फ़ेवरिट हो गयी। फिर भी रेणु का पलड़ा भारी रहा। शायद इसलिए कि वह एक चुनौती थी।

अचला की गणित वाली समस्या भी मैंने सुलझा दी। जम कर गणित पढ़ाया तो उसके 100 में 85 अंक आ गये। अब टीचर्स उसके पीछे पड़ीं कि नवीं क्लास में विज्ञान का विकल्प ले, जिसमें उच्च गणित अनिवार्य था। उसने कहा, उसे गणित नहीं आता; बड़ी बहन ने पढ़ाया तो अंक आ गये। वे बोलीं, "फिर क्या दिक़्क़त है उनसे कहो पढ़ाती रहें। असल में तुम जैनी बहुत आलसी होते हो, मेहनत नहीं करना चाहते!"

एक गोरी चमड़ी वाली के मुँह से अपनी बिरादरी का अपमान सुन, उसका जातीय अहम् जग गया, हालाँकि हम जैनिज़्म का क ख नहीं जानते थे। उसने विज्ञान ले लिया और कमरतोड़ मेहनत कर प्रथम श्रेणी पा ली, जिस पर टीचर का कमेंट था, "पहले ही कहा था, तुम ब्रिलियंट और मेहनती हो।" यानी चट भी उनकी और पट भी उनकी।

अचला, मंजुल और मेरे दस साल बाद लेखन में उतरी। ठीक था क्योंकि वह मंजुल से दस और मुझसे आठ साल छोटी थी। यह बतलाना मुश्किल है कि ऐसा

क्या था कि हम तीनों, तीस पार करने पर लेखन में उतरीं। बक़ौल मंजुल, यथार्थ को पूरी तरह भुगत लेने पर ही हम वह जोखिम उठाने को राज़ी हुईं। सही है।

बचपन में मैंने अचला की रहनुमा की भूमिका निभाई थी। पर उम्र बढ़ने के साथ हम क़रीब आते गये और गहरे दोस्त बन गये। अब उसकी बात शुरू कर दी है तो पहले उसके बारे में कह कर बाक़ी बहनों पर आऊँगी। वैसे भी सबसे छोटी थी तो उसका हक़ बनता है।

अचला की शादी सरकारी अफ़सर, राज बंसल से हुई। केन्द्रीय सरकार की प्रतियोगी परीक्षा में सफल हो नियुक्ति रेलवे में हुई थी। फिर क़ायदे से तरक़्क़ी होती रही। बस तबादला कुछ ज़्यादा हुआ। यूँ वह भी सरकारी नौकरी का क़ायदा था। पर बार-बार बसावट और पलायन करवाता, कई छोटे-बड़े शहरों से लेकर रेलवे कैरिज में पयाम करने का सिलसिला, अचला की फ़ितरत के सख़्त ख़िलाफ़ था सो उसे बेज़ार करता। कुछ साल बाद, अपने हिन्दी-संस्कृत ज्ञान की वजह से वे डेप्युटेशन पर हिन्दी डाइरेक्टोरेट में आ गये। कुछ बरस बाद, यू.एन.ओ. के प्रोजेक्ट में चयनित हो ऊँची तनख़ा पर बॉट्स्वाना, अफ़्रीका। फिर रेलवे छोड़ राइट्स, दिल्ली में पदासीन हो गये। इधर-उधर होने के दौरान उसके बेटी-बेटा हो चुके थे। पर आख़िर वह दिल्ली की हो रही।

एक-एक करके हम पाँचों बहनों का दिल्ली आ बसना ख़ासा दिलचस्प था। अचला को काफ़ी वक़्त कमउम्र बच्चों के साथ बिना पति घर चलाना पड़ा, जो उस पर काफ़ी भारी पड़ा। संयोग से काफ़ी बीमार भी रही। पत्नी की हारी-बीमारी के प्रति हिन्दुस्तानी पति उदासीन रहता ही है, वे भी थे। यह उदासीनता हमारी सामाजिक परम्परा है। यूँ ही थोड़ा प्रेमचन्द 'कफ़न' कहानी की प्रेरणा पाये रहे। अचला के लिए वही सब लेखक बनने का साज़ोसामान तैयार कर गया।

शादी के बाद, अचला और मेरा परिवार उतना ही क़रीबी हो गया, जितनी हम दोनों बचपन में थीं। काफ़ी प्रोग्राम मिल कर बनाते। नाटक देखना, जन्मदिन मनाना, बाहर खाने जाना, नये साल का जश्न; हम साथ करते। बच्चों को लेकर भी साथ जाते। उसकी बेटी शेफ़ाली जब ग्यारहवीं में थी तो राज का तबादला दिल्ली से आगरा हो गया। तब वह कुछ दिन चित्रा के घर गुज़ार, क़रीब एक साल मेरे घर रही। बेटा अक्षत छोटी क्लास में था इसलिए साथ चला गया। हम बारी-बारी उसके घर जाकर आगरा की सैर कर आये।

बरसात की पूनम की एक रात मैं और अचला ताजमहल देखने गये। बेचारा अक्षत साथ चल पड़ा। जब बादलों के घटाटोप में चाँद नज़र न आया और फुहार

पड़ने लगी तो उसने कहा, अब वापस जाना पड़ेगा। हमने डाँट कर चुप रहने को कहा और घण्टा-भर, बादलों में छिपे, लम्हे-दो लम्हे को बाहर निकलते चाँद की धूमिल रोशनी में अपलक हसीन ताजमहल देखते बैठे रहे। नज़ारा और मंज़र इतना नाज़ुक था कि ऊँची आवाज़ या फ़ौरी हरक़त उसे तहस-नहस कर देती। धुन्ध से बाहर झाँकता ताजमहल भाप बन उड़ जाता। हमने एक-दूसरे का अहसास चुप्पी में साझा किया। बेचारा अक्षत! शायद ही बारह-तेरह बरस का कोई बच्चा इस क़दर बोर हुआ हो। अगले दिन, जब हमने राज से कहा कि ताजमहल का हुस्न देखना हो तो बरसात की चाँदनी रात में देखो तो उसने झुरझुरा कर कहा, कभी मत जाना पापा। कल रात क्या बतलाऊँ कितना बोर हुआ।

दो साल बाद, मस्जिद मोठ के मेरे घर के पास पंचशील एन्क्लेव में, राज को डी.डी.ए. फ़्लैट आबंटित हो गया। डेप्युटेशन पर वापस दिल्ली आने की तैयारी में उसे रेनोवेट करवाने लगे। तब वे अकेले मेरे पास रहे। अक्षत के सालाना इम्तिहान निबटने तक अचला आगरा में बनी रही। आलम यह था कि शेफ़ाली के इम्तिहान हुए तो सारी चिन्ता मैं करती। राज जैसे हो कर भी न थे। अचला के दिल्ली आने पर भी हालात वही रहे। बेटे आशु ने एक बार कहा, तुमने देखा, तुम शेफ़ाली से खाने-पीने के बारे में कुछ कहती हो तो अच्चू आंटी चुप रहती हैं।

अब रेणु की बारी। लौट लूँ बचपन की तरफ़। जब अचला नन की चुनौती पर साइंस से भिड़ रही थी, रेणु लेडी इर्विन स्कूल में दाख़िला ले काफ़ी मुतमईन थी।

जब नवीं क्लास में थी, उम्र 15 साल, एक दुपहर, लहीम-शहीम मोटरसाइकिल पर सवार फ़ौजी जवान घर पर अवतरित हुआ। उसे देख हैरान थे तो बात सुन हक्का-बक्का रह गये। उसने पूछा, रेणु जैन यहाँ रहती हैं? हाँ, कहने पर बोला, "उनसे काम है। बुला दीजिए।" क्या काम है, मंजुल ने पूछा। पिताजी की ग़ैरहाज़िरी में हम ख़ुद को चौधरी माने रहते थे। "आर्मी हैड क्वार्टर्स से आया हूँ ऑर्डर है उन्हीं से बात की जाये।" पसीने से सराबोर हम रेणु को बुलाने दौड़े। रेणु ने कोई अचरज न दिखाया अलबत्ता दौड़ कर बाहर पहुँची। जवान ने एक पैकेज और फ़र्रा निकालकर कहा, "यहाँ दस्तख़त कर दीजिए, आर्मी हैड क्वार्टर्स से आपके नाम पैकेज है।" उसने दस्तख़त किये, पैकेज लिया और भीतर चली गयी। मोटरसाइकिल फ़र्राटे से मुड़ी और ग़ायब हो गयी। हम रेणु के पीछे भागे।

तब तक वह पैकेज खोल चुकी थी। "क्या है पैकेज में? तुम्हारे नाम क्यों आया है?" हमने सवालों की झड़ी लगा दी।

"चिट्ठी मैंने लिखी थी जेनरल थिमैया को तो किसके नाम आता?" उसने फ़िल्मी स्टाइल में कहा।

"है क्या?"

"जो मैंने माँगा था, वही है।"

"क्या माँगा था?" सब्र चुक रहा था पर काम सब्र से लेना था। उसने न बतलाया तो? किसी के नाम आयी चिट्ठी खुलने के बाद भी न पढ़ना जब तक वह ख़ुद न पढ़वाये, घर का अटूट नियम ठहरा।

रेणु ने हमें कुछ और तड़पाया, फिर बोली, "ऑटोग्राफ़्ड फ़ोटो।"

"किससे?"

"जेनरल थिमैया से, चिट्ठी लिख कर।"

"कब लिखी चिट्ठी?"

"कुछ दिन पहले।"

"पिताजी को पता होगा", मंजुल ने मुझसे कहा। मैंने अनुमोदन में सिर हिलाया कि रेणु बोली, "नहीं।"

"किसी को नहीं बतलाया?"

"इसमें बतलाने को क्या था।"

"इतनी अक्ल पढ़ाई में लगाई होती", मंजुल ने फुसफुस धीमी रखी। आख़िर फ़ोटो देखनी थी। रेणु ने दिलदारी से दिखला दी। पिताजी-ममी को भी। यह कहने से बाज़ न आयी कि पैकेज के बारे में हमने काफ़ी जिरह की थी। तो रेणु की प्राइवेसी में दख़ल देने के लिए काफ़ी फटकार मिली।

वह 12-13 बरस की उम्र से ही जेनरल थिमैया की मुरीद थी। 1957 में जब वे कमांडर-इन-चीफ़ बने, हमारे एक कैप्टन चाचा कश्मीर में तैनान थे। दो-चार दिन की छुट्टी में घर आ जाते। जेनरल थिमैया के क़िस्से सुनाते। काफ़ी जटिल मिलिटरी नीति के बारे में होते पर कुछ रोमांचक और मज़ेदार भी। हम सभी जेनरल थिमैया को फ़िल्मी हीरो टाइप नायक मान उनसे राब्ता रखते थे। रेणु कुछ ज़्यादा। धीरे-धीरे उसका रब्त हीरो वर्शिप में बदल गया। यह उसी का नतीजा था।

कुछ मज़ेदार कहानियाँ रक्षा मन्त्री कृष्णा मेनन और जेनरल थिमैया की रार-तक़रार की थीं। एक दिन अहंकार से भरे मेनन ने जेनरल से कहा, "मैं चाहूँ तो आपको डिसमिस कर सकता हूँ।"

थिमैया का उत्तर था, "तो मुझसे जूनियर जेनरल कमांड सँभाल लेगा।"

"उसे भी कर दूँ तो?"

"तो उससे जूनियर आ जायेगा। आप सी-इन-सी कभी नहीं बन सकते। पर मैं रिटायरमेंट के बाद, राजनीति में जाकर रक्षा मन्त्री बन सकता हूँ।"

मेनन ने पण्डित नेहरू से शिक़ायत की। उन्होंने कहा, "तर्क अच्छा दिया जेनरल ने।"

मेनन की हठधर्मिता का नतीजा यह हुआ कि 1961 में जेनरल थिमैया ने इस्तीफ़ा दे दिया। नेहरू के इसरार पर वापस ले लिया पर जल्द दूसरा जेनरल सी-इन-सी बना दिया गया। इसी रार-तक़रार की वजह से हम फ़ौज को व्यवस्थित न कर पाये और 1962 में चीनी सेना से शर्मनाक हार झेलनी पड़ी।

एक मज़ेदार क़िस्सा यह था कि जेनरल थिमैया ने अपने जूनियर्स से कहा फ़ौज का सबसे बेवक़ूफ़ आदमी लायें; उसे वे अपना बैटमैन बनायेंगे। उनका बैटमैन बनते ही हर बन्दा अफ़वाहों का बाज़ार गर्म कर देता। अफ़वाह शुरू किसने की पता न चलता; विकराल रूप धारण करने पर ही बात उन तक पहुँचती। खोज-खाज कर बोका नाम का जवान तलाश किया गया, जो सूबेदार के मुताबिक़ बेवक़ूफ़ी का मुजस्समा था। उससे कहा गया, उसकी सिर्फ़ एक ड्यूटी थी, छह फ़ीट पीछे रह जेनरल थिमैया की हिफ़ाज़त करना। परछाईं की तरह वह हरदम उनसे छह फ़ीट पीछे रहने लगा। उन्हें खीज होती पर उसकी अज्ञता पर मुग्ध झेल लेते।

एक दिन शेर के शिकार पर जंगल गये। बोका साथ था। जेनरल मचान पर चढ़े तो वह भी चढ़ गया। जेनरल ने कहा, दूसरे पेड़ पर जाये तो सैल्यूट मार कर कहा "ऑर्डर्स सर!" छह फ़ीट की दूरी बनाने की ख़ातिर, मचान से बाहर पेड़ की शाख पर लटक लिया। थिमैया ने बहस में वक़्त बर्बाद न किया। शेर की गुर्राहट सुन निशाना साधा। वे गोली दाग़ते उससे पहले शेर उछल कर ठण्डा हो गया। बोका ने गोली चला दी थी। मारे ग़ुस्से के जेनरल ने उसे भारी मर्दाना गाली दी। उसने सैल्यूट किया और सपाट स्वर में कहा, "ऑर्डर्स सर!"

जेनरल के मन में आया गोली उसके सिर में उतार दें पर उसकी अचूक निशानेबाज़ी पर मोहित कर न पाये। शाख पर झूलते-झूलते ऐसा बेदाग़ निशाना कि शेर ढेर हो गया? वाह!

"वेल डन, बोका!" उन्होंने कहा।

"ऑर्डर्स सर," उसने फिर सैल्यूट मारा।

उसके बाद थिमैया ने आदेश दिया, "कुछ कम बेवक़ूफ़ आदमी भेजो।" बोका को हटा दिया गया। पर अचूक निशानेबाज़ी पर थिमैया के अपनी तरफ़ से इनाम देने के बाद।

मैं देख रही हूँ यह कथा नायाब औरतों से ज़्यादा नायाब मर्दों की हुई जा रही है। क्या करें, औरत होगी तो मर्द आसपास होगा न।

वापस चलते हैं रेणु पर।

सबसे दिलचस्प कहानी स्कूल के दिनों की है। थिमैया की फ़ोटो की याद धुँधली न हुई थी कि दिल्ली में एक रात एकमुश्त नौ सेंटिमीटर बारिश हो गयी। घरों में पानी भर गया, ज़िन्दगी ठप्प हो गयी। अगली सुबह रेणु और अचला के स्कूलों की बसें न आयीं। स्कूल बन्द थे। अचला बिस्तर से उठी ही नहीं पर रेणु रोज़ाना की तरह नहा-धो कर तैयार थी। हम सोच रहे थे, रात की हंगामाई बारिश और ओलों के बाद इतनी जल्दी नहा क्यों ली कि बोली, "स्कूल जा रही हूँ।"

"कैसे?" पिताजी ने पूछा, "बस तो आयी नहीं।"

"पैदल जा रही हूँ।"

"दिमाग़ ख़राब है! सड़कों पर पानी भरा होगा। वैसे भी स्कूल बन्द होगा।"

"आपको कैसे पता बन्द है। फ़ोन तो आया नहीं।"

"फ़ोन सब डैड हैं। कुछ समझा करो।"

उस पर ग़ुस्सा न करने की नीति का पालन करते हुए, वे शान्त स्वर में बोल रहे थे। पर मंजुल फट पड़ी, "बन्द स्कूल में झाड़ू लगाओगी!"

"बन्द होगा तो लौट आऊँगी।"

लुब्बोलुबाब यह कि तमाम कहासुनी को नकार रेणु स्कूल के लिए पैदल चल दी। तब जब स्कूल में उसे कोई दिलचस्पी न थी। ख़ाली सुनसान सड़कों पर पानी में चलती स्कूल पहुँची। बग़ीचा ताल बना था, आधी चहारदिवारी पानी में डूबी थी। स्कूल में भी सड़कों जैसा सन्नाटा पसरा था। काफ़ी घूम लेने पर उसे अपने क्वार्टर के सामने दरख़्त में पनाह लिए दरबान दिखलाई दिया। उसने उसे घूरा भरपूर पर नीचे उतरने की पेशकश न की। रेणु ने चिल्लाकर पूछा, "स्कूल बन्द है?"

"नहीं, खुला है। भीतर काफ़ी बन्दर और मछलियाँ हैं। तुम कौन हो, बन्दर या मछली?"

"दिखलाई नहीं दे रहा, मैं लड़की हूँ।"

"पागल लड़की, हाँ दीख रहा है। अब जाओ यहाँ से!"

रेणु को लगा लौटना पड़ेगा पर बरामदे पर चढ़ बन्द दरवाज़े के शीशे से भीतर झाँक कर पलटी। बन्दरनुमा दरबान सही कह रहा था। "थैंकयू," उसने इतनी ख़ुशमिज़ाजी से चिल्लाकर कहा कि वह भौचक उसे ताकता रह गया।

उन्हीं सुनसान पानी भरी सड़कों पर पैदल चलती वापस घर पहुँची। बेहद खिली-खिली। बोली, "मज़ा आ गया! क्या समां था। बग़ीचा ताल बना था, सड़कें नहरें। स्कूल की इमारत में बन्दर घुसे थे। और ढेरों मछलियाँ। मैंने ख़ुद देखीं। क्या नज़ारा था।"

"हमने पहले ही कहा था स्कूल बन्द होगा।" हमने कहा।

"मैं कहाँ कह रही हूँ खुला था।"

"जाकर कपड़े बदलो," और कुछ नहीं सूझा तो पिताजी ने हुक्म दिया।

"क्यों? मैं भीगी नहीं। बारिश बन्द हो चुकी थी। बस पाँव भीगे हैं। ठीक है पानी गन्दा होगा, धोकर पोंछ लेती हूँ। चप्पल ठीक हैं, उतारकर हाथ में ले ली थीं। भूख लगी है, तिलक से कहती हूँ पकौड़े बना दे। आप खाओगे?"

"खा लेंगे," हमने मरी आवाज़ में कहा। रश्क़ से मरे जो जा रहे थे।

व्यवसाय के सिलसिले में पिताजी के अमरीकनों से ताल्लुकात रहते थे। वे रेणु के चमकीले लम्बे आबनूसी बालों पर फ़िदा रहते। एक बार अमरीकन दम्पती के साथ बैठे थे कि महिला उछलकर रेणु के पास आयी और सिर पर हाथ फेर कर बोली, "क्या यह असली है?"

"हाँ, सिर तो ट्रासप्लांट होता नहीं।"

वे ख़ूब हँसीं, फिर कहा, "मेरा मतलब, तुम्हारे बाल?"

"बिल्कुल," पिताजी बीच में बोले।

"यक़ीन नहीं होता। इतने चमकीले काले कि लगता है नीले हैं।"

"नहीं," रेणु ने सपाट स्वर और निर्भाव चेहरे से कहा, "काला, नीला नहीं होता।"

"पर लगता है। धूप में एकदम इंडिगो लगता है।"

"जो है नहीं लग नहीं सकता," रेणु ने उसी संजीदा लहजे में कहा।

अमरीकन दम्पती ठठाकर हँस दिया। "व्हाट विट! योर डॉक्टर इज़ समथिंग एल्स।"

"मैं रेणु ही हूँ।" वे फिर हँसे।

रेणु कुछ कहती, उससे पहले, पिताजी ने हिन्दी में टोक दिया, "बस हो गया।" मेहमानों से अंग्रेज़ी में कहा, "येस शी इज़।"

रेणु की यही ख़ासियत थी। सच को इतनी संजीदगी से उचारती कि लोगों को लगता, तंज़ कर रही है और विट मान लिया जाता।

उसके जन्मदिन पर इत्र की बोतल भेंट की तो बोली, "मैं तो नहाती हूँ।" मेरे पास कोई जवाब न था।

बहुत बाद में सोमर्सेट मॉम की कहानी 'आन्ट जेन' पढ़ी तो लगा, अरे ये तो हमारी रेणु है। छोटे शहर के आम परिवार की बेटी, जेन भी ऐसे ही धड़ल्ले से सच बोल कर विट की तरह मशहूर हो गयी थी। पर वह इंग्लैंड था। उच्च वर्ग का नोबलमैन उसकी अदा पर फ़िदा हो गया और ब्याह करके महल में ले आया। वहाँ उसकी शोहरत और फैली और बूढ़ी होने तक पूरे ख़ानदान की प्रिय आन्ट जेन की तरह स्वीकृत हो गयी।

काश रेणु की कहानी ऐसे सुखद मोड़ पर ख़त्म होती। पर हुआ ठीक उल्टा। बतलाती हूँ।

उसकी बहसबाज़ी और ज़िद का आलम वही बना रहा। स्कूल से कम अंक लेकर पास हुई। अपने रसूख़ का इस्तेमाल कर पिताजी ने नये खुले 'जानकी देवी कॉलेज' में दाख़िला दिलवा दिया। पर पढ़ने में उसका मन न लगा। जब तीसरे वर्ष में पहुँची और बोर्ड के फ़ाइनल का वक़्त आया तो इम्तिहान देने से इनकार कर दिया। बी.ए. पूरा करना ज़रूरी है, पिताजी ने समझाया तो बोली, "बी.ए. करके क्या होगा? नौकरी तो मिलेगी नहीं।"

"फिर भी कुछ कर सकती हो, बी.एड. कर लो तो स्कूल में...," उन्हें अपनी बात इतनी नागवार लगी कि चुप हो गये। हम हँसी रोक नीचे देखने लगे। रेणु ने कहा, "बी.ए. करने से कुछ नहीं होगा।"

सहसा ममी मैदान में उतरीं और बोलीं, "तुम जानती हो लड़की ग्रेजुएट न हो तो कोई शादी के लिए तैयार नहीं होता।" रेणु चुप रही पर चेहरा निर्विकार न रहा। धीमे सुर में कहा, "जानती हूँ।" उससे ज़्यादा ममी रुआँसी हो गयीं। "जाने दो," कह हमेशा की तरह बिस्तर में पनाह ले ली। तंग आकर पिताजी ने वह जुमला बोला, जिसे न बोलने की क़सम खा रखी थी, "तुम्हें बी.ए. करना होगा क्योंकि मैं कह रहा हूँ।"

उसने इम्तिहान दिया। जैसे-तैसे पास हो गयी। पर जिससे चाहती थी, उससे शादी न हो पायी। ममी उसकी पसन्द भाँप गयी थीं। पिताजी अपने रोबदाब के साथ उनके यहाँ रिश्ता लेकर गये पर लड़का चुप्पा बना रहा। उसकी माँ ने कहा, "हमें मेधावी लड़की चाहिए जैसी आपकी दूसरी लड़की..." पिताजी ने उन्हें शटअप कहा और लौट आये। रेणु बहुत उदास हुई पर कुछ कहा नहीं। बस अपने लम्बे चमकीले काले बाल काट कर छोटे करवा लिए। यूँ छोटे बाल उस पर बहुत फ़बते थे, लम्बे बालों से ज़्यादा। पता नहीं, वह आज़ादी का ऐलान था या उदासी का तोड़। जब तक उसने बी.ए. किया, मेरी और चित्रा की शादी हो चुकी थीं। यानी तयशुदा शादी की वेदी पर बलि होने की बारी उसकी थी। वाक़ई वह बकरे की तरह ज़िबह हुई।

देखभाल कर पिताजी ने जो लड़का मुकम्मल किया, आई.आई.टी. का टॉपर आर्किटेक्ट था और एक मशहूर कम्पनी में ऊँचे पद पर। पर वे यह पता न कर पाये कि ससुराल वाले कितने ज़ालिम थे।

रेणु ने शादी में कोई दिलचस्पी न ली पर ज़िद में फ़र्क़ न आया। शादी के मौक़े पर सबने कहा, बालों का जूड़ा बनवा ले पर वह नहीं मानी। साफ़ कहा, "बाल कटे हैं तो कटे दिखेंगे।"

बी.ए. करने के बाद उसने शौक़िया कई हुनर सीखे थे, जैसे खाना बनाना (जो ससुराल में काम आया), बुनाई करना, फूल सजाना वग़ैरह। क्या बुनाई करती थी रेणु। 11 नम्बर की सिलाइयों पर पूरा स्वेटर बुन डालती। महीन क़सीदाकारी-सा मालूम होता। एक बार धो कर धूप में सुखाया उसका स्वेटर उठा कर मैंने भीतर डाल दिया तो वह फैल भरे, अल्लाह-अल्लाह! बोली, उठाने से उसकी शेप बिगड़ गयी। मैंने कहा, मैंने तो अख़बार समेत नज़ाकत से उठाया था तो बोली, "पास का टेम्प्रेचर बदल गया न, उससे स्वेटर की शेप बिगड़ जायेगी।" पिताजी ने सुना तो मुझे डाँटा हालाँकि मुस्कराहट छिपा न पाये। मैं पशेमां थी कि एक आला चीज़ को हल्के से लिया। शर्मसार हो बार-बार सॉरी कहने पर आख़िर वह हँस दी और बोली, "शायद न बिगड़ी हो।" तब जाकर हम खुल कर हँसे।

ऐसी नाज़ो अदा वाली रेणु की शादी उस पढ़े-लिखे जाहिल परिवार में हुई जहाँ बहू को इन्सान तक नहीं समझा जाता था, ख़ास कर कम पढ़ी बेनौकरीपेशा बहू को। तीन बड़ी ननदें थीं, ख़ूब पढ़ी-लिखी और नौकरीपेशा। पर भाभी को ताने-तिश्ने देने और हर तरह से ज़लील करने दफ़्तर से सीधे मायके पहुँच लेतीं। कार्यक्रम पूरा करके ही घर पलटतीं। सास बेटियों से दो क़दम आगे थीं। चौबीसों घण्टे साथ रहतीं। संयुक्त परिवार था, जहाँ रेणु और पति के इस्तेमाल के लिए

छोटा-सा घुटन भरा कमरा और सड़ा-सा गुस्लखाना था। और एक छोटी रसोई। वहाँ रोज़ उसकी पाक कला का इम्तिहान होता। उसका बनाया खाना चट सब कर जाते पर नुक्स निकालने से बाज़ न आते। पति जितेन अकेले में तारीफ़ कर देते पर माँ के सामने यही कहते, "माँ बहुत बढ़िया बनाती हैं ...यह।"

पता नहीं लायक़ बेटा माँ से बेपनाह मुहब्बत करता था या डरता था। परिवार में सबसे छोटा था सो बचपन से, माँ और तीन बहनों ने हुक्म चला क़ाबू में रहने की आदत डाल दी थी। सुना था, माँएँ बेटे को बबुआ बना कर रखती हैं। वहाँ बेटे ने माँ को गुड़िया बना रखा था या माँ ने ख़ुद को गुड़िया बना उसे सौंप दिया था। जब भी शहर से बाहर जाते, माँ के लिए साड़ी ज़रूर लाते। रेणु के लिए भी लाते पर माँ की साड़ी से कमतर होती। इतनी कि माँ को साफ़ दिखलाई दे जाता कि उनकी साड़ी के पासंग नहीं है। पर अपने लिए न लाने पर बहनें इतने ताने देतीं कि बेचारे सब के लिए लाने पर मजबूर होते या सिर्फ़ माँ के लिए। सब के लिए लाना जेब पर भारी पड़ता तो जीत माँ की होती।

हाल में गीतांजलि श्री के उपन्यास 'रेत समाधि' में एक बेटे को अपनी लायी साड़ियों की मार्फ़त माँ को याद करते पढ़ा तो काफ़ी अटपटा लगा। साड़ियाँ भी ढेरोढेर, हर प्रदेश की साड़ी का नाम मौजूद। क्या पैठणी, बालूचरी, साम्बलपुरी, कांचिपुरम, ढाकई, चिकनकरी, पटोला कितने नाम गिनाऊँ? पहले सोचा साड़ियों की जानकारी लेखिका किरदार पर थोप रही है। फिर जितेन याद आये और समझ में आया कि कुछ मर्द, बचपन ही नहीं जवानी भी माँ का पल्लू पकड़ काटते हैं। अपनी लायी माँ की साड़ियों की फ़ेहरिस्त गिनवाने से बढ़िया क्या तरीक़ा हो सकता था? लेखिका वाक़ई बधाई की पात्र थी। एक जगह यह लिखा भी मिल गया कि माँ के लिए ऐसे अनुराग के बीच घर में नया आया प्राणी क्या करे?

जितेन कितने भी माँ के भक्त रहे हों, नयी बीवी का मोह अलग शै है। यह दीगर है कि देर शाम कहीं घूमने का मन होता तो कहना पड़ता कि बाबर रोड माँ के पास जा रहे थे; उनकी तबीयत ज़्यादा ख़राब थी। माँ की नाज़ुक सेहत उनके बहुत काम आयी। पिक्चर देख या ख़रीदारी कर बाबर रोड या कहीं बाहर खाकर घर पलटते। काफ़ी ताने सुनने के बाद देर रात तक जितेन माँ की टहल में लगे रहते। काफ़ी कमाल की चीज़ थीं। बदन का कोई हिस्सा न था, जहाँ दर्द न होता और बेटा आयुर्वेदिक तेल से मालिश न करता। एक बार पिता ने कहा भी कि जब रोज़ दर्द रहता है तो एक मालिश वाली रख लो। माँ की शह पर बेटे ने इनकार कर दिया।

फिर भी हर रात माँ के पहलू में न गुज़रती थी। दो साल बीतने पर रेणु की बेटी चारु पैदा हो गयी। सबकी राय से जचगी मैके में हुई। पिताजी की वह ख़ासुलख़ास नातिन बन गयी। वह रेणु से भी ज़्यादा नाज़ुक थी। लोगों से क़तराती, अकेले छोड़े जाने पर घबराती पर तेज़ दिमाग़। जल्दी चली, जल्दी बोली, ज़ोर से रोयी नहीं। रेणु की ससुराल में ऐसे बच्चे को समझने वाला कोई न था। 1976 में पिताजी की मृत्यु होने तक, ज़्यादा वक़्त उनके साथ रही।

इस बीच रेणु की ज़िन्दगी में कई बदलाव आये। एक साल बाद बेटा समीर हो गया जो चारु से उलट, बेहद चिल्लपौं मचाने वाला था। बच्चों की चीख़ोपुकार और रेणु की संयुक्त रसोई से ग़ैरहाज़िरी ने सास को मजबूर किया कि दीवार खिंचवा उसे मकान का परला हिस्सा दे दिया जाये। रेणु अलग पकाये-खाये पर माँ के पास बेटे की आमद बनी रहे। छोटा पर अलग घर पा रेणु बेहद ख़ुश हुई, ख़ास कर इसलिए कि उसके सामने एक आँगन था और उसमें सहजन का पेड़। वहाँ आकर कितने इतवार, उसने ममी-पिताजी और दिल्ली में रहने वाली बहनों को दुपहर के खाने पर बुलाया। पाँच में से दो-तीन ज़रूर यहाँ होतीं। दो चीज़ें बहुत उम्दा बनाती थी; पुलाव और खीर। पिताजी तो ख़ैर उसके खाना बनाने के ख़याल से ही यूँ दिलशाद रहते कि हर सब्ज़ी, जन्नत की रकाबी से ज़्यादा लज़ीज़ लगती। जितेन की मौजूदगी भी होती जो रेणु को ख़ुश रखने के लिए काफ़ी थी। पर यह ख़ुशी ज़्यादा दिन न टिकी।

जितेन के पिता का अचानक निधन हो गया। जाने की वेला फ़िल्मी अन्दाज़ में जितेन से माँ की देखभाल करने का क़ौल भरवाया। उसके बाद वे पूरी तरह माँ के हो रहे; रेणु और बच्चों से परम उदासीन। दफ़्तर से लौट हर शाम और रात और शनिवार-रविवार के तमाम दिन माँ के नाम हो गये।

जब तक पिताजी रहे, रेणु हमें दुपहर के खाने पर बुलाती रही। घर को गुलज़ार करने का यही तरीक़ा था, जो पति की ग़ैरमौजूदगी में अपनाया जा सकता था। वरना बच्चों को घर भूतों का डेरा लगता। ज़्यादातर पिताजी गाड़ी भेज उन्हें बुला लेते और वह शनिवार-इतवार, बच्चों के साथ बाबर रोड पर गुज़ार लेती। चारु के संवेदनशील मन-मस्तिष्क में पिता की उदासीनता विकृति पैदा कर रही थी; नाना का दुलार अवसाद को कुछ कम कर देता। समीर की पैदाइश के दो साल बाद ही, बच्चादानी निकालने के लिए रेणु की सर्जरी करनी पड़ी।

इतनी कमउम्र में सर्जरी होने के कई दुष्परिणाम हुए जिनमें पैरों में वेरिकोज़ वेन्स होना शामिल था। सर्जरी के बाद स्वस्थ होने तक, मेरे घर रही। दोनों बच्चे चित्रा के घर रहे। हमारे घर पास-पास थे सो हर शाम मिल लेते। जितेन सर्जरी के दिन रेणु को अस्पताल ला, दो-चार घण्टे टिकने के बाद माँ को ख़ुश रखने में मसरूफ़ हो गये। चारु को पिता का शाम को भी न आना बहुत मायूस करता। उनकी कमी एक बार फिर पिताजी पूरी करते।

1976 में पिताजी के देहान्त ने बहुत कुछ ख़त्म कर दिया। व्यावहारिक तौर पर ममी के बाद सबसे ज़्यादा फ़र्क़ रेणु और उसके बच्चों को पड़ा। भावात्मक तौर पर अचला को, जिसे पिताजी से हद दर्जे का लगाव था; उन्हें सुपरमैन मानती थी। उन दिनों वह पिताजी-ममी के साथ रह रही थी; राज, शेफ़ाली और एक साल के अक्षत के साथ। जयपुर से राज का तबादला दिल्ली हो गया था और सरकारी मकान मिलने तक, बाबर रोड टिके थे। पिताजी के निधन ने उसका वहाँ रहना ग़मज़दा बना दिया। मकान मिलने पर वे नानकपुरा चले गये।

तेज़ दिमाग़ चारु मानसिक रूप से अस्वस्थ रहने लगी थी। कहा नहीं जा सकता कौन ज़्यादा बदक़िस्मत थी, रेणु या चारु। दोनों पर विधि ने असह्य चोट की। मन्द बुद्धि समीर स्कूल में पिछड़ा छात्र होने के अलावा ठीक था। स्कूल से चारु पास हो गयी। कॉलेज में दाख़िला ले लिया। फ्रांसीसी और जर्मन भाषाएँ सीखने लगी। मुझे अब तक याद है, कैसे फ्रांसीसी शब्द का अंग्रेज़ी पर्याय पूछने पर, उसने उसके साहित्यिक, राजनीतिक और दार्शनिक तीनों मतलब बतला दिये थे।

जब तक जितेन की माँ का देहान्त हुआ और वे चारु की मानसिक हालत को लेकर चेते, बहुत देर हो चुकी थी। ऐसा नहीं है कि वे पहले चेतते तो नतीजा फ़र्क़ होता ही। चारु स्किज़ोफ्रेनिया की मरीज़ थी जिसकी न डॉक्टरों को वाज़िब वजह मालूम है न इलाज। बस दवाओं के सहारे सहेजा जा सकता है। उसके लिए ज़रूरी था, आला मनोचिकित्सक, ख़ुशहाल घर-परिवार, कोई काम जिससे मरीज़ उत्कट भाव से जुड़ा हो। चारु सामान्य से अलग, प्रयोगात्मक रेखाचित्र बनाती थी पर न कोई प्रशंसक मिला, न किसी ने उसे उपयोगी काम दिया। मेरे सबसे लोकप्रिय उपन्यासों, 'चित्तकोबरा' और 'मिलजुल मन' के कवर पर उसके रेखाचित्र हैं। उसके लिए मैं नेशनल पब्लिशिंग हाउस के सुरेन्द्र मलिक और सामयिक प्रकाशन के महेश भारद्वाज की कलात्मक समझ की आभारी हूँ।

राजकमल प्रकाशन के अशोक माहेश्वरी ने भी 'चित्तकोबरा' का आवरण देख कहा था, किसने बनाया है हम उनसे और बनवा लेते हैं। पर... वही तो दिक़्क़त थी। किसी के कहने पर वह नहीं बनाती थी। न अपनी कॉपी में से खोज कर अलग करती थी। उसकी कॉपी में ख़ुद ढूँढ़ना पड़ता था, उम्दा, ख़राब, असाधारण और अति साधारण के बीच चुनना पड़ता था। मैंने ऐसे ही चुने थे। जब तक अशोक जी ने कहा उसकी हालत काफ़ी बिगड़ चुकी थी और उसने रेखाचित्र उकेरना बन्द कर दिया था।

फिर एक के बाद एक हादसे होने लगे। लिखते हुए मानसिक सन्ताप हो रहा है तो यह शंका भी हो रही है कि लोग उसे अतिनाटकीय कह नकार न दें। अविश्वसनीय रूप से तकलीफ़देह बातों को हम अविश्वसनीय बतला कर अपना बचाव करते हैं।

माँ के गुज़र जाने पर उनके मकानों का बँटवारा हुआ। जितेन के हिस्से वह पूरा मकान आया, जिसके एक छोटे हिस्से में वे रहते थे। सत्तर बरस की उम्र के क़रीब आ कर उन्होंने वास्तुशिल्पी की तरह अपने घर के लिए सोचा। किराये पर दूसरा मकान लेकर, उस खस्ताहाल मकान को तोड़ तीन मंज़िला मकान बनाना शुरू किया। समीर की तब तक शादी हो चुकी थी। चारु की हालत उन दिनों बेहतर थी। इस बीमारी में हालात ऊपर-नीचे होते रहते हैं। दरअसल उन्हीं दिनों मैंने 'मिलजुल मन' के लिए उसका रेखाचित्र चुना था। ग्राफ़िक्स आदि बनाने में उसने जितेन की मदद भी की। उन्होंने उसे पार्टनर घोषित कर दिया और इस सुखद स्वप्न को जीने लगे कि वे और बेटी मिल कर वास्तुशिल्प का दफ़्तर चलाएँगे।

पर... मकान क़रीब-क़रीब तैयार था, छोटी दीवाली का दिन था। जितेन घर से यह कह बाहर निकले कि बैंक से पैसे निकाल ख़रीदारी कर लौटेंगे, वह दीवाली ख़ूब धूमधाम से मनाएँगे। बैंक से लौटते हुए उसकी सीढ़ियों पर उनका कार्डियक अरेस्ट हो गया। उन्हें एम्स ले जाया गया, समीर को फ़ोन करके बुलाया गया और...रेणु और चारु ने घर आयी उनकी लाश देखी।

उन पर क्या असर हुआ आप अनुमान लगा सकते हैं। कुछ दिन चारु ज़रूरत से ज़्यादा तार्किक और बाहोश रही, जबकि रेणु मानसिक सन्तुलन खो बैठी। डॉक्टरों को चारु के अति सुस्थिर होने में ख़तरे की घण्टी सुनाई दे रही थी पर हम परिवार वाले विश्वास कर बैठे कि ईश्वर ने एक हाथ लिया तो दूसरे हाथ दे रहा था। बेवक़ूफ़ी थी! नये बने मकान में प्रवेश के बाद, उसकी तबीयत ने जो

पलटा खाया तो अगले पाँच साल बिस्तर पर काटे। बेहाल रेणु उसकी तीमारदारी में जुटी रही। स्किज़ोफ़्रेनिया के मरीज़ के साथ सालोंसाल गुज़ारना उम्रक़ैद से बदतर है। परिचर्या के लिए महिला थी, समीर भरसक मदद करता था पर रेणु शायद ही कभी घर से बाहर निकली।

2018 में जब रेणु की उम्र 75 बरस की हुई, अचानक दिल के दौरे से चारु की मृत्यु हो गयी। पिछले पाँच सालों की भयावहता भूल, रेणु चारु के साथ बिताया सुहावना समय याद करती है। जिन दिनों जितेन माँ के पहलू में बने रहते थे, वे दोनों कई संगीत सभाओं में गयीं, अनेक नाटक देखे। उसके बिना रेणु कहीं निकलना नहीं चाहती। चारु किताबें बहुत पढ़ती थी, जटिल से जटिल क्लासिक कम उम्र में पढ़ लिए थे। रेणु भी आजकल किताबें ख़ूब पढ़ती है। जो किताब मुझे दी जाती है रेणु को पहुँचा देती हूँ। पढ़ कर उन पर साहित्यिक बातचीत करती है। जब से कोरोना के कारण तालाबन्दी हुई, उसे किताबें नहीं पहुँचा पायी। उसके लिए यह कितना बड़ा हादसा है, उसकी पूरी कहानी सुने बग़ैर अन्दाज़ा नहीं लगाया जा सकता।

रेणु और अचला की तरह मेरी शादी भी तयशुदा थी। फ़र्क़ इतना था कि रिश्ता पति आनन्द और मेरे माँ-बाप के बीच तय हुआ था। उनके माँ-बाप का दख़ल न था न प्यार मुहब्बत का।

चित्रा का क़िस्सा कुछ अलग और अजीब था। उसके बारे में पहले बतला देती हूँ, आसान है। मेरे क़िस्से में पेचोख़म ज़्यादा हैं।

चित्रा के साथ हुआ यह कि उसने बी.ए. पास में औसत अंक पाने के बावजूद दर्शनशास्त्र में इतने अंक पा लिए कि उसका अपना कॉलेज मिरांडा हाउस, भले एम.ए. में दाख़िला देने से कन्नी काट गया, इन्द्रप्रस्थ कॉलेज ने जिसकी प्राचार्या दर्शन शास्त्र की प्रोफ़ेसर थीं, बख़ुशी दाख़िला दिया। हम ख़ुश हुए कि मेरे बाद चित्रा एम.ए. कर लेगी। पर कहाँ साहब! एक नज़र देख आशिक़ी का ऐसा भूत चढ़ा कि उतरे न उतरा और फ़ौरन ब्याह रचाना पड़ा।

ज्ञानी जन जानते होंगे, 1962 के चीनी युद्ध से पहले जब पंचशील अपने चरम पर था, पण्डित नेहरू अमरीका गये तो इतने उत्तप्त शब्दों में पीएच.डी. कर चुके युवा भारतीयों को हिन्दुस्तान आने का न्योता दिया कि कुछ का ईमान डिग गया। उन्होंने वादा किया कि विज्ञान, गणित, समाज विज्ञान आदि सभी क्षेत्रों में उन्हें उम्दा नौकरियाँ ही नहीं काम करने की आज़ादी मिलेगी

जिससे वे अपना शोध जारी रख सकेंगे। बाक़ी लोग भावुक तो हुए जैसा पण्डित नेहरू के उदात्त और भावप्रवण भाषणों को सुनकर अमूमन लोग हो जाते थे; पर अमरीका में पद-पदवी और न्यूक्लियर फ़िज़िक्स में शोध की सुविधाएँ छोड़ भारत लौटने वाले सिर्फ़ डॉ. आदीश जैन थे। जो काम उनके माँ-बाप छह सालों में न करवा पाये पण्डित नेहरू ने पच्चीस मिनट में कर दिया। यह दीगर है कि उन्हें अमरीका से आधी तनख़ा पर एन.पी.एल. में नौकरी मिली और शोध करने की सुविधा और आज़ादी ना के बराबर। सब कुछ लाल फ़ीताशाही में क़ैद था। वैज्ञानिकों से भी वही बर्ताव किया जाता जो बाक़ी अफ़सरों या क्लर्कों से। अपने निर्णय ख़ुद लेने को कोई स्वतन्त्र न था।

वैज्ञानिक की फ़ितरत लेखक की तरह होती है। लिखना है तो लिखना है। वैज्ञानिक को शोध करना हो तो बाधा को पुल बना लेता है। आदीश जैन ने उसी अन्दाज़ में क्रायोजेनिक्स पर, यानी जिस विज्ञान का सम्बन्ध बहुत नीचे के तापमान से उत्पन्न प्रभावों से है, जम कर शोध किया और नतीजे हासिल किये। इतने कि 1975 में जब चीन और भारत के बीच आवागमन शून्य के बराबर था, चीन ने उन्हें बुलाया और 'फादर ऑफ़ क्रायोजेनिक्स' घोषित किया। हमने सोचा, अब उनकी क़िस्मत पलटी! हिन्दुस्तान लौटने पर उन्हें तरक़्क़ी पर तरक़्क़ी मिलेगी। पर कहाँ! बल्कि हिन्दुस्तान टाइम्स की पत्रकार प्रोमिला कल्हन को उस विषय पर साक्षात्कार देने के कारण उनकी काफ़ी लानत मलामत हुई। कुछ क़ुसूर प्रोमिला कल्हन का भी था। पत्रकारिता की अतिशयोक्ति का प्रयोग कर लिख मारा कि ताज्जुब था इतना आला वैज्ञानिक एन.पी.एल. का निदेशक नहीं था। एक बेहद कमीना बवाल उठा! कहा गया, संस्थान का अफ़सर पत्रकार को साक्षात्कार देने का क़ानूनन हक़ नहीं रखता। इसीलिए तो हमारी पत्रकारिता इतनी लचर है। सही स्रोत से तथ्यात्मक सत्य न जाना जा सकता है न लिखा। जो सरकार प्रचारित कर दे, वही छापो-बोलो-दिखलाओ वरना अन्धकार में वास करो।

यह घटना उनकी शादी के 11 साल बाद की थी। फ़िलहाल हम बात कर रहे थे उनकी शादी की, जो 1964 में 21 मई को हुई और 27 मई को उनके प्रेरणा स्रोत पण्डित नेहरू चल बसे। क़िस्मत!

दरअसल उनकी क़िस्मत इससे भी गयी बीती थी। जब वे 1962 में उम्मीद और आस्था से जगर-मगर हिन्दुस्तान पहुँचे, तभी हिन्द-चीन युद्ध हो गया जिसकी पण्डित नेहरू ने सपने में भी सम्भावना न देखी थी। हालाँकि सियाचिन में चीन

के क़दम पड़ चुके थे, जिसे उन्होंने यह कह कर उड़ा दिया था तो क्या हुआ, वहाँ घास का तिनका तक नहीं उगता! हिन्दुस्तान की पतली हालत, नाकाफ़ी तैयारी और उस युद्ध में करारी हार के बाद चीन के एकतरफ़ा सीज़फ़ायर ने, पण्डित नेहरू को गहरे अवसाद ने घेर लिया। वे इस हालत में न थे कि अपनी तक़रीर से जुनूनी हुए नौजवान से किया वादा याद करें। आदीश ने उनसे बात करने की कोशिश भी न की। वे जानते थे उन दिनों, नेहरू जी से किसी की बात नहीं करवाई जाती, सारे फ़ैसले इन्दिरा गाँधी लेती हैं। सो डॉ. आदीश्वर प्रसाद जैन की क़िस्मत तो पण्डित नेहरू के जीवित रहते ही फूट चुकी थी। उनकी मृत्यु के बाद जब लाल बहादुर शास्त्री प्रधानमन्त्री बने तो कुछ उम्मीद जगी। पर 1965 में भारत-पाक युद्ध छिड़ गया और उसके ख़त्म होते ही, शिमला समझौते को पुख़्तगी देने ताशक़न्द गये शास्त्री जी का वहीं देहान्त हो गया। अजब चकरघिन्नी-सी घूम रही थी आदीश की क़िस्मत!

ख़ैर फ़िलहाल लौटती हूँ चित्रा के पहली नज़र में इश्क़ पर। जब 1962 में डॉ. आदीश्वर प्रसाद जैन कोर्नेल विश्वविद्यालय अमरीका से संन्यास ले दिल्ली पधारे तो एक समारोह में पिताजी से टकरा गये। चित्रा साथ थी। आदीश की सीरत बतला चुकी, अब सूरत पर आती हूँ। पहली नज़र में वे 'गॉन विद द विंड' के ऐशले विल्क्स की याद दिलाते थे। कहीं और देखती सी नज़र और इन्टेन्स चेहरा। एक नज़र में चित्रा फ़िदा हो गयी। ऊपर से यह क़शिश कि एक तक़रीर सुन सब कुछ छोड़ हिन्दुस्तान चला आया। चित्रा काफ़ी आदर्शवादी थी। चीनी युद्ध से पहले, शिद्दत से प्राथमिक चिकित्सा सीखी और आस-पड़ोस में उपयोग भी ख़ूब की। ममी की लम्बी बीमारियों में ज़्यादातर वही तीमारदारी करती। लगा वह शख़्स उसी के लिए आया है।

उसने पिताजी से साफ़ कह दिया, वह आदीश जैन से शादी करना चाहती है। पिताजी भौचक! "तुम्हारी उससे...उनसे बात हुई है?"

"नहीं। मैंने कहा मैं चाहती हूँ। उनका...पता नहीं।"

"तुम शादी पर कैसे पहुँच गयीं अभी एम.ए. प्रीवियस में आयी भर हो। उनके परिवार के बारे में क्या जानती हो?"

"कुछ नहीं। आप पता कर लीजिए।"

चित्रा को इतना बेबाक निडर कभी न देखा था। असमंजस में तय किया कि उनके घर हो आया जाये। मालूमात ले, आदीश को बिना बतलाये उनके घर, सब्ज़ी मंडी पहुँचे। बाहर की तंग गलियों में ही दम घुटने लगा।

घर पहुँच सिर चकरा गया। बेहद पुरानी दो मंज़िला हवेली, जहाँ दूसरी मंज़िल पर पुराने ज़माने वाला जंगला लगा था, जिसे फलाँग कर एक सिरे से दूसरे सिरे पर पहुँचा जाता। पहला ख़याल यह आया कि उस पर एक खुलने-बन्द होने वाली अस्थायी छत डलवाने की तजवीज़ आदीश जैन को देंगे। फिर मौक़े की नज़ाकत ने झिंझोड़ा और वे आदीश और उनके पुरानी वज़ा के दानिशमन्द पिता से, जिन्हें मंडी की गलियों में सबने इज़्ज़त के साथ लालाजी कह पुकारा था, बातचीत में लगे। बातों-बातों में पूछा, वे लोग वहाँ कब से रह रहे थे।

"हमेशा से," लालाजी का छोटा-सा जवाब था।

"और कब तक रहेंगे?" पिताजी ने मज़ाक़ का पुट दे कर पूछा।

"हमेशा।" जवाब और छोटा था। जैनेन्द्र का 'त्यागपत्र' पढ़े मालूम होते थे।

"जी, बहुत जल्दी नये घर में शिफ्ट हो जायेंगे," आदीश ने बाधा दी।

"अमरीका से आये हैं," लालाजी ने कहा और चुप हो गये।

इतने में नौकर दे मार खाने का सामान ले हाज़िर हो गया। घर की बनी खस्ता कचौड़ी, मूँग की दाल का महीन चीला, मेथी की चटनी, पोदीने की ताज़ा पिसी हरी चटनी और मखाने की खीर। पिताजी के मुँह में पानी आ गया। भाभीजी के गुज़रने के बाद ऐसे व्यंजन खाये न थे वे भी एक साथ। बना कब लिए मैं तो बिना सूचना दिये आया।

"लीजिए न," आदीश और पिता ने एक साथ गुज़ारिश की और आदीश उठ कर परोसने लगे। पिताजी मोहित हुए बग़ैर न रह सके।

कहा, "बहुत लाजवाब बना है। किसने बनाया?"

"अम्मा ने।"

"मिलवाओ तो सही। सीधे शुक्रिया कह दूँ।"

आदीश इधर-उधर करने लगे तो लालाजी ने कहा, "चौके में घुसने के बाद किसी से मिलती नहीं। जैन रीति से... आप जानते ही होंगे।"

"मेरी माँ करती थीं। उनके बाद..."

"जीमिये," उन्होंने बीच में कहा पर इतनी सौम्यता से कि बात कटी न लगी।

कुछ देर बाद जी कड़ा कर पिताजी ने पूछा, "आगे क्या करने का इरादा है?"

"अभी तो नौकरी देखनी है। नेहरू जी ने कहा था बहुत ओपनिंग होंगी। देखता हूँ शोध की गुंजाइश कहाँ ज़्यादा है।"

आदीश के जवाब से पिताजी को ज़िबह होते बकरे की याद आयी। बेचारा, अभी कितना मोहभंग झेलना है! काश शादी के बारे में न सोच रहा हो।

खुद कुछ कहेंगे तो लगेगा लड़की का रिश्ता लेकर आये हैं। फिर इतना माल उड़ा गये। सब कुछ बढ़िया है पर इस घर में चित्रा रह नहीं पायेगी। कभी नहीं। वे ऊहापोह में थे कि लालाजी ने कहा, "फिर शादी भी करनी है।"

बात पूरी होते ही आदीश ने सख़्ती से कहा, "हर्गिज़ नहीं। मैं सोच भी नहीं सकता। पहले शोध पूरा कर लूँ...तब...और यह घर..." कहते-कहते वे चुप हो गये।

"अमरीका से आये हैं," लालाजी ने उसी निर्लिप्त भाव से दुहराया। आदीश का चेहरा तना रहा। पिताजी को यक़ीन हो गया शादी का कोई इरादा न था।

वे ख़ुशी-ख़ुशी घर आये। बतौर मज़ाक़ ख़ूब तफ़सील से वाक़या सुनाया। "मेरा तो दिल दहल गया। जहाँ देखो जैनी, आगे जैनी, पीछे जैनी, दायें जैनी, बायें जैनी। जिसका नाम दरियाफ़्त करो वही लालाजी। बड़ी मुश्किल से लाला जम्बूप्रसाद जैन की पुश्तों पुरानी दो मंज़िला हवेली पहुँचा। ग़नीमत निचली मंज़िल तक महदूद रहा वरना जंगला फलाँग कर दूसरी तरफ़ जाना पड़ता। क्या घर था! यक़ीनन उसमें दो-चार भूत रहते होंगे..."

"कबूतर थे?" ममी ने टोका।

"क्या!"

"अपनी नकुड़ की हवेली में कितने कबूतर थे।"

ममी को नकुड़ की हवेली दिखलाई दे रही थी। देनी ही थी।

"जंगले पर तो अपनी तरह की छत डल सकती है," उन्होंने आगे कहा।

"क्या मतलब, मैं वहाँ छत डलवाने जाऊँ!"

"तुम क्यों जाओगे सुझाव दे दो और समझा दो कैसे करना है। लड़का होशियार है समझ जायेगा।"

"उसका शादी का कोई इरादा नहीं है!" पिताजी फट पड़े।

"आपने पूछा था?" चित्रा ने घबराकर पूछा।

"नहीं। उसने ख़ुद बतलाया," चित्रा के चेहरे पर शक़ तैरता देख जोड़ा, "उसके पिता ने कहा था, इसकी शादी भी करनी है तो उसने शोध का हवाला दे सख़्ती से मना कर दिया। तुमने अपना इरादा छोड़ दिया न। घर को छोड़ो जैसा भी है हमें क्या। पर वह शादी करना ही नहीं चाहता।"

"मुझे उनसे अकेले मिलना है," चित्रा ने कहा।

"तुमने सुना नहीं उनका घर अजायबघर है। और सुनो, माँ पक्की जैन शोधन हैं..."

"भाभीजी की तरह", माँ बीच में बोलीं, "क्या लज़ीज़ खाना बनाती थीं! गौरी, तुमने तो खाया होगा।" इससे पहले आप पूछें गौरी कौन तो याद कीजिए, हमारे घर में पहली तीन बेटियों के दो नाम थे। चित्रा का दूसरा नाम गौरी था जो प्यार से लिया जाता था। "तुम्हारे पिताजी को किसी और का बनाया खाना पसन्द ही न आता था। मैंने तो ख़ैर कभी बनाया नहीं। उनके घर पर तो उम्दा बना होगा," माँ कहती गयीं।

"मैं उनके घर खाने नहीं गया था!"

माँ खिलखिलाकर हँस दीं, "अरे जाओ, किसे बना रहे हो।"

"मुझे उनसे अकेले मिलना है," चित्रा ने बात का रुख़ बदलते देख ज़ोर दे कर दुहराया।

"पर क्यों। मैंने बतलाया न, उसका...उनका शादी का इरादा नहीं है।"

"मैं ख़ुद पूछना चाहती हूँ।"

"क्यों अपनी बेइज़्ज़ती करवाने पर तुली हो!"

"इसमें बेइज़्ज़ती क्या है। जितनी जल्दी उन्हें मालूम हो जाये बेहतर है। शादी तो होगी ही।"

"क्या जहालत है! तुम्हें कैसे पता!"

"मैं एक बार ठान लेती हूँ तो हो कर रहता है।"

बात सही थी। पिताजी डरे इन्सान की तरह ग़ुस्से से बोले, "बकवास!"

चित्रा कुछ कहती उससे पहले ममी बोलीं, "मुझे भी मिलना है।"

"क्यों?"

"ख़ुद देख लूँ लड़का कैसा है," ममी ने निहायत इतमीनान से कहा।

"तुम लोगों की समझ में आ रहा है कि नहीं वह शादी नहीं करना चाहता," पिताजी ने आवाज़ ऊँची कि ममी बोलीं, "अब मुझे हौल तो करवाओ मत।"

पिताजी ने फ़ौरन आवाज़ मुलायम करके कहा, "हम ज़बरदस्ती तो नहीं कर सकते न।"

ममी भी वकील की बेटी थीं, बोलीं, "किसी से नहीं करना चाहता या गौरी से?"

"किसी से।"

"तब हमारे मिलने में क्या हर्ज है?"

"तुम बीच में कैसे आ गयीं?"

"सास हुई न।"

"सास? कैसी सास? जब वह शादी ही नहीं करना चाहता!" अबकी बार पिताजी की आवाज़ ऊँची हुई तो ममी हँस कर बोलीं, "तुम करना चाहते थे?"

"उसका क्या ज़िक्र है?"

"जो होना होता है होता है", ममी ने इतने यक़ीन से कहा कि पिताजी एकदम चुप हो गये।

ममी के ख़तरनाक इंट्यूशन को जगाना नहीं चाहते थे।

चित्रा और आदीश की मुलाक़ात घर पर हुई। उससे पहले आदीश ममी से उनके बेडरूम में जाकर मिल आये। उनसे लोग वहीं मिलते थे। पाँच मिनट की मुलाक़ात खिंच कर आधा घण्टा चली। पिताजी कई बार अन्दर-बाहर हो लिए पर ममी ने बैठने को न कहा। उनकी गुफ़्तगू किस पर हुई बाद में पता चला। आदीश शास्त्रीय संगीत के मर्मज्ञ रसिक थे, ममी मात्र रसिक पर बातचीत के लिए माक़ूल मज़मून था। उसके बाद वे चित्रा से मिले। पिताजी ममी के कमरे में गये तो चमकती आँखों से बोलीं, "लड़का हीरा है। उसकी आँखों का भाव..." रहने दो, कहकर पिताजी बाहर निकल आये। हम जानते थे ममी हर इन्सान को उसकी आँखों के भाव से परखती थीं।

हमारे यहाँ के प्राइवेसी उसूल के चलते किसी का मुलाक़ाती कमरे में जाने का सवाल नहीं था। पर मेरे कान उधर लगे थे और बातचीत के कुछ टुकड़े समझ आ रहे थे। समझा कि आदीश का ख़याल था, चित्रा उनसे फ़िज़िक्स की जानकारी लेना चाहती थी। ममी से गुफ़्तगू के बाद सोचा, संगीत पर चर्चा करना चाहती होगी। उन्होंने पूछा, "आप फ़िज़िक्स में एम.ए. कर रही हैं?"

"नहीं, दर्शन शास्त्र में। आपको उसमें दिलचस्पी है?"

"हाँ, शास्त्रीय संगीत का उससे गहरा ताल्लुक़ है," वे देर तक उस पर बोलते रहे। पहली मुलाक़ात में चित्रा शास्त्रीय संगीत के बारे में इतना जान गयी कि बाद में उनके साथ संगीत सभाओं में देर रात तक शिरकत करने में रस ले पायी।

कुछ देर की उस्तादी चर्चा के बाद, चित्रा ने सहसा कहा, "पिताजी कह रहे थे आप शादी नहीं करना चाहते।" इस औचक हमले से हैरान परेशान वे जी-जी करते रह गये। चित्रा ने दूसरा सवाल किया, "कभी नहीं करना चाहते या अभी नहीं करना चाहते?"

"अभी मुझे बहुत काम है," सँभल कर उन्होंने कहा।

"कब तक ख़त्म होगा?" चित्रा ने मासूमियत से पूछा।

"कभी नहीं मेरा मतलब काम तो चलता ही रहेगा।"

"आप उम्र भर कुँवारे रहेंगे?"

"उसे लेकर आप क्यों परेशान हो रही हैं?"

"मैं जानना चाहती हूँ कि किसी से शादी नहीं करना चाहते या मुझसे नहीं करना चाहते?"

भौचक आदीश देर तक बोलने की हिम्मत न जुटा पाये फिर अस्फुट स्वर में कहा, "आपसे?"

कुछ देर के लिए फ़िज़िक्स और शास्त्रीय संगीत भूल पिछले दिनों में हुई बातों को याद कर हिसाब लगाने लगे कि ग़लती उनके सुनने में रही या समझने में। तर्क कहता था कि उस बाबत बात ज़रूर हुई होगी वरना यह सवाल कैसे उठता... हिसाब पूरा हुआ नहीं था कि चित्रा को कहते सुना, "मैं आपसे शादी करना चाहती हूँ।"

"क्यों?" हठात् उनके मुँह से निकला।

"आप मुझे पसन्द हैं।"

तब तक वे सँभल चुके थे। उन्होंने विस्तार से कहा, उनके लिए गौरव की बात थी पर वे कई बरस शादी नहीं कर सकते थे। उनका घर बहुत दक़ियानूसी था और इस लायक़ नहीं था कि कोई पढ़ी-लिखी लड़की उसमें रह पाये।

"फिर आप तो एम.ए. प्रीवियस में हैं," कुछ फटकार कर जोड़ा, "हर हाल एम.ए. पूरा करना चाहिए। बीच में कोई पढ़ाई छोड़े मुझे क़तई बर्दाश्त नहीं है।"

"आप कहेंगे तो पूरा कर लूँगी शादी के बाद।"

"कैसी शादी? मैंने कहा न मैं शादी नहीं करना चाहता।"

"मुझसे ...या किसी से ...नहीं?"

चित्रा ने इतने मद्धिम सुर में कहा कि उन्हें सुनने के लिए मुँह उसके क़रीब लाना पड़ा। "आपके दाँत बहुत सुन्दर हैं," उसने कहा, "और बाल भी। मेरे दोनों अच्छे नहीं हैं।"

"नहीं-नहीं ऐसा नहीं है।" वे रास्ता भूल गये। फिर सँभल कर बोले, "मैं कह रहा था मैं शादी करके किसी को बेआरामी में नहीं रख सकता।"

"अगर वह आराम से रहे तो?"

"मैं अपने परिवार से अलग नहीं हो सकता। उन्हें साथ लेकर घर बदलूँगा।"

"वही तो। यही तो मुझे पसन्द है।"

"चलता हूँ," वे उठ कर खड़े हो गये।

"भीमसेन जोशी का कॉनसर्ट हो तो मुझे बतलाइएगा। बतलायेंगे न? हमारे घर में माँ के सिवा किसी को दिलचस्पी नहीं है। और माँ...आपने देखा कहीं आ-जा नहीं पातीं," उसने लम्बी साँस भर हाथ जोड़ दिये।

"ज़रूर" कहने के बाद आदीश ही कुछ विलम्ब से बाहर निकल पाये।

बाद में चित्रा ने ममी से कहा, "शादी तो ख़ैर होगी ही।"

"उसने कुछ कहा," पिताजी ने पूछा।

"मैं कह रही हूँ," उसने जवाब दिया।

"तुम्हारे कहने से क्या होता है? वह भी तो राज़ी हो।"

"हो जायेंगे," उसने इतमीनान से कहा।

ममी हँस दीं।

"इसमें हँसने की क्या बात है?" पिताजी नाराज़ लगे।

"लड़का कितना भी तेज़ दिमाग़ हो, है बहुत भोला," कह ममी और खुल कर हँस दीं।

"मतलब?"

"लगता नहीं लड़कियों से ज़्यादा साबका पड़ा है।" अब ममी और चित्रा दोनों हँस दीं।

पता नहीं क्यों मुझे आदीश से हमदर्दी हो आयी। मैंने ममी से कहा, "प्लीज़ इसमें अपना इंट्यूशन मत लगाइए।"

"इंट्यूशन कोई मरहम है कि लगाऊँगी। होता है तो होता है।"

"प्यार की तरह," चित्रा ने इतने धीमे-से कहा कि पिताजी नहीं सुन पायें। ममी के कान तो ख़ैर मुझसे भी तेज़ थे।

"हाँ," पिताजी ने मेरा अनुमोदन किया, "अपना इंट्यूशन रहने देना।"

"मुझे कौन-सा शौक़ है।" ममी ने हमें बर्ख़ास्त करने के स्वर में कहा।

कुछ दिन बीत गये। फिर एक दिन पिताजी के पास आदीश का फ़ोन आया कि चित्रा को बतला दें कि इतवार को भीमसेन जोशी का कॉनसर्ट है। वे जाना चाहती हैं। उन्होंने बतलाने को कहा था। पिताजी एकदम सकपका गये। उनके मुँह से निकला, "आप ही बात कर लीजिए।" चित्रा ने फ़ोन लिया, मासूमियत से कहा, "ओह, आपने याद रखा। थैंक यू सो मच। आप मुझे ले चलेंगे न?"

"मैं?"

"आप जायेंगे न?"

"हाँ...पर..."

"मुझे नहीं ले जाना चाहते कोई बात नहीं। हमारे घर से तो कोई जायेगा नहीं।"

"आपकी बहन हैं न..."

"आप दोनों को ले जायेंगे! थैंक्स। कितने बजे होगा? पिताजी टिकट मँगवा देंगे। आप हमारे घर आ जाइएगा। कार से चलेंगे।"

"कॉनसर्ट बहुत देर से ख़त्म होगा," उन्होंने कहा पर बेरुखी से नहीं।

"कोई बात नहीं ड्राइवर हमें घर छोड़ कर आपको छोड़ आयेगा।"

ममी ने कहा, मैंने कहा था न लड़का बहुत भोला है।

पिताजी ने चित्रा से कहा, "तुमने हमसे बिना पूछे प्रोग्राम बना लिया।"

"मना कर दूँ?"

"अब कह दिया है तो...आगे से पूछ कर तय करना।"

मैंने कहा, मुझसे भी नहीं पूछा मैं जाना चाहती हूँ कि नहीं; उसने कहा बस रहने दो। मैंने रहने दिया और भीमसेन जोशी पर आदीश का पूरा लेक्चर सुनने के बाद उन्हें सुना तो मन में बेहतर उतरा। चित्रा तो रेडियो पर उनका गायन और उस पर टिप्पणी सुन-सुन कुछ ही दिनों में पारंगत हो गयी। पर आदीश का एक पसन्दीदा गायक तो था नहीं। लिहाज़ा जब भी वे कुछ कहते, चित्रा उम्दा शागिर्द की तरह मगन मन सुनती।

कई बार नतीजा यह होता कि उसे अगले कॉनसर्ट की जानकारी देने का क़ौल भर देते। पिताजी के सामने जब उसने दुबारा जुमला उछाला कि घर में किसी को दिलचस्पी है नहीं तो वे तैश में आ गये। बोले, कैसे नहीं है हम भी चलेंगे। लिहाज़ा रविशंकर का सितार सुनने पिताजी, मैं और चित्रा गये; आदीश अलग से आये। पिताजी ठहरे महा अहंकारी सो सीट एकदम आगे की लीं। आदीश की कुछ पीछे थी। कुछ देर बाद मैं उठ कर उनके पास गयी, कहा, "आप आगे आ जाइए, असली पारखी आप हैं, मैं यहाँ बैठ जाती हूँ।" दरअसल उनकी टिप्पणी बिना सब सूना लग रहा था। ज़ाहिर है वे नहीं माने, कोई सज्जन पुरुष न मानता।

असर यह हुआ कि पिताजी का सन्देश ले चित्रा आयी कि आगे कई सीट ख़ाली हैं, पिताजी की गुज़ारिश है कि आप हमारे साथ बैठें। ग़लती हो गयी हमें चार सीट बुक करवानी चाहिए थीं। चलिए न, आपके बिना कुछ मज़ा...मेरा मतलब...समझ नहीं आ रहा। वे उठ कर आगे आ गये पर कहते हुए कि "अगली बार आगे की सीटें मैं बुक करवाऊँगा।"

"ज़रूर बर्खुरदार," इसके सिवा पिताजी उस अदब तहज़ीब वाले ज़माने में क्या कह सकते थे।

उसके बाद मैं पति आनन्द के पास डालमियानगर लौट गयी। मेरा दिल्ली आना तब हुआ जब चित्रा की शादी के दावतनामे से पहले माँ का ख़त मिला। कुल छह महीने गुज़रे थे।

चित्रा की ज़िद या आशनाई जो कहें खरी उतरी।

उसकी बारात आयी तो पिताजी का जुमला याद आया जो उनका घर तलाश करके बोला था। जहाँ देखो जैनी, आगे जैनी, पीछे जैनी, दायें जैनी, बायें जैनी। बारात दुपहर की चिलचिलाती गर्मी में आयी। सूरज डूबने से पहले खाने वाले ठहरे। मैंने नाश्ते की प्लेट कुछ महिलाओं के आगे बढ़ायी तो उन्होंने कहा, "हम ऐसे-वैसे, इस-उस के हाथ का नहीं खाते। आप जैन हो?" "जी", मैंने कहा, "लड़की की बहिन हूँ।" "और ब्याह किससे हुआ है?" मन हुआ कह दूँ शुतुरमुर्ग से। पर सच उगल दिया वे जैन नहीं हैं। "बस मुँह न खुलवाओ। समझ जाओ। हमारे यहाँ तो औरतों का बारात में जाने का चलन है नहीं पर डॉक्टर आदीश्वर न माना। अमरीका से आया है।"

ख़ुशक़िस्मती से तभी हमउम्र बुआ उषा आ गयी। उसने आते ही मोर्चा सँभाल लिया। "चिन्ता क्यों कर रही हैं मौसीजी, मैं जैनी से ब्याही हूँ और पक्की शोधन हूँ। अभी लाती हूँ आपके लिए नाश्ता। आओ उमा।" उसने फटाफट प्लेटों से नाश्ता चाँदी की चमकती तश्तरियों में पलटा ऊपर से मिर्च-मसाला बुरका और स्टील की थाली में सजा चल दी। चाँदी की तश्तरियाँ देख मैंने पूछा कहाँ से आयीं? "नक़ली हैं," वह फुसफुसाई, "तुम यहीं रहो, उन्हें चित करके आती हूँ," उसने सिर का पल्ला आगे खींच घूँघट सा बनाया और चल दी।

मज़े में मामला निबट गया। मुझे सुना कर महिलाओं ने कहा, जैन परिवारों की बात ही और है। उषा ने हामी भरी। "देखिएगा, चित्रा आपके यहाँ कितनी फ़िट बैठती है। मेरी पक्की सहेली है।"

शुक्र था कि चित्रा की सास, बला की शोधन होते हुए भी उलाहने देने वाली न थीं। अत्यन्त सौम्य और साध्वियों सा जीवन जीने वाली थीं। चित्रा से क़तई अपेक्षा न थी कि गीले बदन, एक कपड़ा पहन रसोई करेगी। कुछ आदीश का डर होगा, इतनी मुश्किल से शादी को तैयार हुआ कहीं वापस अमरीका न पलट ले। कुछ यह ख़याल होगा कि ससुर के सामने जवान बहू बदन उघाड़े कैसे बैठेगी? हालाँकि वे ख़ुद हफ़्ते में दो बार निर्जल उपवास रखतीं; छोटी-सी ग़लती

के प्रायश्चित्त में व्रत करतीं, पर औरों के लिए वह लज़ीज़ खाना बनातीं कि उँगलियाँ चाटो। हर दस-पन्द्रह दिन में पिताजी और जो बहन दिल्ली में हुई, उसे चाट पकौड़ी के लिए न्योतने लगीं। तंग गलियों, जैनियों की भरमार और पुराने नुमाइशी घर को पिताजी काफ़ी हद तक भूल गये। कोई नहीं भूला तो आदीश। साल भर के अन्दर चित्रा ने बेटे को जन्म दे दिया जो उनकी हर कोशिश के बावजूद, अस्पताल से उसी घर में पलटा।

तब उन्होंने पूरे परिवार समेत घर बदलने की बात चलाई। कोई तैयार न हुआ। दो छोटे भाई थे, घर के बजाय एक, मुल्क बदल अमरीका चला गया। दूसरे ने माँ-बाप के साथ रहना पसन्द किया, जो किसी हाल टस-से-मस होने को तैयार न थे। सिर्फ़ पत्नी को ले दूसरे घर में जाने से उनके हर उसूल की हार होती। अजब असमंजस में पड़ गये।

हालात ने ही असमंजस काटा। फ्रांस से बुलावा आया, मय परिवार पधारें और वैज्ञानिक की ऊँची पदवी सँभालें। उन्होंने हाँ कहा कि पता चला चित्रा दुबारा गर्भवती थी। वे सिर पकड़ बैठ गये पर चित्रा अजब शै थी, गर्भ के आठवें महीने में जब कोई एयरलाइन जहाज़ में सफ़र करने की इजाज़त नहीं देती, दस महीने के दूसरे बच्चे को थामे एयर फ्रांस से पेरिस जा पहुँची। वह कमाल फ्रांसीसी सरकार का भी था। आदीश को पाने की बेकरारी ने होने वाले और हो चुके बच्चे के साथ बीवी को न्योता ही नहीं; एयर फ्रांस को उन्हें टिकट देने के लिए भी मना लिया।

अमरीका से दिल्ली पहुँचते ही आदीश ने ग्रीन पार्क में 500 गज़ का प्लॉट ख़रीद लिया था। योजना थी, मय बाग़-बग़ीचा इतना बड़ा मकान बनाएँगे कि संयुक्त परिवार के लिए भी जगह होगी और निजता भी बनी रहेगी। उन दिनों ग्रीन पार्क क़ुतुब के पास के वीरान इलाक़े की तरह जाना जाता था, जिसे कुछ सिरफिरों ने रिहायशी मोहल्ला बनाने का बीड़ा उठाया था। जब परिवार के कर्ता ने ही संयुक्त रहने से इनकार कर दिया तो आदीश ने मायूस हो कहा ज़मीन बेच देते हैं।

लालाजी की व्यापारी बुद्धि को सरासर अहमक़ाना तजवीज़ मालूम दी। वे जानते थे, चूँकि कम क़ीमत पर ख़रीदी उस ज़मीन के दाम दिनोंदिन बढ़ने वाले थे; एक दिन वह उन्हें मालामाल करेगी। पर ग़ैरक़ानूनी क़ब्ज़ा करने वाले बदमाशों से बचाने का एक ही तरीक़ा था कि तुरत मकान बना लिया जाये। आदीश के विदेश रहते अपनी वाज़दृष्टि के नीचे लालाजी ने उस पर सवाल जवाब में

खरे, आगे-पीछे दो मकान बनवाये। एक में ख़ुद रहो, दूसरा किराये पर चढ़ाओ, फ़ायदा ही फ़ायदा। इतना ख़ून-पसीना बहाने के बावजूद, ख़ुद सब्ज़ी मंडी छोड़, उसे आबाद करने की ख़्वाहिश न हुई। बनवा कर आदीश के वापस आने तक, उसी वाज़दृष्टि के नीचे दोनों हिस्से किराये पर चढ़ा दिये। ऐसे किरायेदार चुने जो किसी हाल मकान ख़ाली न करने का बखेड़ा नहीं कर सकते थे।

मुझे पूरा यक़ीन था आदीश दुबारा हिन्दुस्तान लौटने की ग़लती नहीं दोहराएँगे। यानी फ्रांस में बस जायेंगे। पर साहेब, जिस पर आदर्शवाद की दीवानगी के दौरे पड़ते हों किसी के पुख़्ता यक़ीन की क्या लाज रखेगा?

पाँच साल बाद वे लौट आये। दोनों बच्चे फ़र्राटेदार फ्रांसीसी बोलते थे; तमीज़-तहज़ीब में भी फ्रांसीसी थे। हिन्दी भी उम्दा बोलते थे, चित्रा और आदीश ने घर पर नींव डाली थी। पर हिन्दुस्तान में दोनों बेकार थीं। 1974-75 में स्कूल में दाख़िला लेने के लिए ज़रूरी थी, अंग्रेज़ी। उन्हें लतीफ़ फ्रेंच के बजाय ज़मीनी अंग्रेज़ी सिखलाई गयी। काश हम पर इंग्लिस्तान के बजाय फ्रांस ने हुकूमत की होती। एक नफ़ीस ज़ुबान तो सीख पाते।

लुब्बोलुबाब यह कि वतनपरस्ती कहें या ख़ब्त बार-बार हिन्दुस्तान लौट आने की वजह से, आदीश उस मयार पर न पहुँच सके जहाँ के हक़दार थे। हाँ, व्यापारी पिता की मेहनत और सूझबूझ की बदौलत बने ख़ूबसूरत मकान में बसर कर काफ़ी हद तक ख़ुशहाल ज़िन्दगी जी। उस हद तक जिस तक कोई ज़ेहनी और ईमानदार आदमी अपने मुल्क में जी सकता है। मुल्क बदलने को कोई राज़ी न हो तो मुल्क की फ़ितरत तो बदली नहीं जा सकती। बच्चे ज़ेहनी थे, इसी देश के वासी बन बाज़ार और कोर्पोरेट फैलाव की वजह से पद और दौलत में उन्होंने पिता से ऊँचा मयार पाया। बस फिर... और क्या चाहिए?

मिलिए एक अजब-ग़ज़ब किरदार से

इससे पहले कि मैं अपनी तयशुदा शादी के बारे में बतलाऊँ, अपनी हमउम्र एक किरदार के बारे में बतलाना चाहूँगी। वह हमारी बहन नहीं थी पर बहन जैसी ज़रूर थी।

उनके बारे में पहले न कहा तो यह सोच कर कि उन्हें और उनकी माँ को बुरा लगेगा। माँ अब है नहीं बाप पहले ही गुज़र चुके थे। इसलिए अब कहने की हिम्मत कर रही हूँ। वे पिताजी के हमउम्र और हमनिवाला साथ पढ़े और बाक़ी चचेरे-ममेरे भाइयों से ज़्यादा अज़ीज़, मरहूम कज़िन की बेटी थीं। मैं नहीं चाहती, इस कहानी को सुन किसी को रंज पहुँचे। फिर भी कहना चाहती हूँ, क्योंकि यह अज़ीम दिलेरी की दास्तान है। मैं समझती हूँ मनोवैज्ञानिक रूप से उससे बहुत कुछ सीखने को मिलेगा।

उनकी बेटी, मेरी हमउम्र सरो को ममी और पिताजी बहुत चाहते थे। स्कूल या कॉलेज की छुट्टियों में वह महीना-दो महीना हमारे साथ गुज़ारती। मुश्किल कोई थी तो यह कि उसे आम इस्तेमाल की चीज़ें चुराने का ख़ब्त था। जब भी हमारा ख़ास दुपट्टा, लाख के कड़े, पेन या ख़ूबसूरत बटुआ ग़ायब होता तो समझ जाते सरो ने लिया होगा। मज़े की बात यह थी कि बटुए में पैसे होते तो अपने पर ख़र्च न करके हमें चाट-मिठाई खिला लाती। नुक़सान एक का होता फ़ायदा सब बहनों का। पर चुराई चीज़ पसन्दीदा दुपट्टा या कुर्ता होता तो हम काफ़ी खीजते। चाह कर भी ममी-पिताजी से न कह पाते क्योंकि वह हमारी अनन्य सहेली थी। तरह-तरह के खेल जानती थी और उनमें नयी ईजाद करती रहती थी। स्टापू में एक के बजाय दो बार दोनों पैर नीचे रख कूदना। गुल्ली डंडे में गुल्ली के नये आकार बनाना, डंडे को आगे से नुकीला बना देना। बोल मेरी मछली कितना पानी में सिर के ऊपर पानी लहराता दिखला ऊपर की तरफ़ दौड़ने के बजाय

नीचे कूदना वग़ैरह। नयी लड़की को तभी खेल में शामिल करती जब वह क़ौल भरती कि नया क़ायदा किसी को बतलायेगी नहीं। उस रोमांच को कैसे छोड़ते?

चोरी करने पर पछतावा तो दूर, वह आराम-तसल्ली से चुराया कपड़ा पहन सबके सामने आ जाती। मैं क़रीब चौदह साल की रही हूँगी जब हमने तय किया कि उससे कहें वह मेरे सन्दूक से निकाला दुपट्टा पहने बैठी है। कहा तो फट से बोली, "तुम्हारा है तो तुम ले लो" और दुपट्टा उतार मेरे हाथ पर रख दिया। चित्रा उसकी ख़ास सहेली थी, उसने मुझे खा जाने वाली नज़रों से देखा। सरो चैन से बैठी रही पर हम शर्म से गड़ गये। उन दिनों कोई जवान लड़की दुपट्टा उतार बैठती न थी। मैंने जल्दी से दुपट्टा उसके गले में डाल कहा, "मुझे पता नहीं था तुम्हारा है। सॉरी।"

दस साल से ऊपर बीत गये। मेरी शादी हो गयी। मैंने बहुत शौक़ से अपने लिए फ़िरोज़े के बुन्दे और कड़े बनवाये। मेरी शादी के अगले साल चित्रा की शादी थी। मैंने फ़िरोज़ी साड़ी ख़रीदी कि बुन्दों और कड़ों के साथ पहनूँगी। शादी की रेलपेल में घर पर लोग दुगुने हो गये थे। पर्दे डले रैक का एक-एक तख्ता हर बहन के हिस्से आया था। मैंने एक डिब्बी में ज़ेवर रख अपने हिस्से के तख्ते पर रख दिये। जब सजधज कर पहनने को परदे के पीछे हाथ डाला तो डिब्बी मिली नहीं। परदा हटा सब बहनों ने मिल कर ढूँढ़ा पर हाथ न आयी। बाक़ी सब का सामान महफ़ूज़ था सिर्फ़ मेरा ग़ायब क्यों था? शादी के घर में किसी से कुछ कहने का सवाल न था। हमने खुद को यक़ीन दिलाया कि मैं ऐन वक़्त ज़ेवर रखना भूल गयी हूँगी। मंजुल ने कहा, है जो भुलक्कड़ जो मैं क़तई न थी। दूसरी साड़ी पहनी और मंजुल से बुन्दे माँगे। ज़ेवर के ग़म में फ़िरोज़ी साड़ी दिमाग़ से निकल गयी।

अगले साल सरो की मँगनी का न्यौता आया। मुजफ़्फ़रनगर गये तो देखा वह मेरे बुन्दे, कड़े ही नहीं साड़ी भी पहने बैठी थी। चित्रा ने मुझे देखा मैंने उसे फिर दोनों ने सरो को। हमारा सब्र चुक गया। हम कुछ कहते उससे पहले सरो बोली, "ये सब तुम्हारा दिया हुआ है, उमा। याद नहीं? मुझ पर फब रहा है न?" हम हाँ के सिवा क्या कहते सो कह दिया।

दो साल और बीते। सरो की ज़िन्दगी में नया अध्याय शुरू हुआ। उसकी शादी हो गयी और हिन्दुस्तानी रिवायत के मुताबिक़ एक साल के अन्दर बेटा। पति रोहतक में थे इसलिए मैं और चित्रा पिताजी के साथ बच्चे को आशीर्वाद देने गये। बच्चे के पाँच कपड़ों का सेट (क़मीज़, निकर, चादर, तकिया और कम्बल)

और खिलौने, मिठाई वग़ैरह लेकर। सरो ने हमेशा की तरह ख़ातिरदारी की। एक से एक चुनिन्दा व्यंजन से सजा लज़ीज़ खाना खिलाया। उसके पति, सतीशजी, ज़रूर कुछ चुप्पे लगे पर इतने वाचाल ससुरालियों के बीच कोई भी मर्द संकोची हो जाता। चलने लगे तो अपने हाथ के बने लड्डू-पंजीरी ही नहीं, कई तरह के अचार-चटनी साथ बाँध दिये। उसके उपहार हमारे तोहफ़ों से इक्कीस रहे। हमेशा की तरह।

लौटकर हमने देखा चित्रा का शान्तिनिकेतनी पर्स और मेरी इलायची-सुपारी की डिब्बी ग़ायब थी। यानी कुछ बदला न था। सोचा था अमीर घराने में शादी के बाद उठाईगिरी की आदत छूट गयी होगी। हमने पिताजी-ममी से कुछ न कहा। कहते तो शायद अपनी नासमझी से बाहर निकल आते। दो दिन बाद सरो के पति सतीशजी मेरी डिब्बी और चित्रा का पर्स लौटाने आये। शर्मिन्दगी पर साफ़गोई से कहा कि सरो ने पार कर दिये थे, पिताजी के सामने बाक़ायदा रो दिये। हम भी बाबर रोड पहुँचे हुए थे। उन्होंने सतीशजी के कन्धे पर हाथ रख हमें सख़्ती से घूरा। हम सिटपिटा कर बोले, "छूट गये थे बाथरूम में।"

"नहीं!" रोना बन्द कर वे सख़्ती से बोले, "झूठ मत बोलिए। यह पहली बार नहीं है, मैं बहुत आज़िज़ आ चुका हूँ। मैं सरो से डिवोर्स चाहता हूँ। उनका, दोनों का ख़र्च मैं उठाऊँगा।"

तब तक ममी आ चुकी थीं। उनके कान बहुत तेज़ थे इसलिए बेडरूम से बैठक की बातचीत सुन ली थी। आते ही बोलीं, "ओह, मैं न जानती थी आप अपने बेटे से बिल्कुल प्यार नहीं करते।" सतीशजी ने तिलमिला कर कहा, "प्यार तो मैं सरो से भी करता हूँ पर यह बर्दाश्त बाहर है।"

"किसी के भी होता पर इसका इलाज है। आपने पढ़ा होगा ब्रिटिश वायसरॉय की बीवी भी यह करती थीं।"

"नहीं पढ़ा," उन्होंने तुर्शी से कहा।

"मैंने पढ़ा है। यह एक बीमारी है। इसे क्लेप्टोमेनिया कहते हैं। इसका रुपये-पैसे से ताल्लुक़ नहीं होता। एक तरह की लत है, एडिकशन। पहले भी ऐसी वारदातें हुई होंगी। ये बेवक़ूफ़ लड़कियाँ हमें पहले बतला देतीं तो जैन साहब (पिताजी) सरो का अब तक इलाज करवा देते।"

तभी मुझे याद आ गया कि एक किताब में उसके बारे में पढ़ा था। ज़ाहिर है ममी ने मुझसे ज़्यादा पढ़ा था। "चलो अब सही," वे कह रही थीं, "सरो को साईक्याट्रिस्ट के पास ले जाना होगा।"

इतना सुनना था कि सतीशजी कूद कर खड़े हो गये। "साईक्याट्रिस्ट! कभी नहीं! इससे तो अच्छा है मैं अमरीका चला जाऊँ।" हमारी समझ में न आया अमरीका से उसका क्या ताल्लुक़ था। उन्होंने ही कहा, "मुझे शिकागो में नौकरी मिल रही है। मैं वहाँ चला जाऊँगा। सरो और बब्बू को आपके पास छोड़ जाऊँगा।"

"बिल्कुल नहीं!" पिताजी ने इतनी सख़्ती से कहा कि वे दुबारा रुआँसे हो गये, बोले, "मैं कह रहा हूँ न पूरा ख़र्च दूँगा।"

"नहीं, हम उन्हें किसी हाल यहाँ नहीं रख सकते। किराये पर मकान लेकर आप सैटल कर जाइए। फिर जो उनकी क़िस्मत में हो।"

मारे अचरज मेरा और चित्रा का बोलना-हिलना मुश्किल हो गया। क्या कह रहे थे पिताजी? वह भी सरो के लिए जिस पर जान छिड़कते थे। जब कि हमारे मकान में ऐन, गैन, कैन, जने कितनों ने घर बसाया हुआ था।

ममी ने अपना रास्ता अपनाया, बोलीं, "मेरा दिल घबरा रहा है। मैं लेटने जा रही हूँ। आया, जूस!" ममी की फ़ितरत थी; अपनी जानकारी और हमदर्दी दिखला असल काम पिताजी, चाचा, आया या हम पर छोड़ वापस बिस्तर पर बिराज जाना।

"मैं उन्हें अमरीका नहीं ले जा सकता!" वे कुनमुनाये।

"मैंने कहा न मकान किराये पर ले लीजिए। बैंक में पैसा जमा करवा दीजिए जिससे महीने के महीने आम ज़रूरियात पूरी हो सकें। ख़ुदा-न-ख़ास्ता कोई परेशानी हो गयी तो... अल्लाह मालिक है। उसी के भरोसे आप बच्चा छोड़ रहे हैं न।"

"आप कुछ नहीं करेंगे?"

"नहीं। ख़ुदा के फ़ज़्ल से मेरे अपने छह बच्चे हैं जो बमुश्किल कुछ सयाने हुए हैं। एक और बच्चा पालने की क़ूवत नहीं है।"

हमने पहली बार पिताजी को "क़ूवत नहीं है" क़बूलते सुना। पसीने छूट गये। शायद सतीशजी के भी। उन्होंने हाथ जोड़े और आनन-फानन बाहर बढ़ लिए।

उनके फ़ैसलों की बाबत पिताजी से पहले कभी सवाल न किया था तो अब कैसे करते? ममी की लाड़ली चित्रा ने उनसे बात चलाने की कोशिश की तो वे बोलीं, "दिल घबरा रहा है। जूस में ग्लूकोज़ डाल दो।" चित्रा आगे बढ़ी तो आयाजी ने डाँट दिया। "मिला दिया था हम। ममी को आराम करने दो। बकर बकर बाद में।" वह अपना सा मुँह लिए लौट आयी।

अगले दिन ममी ने बतलाया कि पिताजी सतीशजी से कह आये हैं कि सरो को अमरीका ले गये तो वहाँ इलाज तसल्लीबख़्श होगा और ज़रूर होगा। यह जानकारी ममी ने ही उन्हें दी थी। इस कहानी का अन्त तसल्लीबख़्श रहा, साईक्याट्रिस्ट के इलाज की तरह। अगले साल ख़बर आयी कि सरो एक स्टोर के कैश काउंटर पर काम कर रही थी।

हमारा मुँह खुला रह गया पर ममी आराम से बोलीं, "मैंने पहले ही कहा था!"

कब कहा हज़ूर, हमने पूछा नहीं क्योंकि कुछ देर मनन करने पर ब्यौरेवार बातें याद आ गयीं। नतीजा निकला कि मार्फ़त ममी उवाच, इलाज इतना तसल्लीबख़्श हुआ कि सरो को कैश काउंटर पर काम मिल गया। या कैश काउंटर पर काम इलाज का हिस्सा था? मैंने पहला क़यास बयान किया, चित्रा ने दूसरा और दोनों पर ममी ने कहा, "मैंने पहले ही कहा था।"

हम मुतमईन हुए हालाँकि धुकड़-पुकड़ बनी रही कि सरो के काम छूटने की ख़बर अब आयी कि अब। पर काम चलता रहा। दो साल बाद मैनेजर बन गयी। एक बदलाव और आया। सतीशजी ने सरो के बजाय उसे सरोजिनी जी कहना शुरू कर दिया और हमें भी ताक़ीद की कि इसी नाम से पुकारें। उनका कहना था नाम छोटा करके पुकारने से आदमी छोटा महसूस करता है। हमने ममी से नहीं पूछा उन्होंने ऐसा कहा था क्योंकि हमें यक़ीन था ज़रूर कहा होगा वरना सतीशजी तक वह तहज़ीबी बात पहुँचती कैसे!

क़रीब पाँच साल बाद, पति और चार बरस के बेटे सतीसर के साथ सरोजिनी जी दिल्ली तशरीफ़ लायीं। (बेटे का नाम सतीश और सरो को मिलाकर बना था) मतलब पूछने पर सतीशजी झल्लाये, "मतलब का क्या मतलब? अमरीका में नाम का मतलब नहीं होता। ध्वनि होती है; जितनी लम्बी, उतना बड़ा नाम और शख़्सियत।"

गुज़रे वक़्त में पिताजी का सरो को अपने घर पनाह देने से इनकार करने का उन्हें मलाल न था, बल्कि लम्बी ख़तोकिताबत के दौरान पिताजी के ममनून हो गये थे। उस प्रवास में सरोजिनी जी, सतीसर और सतीशजी की जो ख़ातिरदारियाँ हुईं क्या बयान करूँ। घूमने-फिरने और दावत उड़ाने को चित्रा को भी बुला लिया जाता, सरो की ख़ास सहेली जो थी। एक वही थी जो उसे सरो पुकारती थी। मैंने कहा सतीशजी चाहते हैं सरोजिनी जी कहा जाये तो बोली, भाड़ में जाये सत्तू! वाह! वहाँ तो और ही मौसम था!

कभी-कभी मुझे भी बुला लिया जाता, सो ख़ातिर की चश्मदीद गवाह हूँ। ख़ातिरदारी के साथ ख़रीदारी जुड़ी रहती। मैं बाज़ार करने की शौक़ीन नहीं हूँ।

कभी-कभाक साथ लटक लेती। पर चित्रा और सरो ही नहीं सत्तू महाशय भी दिल लगा कर ख़रीदारी करते। साड़ी के कपड़े की नफ़ासत, रंग और छापे या कढ़ाई-बुनाई पर देर तक बहस होती तब ख़रीदी जाती। ख़याल रखा जाता कि एक रंग या डिज़ाइन की साड़ी दोनों न ख़रीद लें। थोड़ी देर बाद मैं बोर हो जाती और उन दिनों पढ़ रही किताब के बारे में सोचने लगती। एक दिन, एक साड़ी पर बहस इतनी दिलचस्प हो गयी कि ध्यान खींचे बग़ैर न रही। दोनों को दिलोजान से एक ही साड़ी पसन्द थी। बार-बार दोनों एक-दूसरे से कह रही थीं कि वह दूसरी ले ले, वह कोई और देख लेगी। तंग आकर मैंने कहा, "छोड़ो तुम यह मैं ले लेती हूँ", मैंने साड़ी उठाई कि दोनों ज़ोर से चीख़ीं "नहींऽ" और साड़ी झपट ली। "ऐसा करो आधी-आधी बाँट लो।" उन्होंने मुझे जलती नज़र से घूरा और दुकानदार से बोलीं, "इससे मिलते-जुलते डिज़ाइन में जितने रंगों में साड़ी हों दिखलाइए।"

उसने दिखलानी शुरू कीं। एक के बाद एक साड़ी, क्रीं-फ़र्र, क्रीं-फ़र्र की आवाज़ के साथ खुली और अलग खिसका दी गयी। मेरा सिर घूमने लगा, जी मिचलाने लगा। मैंने सतीशजी से दरख़्वास्त की मुझे नीबू सोडा पिलवा लायें। उन्होंने मुझे ऐसे देखा जैसे मनोचिकित्सक मरीज़ को देखता है और उठ खड़े हुए। जब तक हम ताज़ी हवा खा और सोडा पी लौटे उन्होंने दो अलग साड़ियाँ पसन्द कर ली थीं पर लगा ललचाई नज़र दूसरे की साड़ी पर टिकी थी। ओऽ माँ, कहीं दुबारा शुरू न हो जायेंऽ मैं धीमे से फुसफुसाई कि सतीशजी ने ज़ोर से उचारा, "चलो चाट खायें।" हाँ-हाँ, सब सहमत हुए और हम चाँदनी चौक की मशहूर सेंट्रल बैंक की पकौड़ी खाने चल दिये।

सरो ने गोली वाले मसाले सोडे की माँग की तो उन्होंने नहीं बतलाया कि हम पी आये हैं सो एक और चढ़ा गये। घर वापस आने पर फिर साड़ियों का मुआइना हुआ। सबने तारीफ़ की तो दोनों ख़ुश हुईं। पर उन दो साड़ियों को तारीफ़ के बाद भी देर तक उलटती-पलटती रहीं। उनकी नज़रों का जायज़ा ले मैंने सुझाव दिया कि वे साड़ी अदल-बदल लें ताकि दोनों ख़ुश रहें। पर वे नहीं मानीं।

एक दावत में दोनों ने वे साड़ियाँ एक साथ पहनीं। काफ़ी तारीफ़ हुई; कुछ ने सरो की साड़ी की ज़्यादा की, कुछ ने चित्रा की। पर ख़ुद वे एक-दूसरे की साड़ी को ज़्यादा तवज्जह देती रहीं। बात आयी-गयी हुई। एकाध बार मैंने किसी और मौक़े पर चित्रा से वह साड़ी पहनने की सिफ़ारिश की तो वह बोली, "फिर कभी।"

सरो तीन हफ़्ते पिताजी-ममी और स्वर्णा आया के साथ दिल्ली रही। सत्तू को उतने दिन की ही छुट्टी मिलती थी। अकेले और दिन ठहरने को किसी ने न कहा सिवाय आयाजी के। "ओभी रहो न।" उनके जुमले के बीच सतीशजी ने बाधा दी, "नहीं-नहीं, उनसे मत कहिए रुक गयीं तो मेरा क्या होगा!"

"ख़ासा आशिक़ निकला सत्तू", मैंने फुसफुसा कर चित्रा से कहा तो जाने क्यों वह नाराज़ हो गयी, बोली, "सब शौहर जीजाजी जैसे नहीं होते।"

बात सही थी। मेरे हमसफ़र कुछ ज़्यादा आज़ादख़याल सफ़री थे! ख़ुद भी सफ़र पर रहते और मेरे रहने पर एतराज़ न करते। आप कहेंगे हम साथ सफ़र कर सकते थे। ज़रूर! पर शायद ही कभी किया। ख़ास वजह न थी पर उसका न होना ही जब-तब मुझे अवसाद में डाल देता। चित्रा कहती गयी, "दीदी को देखो। मुम्बई से जब साल-दो साल में दिल्ली आती हैं तो जीजाजी के साथ!"

"छोड़ परे", मैंने खीज कर कहा, "तू एक बात के पीछे क्यों पड़ जाती है!"

सरो की तीन हफ़्तों की रिहाइश में मेरी एक भी चीज़ गुम न हुई। सिवाय टेराकोटा की सुरम्य गणपति मूर्ति के। पर उसे वाक़ई गुम होना नहीं कह सकते थे। आधे घण्टे के भीतर सरो ने मेरे पास आ कर कहा था, "यह मूर्ति मैं ले सकती हूँ न, सतीश को दिखलाने ले गयी थी। वहाँ तो मिट्टी का कुछ मिलता ही नहीं। बड़ा सूना लगता है।"

"हाँ-हाँ," कह मैंने चार और मिट्टी की मूर्तियाँ, लक्ष्मी, सरस्वती, हनुमान, महादेव ला दीं। तब नये अमीर मिट्टी को टेराकोटा कहने लगे थे, महँगाई की बू जो आती थी। सरो का मिट्टी कहना मुझे भला लगा। सुदूर देश में अपनी मिट्टी का कुछ न मिलना रुआँसा कर गया।

घर को सूना कर मय परिवार सरो चली गयी।

घर अपनी रफ़्तार से चलने लगा। मैंने मंजुल से चित्रा की साड़ी की काफ़ी तारीफ़ की थी। आदत के मुताबिक़ उसने झट कहा, "एक दिन मैं पहनूँगी।" कोई भी अच्छी साड़ी बहनों के पास दीखती तो यही कहती, पहनने की नौबत कम आती। पर मन बहलाने को ख़याल अच्छा था। इस बार साड़ी का रंग जामुनी था यानी मंजुल की ख़ास पसन्द। कुछ दिन गुज़रने के बाद हम तीनों बहनें सहेली के जन्मदिन पर जा रही थीं तो उसने चित्रा से पूछा, "वह वाली साड़ी लायी है न?" चित्रा ने गर्मजोशी से हामी भरी पर ऐन वक़्त पर बोली, "अरे साड़ी लाना तो भूल गयी।"

"कैसे भूल गयी! मैंने तुझे कितनी बार याद दिलाया था।" उसने ग़ुस्से से कहा। अपनी आदत के मुताबिक़, मंजुल, साड़ी से मिलान कर पूरा शृंगार कर चुकी थी। जामुनी और फ़ाल्साई रंग के बार्डर वाला ब्लाउज़, फ़ाल्साई से उन्नाबी तक झिलमिलाती काँच की चूड़ियाँ, बैंजनी बिन्दी, फ़ाल्साई लिपस्टिक वग़ैरह। उसका सजीला रूप देख मैं घबरा गयी। "और कोई मैचिंग साड़ी नहीं है क्या?" मैंने डरते-डरते पूछा। "नहीं!" उसने मैचिंग चप्पल और पर्स दूर फेंकते हुए कहा और चूड़ियाँ उतारने लगी। ग़ुस्से पर क़ाबू रखने की कोशिश के बावजूद दो-चार टूट गयीं जिससे वह और नाराज़ हो गयी। बिन्दी मिटाने तक बाक़ायदा फुँफकार रही थी।

जन्मदिन दरअसल मंजुल की ख़ास सहेली का था, हम तो झुग्गे में जा रहे थे इसलिए यह नहीं हो सकता था कि वह न जाये। दूसरी साड़ी तय करने और दुबारा तैयार होने में काफ़ी वक़्त लगा, जिस दौरान चुप्पी छायी रही। वहाँ पहुँचे तो जैसे ही सहेली ने कहा, "इतनी देर से..." मंजुल फट पड़ी। चित्रा की तरफ़ इशारा करके बोली, "यह मोहतरमा एक सड़ियल-सी साड़ी पहन कर खड़ी हो गयीं जो तेरी सालगिरह के लिए मौजूं न थी। बदलवा कर अपनी पहनवाई तो पूरा शृंगार दुबारा करने बैठ गयी। ...सॉरी, देर हो गयी... माफ़ करना।" न मेरे मुँह से बोल निकला न चित्रा के; मंजुल अलबत्ता उसके बाद चहकती रही।

जब उस साड़ी का न पहनना दो-चार बार और हुआ तो मेरा शक़ यक़ीन में बदलने लगा कि साड़ी गुम हो चुकी होगी। वरना कोई औरत इतनी पसन्द से ख़रीदी साड़ी पहनने में कोताही क्यों करेगी। जब एक दावत पर जाते हुए फिर उससे इसरार किया कि वही साड़ी पहने तो वह झल्ला कर बोली, "साड़ी न हुई नूरमहल की सराय हो गयी! नहीं पहननी मुझे तुमसे मतलब!" मुझे यक़ीन हो गया कि साड़ी के गुम होने का वही मतलब है, जो मुँह खोल कर हम कहना नहीं चाहते। काफ़ी बुरा लगा। काश यह फिसलन न हुई होती। पर सुन रखा था लत छोड़ने में दो-चार बार पाँव फिसलता है इसलिए पूरी तरह नाउम्मीद न हुए। चित्रा को उम्मीद में मुझसे ज़्यादा यक़ीन था सो उसने अपने को समझा लिया कि साड़ी खोयी नहीं ग़लत जगह रखी गयी है।

फिर कहानी में ऐसा ट्विस्ट आया कि नाउम्मीदी ने ख़ुद उम्मीद सा गुल खिला दिया। तीनेक महीने बाद चित्रा के नाम शिकागो से फ़ेडेक्स की मार्फ़त पार्सल आया। खोला तो वही साड़ी! ख़त में सरो ने लिखा था, "ग़लती से तुम्हारी साड़ी

मेरे साथ आ गयी। अभी देखी तो वापस भेज रही हूँ।" साथ लिपस्टिक, परफ़्यूम और सुन्दर बैग था। "वाह! साड़ी तो बाल-बच्चों समेत लौटी," मंजुल ने कहा।

साड़ी मिलते ही चित्रा ने फ़ोन पर मुझे और मंजुल को सूचना दे दी। मंजुल बम्बई में थी तो तीन मिनट की ट्रंक कॉल महँगी पड़ी पर चित्रा को पैसे नहीं सहेली पर यक़ीन वसूल होता लगा। मंजुल ने मुझे लिखा, "एक बार पहन कर सरो का मन भर गया होगा सो सत्तू से मय सूद वापस करवा दी।"

ऐसी अनूठी क्लेप्टोमेनियक थी सरो मर्ज़ में भी और सेहत में भी।

दिनोंदिन वह सेहतमन्द होने के साथ पदोन्नति करती गयी। अमरीकनों को उसने अपने वश में कर लिया। पहले ऐसा नायाब खाना खिलाया जिसके बारे में उनकी सात पुश्तों ने न सुना था। फिर बाक़ायदा क्लास लगा, बनाना सिखलाना शुरू कर दिया। दो-चार क़ाबिल शागिर्द जुट गये जिन्होंने कुछ हिन्दुस्तानी ख़सूसियात बनानी सीख लीं। सत्तू और अमरीकन साथियों से पहले कम्प्यूटर में वह सिद्धहस्त हुई और ज़रूरत पड़ने पर उन्हें टिप्स देने में कोताही न की। सतीसर के बाद एक बेटी हुई, सरिता। उसे बेटे की तरह सॉकर सीखने भेजा तो वह स्कूल टीम में आ गयी।

यानी कुछ फिसलनों के साथ सरो क़ामयाबी और अनूठेपन की मिसाल बनी रही। फिसलन न होती तो अलहदगी की क़शिश भी कम होती।

अलहदगी की एक मिसाल देती हूँ। सरो उम्दा लहसुन की खीर बनाती थी। मेरा मानना था, इतनी मशक़्क़त से बनने वाली वह अफ़लातूनी खीर सिर्फ़ वही बनाती होगी। लहसुन की कलियों को कोई सौ बार धो कर बू निकाली जाती तो वे मोतियों सी आबदार और मोतिये सी ख़ुशबूदार हो जातीं। उन मोतियों को बादाम, पिस्ते के साथ गाढ़े दूध में डाल रबड़ी नुमा खीर बनती। महक छुपाने वाली कोई ख़ुशबू, जैसे इलायची, जायफल, जाफ़रान या केवड़ा नहीं डाला जाता। जो होता पाक-साफ़, नज़र और नाक के सामने। मैंने एक बार पूछा, "इतनी मेहनत करने से अच्छा था किसी और चीज़ की खीर बना लेती। अलहदा ही बनानी थी तो मटर या पत्तागोभी की बना लेती।"

"धत तेरे की! यार, चुनौती तो लहसुन की बू ख़त्म करने में थी। फिर उसका ज़ायका! खायी थी न?"

"हाँ, चाट-चाट कर खायी थी। जैसे करारी कलियों की रबड़ी हो!"

सारा मसला चुनौती का था! साड़ी पर हाथ साफ़ करो पर सिर ऊँचा रख कर लौटाने का माद्दा भी रखो!

तो अब आऊँ अपनी तयशुदा शादी पर जो तयशुदा तरीक़े से हुई ज़रूर पर कुछ तो हुआ तयशुदा से अलग कि मैं लेखक बनी। बिना ग़म, मुहब्बत या जुनून कोई लेखक नहीं बनता।

मेरे पति आनन्द उद्यमी थे, जिसे फ्रांसीसी में बहुत फ़ख्र के साथ कहते हैं एन्त्रेप्रनेयर। उद्यमी मेरा किया तर्जुमा है। एन्त्रेप्रनेयर फ्रांसीसी भाषा का शब्द है, जिसे ज्यों-का-त्यों अंग्रेज़ी में इस्तेमाल किया जाता है क्योंकि कोई माक़ूल पर्याय है नहीं। हिन्दी में भी नहीं है इसलिए इस नामाक़ूल लफ़्ज़ का इस्तेमाल कर रही हूँ। एन्त्रेप्रनेयर का मूल या प्रमुख तत्त्व है, वह शख़्स, जो ऐसा उत्पाद बाज़ार में लाता है जो उसका अपना खोजा, विरल होता है; उससे पहले बाज़ार में या दीखा नहीं होता या नहीं के बराबर दीखा होता है या ठीक उस रूप में नहीं। उसे बाज़ार में लाने को वह बड़ी से बड़ी जोखिम उठाने को तैयार रहता है। उद्योगपति और एन्त्रेप्रनेयर में फ़र्क़ यही है; उद्योगपति, चलन में आ चुके उत्पाद को विज्ञापन द्वारा बेहतर ठहरा कर बाज़ार में उतार सकता है। बिक्री न होने की जोखिम रहती है पर उससे कहीं कम, जो नये या आविष्कारित उत्पाद को बाज़ार में उतारने में है। यानी मूल तत्त्व जोखिम है; तो साहेब मेरे हिसाब से एन्त्रेप्रनेयर हुआ, उद्यमी। मानती हूँ, उसमें हथेली पर जान लेकर मैदान में कूदने की वह रोमानी धुन नहीं आती जो फ्रांसीसी क्रान्ति की याद दिलाती एन्त्रेप्रनेयर से आती है। इसलिए कि फ्रांस या अन्य यूरोपीय मुल्कों में एन्त्रेप्रनेयर को जीनियस माना जाता है तो हमारे यहाँ, ख़ब्ती। यूरोप वाले दीवानेपन और रचनात्मकता के बीच की नामालूम-सी दूरी को पहचान चुके। हम अब तक नक़ल और परम्परा के पुजारी बने हैं। यानी कमी शब्द में नहीं हमारी मानसिकता या संस्कार में है।

जब हमारी तयशुदा शादी हुई तो आनन्द एक बड़े उद्योगपति की कम्पनी में मुलाज़मत करते थे। जीवन का लम्बा हिस्सा ऐसे ही गुज़रा था; बस उद्योगपति बदलता रहा था। पन्द्रह-सोलह बरस में उन्होंने दो बातें सीखीं। पहली, सारा कारोबार क़र्ज़ के दम पर चलता है। किसी के पास अपने ख़ुद के करोड़ों रुपये होते नहीं। हों तो डूबने का ख़तरा लिए व्यापार या उद्योग में तमाम रक़म लगा, कंगाल होने को राज़ी रहता नहीं। इसीलिए प्राइवेट लिमिटेड और आगे चलकर पब्लिक लिमिटेड कम्पनी खोल दो तरीक़ों से पैसे जमा करता है। या उसके शेयर बेच कर जिसका मतलब है, नफ़ा होने पर शेयरहोल्डर्स को मुनाफ़े का हिस्सा डिविडेंड के रूप में देना। या डिबेंचर की मार्फ़त क़र्ज़ लेकर और धीरे-धीरे मय

सूद उसे वापस करना। यानी दो-चार या अनेक सहयोगियों की मदद के बिना कोई बन्दा एन्त्रेप्रनेयर होने का ख़्वाब या ख़ब्त पूरा नहीं कर सकता।

उत्पाद बेच कर मिले मुनाफ़े का कम-से-कम हिस्सा शेयरहोल्डर्स या क़र्ज़दारों में बाँटने में जो हथियार प्रमुख रूप से काम आता है, वह है झूठ। चूँकि एन्त्रेप्रनेयर उद्योगपति की निस्बतन ज़्यादा जोखिम उठाता है, इसलिए झूठ भी ज़्यादा और अधिक कलात्मक तरीक़े से बोलना पड़ता है। जहाँ तक आनन्द का सवाल था उनका ख़्वाब उद्यमी बनना था चलताऊ उद्योगपति नहीं।

मुलाज़मत के दौरान दूसरी बात उन्होंने यही सीखी थी। मन के भीतर शुरू से आस थी कि ख़ुद का बिज़नेस करेंगे। पर चूँकि समाज में उद्योगपति का रुतबा व्यापारी या ट्रेडर से ऊँचा माना जाता है, इसलिए कहा करते थे कि देर सबेर उद्योगपति बनना चाहते थे। पर मन ही मन उसका फ्रांसीसी तर्जुमा कर लेते थे। उद्यमी कहता तो समझता कौन? वैसे किसी और के समझने से पहले ज़रूरी था ख़ुद हिन्दी का वह शब्द मालूम होता जो था नहीं।

अपने सीखे उसूलों की बिना पर आनन्द ने हर बार जब नया उत्पाद बनाना शुरू किया तो ऊँचे ब्याज दर पर कस कर क़र्ज़ लिया जिससे लोगों की देने में भरपूर से ज़्यादा दिलचस्पी हो। हुई। क़र्ज़ मिला पर रास न आया। यानी उत्पाद चला नहीं। अन्ततः उद्योग बेच भरपाई करनी पड़ी। पहले से चलाये कुछेक रूढ़िगत उद्योग पास थे जिनके भरोसे उद्यमी बनने के सपने में लागत की जा सकी। पर हर नये सपने की तामीर के साथ एक-एक कर वे धसकने लगे। झूठ भी जम कर बोले बस लोगों को जमे नहीं सो नुस्खा काम न आया। पर उनका सपना टूटा नहीं। उनके पसन्दीदा जुमले थे, उम्मीद पर दुनिया क़ायम है और रुपया डूबा नहीं, मिलने में देर हो रही है। क़र्ज़ और झूठ की बुनियाद पुख़्ता बनाने के लिए ये जुमले उतने ही ज़रूरी थे, जितना घर बनाने के लिए रेत में सही मिक़दार में सीमेंट मिलाना। लगता है मिक़दार ग़लत रही होगी क्योंकि आने वाले धन की उम्मीद में सब कुछ दाँव पर लगाने के बावजूद न क़र्ज़ काम आया न झूठ। पर उन्होंने ताउम्र न अपने उसूल बदले, न दुनिया को उम्मीद के सिवा किसी ठोस बुनियाद पर खड़ी करने को राज़ी हुए। जब चित्रा और सरो को एक जैसी साड़ी पसन्द आने का क़िस्सा चल रहा था और चित्रा को कुछ दिन अपनी साड़ी मिल नहीं रही थी, तब मुझे आनन्द के दो पसन्दीदा जुमले शिद्दत से याद आये थे। उम्मीद पर दुनिया क़ायम है और खोयी नहीं मिसप्लेस हो गयी है। उनकी मिसप्लेस्ड चीज़ें ताउम्र न मिलतीं जबकि मेरी खोयी चीज़ें कई बार मिल जातीं।

पर वे उसी उम्मीद से खोयी चीज़ों को ताउम्र मिसप्लेस्ड कहते रहे जिस पर बक़ौल उनके दुनिया क़ायम थी।

अपने फ़लसफ़े की एक बानगी उन्होंने तभी दिखला दी जब आदीश के पिताश्री लालाजी ग्रीन पार्क में उनकी ग़ैर-मौजूदगी में उनका घर बनवा रहे थे। उन्होंने आनन्द से कहा था, वे मज़े से डालमियानगर बने रहें वे अपनी देख-रेख में उसके बराबर हमारे लिए ठीक वैसा मकान बनवा देंगे। एक बने कि दो मेहनत उतनी ही लगेगी। ज़मीन ख़रीदनी भर थी जो मिल रही थी। पर आनन्द को ऐसी कोई बात जँचती न थी जिसमें फ़ायदा हो और भावी हिफ़ाज़त में शक़ भी न हो। उसके बजाय अमरीका में कमाया पैसा ऐसे उत्पाद बनाने की फ़ैक्टरियों में लगाने में यक़ीन रखते थे जिनके बारे में उनके सिवा किसी ने न सोचा न चाहा। अव्वल वह बन न पाता और बन जाता तो बिक न पाता। किसी और की बेमुरव्वत देखरेख में शर्तिया बन कर तैयार होने वाले मकान में पैसा लगाना जो परिवार को सुरक्षा दे, उन्हें उबाऊ लगा। सो हम लालाजी के रहमोकरम से महरूम रहे और रोमानी ममी तक के ख़याल में हद दर्जे के बेवक़ूफ़ निकले। क्योंकि हमेशा की तरह आनन्द का पैसा मय फ़ैक्टरी डूब गया। वह तो ट्रेलर था। हमारा पूरा जीवन उम्मीद पर क़ायम चला।

उसका ज़बरदस्त फ़ायदा तब नज़र आया जब 2020 में उन्हें कोविड हुआ। अस्पताल में भरती कर डॉक्टरों ने कहा बचना नामुमकिन था। पर आनन्द ख़ुद डॉक्टर से और फ़ोन पर हमसे कहते रहे, मुझे कुछ नहीं हुआ; यूँही यहाँ डाल रखा है। खीज कर डॉक्टर ने कहा, “सर, आप समझ नहीं रहे आप ऑक्सीजन पर हैं!” “तो क्या, सभी होते हैं,” उनका जवाब था। उस शाम डॉक्टर ने आशु से कहा, लगता है इच्छा शक्ति के दम पर वे बच जायेंगे। और हफ़्ते भर में ढेरों स्टेरोयड और अन्य दवाइयाँ लेते, पौष्टिक खाने की हिदायत के साथ वे घर लौट आये। रात को पहुँचे, मैं और आशु हिदायतें निभाने में मशगूल थे। अपनी समझ में अल्लसुबह चार बजे मैंने आनन्द से पूछा, “चाय बना दूँ?” वे बोले, “पी ली।” “आशु ने बनायी?” मैंने पूछा तो बोले, “नहीं, मैंने।” “रसोई में जाकर?” निहायत बेवक़ूफ़ाना सवाल पूछा तो बोले, “हाँ, केला भी खा लिया।” केला वहाँ था सोचा पर पूछा, “तुम्हें कमज़ोरी नहीं लग रही!” “हाँ,” कह वे फ़ौरन सो गये। उसके बाद पौष्टिक के साथ निहायत कुपौष्टिक पर स्वादु भोजन ले जल्द भले-चंगे हो गये। यह था उम्मीद पर दुनिया क़ायम का अकल्पनीय कमाल!

पर जहाँ तक उद्यम का ताल्लुक़ था, नफ़े या लागत का रुपया जो उनके मुताबिक़ डूबा न था बस आने में देर हो रही थी इतनी देर तक न आया कि सब उद्योग बिक गये। बुढ़ापे में हम क़रीब-क़रीब कंगाल हो गये। क़रीब-क़रीब से पूरे का सफ़र जारी रहा। न दूर-पास के लोगों को क़र्ज़ देने पर मनाना छोड़ा, न नया उत्पाद बनाने की पेशकश और न इस उम्मीद पर जीना कि कुछ दिनों में वे लखपति बनने वाले थे। असल में वे करोड़पति बनने का यक़ीन पाले थे, मैं काव्यात्मक छूट ले लखपति और उम्मीद में तब्दील कर रही हूँ। बड़े से छोटे मकान में जाना पड़ा तो उन्होंने कहा, बड़ी जगह को ठीक से मेनेज न कर पाने की वजह से मकान बदला। जीवनसंगिनी होने के नाते चाहे-अनचाहे उस गल्प में मेरी शिरकत रही। साहित्य जगत मुझे उच्चवर्गीय करार करता रहा। मैं अपना इलाज न करवाने की वजह सरेआम क़बूलती कि बहुत महँगा था तो कोई यक़ीन न करता। मुझे झूठ बोलने में बेहोशी आने लगती है। वाक़ई कभी बेहोश हुई नहीं तो इसलिए कि होश खोना, ख़ुद पर नहीं तक़दीर या फ़ितरत पर मुनहस्सिर है। पुराने कपड़े-लत्ते और बचे गहने मेरी तरफ़ से झूठ बोल जाते। किसी का अहसान न लेने की फ़ितरत भी कम न थी। बस बेटे के सामने अकड़ बनी न रह सकी। उसी के भरोसे कई बार सर्जरी हुई हम दोनों की और भी कई तरह के इलाज चले। वरना लेखन के बल पर हमारे मुल्क में कोई दो-चार साँस भी नहीं ले पाता।

बुढ़ापे तक आते-आते आनन्द के झूठ का आलम यह था कि वे किसी सवाल का जवाब हाँ, ना में न देते क्योंकि वह सच होता। क़ुदरत ने बेहद तकलीफ़देह तरीक़े से उनकी मदद की। सुनाई कम देने लगा तो जवाब देने की ज़रूरत न रही। कोविड के बाद सुनाई देना और कम हो गया। पर आज भी वे पहले की तरह उम्मीद पर क़ायम उद्यमी बने हुए हैं।। नाकाम सही पर नाउम्मीद क़तई नहीं। कौन जाने एक दिन उनकी तक़दीर उन्हें सही और हम सब को ग़लत ठहरा दे।

हम बहन भाइयों में प्रेम विवाह सिर्फ़ मंजुल का हुआ, जो शादी के काफ़ी साल बाद मशहूर लेखिका मंजुल भगत बनी। जब प्रेम हुआ तो दोनों एम.ए. (अंग्रेज़ी) में पढ़ रहे थे। मंजुल जितनी मेधावी थी, महबूब ललित उतने नाकारा। वे पंजाबी और पक्के मांसाहारी थे और मंजुल, जैन और पक्की शाकाहारी। कुछ आपत्ति परिवारों की तरफ़ से आयी ज़रूर। पिताजी को ललित के फ़ेल होने से एतराज़ था तो ममी को पंजाबी होने से। पर प्राइवेट कम्पनी में बढ़िया नौकरी

क्या मिली दोनों उनके हो रहे। ऊँचा ख़ानदान, बड़ी कोठी, ललित का सलोना आकर्षक व्यक्तित्व, सब ने मिल उन्हें क़ाबू कर लिया। मैं पहले से ललित पर मोहित थी। मंजुल जब एम.ए. में दाख़िल हुई मैं बी.ए. ऑनर्स (अर्थशास्त्र) के द्वितीय वर्ष में थी इसलिए मिलना होता रहता था। बल्कि ललित भगत और मैं अच्छे दोस्त बन गये।

प्रेम विवाह हो, वह भी शान-शौक़त और माँ-बाप की रज़ामन्दी से इससे बड़ी नियामत क्या हो सकती है। नाते-रिश्तेदार, दोस्त-अहबाब सब उसे दिलकश संगम मान रहे थे। पर क़िस्मत मंजुल को लेखक बनाने पर बज़िद थी।

पता नहीं क्या ज़िद थी नियति को कि ब्रोन्टे सिस्टर्स का देसी संस्करण बनाने पर आमादा थी। हम तो साहेब मोहरे भर थे। भले नासिरा शर्मा हमें साहित्य की शाख पर तीन फ़ाख्ताएँ नाम दें; उनकी ज़र्रानवाज़ी वरना हम तो अदब के ख़ुदा के हाथों नचाई कठपुतलियाँ थीं। इतना मानना पड़ेगा कि शुरुआत भले अल्लाहताला के हाथों में रही, वक़्त के साथ हमने क़ायदे से बग़ावत करके लिखा। सोचा जाये तो तीस की उम्र पार कर लेखन शुरू करना भी किसी क़ायदे के तहत आता न था। कहें ज़िन्दगी ने हमसे बग़ावत कर दी तो उसे झेलने के लिए अदीब बनना पड़ा। अपनी और अचला की कह चुकी, मंजुल का मसला ज़्यादा बेढब था।

ज़्यादा क्या कहूँ, जो आदमी ऊँची सीढ़ी से ऊँची तनख़ा पर गाड़ी-बंगले के साथ काम शुरू करे, फिर रफ़्ता-रफ़्ता सीढ़ी-दर-सीढ़ी नीचे उतरता जाये तब तक कि गुमान न रहे, नीचे और सीढ़ी है नहीं और धड़ाम से मुँह के बल गिरे उसे क्या कहेंगे? बदक़िस्मत या कुछ और। बदक़िस्मत, सीढ़ी-दर-सीढ़ी नीचे आ सकता है पर इस सच से अनजान नहीं रह सकता कि नीचे और सीढ़ी है ही नहीं। जान जाये तो सँभल कर कहीं और पयाम ढूँढ़े। पर जब यह भी याद न रहे कि बीवी बच्चों के प्रति कोई फ़र्ज़ है तो क्या कहेंगे? यही कि ऐसे आदमी के दिमाग़ में ख़लल होगा, जो किसी लत के चलते आया होगा।

शराब या पत्ताखोरी ही ऐसी लत हो सकती है, जहाँ बीवी के कहने पर कि दारू ख़रीदने के लिए पैसे नहीं हैं, उसका जवाब हो हैं कैसे नहीं, बच्चों के लिए दूध रोज़ आता है कि नहीं।

आप जान गये होंगे मंजुल किन हालात में लेखिका, रेडियो और बाद में टी.वी. कलाकार बनीं। पर लम्हे भर को जो अपनी गरिमा खोयी। न साहित्य या कला जगत में किसी को मालूम होने दिया कि आलीशान बंगले में ए.सी. लगा कर

रहना दरकिनार, वह छोटे से घर में बिना नौकर-चाकर रहती है। पब्लिक बस में लेखकीय अनुभव हासिल करने नहीं मजबूरी में सफ़र करती है। अजनबियों को छोड़िये ख़ुद उसका परिवार उसे लक़दक़ लिबास में देख सोचने लगता रेडियो इतनी ऊँची फ़ीस देने लगा! मेरे सिवा किसी को मालूम न था कि अमीरी के दिनों के पुरारे कश्मीरी ड्रेसिंग गाउन को काट कर बनाई पोशाक पहने है। बीते दिनों और कल्पना के सहारे ख़ुद अपनी और बच्चों की सज धज बाक़ायदा रश्क़ पैदा करने वाले अन्दाज़ में होती रही तो अनजान लोग असलियत कैसे जानते? ललित की लत को कभी ज़ाहिर न होने दिया। स्वाभिमान का हाल यह था कि जिन दिनों आर्थिक स्थिति अच्छी नहीं थी तब भी इन्दिरा गाँधी की जीवनी लिखने के लिए लाख रुपये का ऑफर, यह कह ठुकरा दिया था कि हम नेताओं की जीवनी नहीं लिखते।

जब मनोहर श्याम जोशी 'हम लोग' नाम का हिन्दुस्तान का पहला सोप ओपेरा बना रहे थे तो बतौर भाषाई सलाहकार, मंजुल भगत को न्योता गया। पर वह उनके पात्र शराबी की पत्नी, भागवन्ती (माँ) में खामियाँ निकाल बैठी। उसका कहना था कि ऐसा हो ही नहीं सकता कि शराबी की बीवी के दिमाग़ पर पति के नशे का बुरा असर न हो। औरों को न बतलाये दीगर है पर आपस में भी ज़िक्र न करे नामुमकिन है। जोशी जी कुछ देर जिरह करते रहे फिर ग़ुस्से से उबल कर बोले, "भागवन्ती मेरी माँ हैं, यह मेरे भुक्तभोगी हालात हैं।" मंजुल ने बेखटके कहा, "भुक्तभोगी नहीं, शराबी पिता की पत्नी आप नहीं थे। ये आपके देखे और कल्पना किये हुए हालात हैं। असल बात जानने के लिए शराबी की बीवी होना ज़रूरी है।"

"तो, आप हैं क्या?" जोशी जी ने ललकारा। मंजुल ज़बरदस्त असमंजस में पड़ीं। सच कहे तो दिन भर में ख़बर पूरे साहित्य और प्रसार दुनिया में फैल जाये। तो ललित और अपनी गरिमा बचाने को सफ़ेद झूठ का सहारा लिया। कहा, "नहीं, पर मैं अल्कोहोलिक अनोनिमस जाती रही हूँ। वहाँ शराबियों की बीवियों के बयानात सुनती रही हूँ। इसलिए...जानती हूँ।"

अगर मनोहर श्याम जोशी जैसे खुर्राट लेखक ने इस तथ्य को तरजीह नहीं दी कि वे या उनके शौहर अल्कोहोलिक नहीं थे तो उनकी मीटिंग में उन्हें घुसने कैसे दिया गया, तो उसे उनकी आत्म-मुग्धता ही मानी जायेगी। मंजुल की बात को हवा में उड़ाते हुए उन्होंने कहा, "आपको कुछ पता वता है नहीं। बेकार तखमीने झाड़ रही हैं।"

तमतमा कर मंजुल ने कहा, "होंगी भागवन्ती आपकी माँ पर जब आपने उन्हें पात्र बना कर परोस दिया तो साहित्यिक पात्र की तरह उभारना होगा प्यारी माँ की तरह नहीं।" उसके बाद वे रो दीं और काम करने से इनकार कर दिया। फिर विनोद दुआ से कहा, जो उन दिनों नौजवान थे कि उन्हें वापस घर पहुँचा दें। विनोद दुआ उन्हें प्यार से समझाते हुए ले गये कि जोशी जी कल तक सामान्य हो जायेंगे और उन्हें भाषाई सलाहकार होने से इनकार नहीं करना चाहिए। आख़िर कटु दोनों हुए थे। पर मंजुल न मानीं। इस तरह पैसे की सख़्त क़िल्लत के दिनों में आमदनी का सुगम स्रोत ठुकरा दिया।

यह क़िस्सा मुझे मंजुल ने नहीं सुनाया सिर्फ़ कहा, वे 'हम लोग' के लिए काम नहीं कर रहीं क्योंकि मनोहर श्याम जोशी से कुछ नोक झोंक हो गयी। असल क़िस्सा बरसों बाद, 1998 में मंजुल के निधन पर हुई शोक सभा में ख़ुद जोशी जी ने बयान किया। कहा, बहुत मनाने पर भी वे न मानीं। वे किसी अल्कोहोलिक अनोनिमस की बाबत कह रही थीं...तब मैंने सिर्फ़ इतना कहा, "खा गये थे न गच्चा!" जोशी जी समझ गये और तब की अपनी नासमझी पर काफ़ी शर्मिन्दा हुए। पर मंजुल तो अपना फ़र्ज़ पूरा करके विलुप्त हो चुकी थीं, उनसे माफ़ी कैसे माँगी जाती?

इकलौता बेटा और इतना अकेला

भाई राजीव सबसे छोटा था। मुझसे दस साल। जब स्वर्णा आया ने घर से पलायन किया तो उसकी उम्र सात साल रही होगी। उनके जाने के बाद घर जो बेहाल हुआ उसका सबसे ज़्यादा नुक़सान भाई ने झेला। वह आया पर पूरी तरह मुनहिस्सर था। उसके बाद एक-से-एक नाकारा आया के पल्ले पड़ा तो उसका व्यक्तित्व बौना होता चला गया। कुछ बोलने में भी कमी थी। तुतलाता-हकलाता नहीं था पर शब्द ठीक से बोल न पाता।

पिताजी, जिन्होंने बेटियों को पालने में आयाजी के साथ पूरी ज़िम्मेवारी निभाई थी बेटे के पालन-पोषण में नाकाम रहे। पढ़ाई में वह औसत से कम था पर तैराकी, घुड़सवारी, फुटबॉल में ठीक-ठाक था। स्कूल के मनोवैज्ञानिक ने उसकी ज़बान की लड़खड़ाहट को क्लिनिकल नाम दिया, स्पीच लेज़िनेस। उसका मतलब 'आलस' कदापि न था; वह एक बीमारी थी, जिसका इलाज स्पीच थेरेपिस्ट कर सकता था। पता नहीं उसकी बदक़िस्मती थी या स्पीच थेरेपिस्ट उतना दक्ष न था पर ख़ास मदद कर न पाया।

पिताजी ने उसे वह स्नेह और संरक्षण नहीं दिया जो बेटियों को देते आये थे। उनकी ज़िन्दगी की वह सबसे बड़ी हार थी। मनोवैज्ञानिक ने उनके रवैये का विश्लेषण करते हुए कहा, "वे उन मर्दों में से थे जो अपनी मर्दानगी पर निसार रहते हैं, मन्द बुद्धि और कमतर शख़्सियत के बेटे को इसलिए प्यार नहीं कर पाते क्योंकि वह उन्हें अपनी छवि धूमिल करता लगता है।" पिताजी मानने को तैयार न थे। हम उनकी छवि से इतना आक्रान्त थे कि उसे धूमिल करती किसी टिप्पणी को ग्रहण नहीं कर सकते थे।

आज मुझे यह बात सही लगती है। उनकी बेटे से अपेक्षाएँ ज़रूरत से ज़्यादा थीं। वे चाहते थे पढ़ाई में कमतर है तो तैराकी, घुड़सवारी या फुटबॉल में सुपर हो। वह मुमकिन न था। बोलने की त्रुटि का लड़के मज़ाक़ उड़ाते उसे बराबर उसका सामना करना पड़ता। उसके बावजूद जो थोड़ा-बहुत सम्मान मिलता फुटबॉल टीम में होने की वजह से। वह मॉडर्न स्कूल की टीम में था और ठीक-ठाक था; यह पिताजी के लिए काफ़ी न था। वे उसे सुपर खिलाड़ी की तरह देखना चाहते थे जो किसी हाल मुमकिन न था। जितना कर रहा था, क़ाबिले तारीफ़ था पर पिताजी उस पर नाज़ तो क्या करते उसे उत्साहित भी न किया।

जहाँ तक ममी का सवाल था राय-मशविरा दे भी दें पर ख़ुद कुछ न कर पाती थीं। मुझे स्वीकार करना पड़ेगा कि फ़िल्मों की तरह हम बहनों में से कोई माँ या गवरनेस की भूमिका में न उतरी। आपस में हमारा रिश्ता स्नेहिल और समझबूझ का था; कभी-कभाक गफ़लत होती तो पिताजी सँभाल लेते। बेटे को नहीं सँभाल पाये। न वे, न हम।

हालात बिगड़ते चले गये। ऊँची क्लास में जाते-जाते पढ़ाई-लिखाई में तालमेल न बिठला सका, साफ़ बोलने में कमी बढ़ती गयी। धीरे-धीरे घुड़सवारी और तैराकी छोड़ दी। फुटबॉल को लेकर मन में बैठ गया कि सेंटर बैक प्लेयर होना मानी नहीं रखता, हो तो शख़्स 'गोल कीपर' हो। पिताजी ने क्यों नहीं कहा, मॉडर्न स्कूल की टीम में सेंटर बैक होना भी कम गर्व की बात नहीं थी? उसका हीन भाव कम करने या आत्मविश्वास बढ़ाने का उपक्रम क्यों नहीं किया? हम बहनें तो खेल-कूद में सिफ़र थीं। पर पिताजी टेनिस के अच्छे खिलाड़ी थे। स्पोर्ट्स की जानकारी रखते थे। आख़िर वे चाहते क्या थे?

फिर वज्रपात हो गया।

दसवीं क्लास में फ़ेल क्या हुआ राजीव अवसाद में चला गया और पूरी तरह कभी नहीं उबरा। मॉडर्न स्कूल में ख़ुश नहीं था इसलिए वहाँ से हटा कर पिताजी ने सरदार पटेल विद्यालय में दाख़िला दिलवाया। वहाँ के संवेदना और सुकून भरे माहौल में उसने स्कूल की पत्रिका चलाई और हिन्दी में कविताएँ लिखनी शुरू कीं। मॉडर्न और सरदार पटेल में मूल अन्तर यह था कि सरदार पटेल में मॉडर्न की तरह प्रतियोगिता पर उतना ज़ोर नहीं था; बच्चों की अलग प्रतिभा को पहचाना जाता था।

उन दिनों घर पर अभ्यास कर रेडियो की युव वाणी पर कविता पाठ भी किया। मैं उसे आईने के सामने खड़ा कर रोज़ कविता पाठ करवाती।

उसके लिए ही नहीं मेरे लिए भी बड़ी चुनौती थी। क़ामयाब होने पर दोनों को अपार ख़ुशी होती। मंजुल घर पर होती तो वह भी अभ्यास करवा देती। बचपन में तो बाक़ायदा स्पीच थेरेपिस्ट की बतलायी एक्सरसाइज़ उसी ने करवायी थीं। हमने इस पर ग़ौर नहीं किया कि राजीव ने कभी ख़ुद पहल नहीं की।

स्कूल से पास हो हिन्दू कॉलेज पहुँचते ही और गहरे अवसाद से घिर गया। वही प्रतियोगिता से लैस माहौल। उसके भीतर हीन भावना घर करती चली गयी। कविता फिर भी लिखता रहा पर उन पर तनिक मेहनत न करता। हिज्जे ग़लत होने पर ठीक करने की पहल न करता। अगर मैं या कोई और उन्हें सुधारता तो बुरा मान जाता। छपवाने से पहले सही करनी पड़तीं पर मैं चोरी-छिपे करती जैसे उसी ने की हों।

एक बात उसे सालती रही होगी। पिताजी ने न कभी कविता के लिए उसे शाबाशी दी न कविता पाठ को सराहा। वे उसकी नाकामी देखते रहे तो वह और नाकारा बनता गया। कुछ मनोवैज्ञानिक समस्या थी ही। पर... ज़िन्दगी यूँ ही चलती रही।

एक बड़ा बदलाव तब आया जब 1976 में एक मीटिंग में दिल का दौरा पड़ने से पिताजी का अचानक देहान्त हो गया। पूरा परिवार अवसन्न था। साल भर ममी इसी यक़ीन में जीती रहीं कि वे अब भी साथ थे। उनका कहा एक जुमला मुझे रुला गया कि "हमारे बीच जो ग़लतफ़हमियाँ थीं वे भी अब मिट गयीं।" हम बहनें बारी-बारी उनके साथ दिन गुज़ारतीं। पर उन्हें असल राहत तब मिली जब हमारे उर्दूदां चाचा गाँव बूढ़िये से उनके पास अकेले आ कर लम्बे अर्से तक रहे। अकेले मतलब बिला चाचीजी। वे कुछ दिन रह कर चली गयीं कहती गयीं कि पिताजी की यादें साझा करने के लिए, भाभी को उनकी नहीं चाचा की ज़रूरत थी। यूँ चाचीजी बेहद शक्की जीव थीं पर उस नाज़ुक दौर में एकदम खुले दिमाग़ की हो रहीं। वे जानती थीं ममी और चाचा के बीच गहरी दोस्ती थी और दोनों पिताजी से यकसां मुहब्बत करते थे। उनका क़यास सही था कि दोनों पिताजी के निधन से टूटे हुए थे; पर साथ जिये यादगार लम्हे दुबारा जी कर उससे उबर सकते थे। यही हुआ। साथ जिये उस ख़ुशहाल या आपसदारी के जवान वक़्त के सहारे दुबारा जीने की पहल की। जैसा पहले बतलाया था, बचपन में यह चाचा जब-तब आते और हमें उर्दू शेरो-शायरी की दाद देना सिखला जाते।

असल में उससे पहले जब हम छोटे बच्चे थे या पैदा नहीं हुए थे चाचा, ममी और पिताजी के साथ रहते थे और दोनों से यकसां मुहब्बत करते थे। बहुत मनोहारी थे तीनों के ताल्लुकात। एक तरफ़ चाचा, पिताजी और ममी से यकसां प्यार करते थे तो दूसरी तरफ़, ममी और चाचा, पिताजी से और पिताजी, ममी और चाचा से। किसी रश्क़, हसद, शिक़ायत की गुंजाइश न थी। हालाँकि तीनों की फ़ितरत आपस में क़तई मेल न खाती थी। पिताजी जितने व्यवस्थित और काम से वाबस्ता थे, चाचा उतने अव्यवस्थित और घुमन्तू या आवारा। ममी चाचा की तरह ग़ैरज़िम्मेवार थीं पर सिनिकल नहीं बल्कि हद दर्जे की रोमानी। आपस में यकसां और फ़र्क़ होने का ऐसा गठजोड़ था जिसने दोनों को दोस्त बना दिया। इसलिए मुहब्बत भले पिताजी से थी, दोस्ती चाचा और ममी के बीच थी, हँसी मज़ाक़ का रिश्ता भी। उतने ग़मगीन दिनों में भी वे ममी को ढंग से पहनने-ओढ़ने को उकसा सके थे छींटाकशी करके। "कैसी लग रही हो, अपनी-सी तो दिखो। ज़रा ढंग की साड़ी पहनो तो भीमसेन से मँगा दही सोंठ की पकौड़ी खायी जाये।"

तभी हमने समझा ग़म के वक़्त, बड़ी उम्र में ऐसे साथी की ज़रूरत होती है जिससे स्मृतियाँ बाँटी जा सकें, बच्चों की नहीं जो जवानी की दिलकश यादों में शरीक न रहे हों। चाचा के जाने के बाद ममी में एक ज़बरदस्त बदलाव दिखलाई दिया। आया तो पिताजी की मौत की वजह से था पर चाचा के पयाम से उसे पनपने के लिए वाज़िब वक़्त मिल गया। वे गये और ममी ने चलना-फिरना शुरू कर दिया, घर-बार चलाने में दिलचस्पी लेने लगीं और राजीव की देखभाल तो पैशन बन गयी। उसी से उनके मन में ख़याल पैदा हुआ कि वह बहुत अकेला था और उसकी शादी होनी चाहिए। फिर यह उनके जीने का सबब बन गया।

1977 में उसकी शादी हो गयी, एक भली उदार और सुन्दर लड़की से। ख़ुद ममी 1980 में चल बसीं। पर उनकी शादी 25 बरस तक चल कर बेहद त्रासद दौर पर आ कर ख़त्म हुई।

राजीव की ज़िन्दगी एक ढर्रे पर चलती रही। यदा-कदा कविता लिखते, छपने के लिए लघु पत्रिकाओं का आसरा लेते और दिमाग़ी उलझन झेलते। कविताओं को लेकर उसका रवैया वही रहा। जो मन आता छपने दे देता। दो संग्रह छपे। मैं अचरज से देखती कि बहुत बार, बढ़िया कविता रख कम अच्छी कविता छपने को दे रहा था। मैं कहती यह तो बहुत अच्छी है छपने के लिए क्यों नहीं दे रहे? जवाब होता, इसीलिए। रफ़्ता-रफ़्ता मैं मानी समझने लगी।

वह जानता था, बग़ैर काट-छाँट प्रकाशक छापेगा नहीं और उसे अपनी पसन्दीदा कविता के हिज्जे तक सही करवाना गवारा न था।

अचानक उन्हें पसन्द करने वाला पारखी या लीक से हटा बन्दा मिल जाता तो सब सक़ते में आ जाते। पर रुतबेदार लोगों से तारीफ़ कभी न मिली, जिससे उसका या कविता का कुछ भला हो पाता। फिर भी कुछ दिनों की ख़ुशी मिल जाती।

बहुत पहले की बात है, शुरू सत्तर के दशक की पर अच्छी तरह याद है। राजीव मंडी हाउस के पास बने एन.एस.डी. के प्रांगण में गया और अपनी कविताओं का झोला वहीं भूल आया। उसे याद भी न आया था कि देखा बिखरे बाल और बेतरतीब दाढ़ी वाला एक इन्सान उसे लटकाये चला आ रहा है। बन्दा कवि होने के साथ मार्क्सवादी भी था। बदहवास उसने पूछा, "राजीव जैन यहाँ रहते हैं?" हाँ कहने पर बोला, "पानी पिलाइए, मैं उनकी लाजवाब कविताएँ लिए दौड़ा चला आ रहा हूँ। एक कविता पर उनका पता लिखा था वरना मालूम ही न होता कि वह बेमिसाल कवि रहते कहाँ हैं।" राजीव को इतनी इज़्ज़त कभी न मिली थी। वह ख़ुश हुआ और हम भी। फिर वह शख़्स, चाय और पकौड़ों के साथ एक-एक कविता की व्याख्या और प्रशंसा करता गया। ज़ाहिर था दो-चार घण्टों में उसने सब पढ़ डाली थीं। राजीव सातवें आसमान पर था। फिर आख़ीर में जब उसने कहा बस कुछ हिज्जे सुधारने की ज़रूरत है तो दन से नीचे गिरा। हमने सोचा अब उन्हें सुधारने की पेशकश करेगा और उसके लिए रक़म माँगेगा। पर उसने वैसा कुछ न किया। कविताओं का बेतरतीब बंडल झोले में वापस डाल राजीव को पकड़ा दिया। बोला, "आगे से कहीं छोड़िएगा मत। कोई चुरा कर अपने नाम से छपवा सकता है। सँभाल कर रखिये।"

वह चला गया। राजीव ने कविताओं के हिज्जे न ख़ुद सुधारे, न किसी और को सुधारने के लिए कहा। पर जब नयी कविता लिखता, एन.एस.डी. ज़रूर जाता और कई बार दाढ़ी का मालिक मिल भी जाता। कभी उसके साथ घर भी आ जाता। पर चाय-पकौड़ों के अलावा किसी चीज़ का सेवन न किया। मुँह खोल कर चाय भी नहीं माँगी। कविता तक बातचीत सीमित रखी। राजीव ने ही कई बार राजनीति पर बात शुरू की। वह घोर हिन्दुत्व विरोधी था और राजनीति में इतनी दिलचस्पी रखता था कि कभी-कभाक किसी जुलूस या रैली में हिस्सा ले ले।

उसकी एक कविता यहाँ दे रही हूँ। इससे उसके रुझान का पता चल जायेगा।

ईश्वर पर व्यंग्य

व्यंग्य है दर्द, ईश्वर पर व्यंग्य है
इस दर्द की चुनौती स्वीकार करो
ईश्वर है कहीं तो सो गया है
वह नहीं है दर्द है इसलिए
हूँ भारतीय हिन्दू पर नास्तिक इसलिए
दर्द मानता हूँ, दर्द का समाधान माँगता हूँ
जी हूँ नास्तिक मारो पत्थर ज़ोर ज़ोर से
दर्शन चाहता हूँ ऐसा जो ईश्वर से मुक्त हो
लोकतान्त्रिक समाज बनाये
यह नीलामघर हों ख़त्म
और मुक्त हो समाज भूख के क़ानून से

वह शख़्स पक्का मार्क्सवादी था पर उसने राजीव को उसमें खींचने की कोशिश नहीं की। जब वह अचानक ग़ायब हो गया तब जाकर हमने समझा कि वह किस क़दर नायाब इन्सान था। राजीव की ख़ातिर उसे पकड़े रखना चाहिए था। पर पकड़ाई में आ जाता तो नायाब कैसे होता?

जो कविता उसे पसन्द आयी थीं, वे ये थीं—

कल की लकीरें

समुन्दर में रहते हैं और जल की तलाश जारी है
कहीं भी खड़ा हूँ महज़ एक आवाज़ आती है
आकृतियाँ चली आती हैं पर लगता है नहीं आतीं
जैसे कल की लकीरें मिटी हों, सत्य कोई हारा हो
स्मृतियाँ चली आती हैं पर लगता है स्वप्न टूटा
उनसे मैंने महज़ सौदा नहीं किया उन्हें तलाशा है
जैसे कल की बातें मिटी हों, जैसे रेगिस्तान हारा
अब रेगिस्तान नहीं समुन्दर में भी जल नहीं
जीवन ऐसा है उसकी अब परवाह भी नहीं

चक्रव्यूह

मैं हूँ अर्जुन
मुझे एक गाण्डीव चाहिए
मुझे एक दर्पण चाहिए
मुझे एक द्रौपदी चाहिए
मैं हूँ कृष्ण
मुझे एक गोपिका ला दो
मुझे एक गीता ला दो
मुझे एक राधा ला दो
मैं हूँ भीष्म पितामह
मुझे नाटक खेलने दो
दुर्योधन का नमक वापस करने दो
मैं हूँ दुर्योधन
मुझे चक्रव्यूह रचने दो
अर्जुन के गाण्डीव
कृष्ण की गीता
नमक का उधार
सबको प्रकट होने दो
मैं हूँ युधिष्ठिर
नर श्रेयस्कर मुझे क्षमा का व्यूह रचने दो
अर्जुन में धधकता लावा भरने दो
द्रौपदी की उबलती आँखें झरने दो
मैं हूँ द्रौपदी
भारतीय अबला
समयानुकूल पतिता
समयानुकूल सीता
मुझे चक्रव्यूह सहना है
देह में रहना है
आत्मा राजनीति को अर्पण करती हूँ
राजनीति? हाँ राजनीति से जीती हूँ
राजनीति से मरती हूँ

कुछ अर्से तक, राजीव एन.एस.डी. जाता और उसे न पाकर मायूस लौट आता। उसका कोई अता-पता था नहीं कि मालूमात की जा सकती। बस नाम मालूम था, बेगाना, जो दरअसल नाम नहीं तख़ल्लुस था। नामचीन इन्सान तो था नहीं कि उसके सहारे ढूँढ़ा जा सकता। पिताजी और ममी राजीव की कविता के प्रति किस क़दर लापरवाह थे, इस हादसे से मालूम हो जाता है। उसकी कविता के प्रति लापरवाह होने के मानी थे राजीव से लापरवाह होना। हम बहनों ने ही उस बेमेल पर राजीव से मेल खाते बाशिन्दे को रोक रखने की कहाँ कोशिश की?

यही थी राजीव की त्रासदी और ताउम्र रही। जब तक ममी को उसकी सुध आयी बहुत देर हो चुकी थी। इलाज तो नामी-गिरामी मनोचिकित्सकों द्वारा बराबर होता रहा पर उससे फ़ायदा कम नुक़सान ज़्यादा हुआ। या शायद दोनों में से कुछ न हुआ। दवाइयों ने उसे पागल होने से बचाये रखा पर मुकम्मल इन्सान न बनने दिया।

उसकी शादी करवा कर ममी ने उसकी पत्नी रीता को बेपनाह स्नेह और इज़्ज़त दी। हाल यह था कि हम पाँचों बहनों का बाबर रोड के घर में कोई दख़ल न था, यहाँ तक कि सलाह-मशविरा भी न माँगा जाता। एक दिन ममी ने साफ़ कह दिया यह मेरी बहू का घर है जो वह चाहेगी यहाँ वह होगा। तुम लोग आज़ादी से अपना घर चलाओ। ठीक ममी, पर हमारे घरों को कोई हमारी बहू का घर कह कर नहीं पुकारता। मेरा हाल ठीक-ठाक था क्योंकि मैं ससुराल में नहीं रहती थी पर मंजुल, चित्रा और ख़ासकर रेणु के घर में ननदों और खुद सास का दख़ल बेहिसाब था। रेणु का हाल मैं बयान कर चुकी।

ख़ैर, पास के बंगाली मार्केट में जहाँ पिताजी की बहुत इज़्ज़त थी बहूजी का सिक्का ऐसे चलता जैसे कभी पिताजी का भी न चला था। बहूजी कह दें तो भीमसेन हलवाई, दीवाली पर होली का पकवान मीठी गुजिया बनवा देते। एक बार मैंने बेमौसम की फ़रमाइश की तो ना-नकुर करने लगे। जब कहा 19 बाबर रोड के लिए चाहिए तो बोले, यह कहिए न बहूजी ने मँगाया है ठीक है भिजवा देंगे। साड़ी हो या ज़ेवर, रसोई में इस्तेमाल की या खाने-पीने की नायाब चीज़, टी.वी. या कूलर, बहूजी की ख़्वाहिश का इल्म भर हो जाये फ़ौरन हाज़िर हो जाती। राजीव भी पीछे न रहता। रीता और ममी एक-दूसरे को दिल से चाहती थीं। पर सास से इज़्ज़त, स्नेह और पति से शौक़ का सामान पाना एक चीज़ थी और पति से संसर्ग, एकदम दूसरी।

ममी के लिए अपने बल-बूते पर अकेले राजीव की शादी करवा देना जब हम ख़ास कर मैं, उसके सख़्त ख़िलाफ़ थीं बड़ी उपलब्धि थी। पर क्या वह करना सही था? रीता की नज़र से देखें तो बिल्कुल नहीं। उसके माँ-बाप ने धनी परिवार और घर देख शादी कर दी। पर वह न्यायसंगत कदापि न थी। ममी और उसके माँ-बाप आम हिन्दुस्तानी की तरह इस खुशफ़हमी में जी रहे थे कि शादी के बाद राजीव मानसिक रूप से दुरुस्त हो जायेगा और पति का फ़र्ज़ निभा ले जायेगा। ऐसा हुआ कि नहीं हम कभी पुख़्ता तौर पर जान न पाये पर उसमें न जानने जैसा कुछ था नहीं। ममी ने हर बात पर पर्दा डाले रखा और रीता उनकी पक्की शागिर्द बनी रही। मुझे अचरज होता कि वह किस मिट्टी की बनी औरत थी जिसने हम से कभी कोई शिक़ायत न की। पता नहीं अपनी बहनों से कुछ कहा या नहीं। शायद नहीं क्योंकि उनकी तरफ़ से कोई तंज़-ताना हम तक न पहुँचा। ममी की मार्फ़त वह सभी बहनों की माली मदद करती थी इसलिए वे ममी की ख़ासी इज़्ज़त करती थीं।

मैं इस शादी के लिए ममी से नाराज़ रहती पर रीता दावत करके जब-तब घर बुलाती तो न कैसे कहती। अजीब स्थिति थी। मेरे मन में बार-बार आता, काश रीता किसी से प्रेम कर बैठे और उसके साथ भाग जाये। बेमतलब की शादी से निजात पाने का एक मात्र वही उपाय था। पर क्या वह निजात पाना चाहती थी? राजीव की तरफ़ उसका ठण्डा रुख़ देख कर लगता, हाँ ज़रूर। पर उसकी देखभाल में कोताही न करती। ममी की मृत्यु के बाद भी नहीं। हाँ, खाने-पीने से मेज़ सजाती तो उसकी बहनें और बाद में उनके पति व बच्चे शामिल रहते। उसे नये व्यंजन बनाने का शौक़ था जिन्हें टी.वी. और महिला पत्रिकाओं से सीख लेती। पर न उसका किसी से प्रेम हुआ, न उसने राजीव को छोड़ा। तब भी नहीं जब रुपये पैसों की क़िल्लत हो गयी।

वह नौबत इसलिए आयी क्योंकि 1977 में हम बेटियों से राय न लेने के चक्कर में अपनी धुन में ममी ने मकान की ऊपरी मंज़िल पर कम किराये पर बिना मुकम्मल अनुबन्ध, ताराचन्द जैन नाम के बन्दे को सिर्फ़ इसलिए किरायेदार रख लिया क्योंकि वह जैन था और बेचारे की पाँच बिन ब्याही बेटियाँ थीं। रेणु के आर्किटेक्ट पति जितेन की सख़्त चेतावनी से क़तई प्रभावित न हुईं कि सालाना किराया बढ़ाने का प्रावधान रखे बिना पाँच ब्याहने लायक़ बेटियों के परिवार को, कम किराये पर मकान दे कर अपने पैरों पर कुल्हाड़ी मार ली है।

शुरू-शुरू में, किरायेदार के पूरे परिवार ने ममी और रीता राजीव की ख़ूब टहल की पर... ममी की मृत्यु होते ही अपना जलवा दिखलाना शुरू कर दिया। किराया देना बन्द कर दिया। अदालत के हुक्म पर वहाँ जमा करवाना शुरू किया पर हर क़ानूनी दबाव के बावजूद किराया बढ़ाने को तैयार न हुआ। न पैसा लेकर भी घर ख़ाली करने को।

अपनी तरफ़ से ममी ने वसीयत करके मकान और जो कुछ उनके पास था राजीव के नाम कर दिया था। सारा ज़ेवर पहले ही रीता को दे चुकी थीं। पर उनसे रोज़ की तंगदस्ती कम नहीं हो सकती थी। पिताजी की कमाई दौलत ख़त्म होने को आयी और दूसरी कमाई थी नहीं। विडम्बना यह कि इतने क़ीमती मकान का मालिक होना बेकार था क्योंकि न उसे बेच सकते थे न उससे वसूले किराये की बदौलत आराम की ज़िन्दगी बसर कर सकते थे। जैसे-जैसे बरस गुज़रे और बाबर रोड लुत्यन्स दिल्ली में आया, मकान की क़ीमत बढ़ती चली गयी पर उसमें रद्दोबदल की मनाही हो गयी। फिर भी बेचते तो ऊँचे दाम पर बिकता। उससे दो अच्छे मकान ख़रीदे जा सकते थे। एक किराये पर देने के लिए और एक अपने रहने के लिए।

पर ममी की एक ज़बरदस्त भूल का खमियाज़ा राजीव और रीता ताउम्र भुगतते रहे। उस बदमाश किरायेदार ने ज़िन्दगी अजाब बना दी। वह किस क़दर शातिर था, इससे क़यास लगा लें कि उसने कुछ फ़र्ज़ी काग़ज़ात तैयार करवा कर अदालत में यह साबित करने की कोशिश की कि वह बी.पी. जैन साहब का बेटा था। उस पर पड़ोसियों ने इस क़दर एतराज़ किया कि एक ने जज के सामने उसे तमाचा रसीद कर दिया। जज ने आपत्ति न की तो इसलिए कि वह शुरू से ताराचन्द जैन के सख़्त ख़िलाफ़ था। उसके झूठ बराबर पकड़ रहा था। उसके राजीव के पक्ष में होने में जितना हाथ खलनायक ताराचन्द जैन का था उतना नायक राजीव का। अदालत ने खुले तौर पर कहा कि जिस तरह राजीव बिना लाग लपेट और बिना एक शब्द बदले बयान देता रहा था उससे साफ़ ज़ाहिर था कि उस शख़्स को झूठ बोलना आता ही न था। उसने आगे जोड़ा था कि उसका पूरा विश्वास राजीव जैन के बयान पर था। उसके वकील और अन्य गवाहों के बयानात सिर्फ़ रिक्त स्थानों की पूर्ति थे। राजीव के बयान के रहते उनकी ख़ास ज़रूरत थी नहीं। पर उन दिनों क़ानून इतनी शिद्दत के साथ किरायेदार के पक्ष में था कि चाह कर भी जज घर ख़ाली करने का हुक्म सुना न पाया।

बड़े-बड़े मशहूर मवाली प्रॉपर्टी डीलर्स मकान ख़ाली करवाने के मसले पर उस जैन गुण्डे के सामने हार मान गये। मकान की क़ीमत बढ़ती गयी और किरायेदार का लालच भी। मकान बिक जाता तो राजीव-रीता ऐशोआराम की ज़िन्दगी बसर कर सकते थे। पर किरायेदार के उसमें क़ाबिज़ रहते कोई ख़रीदार न मिला। ताराचन्द जैन के मरने के बाद ही राजीव को वह वापस मिल सकता था। आख़िर जब मकान ख़ाली करवा पाने के लिए वाक़ई एक शातिर दिमाग़ प्रॉपर्टी डीलर मिला और रीता की तमन्ना पूरी होने के आसार नज़र आने लगे तभी क़िस्मत ने अपना सबसे हैबतनाक दाँव खेला।

मुझे कल की तरह याद है, 2003 का राखी का दिन था। हर राखी की तरह मय परिवार हम बहनें दुपहर के खाने पर राजीव के घर जमा थीं। हमेशा की तरह रीता ने सुस्वाद पारम्परिक खाना बना रखा था। खाना निबटा कि रीता को एक क़ै हुई। कोई बड़ी बात न थी, उसे क़ै होने की आदत थी। पर उसका चेहरा ऐसा ज़र्द हुआ कि तुरन्त पड़ोसी डॉक्टर को दिखलाने ले गये। उसने कहा, पीलिया लगता है। पर... हौलनाक झिझक के साथ जोड़ा, "मैं समझता हूँ आप इन्हें गंगाराम अस्पताल इमरजेंसी में लिवर विशेषज्ञ को दिखला दें तो बेहतर रहेगा। मैं डॉक्टर के नाम ख़त दे रहा हूँ।"

विशेषज्ञ डॉक्टर का निदान था, लिवर कैंसर, चौथे चरण पर...लाइलाज। करने को कुछ था नहीं फिर भी किया। सारी ज़िम्मेवारी चित्रा ने ली। रीता उसे ख़ास प्रिय थी। पहले एम्स में सर्जरी हुई, फिर दवाइयाँ चलीं पर...

बूढ़िये वाले चाचाजी का बेटा देहरादून जाकर रामदेव से मिला, उन्होंने बहुत आस नहीं दी पर साफ़ मना करने के बजाय अपने चलन के मुताबिक़ आयुर्वेदिक दवा से स्वस्थ होने का भ्रम बनाये रखा। रीता की बहन अन्धभक्ति में रीता के हलक के नीचे कड़ुवे काढ़े उतारती गयी। उनके सुझाये बेलगाम परहेज़ से आख़िरी दिनों में उसे अपनी पसन्द का खाना तक न मिला। उसने एतराज़ किया पर अन्धभक्ति की वसूली बेढब होती है। हम लोगों के उज्र करने का सवाल न था। वह बहन थी, हम ननदें! अपार चौतरफ़ा कष्ट सह कर पाँच महीनों के भीतर पचासवें जन्मदिन से पहले उसका देहान्त हो गया। जिस ऐशोआराम के लिए माँ-बाप ने उसकी शादी रचाई थी वह देखने का सुख भी न मिला। विडम्बना यह रही कि मकान उसकी मृत्यु के बाद बिका और राजीव नये मकान में अकेला रहने गया। उनका कोई बच्चा भी न था। अकेला का अकेला। अकेलापन उसके नाम का पर्याय था; उसी तरह जैसे अधूरापन रीता की ज़िन्दगी का।

उसकी मृत्यु भी उसी भयावह अकेलेपन में हुई। 21 दिन तक अकेले कोविड आई.सी.यू. वार्ड में रहा। तीन दिन पहले 22 अक्तूबर 2020 को वह ठीक था, डॉक्टर से आम चैकअप करवा कर आया था। 25 को अचानक कोलाप्स हो गया। होली फैमिली अस्पताल में तुरन्त आई.सी.यू. वार्ड में दाख़िल किया तो ऑक्सीजन स्तर बहुत कम पाया गया; बहुत जल्द फेफड़े जवाब दे गये। कोविड वार्ड में अकेले ज़िन्दगी और मौत के बीच झूलते 21 दिन बीत गये। एक भांजा और भांजी अस्पताल में बराबर बने रहे पर उससे मिलने नहीं दिया जाता था। बस वीडियो फ़ोन के ज़रिये बात हो सकती थी। एक बार उसने कहा ज़रूर आलोक, मुझे निकाल यहाँ से... पर... कुछ दिन बाद बात करना छोड़ आँख खोलने लायक़ न रहा। सोच कर रूह काँपती है कितना-कितना अकेला था वह! यह कैसी नियति थी जिसने उसे वैसी ही मौत दी जैसी ज़िन्दगी।

एक बात आप लोगों ने नोट की होगी। राजीव ने हम बहनों से पहले लिखना शुरू किया। अठारह-उन्नीस की उम्र में जबकि हमने तीस-बत्तीस की उम्र में जाकर शुरू किया। मंजुल और मैंने उसी सत्तर के दशक में जब राजीव का लीक से हटा अजनबी पारखी उसकी कविताएँ पढ़ उनका मुरीद हो घर आया था।

विख्यात तीन ब्रोन्टे सिस्टर्स, शार्लेट, ऐमिली और ऐन का नाम आपने सुना होगा। पर मालूम नहीं, कितनों ने ब्रोन्टे सिस्टर्स के छोटे और इकलौते भाई ब्रानवेल के बारे में सुना या पढ़ा है। संयोग से मैंने ब्रानवेल ब्रोन्टे की जीवनी पढ़ी थी। उनके और हम तीन लेखक बहनों के जीवन में एक कवि भाई का होना लोमहर्षक और बेइन्तिहा त्रासद संयोग लगा था। ब्रानवेल ने भी राजीव की तरह बाद में विख्यात हुई बहनों से पहले लिखना शुरू किया था पर किन्हीं मानसिक आपदाओं के कारण, ज़िन्दगी में बेइन्तिहा दुख उठाने पड़े और अच्छा लिख कर भी गुमनामी में जीना पड़ा। बचपन में बहनों का अतिशय दुलारा होने पर भी आख़िर वह भीषण अकेलेपन में मरा। बस उसकी मृत्यु जल्दी हो गयी सबसे छोटी बहन ऐन की मृत्यु के बाद। हममें, सबसे पहले बड़ी बहन मंजुल भगत की मृत्यु हुई, उसके बाईस साल बाद राजीव की। 2019 में फैले कोरोना-19 या कोविड ने उसे उसी अकेलेपन में मारा जिसमें किन्हीं कारणों से तीन सदी पहले ब्रानवेल मरा था।

इसके बाद माँ के घर की कहानी कहना नामुमकिन है। आपको कहीं और ले जाने की कोशिश करती हूँ।

स्कूल की अजीब टीचरें और सहपाठिनें

आपको अपने स्कूल की सैर करवा देती हूँ। मायूसी से उबरेंगे कुछ मज़ेदार अहसास होंगे।

मैं दिल्ली के लेडी इर्विन स्कूल में पढ़ी हूँ। मिशनरी स्कूलों से एकदम अलग। उन दिनों हायर सैकंडरी का चलन था यानी नवीं, दसवीं और ग्यारहवीं कक्षाओं के फ़ाइनल इम्तिहान एक साथ होते। हमारी अज़ीम और अलहदा शख़्सियत की मालकिन प्रिंसिपल मिस सेनगुप्त इन क्लासों को उच्च गणित पढ़ाती थीं। जिन लड़कियों ने मेरी तरह आर्ट्स अनुशासन चुना था बतौर एक विषय उच्च गणित ले सकती थीं। गणित का विकल्प होम साइंस या गृह विज्ञान था यानी गृहिणी के लिए गणित जानना ज़रूरी न था! उच्च गणित की क्लास में कुल 12 लड़कियाँ थीं। हम खुद को होम साइंस की लड़कियों से बेहतर समझती थीं। एक वजह यह थी कि हमें प्रिंसिपल साहिबा पढ़ाती थीं। बाक़ी छात्राओं को बमुश्किल उनके दर्शन होते, हम रोज़ रूबरू रहते। उनकी रोबीली शख़्सियत गणित की जटिल थियोरम की याद दिलाती जो सामने वाले को उलझन में डाल दे, वह आकर्षित भी हो और भय भी खाये। उनके संसर्ग में हम कई जटिल थियोरम हल कर चुके थे लिहाज़ा कुछ कम भय खाते थे।

मिस सेनगुप्त मात्र गणितज्ञ न थीं। उनकी दिलचस्पी छात्राओं के व्यक्तित्व को हर कोण से निखारने में थी। बाक़ी स्कूलों में छात्रों के लिए युनिफ़ॉर्म अनिवार्य थी पर हमारे स्कूल में नहीं। वे चाहती थीं हम कपड़े पहनने की तमीज़ सीखें। ऐसी पोशाक चुनें जो सुन्दर हो पर इतनी चटख़ या शोख़ नहीं कि स्कूल में अटपटी लगे। कोई लड़की फूहड़ या चटकीला लिबास पहन आती तो हेड गर्ल उसे सलाह देती कोई टीचर हस्तक्षेप न करती।

अन्य स्कूलों से अलहदा हम सुबह नौ बजे से शाम पाँच बजे तक स्कूल में रहते। प्रार्थना के बाद सबसे पहला काम होता तकली कातना। जब मैं पाँचवीं क्लास में पहुँची तो देश आज़ाद हो गया। पर तकली कातने का कार्यक्रम चलता रहा। सैकड़ों लड़कियाँ तकली काततीं, जो सूत निकलता खादी का कपड़ा बनाने भेजा जाता। उसे बेच कर जो पैसा मिलता उससे कुछ ग़रीब बच्चों की पढ़ाई करवाई जाती। बाद में समझ में आ गया कि उसके लिए काफ़ी और पैसा जमा करना पड़ता होगा। उन दिनों यक़ीन था कि हमारे बल-बूते पर ही इतने बच्चे पढ़ाई करते थे। अपना क़द बढ़ा हुआ महसूस होता। हर हाल जो काम किया जा रहा था उसमें हमारी शिरकत थी।

उसके अलावा दिल्ली में लड़कियों का हमारा पहला स्कूल था जहाँ आधुनिक उपकरणों से लैस जिम था। मेरे लिए न हुए बराबर था; अपनी इच्छा से उसके भीतर कभी क़दम न रखा। किसी खेल-कूद में हिस्सा न लिया। हम बहिनों में से कोई खेल-कूद में माहिर न थी पर मैं सबसे फिसड्डी थी। बाक़ी कामचलाऊ कर लेती थीं मैं वह भी नहीं। स्कूल के नियम-क़ायदों के तहत क्लास में जाना पड़ता पर जल्द उससे भी छुटकारा मिल गया।

हुआ यह कि पीटी टीचर साहिबा से मेरी बहस हो गयी जिसमें हमारी अलहदा शख़्सियत की मालकिन मिस सेनगुप्त ने क़ुसूर मेरा नहीं माना। पीटी टीचर मिस गुहा ऐंग्लोइंडियन थीं पर मानती ख़ुद को शुद्ध अंग्रेज़ थीं। उनके देश छोड़ जाने पर भी ज़बरदस्त अंग्रेज़ परस्त बनी रहीं। हम 'इंडियन्स' को जाहिल समझती थीं। जहाँ तक उनकी क्लास में मेरी भूमिका का सवाल था यह समझ वाज़िब थी। बीमारी के चलते मैं पाँचवीं, छठी और सातवीं क्लास में स्कूल नहीं गयी थी। इम्तिहान दे देती और अगली क्लास में पहुँच जाती। इसलिए पीटी मैंने कभी की न थी और उसका क ख मालूम न था। आठवीं क्लास में जब अचानक करनी पड़ी तो पूरी तरह ताल बेताल थी।

बहस तब हुई जब उन्होंने मुझे 'इंडियन इडियट' ख़िताब से नवाज़ा। इडियट कहलवाना बर्दाश्त कर लेती पर इंडियन इडियट! मेरे आज़ादी परस्त ज़ेहन को मंज़ूर न था। मैंने पलट कर पूछा, "एंड व्हाट काइंड आर यू?" इस हिमाकत के लिए वे मुझे पकड़ कर प्रिंसिपल के पास ले गयीं और कड़ी-से-कड़ी सज़ा की माँग करने लगीं। मिस सेनगुप्त ने पूरा वाक़या सुना। मेरे पिछले तीन सालों का

रिकॉर्ड परखा और तय किया कि मेरा नाराज़ होना जायज़ था। जब उन्होंने मुझे पीटी क्लास से आज़ाद कर दिया तो ख़ुद मुझे अचरज हुआ। उस क्लास के दौरान मुझे क्लास लाइब्रेरी बनाने और सँभालने का काम सौंप दिया। वाह! मेरी ईद दिवाली रोज़ मनने लगी।

चित्रकारी में भी मैं उतनी ही बेकार थी। आर्ट की टीचर मुझसे बराबर नाराज़ रहतीं। कहतीं हाथी बनाने को कहो तो तुम चूहा बना देती हो। सही चूहा दीखे तो बर्दाश्त कर लिया जाये पर... यह...आख़िर यह है क्या! आठवीं क्लास में गयी तो संस्कृत और आर्ट के बीच चुनना था। उन्होंने मुझसे बाक़ायदा इल्तिजा की कि मैं संस्कृत लूँ। पता नहीं क्यों मुझे बुरा लगा। मैं जानती थी मेरे हाथी चूहे जैसे लगते हैं पर इस हद तक नहीं कि मुझे क्लास में आने की मनाही कर दी जाये। मेरे दिमाग़ में एक अफ़लातूनी ख़याल आया। मैं दोनों में से किसी क्लास में नहीं जाती। ख़ुशक़िस्मती से दोनों आधी छुट्टी के बाद होती थीं। उसमें स्कूल के लॉन में बैठ हम खाना खाते थे। उसके बाद स्कूल के बड़े अहाते में यहाँ-वहाँ घूम कर वक़्त काटा जा सकता था। इस खरदिमाग़ हरक़त में साथ देने को एक सहेली नीता त्रेहन पट गयी। बिना क्लास में जाये आपस में बतियाते इधर-उधर घूमते हमने क़रीब-क़रीब पूरा साल बिता दिया। दोनों टीचर्स ने सोचा दूसरी क्लास में होंगे। पता नहीं कैसे पकड़े नहीं गये और छुट्टे घूमते रहे। बकरे की माँ कब तक ख़ैर मनाती। कभी तो भाँडा फूटना था।

इम्तिहान से महीना भर पहले राज़ खुल गया। फिर भी सोचिए कैसी रही होंगी प्रिंसिपल सेनगुप्त जो हमें स्कूल से निकाला नहीं। हमारे माँ-बाप को बुला कर शिक़ायत भी न की। की जाती तो पता नहीं नीता का क्या हश्र होता। उसका कहना था पिता को इस हरक़त की ख़बर हुई तो शर्तिया उसे जान से मार देंगे; उससे अच्छा था वह ख़ुदकुशी कर ले। मिस सेनगुप्त के अनोखे व्यक्तित्व की वजह से नौबत नहीं आयी। उन्होंने कहा हमें दोनों में से एक विषय में इम्तिहान देना होगा। पास हो गये तो ठीक फ़ेल हो गये तो पूरी तरह फ़ेल!

आर्ट टीचर ने हमारे इम्तिहान में शिरकत करने पर इस क़दर लानत भेजी कि हमें संस्कृत का सहारा लेना पड़ा। पूरा महीना संस्कृत घोटते बीता। नीता के पिताजी बहुत ख़ुश हुए। बोले यही तो आगे चल कर संस्कृत में बी.ए. ऑनर्स कर सकती हो।

मेरा वैसा कोई इरादा न था पर आठवीं दुबारा करना फाँसी की सज़ा-सा ख़ौफ़नाक था। जैसे-तैसे हम संस्कृत में पास हो गये। फ़ॉर्मूला हमने यह लगाया कि ऑबजेक्टिव क़िस्म का पर्चा होगा इसलिए सवालों के जवाब उनके भीतर होंगे। अगर हम एक-दो-तीन-चार के हिसाब से हाँ-ना लिखते गये तो पास हो जायेंगे। वही हुआ। हम नौवीं में पहुँच गये। उसके बाद मैंने संस्कृत या आर्ट को हाथ न लगाया। नीता ने अलबत्ता संस्कृत पढ़ी और ख़ूब पढ़ी।

अपने पक्ष में उनका जलवा कई बार देख लेने और मिस सेनगुप्त की ज़बरदस्त मुरीद होने के बावजूद, दसवीं क्लास में मैंने जो पंगा उनके साथ लिया ज़्यादा ही गुस्ताख़ था। पता नहीं उनकी दरियादिली पर यक़ीन था या नियम तोड़ने की आदत जो गुस्ताख़ी कर गुज़री। एक दिन देखा, होम साइंस की लड़कियाँ तर-पर-तर माल पकाये जा रही थीं। पूछा माजरा क्या था तो पता चला पिकनिक मनाने लोदी गार्डन जा रही थीं। ख़ास तौर पर वह सब पकाने को कहा गया था जो आसानी से पिकनिक पर जा सके।

चुनाव उन्हें करना था; वह टेस्ट का हिस्सा था। उन लोगों ने बनाये थे, लूची के साथ तले मसालेदार आलू और चटपटे छोले, समोसे, दो तरह की सैंडविच और गुलाबजामुन। मैंने तमाम ब्यौरा गणित की सहपाठिनों को सुनाया तो सब के मुँह में पानी आ गया। "हमें उन लोगों के साथ जाना चाहिए," मैंने कहा। "पर हमारी गणित की क्लास है," सबसे पढ़ाकू लड़की बोली। "क्लास कैसे हो सकती है जब दसवीं की सब लड़कियाँ पिकनिक पर जा रही हैं?" मैंने दृढ़ता से कहा जैसे पूरी जानकारी हो।

"तुम्हें कैसे पता?" उन्होंने शंका ज़ाहिर की तो मैं होम साइंस की अपनी सहेली को बुला लायी। उससे पूछा गया तो बोली, "बिल्कुल। हमारी मिस पाण्डे कह रही थीं गणित की लड़कियाँ खायेंगी तभी पता चलेगा खाना कितना बढ़िया बना। हम तो पकाने वाले ठहरे।" लड़कियों ने ज़्यादा ना-नुकर न की। सब का मन पिकनिक मनाने का था। उस दिन मिस पाण्डे का मूड बढ़िया था उनके काम से ख़ुश थीं। तो चन्द चण्ट लड़कियों ने उनसे कह दिया कि वे 12 लड़कियों को बतौर मेहमान पिकनिक में बुला रही थीं। हम पिकनिक पर गये, ख़ूब मज़े किये वह भी बिना कुछ पकाये। तारीफ़ करने में कोर-कसर न छोड़ी। सब के जूठे बरतन माँजने-धोने का ज़िम्मा ले लिया। हमारा मज़ाक़ ज़रूर बना कि अब आया ऊँट पहाड़ के नीचे पर सब राज़ी-ख़ुशी गये और लौट आये।

स्कूल बन्द होने से पहले वापस पहुँच गये। बसें रोज़ की तरह चलीं और हम वक़्त पर घर पहुँच गये।

मेरे मन में अगले दिन को ले धुकड़-पुकड़ शुरू हो गयी। मैं कुछ ज़्यादा ही पंगा ले बैठी थी। असली इम्तिहान तब होगा जब अगले दिन मिस सेनगुप्त क्लास लेने आयेंगी। सुबह तक मेरी हालत पतली हो चुकी थी पर सोचा सब मिल कर राह ढूँढ़ लेंगे। कहाँ के सब? मिस सेनगुप्त सीधे मुद्दे पर आयीं। पूछा, "कल गणित की क्लास छोड़ कर पिकनिक पर जाने का सुझाव किसका था?" ग्यारह उँगलियाँ एक साथ मेरी तरफ़ उठ गयीं। जुर्म स्वीकारती मैं गर्दन झुका कर खड़ी हो गयी।

मिस सेनगुप्त ने सिर्फ़ एक शब्द कहा, "क्यों?"

मुझे लगा कोई बहाना बनाना नामुमकिन था। इसलिए सच उगल दिया, "उनका खाना देख मन ललचा गया था।"

उन्हें शायद इस जवाब की उम्मीद न थी। पूछा, "सिर्फ़ तुम्हारा?"

मैं चुप रही। बाक़ी लड़कियों का ज़मीर जगा। दो-तीन ने फुसफुस करके कहा, "हमारा भी।"

मिस सेनगुप्त ने संजीदगी से धीमी आवाज़ में कहा, "इसका एक ही उपाय है। आप लोग उच्च गणित छोड़ होम साइंस ले लें। उच्च गणित पढ़ने के लिए जिस निष्ठा की ज़रूरत है आप में नहीं है।"

पूरी क्लास में नहीं मिस, प्लीज़ मिस, वी आर वेरी सॉरी मिस का नारा व्याप गया।

"प्लीज़, मिस", मैंने प्रमुख अभियुक्त की तरह पैरवी की, "और जो चाहें सज़ा दें बस यह नहीं। कल की क्लास में जो काम करना था एक घण्टा रुक कर पूरा कर देंगी। हम निष्ठा के साथ पढ़ेंगी। आपको दुबारा शिक़ायत का मौक़ा नहीं देंगी।"

मिस सेनगुप्त ने ग़लती धर पकड़ी, बोलीं, "एक घण्टा रुकोगी तो घर कैसे जाओगी? बस तो रुकेगी नहीं।"

सब को साँप सूँघ गया। कहने को कुछ होता तो न कहते। उन्होंने उसी गम्भीर लहजे में जोड़ा, "बात वही कहनी चाहिए जो कर सको। बेपर की उड़ाने का फ़ायदा नहीं होता।"

उसके बाद बिना कुछ कहे क्लास ली फिर ढेर सारा होमवर्क दिया और कहा, "कल इसे पूरा करके लाओ। सही हुआ तो गणित पढ़ना वरना होम साइंस।"

उस शाम हम लोगों ने अपने माँ-बाप को राज़ी किया और सबसे पढ़ाकू लड़की के घर जमा हो देर रात तक सवाल हल करते रहे। हम नहीं चाहते थे उस चुनौती में एक भी लड़की नाकाम हो। हमारी समझ में आ गया कि ग्यारह उँगलियाँ एक पर उठें उससे बेहतर है बारह उँगलियाँ एक साथ काम करें। हमारा गणित पढ़ना जारी रहा। हमारे माँ-बाप को शरारत का पता न चला। मिस सेनगुप्त बात-बात पर माँ-बाप को घसीटने की क़ायल न थीं। उन्हें यक़ीन था छात्राओं से ताल्लुक़ रखते हर मसले को वे ख़ुद सुलझा सकती थीं। वाक़ई।

एक कहावत है, बड़े मियाँ तो बड़े मियाँ छोटे मियाँ सुब्हान अल्लाह। हमारे स्कूल पर फ़िट बैठती थी। प्रिंसिपल सेनगुप्त तो जो थीं, थीं; इतिहास की टीचर, मिस दासगुप्त दो क़दम आगे थीं। इतिहास पढ़ाने के अलावा, तकली कतवाने, खादी का कपड़ा बनवाने और ग़रीब बच्चों को पढ़वाने की पूरी योजना उनके दिमाग़ की उपज थी। कमाल का उपजाऊ दिमाग़ था। सबसे लहलहाती फ़सल थी आज़ादी की लड़ाई और दूसरी, ख़ुद्दारी। ख़ुद में आसमान छूने की बुलन्दी पर थीं कोशिश थी कि हम में भी अंकुरित हो कर हरियायी लता बनें। उनकी सख़्त ताक़ीद थी कि अपने माँ-बाप से किसी क़िस्म की मदद नहीं लेंगे। उनकी सोहबत ने मेरे सोच और आगे चल कर लेखन पर काफ़ी असर डाला। हालाँकि जब स्कूल में थे हमें खिसकी मालूम पड़ती थीं। जल्द समझ में आ गया था कि कुछ कर गुज़रने के लिए खिसका होना निहायत ज़रूरी था। हर टीचर को स्कूल में लड़कियाँ लतीफ़ेबाज़ उपनाम दिये रहती हैं तो मिस दासगुप्त को हम 'तोती' कहते थे। पता नहीं क्यों शायद उनके चेहरे की बनावट ऐसी थी। या सिर्फ़ इसलिए कि एक दिन वे तोतई रंग की साड़ी पहन कर आ गयीं और माथे की चौड़ी लाल बिन्दी के साथ नाम सार्थक हो गया। अपने निर्देशों को बार-बार दुहराने की उनकी आदत भी वजह रही होगी। जो नाम दिये जाते उनके पीछे लम्बा-चौड़ा तर्क न रहता बस हँसने का बहाना होता। कोई लड़की खी-खी कर नाम उचारती और सबकी ज़बान पर चढ़ जाता।

मैं और मंजुल स्कूल में दो क्लास के अन्तर से पढ़ते थे। वह ग्यारहवीं में, मैं नवीं में। दोनों क्लासों को इतिहास मिस दासगुप्त पढ़ाती थीं। बाक़ी सब विषय अपनी-अपनी कक्षा में पढ़ाये जाते थे। पर मिस दासगुप्त को भला कैसे रास आता। उन्होंने इतिहास के लिए अलग कमरा मुक़र्रर करवाया; हायर सैकंडरी की हर क्लास

की छात्राएँ वहीं जाकर इतिहास पढ़तीं। कमरे की दीवारें ऐतिहासिक विषयों पर उनके खुद के बनाये बेहद कलात्मक, और डाँट-फटकार कर हमसे बनवाये कम पेशेवर चार्ट और नक़्शों से सुशोभित थीं। सबसे ज़्यादा चार्ट स्वाधीनता आन्दोलन के प्रमुख दृष्टान्तों को उकेरते थे; चम्पारन आन्दोलन, जलियाँवाला बाग़, भगत सिंह, राजगुरु और सुखदेव की 23 मार्च 1931 की फाँसी, डांडी मार्च वग़ैरह। ज़ाहिर है उन्हें बनाने में मेरी क़तई हिस्सेदारी न थी। कुछ दिन माथापच्ची करने के बाद उन्होंने मुझे 'बोका' घोषित कर दिया। चार्ट बनाने में भले बोका थी, पर उन्हें समझाने बल्कि समूचे इतिहास की जानकारी में अव्वल थी। इसलिए मिस दासगुप्त बारी-बारी मुझसे भीषण नाराज़ और भीषण ख़ुश रहती थीं। भीषण से कम उनका कोई भाव न था। कोई न जानता था कब वे ढेला उठा कर आपका सिर फोड़ने की धमकी दे देंगी कब भीषण इंटेलिजेंट गर्ल का तमग़ा।

मंजुल के लिए कई बार ढेला उठा चुकी थीं पर चलाया न था। मंजुल उन्हीं की तर्ज़ पर कलात्मक थी। पेंटिंग पर भी हाथ चला चुकी थी। अन्ततः पेशेवर तरीक़े से पेंटिंग न करने की वजह ख़ासी दिलचस्प थी। उसकी समझ में न आता कब रंग लगाना बन्द करे इसलिए भली-चंगी पेंटिंग बर्बाद हो जाती।

इतिहास के लिए नयी कॉपी बनाने का मौक़ा आया तो उस पर सूफ़ियाना हल्के नीले रंग का कवर चढ़ाया; बेहद कलात्मक केलिग्राफ़ी में नाम : मंजुल जैन, विषय : इतिहास, कक्षा : ग्यारह लिखा और मिस दासगुप्त के सामने पेश की। उनका चेहरा खिल उठा। मन्त्रमुग्ध स्वर में कहा, "अहा, भीषण आर्टिस्टिक गर्ल।" मंजुल के चेहरे पर मोटी मुस्कान खिल आयी। क्लास में बैठी लड़कियों को दिखला कर मिस दासगुप्त ने जोड़ा, "सीखो तुम लोग। ये होता आर्ट," कॉपी खोली। एक-दो सफ़े पलटे। सब कोरे। किसी पर कुछ न लिखा था। मंजुल ने कॉपी सजा तो ली थी पर काम कुछ न किया था। न क्लास में पढ़ाये पाठ पर नोट्स थे न होमवर्क का एक शब्द। मिस दासगुप्त का चेहरा तमतमा गया। उन्होंने कॉपी घुमा कर मंजुल के सिर पर फेंकी। मंजुल ने झुक कर डक किया तो खुली खिड़की पार करती कॉपी नीचे अहाते में जा गिरी। इससे पहले वे कुछ कहतीं मंजुल ज़ोर से चीख़ी, "हाय, मेरा आर्ट वर्क!" मिस दासगुप्त पुचकार कर बोलीं, "जाओ-जाओ, लेकर आओ।" हँसी छिपा मंजुल नीचे भागी और अपने ग़ुस्से पर पछताती मिस वापस कुर्सी पर ढह गयीं। आर्ट वाक़ई उनके लिए इज़्ज़त की चीज़ थी।

पर उनका सबसे चहेता विषय था स्वाधीनता आन्दोलन, उससे उनकी ज़िन्दगी और रूह का वास्ता था। कुछ दोस्तनवाज़ टीचर्स से सुना था कि उनके दो भाई और मंगेतर उस लड़ाई के अलग-अलग पड़ावों पर शहीद हुए थे। उसके बाद उन्होंने शादी नहीं की थी।

मंजुल और मुझे एक ही इतिहास की किताब पढ़ाई जाती। अध्याय अलग रहते। तो हमने दो किताबें ख़रीदने की ज़हमत न उठाई। एक से काम चलाया और बचे पैसों से चौलाई के लड्डू खा लिए। उस किताब की सिलाई इतनी बेकार थी कि पन्ने अलग हो जाते थे जो हमारे लिए मौजूं था। हमने तमाम पन्ने अलग किये और जिस बहन को जो पन्ने चाहिए होते लेकर क्लास में चली जाती। एक दिन मंजुल से पन्ने इतिहास के कमरे में छूट गये। हमने सोचा अब नयी किताब ख़रीदनी पड़ेगी। पर कमाल मिस दासगुप्त। मैं इतिहास कक्ष में पहुँची तो बिल्कुल संजीदा चेहरे के साथ कहा, "जैन सिस्टर, योर बुक," और वे चन्द पन्ने मुझे पकड़ा दिये। मैं भौचक! लड़कियाँ हँसने लगीं तो डाँट कर कहा, "चोऽप! हँसता क्यों?"

मेरी याददाश्त में उनसे ताल्लुक़ रखता 1952 का एक दिन ऐसे बसा है जैसे कल घटा हो। मैं दसवीं क्लास में थी। एक दिन सूचना आयी कि चार दिन बाद ब्रिटिश काउंसिल से कुछ प्रमुख इतिहासकार मोटे अनुदान के सम्बन्ध में हमारे स्कूल का निरीक्षण करने आयेंगे। तय हुआ कि मिस दासगुप्त इतिहासकारों के उस दल के सामने क्लास लेंगी।

आप जानते ही होंगे उन दिनों इतिहास की सभी पुस्तकों में 1857 की क्रान्ति को हिन्दुस्तानी फ़ौज की म्युटिनी या अस्थायी विद्रोह या ग़दर कहा जाता था। मगर स्वतन्त्रता प्राप्ति के 5 साल बाद के उस दिन मिस दासगुप्त ने उसे स्वतन्त्रता का पहला संग्राम कहा। इतिहास की पाठ्य पुस्तक बन्द करके रख दी और मुँहज़बानी 1857 के स्वतन्त्रता संग्राम के विषय में जो किसी हाल ग़दर न था, पढ़ाना शुरू किया। अब तो ख़ैर ज़्यादातर इतिहासकार सबूतों के साथ, उनसे सहमत हो चुके हैं। तब मैंने पहली बार समझा था कि यहाँ-वहाँ बिखरे छिटपुट विरोध-विद्रोह भी क्रान्ति का रूप अख़्तियार कर सकते हैं, बशर्ते उनका घटित होना लोक मानस और राष्ट्रीय छवि में बड़ा बदलाव ला पाये।

1857 के विद्रोह ने वह कर दिखाया था। शायद इसीलिए इस तथ्य के बावजूद कि उससे पहले भी कई विद्रोह हो चुके थे; उसे प्रथम स्वतन्त्रता संग्राम का नाम दिया जाना उचित था। 1857 के बाद पहली बार भारतवासियों ने अपने देश को धर्म, समुदाय और प्रदेशों से अलग सम्पूर्ण स्वतन्त्र इकाई के रूप में और ख़ुद को उसके नागरिक की तरह देखना शुरू किया।

मिस दासगुप्त ने सिक्कों, डाक टिकटों व चित्रों की मदद से हमसे बेहद कलात्मक ही नहीं चोटिल चार्ट बनवाये थे, जो दीवारों पर चारों तरफ़ सजे थे। उनमें ब्रिटिश राज, उससे पहले की ख़ुशहाली और जलियाँवाला बाग़ के नरसंहार का विस्तृत ख़ाका दर्ज था। उनके निर्देश पर यह काम पिछले दिनों क्लास ख़त्म होने के बाद देर शाम तक प्रिंसिपल की मर्ज़ी से या उन्हें बिना बतलाये हमने मिल कर किया था। जो कला या हाथ के काम की जानकार थीं, उन्होंने सिक्कों को रखने के लिए क्रोशिया करके थैलियाँ बनायीं, चार्ट्स पर चित्रकारी की और मेरी जैसी पढ़ाकू लड़कियों ने उन पर उस पाठ की सुर्ख़ियाँ लिखीं जिसे वे पढ़ाने वाली थीं।

शायद ही कभी वयस्क, प्रख्यात इतिहासकारों ने दसवीं कक्षा में पढ़ाया पाठ उतनी तल्लीनता से सुना हो। यह देख मैं गहरे आलोड़ित थी कि पहले पहल उनके चेहरों पर जो विस्मय का भाव उभरा, धीरे-धीरे असहमति में नहीं अभिभूत होने में बदल गया। पाठ ख़त्म होने पर दबी ज़बान से उनके प्रमुख ने कहा ज़रूर, "क्या वह सब भूल जाना बेहतर नहीं है?" मिस दासगुप्त ने उत्तर नहीं दिया सिर्फ़ हमारी तरफ़ देखा। हम में से एक लड़की ने उनका पहले कहा कथन निर्भीक भाव से दुहरा दिया, "सर, जो देश अपने नायकों को याद नहीं रखता, उसकी स्वतन्त्रता सार्थक नहीं होती।" शायद उस लड़की का नाम काजल था।

यही वह दिन था जब मेरी समझ में आया कि उपनिवेशवाद का सम्बन्ध मानसिकता से है; देश के परतन्त्र होने से नहीं। यह उपनिवेशी मानसिकता राजनीतिक व आर्थिक आज़ादी मिलने के बाद भी क़ायम रह सकती है और देश के परतन्त्र रहते छोड़ी जा सकती है। यह वह मानसिकता है जो सभ्यता के हर क्षेत्र में चाहे वह संस्कृति से ताल्लुक़ रखता हो या सामाजिक-आर्थिक-राजनीतिक कर्मक्षेत्र से, हमें अन्यों से ख़ुद को हीन या कमतर महसूस करवाती है और उनका अनुमोदन व अनुकरण करने पर मजबूर करती है। रवीन्द्रनाथ ठाकुर के उपन्यास 'गोरा'

में महिम के शब्द याद कीजिए, "अरे भई इतना याद रखो, वे ठहरे राजा लोग। उनके सामने सिर झुकाने में कैसा अपमान?"

1980 में प्रकाशित मेरे उपन्यास 'अनित्य' में 1954 में जी रही एक पात्र कहती है, "जब हम ग़ुलाम थे तो क़ानून तोड़ते थे, जेल जाते थे, यह दिखलाने को कि हमारा मन ग़ुलाम नहीं है। और आज जब हम आज़ाद हैं तो हमारा मन ग़ुलाम हो गया है। सिर्फ़ बाह्य शक्तियों का नहीं अपनी भ्रष्ट कारसाज़ी का।" उसका नाम भी काजल था। मैंने यह नाम क्यों रखा? क्या क्लास की काजल बनर्जी को याद करके? या महज़ इस अहसास से कि मेरी किरदार मिस दासगुप्त की क्लास में पढ़ी होगी।

एक और टीचर की बात कर लूँ। हिन्दी पढ़ाती थीं। नाम गोयल था। पर हम उन्हें बहनजी कहते थे। वे उन लोगों में से थीं जो हरदम नाराज़ रहते हैं, क्यों किससे पता नहीं। मुझसे ख़ास तौर पर रहती थीं। कई वजह हो सकती थीं। एक, हमारी ख़ूबसूरत अंग्रेज़ी की टीचर, मिस चौधरी मुझसे खुश रहती थीं; स्टाफ़ रूम में मेरे लिखे निबन्ध की तारीफ़ कर देतीं कि लीक से हटा मुद्दा हो तो दिलचस्प लिखती है। दूसरी, मेरे बाल उलझे घने घुँघराले थे जिनकी दो चोटियाँ बना सामने लटकाये रहती थी। वे कई बार टोक चुकी थीं तेल लगा कर क्यों नहीं रखती बाल। पिछले बरस से मैंने स्वर्णा आया से बालों में तेल लगवाना छोड़ दिया था। जितनी दूर उलझे बालों की चोटी गूँथ सकती गूँथ लेती, बाक़ी खुले छोड़ रिबन बाँध लेती। उन्हें देख किसी को भी कोफ़्त हो सकती थी।

लीक से हटे निबन्धों पर मिस चौधरी की टिप्पणी के कुछ दिन बाद गोयल बहनजी क्लास में आयीं और मुस्करा दीं। सब सहम गये। अपनी बिसूरती आवाज़ को खुशदिल बना बोलीं, "आज निबन्ध के लिए आपको एकदम नया विषय दे रही हूँ—'भिखारी की आत्मकथा'।"

मैंने सोचा तो दिमाग़ सरपट दौड़ निकला। अपनी समझ में काफ़ी ज़ोरदार लिखा; निबन्ध क्या कहानी थी। मेरा भिखारी लेखक था जो दिन में भीख माँगता और रात में लिखता। भीख से इतनी आय हो जाती कि गुज़र कर ले और बिला समझौते मनचाहा लेखन। ख़ूब विस्तार से मज़े लेकर लेखक की ज़िन्दगी के दोनों पहलुओं पर लिखा। गोयल बहनजी ने पढ़ा तो आगबबूला हो गयीं।

"यह क्या बकवास है! लेखक भिखारी कैसे हो सकता है और... एक बेचारा भिखारी लिख कैसे सकता है?"

"वह बेचारा नहीं है मज़े में भीख माँगता है पेशे की तरह," मैंने कहा।

"तुमने लेखक और भिखारी दोनों का अपमान किया है।"

"एक का समझ में आता है, बहनजी, दोनों का कैसे हो सकता है?" मैंने मासूमियत से पूछा।

"अब गुरु का भी अपमान कर रही हो!"

"मैं समझी नहीं।"

"हाँ बहनजी, कुछ समझ में नहीं आ रहा," एक-दो लड़कियों ने उकसाया।

"मृदुला जैन, इधर आओ, पूरी क्लास को कहानी पढ़ कर सुनाओ। तभी इनकी समझ में आयेगा।"

मुझे क्या उज्र होता। उनके पास खड़े हो पुरज़ोर आवाज़ में कहानी पढ़ दी। लड़कियों ने ग़ौर से सुनी और बीच-बीच में हँसती रहीं।

"आया कुछ समझ में?"

"जी बहनजी," उन्होंने ताली बजा दी।

"ताली क्यों बजा रही हो?" उन्होंने डपट कर कहा।

"कहानी बहुत मज़ेदार है बहनजी।"

"मज़ेदार! यह कार्टून नहीं है। इसका प्रयोजन क्या है?"

"यह दिखलाना कि लेखक अपनी रचनात्मकता को जीवित रखने के लिए कुछ भी कर सकता है," एक लड़की ने कहा।

"भीख माँगने में बुराई नहीं है। भिक्षा माँगना हमारी परम्परा है, संस्कृति है," एक लड़की ने जोड़ा।

"भीख ही माँगिये आप लोग! उसी लायक़ हैं!" मेज़ पर रजिस्टर पटक, बोलीं, "घंटी बजने तक चुपचाप 'हमारे नैतिक मूल्य' पर निबन्ध लिखिए," और क्लास छोड़ चली गयीं।

"वे इतनी नाराज़ क्यों हो गयीं? ज़रूर इनके परिवार में कोई भिखारी होगा," मैंने ज्ञान बघारा और निबन्ध छोड़ हम हँसी-मज़ाक़ में लग गयीं।

उस वक़्त बहनजी क्लास छोड़ गयीं पर मेरे लिए उनका रोष बना रहा। कहानी का पाठ करते एक दिलकश अहसास मन पर क़ाबिज़ होने लगा था।

किताबें पढ़ने के अलावा भी मैं कुछ कर सकती थी; कहानी लिख सकती थी! श्रोताओं के चेहरों के भाव यक़ीन दिला रहे थे कि कहानी बढ़िया थी। बहनजी ने मुझे शर्मसार करना चाहा पर कर दिया ठीक उल्टा। मैं आत्मविश्वास से भर गयी। पता नहीं भिखारी से बहनजी की क्या उन्सियत थी कि उसके अपमान को दिल से लगा बैठीं। कुछ दिन बाद उन्होंने क्लास में ऐलान किया, चार दिन बाद फलां स्कूल में अन्तरस्कूल आशु व्याख्यान प्रतियोगिता है। उसमें भाग लेने के लिए मेरा चुनाव किया गया है।

"मिस चौधरी ने?" मेरे मुँह से स्वतः निकला; पिछले महीने मुझे अंग्रेज़ी डिबेट में पहला पुरस्कार मिला था।

"जी नहीं, मैंने," बहनजी ने अतिरिक्त उत्साह से कहा।

"प्रतियोगिता हिन्दी में है?" मैं हकलाई।

"जी, बिल्कुल," वे और उत्साहित हुईं।

"पर...पर...मैं हिन्दी में कभी नहीं बोली..."

"अच्छा! अभी किसमें बोल रही हो!"

"मेरा मतलब...व्याख्यान नहीं दिया..."

"यह कहो डर रही हो। सब जैन डरपोक होते हैं!" उन्होंने फ़रमान जारी किया।

जैनियों से मुझे लगाव न था। दादी के सिवा घर पर जैन नियम-क़ायदों का कोई पालन न करता था। पर अचला की तरह पूरी क़ौम पर लांछन बर्दाश्त न हुआ। कहा, "बिल्कुल नहीं!" उनकी कूटनीति की शिकार मैं जाने को राज़ी हो गयी।

पहुँच गयी जहाँ प्रतियोगिता हो रही थी उस सरकारी स्कूल में।

काफ़ी घबराहट हो रही थी। हिन्दी बख़ूबी बोल सकती थी आख़िर हिन्दी भाषी थी। पर अनजाने विषय पर बिना तैयारी औचक पहले बोला न था। अंग्रेज़ी में पूर्व निर्धारित विषय पर बहस करने का अभ्यास था। अब कहते संकोच होता है पर ज़ोर दे कर अपना मत प्रेषित करने में अंग्रेज़ी में मुझे ज़्यादा सहूलियत थी। सभी विषयों का अंग्रेज़ी में पढ़ाया जाना वजह रही होगी। हिन्दी क्लास में भी हम जैसे खरदिमाग़ अपनी बात कहने से बाज़ न आते पर जब कहते बहनजी की डाँट मिलती। उन पर बेहद ग़ुस्सा आ रहा था कि अपने मनोविनोद के लिए मुझे धर्म संकट में डाल दिया।

प्रतियोगिता इस प्रकार थी। अपना नाम पुकारे जाने पर वक्ता पर्ची पर लिखा विषय लेता और पाँच मिनट बाद, दुबारा पुकारे जाने पर बोलने आता। नाम 'म' से शुरू होने से मुझे बाद में आना था। मुझसे पहले कितने आये-गये। ठीक से सुना नहीं। कुछ देर बाद सोचा, नेहरूजी की नक़ल करके बोलूँगी। सब जानते थे नेहरूजी की हिन्दी अलहदा थी। बेहद प्रभावशाली और मनमोहक पर पारम्परिक रूप से व्याकरण सम्मत नहीं। उनकी तरह बोल कर ग़लतियों पर पर्दा डाल पाऊँगी। बोलना आत्मविश्वास के साथ होगा कि सुनने वालों की भावनाओं में खलबली मच जाये।

आख़िर नाम पुकारा गया और पर्ची मेरे हाथ में थी। तक़दीर मेरे साथ थी, विषय था स्वतन्त्रता आन्दोलन। मैं नेहरूजी को भूल गयी। याद आयीं मिस दासगुप्त। कैसे ब्रिटिश काउंसिल के इतिहासकारों को ख़ुद जवाब न दे कर एक छात्र से दिलवाया था। मैं नेहरूजी की नहीं उनकी शागिर्द थी। सिर ऊँचा किया, गर्दन सीधी तानी और फ़र्राटे से बोलना शुरू किया। नक़ल की ज़रूरत न थी। वह मेरा प्रिय विषय था।

फिर भी जब मुझे द्वितीय पुरस्कार मिलने की घोषणा हुई तो ख़ासा अचरज हुआ। पर बाक़ी लोगों को नहीं। गोयल बहनजी साथ नहीं आयी थीं। सोचा शील्ड लेकर क्लास में पहुँचूँगी तो प्रफुल्लित हो जायेंगी। पर बधाई देने के बजाय बोलीं, "हुः! हिन्दी न जानने का स्वाँग करती थीं न!" लगा नाख़ुश रहते-रहते बहनजी को उसमें मज़ा आने लगा था। जीत की ख़ुशी के बजाय दुख था कि मुझे हार की बेइज़्ज़ती न झेलनी पड़ी। पिताजी बहनजी से नाराज़ न थे। उनका कहना था उन्हीं की वजह से मुझमें आशुवाचन करने का आत्मविश्वास जगा। मैं भी उनकी शुक्रगुज़ार थी कि मुझे अलहदा क़िस्म का लेखन करने की प्रेरणा दी। वे मेरी पहली आलोचक थीं। उनकी मार्फ़त सीख मिली कि कटु आलोचना हतोत्साहित करने के बजाय हमें लेखन करने के लिए उत्साहित करे; तभी हम निर्बाध लेखन कर सकते हैं। जब वाक़ई लेखन किया तो जैनेन्द्र जी जैसे अनूठे लेखक से वही सीख मिली। मैंने उम्र भर उसका पालन किया।

एक मज़े की बात। कोई पच्चीस साल बाद, विश्व हिन्दी सम्मेलन की बैठक में बहनजी से टकरा गयी। ओंठ सिकोड़ कर बोलीं, "यह लेखिका मृदुला गर्ग तुम हो!"

"जी, बहनजी।"

"हिन्दी में लिखती हो।"

"जी, बहनजी।"

"क्यों?"

"भाषा है मेरी।"

"तो?"

तो का क्या जवाब हो सकता था। मैं चुप रही। आख़िर बहनजी ने मुझे निरुत्तर कर ही दिया।

लीक से हटी टीचरों और अलहदा क़िस्म के स्कूल का मेरी ज़िन्दगी पर गहरा असर पड़ा। आम मिशनरी स्कूल में पढ़ती तो पता नहीं हिन्दी में लेखन कर पाती या नहीं।

ग्यारहवीं क्लास में पहुँची तो अंग्रेज़ी की टीचर मिस चौधरी स्कूल छोड़ गयीं उनकी जगह आयीं मिस अंसारी। ज़िन्दगी जीने का गुर सिखलाने में उनका भी अहम हाथ रहा।

वे अलग शै थीं। कोर्स की किताबें पढ़ाने से ज़्यादा नाटक करने में दिलचस्पी रखती थीं, बल्कि हर लम्हा करती थीं। क्लास में सवाल करतीं तो पूरी जमात पर नज़र घुमा एक लड़की की तरफ़ उँगली यूँ उठातीं जैसे पिस्तौल दाग़ रही हों। मेरी बारी आती तो झिझक यूँ तारी होती कि जवाब न दे पाती। लिखे जवाब माक़ूल होते इसलिए उनका क़यास वाज़िब था कि मैं जानबूझकर जवाब नहीं देती। वे ख़ासतौर पर सवालों का निशाना मुझे बनाने लगीं। तब चुप्पी के साथ मेरे चेहरे पर ज़िद्दी मुख़ालफत चस्पाँ हो गयी जो किसी को नाराज़ करने को काफ़ी थी। मिस अंसारी को ख़ूबसूरत नहीं कहा जा सकता था; उसके लिए उनकी शख़्सियत बहुत मर्दाना थी। पर लड़कियाँ थीं कि मिस चटर्जी से भी ज़्यादा उनकी तरफ़ खिंची जाती थीं। काफ़ी बाद में पता चला वे बाक़ायदा लेस्बियन थीं। क्लास में एक लड़की उनकी प्रेमिका बन गयी थी। उसके माँ-बाप की उन्हें अलग करने की कोशिशें नाकाम रहीं। रत्ना (असली नाम नहीं है) उनके मोहपाश से तभी छूटी जब वे इंगलिस्तान रवाना हो गयीं। वह लेस्बियन नहीं थी बस उस बार हो गयी थी। कुछ साल बाद मर्द से इश्क़ हुआ और शादी करके ख़ासी खुश रही। यह बाद की बात थी। तब तो नादान मैं उसे टीचर्स पेट बनने की आम ख़्वाहिश समझती रही।

अंग्रेज़ी अदब में गहरी दिलचस्पी के बावजूद मेरी और मिस अंसारी की आपसी रंजिश बरक़रार रही। एक दिन उन्होंने तुग़लकी फ़रमान सुनाया कि ग्यारहवीं जमात की कुछ लड़कियों को नाटक में हिस्सा लेने दुपहर बाद हॉल में जमा होना है। जब ऐलान हो रहा था मैं हाल में क्लास लाइब्रेरी में आये ऑस्कर वाइल्ड के उपन्यास 'पिक्चर ऑफ़ डॉरियन ग्रे' के बारे में सोच रही थी। जब बाक़ी लड़कियाँ ऑडिशन के लिए जायेंगी तो ठाठ से उसे उलटू-पलटूँगी। पढ़ना बाद में होता, पहले हर किताब को यूँ सूँघती-देखती जैसे शराब की चुस्कियाँ भर रही हूँ। मैं ख़याली सुरूर में डूबी थी कि अपना नाम सुन चौंक गयी। अकबकाहट में येस मिस कह उठ खड़ी हुई।

"पीरियड ख़त्म होने पर हॉल में चलिएगा मेरी सरकार नाटक में हिस्सा लेने," उन्होंने तंज़ से कहा।

"मैं!" मारे अचरज के कहन ऐसा ज़ोरदार निकला कि स्टेज से बाल्कनी तक पहुँचे।

"वाह, क्या बोल निकाला है!" उन्होंने और तंज़ से कहा।

लड़कियाँ हँस दीं। बाक़ी उम्मीदवारों के साथ हॉल में पहुँची। उनकी-मेरी उम्मीद में फ़र्क़ था। उन्हें नाटक में चुने जाने की उम्मीद थी मुझे न चुने जाने की।

शेक्सपियर के नाटक 'मर्चेंट ऑफ़ वेनिस' के अदालत वाले दृश्य के लिए पोर्शिया का चुनाव होना था। एक-एक कर लड़कियाँ पार्ट पढ़ रही थीं। मेरी तकलीफ़ बढ़ाने को मुझे आख़िर तक रोका गया। वक़्त काटने को मैं पोर्शिया की गुफ़्तगू पढ़ती रही। वक़्त कटा नहीं बिला गया। मैंने ख़ुद को मंच पर पाया। फिर मैं थी और कोई नहीं। हॉल में बैठी लड़कियाँ, मिस अंसारी सब ग़ायब हो गये। जादुई करिश्मे ने मुझे पोर्शिया में तब्दील कर दिया। बिला काग़ज़ के सहारे उसकी बातें मुँह से निकलने लगीं। झिझक घबराहट कशमकश बिला गयी। बात इतनी भर थी कि दूर की नज़र कमज़ोर होने से हॉल में बैठे बन्दे नज़र नहीं आ रहे थे। यह भी कि तीन-चार बार पढ़ लेने पर पोर्शिया के संवाद रट गये थे। उसी के नहीं बाक़ी तमाम किरदारों के भी। सीन ख़त्म हुआ तो परछाइयों से भरा हॉल तालियों की गड़गड़ाहट से गूँज उठा। मेरा क़द पाँच फ़ीट दो इंच से बढ़ छह फ़ीट हो गया। पेशेवर अदाकार की तरह नख़रीले अन्दाज़ में झुक कर धुँधले नाज़िरों की तारीफ़ मंजूर की। नीचे उतरना था तो उतरी और सपाट चेहरे वाली मृदुला जैन बन हैरान मिस अंसारी के सामने खड़ी हो गयी। वे जल्दी सँभलीं।

मेरी पीठ थपथपा कर बोलीं, "मैं जानती थी तुम्हारे भीतर बढ़िया अदाकार छिपा है उसे बाहर निकालने का यही तरीक़ा था।"

वाह हुज़ूर! मुझसे बेहतर अदाकार तो आप हैं!

तमाम उम्र मैं उनकी अहसानमन्द रही कि उन्होंने मुझे हर मुसीबत आसां करने का नुस्खा थमा दिया। मेरी शख़्सियत नहीं बदली पर लोगों को बहकावे में रखने का सामान हो गया। जब इंटर्व्यू होता या लोगों के सामने बोलना पड़ता सोच लेती जो हो रहा है नाटक है। मैं मंच पर हूँ; दृश्य है निबट जायेगा। रफ़्ता-रफ़्ता आदत ऐसी पड़ी कि ज़िन्दगी का बड़े से बड़ा हादसा उसके सहारे झेल लिया।

अब लगे हाथों स्कूल की सहेलियों का भी ब्यौरा सुना दूँ। विनोदिनी स्कूल की इकलौती सहेली थी जो स्कूल से बाहर भी सहेली थी। वह काफ़ी लम्बी थी, 5 फ़ीट 7 इंच जो उस ज़माने के लिए अनूठी बात थी और मैं, 5 फ़ीट 2 इंच। लड़कियाँ हमें द लॉन्ग एण्ड शॉर्ट ऑफ़ इट कहती थीं।

विनोदिनी बुढ़ापे की औलाद थी, बहन श्यामा से नौ साल छोटी। उसके लिए खाने की छुट्टी में गरम बक्से में ताज़ा खाना, प्लेटें, चम्मच, ठण्डे पानी की बोतल और चटाई लेकर एक भृत्य आता। उसने अपनी माँ से एक प्लेट और भेजने को कह दिया। मेरा घर से डिब्बा लाना बन्द हो गया। उसकी बदौलत मैं आराम से लॉन पर बैठ खाना नोश फरमाती। स्कूल लाने और वापस ले जाने के लिए उसके माँ-बाप ने एक ताँगा लगा रखा था। मेरा घर पास था तो उसके साथ घर चली जाती।

पर विनोदिनी स्कूल से बाहर की भी सहेली थी। हर रविवार हम उसी ताँगे में 'मैटिनी' देखने जाते, टिकट वह मँगवा रखती। घर उसका ख़ास दूर न था वहाँ तक पैदल जाती फिर ताँगे में पिक्चर। यह सिलसिला स्कूल पास करने तक चला। कॉलेज गये तो दाख़िला दोनों ने मिरांडा हाउस में लिया पर उसकी विज्ञान की क्लास फ़ैकल्टी में लगती और मेरी अर्थशास्त्र की कॉलेज में तो दिन अलग-थलग बीतता।

फिर समझिए ज़लज़ला आ गया। बॉटनी में उसकी क़ाबिलीयत को दरकिनार कर बी.ए. करते ही बुढ़ाए माँ-बाप उसकी शादी पर उतारू हो गये।

अपने ज़्यादा न जीने का डर दिखला उसे राज़ी कर लिया। मैंने एम.ए. में दाख़िला लिया था कि उसकी शादी की तारीख़ आ पहुँची। हुई भी दूरदराज़ असम के चाय बग़ान के मैनेजर से। लाड़-प्यार में बच्ची बनी लड़की यकायक गृहिणी बन गयी। पर नौकर-चाकरों की भीड़ के रहते उसने ज़्यादा महारत बाग़बानी में हासिल की। दूर-पास के चाय बग़ानों की सभी मैनेजर पत्नियाँ उस फ़न में माहिर थीं फिर भी बग़ीचों की सालाना प्रतियोगिता में वह बेशुमार इनाम और तमग़े जीतती। जीत का धमाकेदार त्योहार मनता। उसके पति बलराज शुद्ध शाकाहारी थे और विनोदिनी उतनी शुद्ध मांसाहारी। अपने लिए बाक़ायदा मांसाहारी खाना बनवाती। एक पल को ख़याल न आया कि रिवाज़ है कि खाने-पीने के मामले में बीवी शौहर का साथ दे। बलराज ने पहले दिन ही अपनी माँ को आगाह कर दिया था कि किसी हाल मन्ना (विनोदिनी के घर का नाम) के खाने-पीने में दख़ल न दें।

न जाने कितनी बार मुझे अपने घर आने का निमन्त्रण दिया। जब कहा उसकी कोठी के बीच नदी बहती है तो मन हुआ उड़ कर पहुँच जाऊँ। पर अकेली लड़की को पराये दम्पती के पास भेजने के लिए उस ज़माने में मेरे उदार पिता भी तैयार न हुए। पता नहीं क्यों शादी के बाद मैं और आनन्द भी उनके पास असम या पश्चिम बंगाल न गये।

दिलचस्प यह रहा कि बरसोंबरस बाद जब विनोदिनी का बेटा नवनीत चाय बग़ान में मैनेजर हुआ तो हम दोनों उसके पास गये। उम्र के साथ वह और पत्नी संगीता दोस्ती में जुड़ गये थे। नवनीत ने श्रीराम कॉलेज दिल्ली से बी.कॉम किया तो हॉस्टल रहते कई शनिवार-रविवार मेरे घर आया। आशु-अपु के साथ आनन्द का भी दोस्त बन गया; साथ कैरम शतरंज आदि खेलते। मेरी भूमिका खाना खिलाने और निजी बातें साझा करने की रहती। संगीता जैसी कामकाजी लड़की दिल्ली के बड़े शहर से सुनसान चाय बग़ान में महज़ शौहर के साथ रहे और उसे न बाग़बानी में दिलचस्पी हो न रुतबा झाड़ने में तो कुछ परेशानकुन वक़्त आयेगा ही। आया ख़ास कर जब दो पार्टी के लोगों को दिन भर बग़ान में तीर कमान से लड़ते देखना पड़ा। शाम को युद्ध बन्द कर घायलों की देखभाल की जाती! जैसे महाभारत के युग में जी रहे हों! रफ़्ता-रफ़्ता उसने रसोइयों-बैरों की भीड़ नकार ख़ुद पकाने की मुहिम शुरू की साथ में चित्रकारी। आगे चल कर बेटे को हॉस्टल न भेजने का क्रान्तिकारी क़दम उठाया और स्थानीय स्कूल में दाख़िला करवा ख़ुद वहाँ पढ़ाना शुरू किया। यूँ एक आम लड़की नायाब औरत बन गयी।

छुट्टियों में उनके दिल्ली आने से हम विनोदिनी की बनिस्बत उनसे ज़्यादा मिलने-बतियाने लगे। रिटायर हो कर बलराज और विनोदिनी पंचकुला में बस गये। बीच-बीच में कभी असम तो कभी पश्चिम बंगाल के चाय बग़ान में बलराज नौकरी पकड़ते-छोड़ते रहे पर विनोदिनी पंचकुला बनी रही। उसके पास मैं दो बार गयी और वे यादगार मौक़े रहे।

पहली बार उसने चाय बनाई तो मैंने कहा, "तू इतने दिन चाय बग़ान में रही पर तुझे ढंग की चाय बनानी न आयी।" दरअसल वह पीती थी कड़क असम चाय और मैं सूफ़ियानी दार्जीलिंग। लत उसी ने लगाई थी बग़ान की उम्दा दार्जीलिंग चाय भेज कर। अगली सुबह मुश्किल से साढ़े पाँच बजे होंगे विनोदिनी ने आवाज़ लगा कर मुझे जगा दिया। मैं हड़बड़ा कर उठी तो बोली, "मृदुल, चाय बना।"

"इस वक़्त?" इतनी सुबह मेरे फ़रिश्ते भी न जगते थे।

"तो क्या सुबह की चाय दुपहर में पिएँगे?"

पहली बार किसी ने मेरी बोलती बन्द कर दी। तो साहब उठी चाय बनायी। उम्दा दार्जीलिंग चाय की भरमार थी उसके पास। जब काफ़ी नख़रे और अदा के साथ चाय बन गयी तो बोली, "यह फीकी चाय तू पी। मैं अपने लिए कड़क असम बनाने जा रही हूँ। वैसे भी पंजाब आता होगा दूध लेना है।"

मैंने बहस नहीं की क्योंकि मुझे बेहद गर्म चाय पीने की आदत थी। कुछ देर बाद ज़ोर से साइकिल की घंटी टनटनाई तो मैंने आवाज़ लगाई, "तेरा दूधवाला आ गया।"

"वह हरियाणा है।" उसने कहा और भाप उड़ाती चाय ले आ गयी।

एकदम जादुई चाय के दो प्याले सुबह सकारे हलक में उतार मैं काफ़ी ऊर्जावान महसूस कर रही थी। सच उससे उम्दा दार्जीलिंग चाय पहले पी न थी। शायद सुबह के उगते सूरज का कमाल था जो पहले देखा न था। फिर भी फ़र्ज़ अदायगी के लिए पूछा, "साथ पीनी नहीं थी तो अलस्सुबह मुझे जगाया क्यों?"

"क्यों अच्छी नहीं बनी? मज़ा नहीं आया?"

"आया यार, ख़ूब आया। अब यह भी बतला दे पंजाब-हरियाणा का क्या गोरखधन्धा है?"

"सीधी-सी बात है। यहाँ ताज़ा निकला दूध हरियाणा से भी आता है और पंजाब से भी। अपनी-अपनी ज़मीन से लेते हैं हम।" याद आया पंचकुला चण्डीगढ़ का उपनगर था जो हरियाणा और पंजाब दोनों की राजधानी थी। "बड़े तंग नज़र हो अपनी-अपनी ज़मीन मानी..."

"ताज़ा निकला दूध। यह दिल्ली नहीं है कि बच्चे से पूछो दूध कहाँ से आता है तो कहे डेरी की टोंटी से। अरे पंजाब आ गया।"

मैंने ध्यान से सुना। साइकिल की घंटी की टनटनाहट में कुछ फ़र्क़ था? बहुत से लोग अपनी ज़मीन अपनी मिट्टी अपनी हवा से ऐसे प्यार करते हैं कि क्या महबूब से करेंगे! पता नहीं मुझे घर या शहर छोड़ने पर अतीत या गृह विरह क्यों नहीं होता।

विनोदिनी के मेरी तरह दो बेटे थे। चाय बग़ान में ढंग का या बेढंगा कैसा भी स्कूल न था, इसलिए हॉस्टल में रह दार्जिलिंग के मिशनरी स्कूल में पढ़े। ख़ास ख़ुश न थे पर हॉस्टल के सभी बच्चे खाने और अनुशासन की बुराई करते हैं। मेट्रन के ज़बरदस्ती फल खिलाने से नवनीत को फलों से इस क़दर नफ़रत हो गयी कि एक मर्तबा मैंने केक के ऊपर सन्तरे की फाँकें सजा दीं तो हटा लेने पर भी उसने केक न छुआ। पर छोटे बेटे विनीत के साथ हुआ 'ग़लत' ज़्यादा विकट था। विनोदिनी को उसका अहसास देर से हुआ। मुझे उसका पता तब चला जब मेरे बेटे के निधन पर उसने टूटे स्वर में कहा, "तू इसलिए दुखी है कि तेरा बेटा मर गया मैं इसलिए दुखी हूँ कि मेरा बेटा मर क्यों न गया।" तब पता चला कि विनीत स्कूल में अनेक बच्चों की तरह ड्रग लेने लगा था। कुछ बच्चे लत से उबर गये पर उसकी लत और सेहत बिगड़ती चली गयी। इलाज करवाने और सहारा बनने में माँ-बाप ने कसर न छोड़ी पर असर कुछ न हुआ। हमेशा एक-सा विकराल हाल न रहता। ऊभ-चूभ करता चलता। 1993 में मानसिक हालत इतनी बिगड़ गयी कि कुछ हिंसक वारदातों के बाद अस्पताल में दाख़िल करवाना पड़ा। तभी विनोदिनी की ज़बान से वे अल्फ़ाज़ निकले जो नाक़ाबिले बर्दाश्त दर्द झेलती माँ ही बोल सकती थी। समझ आया कि बलराज के चाय बग़ान में नौकरी करते वक़्त वह पंचकुला क्यों बनी रहती थी।

जब दिसम्बर 1984 के आख़िरी हफ़्ते में चण्डीगढ़ गयी तब पंचकुला वाला घर बन रहा था इसलिए वह फ़्लैट में चण्डीगढ़ रहती थी। उन दिनों विनीत ठीक था। काफ़ी रोचक और रोमांचक प्रवास रहा। पंजाब सरकार ने एक गोष्ठी में शिरकत करने बुलाया और शहर से कुछ दूर ताल के किनारे विख्यात यू.टी. गेस्ट हाउस में ठहराया। मैंने विनोदिनी को लिख दिया कि सत्र ख़त्म होते ही गाड़ी माँग उसके घर पहुँच जाऊँगी। 31 दिसम्बर की शाम हवाई जहाज़ से दिल्ली लौट आऊँगी।

मुझे लेने उनकी गाड़ी हवाई अड्डे आयी। उसमें सवार मोहतरमा ने न मेरा नाम पुकारा न नाम का पट्ट दिखलाया। बाहर आने पर पहचाना और नाम की पुख़्तगी कर गाड़ी में बिठलाया। मैंने अचरज दिखलाया तो कहा, "नाम बतलाना सेफ़ नहीं है।" मेरी समझ में आया नहीं पर रफ़्ता-रफ़्ता वह कमबख़्त 'सेफ़' वजूद पर हावी होता गया।

30 दिसम्बर की उतरती शाम दोस्त के घर जाने को गाड़ी माँगी तो कहा गया, इस वक़्त लेक के बराबर से निकलना सेफ़ नहीं है। कल गाड़ी आपको हवाई अड्डे पहुँचा आयेगी।

मैंने कहा आयोजकों ने यक़ीन दिलवाया था कि गाड़ी मुझे दोस्त के घर छोड़ आयेगी पर असर न हुआ। "दुपहर में हो जाता पर अब सेफ़ नहीं है।" "पहले क्यों नहीं बतलाया?" मैं बहस करती रही पर फ़ायदा कुछ न हुआ।

विनोदिनी के पास अपना फ़ोन न था तो नीचे वाली मंज़िल पर मकान मालकिन को फ़ोन किया। वह औरत न उसे फ़ोन पर बुलाने को राज़ी हुई और न मेरा सन्देश देने को। मेरे कहने पर कि दिल्ली से आयी थी ऐसे बर्ताव किया जैसे पाकिस्तान की जासूस हूँ। जब मैं नहीं पहुँची तो विनोदिनी उसके यहाँ फ़ोन करने गयी। वह गेस्ट हाउस का नम्बर पता करने लगी तो हाथ से फ़ोन छीन लिया। "उधर फ़ोन न करना सेफ़ नहीं है।" पर मुँह से यह भी निकल गया, "उधर से आया था फ़ोन आ नहीं सकती दिल्ली वाली।"

उन कूढ़मग्ज़ों के चलते एक शहर में रहते हमने शाम और रात अलग मुकामों पर बिताई। ग़ुस्से में मुझे लिखना ही सूझ सकता था सो भोपाल गैस त्रासदी के सन्दर्भ में 'कालिदास का विद्रोही मेघ' लिखते रात गुज़ारी। अगली सुबह जब तक गाड़ी दे न दी यू.टी. मैनेजर के नाक में दम किये रखा। तय हुआ कि शाम को वह उसके घर से ले मुझे हवाई अड्डे छोड़ देगी। गपशप करते खाते-पीते पाँच बज गये। मुझे निकलना था सात बजे उड़ान थी। ज़बरदस्त ठण्ड थी। यह वह अनोखा बरस था जब चण्डीगढ़ में रात का तापमान शून्य पर पहुँच गया था।

सुनसान सड़कें पार कर शहर से काफ़ी दूर हवाई अड्डे पहुँचे। चालक गाड़ी ऐसे दौड़ा रहा था जैसे भूत-कुत्ते पीछे पड़े हों। दो-एक बार टोका तो "आपको छोड़

करनाल पहुँचूँ तो सेफ़ हूँ," कह गाड़ी की रफ़्तार और बढ़ा दी। फिर वही नामुराद सेफ़! मैं चुप हो गयी। टोकने पर रफ़्तार बढ़ाता रहता तो वाक़ई सेफ़ न होता।

हवाई अड्डे पहुँचे। नीचे पाँव रखा कि गाड़ी झटके से चली और आँखों से ओझल हो गयी। सर्दी से ठिठुरती काउंटर पर पहुँची तो कोट मफलर में चेहरा छुपाये मर्द बोला, "फ़्लाइट आयी नहीं तो जायेगी कैसे?"

"लेट है?" उसने कन्धे उचका दिये।

"कब पता चलेगा?" उचके कन्धे और चुप्पी।

एक दरवाज़े पर मैनेजर लिखा देखा तो ठेल अन्दर घुस गयी।

हीटर के इर्द-गिर्द दो-तीन जन हाथ फैलाये बैठे थे। काश मैं भी...

क़रीब जा पूछा, "दिल्ली की फ़्लाइट कब जायेगी?"

"मालूम नहीं।"

"रद्द हो गयी?"

"पुख़्ता ख़बर नहीं है।"

"रद्द होगी तो आपकी बस वापस शहर ले जायेगी न?"

"पुख़्ता ख़बर तो हो।"

"कब होगी?"

सब ठठा कर हँस दिये, "जब होगी ऐलान हो जायेगा। यह दफ़्तर है। आप बाहर बैठिए। दरवाज़ा बन्द करती जाइए बहुत ठण्ड है।" मुड़ कर देखा वे बोतल से गिलासों में दारू उलट रहे थे। मैंने दरवाज़ा बन्द कर दिया। वापस काउंटर पर गयी तो वहाँ कोई न था।

अब? लोग कम थे। मेरे सिवा औरत एक नहीं। सब पी रहे थे और लगा पहले से काफ़ी पिये थे। दुबारा मैनेजर का दरवाज़ा ठेल अन्दर घुसी। अपनी तरफ़ से काफ़ी रौब से कहा पर आवाज़ सर्दी या डर से काँप कर निकली, "फ़्लाइट रद्द हो गयी तो हमें शहर पहुँचाने का बन्दोबस्त कीजिए!"

"बतलाया था न जब तक ऑफ़िशियली पता नहीं चलता कुछ नहीं कर सकते।" ऑफ़िशियली कहने में उसकी ज़बान इस क़दर लड़खड़ाई कि बाक़ी अल्फ़ाज़ अन्दाज़ से समझे। मुझे बाहर निकलने का इशारा किया और बाहर क़दम रखते ही दरवाज़ा खटाक से बन्द कर लिया। लगा सिटकनी चढ़ाई है। धक्का दिया तो नहीं खुला। घबरा कर ज़ोर-ज़ोर से खटखटाया कोई असर न हुआ।

मैं बाहर बड़े कमरे में लौट आयी। देखा काफ़ी अधेड़ मर्द निजी गाड़ियों में बैठ पलायन कर रहे थे। पर कोई 'सेफ़' मालूम न हुआ कि लिफ़्ट माँगी जा सकती।

तभी चार सरदार नौजवानों पर नज़र पड़ी। मेरे बेटों की उम्र के थे। दो गाड़ी के बाहर दो अन्दर। अटैची थामे दौड़ कर पास पहुँची। दौड़ना और उनसे कहना, "प्लीज़ मेरी मदद कीजिए," इतना अनायास हुआ कि कुछ सोचा समझा नहीं। थरथराती आवाज़ में आगे कहा, "प्लीज़ मुझे किसी ऑटो या टैक्सी स्टैंड छोड़ दें, मेरी फ़्लाइट रद्द हो गयी। गाड़ी मुझे छोड़ करनाल चली गयी। आप कहाँ जा रहे हैं?"

कुछ देर चुप रह कर चालक ने कहा, "लुधियाना। बैठो जी।" एक लड़के ने पिछला दरवाज़ा खोल दिया। मैं भीतर घुसी तो मेरे बराबर बैठ गया। दूसरी तरफ़ का दरवाज़ा खोल एक लड़का दूसरी तरफ़ बैठ गया।

"एक जगह काम है रुक कर चल देंगे," चालक ने कहा। चुप्पी छा गयी। कुछ देर बाद गाड़ी बैरकनुमा इमारत के सामने रुकी। तख्ती गुरमुखी में थी पढ़ न पायी। अगली सीट के दोनों लड़के भीतर चले गये। आधे घण्टे बाद लौटे। ज़बर सर्दी के बाद गाड़ी की गर्मी में आँखें झपक रही थीं बोलने की ताब न थी।

काफ़ी रास्ता तय हुआ। आते हुए ड्राइवर गाड़ी ऐसे भगा रहा था जैसे जल्द करनाल न पहुँचा तो क़यामत आ जायेगी। इन्हें जल्दी न लगी। जब कुछ बत्तियाँ टिमटिमाती दिखीं तो मैंने कहा, "यहीं कहीं छोड़ दें पुत्तर, टैक्सी ले लूँगी।"

"सेफ़ नहीं होगा। पता बतायें घर छोड़ देंगे।"

इस 'सेफ़' की ध्वनि अलग थी। उससे बहस नहीं की जा सकती थी। मैंने पता बतला दिया। अब जाकर भय महसूस किया। गाड़ी ने रफ़्तार पकड़ी। चालक शहर के चप्पे-चप्पे से वाक़िफ़ लगा। गाड़ी सीधे विनोदिनी के फ़्लैट के नीचे रुकी। बराबर बैठे लड़के ने हाथ बढ़ा दरवाज़ा खोल दिया। मैं बाहर निकली। घूम कर शुक्रिया कहती कि गाड़ी फ़र्राटे से आगे बढ़ गयी। रुकने में आवाज़ न हुई थी। उतरते हुए मैंने ही कुछ कर दी थी। विनोदिनी छज्जे पर आ गयी होगी। उनके जाते ही दबे पाँव सीढ़ियाँ उतर आयी। मकान मालकिन जग गयी तो...

"क्या हुआ?" उसने फुसफुसाकर कहा।

"फ़्लाइट रद्द हो गयी। गाड़ी रुकी नहीं थी। लिफ़्ट लेनी पड़ी।"

"पर ...वे तो सरदार थे..." उसने ऐसे कहा शेर-चीते हों।

तब तक मेरा डर ख़त्म हो गया था। बदन ठिठुर रहा था। "इससे पहले मैं ठण्ड से मर जाऊँ ऊपर चलें।"

सोचा था ऊपर पहुँचते ही बिस्तर पर लुढ़क सो रहूँगी। पर अगले साल की पूर्व रात हो, अपने साथ घटी रोमांचक दास्तान सुनने को बेकरार बचपन की दोस्त मौजूद हो, चाय का मौसम हो, तर माल मौजूद हो तो सोया कैसे जाता? बल्कि विनीत को भी बुला लिया और हीटर के पास बैठ ख़ूब पर-बेपर की उड़ाई। यूँ हँसते-हँसाते मैं बैठे-बैठे सो गयी।

बारह का घण्टा बजा तो विनोदिनी ने झकझोर कर कहा, "हैपी न्यू ईयर!" मैं हड़बड़ा कर उठी और बोली, "फ़्लाइट चली गयी!"

"नहीं यार, नया साल लग गया!"

"ओ हाँ, हैपी न्यू ईयर!"

तो सेफ़ होने के ऊलजलूल चक्कर के बीच हमने एक दिलदार और ख़ुशनुमा नया साल अपने नाम कर ही लिया। अगले दिन बस से दिल्ली लौटी। एकदम "सेफ़।"

स्कूल की बाक़ी साथिनों में सबसे अनूठी थी सुशीला एल.सी.। सब उसे एल.सी. पुकारते थे। लड़की क्या आग का गोला थी। साइंस कर रही थी आगे चल कर नामचीन डॉक्टर बनी। एल.सी. नाम से ही जानी गयी। उसकी ख़ासियत ऐसी थी कि हर प्रस्ताव का विरोध करती थी। उसी में हमें उससे काम करवाने का आसान तरीक़ा मिल गया। जो चाहो उससे उल्टा कहो वह उल्टा कहेगी तो जो तुम चाहते हो हो जायेगा। पर उससे जिरह करना हर किसी के बस का न था। उस जैसा ज़िद्दी और खरदिमाग़ होना पड़ता। जो तुम नहीं चाहते उसके पक्ष में दलील पर दलील देना मगज़ खपाऊ था। ज़ाहिर है उसके लिए हर बार मुझे चुना जाता। मुझे नहीं लगता उतनी ज़हीन लड़की यक़ीन करती होगी कि जिसके मैं इतने कुलाबे बाँध रही हूँ उसके कहने पर उससे उलट करने पर राज़ी हो जाऊँगी। उस तमाशे में उसे मज़ा आता होगा। हमने कई नाटकों में साथ अभिनय किया। वह हमेशा मर्द की भूमिका करती और बाक़ायदा मर्द लगती। भीतर निवास करती मर्द की शख़्सियत बाहर आ जाती होगी। जब उसने शादी नहीं की तो हमारा अन्दाज़ पुख़्ता हो गया।

स्कूल के बाद यदा-कदा मिलना हुआ। पर जब काफ़ी मशहूर डॉक्टर बन गयी तब दो-चार बार हुआ और परिपक्व उम्र में कुछ राज़ खुले। शुरू-शुरू में उसका प्यार एक ब्राह्मण लड़के से हुआ था। वह खुद चौहान यानी ठाकुर थी। उन दिनों राजपूत ब्राह्मण परिवार में लड़कियाँ ब्याहने से सख़्त परहेज़ करते थे। मुझे अपार आश्चर्य हुआ कि एल.सी. जैसी धाकड़ लड़की ने परिवार की रज़ामन्दी न मिलने पर लड़के को छोड़ दिया। किसी और से भी शादी न की। ऐसी ही विसंगतियों से भरपूर होता है इन्सान का चरित्र। दबाव में आकर नहीं बलिदान देने के जज़्बे में ऐसे फ़ैसले लेते हैं जिनके लिए बाद में ख़ूब पछताते हैं। एल.सी. ने एक क्लीशेनुमा फ़ैसला ज़रूर लिया पर उसका बेजोड़ आत्मविश्वास अपना लोहा बराबर मनवाता रहा।

एक रोचक क़िस्सा सुनाती हूँ। अमरीका में डॉक्टरी की पढ़ाई पूरी करने के बाद कुछ दिनों वहीं एक अस्पताल में इंटर्नशिप फिर रेज़िडेंसी की। क्रिसमस पर बाक़ी लोग परिवार के साथ व्यस्त होते इसलिए वह ड्यूटी कर देती। उसने ग़ौर किया कि क्रिसमस के आस-पास सहसा अस्पताल में दाख़िल किये जा रहे बूढ़ों की तादाद बढ़ जाती। उसने बूढ़ों से देर तक बात की। मालूम हुआ कि जवान लोग हमउम्रों के साथ दावत करने के चक्कर में बूढ़े माँ-बाप को घर पर रखने के बजाय अस्पताल के आपात वार्ड में भरती करवा देते थे। यह दावा कर कि वे बाहोश न थे या हाल-फ़िलहाल दौरा पड़ा था। सुना नहीं कि एल.सी. का पारा सातवें आसमान पर। उस वक़्त शेर-चीता मुक़ाबिल न होता अमरीकी युवा किस खेत की मूली थे। माँ-बाप को अस्पताल में भरती करने से साफ़ इनकार कर कहा, "अभी घर पर रखिए क्रिसमस के बाद लाइए जाँच करके तय करूँगी।" उन्होंने जिरह की पर वह टस-से-मस न हुई। बातों-बातों में एक युवती सास के लिए कह बैठी, "पर वे सोयेंगी कहाँ?"

"आप लिविंग रूम में सोफ़े पर सो जाइए। उन्हें बैडरूम में सुला दीजिए।"

"मेरी बहन और उसका ब्वॉय फ्रेंड भी आये हुए हैं।"

"उन्हें लिविंग रूम में सुला दीजिए वैसे भी कम सोयेंगे। आप बच्चों के साथ सो जाइए।"

झिकझिक की गुंजाइश पर पानी फेर कर कहा, "देखिए आप चाहे घण्टे-दो घण्टे बोलें मेरा फ़ैसला बदलेगा नहीं। मेरे सिवा यहाँ कोई है नहीं। शुक्र है आप जैसे बेशर्म लोग यूरोप में नहीं होते। वहीं से आ रही हूँ। इटली, फ्रांस, स्पेन,

स्विट्ज़रलैंड, ऑस्ट्रिया...कहीं नहीं।" जानती थी हिन्दुस्तान कहने से वह असर न होगा जो यूरोप से। यूरोप के सामने अमरीकन कमतर महसूस करते हैं। "शर्म कीजिए। माँ-बाप के बिना क्रिसमस का क्या मतलब है? आप जीसस के जन्म का उत्सव मना रहे हैं न? जिन माँ-बाप ने आपको जन्म दिया उन्हें उत्सव से ग्रेंड चिल्ड्रन से अलग कर रहे हैं। शेम ऑन यू। पहले सोचना चाहिए था बहन आये न आये माँ-बाप साथ रहेंगे ही। नेक्सट पेशेंट!"

उसके सख़्त रवैये का असर कई तरह का होता। कुछ मियाँ-बीवी लड़ पड़ते, कुछ शर्मिन्दा हो एल.सी. का लोहा मान लेते। "परसों ले आइएगा। तब तक तबीयत काफ़ी सुधर जायेगी," वह पुचकार कर कहती। बूढ़े उसका हाथ चूम लेते।

यूँ तो याद रखने लायक़ और भी कई सहपाठिनें थीं पर ये ख़ासुलख़ास थीं तो इनकी कहानी सुना कर पिछली पीढ़ी की तरफ़ रुख़ करती हूँ। लौटूँगी एक बार फिर अपनी सहेलियों पर वे जो स्कूल में साथ न थीं, अलग-अलग मुकामों पर मिलीं। ज़ायका बदलता रहना चाहिए न।

ममी की नायाब सहेलियाँ

ममी की सहेलियों का क़िस्सा कहे बग़ैर संस्मरण के तमाम पहलू नहीं खुलेंगे, तो यह लीजिए। उनकी बचपन की दो सहेलियाँ थीं जो अन्त तक बनी रहीं। हम उन्हें रज्जो मौसी और सुशीला मौसी पुकारते थे। एक-दूसरे से इस क़दर उलट थीं कि अचरज होता सहेलियाँ बनी कैसे रहीं। ममी तो ख़ैर सभी से उलट थीं उन्हें क्या समस्या होती।

रज्जो मौसी फ़ितरत से अदाकारा थीं। हसीन गोल गोरा चेहरा, मांसल ओंठ, बड़ी कजरारी आँखें, तराशी हुई भवें और चौड़ा माथा जिस पर बेहद दिलकश तरीक़े से लहरदार केश गिरते-उठते थे। ख़ुद-ब-ख़ुद नहीं, वे गर्दन की हल्की जुम्बिश से फहराया करती थीं। भरा वक्षस्थल, पतली कटि और भारी नितम्ब। पर जितनी क़शिश उनके चेहरे-मोहरे और जिस्म की बनावट में थी उससे ज़्यादा बांकी अदाओं में। जिस तरह गदराये ओंठ जब-तब दाँत से दबा बिन काटे छोड़ देतीं, गर्दन को झटका दे बाल माथे पर गिरातीं-उठातीं, फिर देह यष्टि को वक्ष से पाँव तक निहार साड़ी का पल्लू गिरने-गिरने को होने दे सँवारतीं, ऐसा समाँ बँधता कि देखने वाला मर्द हो या औरत मोहपाश में जकड़ा रह जाता। अहसास होता उन्हें अपनी अदाओं का अहसास न था। ख़ुद-ब-ख़ुद हुए जाती थीं। चेहरे पर क़शिश ही नहीं मासूमियत भी थी जो उन अदाओं से बिल्कुल मेल न खाती। कुछ देर उन्हें निहार ज़्यादातर मर्द शेरो-शायरी पर उतर आते। यह वह ज़माना था जब हर पढ़ा-लिखा इन्सान शेरो-शायरी से राब्ता रखता था और वह औरतों की तारीफ़ करने का सबसे नफ़ीस तरीक़ा था।

अनोखा रोमानी मंज़र छा जाता। सबसे ज़्यादा लुत्फ़ माँ उठातीं। दाद दे रज्जो मौसी को देख मानीख़ेज हँसी हँस। उनसे रश्क़ न था रज्जो-रज्जो कहती थकती न थीं।

मेरी उम्र बीस की हुई तो रज्जो जी की चालीस के क़रीब पर उनके नाज़नख़रे वही रहे। आतीं तो पति और छोटी उम्र की मरहूम ननद के शौहर गवैये जगदीश साथ रहते। जगदीश की उम्र उनसे काफ़ी कम थी। दुबले-पतले रज्जो मौसी जैसे नाज़नीन वे भी लहराती कमर को झटका दे चला करते। हरदम भाभी की ख़िदमत में हाज़िर। पान की आरज़ू हो तो पान हाज़िर, सिरदर्द हो तो सिर दबाने को बन्दा हाज़िर। उनकी ख़िदमत से ममी को भी इनकार न था पर ज़्यादातर फ़रमाइश ग़ज़ल सुनने की रहती। के.एल. सहगल, के.सी.डे, पंकज मल्लिक की ग़ज़लों की बेहतरीन नक़ल कर लेते। गले में सोज़ था आवाज़ में क़शिश, गाते तो मंज़र और रोमानी हो जाता। मर्द भी गिरफ़्त में आ जाते। अपने अशआर भूल उन्हीं की मार्फ़त दाद अर्ज़ करते।

दावतनामा तो मय बीवी शौहर को ही दिया जाता; जगदीश तो घर के बरामदे की तरह साथ हो लेते। हम रज्जो जी को मौसी कहते पर उनके पति को रघुबर मौसा कभी न कहा। वे डॉक्टर थे बेहद संजीदा और कम बोलने वाले। चेहरे पर कभी नाराज़गी नहीं। अशआर पर धीमे से या महज़ गर्दन हिला दाद देते। पर कोताही न करते। लगता वह इन्सान हर ग़लती माफ़ कर सकता था। पर उनकी शख़्सियत इतनी फीकी थी कि कुछ देर बाद लोग भूल जाते। महफ़िल में वे भी तशरीफ़ रखते थे। एक कुर्सी, एक प्लेट नाश्ता और एक गिलास शरबत इतने के ही तलबगार थे या मान लिए गये थे। उसके बाद सब उनकी तरफ़ से उदासीन हो जाते। बस माँ दाद देते हुए महफ़िल में उन्हें शरीक़ मान कभी पुकार लेती थीं; जीजाजी है न दाद के क़ाबिल। यूँ जगदीश डॉक्टर साहब की ख़िदमत में भी कोताही न करते। जब ज़रूरत होती फ़ौरन हाज़िर हो जाते। गाड़ी चलाना रोज़ का काम था। रज्जो मौसी और डॉक्टर साहब को बुलन्दशहर से दिल्ली वही लाते थे। बुलन्दशहर में भी उन्हें लेने-लिवाने को गाड़ी वही चलाते और निढाल दिखती काया के बावजूद बढ़िया चलाते।

उनमें वे सब ख़ूबियाँ थीं जो सुघड़ गृहिस्थन की शोभा मानी जाती हैं। बढ़िया स्वेटर बुनते और उम्दा खाना बनाते। पतली, करारी पर भीतर से मुलायम पूरी और हरे प्याज़ की गज़ब की सब्ज़ी। किसी और को वह सब्ज़ी बनाते नहीं देखा। ज़रूरत पड़ने पर या तफ़री के लिए रसोई में जुट जाते और ग़ज़ल गुनगुनाते रहते। यानी फ़र्ज़ अदायगी नहीं मज़े के लिए रसोई करते।

इतनी लियाक़त के बावजूद मुझे ज़रा पसन्द न थे। घुसपैठिये मालूम पड़ते थे। महफ़िल जमाने लायक़ ग़ज़ल ख़ूब गाते थे पर मुझे डॉक्टर साहब पर करुणा

महसूस होती थी। यक़ीनन माँ को भी होती होगी पर उन्हें क़द्दावर मर्द पसन्द थे इसलिए करुणा दया में तब्दील हो हिकारत को छू बिला जाती। वैसे उस परिस्थिति के लिए ज़िम्मेवार वही थे। थे तो जगदीश उन्हीं के बहनोई। घर में पनाह भी उन्हीं ने दे रखी थी।

वे रज्जो मौसी पर इतने आसक्त थे और ख़ुद को उनसे इस क़दर कमतर मानते थे कि उनकी ख़ुशी से ख़ुश हो लेते। उनके आराम का भरपूर ख़याल रखते हालाँकि रखवाते जगदीश की मार्फ़त। डॉक्टर वे भरोसेमन्द थे पर निहायत बदसूरत। पकौड़ा नाक, मिचमिची आँखें, गंजा सिर और थुलथुल बदन। स्वर्णा आया ने बतलाया था कि बेवा माँ की सुन्दर बेटी रज्जो को डॉक्टर साहब से उनकी ख़ानदानी हैसियत और उम्दा प्रेक्टिस के लिए ब्याहा गया था। अलबत्ता डॉक्टर साहब रज्जो मौसी की एक झलक देख इश्क़ कर बैठे थे सो शादी को ख़ानदानी मंज़ूरी आसानी से मिल गयी थी। इश्क़ जो बेशर्त था हर बिन कही माँग को मंज़ूरी देता हर सूरतेहाल बरक़रार मरते दम तक। उनका इन्तक़ाल रज्जो मौसी से पहले हुआ। पर वह बाद की बात है।

मेरा हाल यह था कि डॉक्टर साहब से कुछ पलों की मुरव्वत और जगदीश से मुसलसल बेमुरव्वती के बावजूद उस रोमानी मंज़र में खो जाती। रज्जो मौसी मुझे ऐसे मोहजाल में बाँध लेतीं कि समझ जाती माँ को उनसे जलन क्यों न होती। मेरी तरह वे भी उनसे मोहित रहतीं। वे रोमानियत की जीती-जागती मूरत थीं; कोई रूमानी समां उन्हें उल्लास से भरे बिना न रहता।

दूसरी वजह यह होगी कि माँ भी कम ख़ूबसूरत न थीं। रज्जो मौसी से ज़्यादा बुर्राक गोरा रंग, नुकीली नासिका, चमकीली आँखें और सौम्य आभिजात्य भाव। बेहद दिलकश हँसी और अपनी ख़ूबसूरती पर बला का यक़ीन। स्कूल में पढ़ती थीं तो दोनों अपने हुस्न के लिए मेरठ शहर में मशहूर थीं। अनेक मनचले उन पर फ़िदा थे कई एक पर कई दूसरी पर तो कई दोनों पर एक साथ। जहाँ रज्जो मौसी के पास रंगीन अदाएँ थीं माँ के पास रसीली ज़ुबान जो मर्दों की शायरी पर इक्कीस पड़ती थी। कुछ लोग रज्जो मौसी को ज़्यादा ख़ूबसूरत बतलाते तो कुछ माँ को। खुद डॉक्टर साहब एकाध बार कह चुके थे कान्ता (मेरी माँ) रज्जो से ज़्यादा खूबसूरत थीं। यही वे लम्हे होते जब उनके संजीदा चेहरे पर मोहक-सी मुस्कराहट आ जाती। पर वह सिर्फ़ ख़ूबसूरती की तारीफ़ होती फ़िदा वे रज्जो पर ही रहते। इसलिए रज्जो मौसी को माँ से रश्क़ न हुआ।

मुझे याद है जब पिताजी और डॉक्टर साहब दोनों का इन्तक़ाल हो चुका था और मेरी शादी को कई बरस एक दिन ममी से मिलने गयी तो रज्जो मौसी से मुलाक़ात हो गयी। पहले से ज़्यादा सींकनुमा लड़खड़ाता झुका-झुका बदन लिए जगदीश साथ थे। रज्जो मौसी की उम्र साठेक बरस होगी; उनसे कमउम्र होते हुए जगदीश ज़्यादा बूढ़े दीख रहे थे। वे पुलकित फ़ख़्र के साथ अपने तरक़्क़ीयाफ़्ता, ऊँचे ओहदे पर आसीन बेटे की गाथा सुना रही थीं। काफ़ी देर उसके घर, साज़ोसामान और कम्पनी में रुतबे की कहानी सुनाती रहीं।

यह भी जोड़ गयीं कि वह और उसका परिवार जगदीश को अपने घर आने देने के लिए क़तई तैयार न था। इसलिए वे अकेले जातीं। काफ़ी इसरार पर भी उनके साथ न रहीं क्योंकि जगदीश का साथ छोड़ने को तैयार न थीं। उन्होंने साफ़ कह दिया था, “तमाम उम्र इन्होंने मेरा साथ निभाया। अब डॉक्टर साहब भी नहीं रहे। मेरे साथी हमदर्द जो हैं यही हैं।” आशिक़ या हमसफ़र न कहा। ममी ने भी न जोड़ा।

मैंने अचरज के साथ देखा कि वह सब कहते हुए आँखों की कोर भीगी होने के बावजूद ठीक पहली अदा के साथ वे दाँत से ओंठ चबा कर छोड़ रही थीं, गर्दन की जुम्बिश के साथ हल्के हो आये बालों को माथे पर गिराने-उठाने की कोशिश कर रही थीं और छाती से पाँव तक ख़ुद को निहार साड़ी का पल्लू छाती पर कस रही थीं। मुझे अटपटा लगा पर यह यक़ीन भी पुख़्ता हुआ कि अपनी अदाओं पर मुग्ध वे बेसाख़्ता उन्हें दुहराती थीं। पहली बार मन में मोह के अलावा करुणा उपजी। गुज़रे ज़माने की रंगीनी याद आयी कि देखा जगदीश ही नहीं माँ भी मुग्ध भाव से उन्हें देख रही थीं। मन में पहले की महफ़िलें साकार हो गयी होंगी। कुछ चीज़ें कभी नहीं बदलतीं। रज्जो मौसी उनमें से एक थीं।

माहौल को पहले सा दिलकश बनाने की ख़ातिर माँ ने जगदीश से कहा, “चलो जगदीश, कोई उम्दा ग़ज़ल सुनाओ। बहुत दिन हुए तुम्हें सुने।”

जगदीश ने चौंक कर देखा जैसे कोई अनहोनी बात कही गयी हो। जवाब रज्जो मौसी ने दिया, “कहाँ कान्ता, जब डॉक्टर साहब ही न रहे तो क्या गाना-बजाना क्या महफ़िल! अर्सा हो गया सुनने का मन ही न हुआ। जगदीश ही कहाँ ग़ज़ल के सुर उठाते हैं। कभी गुनगुनाते भी न सुना।”

कह कर उन्होंने आँखें पोंछीं, ओंठ दाँत के नीचे दबा कर छोड़े और अदा के साथ आँखें झपका कर साड़ी का पल्लू गिराया और पूरा गिरने से पहले वापस सँभाल लिया। मोहपाश में बँधने के बजाय हम रुआँसे हो गये।

प्रेम का वह त्रिकोण और किरदार रज्जो मौसी मुझे हमेशा याद रह गयीं।

ममी की दूसरी नायाब सहेली थीं मेरठ के मशहूर डॉक्टर भोपाल सिंह की सबसे छोटी बेटी सुशीला। दोनों के पिताओं के बीच प्रगाढ़ दोस्ती और रोज़ के मिलने-जुलने की वजह से दोस्ती हुई। फिर दोनों की रईसी आन-बान-शान और रुतबा एक जैसा था। हमारे नाना नामी बैरिस्टर तो सुशीला मौसी के पिता नामचीन डॉक्टर। उनकी दोस्ती की गहराई इससे जाँची जा सकती है कि हम बहनें अपने नाना से ज़्यादा डॉक्टर साहब को नाना मानती थीं। हमारे नाना बच्चों से प्यार-मुहब्बत जतलाने में यक़ीन न करते थे। कड़क अनुशासन में रहते, जबकि डॉक्टर नाना खुल कर लाड़ जतलाते, तोहफ़े लाते, बाहर घुमाने ले जाते। तो सोचिए कौन ज़्यादा नाना हुआ। सुशीला मौसी की फ़ितरत अपने पिता पर न जाकर सहेली कान्ता के पिता पर गयी थी और कान्ता (ममी) की आधी पिता तो आधी उनके दोस्त पर।

नाना की छवि विस्मित प्रशंसा का भाव तो जगाती पर नज़दीकी का क़तई नहीं। वे इतने विषयों पर इतनी रफ़्तार से किताबें पढ़ते और उन्हें इतना सजा-सँवार कर रखते कि कोई भी आतंकित हो जाता। एक लम्बी-चौड़ी लाइब्रेरी थी जिसमें से शायद ही कभी किसी को किताब पढ़ने को देते। मंजुल ने एक बार माँगने की गुस्ताख़ी की तो साफ़ मना कर दिया। पिताजी को एक बार दी तो मखमल में लपेट बढ़िया काग़ज़ के लिफ़ाफ़े में सहेज कर। बमुश्किल उन्होंने पार्सल खोलने की हिमाकत की और दुबारा किताब माँगने की जुर्रत न की। स्वर्णा आया कहती थीं नाना छड़ी हिलाते ख़ाली हाथ यानी बिला तोहफ़े या फल-मिठाई आते हैं और मुश्किल से नमस्ते का जवाब दे लौट जाते हैं। हम ही कौन नमस्ते करने को मरे जाते थे! माँ-बाप की ज़बरन करवाई फ़र्ज़ अदायगी होती। एक बात थी। जाते हुए वे आयाजी और लछमन महाराज को इनाम ज़रूर देते। पर आयाजी हमारे लिए दुख जतलाती रहतीं। डॉक्टर नाना के आते ही दुख दिलदार ख़ुशी में तब्दील हो जाता। वे तोहफ़ों से लदे आते। घर के हर प्राणी के लिए अलग। फिर बच्चों को बढ़िया जगह घुमाने का प्रोग्राम बनाते। लोधी गार्डन, इंडिया गेट, अजायबघर, सर्कस या चाँदनी चौक में मज़ेदार जलेबी, बेड़मी-आलू, चाट, गोली वाले मसालेदार सोडे का लुत्फ़ उठाने। या क्वालिटी रेस्टोरेंट में आइसक्रीम और भटूरे छोले खाने जो उन दिनों मेन्यू पर नये-नये आये थे।

बच्चों से लाड़ न जतलाने में ममी ने पिता की फ़ितरत पायी थी। वजह रूखा अनुशासन नहीं लाड़ जतलाने में शर्म का आना था। होते हैं ऐसे लोग जो ममत्व दिखलाने में शर्मसार हो जाते हैं। नाना के लिए यह वजह क्यों क़बूल न की कह नहीं सकती। हमीं आतंकित हुए पड़े होंगे। एक तो भव्य लाइब्रेरी जिसमें पाँव रखने की मनाही फिर घर आने पर भी हमसे बहुत कम बात करना। उनकी अधचुप्पी में हमें बड़प्पन और उदासीनता की ऐसी गन्ध आती, जो हमें दूर ठेल देती। किताबें ममी भी कम नहीं पढ़ती थीं; जुनून की हद तक उनमें डूबी रहतीं पर हमारी पहुँच से परे उनकी लाइब्रेरी न थी। उनके पढ़ चुकने पर किताबें पढ़ने की मनाही न थी। असल में नाना की फ़ितरत में रोमानियत मिला कर उन्होंने दूसरों के कुछ क़रीब आने का रास्ता खोल दिया था। चाहे उस नज़दीकी में तिलिस्म ज़्यादा था अपनापन कम। गहराई में जाकर सोचें तो नाना कम रोमानी न थे। पर अपनी तरह के।

ममी और सुशीला रघुनाथ गर्ल्स कॉलेज में मैट्रिक तक साथ पढ़ीं फिर ममी की शादी हो गयी। सुशीला आगे पढ़ती रहीं। दोनों दोस्तों के बीच फ़र्क़ यह था कि डॉक्टर नाना लड़कियों को ऊँची-से-ऊँची तालीम देने के पक्ष में थे। बैरिस्टर नाना लड़की के साहित्य, भाषा, कला आदि में रुचि लेने, उनकी जानकारी में महारत पाने और आभिजात्य जीवन शैली में पारंगत होने के पक्ष में तो थे जो हमारी माँ थीं। पर ऊँची तालीम पाने के लिए शादी टालने को राज़ी न थे। उनका यूटोपियन यक़ीन था कि शादी के बाद भी लड़की तालीम लेती रह सकती है। यानी दोनों ज़मीन से डेढ़ इंच ऊपर चलने वाले जीव थे। डॉक्टर नाना मानते थे ऊँची तालीम पाने के बाद लड़की जो चाहे कर सकती है। बैरिस्टर नाना का मानना था कि लड़की शादी के बाद वैसे ही रह सकती है जैसे पहले। हम आप जानते हैं दोनों में से एक भी सच नहीं है।

रज्जो मौसी भी कुछ साल वहाँ पढ़ी थीं। मुश्किल से गुज़ारा करती उनकी बेवा माँ हसीन रज्जो की शादी किसी अमीर और ऊँचे पेशे वाले मर्द के साथ जल्द निबटाना चाहती थीं। डॉक्टर साहब ने बहुत समझाया माली मदद की पेशकश की पर वे शादी टालने को राज़ी न हुईं। तब उन्होंने डॉक्टर ख़ानदान के डॉक्टर बेटे से रिश्ता करवा दिया।

ममी और रज्जो की शादी के बाद भी तीनों की दोस्ती बनी रही बल्कि उसमें शौहर फिर बच्चे और क़रीबी रिश्तेदार शामिल हो गये। हम रज्जो और सुशीला को महज़ खानापूरी के लिए मौसी नहीं कहते थे वाक़ई मौसी मानते थे।

रज्जो मौसी पर मुग्ध रहते तो सुशीला मौसी की इज़्ज़त करते और ख़ौफ़ खाते। मुझे याद है हम बच्चों को सही तरीक़े और वाजिब वक़्त के लिए दाँतों पर ब्रश करना उन्होंने ही सिखलाया था। डॉक्टरी सख़्ती के साथ। बालों को चमकाने के लिए देर तक ब्रश करना फिर क़ायदे से सँवारना भी। वह जलवा काफ़ी बाद में देखने को मिला था। बतलाऊँगी रफ़्ता-रफ़्ता। अभी इतना कह दूँ कि मेरे उलझे बालों की चोटियाँ देख वे इतनी उद्विग्न हुईं कि बहनजी को पीछे छोड़ गयीं कान्ता की ग़ैरज़िम्मेवारी की कड़ी भर्त्सना करके मेरे बाल सुलझाने शुरू किये। दर्द के मारे मेरा रोना निकल गया। वे लगी रहीं। जब तक मेरे बाल सुलझे यक़ीन से कह सकती हूँ आधे सिर से उखड़ चुके होंगे। दर्द नहीं रहा तब भी घने बालों के मातम में पहले से ज़्यादा रोती रही। सुशीला मौसी का रुआब इतना था कि उनकी पकड़ से मैं खुद को क्या छुड़ाती पिताजी तक न कह पाये कि एकमुश्त नहीं वक़्फ़ा दे कर सुलझा लेना। ममी तो उनकी एक घुड़की में सदमे में पहुँच गयीं।

पिताजी ने इतना ज़रूर किया कि क़वायद पूरी होने पर हम सब को आइसक्रीम खिलाने ले गये। दिलासा देते रहे कि मेरे बाल बहुत जल्द पहले जैसे घने हो जायेंगे। होंगे तो तब जब क़ायदे से तेल लगा कर धोयेगी और सुलझा कर चोटियाँ गूँथेगी। सुशीला मौसी की तरफ़ से जवाब कम घुड़की ज़्यादा आयी। मैं ममी की तरह सनाका खा गयी। पिताजी की तरफ़ विस्फारित आँखों से देखा तो वे मीठे स्वर में बोले, "कौन-सी आइसक्रीम पसन्द है तुम्हें, सुशीला... और तुम्हें...?" बारी-बारी सबसे पूछ हमें बालों से हटा आइसक्रीम के रूहानी प्रदेश में उलझा दिया।

नाना दोस्तों में दूसरा फ़र्क़ यह था कि हमारे नाना बग्घी रखते थे जिसे सालोंसाल एक ही घोड़ी खींचती रही और दोनों को एक ही साईस चमकाता रहा। सब एक साथ उम्रदराज़ होते गये पर घोड़ी-बग्घी की चमक-दमक नयी की मानिन्द बरक़रार रही। घोड़ी की चाल की तेज़ी में कमी आयी होगी। पर फ़र्क़ न पड़ा क्योंकि नाना उसे चलाते ही दुलकी चाल थे। डॉक्टर नाना सफ़ेद शेवर्लेट गाड़ी रखते थे, जिसे हर साल बेच दूसरी सफ़ेद शेवर्लेट ख़रीद लेते। हमेशा नयी चमचमाती धवल। डॉक्टर नाना ने कई बार हमारे नाना से कहा, "यार वक़्त के साथ चलो। घोड़ी छोड़ मोटर गाड़ी रखो। हर जगह जल्दी पहुँच जाओगे।"

उनका जवाब था, "वक़्त से पहले पहुँचना मैं बदतमीज़ी समझता हूँ।"

"तुम समझ रहे हो मेरा मतलब क्या है। कहीं भी पहुँचने में वक़्त कम लगेगा।"

"अब भी ज़्यादा वक़्त नहीं लगता। किताब के कुछ पन्ने पढ़ पाता हूँ कि मंज़िल आ जाती है।"

"कौन तुम्हारा मरीज़ ज़िन्दगी और मौत के बीच झूल रहा होता है!"

"मुवक्किल झूलते हैं कभी-कभी। मैं बग्घी में ही ब्रीफ़ और दलीलें तैयार कर लेता हूँ। आहिस्ता-आहिस्ता बिला शोर चलने में दिमाग़ तेज़ी से काम करता है।"

डॉक्टर नाना मान गये कि वे बहस हार गये।

एक और फ़र्क़ यह था कि हमारे नाना के बच्चे उन्हें साहब कह सम्बोधित करते थे; पिताजी बाऊजी छोड़, पापा या डैडी भी नहीं। जबकि डॉक्टर नाना के बच्चे सुशीला, उससे बड़ी बहन शान्ता और भाई नवीन सहज भाव से उन्हें बाऊजी कहते थे। डॉक्टर नाना ने बैरिस्टर नाना पर काफ़ी बार तंज़ किया, "दिमाग़ चल गया है! बच्चों से ख़ुद को साहब कहलाते हो!"

जवाब मिला, "मैं नहीं कहलाता, वे कहते हैं।"

जहाँ तक नातिनों का सवाल था हम उनसे मुख़ातिब ही न होते जो सम्बोधन का सवाल उठता।

डॉक्टर सिंह जितने विलक्षण डॉक्टर थे उससे असाधारण इन्सान। खुला मन, खुला दिमाग़ और उससे खुला हाथ। मरीज़ ग़रीब होता तो फ़ीस लेने के बजाय मुफ़्त दवा के साथ पैसे पकड़ा देते और सख़्ती से कहते, फल वग़ैरह खाओ वरना ठीक कैसे होगे। पूरे शहर ने उन्हें भगवान का दर्जा दिया हुआ था। मेरठ ही नहीं, देहरादून और दिल्ली ने भी। वहाँ भी उनकी शफ़ा के चर्चे सुन मरीज़ जुट गये थे। गोरे-चिट्टे, लम्बे-चौड़े गठीले और कसरती बदन के मालिक थे; मन से नफ़ासत पसन्द सफ़ेद रंग के सौदाई और प्रकृति पुजारी। कोई मर्ज़ था तो यह कि अपनी और दूसरों की आज़ादी बरक़रार रखने को किसी हद तक जा सकते थे।

उसकी एक मिसाल यह थी कि तीनों बच्चों को अपनी लहीम-शहीम कोठी में अलग-अलग तीन कमरों की कॉटेज सौंपी हुई थीं। उन पर उनकी मिल्कियत थी, जैसे चाहते सजाते और जैसे मर्ज़ी रहते। अपनी पत्नी को भी निजी कॉटेज मुहैया करवाई थी जिसके रख-रखाव में उनका दख़ल न था। ज़ाहिर है ठाठदार ज़िन्दगी जीने के लिए रुपया-पैसा डॉक्टर साहब मुहैया करवाते थे। वह तो पिता के नाते फ़र्ज़ था बाक़ी आज़ादी में यक़ीन जिसके लिए सिर्फ़ वे ज़िम्मेवार थे। किसी फ़लसफ़े को क़ामयाब करने को किया प्रयोग न था वह। पुख़्ता यक़ीन था जिसे साकार होना ही था।

आप समझ सकते हैं कि दीवारों पर, सोफ़े-कालीनों पर, चादरों-पलँगपोशों पर, संगेमर्मर की मेज़ और कुर्सियों पर यहाँ तक कि अनगिन प्रजातियों के फूलों पर, चमेली-मोतिया-मोगरा ही नहीं, गुलाब-गुलदाउदी-ग्लाड्योली-डेहलिया और कमल पर जो श्वेत निखार डॉक्टर साहब के हिस्से की कोठी और दवाख़ाने में छाया था बीवी और बच्चों के हिस्सों से बिल्कुल ग़ायब था। पर डॉक्टर साहब ने उस पर एतराज़ छोड़ कभी टिप्पणी न की।

पारम्परिक जन इसे ख़ब्त या सनक का नाम देते थे। उनका कहना था कि इतनी आज़ादी से बच्चे बिगड़ जायेंगे और एक दिन डॉक्टर साहब अपनी सनक पर पछतायेंगे। मज़े की बात यह थी कि उनकी शख़्सियत का असर ऐसा था कि वही लोग सफ़ेद रंग के लिए उनकी दीवानगी को शौक़ कह स्वीकार किये थे।

मेरे नाना, पिता व कई आज़ाद ख़याल दोस्तों का मानना था कि चूँकि बच्चों की आँखों के सामने डॉक्टर साहब की दरियादिली और क़ायनात बन्दगी की नज़ीर रहेगी वे शफ़ा और रहम के पुतले बनेंगे। उन्हें हज़ारों लोगों की जो असीम श्रद्धा मिल रही थी उसकी पुलक महसूस करेंगे और उसे पाने के लिए उन जैसा बनना चाहेंगे। पेशे काम और पसन्द के लिए आज़ाद छोड़ा जाना और क़शिश पैदा करेगा। तब उनकी बीवी ने रहम दरियादिली नफ़ासत क्यों न सीखी, इसका माक़ूल जवाब न था सिवा इसके कि अपने मैके से तंगदिली के संस्कार लेकर आयी थीं और उनसे छुटकारा न पा सकी थीं।

एक और सच्चाई जिससे डॉक्टर साहब मुँह फेरे रहे वह यह थी कि तीनों भाई-बहनों के बीच प्यार छोड़ ख़ास मेल-मुलाक़ात न थी। अपनी-अपनी कॉटेज की चौकीदारी में मसरूफ़, पढ़ाई में ऊँचाई पर आने की कोशिश में निमग्न वे शायद ही कभी एक-दूसरे के यहाँ आते-जाते। अपने यहाँ बुलाते तो महँगी ख़रीदारी, सजावट या बढ़ोतरी की शान बघारने। जब बेटे नवीन सिंह ने डॉक्टरी पढ़ने की चाह ज़ाहिर की तो तमाम तरक़्क़ी पसन्द लोगों ने क़यास लगाया कि ज़मीं पर एक और डॉक्टर उतरने वाला था जिसके हाथ में जितनी शफ़ा होगी उतना दिल में रहम।

नवीन सिंह ने स्कूल से उम्दा अंक और स्वर्ण पदक ले मेडिकल में दाख़िला लिया तो एक शानदार पार्टी की। उसमें दोस्तों के साथ शान्ता और सुशीला को भी बुलाया। पिता देना चाहते थे पर जब उसने कहा अपने अहाते और बग़ीचे में

सारा इन्तज़ाम वह ख़ुद करना चाहता था तो ख़ुशी-ख़ुशी उसकी इच्छा का मान रखा। बीवी समेत किसी के ख़ुश न होने को नज़रअन्दाज़ कर दिया।

नवीन हिन्दुस्तान से एम.बी.बी.एस. करके ऊँची मेडिकल पढ़ाई करने अमरीका गया। पर बेहद अमीर ख़ानदान की इन्सानों के बजाय पैसे से प्यार करने वाली नकचढ़ी बेटी रोहिणी से शादी रचाने के बाद। डॉक्टर साहब को रिश्ता पसन्द न रहा होगा पर उन्होंने कोई राय ज़ाहिर न की। बच्चों की आज़ादी की सनक ने उनके उसूलों पर जीत पायी। पिता के अशक्त होने पर नवीन ने उनका दवाख़ाना सँभाला तो उनके तमाम उसूल ध्वस्त कर दिये। उसका ईश्वर था मुनाफ़ा और सिर्फ़ मुनाफ़ा; उसूल था दिनोंदिन और अमीर होना। अलबत्ता शफ़ा उसके पास थी सो पिता के अमीर मरीज़ उसके मरीज़ बने रहे, पत्ता कटा तो गम्भीर रूप से बीमार ग़रीबों का।

मैं नवीन पर क्यों अटक गयी? कहानी तो सुशीला मौसी की कह रही थी। मैंने कहा था तीनों अपने क्षेत्र में ऊँचाई पर पहुँचने की कोशिश में निमग्न थे। पर क्षेत्र सिर्फ़ नवीन का बतलाया। उस पर यूँ अटक ली क्योंकि उसके डॉक्टर बनने पर दिलदार दोस्तों ने यह सोच राहत महसूस की थी कि चलो नेक डॉक्टर साहब का आज़ादी का प्रयोग सफल हुआ। उस ख़ुशी के आगे नवीन की बहनों का चुनाव और तरक़्क़ी फीकी पड़ गयी थी। पर डॉक्टर साहब के लिए नहीं। उन्होंने कह रखा था कि बतौर शिक्षा और पेशा बच्चे कोई क्षेत्र चुन सकते थे। तो जब शान्ता ने कहा कि वह स्पोर्ट्स में जायेगी और सुशीला ने कि वह संगीतकार बनेगी उन्हें कुछ ग़लत न लगा। हालाँकि उस ज़माने में मंच पर भले घर की लड़कियों का गाना-बजाना अच्छी नज़र से न देखा जाता था। और स्पोर्ट्स में पेशेवर तरीक़े से शायद ही कोई लड़की खेलती थी। ग़लत लगता भी तो एतराज़ न करते।

कॉलेज में दोनों ने उम्दा प्रदर्शन किया कई तमग़े जीते नाम कमाया पर पेशे की तरह उसे नहीं अपनाया। शान्ता ने तो शुरू से नहीं। टेनिस खेलते हुए उसकी मुलाक़ात फ़ौज के एक कैप्टन से हो गयी जो देखने में जितना क़द्दावर और सुडौल था टेनिस और पोलो में उतना माहिर। ऊपर से अमीर फ़ौजी ख़ानदान का फ़रजन्द। प्रेम में पड़ते ही विवाह हो गया और पति मानसिंह के तरक़्क़ीयाफ़्ता रहने के साथ शान्ता का खेल-कूद आलीशान बँगले के भीतर या क्लब में फ़ौजी संगी-साथियों के बीच महदूद हो गया। शान-शौक़त के मामले में वह और नवीन पासंग थे।

रह गयी सुशीला। उसने कॉलेज छोड़ने के बाद कुछ संगीत समारोह में गाया ज़रूर पर सुनने वालों को मुरीद न बना पायी। तकनीक के नज़रिये से संगीत पर उसकी पकड़ निर्दोष थी। कमी थी तो गले के सोज़ और उससे ज़्यादा अदाकारी की। उसे देख लगता हँसने-खिलखिलाने या रंगीन मिज़ाजी की मनाही थी। डॉक्टर साहब संगीत के शौक़ीन थे; आगे बढ़ने में कई उभरती गायिकाओं की मदद करते रहे थे। गले का सोज़ और रसमय प्रस्तुति के महत्त्व को पहचानते थे और उन्हें माक़ूल राय-सलाह देते रहते थे। लिहाज़ा वे सुशीला की कमियों से वाक़िफ़ थे। पर मुँह खोल बेटी से कैसे कहते? कई बार संकेत दिया कि तकनीक से ऊपर संगीत एक कला है जिसकी लताफ़त रस पैदा करने पर मुनहिस्सर है। जब गायन गायिका की दिली ख़ुशी या ग़म को आवाज़ बख़्शे तभी सुनने वालों को मसर्रत पहुँचा सकता है। कह न पाये कि यूँ ही ज़्यादातर गायिकाएँ तवायफ़ों के ख़ानदानों से नहीं आतीं। कहते तो सुशीला नाराज़ हो जाती। उसने संगीत वैसे सीखा जैसे गणित के सवाल हल करना उन पर भी उसकी पकड़ त्रुटिहीन थी। ममी कहती थीं संगीत सीखने के पीछे दबी-छिपी रसिक तबीयत रही होगी। पर मुझे लगता मक़सद था जितना जल्दी हो सके नवीन से ज़्यादा नाम कमाना।

उसकी ज़रूरत न पड़ी। एक मराठी गायक, माधव राव, सुशीला के संगीत की निर्दोष तकनीक का मुरीद हो गया। ख़ुद उम्दा गाता था, गले का सोज़ बला का था, अदाकारी जानलेवा बस तकनीक में मात खा जाता। उसने सुशीला को गुरु तजवीज़ कर उससे बहुत कुछ सीखा। सुशीला उससे ख़ास न सीख पायी। पर कुछ न-नुकुर के बाद ब्याह करना मंज़ूर कर लिया। वह नवीन की बीवी रोहिणी या शान्ता के शौहर मानसिंह जितना अमीर न था। पर नाम इतना और दीवानों की गिनती ऐसी बेहिसाब कि एक नज़रिये से उनसे ज़्यादा मालदार माना जा सकता था। ममी और डॉक्टर साहब ख़ुश थे कि चलो सुशीला ने कोई तो रसिक तबीयत का काम किया।

शादी के शुरुआती महीनों में सुशीला मौसी ख़ुशी से यूँ छलकी पड़तीं कि रज्जो मौसी का अक्स झलकारा मार जाता। वे उनके ब्याह से फ़िक्रमन्द थीं क्योंकि प्रदेश और जाति के फ़र्क़ को लेकर माधव राव के माँ-बाप को शादी से एतराज़ था। डॉक्टर भोपाल सिंह की हैसियत और शोहरत के सामने संकुचित खुलेआम नकार न पाये पर उनकी नाराज़गी का पक्का सबूत यह था कि शादी के बाद सुशीला को पुश्तैनी घर पूना न ले जा माधव राव दिल्ली के किराये के मकान में लाये। घर बड़ा न था पर बढ़िया बना था और कलात्मक तरीक़े से सजा था।

रज्जो मौसी के लिए शादी की ज़रूरी शर्त दौलत थी जो माधव राव के ख़ानदान के पास थी पर सुशीला तक पहुँचनी मुमकिन न लगती थी। ख़ाक डालिए रज्जो मौसी पर।

सुशीला मौसी की ज़िन्दगी का वह सबसे खुशगवार वक़्त था। उनके रंगीन मिज़ाज न होने की कमी माधव राव पूरी कर देते। वे छैल-छबीली न हुईं पर उनके दिन छैल-छबीले हो गये। जब माधव और सुशीला मिल कर गाते तो समां बँध जाता। हम भूल जाते कि उस रस का उद्‌गम केवल माधव राव के संगीत में था। सुशीला की संगत तकनीकी मानक पर निर्दोष होती। माधव राव के साथ गाते हुए द्वितीया की तरह वे बोल मद्धिम रखतीं। माधव राव क्लासिकी ख़याल को जिस क़दर दिलकश बना पेश करते हमारे लिए अनचीन्हा अनुभव था। कहाँ जगदीश का चलताऊ गायन कहाँ यह जादुई सृजन। वैसे जगदीश ने हमें कम खुशी न बख़्शी थी। महफ़िल जमाने का शऊर ख़ूब था उसे। पर माधव राव, माधव राव थे। अद्‌भुत अद्वितीय जीनियस।

सुशीला की तबीयत में आयी मसर्रत तब और बढ़ी जब शादी के कुछ महीनों बाद गर्भवती हो गयी और साल पूरा होते बेटी को जन्म दे दिया। उनसे ज़्यादा माधव राव बच्ची पर रीझ गये। नाम दिया इला। उनका गायन और आबदार हो गया हँसी और खनक़दार। सुशीला भी बात-बेबात हँसने-गुनगुनाने लगीं। और इला के लिए गायीं माधव राव की लोरियाँ आसपास बहती हवा को भी सुकून से लबरेज कर देतीं। कभी उनके घर जाने पर सुन पाते तो सुधबुध भूल उनींदे हो रहते।

उनके माँ-बाप ने बेटी के जन्म की बाबत सुना तो रंजिश भूल बुलावे के कई ख़त लिखे। छह महीने बीतने पर बड़े भाई राघव पूना पुश्तैनी घर लिवा ले जाने खुद दिल्ली आ पहुँचे।

यहीं से सुशीला मौसी की ज़िन्दगी का एक और अध्याय शुरू हुआ।

खुशी से मदमाते पूना पहुँचे तो सुशीला यह देख दंग रह गयीं कि राव ख़ानदान की पुश्तैनी हवेली का अधिकांश भाग ढह चुका था। जो तीन कमरे बचे थे उनमें आई-बप्पा, दादा राघव, सुनीता वहिणि और उनके दो बच्चों का सामूहिक निवास था। एक कमरे में आई-बप्पा दूसरे में दादा-वहिणि। रसोई से सटा तीसरा कमरा शायद स्टोर था। रज़ाई-गद्दे आलतू-फ़ालतू सामान से अटा पड़ा था।

भाभी ने बतलाया पहले खाने का कमरा था। खाने की मेज़ और चार कुर्सियाँ अब रसोई में खिसका दी गयी थीं। "तुम लोगों के लिए कमरा ख़ाली करना था न।" छतों का पलस्तर जगह-जगह से उखड़ा और दीवारें बदरंग। बीच में लम्बा-चौड़ा पलँग डाला गया था। पुरानी वज़ा की हवेली थी सो कमरे खुले और बड़े थे। बस रहने वालों की गिनती इतनी थी और पुरानी वज़ा का सामान इतना भारी भरकम कि तंग मालूम होते थे। उन्हें मिले कमरे में ज़ोर-शोर से रेडियो बज रहा था। वहिणि ने अपने बच्चों को आगे करते हुए कहा, "आनन्द और मधु यहीं रेडियो सुनते हैं। आई और बप्पा भी। सुना है तुम भी गाने की शौक़ीन हो। बढ़िया कम्पनी रहेगी। ये और मैं सुबह दफ़्तर के लिए निकल जाते हैं शाम को आते हैं। बच्चे स्कूल से जल्दी आ जाते हैं। खाने के वक़्त तुम्हें कम्पनी देंगे।"

रेडियो से आते फ़िल्मी गानों के शोर से सुशीला का दिमाग़ भन्ना रहा था कि वहिणि ने दोनों बच्चों को ठेला और वे उससे लिपट गये। कहा, "चाची आप भी सुनना।" और वापस आई के पास भाग गये। जो सिखलाया गया था दुहरा दिया। जब माधव ने उसे हल्के से ठेला तो उसने दोनों बच्चों के सिर पर हाथ फेर पलांश को अपने से सटाया कहा, बड़े प्यारे बच्चे हैं और उनके लिए लाये उपहार उन्हें पकड़ा दिये। मधु के लिए फ्रॉक और गुड़िया; आनन्द के लिए रेलगाड़ी और पेंट-वेस्ट-क़मीज़ का सूट। बच्चे ख़ुश दीखे, दादा और सुनीता ताई आश्वस्त, आई और बप्पा कुछ निराश।

माधव ने फिर उसे ठेला और मशीनवत झुक उसने उनके पाँव छुए और उपहार अर्पित किये। आई के लिए सोने का नेकलेस और नौ गज़ की भारी कांचीपुरम साड़ी; बप्पा के लिए वेस्ट धोती-कुर्ता पगड़ी समेत बढ़िया पोशाक और सोने की चेन। सन्तुष्ट लगे आशीर्वाद दिया, बेटी को असीसा कहा, "लक्ष्मी बग़ैर घर सूना था।" राघव दादा-सुनीता ताई को भी उनके उपहार दिये गये। ताई ने सूचना दी, "परसों नामकरण होगा। सब रिश्तेदार आयेंगे। बहू को ससुराल के गहने कपड़ों में सजायेंगे और बिटिया को भी। क्यों सुशीला ताई?" तभी बप्पा ने फ़ैसला सुनाया, "नाम स से निकलेगा सुब्बलक्ष्मी रखेंगे।"

शाम जैसे-तैसे गुज़री। इला काफ़ी समय रोती रही। "होता है, नयी जगह है न," सुनीता ताई ने कहा, "दो-चार दिन में ठीक हो जायेगा।" तब तक हम लौट जायेंगे सुशीला ने सोचा और कुछ राहत महसूस की। पर हे परमात्मा परसों से उसे सुब्बलक्ष्मी पुकारना पड़ेगा? गायिका सुब्बलक्ष्मी पर उसकी अपार श्रद्धा थी पर बेटी का नाम इतना बोझिल नहीं रखना चाहती थी।

उस कमरे में पड़े पलँग के काठ के फ्रेम की तरह। माधव ने एक बार भी बप्पा से नहीं कहा बेटी का नाम इला है।

बिस्तर पर लेटी तो थकान और इला के चुप हो जाने के बावजूद नींद न आयी। इस पूरे घर से बड़ी तो पिता की कोठी के एक हिस्से में बनी उसकी कॉटेज थी। वहाँ वह अकेली रहती थी किसी का दख़ल न था। पूरी रात उसे मेरठ की कॉटेज याद आती रही जैसे सीधी मेरठ से पूना आयी हो। माधव राव पलँग पर लेटते ही गहरी नींद सो गया। सुशीला ने दो-चार बार जायज़ा लिया। हर बार वह आराम से सोता दिखा। उसका माथा और भन्नाने लगा। उसे मीठी नींद से जगाना नहीं चाहती थी पर खुद को रोक नहीं पायी। बाँह पकड़ हिला दिया हल्के से प्यार से।

जैसे ही कसमसा कर अधसोया हुआ गोली-सा उसके मुँह से निकला, "इला का नाम क्या सुब्बलक्ष्मी रखना पड़ेगा?" कहना वह कुछ और चाहती थी राग भरा स्नेहिल पर इतनी देर से दिमाग़ में जो चल रहा था मुँह से निकल गया। उसकी तबीयत की बनावट थी जो अधीर। "अच्छा तो है इतनी मशहूर गायिका का नाम।" उसने अलसाये स्वर में कहा और सोने को हुआ कि सुशीला फट पड़ी, "हम यहाँ कितने दिन रहेंगे?" "अभी तो आये हैं," उसने उसी अलस भाव से कहा। "नहीं, बतलाओ प्लीज़! दो मिनट बाद सोना, पहले बतलाओ हम वापस कब जायेंगे?" "सोने दो," इन दो सालों में पहली बार माधव ने कठोर स्वर में कहा और करवट बदल सो रहा।

पहली रात और अगला दिन बीता। नामकरण हुआ। सास-ससुर की दी साड़ी और गले में कण्ठी पहन उसने न जाने कितने रिश्तेदारों के पाँव छुए। आशीर्वाद और नेग लिया। आशीर्वाद उसके हिस्से आया नेग सास ने रख लिया। रिवाज़ है। लहँगे में सजी इला सुब्बलक्ष्मी बन गयी। सिर्फ़ सुशीला उसे इला पुकारती रही। उन लोगों ने अचरज जताया तो कह दिया मेरा प्यार का नाम है। वे हँस दिये पर माधव नहीं। उसने सुशीला को डपट कर कहा, "इला नाम से पुकारने की ज़रूरत नहीं है।"

"क्यों, आप ही ने प्यार से रखा था?"

"अब मैं कह रहा हूँ मुझे पसन्द नहीं मत कहो।"

"मेरे मुँह पर वही चढ़ा है निकल जाता है।"

"कैसी मोटी बुद्धि है बिना सोचे शब्द मुँह से निकल जाता है!"

सुशीला अवाक् देखती रह गयी। वह बाहर निकल गया। रात को लौटा तो अनुराग से पूछा, "किसी बात से परेशान हो? एकदम बदले-बदले लगते हो। कुछ है तो मुझे बतलाओ प्लीज़। मैं तुम्हें कितना प्यार करती हूँ जानते हो न? तुम्हारे लिए कुछ भी कर सकती हूँ।"

पहले वह टाल गया पर मनुहार करने पर बोला, "रुपये पैसे की तंगी है। उसका कुछ उपाय सोच रहा हूँ।"

"मैं संगीत की लेक्चरर की नौकरी कर सकती हूँ," उसने तत्परता से कहा। घर से बाहर वक़्त गुज़ारने का इन्तज़ाम तो हो। नामकरण से अगले दिन से घर का सारा काम उसके ज़िम्मे आ गया था। सुबह दादा-ताई के लिए लंच पैक करके देना, फिर आई-बप्पा का खाना। उसके निबटने तक आनन्द-मधु स्कूल से लौट आते। उनकी देखभाल में जुट जाना। खाना खिलाने में दिक़्क़त न थी। सब के साथ हो जाता। पर आते ही रेडियो पूरे वॉल्यूम पर चला देना उसके सिर में ऐसा भयानक दर्द उठाता कि मितली आने लगती। ज़्यादातर बिना खाये रह जाती। माधव कब आया कब खाया, खाया या नहीं सुध न रहती। इला की देखभाल पर असर होता। सुबह उसकी मालिश नहलाना-धुलाना हो जाता पर दुपहर बाद दूध पिलाने के अलावा सब बिखरा-बिखरा रहता। डॉक्टरी मशविरे के अनुरूप उसे खिचड़ी-दलिया बना कर प्यार से खिलाना भी मशीनी काम हो जाता। शोर के बीच बच्ची स्तब्ध-सी रहती।

पहली रात के बाद कोशिश करने पर भी दिल्ली लौटने के बारे में माधव से बात न हो सकी। एक बार रेडियो के शोर की शिक़ायत की तो आग बबूला हो गया। खुद ज़्यादातर घर से बाहर रहता था नहीं जानता था रेडियो कब चलता है कब नहीं। कब नहीं की नौबत न आती थी। लगा रफ़्ता-रफ़्ता उसका गाना छूट रहा था। एक दिन दादा ने बतलाया वह कई घण्टे पास के अखाड़े में कसरत करता है। पता नहीं क्या जुनून है। माधव से पूछा तो जवाब मिला, "तो?" और कुछ नहीं।

उसने संगीत के लेक्चरर पद के लिए पास के कॉलेज में अर्ज़ी भेज रखी थी। कुछ दिन बाद उनका हाँ में जवाब आया तो बहुत प्यार से माधव को बतलाया और पूछा, "कर लूँ न नौकरी?" माधव ने हाँ-ना कुछ न कहा पर उसके मन में उम्मीद बँध गयी। एक रास्ता नज़र आया और उसने मनुहार जारी रखी। जब कई दिनों तक माधव ने एतराज़ न किया तो उसने यक़ीन कर लिया कि नौकरी के माध्यम से वह शोर से आज़ादी और पैसा पा सकेगी।

कुछ दिन बाद दादा और ताई के सामने बात चलाई, सोचा वे भी दफ़्तर जाते हैं उसके जाने पर नाख़ुश न होंगे। नहीं हुए। वाज़िब सवाल पूछा, "सुब्बू को कौन देखेगा?" "बाई रख लेंगे। कमाई होगी तो ख़र्चा निकल आयेगा।" ताई ने कहा, "ठीक है, आनन्द-मधु को भी देख लेगी।" दादा ने कुनमुना कर कहा, "नयी बहू दफ़्तर जायेगी..." ताई हँस दीं, "नयी कहाँ है एक बच्ची की माँ हो ली।" सुशीला ने सुकून महसूस किया। वहिणि पूरी तरह उसके साथ थीं।

शाम को माधव घर आये तो खुशी-खुशी पूरा वाक़या बयान कर दिया। उनका पारा सातवें आसमान पर पहुँच गया। ऊँचे सुर में बोले, "क्या ज़रूरत थी उनसे आपस की बात कहने की!" सुशीला हतप्रभ रह गयी। गले की खराश से गायन के सुर बिगड़ जाने के डर से वे ऊँचे सुर में कभी न बोलते थे। इतना ग़ुस्सा होते पहले न देखा था। कुछ कहती उससे पहले सिर हाथों से भींच कुर्सी पर लुढ़क गये। सुशीला दौड़ कर पानी लायी पिलाने की कोशिश की पर उन्होंने आँखें न खोलीं। ताई को उनके पास रहने को कह पड़ोस के डॉक्टर को बुलाने भागी। जब तक वह आया चेतना लौट आयी थी। डॉक्टर ने जाँच की कहा, "ब्लड प्रेशर बहुत हाई है दवा लिख रहा हूँ, मँगवा..." फिर झल्ला कर बोला, "अरे रेडियो तो बन्द कीजिए! इस कानफोड़ूँ शोर में मरीज़ आराम कैसे कर सकता है! इन्हें आराम की सख़्त ज़रूरत है। दिमाग़ पर बोझ न डालें। दवा लिख दी है फ़ौरन मँगवा कर दे दीजिए।" सुशीला दवा लेने चली गयी। लौटी तो देखा एक तरफ़ इला चीख़ कर रो रही थी दूसरी तरफ़ रेडियो बन्द होने पर नकिया कर आनन्द और मधु। भाभी रसोई में माधव के लिए दलिया बना रही थीं। उनके हिसाब से हर बीमारी का इलाज था। दादा ने बच्चों को डाँट कर चुप रहने को कहा तो आई-बप्पा अलग चिल्लाने लगे। सुशीला ने दवा दी इला को दूध दे चुप करवाया कि बप्पा ने रेडियो चालू कर दिया। बोले, "चुग़द डॉक्टर! रेडियो संगीत से मन को शान्ति मिलती है ब्लड प्रेशर नहीं बढ़ता।"

सुशीला सुनीता ताई के पैरों पर गिर पड़ी, "प्लीज़ ताई कुछ दिन रेडियो को आई-बप्पा या अपने कमरे में रखवा दीजिए। इनके ठीक होते ही वापस रख देंगे।" ताई ने उसे दिलासा दिया पर जब वे दोनों दलिया ले कमरे में लौटीं तो माधव वहाँ न था। "कहाँ चले गये डॉक्टर ने आराम करने को कहा था?" दोनों ने एक साथ कहा, "आपने रोका नहीं?" दादा कुछ कहते कि बप्पा फट पड़े, "सुने तब न। उठा और एकदम बाहर निकल गया। हम पुकारते रह गये।" सुशीला इला को उठा बाहर दौड़ी पर ढूँढ़े कहाँ! पता होता कहाँ गया है तब न?

तभी ख़याल आया दादा ने कहा था पास के अखाड़े में जाता है। वहीं चल दी। हाँफते-हाँफते पहुँची तो देखा दरवाज़े के कुछ अन्दर माधव बेहोश पड़ा है। अखाड़े के गुरुजी स्त्री को देख नाराज़ हुए पर माधव की हालत देख इतना ही कहा, "अक्कल है कि नहीं? इस हालत में यहाँ क्यों आने दिया!" सुशीला रो पड़ी। दो पहलवान लाद कर घर पहुँचा गये सख़्त हिदायत के साथ कि जब तक बिल्कुल दुरुस्त न हो जायें उधर रुख़ न करें।

घर पहुँचे तो रेडियो यथावत् चिंघाड़ रहा था। सुनीता ने आगे बढ़ कर स्विच बन्द कर दिया। सख़्त स्वर में पति से कहा, "इसे आई-बप्पा के कमरे में रख दीजिए, अभी! वहीं जाकर सुनिए आप लोग," किसी ने उन्हें ऐसी कड़क आवाज़ में बोलते न सुना था। जैसे रानी अहिल्याबाई हो। राघव ने फ़ौरन रेडियो का तार निकाला और उठा कर दूसरे कमरे में ले गया। डाँटते-फटकारते जोरू का ग़ुलाम कहते आई-बप्पा और भौचक आनन्द-मधु पीछे गये। माधव को पानी के छींटे मार और हाथ-पाँव मल दोनों स्त्रियाँ होश में लाने की कोशिश कर रही थीं कि दूसरे कमरे से दुगुनी चिल्लाहट के साथ रेडियो हरकत में आ गया। सुशीला ने समझा कमरा बदलने से ख़ास फ़र्क़ पड़ने वाला न था। फिर भी...

दवा पथ्य और आराम के सहारे माधव कुछ दिनों में काफ़ी स्वस्थ हो चला। बाहर जाने को कसमसाने लगा। बार-बार कहता, "वर्जिश करने से देह और मन दोनों की सेहत बन रही थी। ज़रा-सा ब्लड प्रेशर क्या बढ़ा तुम स्त्रियों ने नाकारा बना दिया। मुझे बहुत रुपया कमाना है। सिर्फ़ गायकी से कैसे आयेगा? बप्पा के लिए मैंने कभी कुछ न किया। उन्होंने कहा है पुरानी जायदाद वापस लेनी है। मैं ला कर रहूँगा। मुझे बाहर निकलना होगा।" फिर धीरे-से सुशीला से कहा, "संगीत की इस भोंडी पैरोडी से मुझे बचाओ!" जब से रेडियो आई-बप्पा के कमरे में गया उसका कानफोड़ू शोर उनके पूजा-पाठ और नाश्ते से निबटने के बाद सुबह शुरू हो जाता और शाम तक मुतवातिर चलता। अब बप्पा ख़ुद उसे चला लेते थे। बच्चों के स्कूल से लौटने की राह न देखनी पड़ती। आई-बप्पा को ऊँचे सुर में बजता गाना सुनने की आदत हो गयी थी। पर माधव और सुशीला गायक थे, वह शोर सीधा उनकी आत्मा पर वज्राघात करता।

सुशीला उनकी तड़प समझ रही थी। उसने नहीं पूछा कि वर्जिश करके सेहत बन भी गयी तो उसके सहारे दौलत कैसे कमाई जायेगी? जायदाद कैसे बनेगी? बाल सहला कर माथा चूमा और कहा, "आपने एक बार मुझे गुरु माना था।

अब गुरु दक्षिणा माँग रही हूँ। मुझसे वादा करें कुछ दिन वर्जिश नहीं करेंगे। और जो मन चाहे करें जहाँ मर्ज़ी जायें जहाँ भी सुकून पा सकें शोर-शराबा न हो।" सोचा एक-दो दिन बाद कहेगी क्यों न कुछ दिन मेरठ में उसकी कॉटेज में चल कर आराम करें। ख़ामोशी और सुकून मिलेगा। तबीयत सँभल जायेगी तो लौट आयेंगे। यहाँ आकर सिर पर धन-दौलत ज़मीन-जायदाद का कैसा भूत सवार हो गया। उसे यक़ीन था इस गोरखधन्धे से निकल सके तो वापस संगीत की दुनिया में लौट जायेंगे।

पर माधव की दिमाग़ी और जिस्मानी हालत ऐसी रही कि जब मौक़ा मिला महज़ इतना कहा कि एक बार मेरठ चल कर बाऊजी को दिखला दें। इतने बड़े डॉक्टर हैं बेहतर दवा तजवीज़ करेंगे। उसने पिता को उनकी तबीयत का ब्यौरा लिख भेजा था। उनका जवाब आया था कि फ़ौरन मेरठ चले आओ उन्हें माक़ूल इलाज की सख़्त ज़रूरत है। माधव ने देखेंगे कह टाल दिया। भोपालसिंह ने इसी आशय के ख़त माधव के बप्पा और भाई को भी लिखे। बप्पा ने तमतमा कर मना लिख दिया। आप क्या समझते हैं हम अपने बेटे का इलाज करवाने लायक़ नहीं हैं। राघव ने सम्मान के साथ लिखा कि वह ख़ुद यही चाहता है पर जब तक बप्पा नहीं मानते कुछ कर नहीं सकता। बप्पा थे कि डॉक्टर समधी के रुआब तले हीन भाव से भरे अपने बेटे से दुश्मनी निभा रहे थे। पुरानी वज़ा की खँडहर हवेली की तरह था उनका खंडित-विखंडित अहम्। दो-चार बार और माधव का ब्लड प्रेशर सहसा हाई हुआ और वह नीम बेहोशी की हालत में घर पहुँच गया पर न मेरठ जाना हुआ न रेडियो के शोर में कमी आयी।

हर बार वह मन का निश्चय पक्का करती रही कि जल्द माधव को मेरठ चलने के लिए मना लेगी। कई महीने बीत गये। माधव की सेहत ऊभ-चूभ चलती रही। कोई बात कहनी शुरू करते ही वह इतना बेज़ार हो उठता कि चुप होना पड़ता कि कहीं ब्लड प्रेशर बढ़ न जाये। पड़ोस के डॉक्टर ने कई बार कहा अस्पताल ले जाकर दिल का चेकअप करवा लें। वह भी न हुआ।

बस माधव वर्जिश छोड़ योग करने लगे। गुरु का कहना था ऐसी कोई बीमारी या विकार नहीं दिल का फेफड़ों का पेट का या कोई आंय बांय शांय, जिसे डॉक्टर ब्लड प्रेशर या डाइबिटीज़ का नाम दें जो नियमित योगासन से ठीक न हो। माधव पर जो जादू कभी संगीत ने किया था योग ने कर दिया। जितनी बार गुरु योगासन लगाने को कहते उससे ज़्यादा बार लगा डालता। बदन दर्द करता तो गुरु-चेले सब कहते अच्छा चिह्न है। अगली बार आसन करोगे तो दर्द चला जायेगा।

साधना नियमित होगी तभी उत्तम लाभ मिलेगा। सुशीला ने भी ख़ुद को समझा लिया। बाऊजी को लिखा तो उन्होंने कहा योग अच्छी चीज़ है पर साथ में टेस्ट और दवा हो तभी इलाज मुकम्मल होगा। माधव ने हँस कर टाल दिया। कहा, सब अपने-अपने फ़न पर नाज़ कर रहे हैं! खीज के बजाय हँसी शर्तिया अच्छा चिह्न थी। शायद योग उसे वापस संगीत की महफ़िलों में जाने लायक़ बना दे। तब हर तरह की ख़ुशहाली लौट सकती है कमअज़कम माधव की ज़िन्दगी में।

योग साधना के दौरान उसने ब्लड प्रेशर चैक करवाना छोड़ दिया। कहा, वहम पैदा करने का क्या फ़ायदा? वह जटिल से जटिल आसन सफलता से लगाने लगा। उसका उत्साह अति पर पहुँच आवेश में बदलने लगा। घर से ग़ैरहाज़िरी का वक़्त बढ़ता जा रहा था पर जब लौटता ख़ुश दीखता हालाँकि बदन पसीने से लथपथ होता और साँस तेज़ी से चल रही होती। आते ही बिस्तर पर लेट जाता और जल्दी खाना खा रेडियो के कोलाहल के बावजूद सो जाता। उसके घर लौटने पर कभी सुनीता ताई ही सुर कम कर आतीं। न जाने क्यों यह सोच सुशीला बेहद घबरा जाती कि ताई माधव के लिए चिन्तित थीं। उसने न कोई नया काम शुरू किया न संगीत की सभा में गया। निमन्त्रण आने कम होते-होते लगभग बन्द हो चले। उसे रंजिश न थी। वह ख़ुश दीखता ज़्यादा ही ख़ुश। सुशीला की समझ में न आता कि वह उसके साथ ख़ुश हो या फ़िक्रमन्द? फ़िलहाल उसने बाऊजी को लिख दिया माधव की तबीयत सँभल गयी है।

एक दिन अचानक बिना पूर्व संकेत माधव का पार्थिव शरीर घर आया। चार ग़मगीन योगाभ्यासी कन्धों पर उठा कर लाये। ज़मीन पर लिटा असंयमित हो रो दिये। कहा वहीं योगाश्रम में दिल का दौरा पड़ा। गुरुजी ने अपनी पूरी विद्या का प्रयोग कर हर सम्भव तरीक़े से दुबारा श्वास दिलवाने का प्रयास किया; दिल के नामी डॉक्टर को भी बुला भेजा। पर कुछ काम न आया। दिल में दुबारा धड़कन पैदा करने की डॉक्टरी कोशिश उतनी ही नाकाम रही जितनी गुरुजी की विद्या। यह भी कहा, "उन जैसा आसन आश्रम में कोई नहीं लगा सकता। बस गुरुजी ने जितना कहा उससे ज़्यादा अभ्यास कर डाला। तभी... उनके कहने पर भी ब्लड प्रेशर चैक नहीं करवाया। कह देते थे बिल्कुल ठीक है।"

सुशीला निस्तेज निस्तब्ध माधव के बराबर में बैठ गयी। रेडियो के चिंघाड़ने के बीच आई-बप्पा सिर-छाती पीट चीख़ कर रोने लगे। उन्हें देख आनन्द-मधु भी ज़ोर-ज़ोर से रोने लगे। सोती इला जग कर अलग रो दी। पर किसी को रेडियो बन्द करने का ख़याल नहीं आया। वह बदस्तूर चीख़ता रहा।

योगाश्रम से आये एक युवक ने सुशीला से पूछा, "रेडियो बन्द कर दूँ?" सुशीला ने जवाब न दिया। सिर उठा ऐसी वक्र दृष्टि से देखा कि वह अवसन्न खड़ा रह गया।

बाक़ी युवक ज़मीन पर बैठ माधव दादा को याद कर धीमे सुर में विलाप करने लगे। सुशीला नहीं रोयी। न कुछ पूछा न कहा। क्रन्दन सुन पड़ोसी आ पहुँचे। उन्हीं ने राघव को सूचना दी कुछ देर में वह और सुनीता आ पहुँचे। सुनीता ने आते ही रेडियो बन्द किया फिर इला को गोद में उठा चुप कराया। लोहे की शिला मानिन्द सुशीला निस्पन्द बैठी रही। उसके बदन में न हरक़त हुई न उनकी तरफ़ देखा। सुनीता ने चाहा पास जाकर सान्त्वना दे पर हिम्मत न हुई।

फिर जो-जो हिन्दू परिवार में मृत्यु के बाद होता है, हुआ। पूरे व्यापार के दौरान सुशीला रोयी नहीं। धीरे-धीरे लोहे की शिला से मशीन गढ़ी गयी। ऐसी मशीन जो हर काम समय पर नियमानुसार करती पर महसूस कुछ न करती। न स्नेह न संवेदना न पीड़ा। माधव से मिलन के बाद उसकी प्रकृति में जो रस और माधुर्य आ मिला था, आत्मसमर्पण का भाव पैदा हुआ था, हँसने का कौशल सर्जित हुआ था तिरोहित हो गया। ससुराल में माधव को विकट स्थितियों से बचाने की ख़ातिर जो करुणा और सहनशीलता अर्जित की थी विसर्जित हो गयी।

इला की पूर्ववत देखभाल करती रही। ख़बर पाकर बाऊजी के साथ शान्ता और मानसिंह भी आये। माँ नहीं आयीं अस्वस्थ थीं। उसने पूछा नहीं बाऊजी ने ख़ुद बतलाया। नवीन और रोहिणी नहीं आये अमरीका में थे। मानसिंह ने हमदर्दी के साथ भरे गले से दुख जतलाया तो सुशीला ने इतने सहज भाव से थैंकयू कहा कि वे उसे ताकते रह गये। वह शान्ता के गले लग कर रोयी नहीं न अपना दुख बाँटा। उनके बीच स्नेह का रिश्ता था ही नहीं। पर वह बाऊजी के सीने से भी न लगी। डॉक्टर होने के नाते वे चाहते थे वह रोये, दुख जतलाये, पश्चात्ताप करे, कुछ भी करे बस करे। पर जानते थे उस हालत से उबरने के लिए वक़्त देना होगा। जो बदलाव आयेगा वक़्त के साथ ज़बरदस्ती नहीं लाया जा सकता।

तेरहवीं के बाद जब उसने सहज भाव से कहा, मैं और इला आपके साथ मेरठ जायेंगे तो उन्होंने भी सहज भाव से पूछा, परसों के टिकट करवा लूँ? कल चलेंगे सुशीला ने निर्णायक स्वर में कहा। घरवालों को उसने नज़र भर देखा तक नहीं, सिर्फ़ सुनीता के पाँव छू मन से धन्यवाद कहा।

अगले दिन वे मेरठ के लिए निकल गये।

हमने जब दो बरस बाद सुशीला मौसी को देखा तो शादी के तुरत बाद की सुशीला से कोई नाता न लगा। जैसे वह दूसरी औरत थी। बहुत जल्द हम उस छवि को भूल गये। उसके बाद हमने उन्हें जब देखा मशीनी कार्यदक्ष औरत की तरह। उसी ने हमें दाँतों और बालों पर ब्रश करना सिखाया। उसी ने सख़्त अनुशासन के साथ इला को पाला।

बाक़ी की कहानी सुनी भर थी। ममी से उनका मिलना काफ़ी होता था और तब वे निरन्तर बोलने वाली मशीन में तब्दील हो जातीं। मेरे कानों में बहुत कुछ पड़ जाता। ससुराल में गुज़ारे दिनों को वे परत-दर-परत उधेड़तीं एक-एक पल दुबारा जीतीं भूल जातीं कि पहले बयान कर चुकी थीं। पर रोती नहीं। रोने के मामले में ममी भी काफ़ी कंजूस थीं। ज़्यादा परेशान होतीं और परेशान वे बात-बात पर होती थीं तो बिस्तर पर पड़ जातीं पर रोती नहीं। अपने पिता की मौत पर भी नहीं रोयी थीं।

एक बार संयोग से रज्जो मौसी हमारे घर तभी आयीं जब सुशीला मौसी वहाँ थीं। माधव के पहले दिन की बेहोशी और चिंघाड़ते रेडियो की भूमिका बयान कर रही थीं कि रज्जो मौसी हिलक कर रो दीं... और रोती चली गयीं। सुशीला और ममी उनके चुप होने का इन्तज़ार करती रहीं। उसके बाद सुशीला मौसी ने जीवन की निजी बातें रज्जो मौसी के सामने कभी न कहीं। पिताजी के रहते बोलने से परहेज़ न था बशर्ते ममी वहाँ हों। शायद सुशीला मौसी अकेली ऐसी हस्ती थीं जिसकी पीड़ा को पिताजी के हवाले कर ममी फारिग न हुईं साथ बनी रहीं। वरना उनकी सब करुणा संवेदना दोस्ताना रिश्तेदारी पिताजी निभाते थे।

एक बार रज्जो मौसी पूछ बैठीं, "तुम्हारी ससुराल से कोई चिट्ठी-पत्री आती है?"

"कैसा ससुराल? जानती नहीं, मैं विवाहित नहीं हूँ।"

रज्जो मौसी को साँप सूँघ गया।

मेरठ पहुँचने के बाद की कहानी भी हमने ममी के कमरे के बराबर के कमरे से कान लगा कर सुनी थी सुशीला मौसी या पिताजी से उनकी बातचीत के ज़रिये।

इला के साथ मेरठ पहुँची तो माँ से औपचारिक ढंग से मिलने के बाद बाऊजी ने कोठी के दो बढ़िया कमरों में उन्हें ठहराया। पर वे उनकी कॉटेज के कमरे न थे। उस पर ताला लगा देख सहज भाव से कहा, "मेरी कॉटेज का ताला खोल दीजिए बाऊजी, वहीं रहूँगी। सफ़ाई वग़ैरह करवा लूँगी फ़िक्र मत कीजिए।"

"बात यह है सुशीला," बाऊजी अजब असमंजस में दीखे, "तुम तो यहाँ रह नहीं रही थीं तो नवीन ने उसमें अपना दवाख़ाना खोल लिया।

अमरीका गया है सो ताला पड़ा है। उसका असिस्टेंट मेरे दवाख़ाने से ज़रूरी मरीज़ों का नुस्खा दुबारा बना देता है।"

"पर...पर वह मेरी कॉटेज है। आपने कहा था, वह हमेशा मेरी रहेगी," सुशीला ने इतने निर्भाव सुर में कहा कि डॉक्टर भोपालसिंह घबरा गये। ऐसी शान्त वह कभी न थी।

"हाँ बेटी कहा था। मैं अपनी ज़बान से फिर रहा हूँ। नवीन लौटेगा तो बात करूँगा। पर वह बहुत अड़ियल और बदज़ुबान है। मैं..."

"रहने दीजिए बाऊजी मैं नहीं चाहती वे आपसे बदतमीज़ी करें।"

तब तक उनकी पत्नी आ पहुँची थीं। ठसके से बोलीं, "बात क्यों करोगे? लड़का है उसका हक़ है कोठी पर। उसे अपना अलग दवाख़ाना चाहिए कि नहीं। आधुनिक तरीक़े से इलाज करता है। तुम करो पोंगापन्थी तरीक़े से कौन मना करता है पर तुम्हारा चेला बन कर तो वह रहेगा नहीं। ये इन कमरों में रह लेंगी। क्या फ़र्क़ पड़ जायेगा।"

"जाने दीजिए बाऊजी। आप फ़िक्र न करें। और माँ अपने कमरे में जाइए। सुना आपकी तबीयत ख़राब है," सुशीला ने उसी भावहीन पर गज़ब के रोबीले स्वर में कहा।

माँ ने अकबका कर देखा और वहाँ से हट गयीं पर जाते-जाते कह गयीं, "ग़लती इनकी है। मैंने कहा था नवीन को उस बदमिज़ाज रोहिणी से ब्याह मत करने दो। पर इन पर तो बच्चों की आज़ादी की सनक सवार थी।"

"मैं तुम्हारे लिए नयी कॉटेज बनवा दूँगा इसी बग़ीचे में हरियाली और फूलों से लदी। तुम देखना। तुम..." डॉक्टर साहब की आँखें भर आयीं पर सुशीला बेअसर रही। कॉटेज को लेकर पल भर को जो भाव उमड़ा था बिला गया।

अब तक मैंने सुशीला मौसी के बारे में जो एकमुश्त कहानी आपसे कही, वह सुनी हुई कहानी थी। मौसी और ममी के बीच बातचीत में टुकड़े-टुकड़े सुनी। उसके अध्याय-दर-अध्याय खुलते विद्रूप ने ऐसी गिरफ़्त में लिया कि सारी कथा एक साथ कह डाली। आगे आँखों देखी कहूँगी। मौसी के जीवन का चौथा अध्याय दूसरे अध्याय की तरह मेरा आँखों देखा था। तो आगे...

उस साल के गुज़रते बग़ीचे में बेहद ख़ूबसूरत कॉटेज तैयार हो गयी। सफ़ेद महक़दार फूलों के अनगिनत क़िस्मों की लताओं से आच्छादित। बैठक, तीन बैडरूम, रसोई, हवादार बरामदा और सब्ज़ियों की क्यारियों से घिरा खुला बड़ा आँगन। जो कुछ डॉक्टर साहब को लगा सुशीला को पसन्द था या उसे ख़ुशी दे सकता था कॉटेज में मौजूद था। सुशीला शुक्रगुज़ार ज़रूर हुई ख़ुशी का इज़हार न किया।

तीन बरस की इला ज़रूर मौज से मदमाती कॉटेज की परिक्रमा करती दौड़ती रही। पर ज़्यादा देर नहीं। पैर फिसल कर खरोंच क्या आयी सुशीला ने डाँट कर बिठला दिया और देर तक मरहम-पट्टी करती रही। डॉक्टर साहब ने कहा ज़रा-सी खरोंच है मर्क्यूक्रोम लगा दो पर सुशीला सशंकित आवाज़ में बोली, "कब खरोंच घाव बन जाये और घाव गैंगरीन, पता नहीं रहता।"

"डॉक्टर मैं हूँ सुशीला तुम नहीं। कह रहा हूँ मामूली खरोंच है, मर्क्यूक्रोम लगा दो काफ़ी होगा।"

सुशीला ने जिरह न की पर उन्हें आने वाले इला के कठिन दिनों का अहसास हो गया। वक़्त के साथ उनका जरासीम का डर हर हद पार कर इला की ज़िन्दगी पर पाबन्दी लगाता गया।

ममी जब भी मेरठ जातीं सुशीला मौसी की कॉटेज पर ठहरतीं। कई बार मैं साथ रहती। इला से छह साल बड़ी होने पर भी, मैं कॉपी में रंग भरते या चित्रों की किताबें पलटते काफ़ी वक़्त बिता सकती थी। पर वहाँ भी अनुशासन बेफ़िक्री को धता बतलाता। एक दिन में एक पन्ना रँगने की इजाज़त थी। मैं साथ हूँ तो दो। मैंने इला के साथ मिल चार पन्ने रंग डाले। इला ने मना किया पर मेरी शह पर तरंग में आ गयी। मौसी ने देखा तो डाँटा-डपटा नहीं सूने भाव से कॉपी क़ब्ज़े में की और कहा, "ग़लती की न। कॉपी दो दिन बाद मिलेगी।" इला ने न सॉरी कहा न ज़िद की न रोयी मरे मन से बैठ गयी। मैंने ज़रूर कहा, इला ने नहीं मैंने रँगे थे पन्ने पर मौसी का संक्षिप्त उत्तर था, "उसे नियम मालूम था कॉपी उसकी थी इसलिए सज़ा उसे भुगतनी होगी।" चार बरस की बच्ची ने जो नियम पालन सीखा साल दर साल कड़क होता गया।

ऊपर से जरासीम का डर न खुल कर खेलने देता न कहीं आने-जाने। मौसी की निगरानी में स्कूल से घर और घर से स्कूल। वे उसी स्कूल में पढ़ाती थीं संगीत नहीं, गणित। संगीत को उन्होंने न ख़ुद हाथ लगाया न इला को सीखने दिया। गुनगुनाती तो मौसी टोक देतीं। "गणित की कॉपी लेकर आओ सवाल हल करने का अभ्यास करना है।"

जैसे संगीत नहीं सीखने दिया वैसे ही खेलकूद से दूर रखा। अस्वस्थता का डॉक्टरी सर्टिफ़िकेट दिखला गेम्स पीरियड और पी.टी. से छूट दिलवा दी। नाना ने सर्टिफ़िकेट देने से साफ़ इनकार कर दिया। बाक़ी डॉक्टर भी उनके डर से क़तरा गये। मेरठ शहर में एक ही डॉक्टर था जो डॉक्टर भोपालसिंह से नहीं डरता था,

उनका बेटा नवीन सिंह। काम निकालने सुशीला उसी के पास गयी। पिता को नीचा दिखलाने से प्रसन्न उसने तत्काल सर्टिफ़िकेट दे दिया।

इला को संगीत और खेलकूद दोनों में दिलचस्पी थी। वह अपने पिता की सही वारिस थी। इतनी पाबन्दियों के बीच पलने-बढ़ने का जो नतीजा हो सकता था वही हुआ। इला को अस्थमा हो गया। डॉक्टर नाना ने समझाया मनोचिकित्सक दोस्त से तस्दीक करवाई कि उसका साँस तभी फूलना बन्द होगा जब वह सामान्य जीवन जिये। ममी-पिताजी ने भी पुरज़ोर हिमायत की पर सुशीला पर असर न हुआ। बल्कि अस्थमा के दौरों से बचने के लिए पाबन्दी और बढ़ा दीं। इला को न ठण्डी चीज़ खाने की इजाज़त थी न खट्टी। यानी न आइसक्रीम, न शर्बत; अचार-चटनी का तो ज़िक्र भी मना था। धूल से बचने की ख़ातिर बग़ीचे में तभी जा पाती जब मौसम अनुकूल हो जो शायद ही होता। शर्त थी कि न धूल हो न गरमी न सरदी न बदलता मौसम। बाहर निकलती तो जैनियों की तरह मुँह पर पट्टी लगा दी जाती। सख़्तमिज़ाज सुशीला टीचर के सामने न सही पर पीछे लड़कियाँ ख़ूब मज़ाक़ उड़ातीं। आजकल की तरह वाइरस से बचने के लिए मास्क न बना था। पर जैनी सदियों से पट्टीनुमा मास्क पहनते आये थे। जैन होने के नाते ममी और पिताजी ने उसका ख़ूब मखौल उड़ाया पर सुशीला न हँसी न नाराज़ हुई। इला के अलावा सबसे ज़्यादा दुख डॉक्टर नाना ने उठाया। उनके इलाज के बजाय सुशीला ने नवीन सिंह से इलाज शुरू कर दिया। जब उसकी दवाइयों से इला की तबीयत बिगड़ी, बेहतर न हुई तो सुशीला ने प्राकृतिक नुस्ख़ों की शरण ली। पर इला का अस्थमा ठीक न हुआ। जब भी तनाव होता जो होता ही रहता था दौरा पड़ जाता। अनेक डॉक्टरों की राय के बाद भी सुशीला मानने को तैयार न थी कि उसका ताल्लुक़ मानसिक तनाव से था। कि इलाज तभी मुमकिन था जब अनुशासन और पाबन्दियों में ढील दे।

वह प्राकृतिक उपचार में पारंगत हो गयी। हमारे घर आती तो हम इला के साथ खेलने क्या उसे छूने से भी डरते। मौसी के हिसाब से क्या ग़लत हो जाये। हम में से किसी को जुकाम-खाँसी होता तो ऐसे अलग-थलग होते जैसे आजकल कोरोना वाइरस के डर से लॉकडाउन हो रहे हैं। इला को अलग कमरे में छोड़ मौसी हमारे घरेलू उपचार में जुट जातीं। भंपारा लेने के बाद जड़ी-बूटियों का उबला कड़ुवा काढ़ा हलक के नीचे उतारना पड़ता। मौसी का ख़ौफ़ पिताजी से रहम की गुहार तक न लगाने देता। हाथ-पैर में मोच आती तो मौसी गरम लेप बना पट्टी कर देतीं।

सिर में दर्द हो या बुख़ार, पेट में मरोड़ या बदहज़मी सबका उपचार था; वही कड़ुवा, बदज़ायका काढ़ा। उनके आने की ख़बर से हमारा मुँह कड़ुवा हो जाता। पर मानना पड़ेगा कि ज़्यादातर बीमारियों में उनकी दवा से आराम आ जाता। पता नहीं करिश्मा दवा का था या मौसी के ख़ौफ़ का? ख़ौफ़ का होता तो इला का अस्थमा ज़रूर ठीक हो जाता। उससे ज़्यादा ख़ौफ़ज़दा कौन था।

उम्र के साथ जैसे-जैसे ज़िन्दगी की समझ बढ़ी मौसी के दुहरेपन पर काफ़ी अचरज हुआ। एक तरफ़ कहतीं माधव की मृत्यु अत्यधिक वर्जिश और डॉक्टरी इलाज न मिलने से हुई। इसी डर से इला को कसरत और योग से दूर रखतीं। दूसरी तरफ़ प्राकृतिक उपचार पर आस्था और बरसों का अभ्यास जिससे उम्दा हकीम-वैद्य की तरह उस पर अधिकार हो गया! क्यों था यह विरोधाभास? किस तरह उपजा था? कुछ बरस बाद समझ में आया कि प्राकृतिक उपचार डॉक्टरी इलाज को नकारता नहीं उसके नाकाम होने पर उसका विकल्प बनता है। उन्हें लगता होगा वे पहले उसमें पारंगत हो जातीं तो माधव को बचा लेतीं।

एक यही विरोधाभास नहीं था उनमें। अनेक थे जिन्हें हमने पन्द्रह-सोलह बरस की उम्र में देखा-परखा और याददाश्त में टाँक लिया। एक का ज़िक्र कर चुकी। अब आगे...

साल में कमअज़कम एक बार सुशीला मौसी एकदम नयी शैली के परिधान में घर पधारतीं। प्रदेश के हिसाब से इला हूबहू वैसे ही परिधान में होती। अपनी मर्ज़ी से या मौसी के हुक्म पर बतलाने की ज़रूरत नहीं है। उनके साथ मौसी से कुछ कम पर इला से काफ़ी ज़्यादा उम्र का सलोना युवक रहता।

पहली बार उसका परिचय करवाते हुए उन्होंने कहा था, "ये हमारे दोस्त महेन्द्र राणा हैं।" मेरे नहीं हमारे यानी दोस्ती में इला शामिल थी। "नेपाल से हैं, रेखा गणित के धुरन्धर विद्वान।" माँ-बेटी का परिधान सौ प्रतिशत नेपाली था। कुछ नेपाली व्यंजन भी साथ लायी थीं जो राणा जी की भेंट थे और इला तक को खाने की इजाज़त थी। मौसी का बर्ताव ज़्यादा मधुर और ख़ुशमिज़ाज था। पल भर को उनकी शादी के शुरुआती दिन याद आ गये। पर लगा नहीं वह भ्रम था। मौसी की स्थूल काया रुक्षता पर माधुर्य का आवरण इला का निस्तेज़ चेहरा यथार्थ में खींच लाये। पर देखा यह यथार्थ फ़र्क़ था। मौसी महेन्द्र राणा की बातों का मुस्करा कर जवाब दे रही थीं। इला पर निगरानी बीच-बीच में बिला जाती। मैंने इला से कहा, "तुम बहुत ख़ूबसूरत लग रही हो। हमेशा यही लिबास पहना करो,"

इला ख़ुश हो मुस्करा दी। मौसी ने हल्के स्मित के साथ कहा, "कैसे? हम नेपाल में थोड़ा रहते हैं। यह तो फैंसी ड्रेस है। इला अकेले पहनने में क़तरा रही थी तो मैंने कहा चल मैं भी पहन लेती हूँ।"

मूड अच्छा देख मैंने पूछा इला को अपने कमरे में ले जाऊँ तो अनुमति मिल गयी। मौसी और राणा की दोस्ती का जायज़ा लेने मंजुल बैठक में अटकी रही। मुझसे ढाई साल बड़ी थी पर रोमानी कहीं ज़्यादा। इला ने हँस कर मुझे बतलाया कि वे दोनों ड्रेस महेन्द्र राणा नेपाल से लाये थे। पहनने में आनाकानी इला ने की थी मौसी ने नहीं। हम गप्पें मारने लगीं। इला कुछ गुनगुना उठी तो मैं पीछे पड़ गयी गा कर सुनाये। "आई से मत कहना," कह उसने जो गाया आँखें गीली कर गया। बचपन में सुनी माधव मौसा की लोरी याद आ गयी। शास्त्रीय संगीत की पहचान न थी पर इतना शौक़ था कि सोज़ और सुर आत्मविभोर कर दें। काश इला खुल कर गा सकती! संगीत का अभ्यास कर पाती! डर-डर कर उसने दो गीत और गाये। गाना शुरू करती तो मन की ख़ुशी डर मिटा देती। हालाँकि नौ साल की इला मुझसे छह साल छोटी थी पर क्या गज़ब गाती थी। राज़दां होने ने हमारी दोस्ती की नींव रख दी।

मौसी और इला के जाने के बाद मंजुल बैठक से लौटी और बोली, "क्या ख़याल है तेरा मौसी और राणा के बीच चक्कर चल रहा है न?"

"पता नहीं इला कितनी सुन्दर लग रही थी नहीं?" चक्कर में मंजुल की तरह मुझे दिलचस्पी न थी।

"छोड़ परे इला को। सुशीला मौसी उस राजपूतों सी शान वाले महेन्द्र राणा के सामने चहक रही थीं आज।"

"दोनों गणित के विद्वान हैं आपसदारी तो होगी।"

"बिना शोख़ नेपाली लिबास पहने गणित साझा कैसे किया जा सकता है।"

"शोख़ कहाँ ज़रा रंगीन था।"

"ज़रा कि बेहद।"

"अमूमन वे गहरे रंग पहनती नहीं इसलिए तुझे लगा। हाँ इला का लिबास रंगारंग था।"

मैं बतलाने को मरी जा रही थी कि इला ने गाने सुनाये पर डर रही थी कहीं मंजुल किसी से कह बैठी तो? उस राज़ को राज़ बनाये रखना ज़रूरी था।

"बोरिंग इला को छोड़ यार। बच्चा है। मौसी की बात कर। तुझे नहीं लगा वे राणा पर फ़िदा हैं।"

"नहीं," मैंने ज़िद करके कहा।

"जा घनचक्कर," वह ममी से मालूमात करने चल दी।

कुछ महीने बीत गये। इला के गालों पर गुलाबी रंग निखर आया। सुशीला मौसी पहले से जवान दीखने लगीं। गरमियों की छुट्टी में दोनों नेपाल घूम आये। लौटे तो कई नेपाली परिधान लेकर। ज़्यादा सलीक़ेदार और कई रंगों में; दो-एक सूफ़ियाने तो दो-एक शोख़। हम मेरठ गये तो वही लिबास पहने नज़र आयीं; दिल्ली आयीं तब भी। इला को एक बार भी अस्थमा का दौरा न पड़ा। वैसे इला को कब दौरा पड़ेगा कहा नहीं जा सकता था। ममी-पिताजी हम सब डॉक्टर भोपालसिंह से सहमत थे कि उसका ताल्लुक मौसम या धूल-पराग-हवा से नहीं नसों के तनाव से था, जो कभी भी किसी मौसम में तारी हो सकता था। उसकी गति सुशीला मौसी के हाथों में थी।

पाँचेक महीने ख़ुशगवार गुज़रे। मुझे मंजुल की बात में दम दिखने लगा। मौसी का जीवन उनकी शादी के शुरुआती बरस जितना तो नहीं पर पिछले सालों से कहीं ज़्यादा ख़ुशनुमा हो गया। महेन्द्र राणा से भी एक-दो बार मिलना हुआ; दिलदार मिलनसार और मौसी और इला दोनों की ख़ुशी से ख़ुश होने वाला लगा। क्या मौसी उससे सम्बन्ध बनायेंगी? उनके बीच इश्क़ था ज़रूर प्लेटोनिक या जिस्मानी क़यास ही लगा सकते थे। ममी-पिताजी फूँक-फूँक कर क़दम रख रहे थे। सवाल करने का सवाल न था। जब बतलाना होगा, सुशीला ख़ुद बतलायेंगी।

अचानक एक दिन सब ख़त्म हो गया। मौसी और इला पुराने लिबास पर लौट आयीं। महेन्द्र राणा नेपाल लौट गया। इला को ज़बरदस्त अस्थमा का दौरा पड़ा जो मौसी के कारगर घरेलू नुस्ख़ों के बावजूद डॉक्टरी दवाई की जुगलबन्दी से क़ाबू में आया। दो महीने बाद मौसी की माँ का निधन हो गया। किसी को ख़ास फ़र्क़ न पड़ा। बस डॉक्टर नाना मौसी और इला के साथ ज़्यादा समय बिताने लगे। इला को कुछ राहत मिली पर मौसी ने सख़्त अनुशासन दोबारा लागू कर दिया। उनके और नाना के बीच रोज़ बहस होती पर नतीजा शून्य रहता। मौसी की तबीयत में उपजा रस सूख गया।

एक महीना हो चला तो ममी ने हिम्मत कर मौसी से पूछा, "महेन्द्र राणा का ख़त आया होगा। कब आयेंगे दिल्ली?" सुशीला मौसी काफ़ी देर चुप रहीं फिर सपाट स्वर में बोलीं, "जान लो कान्ता मैं ज़्यादा दिन किसी से रिश्ता नहीं रख सकती।"

"रिश्ता मानी?" ममी ने छलाँग लगा दी।

"जिस्मानी ज़रूरत हर इन्सान को होती है। खींचते रहने का औचित्य नहीं होता।" मौसी ने इतने सपाट सुर में कहा कि ममी कुछ कह न सकीं। आज से साठेक बरस पहले की बात है। अब यौवन से बुढ़ापे तक आते मुझे लगने लगा है कि पहले की औरतें ज़्यादा बेलाग़ होती थीं, कम-अज़-कम आपसी संवाद में। काफ़ी देर बाद ममी ने पूरी हिम्मत दाँव पर लगा कहा, "इला को भी कुछ आज़ादी दो न।"

"नहीं उसका जीवन मेरे जैसा त्रासद नहीं होगा।"

ममी ने नहीं पूछा वह कैसे जानती थीं। कहा, "नॉर्मल परिवार में रहेगी तो ज़्यादा सुरक्षित महसूस करेगी। सेहत भी बेहतर रहेगी। तुम...रहोगी ही देखने को कि उसके साथ बेइन्साफ़ी न हो। मेरा मतलब अगर तुम..."

"इतना घुमाफिरा कर कहने की ज़रूरत नहीं है कान्ता मैं दुबारा शादी नहीं कर सकती।"

"महेन्द्र राणा से तुम प्यार करती थीं। प्यार कर सकती हो तो शादी भी..."

"नहीं, प्यार की तरह शादी जब चाहो तत्काल ख़त्म नहीं की जा सकती।"

मैं दीवार से कान लगाये सुन रही थी। जानती हूँ ग़लत था गुनाह था अनैतिक था पर इला की ख़ातिर सुनना नैतिक लग रहा था। हैरान-परेशान उठ गयी। इला के लिए निस्तार था नहीं।

विरोधाभास देखे एक नहीं दो। एक, नाज़ो अदा की मलिका हसीन और कामुक रज्जो मौसी नहीं; हर अदा से परे गणित की थ्योरम सी तर्कसंगत और नीरस सुशीला मौसी ज़िन्दगी में कामवासना को सही परिप्रेक्ष्य में रख नियम-क़ायदों के परे जी रही थीं। दूसरा, वही सुशीला मौसी मानने को तैयार न थीं कि बेटी को नियमों का जिरह बख़्तर पहना उसकी ज़िन्दगी मुसलसल तबाह कर रही थीं।

उसके बाद की कहानी छोटी है। महेन्द्र राणा जैसा प्रसंग कई बार दुहराया गया। हर बार अलहदा प्रदेश से आया युवक, अलहदा लिबास, इला की अस्थमा से वक़्ती छूट, मौसी का आंशिक रूप से रसिक हो उठना, इला के गुप्त गायन में सोज़ और लय की वृद्धि, उनका बाहर घूमने जाना... कुछ वक़्त बाद वही अनुशासन... पाबन्दियों में सख़्ती... वही अस्थमा का दौरा... साल-दर-साल दोस्त युवक की उम्र कम होती जा रही थी। शक़ होता कि उसकी दिलचस्पी सुशीला में है या इला में।

इस बीच डॉक्टर नाना पर फ़ालिज का दौरा पड़ गया। नवीन सिंह ने उनके दवाख़ाने पर क़ब्ज़ा कर लिया और उनके हर डॉक्टरी उसूल को ताक पर रख मरीज़ों के महँगे इलाज और बेरहम लूट में मुब्तिला हो गया। स्कूल से लौटने पर इला के पास जो वक़्त होता डॉक्टर नाना के साथ बिताने लगी। फ़ालिज के बावजूद वाणी बची थी। उनसे इला को ज्ञान का अथाह भण्डार मिला उससे प्रेरित हो उसने ठान लिया कि मेडिकल की पढ़ाई करके डॉक्टर बनेगी। मन की स्थिरता और निश्चय का नतीजा यह हुआ कि अस्थमा काफ़ूर हो गया। कुछ साल की निर्मम असहायता झेल नाना का देहान्त हो गया। इला का निश्चय और दृढ़ हो गया। सुशीला नहीं चाहती थी वह दुनिया-जहान के कीटाणुओं से घिर कर मेडिकल की पढ़ाई करे। पर इला अडिग थी। नाना के पास जो पूँजी बची थी इला के नाम कर गये थे पर आर्थिक रूप से बिना गार्जियन आत्मनिर्भर होने के लिए 21 वर्ष का होना ज़रूरी था। वह उतनी देर इन्तज़ार नहीं कर सकती थी। 16 की होते ही उसे प्री-मेडिकल में दाख़िला लेना था।

माँ के वक़्ती दोस्त से मदद ले उसने बम्बई के कॉलेज में दाख़िला ले लिया। दिक़्क़त न हुई क्योंकि वह उच्चतम अंकों से पास हुई थी। सुशीला ने एतराज़ किया तो धमकी दी उसे रोका तो वह उन सज्जन से शादी कर लेगी। हमेशा की तरह युवक की उम्र माँ-बेटी के बीच की थी। नतीजतन मौसी की दोस्ती जल्दी ख़त्म हो गयी। वह उनका आख़िरी दोस्त था। पुलिस भेज इला को पकड़ मँगवाने जैसी क्रूर कार्यवाही उन्होंने न की।

ममी-पिताजी रज्जो मौसी और रघुवरजी सब इला के साथ और सुशीला के ख़िलाफ़ थे। उन्होंने उसके नाम की गयी नाना की पूँजी उसे पहुँचा दी जिससे पैसे की ख़ातिर अनिच्छित काम न करना पड़े। उसके बाद वह लोहे की शिला बन गयीं जिसे कुछ महसूस हो रहा है या नहीं कोई नहीं जान सकता था। ख़ुद को वैद्यकी की पढ़ाई शोध और प्रेक्टिस में झोंक दिया। इला के डॉक्टर बनने तक बतौर वैद्य सुशीला राव की मेरठ में ख़ासी धाक जम चुकी थी। जितनी डॉक्टर भोपालसिंह की ख़ुदाई डॉक्टर की तरह थी। सुशीला में वह हमदर्दी और मिठास नहीं थी पर उसूलों की पक्की थी। इसलिए रुक्षता के बावजूद कम फ़ीस पर उत्तम इलाज पाकर सन्तुष्ट मरीज़ों की भीड़ लगी रहती।

उस बीच मंजुल, मेरी और चित्रा की शादी हो चुकी थी। मेरे दो बेटे थे। एक बार दिल्ली मैके आयी तो सुशीला मौसी से मुलाक़ात हुई।

तबकी एक बात आपसे साझा करना चाहती हूँ कि आप जानें उनके कितने पहलू थे; एक से ज़्यादा एक नायाब। हुआ यूँ कि आशु की आँख में अंजन्यारी निकल आयी। रो-रो कर हाल बेहाल कर लिया। मैंने आँख के डॉक्टर गार्कल के पास जाना तय किया तो पता चला दिल्ली बन्द है स्कूटर-टैक्सी नहीं चलेगा। उनका क्लिनिक हमारे घर से तीन किलोमीटर दूर था। मौसी बोलीं इसमें क्या है पैदल चलते हैं। तो रोते-बिसूरते चार साला बच्चे को पैदल चलाते हम क्लिनिक पहुँचे। दवा ली फिर पैदल वापस। आँख में कुछ आराम था और मौसी के दबंग, “रोना बन्द करो!” कहने से सहम कर भी चुप था। चलते-चलते मौसी ने कहा, “हमने सोचा जाने क्या मुसीबत आ गयी। अंजन्यारी तो हम एक मिनट में ठीक कर देते।” पूछा कैसे तो जवाब मिला, “सूई की नोक पर दवा लगा उसे गरम करते और अंजन्यारी के बीच लगा देते तुरत आराम आ जाता।”

“आँख के बीच में?” मैंने घबरा कर कहा पर वैज्ञानिक जिज्ञासा का मारा आशु चमत्कृत उन्हें ऐसे देखने लगा जैसे उसकी हीरो गैलिल्यो हों।

दोनों से बेअसर मौसी बोलीं, “और क्या। आँख में तकलीफ़ होगी तो कहाँ लगायेंगे।”

“और जो हाथ हिल जाये, सूई...” मैं आगे बोल न पायी।

“कैसे हिल जायेगा? विस्डम टुथ निकलने से तुम्हारे मुँह में दर्द-सोज़िश थी तो सूई की नोक से ही लौंग का चूर्ण लगाया था न।”

याद करके मैं हिल गयी। मुँह खुला होने से चीख़ भी न पायी थी। पर अक्ल ठीक हो गयी थी। यानी जलन सहने के बाद विस्डम टुथ निकल आया था। पर दाँत, दाँत था और आँख, आँख! मौसी के लिए दोनों बराबर थे। छोटे बच्चे को घसीटते छह किलोमीटर पैदल चलने से मैं निढाल सी हो गयी थी। पर मौसी और आशु तरोताज़ा थे। विज्ञान और गणित के सवाल हल करते चल रहे थे; घर पहुँच कार्यक्रम चालू रहा। खाना खा कर मेरी आँख लग गयी तो उतनी देर में मौसी ने सूई की नोक से आँख का इलाज कर दिया। आशु उनका भक्त बन चुका था सो एतराज़ न किया। मुझसे छुपा कर करवाने में अलग मज़ा था। ठीक हो चुकी अंजन्यारी के उपचार के तरीक़े पर एतराज़ करना हास्यास्पद था फिर भी मैंने किया और सबका उपहास सहा।

इला से वे फिर कभी नहीं मिलीं। दोस्तों की कोशिशें बेकार रहीं। एक बार ममी से उन्होंने कहा जब इला डॉक्टर बन जायेगी तब वे उससे मिलने जायेंगी। पर वह मौक़ा न आया। माधव राव की तरह उनका अचानक कार्डियक अरेस्ट हो गया। ख़बर मिलते ही इला आ पहुँची पर दाह-संस्कार ही कर पायी।

दूर तक पैदल चलने के साथ दुर्गम पहाड़ी रास्ते पर चढ़ने में उनका कोई सानी था तो उनकी बहन, शान्ता। उनकी कहानी भी सुन लीजिए।

शान्ता के पति का देहान्त शादी के बीस साल बाद हुआ पर शान्ता से पहले। बच्चा था नहीं। मेरठ में पति की आलीशान कोठी उनके पास थी पर गर्मियाँ बिताने के लिए भीमताल के किनारे काफ़ी चढ़ाई पर बंगला ख़रीदा जिसे लोग भूत बंगले की तरह जानते थे। शान्ता मौसी से पहले बीसियों बरस ख़रीदने को कोई तैयार न हुआ था। भूतों की रिहाइश की वजह यह मानी जाती थी कि वहाँ पहुँचने को जो विकट खड़ी चढ़ाई चढ़नी होती उससे अपना भूत बनना सहज सम्भव था। एक ख़ासियत और थी। वहाँ ताज़ा पानी नहीं आता था। शान्ता मौसी ने टंकी और पाइप लगवा कर बाक़ी कामों के लिए पानी का बन्दोबस्त कर लिया। पर पीने या रसोई करने लायक़ न था। उन्होंने तय किया कि नीचे बहते भीमताल से वह पानी आयेगा और वे ख़ुद लायेंगी। आख़िर वे भीमताल सेहत बनाने आयी थीं। उनकी दावत पर एक बार पिताजी मुझे और मंजुल को वहाँ लिवा ले गये। ऊपर बंगले तक चढ़ने में हमारा दम निकल गया। अगले दिन सूर्योदय देखने अलस्सुबह उठे तो ख़ासे हिम्मती महसूस कर रहे थे। पर सामने का नज़ारा देख हाथ-पाँव सुन्न हो गये। शान्ता मौसी दोनों हाथों में दो बाल्टी पानी लिए ताल से फटाफट ऊपर चढ़ रही थीं। बीच में एक हाथ में थमी बाल्टी कुछ ऊपर उठा कर नीचे पटकी तो मंजुल के मुँह से निकला "यह क्या एक्सर्साइज़ हुई!" पिताजी ने हैरान आवाज़ में कहा, "कर क्या रही है शान्ता?"

साँस रोक उनके आने का इन्तज़ार करने लगे। वे आयीं पानी की बाल्टियाँ नीचे रखीं और बोलीं, "कल से तुम दोनों साथ चलना। जवान लड़कियाँ हो घर क्यों बैठी रहती हो?"

पिताजी पूछ बैठे, "पानी लाने के लिए नौकर क्यों न रख लिया?"

"उसकी वर्जिश से मेरा क्या फ़ायदा होता। वैसे कुक है। पर खाना बनाने से वर्जिश नहीं होती।"

"तुम्हें उस बीहड़ रास्ते में परेशानी नहीं होती?"

"नहीं। बस साँपों से सावधान रहना पड़ता है। आज था एक बीच रास्ते। बाल्टी पटक कर मारा तब आगे बढ़ी। क्यों चलोगी कल सुबह?"

हमारी घिग्घी बँधी हुई थी। क्या जवाब देते। वे हँस दीं कहा, "आठ बजे के बाद चलेंगे तब साँप नहीं आते?"

"क्यों?" अस्फुट-सा हमारे मुँह से निकला।

"सोते हैं। वह उनके सोने का वक़्त होता है।"

"फिर तुम आठ बजे के बाद क्यों नहीं जातीं?"

"मुझे उगता सूरज देखना अच्छा लगता है," उन्होंने सहज भाव से कहा।

अगले सबेरे उन्होंने आठ बजने से काफ़ी पहले हमें उठा दिया। गरम कपड़े पहनने लगे तो टोक दिया, "छोड़ो। उतरने-चढ़ने में काफ़ी पसीना आ जायेगा।"

ठिठुरते बदन फूँक-फूँक क़दम रख हमने उतरना शुरू किया तो बोलीं, "ऐसे डर-डर कर पाँव रखोगी तो शर्तिया फिसलोगी। एक पाँव टेढ़ा करके आगे जमा कर रखो फिर दूसरा सामने लाओ वैसे ही टेढ़ा। एक के बाद एक करती चलो हो जायेगा।"

हमें छोड़ वे तेज़ गति से नीचे उतर गयीं हालाँकि बाल्टियाँ हमारे नहीं, उनके हाथों में थीं।

"अरे यार एक बूढ़ी औरत के सामने इतना फिसड्डी लगना ठीक नहीं चल हिम्मत करके रफ़्तार पकड़ते हैं।" मंजुल ने कहा।

"स्किल से होगा, स्पीड से नहीं," मैंने कहा।

"ठीक है दोनों लगाते हैं, बायाँ पैर आगे अब दायाँ पैर आगे... फिर बायाँ पैर..."

"टेढ़ा," मैंने कहा। वही रटन्त दुहराती उतरती रहीं। कुछ देर में लय बँध गयी और हम निस्बतन ज़्यादा यक़ीन के साथ उतरने लगे। पसीना भी आने लगा।

जब तक ताल पर पहुँचे, शान्ता मौसी नहा ली थीं, उतारे कपड़े धो कर सुखाने डाल चुकी थीं और बाल्टियाँ भर चुकी थीं। धूप निखर आयी थी।

हमें देख कहा, "आ गयीं... तो ऊपर चलें?"

हम दोनों ताल के किनारे ढह गयीं "कितना सुन्दर है," हाँफते हुए बोले, "कुछ देर बैठें प्लीज़।"

उन्होंने हमें घूरा। हमने सोचा मना कर देंगी पर कुछ सोच कर बोलीं, "वाक़ई सुन्दर है। तुमने पहले नहीं देखा न। बैठ लो। मैं..."

"नहींऽ!" हम चीख़ दिये, "हमें छोड़ कर मत जाइए!"

"कपड़े सुखा लूँ फिर चलेंगे।"

हम आश्वस्त हो पसर गये।

कपड़े जल्दी सूख गये। "ऊपर सीधा रास्ता है तुम लोग आराम से आ सकती हो। मैं चलूँ पानी लाने में देर हो गयी।" हम झटपट उठ गयीं, "हम भी चलते हैं।"

इस बार वे हँस दीं बोलीं, "ऊपर चढ़ना नीचे उतरने से आसान होता है। तुम लोग उतर पायीं तो चढ़ भी लोगी। डोंट वरी। आओ। पर कल मैं छह बजे आऊँगी तुम लोग बाद में आ जाना। गफ़लत नहीं। वरना वापस आ तुम्हें ले दुबारा आऊँगी नीचे।"

हमें शुबहा न था।

तीन दिन ऐसे ही बीते। हम रोज़ सुबह उतर-चढ़ लिए। भीमताल में नहा लिए। किनारे बैठ चारों तरफ़ का नज़ारा कर लिया। रोमांच महसूस किया पर दिल्ली लौटने पर याद करके ज़्यादा। उस वक़्त जो किया धुक-पुक करते दिल से और शान्ता मौसी के आदेश पर। अगली सुबह से पिताजी साथ आने लगे थे एक बाल्टी पानी लाने की पेशकश की पर मौसी नहीं मानीं। वे जल्दी नीचे जाने की क़ायल थीं और हम पिताजी के साथ भी साँपों का सामना करने को तैयार न थे। लिहाज़ा आठ बजे के बाद ही नीचे उतरते। सूर्योदय ऊपर से देख लेते। बस आख़िरी सुबह एक बाल्टी उठा पिताजी मौसी के साथ छह बजे नीचे उतरे। वह यूँ कि मौसी ने उन पर फ़ब्ती कस दी थी। "क्या बीरेन्द्र तुम भी लड़कियों जैसे डरपोक हो गये।" पिताजी का अहम् जग गया और वे उनसे क़दम मिला ताबड़तोड़ नीचे उतर लिए। पानी से भरी बाल्टी ले ऊपर भी साथ चढ़ गये। वापस आ कर हमसे कहा, "सुबह-सबेरे जाना ज़्यादा सुहावना रहता है तुम लोग बेकार डरती रहीं।"

"कितने साँप मारे?" मंजुल ने मासूमियत से पूछा तो मौसी खिलखिला दीं, "बीरेन्द्र के डर से एक भी न आया आज। कल और रुको न।"

"नहीं-नहीं आज शाम लौटना ज़रूरी है।" पिताजी के अन्दर से हम बोल रही थीं। पर्वतारोहण में बिना दिलचस्पी महसूस किये हम लौट आये।

पर शान्ता मौसी उससे भी विकट काम करने में जुटीं।

1965 में भारत-पाकिस्तान युद्ध हुआ तो कर्नल की पत्नी रहीं शान्ता मौसी जीप में कम्बल लदवा फ़्रंट पर लड़ रहे जवानों को बाँटने निकलीं। जीप खुद चलाती थीं। कहना न होगा ख़ूब चलाती थीं।

कुछ दिन कार्यक्रम चला अचानक अजब ख़बर आयी। शान्ता मौसी कम्बल बाँट कर लौट रही थीं तो रास्ता भटक सरहद के पार पाकिस्तान जा पहुँचीं। अहसास होते ही जीप वापस मोड़ अपनी सरहद के भीतर आयीं। तब पाकिस्तान का घुसपैठिया समझ भारतीय फ़ौज के एक सूबेदार ने उन्हें गोली से उड़ा दिया।

तब सुशीला मौसी जीवित थीं। इला की उम्र इक्कीस थी। एम.बी.बी.एस. पूरा करने में तीन साल थे। मैं दिल्ली आयी तो पिताजी की तरह ख़बर मेरे गले न उतरी। उसी नम्बर की जीप वहाँ रोज़ जाती थी। गोली चलाने से पहले सूबेदार ने हड़काया होगा। जीप का नम्बर देखा होगा। कहा गया अमावस्या की देर रात बहुत अँधेरा था। पर वे रात को कम्बल बाँटने निकलीं क्यों? ठीक है चुनौती और रोमांच का जुनून था। पर फ़ौज ने उन्हें रात में कम्बल बाँटने की इजाज़त क्यों दी?

एक कहानी यह थी कि सूबेदार उनके पति कर्नल मानसिंह के मातहत बटालियन में रह चुका था और उनकी दी सज़ा के लिए उनसे रंजिश रखता था। मौसी भी उसका अपमान कर चुकी थीं। उसने जानबूझकर गोली दाग़ी थी। इस पर यक़ीन किया जा सकता था। मातहतों को हिकारत से देखने और गाहे बगाहे अपमान करने की शान्ता मौसी की आदत थी। उनके पति भी अनुशासन में निर्मम थे। कुछ दिनों बाद तीसरी कहानी चल निकली। जैसे अफ़वाहें शुरू होती हैं हुईं और एक से दूसरी ज़ुबान से होती फैलने लगीं। क्या पता सूबेदार ने फैलाई हों। यह कि कर्नल मानसिंह की पत्नी शान्ता सिंह भारत और पाकिस्तान दोनों के लिए जासूसी कर रही थीं। इसी शक़ की बिना पर उन्हें गोली मारी गयी। अपनी इज़्ज़त बचाने को बाक़ी कहानी फ़ौज ने गढ़ दी।

हमारे परिवार या किसी दोस्त अहबाब ने तवज्जह न दी। हाँ... भाभी रोहिणी ने चटखारा लेकर कहानी नवीन सिंह के सामने सुशीला को सुनाई। नवीन सिंह चुप रहा। मौसी ने ऐसी नज़र से उसे देखा जैसे अगले क्षण उसका गला घोंट देंगी।

पर जो कहा इतने संयत स्वर में कि नवीन के रोंगटे खड़े हो गये। "तब मिलिटरी पुलिस तहक़ीक़ात के लिए आती होगी। भाई हो शान्ता के। वे यही मानेंगे कि सब काम तुम्हारी जानकारी और मदद से हुआ होगा। यहाँ के पुलिस कमिश्नर बाऊजी के दोस्त हैं। मेरे कहते ही आ जायेंगे। आगे वे सँभाल लेंगे।"

"क्या कह रही हो सुशीला?" नवीन आवाज़ में मिश्री घोल कर बोला, "मैं तो सिरे से इस बकवास को नकारता रहा हूँ। कोई पब्लिक में कह कर देखे

मानहानि का दावा न ठोका तो कहना। रोहिणी, ऐसी जाहिलाना अफ़वाह तुम कहने क्यों बैठीं? माफ़ी माँगो।"

"किससे माँगेगी? शान्ता इस दुनिया में नहीं हैं," मौसी ने उठते हुए कहा।

बात दब गयी। पर उस दिन के बाद सुशीला मौसी ने नवीन या रोहिणी से बात न की।

सुशीला की मौत की इत्तिला उन्हें करना किसी ने ज़रूरी न समझा।

इन सहेलियों के साथ आम ननद-भाभी के रिश्ते से मुख़्तलिफ़ मामीजी और ममी के रिश्ते की कहानी भी सुनिये, क्योंकि उसने मामीजी को ममी की सुपर सहेली बना दिया था। ममी के लिए नाना सुपर हीरो थे, उनकी हर बात नज़ीर। विद्रोही मामा के लिए नाना ब्रिटिश हुकूमत के पिट्ठू थे जिन्होंने उनकी तहज़ीब घोंट कर पी और बच्चों को पिलाने पर आमादा थे। पर दोनों में गहरा प्रेम था। जिस हरक़त पर साहब के कोप की आशंका होती छुपा कर रखने के क़ायल। यह दीगर है कि ममी ऐसी हरक़त कभी करती न थीं और मामा हर दिन हरदम किया करते थे। ममी की शादी होने तक सामन्तशाही के ख़िलाफ़ मामा का जुनून इस हद तक पहुँच चुका था कि आराम-तसल्ली से नाना की जायदाद का हिस्सा रेहन रख, इस-उसको मदद ख़ातिर पैसा दे देते। नाना जब-तब कहते, "जैसे गर्म चाक़ू से मक्खन पिघल जाता है वही हाल मनमोहन के हाथों जायदाद का होगा।"

मामा की शादी ममी की शादी के बाद हुई आम तयशुदा शादी। बुतशिकन तेवरों के बावजूद नाना के पैसों से लोगों की मदद करने के अलावा उनके ख़िलाफ़ वे कोई क़दम उठा न सके। मदद करते हुए उनके पास नैतिक तर्क रहता कि वह बेहद ज़रूरतमन्द था पर मुँह खोल मदद माँगी न थी। कई बार ममी कहतीं साहब से पूछ कर भी मदद की जा सकती थी। वे कटाक्ष करते, "क्यों नहीं! आज़ादी भी हम भीख के कटोरे में साहब से माँग कर लेंगे!"

शादी के ख़िलाफ़ भी बुड़बुड़ाने और पीठ पीछे साहब को गालियाँ देने के अलावा कुछ न किया। लड़की देखने गये तो मामी काफ़ी पसन्द आयीं। नाना के दहेज न लेने के ऐलान की मुख़ालफ़त क्या करते उनपर फ़ख़्र कर बैठे। वे जानते थे नाना उनसे सफल ही नहीं बेहतर इन्सान थे। इसलिए आज़ादी की लड़ाई में हिस्सा न लेने को अपने ग़ुस्से का निशाना बनाये थे। नाना का जायदाद के लिए उत्कट विरासत प्रेम भी रोष से भर देता था।

मामीजी अत्यधिक सफल व्यापारी की बेटी थीं। व्यवसाय-व्यापार के दाँव-पेंच समझने में उतनी माहिर जितने मामा क़ाहिल। जल्द नाना की राय से इत्तिफ़ाक़ हो

गया कि उनके पति ससुर की जायदाद को नाली में बहा कर दम लेंगे। शुरू-शुरू में औरतनुमा नाज़ नख़रों का सहारा ले जिस-तिस को पैसे देने से रोकने की कोशिश की पर जल्द समझ गयीं असर न होगा। बस मामा के मन में उनके लिए वितृष्णा पैदा हो गयी।

एक ही इन्सान ऐसा था जिसे वे खुद देने में खुशी महसूस करती थीं और वे थीं ममी। एक-दूसरे से सरासर मुख़्तलिफ़ पर एक-दूसरे पर मोहित। मामी की नज़र में ममी कुछ ग़लत नहीं कर सकती थीं और ममी के ख़याल में मामी। मामी ममी के रूप रंग की तारीफ़ करते न थकतीं। क्या तो कान्ता बीबी का गोरा रंग, उनका अपना गेहुँआ ही नहीं बाक़ायदा साँवला था; क्या नज़ाकत, खुद रुक्ष क़द-काठी की थीं; क्या छोटे मुलायम हाथ-पाँव, उनके ख़ासे मर्दाना थे। आम औरत में ये ख़ूबियाँ हसद पैदा करतीं ख़ास कर जब पति भी उनकी तारीफ़ करता। पर मामीजी में क़तई नहीं। कई बार मामी कोई साड़ी ख़रीदतीं तो मामा मासूमियत से कह देते यह कान्ता के रंग पर ज़्यादा जँचेगी। मामी ज़रा बुरा न मानतीं और साड़ी ममी को भेंट देतीं। पिताजी के बाहर जाने पर ममी भी इसरार करके ऐसी साड़ी मँगवातीं जो भाभी के रंग पर फ़बे। शौक़ से उन्हें तोहफ़े में देतीं।

जितनी तारीफ़ मामी ममी के रूप-रंग की करतीं उतनी ममी मामी की दुनियादारी व्यावहारिक बुद्धि पाक कला और नाना की देखभाल के प्रति निष्ठा की। ममी ख़ुद रसोई के काम में ज़ीरो थीं और मामी सिद्धहस्त। मूँग की दाल बनायें तो यादगार हो जाये। ममी ने उनकी पाक कला के क़सीदे तब और काढ़े, जब सिरफिरी रेणु का उनके घर मेरठ जा पौष्टिक खाने की आदत डाल लौटने का सिलसिला शुरू हुआ। रेणु खाने-पीने में बेहद तंगदिल थी। कम चीज़ें खाती और हज़ार मीन-मेख निकालती। रोटी ज़रा कम करारी हुई तो छोड़ देती। शायद ही कोई सब्ज़ी गले से उतरती, लौकी-तोरी छोड़िए पत्ता गोभी गाजर-बीन भी देख नाक-भौं सिकोड़ती। न दही खाये न दूध पी कर दे। बस हरदम करारा चटपटा नमकीन या आम और अमरूद कुल जमा दो फल। गर्मियों की छुट्टियों में उसे बाक़ायदा मामी के पास भेजा जाने लगा कि कुछ सब्ज़ी-दाल वग़ैरह खाना सीख कर आये। वाक़ई जब लौटती दो-चार चीज़ें खाने की सूची में जुड़ी होतीं।

जब मामा के जायदाद बर्बाद करने के कारनामे बढ़ते चले गये तो मामी ने अपना डर ममी से बाँटा कि ऐसे बच्चों के लिए कुछ बचेगा नहीं। ममी उनसे सहमत थीं। डरते-डरते मामी ने सुझाव रखा कि साहब अगर मामी और ममी को

जायदाद का ट्रस्टी बना दें तो मामा पर अंकुश लग सकता था। अपने लिए ममी ने साफ़ इनकार कर दिया। हमारे घर रोज़मर्रा का हिसाब भी पिताजी रखते थे। ममी अपनी हवाई दुनिया में जीती थीं। हाँ मामी की व्यापारिक और व्यावसायिक समझ देखते हुए उन्हें ट्रस्टी बनाने का सुझाव वाज़िब लगा। मामी ने कहा अगर साहब के सामने ममी सुझाव रखें तो शायद वे तवज्जह देने को राज़ी हो जायें। पहले तो ममी के हाथ-पाँव फूल गये। मामी के मुक़ाबले नाना से बात करने में वे ज़्यादा क़तराती थीं। साहित्य पर कर लेतीं बाक़ी हाँ-में-हाँ मिलाने के अलावा ख़ास नहीं। कभी-कभाक किसी मसले में मामा की तरफ़दारी करनी ज़रूरी हो जाती तो कर लेतीं।

मामीजी हर विषय पर नाना से बात कर लेती थीं। गृहस्थी के रख-रखाव बच्चों की शिक्षा-दीक्षा ही नहीं बिज़नेस या जायदाद के इर्द-गिर्द घूमते मसलों पर भी। बस जायदाद की रहनुमाई पर बात न हुई थी।

एक घटना काफ़ी दिलचस्प है जिससे पता चलता है कि ममी के मुक़ाबले हमारे दूर-दूर रहने वाले नाना को मामीजी ने ज़्यादा क़रीब से देखा था। आशु की आँखों का रंग आम काला-भूरा नहीं सलेटी-हरा था। एक दिन मामा की बेटी रूपा बच्चागाड़ी में घुमाने ले गयी तो लोग पूछने लगे इतना गोरा सुन्दर किसका बच्चा है? उसने फ़ख़्र से कहा मेरी बहन का तो एक सज्जन बोले अंग्रेज़ से शादी की होगी। उसने नहीं कहा तो चुटकी ले बोले पर बाप इसका शर्तिया अंग्रेज़ है। ग़ुस्से से उसका रोना निकल गया। रोती हुई घर आयी तो पहले हम ख़ूब हँसे। फिर मैंने कहा, "है तो कुछ अजीब। पूरे ख़ानदान में किसी की आँखों का रंग ऐसा नहीं है, सिर्फ़ इसका है।" मेरी बात पूरी न हुई थी कि मामीजी ने घुड़क कर कहा, "क्या कह रही हो उमा साहब की आँखों का रंग सलेटी-हरा ही तो था। याद नहीं?" क्या ख़ाक याद होता जब कभी उनके इतने नज़दीक गये ही नहीं कि आँखों का रंग देख पाते। दूर से नमस्ते नानाजी और रुख़सत। खीज कर ममी से कहा, "आपने कभी बतलाया नहीं।" जवाब ख़ासा अटपटा था, "उनकी आँखों में देखने की मेरी हिम्मत ही न हुई।" थी न मज़ेदार बात, बहू ने खुर्राट ससुर की आँखें देखी थीं बेटी ने बाप की नहीं!

मामीजी के इसरार पर नाना की स्टडी में साहित्य-चर्चा से खुशगवार हुई फिज़ा में ममी ने जायदाद के लिए मामी के ट्रस्टी बनाये जाने की बात छेड़ी। पहले जुमले में ही फिज़ा का रुख़ बदल गया। नाना ने अपने अभ्यस्त धीमे सुर में कहा,

"प्रकाशवती ने कहा होगा।" सवाल नहीं मन्तव्य था। ममी ने हिम्मत जुटा कर कहा, "नहीं साहब, मुझे लगा भाई से ज़्यादा अच्छी तरह भाभी..."

"औरतों से जायदाद के बारे में राय लेना हम ज़रूरी नहीं समझते," नाना ने आवाज़ सख़्त की और ममी की तरफ़ पीठ कर स्टडी से निकल गये।

ममी से बात करवा कर मामीजी ने अपने पैरों पर कुल्हाड़ी मार ली। तमाम विलायती रहन-सहन को धता बतलाता स्त्री-पुरुष की अलहदा भूमिका पर नाना का नज़रिया एकदम पारम्परिक था। किसी स्त्री का जायदाद के प्रति लालायित होना सर्वथा अमान्य था। पिताजी के सामने क़बूल करने के बावजूद कि मामाजी जायदाद को बर्बाद करके रहेंगे वे मानने को तैयार न थे कि एक औरत उसकी रहनुमाई मर्द से बेहतर कर सकती थी। अन्ततः मामीजी को पूरी तरह मामा के सहारे छोड़ नाना परलोक सिधारे।

उनकी भविष्यवाणी सही निकली; मेहनत से जोड़ी विशाल जायदाद तेज़ी से नष्ट होने लगी। मामाजी के नेक इरादों के बावजूद उससे किसी का भला न हुआ। बल्कि नेक इरादे परख एक-से-एक धूर्त कपटी और घाघ दोस्त बन प्रकट हुए। जायदाद के हिस्से बेच नयी तर्ज़ का व्यापार शुरू करने में हमेशा से उनकी दिलचस्पी रही थी। नये दोस्त-दुश्मनों के भरोसे कई नये व्यवसाय शुरू किये जो नुक़सान में चले और दुश्मनों की जेबें भर मामा को कंगाल कर गये। उन्हें चाक़ू की भूमिका निभाने की ज़रूरत न पड़ी; सब काम दोस्त-दुश्मनों ने कर दिया।

नतीजतन मामा का दिमाग़ी सन्तुलन जो कभी दुरुस्त न था सिरे से गड़बड़ा गया। लोगों ने सलाह दी कि डॉक्टरी सर्टिफ़िकेट की बिना पर मामी अदालत से अनुमति ले अख़बारों में इश्तिहार दे दें कि मामा की दिमाग़ी हालत ठीक नहीं है इसलिए जायदाद के विषय में उनके निर्णय अमान्य किये जायें। पर वे तैयार न हुईं। उनका कहना था वे सरेआम मामा को पागल करार नहीं कर सकतीं। इससे ममी और मामी का रिश्ता और प्रगाढ़ हुआ। पिताजी इत्तिफ़ाक़ नहीं रखते थे। मामी की व्यावहारिक बुद्धि पर उनकी गहरी आस्था थी और उनकी तर्क बुद्धि कहती थी मामा तेज़ी से दिमाग़ी गर्त की तरफ़ बढ़ रहे थे। बच्चों की ख़ातिर मामी को वह निर्मम क़दम उठाना चाहिए। पिताजी सही निकले। एक वक़्त आया जब मामा को आगरा मानसिक अस्पताल में भरती करवाना पड़ा। पूरी तरह लुटने के बाद मामी के न चाहते हुए भी मामा की हालत जगज़ाहिर हो गयी।

तब तक मामीजी की शख़्सियत पूरी तरह बदल चुकी थी। जिस औरत को अपनी कार्यदक्षता पर इतनी आस्था थी कि ससुर से कहलवा सकी कि पति के बजाय उसे जायदाद का ट्रस्टी बनाया जाये अपनी बेटियों के भविष्य को ले हवास खो बैठी। बेहद अफ़रा-तफ़री में सबसे बड़ी बेटी रेखा की शादी ऐसे नौकरीपेशा शख़्स से कर दी जो दिल का सच्चा था और बिला दहेज शादी करने को तैयार। रेखा की हायर सैकंड्री के बाद पढ़ाई छूट गयी जबकि मामी ख़ुद बी.ए. थीं। पाक कला में रेखा उन जितनी माहिर थी; उसकी मार्फ़त उसने अपने पारम्परिक ससुरालवालों को क़ाबू कर लिया।

ससुराल में पहले दिन जब खाना परोसा गया तो 18 साल की दुल्हन ने बेझिझक कहा मैं इतनी मोटी रोटी नहीं खा सकती और रसोई में जा अपने लिए पतला, मुलायम पर ऊपर से करारा फुल्का बना लायी। बहू की ढिठाई छोड़ सब का ध्यान गज़ब फुल्के पर जा टिका। पहले दिन क़िला फ़तह हो गया। पर कमउम्र में गृहस्थी के जंजाल में फँसने का मलाल बना रहा।

उससे पाँच साल छोटी बेटी रूपा के साथ यह नाइंसाफ़ी न हुई। वह रेखा से नितान्त भिन्न थी। पढ़ने में तेज़ मामाजी की तरह गणित बायें हाथ का खेल। पर खाना पकाने और गृहस्थी के कामों में शून्य। न दिलचस्पी न हुनर। मामीजी की तरह ज़हीन ज़रूर थी और लीक से हट कर। पिताजी ने मामीजी को मना लिया कि रूपा हमारे घर रह पढ़ाई चालू रखे। राजीव से महीना भर बड़ी रूपा घर की सबसे छोटी बेटी हुई और पिताजी की लाड़ली। जिस तरह पिताजी ने उसे प्यार दिया क़ाबिले तारीफ़ था और इस बात की पुष्टि करता था कि उन्हें बेटियाँ पसन्द थीं।

रूपा बिन्दास क़िस्म की लड़की थी। मामा की कारगुजारियाँ, अचानक आया आर्थिक अभाव और पाँच साल बड़ी बहन का अकस्मात विवाह उसे कुंठित न कर पाया। वह घर के नौकरों से हम से ज़्यादा हक़ से पेश आती। पिताजी से सीधा जाकर कह दिया, "फूफाजी, रामदास ने मुझे अचला से कम दूध दिया है।" लछमन की रुख़सती के बाद रामदास पता नहीं कौन से नम्बर का तत्कालीन रसोइया था।

ग़लती से ग़लती कर लेने के बाद रामदास रूपा का अतिरिक्त ख़याल रखने लगा क्योंकि पिताजी ने ऐसी डाँट पिलाई कि वह कभी न भूला कि रूपा ख़ास थी। अचानक आये अभाव से वह कुंठित भले न हुई हो एक प्रबल महत्त्वाकांक्षा ने जन्म ज़रूर लिया कि ख़ुद व्यवसाय करके इतना कमाये कि तमाम रिश्तेदार और परिचित रश्क़ करें। माँ और छोटे भाई-बहिन को कोई कमी न झेलनी पड़े।

पर मामीजी ने उसकी उच्च आकांक्षाओं का साथ न दिया। बी.ए. तो पास कर लिया पर एम.बी.ए. करने की योजना धरी रह गयी। मामी का आत्मविश्वास और स्त्री की आज़ादी पर आस्था एक सामन्ती निर्णय ने धराशायी कर दिये थे। उनके भीतर यह जज़्बा घर कर गया कि पिताजी की तरह काम-धाम से चौकस और पत्नी के प्रति उदार सुपात्र देख बेटी का ब्याह कर दिया गया तो कान्ता बीबी की तरह सुरक्षित रहेगी। जैसे ही रूपा ने बी.ए. पूरा किया उसकी शादी के प्रयास में जुट गयी। कान्ता बीबी की कमनीयता और कला प्रेम की अब भी मुरीद थीं। बहुत कुछ बदला बस ममी और मामीजी का आपसी रिश्ता न बदला। वे महसूस करती थीं चूँकि रूपा कान्ता बीबी की तरह असाधारण रंग-रूप की न थी इसलिए उसका दूल्हा भी क़द-काठी और व्यवसाय बुद्धि में साधारण होगा।

पिताजी ने बहुत कहा रूपा को आगे पढ़ कर नौकरी करने दें वे ख़ुद उसके लिए वर खोज देंगे पर वे न मानीं। पुरुषों के कथन से उनका विश्वास मिट चुका था उनके लिए वे बहकावे और लफ़्फ़ाजी से ज़्यादा कुछ न थे। बहुत सुन चुकी थीं ऊँची-ऊँची बातें। स्वप्नजीवी असफल पति से ही नहीं बुद्धिजीवी अत्यधिक सफल ससुर से भी। पति में दीवानगी के कीटाणु थे समझने की कोशिश की जा सकती थी। पर सब कुछ जान कर अनजान बने बौद्धिक इन्सान के पूर्वग्रह को तरजीह नहीं दी जा सकती थी। विश्वासघात की बू उन्हें ससुर के आचरण से आयी थी। पति पर कभी विश्वास किया ही न था जो टूटता। जिस विध्वंस से डरती थीं, जिसे टालने के लिए ससुर की पनाह में गयी थीं उनकी मृत्यु के कुछ ही वर्षों बाद चरम रूप में घट गया। सिर्फ़ इसलिए कि ससुर को उनके वाज़िब डर में औरत की ग़ैरवाज़िब आकांक्षा नज़र आयी। उस आकांक्षा को रौंदने के लिए उन्होंने अपनी नतिनों और नाती का जीवन दाँव पर लगा दिया। वे बराबर नतिनों को ऊँचे ख़ानदान में ब्याहने और नाती को अपनी तरह बैरिस्टर बनाने के सपने मामी को दिखलाते रहे थे। अब कोई सपना दिखलाता तो वे देखने को राज़ी न होतीं।

पिताजी की सलाह उन्होंने सिरे से नकार दी। रूपा की शादी एक सज्जन पर साधारण व्यापारी से हुई। ममी ने विरोध नहीं किया। वे भाई का दिमाग़ी तौर पर बीमार होना झेल न पायी थीं। कुछ हद तक ख़ुद मानसिक रूप से बीमार हो गयी थीं। न भाई से कभी मिलीं न उनके बारे में बात की। जैसे वे हों ही न।

फिर भी भाभी से प्यार बरक़रार रहा और साहब के फ़ैसले से पैदा हुई उनकी तड़प को अपनी रगों में महसूस करती रहीं। अपने अतिप्रिय डैडी के अपराधबोध को अपना बना लिया और भाभी के हर फ़ैसले को सही ठहरा उसे कम करने की कोशिश करती रहीं।

मामी को सही साबित किया उनकी छोटी बेटी आभा ने जो उनके मुताबिक़ कान्ता बीबी जितनी कमनीय और मोहक थी। उसका ख़ूबसूरत चेहरा उसके भविष्य की कुंजी बना। एक ऊँचे घराने का सौम्य सुन्दर कामकाजी बेटा उस पर मोहित हो गया। उसके परिवार को नतिनी की मार्फ़त मशहूर जैनी साहब के ख़ानदान से रिश्ता जोड़ने में आपत्ति न थी। धूमधाम से शादी हुई। तब तक मामीजी कुछ सँभल चुकी थीं। जो थोड़ी-बहुत जायदाद या जमा-पूँजी बची थी उसका निवेश भाई के बिज़नेस में कर इतनी आय अर्जित कर रही थीं कि एक बेटी का विवाह कर सकें और बेटे को ऊँची तालीम दिला सकें।

उससे ख़ुशी की बात यह थी कि रूपा मामीजी को ग़लत साबित कर रही थी। अपनी तीक्ष्ण व्यावसायिक बुद्धि का सम्बल दे पति के धीमे चलते व्यापार को बढ़िया चलवा कर बहन की शादी और भाई की पढ़ाई में योगदान देने लायक़ बन गयी थी। ख़ुशक़िस्मती से उसके पति का अहम् उनके छोटे व्यापार से मेल खाता था इसलिए पत्नी के माध्यम से व्यापार में लाभ बढ़ने से कमतरी का अहसास न किया। एकाध वर्ष संयुक्त परिवार में रहने के बाद वे और उनके भाई अलग फ़्लैट में रहने लगे। व्यवसाय में भी बँटवारा हो गया। पहले वे भाइयों से कमतर महसूस करते थे। भाई जतलाते रहते थे कि व्यापार के संयुक्त लाभ में उनके श्रम या बुद्धि की हिस्सेदारी कम थी। अब रूपा की सलाह से भाइयों की बनिस्बत ज़्यादा मुनाफ़ा कमा रहे थे सो अहम् पोषित हो रहा था बाधित नहीं। रूपा हर तरह से मामीजी की प्रतिरूप थी। व्यावसायिक बुद्धि की धनी होने के अलावा दुनियादारी में निपुण। हर क्षेत्र के आदमी से खुल कर बात करने मित्र बनाने और काम निकलवाने का कमाल कौशल था। समाज के स्वीकृत नियमों मूल्यों को अस्वीकार करने में भी दिक़्क़त न थी। ठण्ड ज़्यादा लगती तो फ़ैशनेबुल औरतों की संगत में दुशाले के साथ मफलर पहनने से न हिचकती। जैन नियम-क़ायदे मानकर चलने वाली शाकाहारी थी तो अमीर मांसाहारी उद्योगपति की दावत में अपने लिए शुद्ध शाकाहारी खाने की माँग करने से न झिझकती। जैन नियम-क़ायदे मानने का मतलब यह न था कि तेज़ रफ़्तार से गाड़ी चला सहेलियों के घर ताश खेलने नहीं जा सकती थी, जैन पर्व ही क्यों न हों।

पर्व का उपवास अपनी जगह था ताश अपनी जगह। रफ़्ता-रफ़्ता बिज़नेस उसके हाथों में सौंप पति धर्म-कर्म करने लगे।

पिताजी को रूपा पर हमेशा गर्व रहा। कहते, काश प्रकाशवती हमारी बात मान उसे आगे पढ़ने देती तो आज आई.ए.एस. अफ़सर होती। छोटो-मोटी नहीं गृह सचिव जैसी कुछ। रूपा में राजनीतिज्ञ बनने के सब गुण विद्यमान थे। पर उसने बड़े क्षेत्र में जाने का प्रयास न किया। बिज़नेस तक सीमित रही या माँ और भाई-भाभी-बहनों की ज़िन्दगियाँ ख़ुशगवार बनाने में। आर्थिक मदद दे कर नहीं उनकी दैहिक, भावात्मक और मानसिक ज़रूरतें सुर्खरू करके वह भी ममी की तरह अन्तर्मन से जान कर। अपने चुनाव क्षेत्र के मतदाताओं के लिए राजनीतिज्ञ इतना कर दें तो हम उन्हें उम्दा नेता मान लेते हैं। देश के लिए कर दें तो देवत्व की पदवी दे देते हैं। पर अनेक स्त्रियों की तरह रूपा ने अपनी व्यावहारिक और राजनीतिक बुद्धि घर और व्यवसाय तक सीमित रखी आगे न बढ़ी। फिर भी रही एक नायाब औरत की नायाब बेटी।

चलिए ममी की सहेलियों की कथा में सहेली की बेटी की कथा भी आपने सुन ली।

पिताजी की रंग-बिरंग सहेलियाँ

अब ममी की सहेलियों का ज़िक्र किया है तो पिताजी की सखियों की बात भी कर लूँ। पिताजी को औरतें पसन्द थीं कहना अपकथन होगा। बल्कि बेहद दिलकश लगती थीं पर काम के सिलसिले में नहीं। घूमने-फिरने हँसी-मज़ाक़ में हिस्सेदारी और कला की दुनिया में विचरने के लिए मर्दों की बनिस्बत औरतों की सोहबत पसन्द थी। जिस्मानी ख़ूबसूरती बोलचाल की नज़ाकत और सुनने की महारत जैसी वजूहात के अलावा एक वजह और थी। उनकी ख्यात ठसकेदार मर्दानगी और ज़ेहनियत को औरतों से उतना ख़तरा न था जितना हमउम्र या कमउम्र मर्दों से।

ममी को जलन न होती क्योंकि जब पिताजी मुशायरे क़व्वाली या किसी और रंगीनी में शिरकत करने जाते तो उन औरतों को ही नहीं ममी को भी साथ रखते। बेहिसाब नाजुकज़ान होने से ममी कई बार कन्नी काट जातीं। कम नाजुकज़ान दोस्त मोहतरमाएँ ममी की शुक्रगुज़ार होतीं कि अपने शौहर को उनकी शौक़ीनी पूरी करने दे रही थीं, इसलिए ममी का ख़याल रखने में पिताजी की मदद करतीं। पिताजी पुरसुकून तबीयत से तफ़रीह का मज़ा ले पाते। चौतरफ़ा देखरेख से तस्कीन पायी ममी भी तफ़रीह में शामिल हो जातीं। सखियाँ ज़िन्दगी में मसर्रत लाने का बायस बन जातीं। आप मान कर चल रहे होंगे कि वे औरतें पिताजी से कम उम्र की होंगी पर असल मार्के की बात यह थी कि वे काफ़ी प्रतिभावान थीं।

कोई गाने में माहिर, कोई शेर कहने में तो कोई अभिनय में, किस-किस के नाम गिनाऊँ; डॉक्टर ललिता, कुसुम पण्डित, आशा पारेख, गौहरजान... पर जिस सखी पर हम फ़िदा हुए वे हवाई जहाज़ उड़ाया करती थीं। लोकसभा सदस्य कविवर बाल कृष्ण नवीन की नयी बीवी सरला। उम्र उनकी बेटी से कम थी।

एक बार मंजुल ने उनसे गुज़ारिश की कि उसे फ़्लाइंग क्लब की सदस्य बनवा दें ताकि वह हवाई जहाज़ उड़ाने की ट्रेनिंग ले सके। उनका जवाब चौंकाने वाला था। कहा, यह काम उन लोगों के लिए ठीक है जो ज़िन्दगी से आज़िज़ आ चुके हों, तुम जैसी जवान लड़की के लिए नहीं जिसे ख़ुशी देने को लम्बी उम्र बाँह पसारे खड़ी हो। बात तब समझ आयी जब पता चला कि रोमानियत में आ कर अपने से बहुत बड़ी उम्र के कवि से शादी कर तो ली थी पर दो साल बाद, जब उन पर फ़ालिज पड़ा तो उनकी नर्स बन कर रह गयीं। फ़र्ज़ से मुँह न मोड़ने वाली ज़िन्दादिल और जांबाज़ औरत थीं। पिताजी और ममी उन पर यकसां फ़िदा थे। पिताजी का उनसे रिश्ता रहनुमा का था दोनों ने ही और किसी रिश्ते की गुंजाइश न देखी थी। पर सभी कमउम्र औरतों से उनका रिश्ता सेक्सहीन था यक़ीन से नहीं कह सकती।

हम उन्हीं दोस्तों के बारे में जानते थे जिनसे ममी की मिलनसारी थी। गायकाओं पर ममी की ज़्यादा इनायत थी ख़ास कर डॉ. ललिता पर। जब पिताजी उन्हें गाड़ी भेज घर बुलवाते तो वे देर तक तल्लीन हो गातीं और ममी तन्मय हो सुनतीं। गले का सोज़ कमाल था ग़ज़लों पर पकड़ उम्दा और सोने पर सुहागा, शास्त्रीय गायकी के दाँव-पेंच की जानकारी। ममी का मनपसन्द समाँ बँध जाता।

एक बात मेरी समझ में कभी न आयी। ललिता का चेहरा नूरानी और शख़्सियत शोख़ थी। पर एक चुहिया सी सूरत-सीरत की सहेली हमेशा साथ क्यों रखती थीं? क्या वही वजह थी जो पिताजी को मर्दों के बजाय औरतों के पास लाती थी? प्रतिद्वन्द्वी न होना? या वह जिरहबख़्तर की भूमिका निभाती थी, वह रहे तो हर रिश्ता पाकीज़ा बना रहे?

कुसुम पण्डित भी क्या ख़ूब गाती थीं पर पिताजी के बजाय ममी ज़्यादा मुतास्सिर थीं। ग़ैर मर्दों से शादीशुदा औरत के ताल्लुकात रखने के सख़्त ख़िलाफ़ होने पर भी उनके अनगिन आशिक़ होने पर ग़िला न थी। शायद इसीलिए कि जानती थीं पिताजी का रुख़ उनकी तरफ़ न होगा। यूँ कि वे काफ़ी से ज़्यादा साँवली रंगत की थीं। हर इन्सान में कोई कमतर पूर्वग्रह होता ही है।

क्या वाक़ई उन सहेलियों से ममी को जलन न थी। थी पर उसे दिमाग़ के कोने में फेंक वे तब तक नज़रअन्दाज़ करतीं जब तक अपनी दिलजोई में फ़र्क़ न आये और बात का बतंगड़ न बने। देखा आपने पिताजी की रंगीन तबीयत के चलते मैं कम उम्र में मनोविज्ञान की बारीकियाँ समझने में सिद्धहस्त हो गयी। जब अमिताभ बच्चन इलाहाबाद से लोकसभा चुनाव लड़े तो ख़बर उड़ी

कि विपक्ष ने दीवारों पर तेजी बच्चन के मर्द दोस्तों की फ़ेहरिस्त चिपका दी है। बेसाख़्ता मेरे मुँह से निकला यार कहीं अपने पिताजी का नाम न हो! बात काफ़ी बाद की है। तब तक 62-64 साल की उम्र में ममी-पिताजी का कबका इन्तक़ाल हो चुका था। पर हमारी याददाश्त में पिताजी की नाज़नीन परस्ती हमेशा ताज़ी रही।

मर्द दोस्तों में एक मशहूर हस्ती पिताजी के क़रीबी रहे थे आँखों के बेहद क़ाबिल डॉक्टर एन.एस. जैन। साठ के दशक में काफ़ी कम उम्र में पद्मश्री मिल गया और राष्ट्रपति के डॉक्टर नियुक्त हो गये। पिताजी को चालीस की उम्र में मोतियाबिन्द हो गया और डॉ. जैन ने ऑपरेशन किया। डॉ. जैन रिश्ते में पिताजी के मामा थे और मिसेज़ जैन हमारी फुफेरी चाची की बड़ी बहन। वे चाचा पिताजी के ख़ास अज़ीज़ थे इसलिए मय बीवी घर आते रहते थे। डॉ. और मिसेज़ जैन भी तशरीफ़ लाते। डॉ. जैन जितने आला सर्जन थे उतने ड्रामाबाज़। मामूली क़िस्सा सुनाते तो लगता नाटक है। पिताजी ने बतलाया था ऑपरेशन करते हुए भी उनका अन्दाज़ नाटकीय रहा था। आँख का ऑपरेशन बिला जेनरल एनेस्थीसिया होता है सो मरीज़ चौकन्ना रहता है। डॉ. जैन ने चाक़ू आँख के पास लाते हुए क़ातिल अदा से फ़रमाया था, “यह लीजिए, आ गयी छुरी वार करने को। डर तो नहीं लग रहा?” पिताजी समझ रहे थे “नहीं” कहने पर नाटक देर तक चलेगा सो कहा, “अरे लगेगा नहीं! जल्दी निबटाओ यार कि तबीयत को चैन मिले।”

सत्तर के दशक में दिल्ली में एक सनसनीखेज़ ख़ून हुआ जिसके नायक-खलनायक वही डॉ. एन.एस. जैन थे, खलनायिका चन्द्रेश नाम की औरत जो उनकी अनेक महबूबाओं में से एक थीं और शिकार उनकी बीवी। वे बीवी और महबूबा को अलग-थलग रखने में यक़ीन रखते थे; पिताजी की तरह नहीं कि महबूबा को घर ला रहे हैं और बीवी को उसकी देखरेख में तफ़रीह करवाने बाहर ले जा रहे हैं। क्योंकि पिताजी की हर मादा दोस्त महबूबा न होती थी।

डॉ. जैन के उसूलों के ख़िलाफ़ चन्द्रेश अड़ गयी कि बीवी को तलाक़ दे उससे शादी करनी होगी। काफ़ी बदनामी हुई अपना हक़ मज़बूत करने की ख़ातिर कुछ उसने जानबूझकर करवाई। डॉ. जैन ने रुपये-पैसे-जायदाद का काफ़ी से ज़्यादा लालच दिया पर बेअसर रहा। फिर बीवी को आधी से ज़्यादा जायदाद देने का वादा कर तलाक़ पर राज़ी करने की कोशिश की। वे भी किसी हाल न मानीं। सबकी हमदर्दी बीवी से थी यहाँ तक कि एन.एस. जैन की छह बहनों की भी।

किसी ने सपने में भी न सोचा कि सब रास्ते बन्द पाने पर डॉ. जैन हिंसक जुर्म पर उतर आयेंगे। जो इन्सान अपने करियर को ऊँचाई पर ले जाने को बेकरार हो उसे गर्दिश में डालने का ख़तरा क्यों मोल लेगा? पर इन्हीं बेतुकी हरक़तों का नाम ज़िन्दगी है!

जब एक अनजान आदमी ने शौहर की दूसरी तरफ़ से गाड़ी में बैठती बीवी पर दनादन गोलियाँ चलाईं और मौक़ा-ए-वारदात पर उनकी मौत हो गयी तब भी किसी ने डॉ. जैन को कुसूरवार न माना। दस्तूरे दुनिया जुर्म औरत यानी चन्द्रेश के माथे मढ़ा गया। पता चल गया था कि सुपारी दे कर करवाया क़त्ल था। गुण्डों से चन्द्रेश ने ही सम्पर्क किया था। पर जब वह साज़िश में डॉ. जैन के शामिल होने पर ज़ोर देती चली गयी तो उन्हें गिरफ़्तार कर लिया गया। तात्कालिक पुलिस चीफ़ बज़िद था कि पद्मश्री और रुतबेदार होने की छूट न मिले। रात-दिन की बेमुरव्वत तफ़्तीश और सवालात के बाद उन्होंने जुर्म क़बूल कर लिया और जेल भेज दिये गये।

सुना गया था कि पुलिस ने उनके छोटे बेटे को गिरफ़्तार कर लिया था। दलील दी थी कि उनके माशूक़ों को लेकर माँ से इतना नाराज़ था कि उनका क़त्ल करवा दिया। उसे बचाने की ख़ातिर डॉ. जैन ने जुर्म क़बूल कर लिया। दरअसल वह बेटा दिमाग़ी तौर पर कुछ कमज़ोर था इसलिए उसके लिए यूँ भी वे पशेमां रहते थे। बड़ा बेटा उनकी तरह आँखों का डॉक्टर था और अगले बरसों में उसने काफ़ी नाम कमाया।

दिलचस्प तथ्य आप तक पहुँच गया होगा कि उनकी तरह उनकी बीवी भी बला की आशिक़मिज़ाज थीं। उनके उतने ही माशूक़ थे जितनी शौहर की माशूक़ाएँ। चूँकि अपनी छोटी बहन हमारी चाची को वे अनगिन तोहफ़ों से नवाज़ती रहती थीं। अर्से तक हम उन्हें बड़े दिल की मालकिन मानते रहे। यह राज़ बाद में खुला कि चाचा से उनका रोमानी रिश्ता था और उस पर पर्दा डालने को चाची पर मेहरबान थीं। पर बात इतनी सीधी-सपाट भी न थी। जैसे ही चाची ने कहा अपने शौहर से उनका रिश्ता उन्हें बेहद दुख देता है वे बोलीं, "अरे पहले क्यों न कहा? मेरे लिए तो शग़ल है। आज से बन्द।" उसके बाद एक महँगे ब्यूटी पार्लर में वे चाची का काया कल्प करवा लायीं। चाची मश्कूर हुईं, चाचा की बेवफ़ाई की ख़बर हमारे सिवा किसी को न हुई। बहन के क़त्ल पर वे ख़ूब रोयीं और बिला शक़ डॉ. जैन को बेरहम क़ातिल ठहराया।

चन्द्रेश के साथ डॉ. जैन को उम्र क़ैद हो गयी। वे रिश्तेदार-दोस्त जो तब तक उनकी तारीफ़ में क़सीदे काढ़ते थे उन्हें पहचानने से मुकरने लगे।

पर पिताजी ने वैसा न किया। मंजुल और मैं भी डॉ. जैन से बेहद ख़फ़ा थे। वैसे भी हमें उनका अतिनाटकीय अन्दाज़ खिजाता था। उनका मर्दाना अहंकार उकसाता कि जवाब में दो-चार जड़ दें। ज़ब्त करना पड़ता क्योंकि वे पिताजी की आँखों के ख़ुदा थे। जब वे क़ातिल करार किये गये तो मैंने पिताजी से निहायत बचकाना सवाल किया। "सोच कर कैसा लगता है कि एक क़ातिल ने आपकी आँखों का ऑपरेशन किया?"

उन्होंने संजीदगी से जवाब दिया, "क़ातिल हैं फिर भी डॉक्टर क़ाबिल हैं। मेरा ऑपरेशन क़ातिल ने नहीं डॉक्टर ने किया था। तुम लेखक होने जा रही हो। इतना नहीं समझतीं कि कभी-कभी मर्द औरत से इश्क़ करने लगता है और जिस्मानी रिश्ता बना लेता है पर जब निजात पाना चाहता है तो पाता है कि पूरे फ़साने की डोर औरत के हाथ में है। शरीफ़ आदमी बीवी और माशूक़ा दोनों को निभाता जाता है। पर हर शख़्स तवासुन नहीं बना पाता, लाचारगी और नाउम्मीदी के गर्त में गिर वहशी हो उठता है। यानी कमज़ोर होता है जिसे हालात ने ऊँचाई पर पहुँचा डींग मारना सिखला दिया पर ज़ब्त रखना नहीं। फिर भी डॉक्टर क़ाबिल हो तो क़ाबिल रहता है सिर्फ़ और सिर्फ़ क़ातिल नहीं होता। मैं डॉ. जैन का शुक्रगुज़ार हूँ। तुम जानती हो न उनके जेलर ने अपनी माँ का ऑपरेशन उन्हीं से करवाया है।"

मैं जानती थी। कुछ शर्मिन्दा हुई। यह भी साबित करना था कि बतौर लेखक मनोविज्ञान में पारंगत थी। जेल में सर्जरी करने का दौर थोड़े दिन चला। अदालत ने रोक लगा दी कहा, अपना पेशा करते रहे तो सज़ा, सज़ा न रहेगी। पर रस्सी बटने वाले या टोकरी बुनने वाले जेल में काम करते रहते हैं क़ानूनन उसके लिए पैसा कमाते हैं जो रिहाई पर उन्हें मिलता है। क़ैदी होने का मतलब यह नहीं होना चाहिए कि वह समाज सेवा न कर सके भले उससे उसका अहम् पोषित हो।

पिताजी ने उस वक़्त जो कहा हमेशा याद रहा।

तब कहाँ जानती थी कि मसल ख़ुद उन पर लागू होने वाली थी। पर कमज़ोर इन्सान वे क़तई न थे इसलिए क़ातिल होना दूर उन्होंने ममी के नाज़-नख़रे उठाने में भी कमी न आने दी। इन्तक़ाल होने तक एक के बजाय दो औरतों के नाज़ उठाते रहे। दोनों में से एक ने भी उनकी भयावह शक्कर और उच्च रक्तचाप की बीमारियों की लाज रख नाज़ उठवाने से परहेज़ न किया।

उनकी मृत्यु उतनी ही सभ्य और भव्य थी जितनी ज़िन्दगी। 5 अप्रेल 1976 की दुपहर उद्योग भवन में एक अन्तरराष्ट्रीय मीटिंग में तक़रीर कर रहे थे कि पेशानी पर पसीना आया। जेब से रूमाल निकालने में नाकाम पीछे बैठे पी.ए. से कहा, "मेरा रूमाल निकाल दो।" उनकी जेब में हाथ डालने की उसकी हिम्मत न हुई। तब पिताजी ने सबको सम्बोधित कर धीमे से कहा, "एतराज़ न हो तो मैं बैठ जाऊँ।" कोई कुछ समझ पाता उससे पहले वे बैठ कर प्राण त्याग चुके थे। तब जाकर पी.ए. ने रूमाल निकाल माथे पर बहता पसीना पोंछा। किसी ने घर फ़ोन किया। संयोग से मंजुल वहाँ थी उसी ने फ़ोन उठाया। शक्कर की मरीज़ थी इसलिए उसके दिमाग़ में शक्कर की बीमारी में सम्भावित हाइपोग्लेसेमिया हावी था। ग्लुकोज़ का डिब्बा ले ड्राइवर के साथ उद्योग भवन दौड़ी। वहाँ मंज़र कुछ और था। लोगों की मदद से पिताजी को उठा गाड़ी में लिटाया गया और विलिंगडन अस्पताल दौड़े। उद्योग भवन से फ़ोन जा चुका था डॉक्टर पार्किंग में मिल गये। उनकी भरसक कोशिश दिल की बन्द धड़कन चला न पायी। डॉक्टर ने सुझाव दिया घर ले जाकर पारिवारिक डॉक्टर से डेथ सर्टिफ़िकेट ले लें। वरना सार्वजनिक स्थल पर मौत के तहत पोस्टमॉरटम तो होगा ही और कई फजीहत सहनी पड़ेंगी। डॉक्टर के शब्द थे, "लेट हिम कीप हिज डिगनिटी।"

यानी उनकी शख़्सियत ने मौत के बाद भी डॉक्टर पर असर कर दिया। रोना स्थगित कर मंजुल ने पूछा, "हम कितना पहले लाते तो बच सकते थे?" बेचारी पल-पल का हिसाब जोड़ती रही थी कि कुल मिला कितने मिनट बाद पिताजी अस्पताल पहुँचे। डॉक्टर ने पल भर उसे घूरा उसकी हालत का जायज़ा लिया और मुलायम आवाज़ में कहा, "दो दिन पहले।"

अब मंजुल के रुके आँसू बह निकले। डॉक्टर ने और नरमी से जोड़ा, "परसों इन्हें एक साइलेंट हार्ट अटैक आया होगा। शक्कर की बीमारी में आ जाता है। आप लोगों से तबीयत ख़राब होने के बारे में कुछ कहा नहीं?"

सहसा पी.ए. बोला, "मुझे पता ही नहीं था जैन साहब को डाइबिटीज़ है।" डॉक्टर की हमदर्दी चुक गयी। "फ़ौरन घर लेकर जाइए जैन साहब को!" सख़्त स्वर में ताक़ीद दे मुड़ गया। पिताजी का शव घर पहुँचा तो ममी का क्या हाल हुआ और ख़ानदान किस तरह अवसन्न बयान फ़िज़ूल है। पी.ए. अकेला इन्सान न था जिसे मालूम न था कि जैन साहब की शक्कर और उच्च रक्तचाप की बीमारियाँ कितने गम्भीर मोड़ पर पहुँच चुकी थीं। मालूम होते हुए भी बीवी और

प्रेमिका उन्हें आज़ाद न छोड़ पायी थीं। ख़राब सेहत के चलते बीवी इस क़ाबिल न थीं और महबूबा को उनकी मुहब्बत का इम्तिहान लेने में ज़्यादा दिलचस्पी थी।

ममी की मुतवातिर चलती नाज़ुक सेहत काफ़ी हद तक मनोवैज्ञानिक या साइकोस्मेटिक थी क्योंकि इसी तरह पिताजी का ध्यान अपनी तरफ़ खींचे रख सकती थीं। प्रेमिका उनसे 11 साल छोटी ही नहीं शातिर दिमाग़ थी जिसे ध्यान खींचने के सौ तरीक़े आते थे। घरेलू और रोमानी। फिर भी जब-तब नाज़ुक सेहत का पल्ला थाम लेती जिससे ममी के तरकश का अकेला तीर भोथरा पड़ जाता। शाम चाय मिलने में देरी हो तो सिर में भयानक दर्द हो जाये, अचार खाये तो गला ख़राब, कुल्फ़ी-आइसक्रीम तो जुकाम। बस पेट कभी न गड़बड़ाता जो ममी का हमेशा पतला रहता। तबीयत ख़राब होने का रोना रो कराहते हुए कोई सुस्वादु व्यंजन बना डालती। पिताजी बाग़-बाग़ हो जाते। ममी बेचारी खाने में भी साथ न दे पातीं।

ममी की भलमनसाहत देखिए कि पिताजी की मौत के बाद उसे पास बिठलाये रखा कि उसका ग़म भी कम न था। बूड़िये वाले उर्दूदां चाचा और हिन्दीपरस्त चाची के आने के बाद उनका पत्ता कट गया पर ममी ने उनसे दुश्मनी न रखी। बल्कि मेलजोल बनाये रखा क्योंकि सौ बातों की एक बात... उसका प्यार लिहाज़ा ग़म कम न था। वैसे इस बात पर सिर्फ़ ममी यक़ीन करती थीं। हम जानते थे पिताजी के इन्तक़ाल के कुछ दिन बाद उन्होंने दूसरे रुतबेदार दोस्त बना लिए थे। ममी को न बतलाया मौक़ा ही न मिला क्योंकि चार साल बाद उनका इन्तक़ाल हो गया। नये महबूब का जलवा उसके बाद ही पूरे निखार पर आया। ममी ने मेलजोल बनाये रखा तो बेटियों को ज़बरन उनसे और उनके परिवार से मेल बनाना पड़ा। वह मोहतरमा हमारी चाची और चचेरी मौसी भी थीं।

उस हादसे के दौरान रह-रह कर एन.एस. जैन के सन्दर्भ में कही पिताजी की बात याद आती रही; आदमी ग़लत औरत से मुहब्बत करके ऐसे फँस जाता है कि मर कर (या मार कर) ही निजात मिलती है। वाक़ई शरीफ़ होता है तो मारता नहीं मर जाता है। ठीक ये अल्फ़ाज़ नहीं कहे थे पर मतलब वही था जो उनकी मौत के बाद समझ आया।

बेटे की उम्र के वे चाचा जिनसे वे चचेरी मौसी ब्याही थीं ममी-पिताजी के चहेते थे ख़ास कर ममी के। उनकी शादी अपनी कम ममी की पसन्द से ज़्यादा हुई थी। मज़े की बात यह थी कि ममी के अलावा परिवार में कोई उस शादी से ख़ुश न था। असल में वे ममी के उसी चाचा की बेटी थीं जिन्होंने उनके पिता

की जायदाद हड़पने में अहम किरदार निभाया था। दादाजी बेहद तंज़ से हमेशा उन्हें टी.सी. जैना कहते थे। पर ममी की मर्ज़ी! सब कुछ भुला टी.सी. जैनी की बेटी को देवरानी बनाने पर तुल गयीं। ममी को कुछ सूझ जाता तो सब कुछ भुला उसके पीछे पड़ जातीं। हमारे दादाजी जो ग़ुस्से में दुर्वासा मुनि और तानाशाही में हिटलर के बाप थे, ममी के दरवाज़े पर डले पर्दे के सामने खड़े हो कितनी बार कहते पाये गये, "ज़िद मत करो, कान्ता, एक दिन तुम्हीं बुरी तरह पछताओगी।" पर जाने क्यों हिटलरनुमा ससुर उनकी मर्ज़ी को दरकिनार न कर पाये। आगाह करते रहे पर ममी ज़िद पर अड़ी रहीं। चाचा तक ने कहा वे उनसे नहीं उनकी बड़ी बहन से शादी करना चाहते थे। पर ममी ने उन्हें उन फ़ितना आंटी से इतनी बार मिलवाया कि वे उनकी ज़बरदस्त सेक्स अपील के क़ायल हो रहे। पिताजी पहले से थे पर पता नहीं इस बार ममी ने आँखों पर पट्टी क्यों बाँध ली। क्या ख़ुद उस सेक्स अपील की शिकार हो गयी थीं?

दादाजी का कहा सौ फ़ीसद सच निकला। यह मौसी जमा चाची पिताजी की अकेली महबूबा थीं जो सालोंसाल उनके जज़्बात से खेलती रहीं और साथ रख कर भी ममी को बेगाना बना कर छोड़ा। मुद्दे की बात जज़्बात नहीं काइयाँ औरत के हाथों शरीफ़ मर्द के बकरा बनने की थी जो उन्होंने एन.एस. जैन का हवाला दे बहुत पहले कही थी। अचला आंटी से इसलिए मुतास्सिर थी क्योंकि वे पिताजी को वह ख़ुशी दे रही थीं जो ख़राब सेहत और बाद में दिमाग़ी अवसाद के चलते ममी न दे पायीं। उन्होंने सुघड़ गृहिणी होने का न कभी दावा किया न थीं। नज़ाकत का लबादा ओढ़े आंटी नौकरों की मदद से सुघड़ गृहिणी का समां बाँधने में माहिर थीं। खाने पर बुलातीं तो मामूली व्यंजन बनवा कहतीं पिताजी की शक्कर की बीमारी के मद्देनज़र था। पिताजी निहाल हो जाते। पहले से मुरीद इन्सान को क़ाबू करना क्या मुश्किल है? तआज्जुब कि ममी भी मुरीद हो जातीं कहतीं, सुघड़ गृहिणी होने की वजह से उसे पसन्द करते हैं तो क्या ग़लत करते हैं। आंटी के नक्शेक़दम पर चलने की उन्होंने क़तई कोशिश न की। अपनी फ़ितरत के ख़िलाफ़ अभिनय करना उनके बस का रोग न था। यानी आमतौर पर औरतों की जो फ़ितरत बतलाई जाती है उनकी न थी।

आंटी की सुघड़ता का निजी अनुभव न था पर नज़ाकत का इज़हार आँखों देखा और कानों सुना था। उसका समां बाँधने में भी वे माहिर थीं। मसलन एक शाम हमारे घर ऐसी रोनी सूरत लेकर पधारीं जैसे कोई नज़दीकी मर गया हो।

आँसुओं से रो कर तकलीफ़ बयान की कि बिल्ली घर में घुस दूध पी गयी इसलिए शाम की चाय नसीब न हुई और सिर में दर्द हो गया। अपने हर सिरदर्द को वे माइग्रेन बतलाती थीं। पिताजी ने सुना तो लगा हमदर्दी में उन्हें माइग्रेन हो जायेगा। मुझसे कहा फ़ौरन चाय बना कर उन्हें दूँ। चाय बना तो दी पर हँस कर दुहरी होते हुए।

जब दो प्याले चाय पी तरोताज़ा हो ताश खेलने बैठ गयीं तो आदत के मुताबिक़ रेणु ने जड़ दिया, "कैसा माइग्रेन था कि चाय पीने से ठीक हो गया। माइग्रेन नहीं वहम होगा या रोने से सिरदर्द हो गया होगा। मुझे भी हो जाता है।"

रेणु फ़ेवरिट थी इसलिए पिताजी ने उससे कुछ न कह आंटी से पूछा, "कौन-सी गोली लेती हो?" लम्बी साँस भर बोलीं, "मुश्किल से मिलती है इसलिए पर्स में रखती हूँ। अभी खा लेती हूँ।" रेणु बोली, "तो चाय न मिलने पर खा क्यों न ली?"

"चाय के बिना असर नहीं करती," उन्होंने नख़रीली आवाज़ में कहा, "इनसे दूध लाने को कहा तो यहाँ ले आये।"

"ठीक किया। हमारे घर बिल्ली दूध पी जाये तो डिब्बे का इस्तेमाल कर लेते हैं। आपकी चाय में भी वही था।"

"क्यों? दूध ख़त्म हो गया?" पिताजी ने ग़ुस्से से पूछा तो मेरी हँसी फूट गयी। बमुश्किल कहा, "बिल्ली पी गयी!"

तब मुझे पिताजी नहीं ममी ने बरजा, "क्यों बेवजह तंग कर रही हो। पहले ही उसे सिरदर्द है।" मेरी हँसी ग़ायब हो गयी। हद है! कोई उन्हें बेवक़ूफ़ बना ले! नहीं उन्हें कोई बेवक़ूफ़ बना नहीं सकता था; कभी-कभी उनके यक़ीन ही बेवक़ूफ़ाना होते थे। उन्हें पक्का यक़ीन था कि पिताजी का प्रेम प्लेटॉनिक था क्योंकि उन्हें गम्भीर डाइबिटीज़ थी! ऐसी मासूमियत पर कौन न मर जाये!

पहले बतला चुकी हूँ पिताजी के इन्तक़ाल के कुछ महीनों बाद ममी काफ़ी हद तक बिस्तर छोड़ उठ खड़ी हुई थीं। यानी कुछ हद तक उनकी बीमारी मनोवैज्ञानिक थी। वैसे असल बीमारियाँ भी कम न झेली थीं। सबसे मारक था तीन बार हुआ पैर का थ्रोम्बोसिस जो हर बार बच्चे के जन्म के बाद हुआ। छह बच्चों को जन्म देने ने ही ममी को सबसे ज़्यादा सताया। उन दिनों परिवार नियोजन के तरीक़े कम ही इस्तेमाल किये जाते थे। पिताजी के एक चचेरे भाई ने इस्तेमाल कर दो बच्चे पैदा कर रोक लगाई ज़रूर पर पिताजी ने उनकी सलाह न मानी। जिस आदमी ने ममी के नाज़-नख़रे उठाने में कसर न छोड़ी

इस बुनियादी फ़र्ज़ से क्यों कन्नी काट गया जिसने उन पर उतना क़हर ढाया? हो सकता है उस ज़माने का क़ुसूर रहा हो जब मर्दानगी को ले लोगों ने अजब क़यास पाल रखे थे।

ज़ायका सुधारने को ममी के नाज़-नख़रे उठाने का एक दिलचस्प वाक़या बयान करती हूँ।

सब लोगों की तरह ममी के पास भी बैंक का लॉकर था जिसमें क़ीमती और भारी ज़ेवरात रखती थीं। बतौर "आइदर ओर सरवाइवर," पिताजी साझेदार थे। चाहते तो ख़ुद लॉकर खोल उनकी पसन्द का ज़ेवर ला सकते थे। पर वे ममी को साथ लेकर जाते। बैंक तक पहुँचने के लिए दसेक सीढ़ियाँ चढ़नी होती थीं जो काफ़ी बार उनके बस की न होतीं। वे गाड़ी में बैठी रहतीं। पिताजी लॉकर जाते दस्तख़त करवाने वाली मोहतरमा को मय रजिस्टर गाड़ी तक लाते और ममी से दस्तख़त करवा वापस लौटते। पर्ची पर लिखे ज़ेवर का अता-पता पढ़ लॉकर से निकाल ममी के पास लाते। मंजुल को यह सब ख़ासा अहमक़ाना लगता। मुझे रोमानी और ममी की आज़ादी बरक़रार रखने वाला। वैसे उसके बारे में हमारी राय माँगी न गयी थी इसलिए हमें जो लगता हमारे बाप की बला से।

पिताजी के निधन के बाद कई हौलनाक घटनाएँ हुईं। वैसे ममी ने न बड़ी-सी गोल बिन्दी लगाना छोड़ा न रंगीन साड़ियाँ या ज़ेवर पहनना। 1976 में यह आम रिवायत न थी। उनकी मौत के कुछ दिन बाद सहज भाव से हमसे कहा, "कल इन्होंने मुझे बिन्दी और रंगीन साड़ियाँ पहनना छोड़ने से मना किया था।"

कुछ दिन बाद हिन्दी के दिग्गज बुद्धिजीवियों ने पोंगापन्थी होने के साथ ममी की अलहदगी साबित कर दी। नेपाल के राजदूत की पत्नी ममी से बेहद प्यार करती थीं। नेपाल दिवस के समारोह पर हमारे घर आ ममी को तैयार करवा दूतावास ले गयीं। इसरार कर उन्हें वह साड़ी पहनवायी जो हाल में पिताजी नेपाल से लाये थे। मोरपंखी रंग की सिल्क की साड़ी पर मोर बुने थे। क्या भव्य साड़ी थी! और ममी के रुपहले गोरे माथे पर दमक रही थी लाल सिन्दूर की गोल बिन्दी!

वहाँ श्रीमन्त लोकेश चन्द्र सपत्नीक तशरीफ़ रखे थे। ममी को देख पत्नी ने मुँह बिचका कर कहा, "आपको देख कर नहीं लगता कि जैन साहब नहीं हैं।"

उनके पति ने नहीं बरजा हाँ, राजदूत की पत्नी ने सख़्ती से कहा, "नहीं रहे मानी? कहीं तो हैं न! हमारे दिल में हैं। इनकी आत्मा में हैं।" पर ममी बुझ-सी गयीं।

राजीव की शादी के सिलसिले में लॉकर खोलने बैंक जाना हुआ तो चाचा के साथ रहते हुए भी सीढ़ियाँ चढ़ कर लॉकर तक गयीं। रजिस्टर पर दस्तख़त करवाने से पहले बैंक की महिला रो दीं। बोलीं, "आप ऊपर क्यों आयीं? कहलवा देतीं मैं नीचे आ जाती।"

ममी ने उसाँस भर कर कहा, "अब वह बात नहीं रही।"

मुझे यह घटना काफ़ी दर्दनाक लगी हालाँकि असल दर्दनाक नज़ारा हम पहले देख चुके थे।

ममी ढेरोंढेर काँच की चूड़ियाँ पहना करती थीं। अदल-बदल कर। बीसियों चटाई के पिटारों, पिटारियों और लकड़ी की मखमल लगी सन्दूकचियों में अटाटूट भरी थीं। पिताजी के निधन पर कोई कर्मकाण्ड न हुआ। जैन रीति से णमोंकार मन्त्र और 'मेरी भावना' पढ़ समापन हो गया। ममी की नाज़ुक हालत और मामाजी के कर्मकाण्ड विरोधी तेवर देख पगड़ी की रस्म भी न हुई।

तेरह दिन बाद सुबह-सुबह ममी ने चूड़ियों के तमाम पिटारे, पिटारियाँ, सन्दूकचियाँ हाथ के एक झटके से पीछे दालान के फ़र्श पर दे मारीं! हज़ारों रंग-बिरंगे काँच के साबुत और टूटे टुकड़ों से दालान पट गया। हमारा साँस रुक गया। दिल की धड़कन बन्द होने को हुई। हम दालान की तरफ़ दौड़ीं कि ममी ने कड़क कर कहा, "छूना मत!"

वे अपने कमरे की तरफ़ मुड़ गयीं हम आगे न बढ़ पाये। घण्टों बाद रोते-रोते उन्हें बीना उठाया और चिरते दिल फेंका। लाजिमी था क्योंकि फ़ैसला हमारा नहीं ममी का था। वह लम्हा मेरे मन में सबसे हौलनाक पलों में शुमार है। इसलिए नहीं कि चूड़ियाँ सुहाग का चिह्न होती हैं इसलिए कि उस क्षण ममी की भाव-भंगिमा कल्पनातीत रूप से भयावह थी। उनके अनुसार उसी के बाद पिताजी उनके सपने में आये और हिदायत दे गये कि बिन्दी लगाना और रंगीन साड़ियाँ पहनना कभी बन्द न करें। हम शुक्रगुज़ार हुए कि और हौलनाक दृश्य न देखने पड़ेंगे। नेपाल के राजदूत की पत्नी ने ही नहीं मामीजी ने भी पिताजी की हिदायत पर पुरज़ोर मुहर लगाई।

ममी के बारे में यक़ीन से कहना मुश्किल था कि वे मासूम थीं, बेख़बर या ज़रूरत से ज़्यादा ख़बरदार! उनके पास पिताजी को बाँध कर रखने के दो अचूक नुस्ख़े थे। एक, नाज़ुक सेहत के चलते लबेदम हो हरदम उनका सहारा लेना। दूसरा, नाज़ुक सेहत के बावजूद घर पर शेरो शायरी और अदब की महफ़िल सजा उसमें शिरकत करना। आंटी की महफ़िलों में वे उम्दा अदीब या शायर न आते जो ममी की ख़ूबसूरती और नज़ाकत के साथ अदब की मानीखेज़ पहचान से मुतास्सिर हो हमारे घर आते। शायद मंजुल और मेरी तरह उन्हें आंटी की नज़ाकत और मेहमाननवाज़ी फ़रेब लगती हो। हमारी शक़ करने की फ़ितरत थी तो मुनासिब था कि उनकी भी हो। आख़िरकार हम दोनों भी अदीब बनीं बेशक शायर के बजाय अफ़साना निगार।

ममी और मामीजी के रिश्ते की बाबत आपने पढ़ा और मामीजी की बेटी के लिए पिताजी के स्नेह के बारे में भी। बेटियों की उम्र की औरतों का क़ायल होना बशर्ते वे विलक्षण और क़ाबिल हों पिताजी की वह ख़ूबी थी जो उन्हें आम मर्दों से अलग करती थी।

सास का दरका घर

मैके की बात बहुत कर ली। अब ससुराल पर आऊँ मैके से बिल्कुल फ़र्क़ पर नायाब औरतों की क़िल्लत न थी। मैका पूरी तरह नायाब घरेलू मददगारों की बदौलत चलता था जबकि ससुराल में नौकर के नाम पर नाक-भौं सिकोड़ी जाती। ममी को इस शादी से यही एतराज़ था, "अजीब लोग हैं, नौकर नहीं रखते! ख़ैर तुझे कौन-सा साथ रहना है।" नो प्लेस युटिलिटी के चलते आनन्द की रिहाइश बिहार के क़स्बे डालमियानगर में थी।

ससुराल में दो ननदें थीं एक शादीशुदा परम्परावादी स्नेह। दूसरी मुझसे दो साल छोटी शुभलता लेडी इर्विन कॉलेज में पढ़ रही थी। सास-ससुर, जेठ सुरेन्द्र और जेठानी हेमलता, आनन्द से 12-14 वर्ष छोटे दो देवर सत्यप्रकाश और केशव। यानी साधारण मध्यवर्गीय परिवार।

गहरे पैठी तो पाया मध्यवर्गीय भले हों साधारण क़तई न था।

पहली असाधारण बात आनन्द की दो बुआएँ जल्दी विधवा हो ठसके के साथ मैके लौट आयी थीं। ससुर के बड़े भाई मौजूद थे पर कुछ ज़्यादा ओहदेदार थे जबकि ससुर ठीक-ठाक तो ठसके की रिहाइश के लिए वही ज़्यादा मौज़ूं लगे। सास बेचारी डरपोक क़िस्म की थीं जबकि दोनों बुआएँ जीवट और कौशल की आला मालकिन। कोई काम न था जो बढ़िया न करती हों। खाना बनाना, सब्ज़ी-फल बिनारना, स्वेटर बुनना, बच्चा पालना, बीमार की तीमारदारी करना या हर मसले पर सलाह देना। हम सास को भाभीजी कहते थे शायद इसलिए कि बुआ लोग उन्हें भाभी कहती थीं। बुआजिओं को सब फलां बीबी पुकारते थे। शान्ति बीबी या लीलावती बीबी जो हर हाल बीवी पर भारी पड़ता। ससुर जी बीवी नहीं, बीबी के जां निसार मुरीद थे। अन्ततः सास को फूहड़ क़रार कर दिया गया और पूरा परिवार बुआओं का हो रहा।

मैं पहुँची तो हर बात में बुआजी का ज़िक्रेख़ैर सुन काफ़ी हलकान हुई। फूहड़ माँ के पालन-पोषण को नाकाफ़ी ठहरा बड़ी बुआजी बच्चों की ख़ैरख़्वाह और रहनुमा बनी हुई थीं। बच्चे अपनी विरासत माँ में नहीं बुआ में तलाशते। मैं पिता और नाना की तरह वकीलनुमा थी और ममी की तरह भीतर की बात सूँघने में पारंगत। दो-एक दिन की रिहाइश में देखा सास ज़्यादातर रसोई में जुटी रहतीं पर बतौर मातहत। बढ़िया पके को बुआजी का बनाया बतलाया जाता; ख़राब को सास का पकाया बतला कर कहा जाता बीबी जैसा तो सब बना नहीं सकते। सास के माथे पर शिकन न आती। उज़्र करने की हिम्मत न हो पर बुरा लगने के आसार तो दीखे! रफ़्ता-रफ़्ता समझा वे न फूहड़ थीं न बेवक़ूफ़। बस ज़िम्मेवारी से घबराती थीं और शान्ति और सुकून से रहना चाहती थीं। जानती थीं बीबियों को हुकूमत का इतना शौक़ था कि अपना चैन हराम कर सकती थीं। इसीलिए बच्चों को पालने की ज़िम्मेवारी ली थी। सास बच्चों की अन्तहीन माँगों और चिलपौं से निजात पा ख़ुश थीं। उस सुकून के लिए बढ़िया पके को बुआओं के नाम करना मंज़ूर था। फूहड़ माने जाने का दुख तब होता, जब बड़ी बहू हेम उसमें शामिल हो जातीं। वे भी बढ़िया पकाती थीं और बुआओं पर ख़ूब डोरे डालती थीं। सास और अनब्याही ननद से पारम्परिक द्वेष था जिसका असल हालात से लेना-देना न था। रिवायत निभा रही थीं।

बाद में कई नायाब रुख़ देखने को मिले। पता नहीं क्यों हेम भाभी मुझ पर मेहरबान हो गयीं। मनोविज्ञान ठूँसने के लिए माफ़ करें पर शायद इसलिए कि दो बेटों के बावजूद बेटी की अदम्य चाह थी। परिवार नियोजन के नाम पर काफ़ी बरस तीसरा गर्भ टलता रहा। उन्हें यात्राएँ करने का मिराक़ था। दो बच्चों को टाँग कर ले जातीं पर उम्र के साथ गर्भ टाँगने में दिक़्क़त होने लगी। उम्र मुझसे ख़ास ज़्यादा न थी पर शादी बारह साल पहले हो गयी थी; अब मैं ब्याही 25 में और वे 16 में। पारम्परिक बहू के क़ायदों से अनजान मुझमें शायद उन्हें बेटी नज़र आयी।

जैसा रिवाज़ है शादी के तुरन्त बाद बहू से खाना बनवाया जाता है मुझसे भी कहा गया। एक व्यंजन बनवा कर नेग नहीं करना था बाक़ायदा परिवार भर के लिए रविवार को दुपहर का भोजन बनाना था। दो-एक ख़ास चीज़ें मुझे बनानी आती थीं पर या ख़ुदाया पूरा खाना वह भी दस जनों के लिए जिनमें दो महारथी और एक रथी शामिल थीं! पुलाव मैं बढ़िया बना लेती पर रोटी आज तक बनानी न आयी। हाथ-पाँव फूल गये आनन्द से कहा तो हँस कर बोले,

"सच कह दो, तुम्हें खाना बनाना नहीं आता।" "आता कैसे नहीं आता है पर इतने जमावड़े के लिए नहीं।" मैंने ग़ुस्से से कहा। उन्होंने कन्धे झटक दिये।

भला हो दूसरों की बात सुनने के रिवाज़ का मैके में उसकी ज़बरदस्त कमी थी हेम भाभी ने बातचीत सुन ली। अपने कमरे में बुलाया और दरवाज़ा बन्द कर फुसफुसा कर कहा, "फ़िक्र मत करो, रानी जी, खाना हम बना देंगे रसोई में बनी रहना और सिर झुका परोस देना।" मैं भौचक! बिटर-बिटर उनका मुँह ताकती रही। आगे जो कहा और हैरतंगेज़ था, बोलीं, "तुम्हारी माँ बहुत सुन्दर हैं", मेरा सिर चक्कर खा गया। बमुश्किल कहा, "हाँ। हम में से कोई..." उन्होंने तृप्त मुस्कराहट के साथ बात काट दी, "मैं उन्हें अपने जैसी सुन्दर लगी। मेरे कान में कहा था, तुमसे खाना न बनवाएँ पढ़ने-लिखने में मसरूफ़ रहीं कभी बनाया नहीं।" मैं अबूझ उन्हें घूरती रही तो बोलीं, "चलो रानीजी, तुम भी कम सुन्दर नहीं।" और खिलखिला कर हँस दीं। अब मेरा बोल फूटा, "उन लोगों को पता चलेगा तो..."

"मजाल है मेरे रसोई में रहते कोई पास फटके! बीबियों को पहले आगाह कर दिया है कि नयी बहू शरमाती है टोहने न आयें। अपनी फूहड़ भाभीजी वैसे भी मेरे पास नहीं फटकती।"

"प्लीज़ वे फूहड़ नहीं हैं ऐसे न कहें।" मैं कह बैठी यह सोचे बग़ैर कि उन्होंने कह दिया मैं नहीं बनाती खाना जाओ ख़ुद बनाओ तो क्या होगा?

पल भर मुझे देखती रहीं बोलीं, "बड़ा जिगरा है रानीजी का।" उसके बाद हमेशा मुझे रानीजी कहा और मेरी रहनुमा मुकर्रर हो गयीं। स्नेह दिया और कई ग़ैर-पारम्परिक हरक़तें बर्दाश्त कीं। अगली दुपहर वह शानदार भोजन बनाया कि मेरी वाह-वाह हो गयी। क़सम न दी होती तो कह देती मैंने नहीं उन्होंने बनाया है। इतना झूठ पहली बार बोला। पर थी जो न भूतो न भविष्यति क़िस्म की घटना; झूठ अलग झटक मुद्दे की बात ताउम्र न भूली।

जब रसोई का दरवाज़ा भेड़ खाना बना रहे थे तो छोटे देवर केशव ने एक बार भीतर झाँका। भाभी ने वह फटकार पिलाई, "तमाशा हो रहा है क्या! जाओ यहाँ से!" कि भागता नज़र आया। मैंने सिर्फ़ पुलाव बनाया था जिस पर ससुर ने कहा, "कुछ अलग तरह का है पर स्वाद है क्यों लीला बीबी?" लीलावती बुआजी ने बड़प्पन से कहा, "कुछ तो नया करेगी नयी बहू।" यह राज़ मैंने तब खोला जब हेम भाभी का देहान्त हो चुका था।

घर-बार से निर्लिप्त होते हुए भी दफ़्तर से लौटते हुए ससुरजी हेम भाभी, शुभ बीबी व बीवी की फ़रमाइश पर व्यंजन बनाने की विशेष सामग्री ले आते थे। और अपने लिए रेलवे लाइब्रेरी से किताब। मुझसे भी पूछा, “तुम क्या बनाओगी कुछ लाना है?” मैंने अचकचा कर कहा, “नहीं, कुछ नहीं।” “तो किताब ले आयें? पढ़ोगी?” मैंने ललक कर हाँ कहा और शाम को हाथ में किताब थी। वे अधिकतर अंग्रेज़ी क्लासिक्स पढ़ते थे मेरे लिए भी लाये थे। मैं ठहरी एक दिन में किताब ख़त्म करने वाली। दूसरे दिन दूसरी किताब आ गयी। भाभीजी भुनभुनायीं ख़ुद रोज़ एक किताब चाट जाते हैं बहू को भी लत लगा दी। “मैंने नहीं लगाई लगी-लगाई आयी है उसके पिता से जवाब-तलब करो।” मुझे क्या ज़रूरत है वे भुनभुनाती हुई चली गयीं। पिताजी ने मुझसे कहा, “फ़िक्र मत करो कल फिर ला देंगे।”

डालमियानगर जाने के कुछ दिन बाद एक रोचक घटना हुई। सास, ससुर, ननद शुभ और सबसे छोटा देवर केशव डालमियानगर आये तो रेलगाड़ी से बनारस जाना तय हुआ। अपना-अपना अटैची लिए हम और अटैची के साथ खाने से अटा बड़ा थैला थामे आनन्द रिक्शा से स्टेशन पहुँचे। बुज़ुर्गों और औरतों को पीछे छोड़ लम्बे डग भरते आनन्द और केशव इतना आगे निकल गये कि दीखने बन्द हो गये। मैं दिल्ली में पली-बढ़ी थी सपने में भी नहीं सोच सकती थी कि ऐसा स्टेशन हो सकता है जिसके प्लेटफ़ॉर्म की सीढ़ियों के एक तरफ़ एक शहर हो दूसरी तरफ़ दूसरा। यहाँ था न एक तरफ़ देहरी ऑन सोन जहाँ कभी शरच्चन्द्र रहे थे और दूसरी तरफ़ अपना डालमियानगर। मेरी अगुआई में हम देहरी ऑन सोन उतर गये। आनन्द और केशव ग़ायब थे। एक रहगुज़र से बनारस जाने वाली गाड़ी की बाबत पूछा तो उसने सीढ़ियाँ चढ़ दूसरी तरफ़ उतरने को कहा। जल्दी कीजिए गाड़ी छूटने वाली है। हम भागे पर सास साहिबा ख़रामा-ख़रामा चलीं। मैं और शुभ पहुँचे तो रेलगाड़ी के डिब्बे से बाहर लटके आनन्द को चिल्लाते सुना, “कहाँ रह गये थे तुम लोग!” और गाड़ी चल दी। वे इशारा करते रहे कि भाग कर किसी डिब्बे में चढ़ जायें पर भाभीजी तब सीढ़ियाँ उतर रही थीं।

मैंने शुभ से कहा, “यह क्या तरीक़ा हुआ! हमारे परिवार में मर्द औरतों को चढ़ा कर रेल में चढ़ते हैं।” उसने कन्धे झटक दिये। भाभीजी पहुँच गयीं तो हम बेंच पर बैठ कुछ देर सुस्ताये फिर दो रिक्शा पकड़ घर लौट गये। “खाने का सारा सामान ले गया। अब फिर बनाओ!” भाभीजी बुड़बुड़ करती रसोई में घुसीं।

"कॉफ़ी पी लेते हैं," पिताजी की ख़ास पसन्द याद कर मैंने कहा।

चाय-कॉफ़ी का नाम लेते ही भाभीजी का जुमला आता था, "दूध पी लेते।"

आज पिताजी का जुमला पहले आ गया, "नेहरू जी कहते हैं सेहत के लिए नीरा पियो। चलो नीरा पिलवा कर लाऊँ।" नया पेय चला था बोतलों में बन्द नीरा यानी नारियल का पानी। यहाँ पेड़ से तोड़े नारियल का शुद्ध मीठा पानी मिलता।

भाभीजी ने हमेशा की तरह "तुम जाओ, मुझसे नहीं घिसटा जाता" कह कन्नी काट ली। शायद सोचा बहू होने के नाते मैं खाना बनाने रुक जाऊँगी पर वैसी बहू मैं कहाँ थी? शुभ से पहले निकल ली। नारियल के खेत पर पहुँचे तो सूरज ऐन सिर पर था। पिताजी ने खेतिहर से तीन कुल्हड़ नीरा माँगा तो बोला, "ई बेला!"

"क्या करें नेहरू जी ने कहा है," पिताजी का जवाब सुन ठहाका मार बोला, "ख़ूबई मौज बा!" फिर पेड़ पर चढ़ नारियल के नीचे लटकी हंडियाँ उतार लाया।

हनीमून के दौरान कश्मीर में पी ड्राफ़्ट बियर जैसी लगी। पी कर कुल्हड़ आगे कर दिया। शुभ ने भी। खेतिहर भुना मूढ़ी-चना ले आया। वह भी फाँक लिया। हम दोनों तीन-तीन कुल्हड़ चढ़ा टुन्न हो गये। भाजा देख पिताजी गड़बड़ भाँप गये और दो के बाद हाथ खींच लिया। खेतिहर को पैसे देते हुए पूछा "नीरा ही थी न?"

"ना रउआ, ताड़ी बा।"

वापस लौटते हुए हम डगमगा रहे थे पर बेहद ख़ुश थे। एक-दूसरे का हाथ थामे मस्त चले जा रहे थे। पिताजी सोच में डूबे चल रहे थे पर तने-सीधे। वे मीलों पैदल चलने वाले फ़िट जीव थे। बोले, "ग़लती हो गयी। नीरा तो अलस्सुबह निकाली जाती है। सूरज निकलने पर उसमें नशे की तासीर पैदा हो जाती है। हमने ताड़ी पी है।" कहा ज़रूर पर खेद न जतलाया। हम मस्त थे बात सुन ठहाका लगा गये। लटपटाते घर पहुँचे और बिस्तरों पर ढह सो गये।

भाभीजी बहुत नाराज़ हुईं। "तुम जैसा ससुर नहीं देखा। बहू-बेटी को नशा करवा कर चले आ रहे हो।"

"मैं क्या करूँ। नेहरू जी ने कहा तो आदेश मानना पड़ेगा न? ज़ोरों से भूख लगी है खाना दो। वे लोग जगने पर खा लेंगी। कुछ भाजा टूँग लिया था।"

आनन्द और केशव शाम पाँच बजे घर पहुँचे। बिला कुछ सोचे आनन्द अगले स्टेशन पर उतर गये थे। सोच-समझ कर रेलगाड़ी में टिकट बुक करवाते

ताउम्र न देखा। केशव ग़ुस्से से लाल भभूका हो रहा था। जब डालमियानगर वापस लौटने वाली गाड़ी साढ़े तीन घण्टे तक न आयी तब जाकर आनन्द ने खाने का डिब्बा खोल उसे खाने दिया। तब तक इरादा वापस आ दुबारा बनारस जाने का रहा होगा। उनकी पेशकश की तुक मेरी समझ से हमेशा परे रही है। गटागट पानी पी डपट कर बोले, "तुम लोग मेरे पीछे आ रहे थे न? दिखा नहीं मैं कहाँ जा रहा हूँ?"

उस वक़्त हमें हर बात पर हँसी आ रही थी लिहाज़ा हँस दिये। भाभीजी ने बचाव करते हुए कहा, "उसे क्या दोष दे रहा है? इत्ते कम दिन हुए शादी को। बहू ने तेरे जैसा लम्बा आदमी देखा तो पीछे चल दी। इसका क्या कुसूर!"

हँसते-हँसते मुझे धसका लग गया। वाह री हमारी मासूम सास! और दिलदार ससुर। बोले, "क्या बेकार की चिख चिख लगा रखी है। डिब्बा खोलो पूरी-हलवा खायें। और क्या माल है देखें तो सही।"

हम तर माल उड़ाने लगे।

उस नामुराद सफ़र के बाद आनन्द और मैंने पूरा बिहार नाप डाला। आसपास की जगह साइकिल रिक्शा से। हरियाला मंज़र होता दोनों तरफ़ महुआ की क़तार बीच में कमसिन सी पतली बल खाती सड़क। उस पर ख़रामा-ख़रामा चलता साइकिल रिक्शा। हर आधे घण्टे पर मैं साइकिल चालक से कहती थक गये होंगे कुछ आगे जाकर आराम करें हम पहुँचते हैं। और रिक्शा से उतर हम पैदल चलने लगते। जैसे सपने में चले जा रहे हों। जो सच था और नहीं भी। कुछ दूर चलने के बाद खैनी फाँकता सुरीला भोजपुरी गीत गाता रिक्शा वाला दिखता तो हाथ हिला कहते, बाद में और चल देते। मीलों पैदल चलने का मज़ा वहीं लिया। किंवदन्ती बना रोहतास का क़िला भी देखा रोमांच की इन्तिहा थी। अंगारे-सी सुर्ख़ रत्ती की झाड़ियों से पटे बाँस के जंगल के बीच सूरज की रोशनी में कौंधता गन्धक का सोता! कहीं रहस्यमयता से भरे खँडहर तो कहीं सिर ऊपर उठा देखने को मजबूर करतीं बुलन्दियाँ, क़िला था कि दास्तान! बुलन्दियाँ कह रही थीं इमारत को खँडहर भी होना था।

कई जगह साइकिल रिक्शे पर पैदल गये ज़रूर पर पूरा बिहार रिक्शे पर नहीं नापा। राजगीर, गया, बौद्ध गया और झूमरी तलैया बस में गये। रेडियो सीलोन पर गानों की सबसे ज़्यादा फ़रमाइश झूमरी तलैया से आती थी।

नहीं लगता था वाक़ई उस नाम की जगह होगी! बड़े डैम की वजह से बने बड़े ताल में नौका विहार करने हम वहाँ जायेंगे!

दो साल तक यानी गर्भ के छठे महीने तक हम रिक्शा पर घूमते रहे। फिर आनन्द को गाड़ी ख़रीदने की सूझी। आशु का जन्म दिल्ली में हुआ और हम पहले हवाई जहाज़ से बनारस, फिर अपनी गाड़ी से डालमियानगर पहुँचे। फिर हमें पहिये नहीं पंख लग गये!

सबसे चमत्कारी नज़ारा देखा धुआँ कुण्ड में। पहले गाड़ी का सफ़र फिर क़रीब 6-7 मील ऊबड़-खाबड़ रास्ते पर पैदल चलने के बाद फटाक से बहिश्त! बेशुमार छोटे-छोटे आबशार पानी की फुत्कार से माहौल में धुआँ फैलाते दिल्ली जैसा कसैला नहीं मुहब्बत सा नम धुन्ध की फ़ितरत लिए। मीठी खुमारी में डूबा सभी का मन ज़मीं पर पसर भीगने का हो आये। उनींदापन या वहशत ऐसी कि माथे पर साँप रेंग कर निकल जाये तो चित लेटे रहें कि हिले तो गये! वाक़ई हुआ एक-दोस्त के साथ। क्या रोमांच था! बच्चा भी रोना भूल गया!

वह बच्चा जिसने मुतवातिर चौदह घण्टे रोने का रिकॉर्ड क़ायम किया था। उसकी कहानी भी सुनाती चलूँ। औरत न सही एक नायाब मर्द से मिलवा दूँगी। अपना पहला बेटा आशु हाइपरटॉनिक था। मतलब नहीं मालूम? मुझे भी नहीं था। उसी की मार्फ़त हुआ। मतलब वह बच्चा जिसका पाचन सिस्टम उसके दिमाग़ी सिस्टम से पिछड़ा हो। दूध पीने के लिए देर तक निपल चूसना पसन्द न हो। बोतल का हो या स्तन। नतीजतन भूखा रहे और क़ब्ज़ हो जाये। ख़ाली पेट दर्द से घण्टों रोये। किसी डॉक्टर को उसका क ख समझ न आये।

यूँ ढाई महीने बीते। मुझे याद है जन्माष्टमी का पर्व था। सास तरह-तरह के व्यंजन बना रही थीं जिसमें पोस्त बर्फ़ी बहुत मशक़्क़त माँगती थी। वे उससे जूझ रही थीं और हम बेटे के मुतवातिर रोये जाने से। डालमियानगर में जितने डॉक्टर थे एक-एक कर सब बुला लिए। उल्टा-सुलटा बोल भाग लिए। आख़िर एक ने कहा, "आप फ़ौरन इसे बनारस ले जाइए। वहाँ एक विख्यात वैद्य हैं पटवर्धन। पहले एलोपैथिक डॉक्टर थे। कुछ जटिल मामलों में उसकी नाकामी देख, आयुर्वेदिक शिक्षा ली और आज देश-विदेश के नामी वैद्य हैं। ऐसा कोई रोग नहीं जिसका निदान और इलाज न कर सकें।"

हम उसे ले नयी गाड़ी में बनारस दौड़े। आनन्द के दोस्त साथ आये। भाभीजी चिल्लाती रहीं, "नज़र लगी है और कुछ नहीं। प्रसाद तो लेकर जाओ।" उनका जुमला पूरा होने से पहले हम सड़क पर थे। दोस्त ने कहा गाड़ी चलेगी तो नींद आ जायेगी।

सब बच्चों को आ जाती है। पर आशु एक पल को न सोया न रोना बन्द किया। बेचारा दोस्त! ऐसा सदमा लगा कि ताउम्र शादी न की। तीन घण्टे के भीतर हम डॉक्टर पटवर्धन के दवाख़ाने के बाहर थे। अपार भीड़ थी। रात ही में आ लोग लाइन लगा लेते जिससे सुबह जल्दी नम्बर आ जाये। एक बेहद मोटे-ताज़े गदबदे बच्चे को बेतरह रोते सुना तो घबरा कर कहा, “आप पहले चले जायें।” तकल्लुफ़ का वक़्त न था। हम भीतर चले गये।

डॉक्टर ने कहा, “समय रहते आ गये। इस पैदाइशी रोग का तीन महीने तक पता नहीं चलता और तीन महीने बाद इलाज किया नहीं जा सकता।”

उन्होंने दवाइयाँ दीं और कुछ अजब हिदायतें। एक पुराने चलन की दूध की बोतल ख़रीदिए जिसमें दोनों तरफ़ निपल लगता है। पीछे का निपल निकाल दीजिए। ख़ूब गाढ़ा दूध बनाइए और ओंठों से लगा दीजिए। मिनट भर में दूध अन्दर पहुँच जायेगा और वह सो जायेगा। तब भी दे सकते हैं जब पहले से सोया हो।

चूँकि वह पन्द्रह मिनट से ज़्यादा एकमुश्त सोता न था इसलिए अगले कुछ दिन जब सोता दीखता हम भाग कर दूध घोल बोतल मुँह से लगा देते। अगली बार डॉक्टर ने हमारी मुश्किल कम करते हुए कहा भैंस का ताज़ा निकला दूध दे सकते हैं। वही किया। दो दिन के अन्दर नुस्ख़े काम आये। न पेट दर्द रहा न क़ब्ज़ न रोना। वज़न और बढ़ा गुलगोदना हो रहा। चार दाँत निकल आये। पाँचवाँ महीना लगा तो डॉक्टर ने कहा, “अब दलिया, खिचड़ी खिलाइये।”

हमने कहा, “वह जो सब देते हैं सिरेलैक...वह?”

“तौबा! दलिया बनाने में क्या दिक़्क़त है? और हाँ खिचड़ी खिली-खिली बनायें घोट कर मत दीजिएगा। केले का भरता करने की ज़रूरत नहीं है। एकदम ख़फ़ा हो जायेगा। छील कर हाथ में पकड़ा दीजिए खुद खा लेगा। कुछ दिन बाद उबली सब्ज़ियाँ शुरू कीजिए सब्ज़ियाँ, सूप नहीं। पालक उबाल कर दें। उठा कर खा लेगा। आलू वग़ैरह। और जो चाहें करें बेअक्ल बच्चा समझने की ग़लती न करें।”

हम तब तक इतने सयाने बच्चे बन गये थे कि जो वे कहते करते। बाँस की छोटी कुर्सी-मेज़ ख़रीद ली। उस पर बैठ आराम से ख़ुद खाता; अपने हाथ से खिलाने की कोशिश हमने कभी न की। कुछ खाता कुछ गिराता हम खड़े देखा करते। पालक खाने में सबसे ज़्यादा मज़ा आता।

हाथ से उठाता मुस्करा कर निहारता और गप। इसी तरह उबला अण्डा, सेब की फाँकें... जो हासिल हो जाये। डॉक्टर पटवर्धन की सीख दूसरा बेटा पालते वक़्त ख़ूब काम आयी। ऐसे अद्‌भुत डॉक्टर/वैद्य फिर देखने को न मिले।

आशु साल भर का हुआ तो मैं दुबारा गर्भवती हो गयी। पर घूमना-फिरना जारी रहा। आठवाँ महीना चल रहा था तो आनन्द ने बतलाया दस दिन की छुट्टियों में पुरी जायेंगे। रेल के टिकट आ गये हैं पुरी के प्रख्यात बी.एन.आर. होटल में दो कमरे बुक कर लिए हैं जिससे एक में हम दोनों एक में आशु और हरिचरण; उसे साथ ले चलेंगे आशु को देख लेगा। आनन्द की ख़ास आदत थी कि प्रोग्राम बनाते तो सलाह की ज़रूरत न समझते। पूरी तैयारी करके जानकारी देते। उनके हिसाब से वह तैयारी निर्दोष थी इसलिए फूल कर कुप्पा थे। भूल गये होंगे कि मुझे गर्भ का आठवाँ महीना चल रहा था या मैं गर्भवती थी। परिचित औरतों ने एक स्वर में कहा नामुमकिन! आठवें महीने में रेलगाड़ी और टैक्सी में धक्के खाता कौन समुद्र तट जाता है! आनन्द की समझ में न आया पर मैं डर गयी। सोचा आनन्द से कहूँ वे अकेले चले जायें। पर समन्दर देखने की ललक दुर्निवार थी। पहले देखा न था। दरअसल शादी से पहले कुछ भी न देखा था। अब न गयी तो क्या बाद में देख पाऊँगी! उम्मीद पर दुनिया क़ायम है कह आनन्द बिना इन्तज़ामात कहीं चल देते थे। उम्मीदों के खरी न उतरने से त्रस्त मैं अव्वल दर्जे की निराशावादी होती जा रही थी। पर तब तक हुई न थी। सो चाव को सुरक्षा के ऊपर रख पुरी चली गयी।

1966 में पुरी का ख़ाली दीखता निस्सीम समुद्री तट और ठाठे मारतीं आकुल-व्याकुल तरंगें! वह कोई और दुनिया थी कोई और उसका प्रभु था कुछ और नियम लागू होते थे; मैं, मैं नहीं कोई और थी। बी.एन.आर. कमाल का होटल था हर मायने में चाक चौबन्द! एक-दो दिन आशु तेज़ शोर करती समुद्री लहरों से डरा पर हरिचरण अच्छा तैराक था और जल्द डर से उबार सागर का चस्का लगा दिया। आनन्द नामचारे को तैरना जानते थे पर ज्वार में उठती लहरों पर सवार तट से कुछ दूर तक समुद्र में कूद आया करते थे। रह गयी मैं।

एक दिन टैक्सी के बजाय खटारा बस में कोणार्क हो आये थे। हमारे साथ बकरियाँ भी सफ़र कर रही थीं। खटारा बस इतनी जगह रुकी और धक्के के साथ चली कि अंजर-पंजर ढीले हो गये। हमने टैक्सी क्यों न ली उसका माक़ूल जवाब मेरे पास नहीं है। आनन्द को पैसों की क़िल्लत न थी। पर उनकी आदत थी कि

पहले दामी जगह ठहरने का इन्तज़ाम करते फिर पैसे बचाते फिरते। उनका सपना था पैसे बचा निकट भविष्य में अपना कारख़ाना खोलना। बतौर क़र्ज़ तनख़्वाह का कुछ हिस्सा सुरेन्द्र भाई के कारख़ाने भेजते रहते जिससे सूद अपने कारख़ाने की निधि में शामिल कर सकें। मुझमें व्यापारिक बुद्धि शून्य से कम थी इसलिए पूरा गोरखधन्धा सर्कस की मानिन्द लगता जिसकी बाज़ीगरी पल्ले न पड़ती। जैसे कोई जोकर नटी के साथ तनी रस्सी पर चढ़ जाये और गिर-पड़ आगे बढ़ मनोरंजन करे। गर्भ के आठवें महीने में बकरियों के साथ खटारा बस में कोणार्क जैसे रोमानी स्थल की यात्रा वैसा ही एक प्रसंग था। एक दिन निष्प्राण सी पड़ी रही फिर सागर तट पर जा बैठी। जब ज्वार आया तो इतनी माशूक़ नज़रों से समुद्र को और रश्क़ भरी निगाहों से तरंगों पर सवार बन्दों को देख रही थी कि एक बूढ़ा मल्लाह खिंचा चला आया।

सागर की तरफ़ इशारा कर पूछा, "आपनी चलबो?"

भगवान ने देवदूत भेज दिया? "हाँ-हाँ," "मैंने आह्लादित स्वर में कहा और कहती चली गयी।

शायद मुसलमान था क्योंकि उर्दू मिली ओड़िया बोल रहा था। मुझे तफ़सील से बतलाया कि उसके मुँह के सामने मुँह करके खड़े रहना है। बाँहों से थाम वह मुझे कुछ दूर तक समुद्र में ले जायेगा। हर लहर को मुझे अपनी पीठ पर लेना है पेट पर कदापि नहीं। मेरा पेट उसकी देह की आड़ में रहेगा। जब लहर आयेगी तो उसके साथ ऊपर कूदना होगा। मुझे कुछ नहीं करना होगा। वह कुदा देगा।

पल भर को भी नहीं झिझकी मैं। चल दी। जैसे समझाया था करवाता गया। कुछ दूर मैंने सँभल-सँभल कर पाँव रखे फिर आसमाँ और समन्दर एक हो गये। मैं पानी पर नहीं बादलों पर चल रही थी। देवदूत मुझे सँभाले था। सूरज और समन्दर एक होने को तैयार थे। कितना वैविध्य होता है लाल रंग में! केसरिया, गुलाबी, नारंगी, सिन्दूरी, बादामी, स्वर्णिम, मेरून, सतरंगी। दिव्य बालक की तरह सूरज समन्दर से आँखमिचौनी खेलता रहा। समन्दर बाँहें फैला कर सूरज को चूमने की कोशिश करता और सूरज ओंठों की गिरफ़्त से बाहर आने को मचलता। आख़िर समन्दर ने आलिंगन में जकड़ लिया और कशमकश छोड़ वह दुबक कर सो रहा सुबह जगने के लिए। निमिष भर को मैंने आँखें न मूँदीं। दिव्य बालक और समन्दर के खेल का कोई आयाम कोई पहलू अनदेखा नहीं छोड़ना था। निर्बाध खेल का हिस्सा बनी बहे जा रही थी।

जिस समरसता के साथ लहर आने पर ऊपर उठती उसी लय में देवदूत की बाँहों में लौट आती। न जाने हम कितनी दूर निकल गये। न मैंने कहा वापस चलें न उसने मुड़ने की कोशिश की। पर मेरे हाथ ख़ुद-ब-ख़ुद पेट के उभार पर चले गये दिव्य बालक छूट कर निकल तो नहीं गया कुंड से? देवदूत को अहसास हुआ। लगा बेहद की हद आ गयी। वापसी के लिए मुड़ लिया। जैसे गये थे लौट आये। लाली मिटने लगी थी साँवली शाम बढ़ी आ रही थी... रात घिरने से पहले हम तट पर थे। मैंने आनन्द को खोजा, आवाज़ दी कि बुज़ुर्ग के पैरों पर रखने को कुछ रुपये माँग लूँ। पर वे छोटी लहरों से जूझने में मसरूफ़ थे। मेरी आवाज़ न सुनी। मुझे ही उन तक जाना होगा। ज़रा ठहरो बाबा पैसे लेकर अभी आयी मैंने कहा और भीगे कपड़ों के बावजूद तेज़ी से चल उन तक पहुँची उनका पर्स उठाया और पलट ली। पाँच मिनट भी न लगे होंगे पर वापस आयी तो बुज़ुर्ग मल्लाह वहाँ न थे। मैंने इधर-उधर ताका ताक़त भर दौड़ लगाई लोगों से पूछा पर वे न मिले। मेरा कुर्ता-सलवार पूरी तरह भीगा न होता बहुत से लोग समुद्र में इतना आगे तक जाने के लिए मुझे बधाई न दे रहे होते तो मैं मान लेती सपना देखा था कि समन्दर में मैं उतरी ही न थी। लग रहा था आनन्द के सिवा तट पर मौजूद हर बन्दे ने मुझे सागर में थिरकते देखा था। सब एकमत थे कि मुझे कमरे में जाकर कपड़े बदल डालने चाहिए और गरम क़हवा पीना चाहिए। मैं कमरे में पहुँची। नाचते-नाचते आशु गले आ लगा। “हमने देखा ममी तुम्हें पानी पर चलते देखा। तुम पानी पर चल सकती हो! वाह ममी!” हरिचरण ने कहा, “हाँ, हमने देखा।”

तब वह अचानक ग़ायब कैसे हो गया। अच्छा हुआ। पैसे दे कर उसे छोटा बनाती ख़ुद बनती। इसीलिए उसे साथ लेकर आनन्द के पास न गयी थी। कहीं वे मोल-भाव न करने लगें। वैसे नायाब पल दो बार जिये मैंने। पहले सोनमर्ग में जी चुकी थी। दो मर्तबा बहिश्त कितनों को नसीब होता है। ऐसे कितने नायाब इन्सान होंगे धरती पर जो न औरत हों न मर्द बस हों। ऐसे इन्सान मिले मुझे डॉ. पटवर्धन, हरिचरण, देवदूत-सा मल्लाह तभी न नायाब औरतों की कहानी में चले आ रहे हैं। पूरे हक़ से। और भी आयेंगे अभी...

यहाँ राँची प्रवास का ज़िक्र ज़रूरी लग रहा है। आनन्द एक कॉन्फ्रेंस में गये तो मैं साथ लग ली। पास बसा नेत्रहाट देखने को मन आकुल था। राँची में बढ़िया होटल में ठहरे। मज़ा आ रहा था पर दाल में कंकड़ न हो तो दावत कैसी?

कॉन्फ्रेंस का प्रबन्धक हद दर्जे का स्त्रीद्वेषी था। जब देखो औरतों की बुराई करता रहता। उस जम्हूरे में मैं अकेली औरत थी। उसकी बातें अनसुनी कर शहर घूम-घाम मस्त रहती। रविवार को कॉन्फ्रेंस से आज़ादी मिली तो नेत्रहाट हो आये। मन गा उठा। उस स्त्रीद्वेषी के दुर्वचन कौन याद रखता। आनन्द आते ही सो गये; मैं आदतन किताब के पन्ने पलट रही थी कि घण्टी बजी। दरवाज़े की साँकल खोल जाली के दरवाज़े से बाहर झाँका। दुःस्वप्न की मानिन्द वही महाशय नमूदार हुए! सर्द स्वर में पूछा, "कहिए?"

"आपको मेरे साथ 203 में चलना होगा प्लीज़।" प्लीज़ उन्होंने बाद में जोड़ा।

"क्यों?" मेरा स्वर और सर्द हुआ।

"वहाँ जो जवान आदमी रहता है तेज़ बुख़ार में तप रहा है। आप चल कर देख लेतीं तो..."

"आप हैं न मैं क्यों जाऊँ?"

"यहाँ आप अकेली औरत हैं। इस वक़्त उसे औरत की ज़रूरत है। आप कुछ दवा या एहतियात बतला दें। हमदर्दी के दो शब्द कह दें तो हम आपके मशविरे को अंजाम दे लेंगे।"

"औरत हूँ इसलिए?"

"जी हम जाहिलों के बजाय इस वक़्त उसे समझदार हमदर्द की दरकार है जो एक औरत ही हो सकती है। प्लीज़ उसकी जान बचा लीजिए प्लीज़... काइंडली..." शालीनता से बात करना उसे काफ़ी भारी पड़ रहा होगा। ब्लडी मिसेंथ्रोप! पर वह कहने का वक़्त न था...

"कमरे में फ्रिज है?" मैंने पूछा।

"जी।"

"उसमें से बर्फ़ निकाल कर रखिए मैं आती हूँ।"

उन दिनों थैली आती थी जिसमें बर्फ़ भर तेज़ बुख़ार में माथे पर रखते थे। मैं हर यात्रा में आम दवाइयाँ और थैली ले जाती थी। कमरे में पहुँची तो चहलक़दमी करते स्त्रीद्वेषी साहब के पसीने छूट रहे थे। मैंने बर्फ़ उठाई जो उन्होंने शराब की साथिन बाल्टी में भर रखी थी। थैली में ठूँस मरीज़ के माथे पर रख पूछा, "बुख़ार कितना है?"

"104।" चलो जाहिल ने बुख़ार जाँच रखा था। आनन्द के बस का वह भी न होता। क्या दिया पूछने पर कहा आपका इन्तज़ार था। मैंने क्रोसिन की गोली खिलाई और दुर्जन से कहा, "गुस्लख़ाने से पानी और तौलिए लेकर इनके पूरे बदन पर स्पंज कीजिए।"

"मैं?"

"तो क्या मैं! याद रखें मैं औरत हूँ। तब तक आपकी तरफ़ पीठ करके चाय बनाती हूँ। रूम सर्विस देर लगायेगा।"

तीन कप चाय बनायी। एक मरीज़ को दी एक अपने लिए रखी एक दुर्जन को थमाई कि आप भी पी लें घबराहट कम हो जायेगी। शराब क़तई न पियें अभी जगे रहना है। दो घण्टे बाद बुख़ार चैक करके फ़ोन पर मुझे बतलाना है। मैं चाय पी कर जा रही हूँ। जब तक उन्होंने दो घूँट भरे मेरी चाय ख़त्म हो गयी। "क्रोसिन और बर्फ़ की थैली छोड़े जा रही हूँ। सुबह लौटा जाइएगा डॉक्टर बुला लीजिएगा। सुबह पिए न होगा। बाय।"

मैं लौट आयी। रास्ते में हँसना शुरू किया तो कमरे में पहुँच हँसती गयी। शेर का मेमना रूप बेहद ख़ुशनुमा था। आनन्द आराम से सो रहे थे। उन्हें जगाना व्यर्थ था इसलिए अकेले मज़े लेती रही। दो घण्टे बाद मालूम हो गया बुख़ार 101 था। चैन की नींद सोयी। सुबह बर्फ़ की थैली वापस मिल गयी डॉक्टर ने दवा तजवीज़ कर दी और अगले दो दिन दुर्जन की बोलती बन्द रही।

यात्रा प्रसंग काफ़ी हुए।

अब दिल्ली लौट चलें? बीबियों के बाद पिताजी हेम भाभी से सबसे ज़्यादा स्नेह करते थे। कमउम्र में हुई मृत्यु से छह बरस पहले हेम भाभी की तीसरी औलाद हो गयी। उसके जन्म से पहले ठसके से उन्होंने कहा था, "देख लेना इस बार लड़की होगी और हम शानदार पार्टी देंगे।"

ससुर जी ने कहा था, "लोग हँसेंगे तुम पर।"

"आप भी हँसेंगे," मैंने पूछा था। उनका बेबाक जवाब था, "बिल्कुल।" भाभी और मैंने एक सुर में कहा, "लड़की के बिना घर में रौनक़ नहीं होती भूतों का डेरा बना रहता है।"

"और बाद में जो बेरौनकी होती है शादी के लिए दर-दर भटकना पड़ता है?"

"लड़के की शादी नहीं करते क्या?" मैंने तमक कर कहा पर भाभी चुप रहीं।

"दहेज लड़की वालों को देना पड़ता है लड़के वालों को नहीं," पिताजी ने कहा।

"आपने तो माँगा नहीं," उन्हें ख़ुश करने की नीयत से कहा। पर भाभी बोलीं, "लाला ने माँगने न दिया। तीस साल पार किये ख़ुदमुख़्तार बेटे की सुननी पड़ी। यह तो लड़की की क़िस्मत पर है कैसे लोग टकरायें और..."

"...शक्ल सूरत पर।" जुमला पिताजी ने पूरा किया। मैं शर्म से गड़ गयी। पर कह गयी, "पिताजी, आप इतनी किताबें पढ़ते हैं आप तो न कहिए। सीरत भी मायने रखती है न।"

"ज़रूर रखती है पर मानने वाला परिवार मिले तब न।"

हेम भाभी के ठसके को भगवान ने ख़ारिज कर दिया। तीसरा भी बेटा हुआ। मेरे गर्भ के समय भी उन्होंने और मैंने बेटी की कामना की पर मेरे भी दो बेटे हुए।

भाभी मुझे ही लाड़ किये गयीं मेरे बेटों को भी कम न किया।

पता नहीं उस लाड़ का कुछ हिस्सा वे शुभ को क्यों न दे पायीं? शुभ मेरी हमउम्र थी। हमारे बीच दोस्ती न पनपी क्योंकि हमारा साथ रहना ही कम हुआ और वे कुछ चुप्पे क़िस्म की थीं। पर सम्बन्ध ठीक-ठाक थे। वे भी बुआओं की तरह घर के कामकाज में निपुण ही नहीं तुनकमिज़ाज थीं। खाना बनाने से लेकर क़सीदे तक में सिद्धहस्त। स्वेटर कमाल बुनती थीं। यानी हाथ के हर काम में आला थीं ऊपर से लेडी इर्विन कॉलेज की ट्रेनिंग। सोने पर सुहागा। बौद्धिक भी थीं, जीवन की समझ रखती थीं। किताबों की शौक़ीन थीं अपने पिता की तरह नहीं पर पढ़ती काफ़ी थीं।

वाक़ई शुभ कितनी प्रबल, स्वाभिमानी और निर्भीक थीं एक-दो साल बाद पता चला। आप समझ सकते हैं कि दो बुआ, माँ और एक बेमुरव्वत भाभी के घर पर रहते हर ज़बान पर क्या चर्चा होगी? शुभ के लिए वर ढूँढ़ने की। मुझे अटपटा लगता क्योंकि हमारे घर में शादी चर्चा का मुद्दा बना न था। बुरा भी लगता जब वर पक्ष की तरफ़ से रिश्ते के लिए "ना" आने पर खुलेआम सब उनके ख़ूबसूरत न होने पर रूखी टिप्पणी करते।

फिर शुभ को भयानक टाइफ़ायड हुआ। नाउम्मीदी के बीच किसी तरह जान बची। बुआजी के साथ आनन्द ने बहुत सेवा की। मैं पहली बार गर्भवती हुई थी इसलिए अपने पिताजी के इसरार पर वहाँ से हट मैके बाबर रोड आ गयी। त्रासदी यह हुई कि शुभ के घने-लम्बे-काले बाल जड़ से उखड़ गये। उनकी चोटी गूँथ बुआजी ने सहेज कर रख दिये। इस चोट से वे अवसन्न हो गयीं। यूँ भी स्वस्थ होने में महीनों लग गये। तब बच्चों के बालों की तरह हल्के रोयें आने शुरू हुए। बुआजी तरह-तरह के तेलों से सिर पर मालिश करतीं। तब मुझे उन पर बेहद श्रद्धा हुई। आहिस्ता-आहिस्ता बाल उगने शुरू हुए।

ढंग की लम्बाई पाते उससे पहले शादी की चर्चा शुरू हो गयी। ऐसी निर्ममता की कथा शरच्चन्द्र की कहानी में पढ़ चुकी थी। घर में घटता देख मैंने कई बार कहा रुक जाइए बाल तो आ जाने दीजिए पर फ़र्क़ न पड़ा। वे सिर पर स्कार्फ बाँधे रखतीं। बाद में कई कैंसर मरीज़ों को वैसा किये देखा। यक़ीनन उनके रिश्ते की कोई बात न चलाता होगा। यह जानते हुए कि "न" कहने वाले वर पक्ष के सामने पेश होने में उन्हें कितनी ज़िल्लत सहनी होगी कसाई की तरह वे उस वीभत्स दृश्य को दुहराते रहे।

तब तक मेरा वहाँ कोई रुतबा न बना था। कुछ बरस बीत जाने पर अन्याय का विरोध करने लायक़ हो गयी थी। इस अपराध बोध से कभी मुक्त न हूँगी कि मैंने कोई ठोस क़दम न उठाया। शुभ काफ़ी अच्छे अंकों से बी.ए. में पास हो गयीं शादी की कोशिश में ज़बरदस्त ज्वार आ गया। मैं कह सकती थी उन्हें अपने घर ले जा रही हूँ कुछ महीनों बाद जब पूरी तरह स्वस्थ हो जायेंगी और बाल आ जायेंगे वर की तलाश मैं और आनन्द कर लेंगे। या फिर... क्या? मैं जिस धुर क़स्बे में रहती थी वहाँ न नौकरी पा सकती थीं न आगे पढ़ाई कर सकती थीं। पर और शहर तो थे... दिल्ली कॉलेज में हॉस्टल था... पर इतना तर्क मैंने नहीं किया। आनन्द को लिखा उसे रोकें पर उन्होंने कुछ न किया। मैं कायर की तरह पलायन करती रही।

उनकी ख़ुशी में किसी को दिलचस्पी न थी ससुराल भेज फ़र्ज़ अदायगी कर रहे थे। मेरी समझ में कभी न आया कि जो आदमी विधवा बहनों को इतनी इज़्ज़त देता था बेटी से ऐसी बेरुखी कैसे बरत सकता था? और हेम भाभी जो बेटी के लिए कलपती थीं! क्या इस यक़ीन पर कि वह उनकी तरह ख़ूबसूरत होगी? या कभी बीमार न पड़ेगी? उसके साथ कोई हादसा न होगा?

कुछ दिनों बाद मैं डालमियानगर चली गयी। कुछ महीनों बाद भाभी का ख़त आया कि शुभ का रिश्ता तय हो गया। उसके बाद पिताजी ने आनन्द को लिखा कि सौभाग्य से लड़के की अच्छी नौकरी थी और परिवार छोटा और ख़ुशहाल था। इससे ज़्यादा उन्होंने बेटी के लिए चाहा न था!

फिर परिवार में भूचाल आ गया! पिताजी और भाभी के साथ ख़त आये कि शुभ ने लड़के से बात करके सगाई तोड़ दी है। 1965 की बात है। साधारण मध्यवर्गीय परिवार की साधारण लड़की का सगाई तोड़ने के बारे में सोचना भी अकल्पनीय था। हमें फ़ौरन दिल्ली तलब किया गया कि शुभ को समझायें। हम पहुँचे। शुभ पर भरपूर दबाव डाला जा रहा था कि लड़के से जो कहा है उसके

लिए माफ़ी माँग चुपचाप शादी कर ले। लड़के ने पिताजी से कहा था वह नहीं जानता शुभ किस बात से नाराज़ थी पर वह शादी के लिए तैयार था। पर वे अडिग थीं। पिताजी वहाँ जायें उनका गहना-कपड़ा वापस करके बाक़ायदा सगाई तोड़ दें। पिताजी या किसी और ने यह जानने की कोशिश न की कि हुआ क्या था? जब पहले स्वीकृति दे दी थी तो ऐसा क़दम क्यों उठाया। सकुचाते हुए मैंने शुभ से पूछा कि क्या लड़के ने कोई बदतमीज़ी की थी? हाँ कह वे चुप हो गयीं मैं भी चुप रही। पर मैंने और आनन्द ने पिताजी से कहा कि वे शादी नहीं करना चाहतीं तो सगाई तोड़नी होगी।

पिताजी का दो टूक जवाब था, "तो कुँआरी रहे। मैं बार-बार रिश्ता ढूँढ़ने नहीं जा सकता।" मेरे आपत्ति करने से पहले शुभ आयीं और दृढ़ स्वर में बोलीं, "मैं शादी करना ही नहीं चाहती। आप मुझे बड़ौदा भेज दें वहाँ एम.एस. (होम साइंस) में दाख़िला मिल रहा है वज़ीफ़ा भी। मैं पढ़ूँगी और बाद में वहीं नौकरी कर लूँगी।"

पिताजी कुछ देर भौचक रहे। चुप्पी का फ़ायदा उठा भाभी बोलीं, "हॉस्टल का कौन कम ख़र्चा होगा। वह कौन देगा।"

"मैं दूँगी," तपाक से मेरे मुँह से निकला शुभ जैसे दृढ़ स्वर में।

पिताजी कुछ देर चुप रहे फिर सधे स्वर में बोले, "ठीक है मैं सगाई तोड़ आता हूँ।" फिर ठहाका लगा कर जोड़ा, "किसी को हॉस्टल का ख़र्चा देने की ज़रूरत नहीं है। गणित कहता है जो पैसा लड़की की शादी के लिए बचा रखा हो उस पर उसी का हक़ है। शुभ वह पैसा कल ही तुम्हारे हवाले कर देंगे। जो चाहो करो," कह पिताजी ने राहत की साँस ली। जैसे शादी समेत सब जंजाल से छूट प्रसन्न हों। उनकी फ़ितरत में ग़ुस्सा था ही नहीं निस्संग रह हर चीज़ को प्रहसन की तरह लेना था।

यह शुभ के संयत स्वर की जीत थी कि हम लोग ग़ुस्सा आवेश छोड़ संयत हो गये। भाभीजी और हेम भाभी न हुईं। भाभीजी ताउम्र पिताजी के इसी निस्संग और मज़ाक़िया रूप से परेशान रही थीं। देर तक धाराप्रवाह भुनभुनाती रहीं... बस हो गया न कुछ पूछना न ताछना एक ने कह दिया दूसरा करने चल दिया हमारी कोई औक़ात ही नहीं है एक यह बहूजी हैं कह रही हैं मैं दूँगी क्यों भला तुमसे माँगा किसी ने और तू शुभ बतला तो सही हुआ क्या था जैसे तेरे

पिताजी वैसी तू दोनों अव्वल नम्बर के चुप्पे हैं अरे हमें जानने का हक़ है कि नहीं कि ऐसा हुआ क्या था...

हेम भाभी ने ज़िन्दगी में पहली बार उनकी हाँ-में-हाँ मिलाकर उचारा, "हाँ बतलाओ तो हुआ क्या? राजकुमारी की इज़्ज़त में क्या नाफ़रमानी कर दी अच्छे-भले लड़के ने।"

"प्लीज़ भाभी..." मैंने टोका पर तभी लीलावती बुआजी आ गयीं।

"बहुत हुआ। काम से लगो," उन्होंने सख़्त आवाज़ में कहा कि सबको साँप सूँघ गया। मेरी समझ में आया पिताजी अपनी बहन की इतनी इज़्ज़त क्यों करते थे।

शायद मेरे तपाक से "मैं दूँगी" कहने से शुभ ने आश्वस्त महसूस किया होगा क्योंकि उसके बाद हमारे बीच आपसी बातचीत का सिलसिला चल पड़ा। रफ़्ता-रफ़्ता कई तरह की बातें हो चुकने पर एक दिन उन्होंने ख़ुद बतलाया कि लड़के ने उनसे क्या कहा था। कहते हुए उनका संयत स्वर ज़रा काँपा, "कहा था हालाँकि तुम काली हो पर मैंने शादी से एतराज़ न किया क्योंकि मैं दूसरे गुणों की क़द्र करना जानता हूँ। तुमने बी.एससी. में ऊँचे अंक पाये, घर के कामकाज में निपुण हो इसलिए मैं राज़ी हो गया..."

"पर मैं राज़ी नहीं हूँ," बीच में बात काट वे उठ गयी थीं, "मैं सगाई तोड़ रही हूँ।"

मुझे शुभ पर अपार गर्व हुआ। यह था असल स्वाभिमान। पिछले बरसों में रिश्ते के नाम पर कितने ज़ुल्म सहे याद कर मैं काँप उठी। शायद उन्हें बी.एससी. पास करने का इन्तज़ार था। एक वार में सब को निरस्त कर दिया वाक़ई इसे कहते हैं जिगरा! उस लड़के ने भले महज़ 'काली' कहा था, हम जानते हैं हमारे समाज में उसके निहितार्थ क्या हैं। इससे बड़ी कोई गाली नहीं है। बदसूरती का जीता जागता बयान है। जिस दिलेरी से शुभ ने कम शब्दों में उसे हैवान साबित कर दिया मेरी नज़र में उन्हें नायाब बना गया।

उसके बाद का वाक़या ख़ुशगवार रहा। शुभ बड़ौदा पलायन करतीं उससे पहले उपयुक्त जीवन साथी मिल गया। उनसे भी ज़्यादा स्वाभिमानी और ख़ुदमुख़्तार प्रेक्टिस में जमा वकील। नकचढ़ों और बुद्धिजीवियों के परिवार का वंशधर पर इतना आत्मविश्वासी और उसूलों का पक्का कि सब काम बिना परिवार से सलाह-मश्विरा किये करता। यहाँ तक कि शादी का जो कार्ड छपवाया पारम्परिक

माँ-बाप, दादा-दादी की तरफ़ से नहीं उनके यानी सतीश और शुभलता के नाम से था। कुछ थुक्का फ़जीहत हुई। हेम भाभी ने तमक कर कहा यह क्या तरीक़ा हुआ। उन्हें तो मैंने क़ाबू कर लिया। पर बाकियों को भस्म किया बुआजी ने। "तो तोड़ दें सगाई?" इतने पथरीले सुर में पूछा कि सब धराशायी हो गये।

शुभ की शादी की कुछ रोचक कारगुज़ारियाँ बतलाती चलूँ। मुँह का ज़ायका चटखारेदार हो जायेगा। सतीशजी के अनेक उसूलों में एक अंग्रेज़ों को मात देती वक़्त की पाबन्दी थी। काफ़ी मज़ाक़ बनता था। परिवार का चुलबुला बाशिन्दा उनकी नक़ल करके कहता, "हमारा तो ऐसा है जी दावत का वक़्त सात बजे देते हैं। कोई न आये तो साढ़े सात घर पर ताला मार बाहर निकल जाते हैं।" साढ़े सात तो शुभ के रहते मुमकिन न हुआ पर आठ के बाद उसके घट जाने के डर से मेहमान माक़ूल वक़्त पर पहुँच जाते। जब वे मेहमान हो कर आये तब की बानगी रखूँगी तो आप यक़ीनन हँस-हँस कर लोटपोट हो जायेंगे।

ख़रीदारी की ख़ातिर मैं शादी से कुछ पहले दिल्ली आ गयी। यहाँ की दुकानों पर घूमने का लालच था ख़ासकर जनपथ पर हर प्रदेश के नये खुले एम्पोरियम। मेरे साथ दस महीने का आशु था पर उसे हेम भाभी के ज़िम्मे छोड़ दिन भर भटक सकती थी। उसी दौरान इल्हाम हुआ कि क्यों न टाइफ़ायड के हादसे में उतरे और सहेज कर रखे शुभ के बालों का जूड़ा बनवा शादी के दिन उनका शृंगार ब्यूटी पार्लर में करवाऊँ। जैसे मेरा हुआ था। ठान ली तो ठान ली। समस्या यह थी कि घर पर किसी को बतलाया न जा सकता था; रिवायत थी कि सुबह कलावा बँधने के बाद भावी वधू घर से बाहर न जाती थी। मैंने पड़ोसिन को राज़दार बनाया। शाम तीन बजे घर वालों से कहा शुभ बराबर के घर में आराम कर रही हैं और मैं कुछ काम निबटा कर आ रही हूँ। और उन्हें टैक्सी में हनुमान रोड के ग्रोवर ब्यूटी क्लिनिक ले उड़ी। बारात सात बजे आनी थी। अव्वल बारात कभी वक़्त पर आती नहीं; आ भी गयी तो काम ख़त्म करके पाँच-साढ़े पाँच तक हम वापस पहुँचने वाले थे। पर क़िस्मत हमारा कड़ा इम्तिहान लेने पर उतारू थी। पहले ब्यूटी पार्लर में बिजली चली गयी तो साढ़े चार तक कार्यक्रम ठप्प रहा। शुभ ने शान्त स्वर में कहा ज़रूर कि सतीशजी वक़्त के बहुत पाबन्द थे। पर मैंने हँस कर बात उड़ा दी, "होंगे, अब तो बारात के साथ आयेंगे! बारात रुक-रुक कर ही चलेगी।" फिर ब्यूटीशियन ने हमें टालने की भरसक कोशिश की कि नक़ली बालों से सेटिंग करने में वक़्त और पैसे दुगने लगेंगे। मैंने कहा नक़ली नहीं इनके अपने बाल हैं और रक़म जो चाहो ले लेना।

तब अचरज और लालच से धक वह नरम पड़ी। पर वक़्त तो लगना था सो लगा। साढ़े पाँच बज गये। कोई बात नहीं मैंने शुभ से कहा टैक्सी लेकर आधे घण्टे में घर पहुँच जायेंगे। उनके फ़ोन से टैक्सी बुलाने की कोशिश की तो नम्बर ख़राब निकला। सोचा समय बर्बाद न कर सड़क से पकड़ लें। बाहर निकले तो दूर-दूर तक टैक्सी नज़र न आयी। टैक्सी स्टैंड पहुँचे तो वहाँ भी नामोनिशां नहीं। हम एक-दूसरे को दिलासा देने लगे। यह कहने में ज़रा उज्र नहीं है कि मैं शुभ से ज़्यादा परेशान थी इसलिए बार-बार दुहरा रही थी; अभी मिल जायेगी; अभी पहुँच जायेंगे। मेरे बेकार के दिलासों पर वे चुप थीं। सड़क पर भटकते छह बज गये। तब जाकर दूर से एक टैक्सी आती दिखी। सरदार जी चला रहे थे। मैंने ज़ोर से गुहार लगाई, "सरदार जी, सरदार जी, रुकिये प्लीज़ गुरुजी दा वास्ता, रुकिये!" कह मैं रो दी। सरदार जी रुक गये; अचरज से हमें देखा, कहा दसियो जी की हुआ। टैक्सी पूरी रुकी न थी कि पीछे का दरवाज़ा दोनों तरफ़ से खोल हम भीतर दाख़िल हो गये। "पूसा रोड, जल्दी सरदार जी एक घण्टे में इनकी शादी है।" सरदार जी ने शुभ के कलावों पर नज़र डाली ज़ोर से उचारा, "वाहे गुरुजी दा खालसा, वाहे गुरुजी दी फतह" और टैक्सी यूँ आगे झोंकी जैसे बवंडर हो। पन्द्रह मिनट में पूसा रोड पहुँचा दिया। बिला मीटर देखे काफ़ी रुपये पकड़ाये तो कुछ लौटाते हुए बोले, "टैक्सी दी स्ट्राइक..." पर मैं अन्दर भाग ली थी। हमारा राज़ खुल चुका था। किसी तरह लोगों के सवाल टाल शुभ को साड़ी-गहने पहनाने शुरू किये कि आनन्द की मौसीजी आ पहुँचीं।

वे बुआजियों से भी पहुँची हुई शै थीं। सब उन्हें हैड ऑफ़िस पुकारते थे। खाने-पीने की बात होती तो सवाल किया जाता, "हैड ऑफ़िस ने खा लिया?" आते ही बोलीं, "बहू, तुझे आरता करना है तैयार हो जा। लड़की से पहले तू जायेगी बारात के सामने।" "लड़की बस तैयार है।" मैंने कहा कि किसी ने आकर सूचना दी लड़का बिना बारात नुक्कड़ तक आ पहुँचा। शुभ को उसके हाल छोड़ दूसरी साड़ी लपेटी। मौसीजी ने गले में मोती का हार डाल दिया। आरते का थाल थमाया और कहा, "लाज तेरे हाथ है। बखत लगा कर आरता कीजियो। लड़की को टीका और नथ पहनानी बाक़ी है।"

भगवान के हर अवतार का नाम जपते अकेले आये दूल्हे का टीका किया इतने धीमे जैसे फ़ालिज की मारी हूँ। फिर आरते के थाल में सब कुछ होते हुए काफ़ी देर इधर-उधर ढूँढ़ा। दूल्हा बेहद अनमना हो चला था। मेरी देह के पार

झाँका-झूँकी कर रहा था। चेहरे पर ज़रा मुस्कराहट न थी। मुझे लगा यह न कह दे इतनी देर क्यों लगा रही हैं या मुझे धकेल आगे न बढ़ जाये।

"लड़की को लाओ लड़की को लाओ," मैंने चिल्ला कर कहा। मौसीजी के साथ और जन भी चिल्लाये और जय कृष्ण कन्हैया शुभ दरवाज़े पर थी। बारात का अता-पता न था। मौसी जी ने नकचढ़ी आवाज़ में कहा, "बारात तो आने दीजिए दामाद जी आपके बाऊजी..."

"सब लेट लतीफ़ हैं। वक़्त की ज़रा जो क़द्र हो। कब से कह रहा हूँ पर कोई असर नहीं। आ रहे होंगे ख़रामा-ख़रामा। मैं पहुँच गया न समय से और क्या चाहिए। काम चालू रखिए।"

बिना बारात दूल्हे की जयमाल सम्पन्न हुई। मैं निढाल सोफ़े पर ढह गयी। अब दूल्हे को सहेजना सत्कार करना मर्दों के हाथों में था। घर की औरतों के रुके सवाल झड़ी की तरह बरस रहे थे पर मैंने सब का जवाब टुकुर-टुकुर देख कर दिया। फिर हेम भाभी से गुहार लगाई मुझे बचाइए! उन्होंने औरतों को फटकारा, "रानी जी थक गयी हैं। आराम करने दो। बाद में पूछ लेना।" औरतें आपस में गप्पियाने लगीं। जितने मुँह उतनी बातें। पर एक बात सभी ने कही, "जो कहो शकल निकाल दी बहू ने लड़की की।" मैं ख़ुश हुई।

निहाल तब हुई जब मौसीजी ने वही शब्द कहे ज़्यादा ठसके के साथ। मौसी जी कम उम्र में विधवा हो गयी थीं पर रहतीं बेटे-बेटी के साथ ससुराल में थीं। यूँ भाभीजी से छोटी थीं पर आन-बान-शान में बड़ी की पदवी पर आसीन थीं। जब आतीं पूरा परिवार हाथ बाँधे खड़ा रहता। ज़बान की कड़ुवी थीं जो मन में आता कह देतीं। उनके बारे में तरह-तरह की किंवदन्तियाँ मशहूर थीं; घण्टों सूर्य नमस्कार कर सकती थीं अपनी अनेक बीमारियों का इलाज योगाभ्यास की जटिल क्रीड़ाओं से कर लिया था। जैसे धोती से अस्थमा, योगासन से गठिया। मैंने उन्हें कभी सेहतमन्द देखा न था न कभी योगाभ्यास करते। हाँ यह ज़रूर देखा कि पूरे परिवार से कुछ मनवाना हो तो मौसीजी का मान लेना काफ़ी था। काफ़ी बाद में उसका यादगार अनुभव हुआ।

अभी तो शुभ और मेरे घर से ग़ायब होने का मसला तूल पकड़े था। ज़ाहिर है मौसीजी बहुत कुछ जानना चाहती थीं पर शुभ की विदाई तक ग़म खाये रहीं। जैसे उन्होंने मुझे आरते के लिए तैयार करवाया था उससे ज़ाहिर था कि मौक़ा-माहौल देख बात छेड़ेंगी। दूल्हे के अकेले पधारने से भी हकबका गयी थीं।

उन पर उनका रुआब तनिक जो चला हो। पर विदाई होने की देर थी सीधा मुझ पर सवाल दाग़ा, “कहाँ ले गयी थीं कलावा बँधी लड़की को?”

मैंने तय किया झूठ बोलने का औचित्य था नहीं। तपाक से कहा, “ब्यूटी पार्लर शृंगार करवाने। मौसीजी आपको पता है उनकी केश सज्जा उन्हीं बालों से हुई जो टाइफ़ायड में गिर गये थे और बुआजी ने सँभाल कर रखे थे।”

“वह जो इतना बड़ा जूड़ा था सिर पर उसके अपने बालों का था?”

“जी।”

“कमाल है। और पूरी जैसा फूला कैसे था?”

मुझे ठिठोली सूझी संजीदा आवाज़ में कहा, “हवा भरते हैं।”

“हैं?” वे मेरे नज़दीक खिसक आयीं फुसफुसा कर पूछा, “यह बतला कौन भरता है आदमी या औरत?”

“आदमी। सुन्दर जवान आदमी।”

उन्होंने हथेली मुँह पर रखी और कहा, “तब तो बहुत मज़ा आता होगा। तूने भी करवाये न।” उस वक़्त वे यकबयक जवान लग उठीं।

“जी।” मैंने सकुचा कर कहा पर मन हुलस गया कि ऊपर से जितनी कड़क हों मन से रसिक थीं। मैंने गुस्ताख़ी कर डाली कहा, “एक दिन आप भी चलिए न।” उन्होंने मुझे मारने को हाथ उठाया पर मज़े से हँस कर बोलीं, “मुझसे मज़ाक़ ना करियो कहे देती हूँ।”

“आप शुभ को बाहर ले जाने के लिए नाराज़ हैं मुझसे?”

उन्होंने क्षण भर मुझे देखा फिर बोलीं, “नहीं रे, काम कितना भी ग़लत किया पर लड़की की सूरत निखार दी तूने। तेरी तो तारीफ़ करनी चाहिए नाराज़ क्यों हूँगी। पर...” वे वापस कड़की पर आयीं, “उसका बन्ना किस क़िस्म का आदमी है। लोक लिहाज़ है कि नहीं! बड़े-बुज़ुर्गों को छोड़ अकेला जयमाल करवाने चला आया।”

“पर शुभ को खुश रखेगा आप इतमीनान रखें।”

उन्होंने मुझे घूरा फटकारने के बजाय हँसीं और बोलीं, “अपनी बेटी खुश रहे। हमें उसके बुज़ुर्गों से क्या। आप निबटते रहेंगे।”

मेरी समझ में आ रहा था कि मेरे धाकड़पने ने उन्हें मुतास्सिर किया है। तब तक शायद ही किसी ने बिला डरे उनसे सच बोल अपनी बात बेधड़क रखी थी। अगले दिन शुभ फेरा डालने आयी। भाभी की नेतागिरी में तमाम औरतें एक

सुर में अलापने लगीं देखें क्या मिला लड़की को ससुराल से। बक्सा खोलो न शुभलता। मुझे और शुभ को बहुत नागवार गुज़रा। हम दोनों प्राइवेसी पसन्द थीं। मैंने हँस कर पर सख़्त लहजे में कहा, "लड़की पहली बार ससुराल से मैके आयी है। उसका हालचाल पूछने के बजाय आप सामान देखने को उतावली हो रही हैं!"

भाभी ने तुनक कर हाथ समेट लिया बोलीं, "रहने दो हमारी रानीजी नाराज़ हो गयीं" और दूर जा बैठीं। वे उठ गयीं तो बक्सा छूने की किसी और की हिम्मत न हुई। शुभ ने मेरा हाथ दबा कर कहा, "आप ही इस जूड़े को सँभालो। इतने पिन ठुँसे हैं दो-चार निकालने के बाद मैंने हाथ हटा लिया।"

"दामादजी से निकलवा लेतीं," भाभी ने कटाक्ष किया।

"कह रहे थे पर मैंने सोचा जिसने दर्द दिया है वही दवा करे।"

सारी औरतें आसपास सिमट आयीं। मैं जुड़े से एक-एक कर पिन निकालने लगी। कुछ देर में नक़ली-असली बाल सिर के बालों से अलग दिखने लगेंगे। शुभ को ठीक अन्दाज़ न होगा उसकी शक्ल-सूरत में क्या तब्दीली आने को थी। मौसीजी सारी कार्यवाही और मेरा बुझा चेहरा ग़ौर से आँक रही थीं। मेरा हाथ पकड़ रोक दिया बोलीं, "क्या अपशुकनी कर रही हो बहू! सबके सामने नववधू के बाल खोलते हैं! भीतर ले जाओ अकेले में खोल चोटी गूँथ देना।" मैं हड़बड़ा कर उठी और शुभ के साथ कमरे में बन्द हो गयी।

"क्या भाभी कभी तो पता चलना है।"

"तो? आपके अपने बाल हैं बाज़ार से मोल नहीं लिए।" मैंने पिन निकाले सिर के नये-पुराने बाल सुलझाये और उन्हें जोड़ लम्बी मोटी चोटी गूँथ दी। बरसों बाद शादी पर जमा हुई औरतों ने नये उगे बाल देखे न थे। बुआजी और मौसीजी अंट-संट कहने वाली थीं नहीं। डर था तो हेम भाभी का पर यक़ीन था शुभ को कितना भी नापसन्द करें मुझसे स्नेह की वजह से रंजिश न चाहेंगी।

शुभ से कहा, "सतीशजी आपको छोटे बालों में देख चुके हैं। उन्हीं में आपको पसन्द किया था। वापस जाकर दिखला देना ये मेरे टाइफ़ायड में उतरे बाल हैं। इन्हें मिला कर मृदुला भाभी ने जूड़ा-चोटी बना दी कि आप जान लें मैंने तब क्या कुछ खोया था। ख़ासे अहंकारी आदमी हैं। बड़प्पन बनाये रखने को कहेंगे मुझे क्यों बतला रही हो तुम्हारा निजी मसला है।" वे आश्वस्त नहीं थीं पर सतीशजी ने वाक़ई कोई उल्टी-सुलटी बात न की।

बाद के दिनों में मुझ पर तो कटाक्ष करते रहे; नौकर से खाना बनवाने पर, बच्चों को अनुशासन में रख भलामानुस बनाने पर, पति से चिपके रहने पर,

आम इस्तेमाल की चीज़ों की सही क़ीमतें जानने की कोशिश न करने पर वग़ैरह वग़ैरह... पर शुभ पर नहीं। उनके आपसी टकराव के विषय थे किस शादीशुदा जोड़े के नहीं होते। पर वे दुनियादारी को लेकर थे सूरत-सीरत पर वे व्यंग नहीं करते थे।

ख़ैर, उस दिन मौसीजी की दबंग शख़्सियत में छिपा रसीला और संवेदनशील रूप सामने आया। धीरे-धीरे मुझे यक़ीन हो गया कि मुझ पर अतिरिक्त रूप से मेहरबान थीं। दस बरस कई छोटे क़स्बों में रह 1974 में मैं दिल्ली वापस आ गयी। 1972 में लेखन शुरू किया। 1975 में पहला उपन्यास छपा। रेडियो के अलावा नये शुरू हुए टी.वी. पर भी बुलाई जाने लगी। एक दिन जब मौसीजी ने सिर न ढकने पर किसी को टोका और उसने कहा, "मृदुला भाभी भी तो सिर उघाड़े रहती हैं।" मौसीजी ने कड़क कर कहा, "उसकी बात फ़र्क़ है, वह टी.वी. पर आती है।" करनाल बैठे देख लिया था। छोटे शहरों की गृहिणियाँ तब टी.वी. का अकेला चैनल दूरदर्शन ज़्यादा देखती थीं। मौसीजी गृहिणी कम घरेलू तानाशाह ज़्यादा थीं उन्हें देखने से कौन रोकता! मैं टी.वी. पसन्द नहीं करती थी न ज़्यादा देखती थी। पर मौसीजी के सन्दर्भ में उसका मूल्य समझ में आया इतनी बेकार चीज़ न थी!

हम जानते हैं बुज़ुर्ग की मृत्यु से ज़्यादा परम्परावादी कोई मौक़ा नहीं होता। तो जब 1982 में ससुरजी का निधन हुआ तो वह-वह कर्मकाण्ड देखे, जैन होने के नाते जिनकी कल्पना न की थी। तेरहवीं तो पारम्परिक तरीक़े से सम्पन्न होती ही उससे पहले बीबीजीओं के आदेश पर भाभीजी ने 13 दिन में पूरी भागवत पढ़ने का व्रत ले लिया। जब पढ़ने पर आये तो सबके पसीने छूट गये।

बारी-बारी से औरतें भागवत के अंश पढ़ रही थीं। पर ज़्यादा देर कोई पढ़ न पाता। वाचन के दौरान बाक़ी औरतें चुप न बैठतीं। तीनेक दिन बाद मैंने पढ़ना शुरू किया। भागवत पहले पढ़ा न था पर सधी आवाज़ में पाठ करने का अभ्यास था। क़रीब एक घण्टा पढ़ा। फिर मेरी जगह ननद स्नेह आ बैठीं। उन्होंने पन्द्रह मिनट पढ़ा कि मौसीजी ने टोक दिया, "मृदुला को पढ़ने दे।" शान्ति बुआजी ने कहा, "थक गयी होगी..." तो मैंने कहा, "नहीं। मैं पूरा भागवत 13 दिन में अकेले पढ़ दूँगी। पर मेरी कुछ शर्तें हैं। पहली, जब पढूँगी, कोई आपस में बोलेगा नहीं।

दूसरी, बीच में कोई कुछ खाये-पियेगा नहीं। जब रुकूँगी तभी खानपान होगा। तीसरी, मैं गरुड़ पुराण नहीं सुनूँगी। शादी के वक़्त पिताजी ने कहा था मुझे अपना स्वधर्म नहीं बदलना पड़ेगा उसी के आधार पर कह रही हूँ।"

पल भर के लिए मेरी हिमाकत पर सन्न सब मुझे ताकते रहे फिर मौसीजी ने आदेश दिया, "मानी तेरी शर्तें। तू भागवत पाठ सम्पन्न कर दे।" अगले तेरह दिन सस्वर मैंने पूरा भागवत पढ़ दिया। मौसीजी के माध्यम से घटी अगली अभूतपूर्व घटना का काफ़ी श्रेय इस भागवत वाचन को जाता था।

मेरा क़यास था कि मैं उन्हें नवाचार के लिए मना सकती हूँ पर पुख़्तगी उस पाठ से हुई। ताकीद की गयी कि दाह-संस्कार कर जब मर्द लौटें तो करनाल से आये 20-25 जनों को पक्का खाना खिला कर विदा करना है। ज़ाहिर था खाना बहुओं को बनाना था। ऊपर से तब तक चूल्हा जलाया नहीं जा सकता था जब तक संस्कार सम्पन्न न हो जाये। यानी घण्टे भर में तुरत-फुरत ढेरों खाना बनना था। मेरे तो तोते उड़ गये। अचानक मेरे दिमाग़ में नायाब तरक़ीब आयी। पर उसके लिए मौसीजी को मनाना शेरनी के गले में घण्टी बाँधने जैसा था। डर-झिझक को परे धकेल अपनी सबसे मधुर आवाज़ में मौसीजी से कहा, "आप इजाज़त दें तो कुछ अलग करने की सोच रही थी।"

"क्या?" उन्होंने डपट कर कहा पर जिज्ञासा का सुर साफ़ सुनाई दिया तो छलाँग लगा दी। कहा, "क्यों न बाज़ार जाकर उम्दा-से-उम्दा सब क़िस्मों के फल ख़रीद लाऊँ। सलीक़े से छील-बिनार फलाहार की तश्तरियाँ सजाएँ और सबको फलाहार करवा करनाल रवाना करें। तब चूल्हा जलाना कल तक मुल्तवी रख सकेंगे। यात्रा करने वाले भी हल्का पर पौष्टिक खा कर निकलेंगे तो सुखी रहेंगे।" मैंने एक साँस में पूरी योजना बयान कर दी और साँस रोक प्रतिक्रिया का इन्तज़ार करने लगी। कुछ भारी पल बीते।

फिर मौसीजी ने गुरु गम्भीर स्वर में उचारा, "हाँ चली जा बाज़ार।" मैं सफल हुई। करनाल जाने वालों को लौटते ही चूल्हा न जलाने की ख़बर के साथ उम्दा फलाहार मिला तो किसी ने एतराज़ न किया। अब जल्दी निकल सकेंगे कह जीमने बैठ गये। मेरे साथ फल बीनारने-सजाने में जो बहुएँ लगी थीं मेरी पहल की तारीफ़ भले न की पर राहत की साँस ले काम में कोताही न की। बल्कि बुआजीओं को आदर्श मान पूरी कला और सफ़ाई लगा दी।

यूँ टी.वी. जमा भागवत वाचन के ज़रिये मैंने मौसीजी का भरोसा जीत लिया। करिश्माई घटा मौसीजी की नायाब शख़्सियत के ज़रिये।

जहाँ तक टी.वी. का सवाल था मैं उसकी ममनून ज़रूर हुई पर हमारा परिवार बस एक सीरियल "यह जो है ज़िन्दगी" देखता था। रविवार शाम आने वाली फ़िल्म सिर्फ़ घर पर काम करने वाली लड़की मधु देखती थी। टी.वी. सेट बेटों के कमरे में था इसलिए रविवार को दोस्तों को कमरे में नहीं बुलाते थे। उन दिनों हर रविवार सुबह महाभारत सीरियल भी आता था जिसे देखने पूरी दिल्ली घरों में समाई रहती। दुकानें या बन्द रहतीं या टी.वी. देखने के लिए जनता जमावड़ा लगाये रहती। दो-चार एपिसोड मैंने भी देखे पर चीख़ोपुकार बर्दाश्त न हुई सो आनन्द और मधु को टी.वी. के सामने छोड़ रसोई में केक बनाती। बच्चों की ख़ातिर कई तरह का खानपान बनाना सीखा।

जब हिन्दुस्तानियों ने पित्ज़ा पैनकेक का नाम भर सुना था, अमरीका से लौटे आनन्द के मुँह से उनका थियोरिटिकल बयान सुन मैं बिहार के छोटे क़स्बे डालमियानगर में दोनों बनाती थी। मैदा ताड़ी से सान कर उठाती बेस ख़ुद बनाती चीज़ कलकत्ते गये दोस्त से मँगवा फ्रिज में रखती; टमाटर की प्यूरी मिक्सी में बनाती और जो सब्ज़ी उपलब्ध होती शुरू में डाल देती। आलू के छोटे टुकड़े क्या उम्दा बेक होते। प्याज़, शिमला मिर्च, गोभी, सहजन की फली, गाजर जो बग़ीचे से मिलता पकने में लगते समय के अनुसार डालती जाती। चिली फ्लेक्स के बजाय, जिसका बखान मुँह में पानी भर आनन्द ने किया था मोटी कुटी लाल मिर्च। पूरी तरह शाकाहारी पित्ज़ा बनता। रोहतास इंडस्ट्री के मारवाड़ी मालिक इतने मुरीद हुए कि जब-तब सन्देश भेज देते पित्ज़ा खिलाएँगी न?

तभी मैंने कान पकड़े रोटी बनाना नहीं सीखूँगी वरना जने कौन-कौन फ़रमाइश करता पहुँच जायेगा। ससुरजी ने कहा भी, "तुम दुनिया भर की चीज़ें बनाती हो रोटी क्यों नहीं बना लेतीं। झंझट कम होगा। बिना बात डरती हो।" पता नहीं क्यों रोटी ठीक से बनानी आयी ही नहीं। चकला-बेलन देख रूह फ़ना हो जाती।

रोटी हर हाल घरेलू कर्मचारी हरिचरण बनाता। जब हम डालमियानगर में थे वह हमारे पास आया फिर बंगाल, बम्बई, कर्नाटक साथ गया। हर जगह की बोली उसे तुरन्त आ गयी। इसीलिए बिहार का होने के बावजूद खाँटी खड़ी बोली में बात करता। जो मैं बनाती झट सीख लेता। जब स्थानीय लेडीज़ क्लब के सदस्यों को कुछ सिखलाने के साथ चाय पर घर बुलाने की बारी आयी तो पैनकेक बनाना तय रहा। ख़ुशक़िस्मती से उसमें लाज़िमी तौर पर अण्डा डलता था

सो डर नहीं था कि लोकल मारवाड़ी खाने की फ़रमाइश करेंगे। एक बार मैंने तैयारी कर दी तो नुक्ता-दर-नुक्ता सिखलाया हरिचरण ने। मुझमें इतना धीरज न था। वह इतना अक़्लमन्द और औरतनुमा था कि कर्नाटक के क़स्बे में जब उसका एक मुसलमान लड़की से इश्क़ हुआ तब जाकर समझा यह तो भरा-पूरा मर्द है। वरना उसने तब तक छोटे बेटे अपु को ख़ुद को ममी कहना सिखला दिया था। उसे इतना प्यार करता था मैं हँस कर रह गयी थी।

जब मेरे यहाँ आया उम्र 18 बरस थी। गाँव से भाग कर आया था। बेहद अक़्लमन्द था। दिक़्क़त थी तो यह कि पढ़ नहीं पाता था। जिस महिला ने मेरे घर भेजा कहा चोरी करता था। पूछने पर क्या चोरी की, बतलाया अचार निकाल कर खा लेता था। मैंने कहा, लाख शुक्र है कोई अचार खाने वाला मिला। बीबियों के आतंक के बावजूद सास डिब्बे भर-भर अचार भेजती थीं। हम उतना खा न पाते। खाने वाला मिलने से ख़ुश हुए। उसके आते ही अचार का भरा मर्तबान उसे थमा दिया कि जितना चाहो खाओ। वह रो पड़ा। मैंने पूछा गाँव से भागे क्यों तो अजब दास्तान सुनाई। किसी के खेत से गाजर-मूली उखाड़ कर खा ली थी। चोरी हुई न? डर कर भाग आया। यह चोरी नहीं होती मैंने कहा तो बोला, "पेड़ से अमरूद, जामुन तोड़ना नहीं होती पर खेत में घुस खोद कर निकालना होती है।" तर्क मेरी समझ में न आया, कहा, "खेत वाले को पैसे दे देंगे चलो तुम्हें वापस पहुँचा देते हैं। तुम्हारे माँ-बाप चिन्ता कर रहे होंगे।" वह नहीं माना। बोला, "माँ-बाप स्कूल भेज देंगे। मैं पढ़ना नहीं चाहता, पढ़ ही नहीं सकता। आप मेरे पिता को चिट्ठी लिख दें।"

उस वक़्त मुझ बेवक़ूफ़ की समझ में नहीं आया कि उसे डिस्लेक्सिया होगा। हमें इतनी मेडिकल जानकारी न थी। मैंने उसे घर पर पढ़ाने की कोशिश की पर बेकार रही। पाक कला और बच्चे पालने में दक्ष होता वह हमारे घर का ज़रूरी और आत्मीय हिस्सा बन गया। अचार उसने विशेष खाया नहीं वह ज़रूरत से ज़्यादा बना रहा। उसकी क़ाबिलीयत को देखते हुए मैं उसे एक नायाब औरत मानती हूँ। आख़िर सिर्फ़ लिंग से कोई औरत-मर्द नहीं होता अन्य विशेषताएँ भी होती हैं। बुद्धिमानी में उसका सानी न था। जब आनन्द ने अन्ततः रोहतास इंडस्ट्रीज़ छोड़ी तो मालिक शान्तिप्रसाद जैन ने अपनी जगह दूसरा शख़्स तजवीज़ करने को कहा। उन्होंने बेझिझक हरिचरण का नाम लिया। वह कहाँ काम करता है,

उन्होंने पूछा तो जवाब मिला मेरे घर पर। श्रीयुत जैन ने बौखला कर कहा, "एक नौकर को आपकी जगह रखूँ!"

"नौकर तो सभी हैं। आप भी हैं बोर्ड ऑफ़ डायरेक्टर्स के। हरिचरण हम सबसे ज़्यादा बुद्धिमान है। मुझे लगा आप क़ाबिल आदमी चाहते हैं पर आप तो सिर्फ़ पद की भराई करना चाहते हैं।" आनन्द ने अपने दिल की भड़ास निकाल ली।

मैं आपको हरिचरण की अक़्लमन्दी के कई मनभावन क़िस्से सुनाती हूँ।

जब आशु दो साल का था उससे काँच का गिलास टूट गया। पैर में कुछ शिगाफ़ आया। ख़ूब सहला कर देखा ख़ून नहीं आ रहा था। हमने मर्क्यूक्रोम लगा दिया पर वह था कि रोये जा रहा था। समझ नहीं आ रहा था क्यों? अमूमन वह इतना रोंदू था नहीं। तभी हरिचरण सौदा-सुल्फ़ करके आया और बोला, "अन्दर काँच है," हमने कहा नहीं है। कहीं करक नहीं रहा हमने देख लिया। हमारे देखने पर उसकी आस्था न जमी। टॉर्च लाया और शिगाफ़ पर चमकाई। अन्दर रोशनी का अक्स दीखा। सबने देखा। हम उसे ले डॉक्टर के पास भागे। वाक़ई भीतर काँच की कनी थी। उसकी वजह से ख़ून बाहर नहीं आ रहा था। डॉक्टर ने महीन ट्वीज़र से निकाला। आशु तब तक पूरी कहानी बयान कर चुका था। सुन कर क़स्बे में कड़ुवी ज़बान के लिए मशहूर डॉक्टर बोला, "बेहतर होगा आप इसी आदमी को बच्चे की देखभाल करने दें।" आशु ने ज़ोर का हुंकारा भरा। हम कट कर रह गये। शान्तिप्रसाद जैन ने वैसा ही महसूस किया होगा।

आप हरिचरण की फ़ितरत की ख़ूबी जानें उसके लिए ज़रूरी है डालमियानगर से दुर्गापुर पहुँचने के बाद का क़िस्सा सुनाऊँ। 1968-69 की बात है। उन दिनों बंगाल में यूनाइटेड फ्रंट की सरकार थी। ज्योति बसु तब उप मुख्य मन्त्री थे पर मुकर्जी बाबू की सरकार थी मार्क्सिस्ट। केन्द्र सरकार के नुमाइशी, बृहत् स्टील कारख़ाने के लिए मशहूर दुर्गापुर में आनन्द कन्सल्टेंट की हैसियत से थे इसलिए कारख़ाने से सीधा ताल्लुक न था। पर वहाँ की कारस्तानियों और हादसों की बाबत मालूम होता रहता था। एक सुबह पता चला कि दो-चार दिन पहले मज़दूरों ने सुरक्षा अफ़सर को भट्ठी में फेंक दिया था। उस दिन कारख़ाने में यूनाइटेड फ्रंट मज़दूर संस्था की तरफ़ से हड़ताल थी।

जिस नर्सरी स्कूल में तीन साल का आशु पढ़ता था वह खुला था। वह कुछ पहले घर लौटा था। अपु कुल डेढ़ बरस का था। वे अपने कमरे में खेल रहे थे।

दुपहर का खाना निबटा हरिचरण अपने क्वार्टर में था। आनन्द दफ़्तर में थे। मैं अपने कमरे में। इतने में घर की चारदीवारी पर चालीसेक लोग चढ़ आये और ज़ोर से चीख़ने लगे, "बाहिरे कोरो चोर के बाहिरे करो।"

मैंने चिल्ला कर कहा, "यहाँ मेरे और बच्चों के सिवा कोई नहीं है।"

वे भीतर कूदने को तैयार चिल्लाये, "एक टू लोक आछे चोर।"

मैंने कहा देख कर आती हूँ और बच्चों के कमरे में पहुँची। बेहद डरा हुआ एक आदमी अलमारी के पल्लों के बीच दुबका हाथ जोड़े काँप रहा था। वह जो था हड़ताल तोड़ कारख़ाने गया मज़दूर या चोर भीड़ के हवाले नहीं किया जा सकता था।

पुलिस स्टेशन फ़ोन करके कहा, "चालीस लोग मेरे घर में घुस आये हैं दंगा कर रहे हैं।" जवाब मिला, "फ़ोन पर शिक़ायत दर्ज नहीं होती। किसी आदमी को भेजिए।" काट कर इमर्जेन्सी फ़ोन पर चेयरमैन जेनरल वडेरा का दफ़्तर टेरा। जवाब मिला सिक्युरिटी भेज रहे हैं। घबराहट पर क़ाबू रख वापस गयी और ठसके से कहा, "सब जगह देख लिया। कोई नहीं है।"

"आमि देखवो," एक आदमी बोला और नीचे कूदने को हुआ।

मैंने कहा, "रुकिये! याद रखिये दो छोटे बच्चों के साथ मैं घर में बिल्कुल अकेली हूँ।" वह रुक गया। हाथ जोड़ कर बोला, "माँ गो, तोमाके किछू बोलछी ना किन्तु भीतरे देखते होवे।"

"कह रही हूँ कोई नहीं है," मैंने दृढ़ स्वर में कहा कि आशु बाहर आ कर बोला, "है, है! हमारे कमरे में आदमी है।"

"वह तो रोज़ कहता है। खेल है उसका," मैंने कहा पर दलील ख़ुद को ही कमज़ोर लगी। अब सब के सब नीचे कूदने को प्रस्तुत हो गये।

"मैंने कहा न मैं अकेली हूँ। आप मेरे घर में नहीं घुस सकते!" मैं इतनी ज़ोर से चिल्लाई कि हरिचरण कमरे से दौड़ा आया। उसे देख हिम्मत आयी और दृढ़ स्वर में कहा, "सिर्फ़ एक आदमी आयेगा। हरिचरण इनके साथ जाओ बतलाओ अन्दर कोई आदमी नहीं है।" एक के बजाय दो आदमी नीचे कूदे और बच्चों के कमरे की तरफ़ बढ़े। हरिचरण अजब असमंजस में पड़ा। एक तरफ़ मैं गोपनीय आवाज़ में कहूँ आदमी नहीं है, दूसरी तरफ़ आशु कहे, है, है! मेरे साथ तीनों कमरे में पहुँचे तो वहाँ कोई न था। बाथरूम का दरवाज़ा खुला था। "ओखान थेके पालिए गियेछे," कह वे मुड़े। मैंने राहत की साँस ली कि अक़्लमन्द हरिचरण

जी ने बाथरूम के उड़के दरवाज़े के पीछे उसे खोज लिया। वह उसके पैरों पर गिर पड़ा। "हम चोर नहीं हूँ। हड़ताल में कारख़ाने गये हूँ रउआ माफ़ी दें। कान पकड़ते हूँ। फिर न जाऊँगे।"

"मैंने कहा था हरिचरण कोई नहीं है," मैंने धीमे से कहा। तब जाकर मामला उसकी समझ में आया। हाथ जोड़ कर मैंने उन लोगों से कहा, "आप मेरे बच्चों की तरह हैं। कोई इसे मारेगा नहीं। पुलिस नहीं बुला रही आपसे विनती कर रही हूँ। हरिचरण तुम इनके साथ जाओ।"

पता नहीं भगवान को मुझ पर दया आ गयी या इतनी देर मारपीट मुल्तवी रखने से अभ्यागतों का उद्दाम भाव ढीला पड़ गया या हरिचरण का बिहारी भाईचारा जग गया? पर उसने हमारे बिहारी मेहमान को तब तक मारपीट से बचाये रखा जब तक जेनरल वडेरा के सिक्यूरिटी गार्ड आ न पहुँचे। उन्हें देखते ही चालीस के चालीस जन ऐसे ग़ायब हुए जैसे कभी थे ही नहीं।

तब जाकर पड़ोसियों ने घरों के कपाट खोले और मुझे फ़ोन मिलाना शुरू किया। एक तरफ़ ऐसे डरपोक ख़ुदगर्ज़ पड़ोसी और दूसरी तरफ़ हमारा महारथी हरिचरण। उनसे बेहतर तो घुसपैठिये थे जिन्होंने मेरे अकेले होने की बात सुन कोई बदतमीज़ी न की बल्कि दिलासा दिया और बराबर माँ कह पुकारा। वह 1969 का बंगाल था। आज शायद आप न सोच सकें कि एक औरत अपने को अकेला बतला कर महफ़ूज़ रही। पर यह वाक्य कई बार मेरे काम आता रहा। बाद में भी। बंगाल से बाहर भी।

एक और क़िस्सा सुनिये। मैं अचला के प्रसव के लिए मुम्बई में थी। पाँच बरस का आशु और तीन का अपु साथ थे। अचला को बेटी हुए 5 दिन हो चुके थे पर तब तक रेलवे अस्पताल में ही थी बुख़ार आ गया था। मैं दोनों बेटों को हरिचरण के पास छोड़ एक दोस्त के साथ बाज़ार चली गयी। कॉफ़ी पीने बैठ गये। मेरी आदत थी जहाँ भी रहूँ कहीं से फ़ोन मिला बच्चों की खोज ख़बर लेती रहती। मोबाइल ईजाद न हुआ था। दुपहर में फ़ोन किया तो घबराई आवाज़ में हरिचरण ने कहा, "आशु भइया की हाथ की हड्डी टूट गयी। रेलवे अस्पताल छोड़ कर आया हूँ।" बहन के साथ बहनोई भी वहाँ थे। "आप फ़ौरन वहाँ पहुँचिए।" "अपु..." मैंने काँपते स्वर में पूछा। "वह ठीक हैं, घर पर हैं। वापस ले आया।"

टैक्सी ले अस्पताल भागी। बतलाया गया प्लास्टर चढ़ाया जा रहा था। ओ.टी. तक जाते राज ने बतलाया कि दोनों बच्चे ज़मीन पर बिछे गद्दों पर खेल रहे थे

कि दोनों गद्दों के बीच फँसी आशु की बाँह पर अपु गिर गया। हरिचरण फ़ौरन टैक्सी में दोनों को यहाँ ले आया। वह कहे जा रहा था हड्डी टूटी है डॉक्टर मान नहीं रहे थे। कह रहे थे बच्चा रो नहीं रहा उतना दर्द नहीं है। हरिचरण ने कहा, "रोयेगा तो तब जब माँ को देखेगा। हम कह रहे हैं हड्डी टूटी है आप कर क्या रहे हैं एक्स-रे करिये।" उसके ज़बर शोर मचाने पर डॉक्टर ने बेमन से एक्स-रे किया। दो हड्डियाँ टूटी निकलीं। मुझे देखते ही आशु ज़ोर से रो दिया। हरिचरण ने कहा था न। डॉक्टर ने आशु से कहा, "प्लास्टर कर दिया है। उँगलियाँ हिलाते रहना कोई परेशानी न होगी। न दर्द न खुजली। 6 हफ़्ते बाद आ जाना प्लास्टर काट देंगे दुबारा मौज मस्ती! बहादुर बच्चे हो।"

मुझे अजीब लगा कि डॉक्टर सारी बातें उसे बतला रहा था मुझे नहीं। आख़िर मुझसे मुख़ातिब हुआ पूछा, "वह कौन आदमी है जो इसे लेकर आया था?" "जी कई सालों से हमारे घर पर काम कर रहा है।" "उसे तो डॉक्टर होना चाहिए। मैंने आज तक किसी फ़्रेक्चर केस को इतनी जल्दी अस्पताल पहुँचते नहीं देखा। उसे पूरा यक़ीन था कि हड्डी टूटी है। हमारे पीछे न पड़ा होता तो शायद हम एक्स-रे में देर करते पर... कमाल का आदमी है। दूसरे बच्चे का भी पूरा ख़याल रख रहा था। दूध साथ लाया था गिलास से पिला रहा था। उसे कहीं मत जाने दीजिएगा।"

हम घर लौटे। हरिचरण आशु के पास बना रहा। बहुत दुखी था कुछ खाया नहीं प्रार्थना करता रहा। मुझे लगा कुछ गड़बड़ है। पूछा तो रो पड़ा, "सब हमारा क़ुसूर है। हम उनसे धींगामुश्ती करवा रहे थे। हमें ख़याल रखना चाहिए था। गद्दों के बीच फाँक बन गयी हमने देखा नहीं। सब हमारी वजह से हुआ।" वह फफक कर रोया तो आशु बोला, "बिल्कुल नहीं। हमने अपु को खींचा तो हमारे ऊपर गिर पड़ा। हरिचरण की कोई ग़लती नहीं है, अपु की भी नहीं है, बस थोड़ा मोटा है।"

बम्बई से हम लोग कर्नाटक के क़स्बे बागलकोट की सीमेंट फ़ैक्टरी गये। वहाँ मैंने कम्पनी की मदद से प्राइमरी स्कूल खोला। खोलना पड़ा। कोई ढंग का स्कूल न था। कम्पनी में काम करने वाले अफ़सरों के बच्चे आवारा घूमते थे। मुझे क़बूल न था। मैंने आशु को खुद पढ़ा कर दूसरी क्लास के लिए तैयार कर लिया था। जब पाँच और तीन साल के बच्चों को कोई बोर्डिंग स्कूल दाख़िला देने को तैयार न हुआ तो सोचा, कुछ टीचरों का जुगाड़ कर कम्पनी से जगह

व माली मदद ले क्यों न प्राइमरी स्कूल खोल लूँ, जिसमें हिन्दी, अंग्रेज़ी, कन्नड़ तीनों भाषाएँ पढ़ाई जायें। जुगाड़ बिहार का परमप्रिय शब्द ठहरा। तो किया जुगाड़ खोला स्कूल। जुगाड़ के नाम पर शुरू में अलग उम्र के बच्चे एक क्लास में डाले गये रफ़्ता-रफ़्ता पढ़ाई के साथ बड़ी उम्र वाले अगली क्लासों में भेजे गये। मालिकों के रहमोकरम से ख़ासे लम्बे-चौड़े बाग़ के अन्दर पुरानी बैरकों में बना स्कूल। बग़ीचे में खेल-कूद का सब साज़ोसामान था। काफ़ी पढ़ाई भी खुले में करवाई गयी। शान्तिनिकेतन शैली में चला स्कूल। खुशक़िस्मती से चैन्नई की अंग्रेज़ी में एम.ए. मोहतरमा, क्लारा सेन्थोजी का मैं भावनात्मक ब्लैकमेल करने में क़ामयाब हो गयी और वे हमारे स्कूल की प्रधानाचार्य बनने को राज़ी हो गयीं। मैंने उनसे गुज़ारिश की कि कॉलेज में पढ़ायेंगी तो समन्दर में बूँद होंगी। हमारा स्कूल खोल-चला कर पूरा समन्दर बन जायेंगी।

क्या नायाब ख़ातून थीं। अनुशासन की पक्की पर नवाचार की क़ायल। बला की संवेदनशील। सबसे यादगार वाक़या है जब स्कूल की पोलियोग्रस्त छात्र पिया सरकार की बेहद जटिल सर्जरी हुई। उसके माँ-बाप ने कहा वह स्कूल न आ पायेगी क्योंकि डॉक्टर का आदेश है किसी हाल गिरे नहीं। मिसेज़ सेन्थोजी ने मुझसे सलाह की और हमने उसे स्कूल लाने का अद्‌भुत तरीक़ा ईजाद किया। रोज़ सुबह प्रार्थना सभा में दो बच्चे आगे आते कि सारा दिन वे उसके साथ रहेंगे और उसे गिरने नहीं देंगे। दो महीने तक चला। आख़िर सर्जरी के दौरान लगे 140 टाँके पैर से निकाल दिये गये और वह स्वस्थ हो स्कूल आने लगी। याद रखिए वह प्राइमरी स्कूल था बच्चों की उम्र हद से हद नौ-दस साल थी। हुई न अद्बितीय मिसाल। वाक़ई स्कूल को मिनी शान्तिनिकेतन बना दिया उन्होंने। वैसे हिन्दी एक मराठी भाषी महिला पढ़ाती थी। यानी बच्चे मराठीनुमा हिन्दी सीखे। तो क्या हुआ। सीखे तो। और एक प्रमुख बात बच्चों से थियेटर हमने ख़ूब करवाया। अभूतपूर्व होता था गाँव और शहर के बच्चों का मिला-जुला प्रदर्शन।

एक साल तक क़रीब-क़रीब रोज़ बेंगलुरु स्थित मुख्य सचिव का माथा खा अन्ततः कर्नाटक सरकार से स्कूल के लिए मान्यता प्राप्त कर ली। आज के युवा यक़ीन नहीं करेंगे पर 1968-69 में सरकार अंग्रेज़ी माध्यम स्कूलों को मान्यता देने से क़तराती थी। वह अंग्रेज़ी माध्यम नहीं त्रिभाषी माध्यम था पर अंग्रेज़ी ठहरीं रानी साहिबा तो ध्यान सबसे पहले उन पर जाना मुनासिब हुआ।

पर मैं बात हरिचरण की कर रही थी। उसका स्कूल से ख़ास वास्ता था। बक़ौल मिसेज़ सेन्थोजी, वह हर बच्चे का पाईड पाइपर था। स्कूल की खिड़कियों के पीछे तरह-तरह की जोकरनुमा हरक़तें करता; बच्चे हँसी दबाने की कोशिश करते पर दबा न पाते। तो सेन्थोजी मैम ने तोड़ खोजा। उससे कहा वह रिसेज़ में आ कर अपना करतब दिखलाये और रिसेज़ का वक़्त आधे से एक घण्टा कर दिया।

एक बार महीने भर की छुट्टी पर गाँव चला गया तो बच्चों के चेहरे मुरझा गये। उन्हें दिलासा दिया गया कि लौट आयेगा। जिस दिन लौटा चेहरे पर भिण्डी की मुण्डियाँ चिपका जोकरनुमा टोपी पहन स्कूल के आस-पास मँडराने लगा। किसी बच्चे का पढ़ाई में मन न लगता देख सेन्थोजी मैम ने पूछा क्या हुआ? सब एक साथ चिल्लाये हरिचरण आ गया! मौक़े की नज़ाकत परख उन्होंने आधे दिन की छुट्टी का ऐलान कर दिया। पर मुझसे शिक़ायत भी की। मैं हरिचरण को डपटने चली तो उसका हाव-भाव देख ख़ुद हँसी से दुहरी हो गयी। फिर भी समझाया कि जो करो सेन्थोजी मैम से इजाज़त लेकर। हमने अगले नाटक में बतौर विदूषक उसे शामिल कर लिया। दर्शक हुलस गये। क़हक़हों से हॉल गूँज उठा।

उस दिन मैंने बच्चों से 'मिड समर नाईट' का एक दृश्य करवाया था। बच्चे संवाद बोल नहीं रहे थे; पीछे से अंग्रेज़ी में बोले जा रहे संवादों को हाव-भाव से अभिनीत कर रहे थे। गाँव का जो लड़का 'पक' का अभिनय कर रहा था अंग्रेज़ी का एक शब्द न जानता था पर क्या अभिनय था! हरिचरण के विदूषक से क़तई उन्नीस नहीं। पिया सरकार परियों की रानी बनी। वह थोड़ा लँगड़ाती थी इसलिए कुछ लोगों ने उसके चल कर मंच तक आने पर एतराज़ किया। मैंने कहा हम उसे नफ़ीस लम्बा गाउन पहनायेंगे और वह इतनी हसीन लगेगी कि पैरों की तरफ़ कोई देखेगा ही नहीं। सेन्थोजी मैम ने मेरा साथ दिया। वही हुआ। पिया सरकार उस दिन हर दिल की रानी बन गयी।

हरिचरण के बारे में क्या-क्या कहूँ। आनन्द को नौकरी बदलने का शौक़ था। जब हम तबादले पर दूसरे शहर जाते तो सारा सामान लेकर उसे पहले भेज देते। घर व्यवस्थित कर लेता तो हम पहुँचते। यह सिलसिला डालमियानगर, दुर्गापुर, मुम्बई होते हुए बागलकोट तक चला। बस एक बार पुलिस ने उसे टोका कि तीसरे दर्जे के मुसाफ़िर के पास इतना सामान कैसे? वह ज़रा जो हकबकाया। गृहिणी की तरह जवाब दिया, "सामान हमारा नहीं मालिक का है। हम घर ठीक-ठाक नहीं करेंगे तो क्या किराये पर आदमी बुलायेंगे?" तुम उनकी मेहरारू हो पुलिसवाला हँसा पर हरिचरण के नाम मेरी एक पुरानी चिट्ठी देख जाने दिया। ग़लत समझे आप। चिट्ठी में मय दस्तख़त यह नहीं लिखा था

यह आदमी हमारा मुलाज़िम हरिचरण है, जो हमारा सामान लेकर घर व्यवस्थित करने जा रहा है। पता नहीं हम मासूम थे या महज़ बेवक़ूफ़ पर हमसे इतना भी न हो पाया। वह उसके गाँव के पते पर लिखी मेरी चिट्ठी थी जिसमें उसकी तारीफ़ों के कुलाबे थे। मक़सद था कि माँ-बाप को सुनवाये ताकि वे जानें कि हम उसकी कितनी क़द्र करते थे। माँ-बाप पर कितना असर हुआ मालूम नहीं पर पुलिसवाला ज़रूर ढेर हो गया।

बागलकोट से हम मुम्बई होते हुए दिल्ली आये नयी नौकरी के लिए। हरिचरण साथ न आया। आख़िर आनन्द ने उसे फ़ैक्टरी में नौकरी दिलवा दी थी और वह तरक़्क़ी पर तरक़्क़ी कर रहा था। जब आनन्द नयी नौकरी के सिलसिले में कुछ हफ़्तों के लिए दिल्ली गये तो मैं और बच्चे बागलकोट ही रहे। उनकी जगह आया अफ़सर मुझे तंग करके उनके मातहत रहने का कमतरी का अहसास कम किया करता था। उन्हीं दिनों तेज़ बुख़ार के साथ मैं बीमार पड़ी। घर पर काम करने को औरत थी और पुरानी दोस्ती की वजह से डॉक्टर भी देखभाल कर रहे थे। पर उनके मुताबिक़ मुझे नर्स की दरकार थी जिसका बन्दोबस्त नये सी.ई.ओ. साहब करवा नहीं रहे थे। इतना छोटा क़स्बा था कि अपने बल-बूते पर कर पाना नामुमकिन था। हरिचरण तब तक फ़ैक्टरी में लग चुका था। पर जैसे ही मेरी बीमारी का पता चला नौकरी की परवाह छोड़ दो दिन दो रात मेरी नर्सिंग करता रहा। क्या कोई नर्स करती! शेर का अभिनय करने वाले दिल से डरपोक नये सी.ई.ओ. साहब की उससे कुछ कहने की हिम्मत न हुई; यह हरिचरण की दुर्गा जमा उमा शख़्सियत का करिश्मा था।

तो ये रहीं उस दौर की नायाब औरतें; शुभ, मौसीजी, भाभीजी, हेम भाभी, सेन्थोजी मैम और सर्वोपरि, हरिचरण।

यूँ शादी के बाद जगह-जगह घरबार चलाते कामकाजी औरतों में एक से एक विलक्षण औरत मिली। अगली खेप में उनकी दास्ताँ सुना आपको दाँतों तले उँगली दबाने पर मजबूर करने का इरादा है। कहीं जाइएगा मत।

मेरी ऐसी कैसी सहेलियाँ

1985 में हम किराये का मकान छोड़, मस्जिद मोठ के अपने ढाई मंज़िले घर में प्रवेश कर गये। छोटे से बरामदे के सामने कच्ची ज़मीन थी। सो बागलकोट के बाद पहली बार घास के दर्शन हुए। फूल भी ख़ूब खिले। फाटक के बाहर स्वीटपी की लतरें और लोहे के कठघरों के बीच पीली चमेली, सफ़ेद क्लिमेन्टिस और हरसिंगार की झाड़ियाँ। भीतर गमलों में बेशुमार गुल्दाउदी। बसन्त आने पर डेह्लिया, ग्लेड्योली, पेन्सी, पिटूनिया, हाईबिसकस, एस्टर, कॉन्फ्लावर, सिल्विया, बेगोनया वग़ैरह। कभी नर्गिस भी। सुक्युलेंट और केलेंचुआ की ऊपर टँगी टोकरियाँ। पहली मंज़िल पर काफ़ी बड़ी बालकनी थी। उस पर ढेरों बोगनवीलिया के पौधे। छोटा पर मसर्रत देने वाला घर। देर शाम घास पर पानी देती तो सड़क पर जाते लोग रुक कर देखने लगते।

तब मधु नाम की तमिल लड़की मेरे यहाँ काम करती थी। हिन्दी बोलती थी पढ़ना मैंने सिखला दिया। पीछे आँगन में उसके लिए कमरा बनवा दिया। काफ़ी क़िल्लत में बड़ी बहन और जीजा के साथ रहती थी। माँ-बाप थे नहीं। हफ़्ते में एक बार घर जाती तोहफ़ों से लदी। मानसिक रूप से पिछड़े छोटे भाई और बहन के दो बच्चों पर जान छिड़कती थी। जब मेरे यहाँ आयी बेहद डरी-डरी रहती थी। मेहमान आता तो ज़ोर-ज़ोर से पटक कपड़े धोने बैठ जाती।

एक दिन पासपोर्ट के सिलसिले में पुलिस जवान घर आया तो गुस्लखाने में छिप गयी। थरथर काँप रही थी। मैं भीतर गयी तो रोने लगी कि वो पकड़ लेगा। सिर पर हाथ फेर बड़ी मुश्किल से चुप कराया और हाथ थाम पुलिसवाले के सामने ले गयी। कहा यह मधु है मेरे यहाँ रहती है बहुत होशियार है पर पुलिसवालों से डरती है आप बुरे लोग हैं क्या? वह बेचारा शरमा कर बोला, "नहीं बेटी मेरी भी तीन बेटियाँ हैं। सिलाई करती हैं, दर्ज़ी की दुकान खोल रखी है। तुम भी सीख लेना।"

धीरे-धीरे पता चला पहले वह बाल श्रमिक की तरह चूड़ी कारख़ाने में काम करती थी। पिघला सीसा ले दौड़ने में कई बार हाथ जलता। तेज़ आग की भट्ठी के पास रहने से देह का पानी सूख जाता और जब-तब बेहोश हो जाती। मालिक ने डरा रखा था कि काम में कोताही की तो पुलिस वाले पकड़ लेंगे। इसीलिए पुलिसवाले को देख डर गयी थी। जब ज़्यादा हालत ख़राब हुई तभी बहन ने हटाया। चूड़ी कारख़ाने में छोटे बच्चों-बच्चियों के साथ क्या होता है उपन्यास 'कठगुलाब' में विस्तार से लिख चुकी हूँ।

कुछ साल बहन के साथ काम करने रीता भाभी के पास जाती रही फिर उसने उसे मेरे घर भेज दिया।

धीरे-धीरे डर मिटने लगा। बेटों और उनके दोस्तों से बहस करने लगी। पहले दो साल दोनों बेटे साथ रहे। पहली मंज़िल पर उनका कमरा अपु के दोस्तों से भरा रहता था। एक साल बाद, आशु आई.आई.टी. पास कर एम.एस. करने अमरीका चला गया; अपु के दोस्तों की आमद बढ़ गयी। तीन-चार विदेशों से भी आये। मधु में आत्मविश्वास जगाने और हर फ़न में उस्ताद बनाने में अपु और उसके दोस्तों का बहुत हाथ था। खाने को कुछ बनाती तो तारीफ़ के वे पुल बाँधते कि तबीयत खिल जाती। धीरे-धीरे वाक़ई उम्दा खाना बनाना सीख गयी। वे लोग उसे बहन का दर्जा देते। बाहर से खाना मँगाते तो उसका हिस्सा रहता। वह मांसाहारी थी सो और सुभीता था। बाज़ार से बेहतर चिकन बनाती। आनन्द पक्के शाकाहारी थे। बेटे मांसाहारी। मैं साथ निभाने को चिकन तक सीमित। बनाती नहीं थी इसलिए मधु की क़द्र बढ़ गयी थी।

मुझे पुलिसवाले का सुझाव पसन्द आया। बचपन की दोस्त निलि ने जो अब प्राध्यापक थी सिलाई का काम सिखलाने वाला सरकारी स्कूल सुझा दिया। मैंने उसे सिलाई मशीन दिलवा दी जिससे सिलाई सीख अन्ततः स्वतन्त्र रूप से कमाई कर सके। तीन साल सीखी तो इस ख़ूबी से कि क्लास में अव्वल आती। ट्रेनिंग पूरी होते ही एक दर्ज़िन ने अपने यहाँ काम देने का वादा किया।

सब चाक-चौबन्द था। फिर सबकुछ चरमरा कर ढह गया।

आनन्द और मैं पन्द्रह दिन के लिए देश से बाहर चले गये। बेटे आई.आई.टी. हॉस्टल शिफ्ट कर गये। मधु घर क्या गयी पहाड़ टूट पड़ा।

बहन ने ज़बरन उसकी शादी अपने पति से करवा दी। उनकी माँ उस घर को जिसमें वे रहते थे मधु के नाम कर गयी थी। उनकी मारपीट के बावजूद

इधर-उधर दौड़ मधु ने मुझे फ़ोन मिलाने की कोशिश की पर मैं देश के बाहर थी मिलती कैसे। तब मोबाइल था नहीं। पड़ोसियों की मदद से उसे पकड़ ज़बरदस्ती पति से फेरे करवाये। जब ज़हर खाने की कोशिश की तो हाथ से छीन धमकी दी कि विकलांग भाई को घर से निकाल देंगे। बहुत रोयी-पीटी दोगुना काम करके बहन को पैसे देने को कहा। पर जब तक मैं लौटी सब कुछ ख़त्म हो चुका था।

जिस दिन हम लौटे वह अचला के घर हमारे लिए खाना बनाने पहुँची हुई थी। अचला से सब कुछ कहा तो पहुँचते ही उसने मुझे बतलाया। मैं सनाका खा गयी।

उससे कहा अब भी कुछ नहीं बिगड़ा। अदालत में कहेंगे कि ज़बरदस्ती शादी करवाई है तो शादी रद्द कर दी जायेगी। वैसे भी दो शादियाँ जुर्म है। पर वह कहती रही जो होना था हो गया अब कुछ नहीं किया जा सकता। सबने कोशिश की; अपु ने, उसके दोस्तों ने, वकील ने पर वह न मानी। वकील ने कहा जब तक वह बयान नहीं देगी अदालत कुछ नहीं करेगी। मैं क़दम उठाऊँगी तो ज़बरन काम करवाने की साज़िश मानी जायेगी। उसे डर भाई को लेकर था। मैंने कहा वह भाई को साथ रख सकती है तो बोली, "और बच्चे?"

"कौन से बच्चे?"

"बहन के।"

"वे बहन के पास रहेंगे तुम ज़िम्मेवार नहीं हो। दर्ज़िन की दुकान पर नौकरी मिल जायेगी। बाद में अपनी दुकान खोल लेना।"

वह न मानी। मैं एक जानकार पुलिसवाले को ले उसके घर जा पहुँची। बहन काफ़ी घबरा गयी और भांडा फोड़ दिया, "ग़लत कह रही है जी। माँ भले घर उसके नाम कर गयी हमें उसका लालच नहीं है। उसने मेरे मर्द से मर्ज़ी से शादी की है। हम लोगों में दो बहनों से शादी हो जाती है।" मैं शादी रद्द करवाने के लिए अदालत जाने की धमकी दे लौट आयी। पर मधु ने गुड़ गोबर कर दिया। अकेली मेरे पास आयी और बोली, "मैं अपनी मर्ज़ी से जीजा के साथ रह रही हूँ। आपने शिक़ायत की तो मेरा सुहाग लुट जायेगा। जो होना था हो गया। आप कुछ मत कीजिए। बस सिलाई का कोर्स पूरा करना चाहती हूँ। उतने दिन मेरी मदद कर दीजिए फिर मैं चली जाऊँगी।"

मेरे घर रह कर उसने सिलाई का कोर्स पूरा किया पर हर हफ़्ते घर जाती रही। भाई-भतीजों के लिए तोहफ़ों से लदी। कोर्स पूरा होने पर पता चला कि

वह गर्भवती है। यानी जीजा से ताल्लुकात क़ायम थे। बहन आयी बोली हमारे यहाँ गर्भ में अलग तरह का खाना-पीना दिया जाता है, इसलिए मधु को घर ले जा रही हूँ। मधु की सहमति थी तो कैसे रोकती? वह चली गयी।

वह मेरी ज़िन्दगी की सबसे बड़ी हार थी। मनोवैज्ञानिक पहलू मंजुल ने समझाया, "तू उसके लिए जो कर ले उसका परिवार नहीं बन सकती। हर क़ीमत पर उसे अपना परिवार अपनी बिरादरी चाहिए। उसके लिए ग़म मत कर।" मंजुल सही थी। कई बरस बाद भाभी ने ख़बर दी कि मधु और बहन गंगा तीनों बच्चों और भाई के साथ अपने घर में रह रही थीं जिसमें उन्होंने दर्ज़ी की दुकान खोल ली थी। बढ़िया चल रही थी तो रुपये पैसे की क़िल्लत न थी। एक तमिल एन.जी.ओ. की मदद से दारू पी पीटने के अपराध में पति को पुलिस में पकड़वा दिया फिर धक्के दे घर से निकाल दिया। उनकी बेहतर आर्थिक स्थिति और मर्द की कंगाली देख पड़ोसियों ने उनकी मदद की मर्द की नहीं। मुझे लगा मैं उनसे हार गयी मंजुल ने ज़बरदस्त अनुमोदन किया। मधु के बच्चे को ले दोनों बहनें मुझसे मिलने आयीं तो बोलीं, उनकी ज़िन्दगानी ख़ुशहाल इसलिए हुई क्योंकि मैंने मधु को सिलाई सिखवाई मशीन दी और मन से डर निकाल लड़ने की ताक़त दी। पर मैं हमेशा दुविधाग्रस्त रही। जो करना चाहा ग़लत था या सही? आज तक तय नहीं कर पायी हूँ।

चलिए, अब अपनी कुछ नायाब सहेलियों का ज़िक्र कर लूँ। पहला नाम है डॉ. सतिन्दर बजाज जो तभी लेडी इर्विन कॉलेज की डायरेक्टर बनी थी। उससे पहले पंजाब और विदेश में ऊँचे पदों पर आसीन रही थी। बॉटनी में डॉक्टर के अलावा कई डिग्रियाँ थीं। आजकल नैशनल ट्रेज़र्स में शुमार है।

यूँ मैं उसे बचपन में भी जानती थी। उसके लिए बचपन की एक और दोस्त का ज़िक्र करना होगा, जिसकी मार्फ़त सती को जान पायी थी। पड़ोस में रहती थी स्कूल में साथ न थी। नाम था निलि। था नहीं मंजुल ने दिया था। असली नाम रानी था। मंजुल का घर का नाम भी रानी था। बराबर में रहने वाली जगत ताई चिढ़ातीं—मैं भी रानी तू भी रानी, कौन भरेगा पानी। मंजुल हँस कर रह जाती पर उस रानी को बुरा लगता। तो मंजुल ने जो पहले सहेली बनी थी बाद में मैंने उसे निलि नाम दे दिया। सिर्फ़ हमारा परिवार इस नाम से पुकारता था।

सतिन्दर बजाज उसकी चचेरी बहन थी और उसके घर आती रहती थी। मेरी तरह साहित्यिक किताबें ख़ूब पढ़ती थी इसलिए मन मिल गये थे। शादी के बाद अलग शहरों में बसे तो सम्पर्क टूट गया।

निलि और मैं, घर के छोटे कामगार के हाथों एक-दूसरे को ख़त भेज अगली मुलाक़ात तय करते। मेरा उपन्यास 'मिलजुल मन' छपने के बाद पुराने काग़ज़ों में उसे एक ख़त मिल गया। यहाँ दे रही हूँ। देखिए कितने बिन्दास दिन थे और कितने मासूम और दिलदार थे हम।

"कहिए, निलि जनाब, क्या हाल चाल हैं? आज मैं बिल्कुल अकेली हूँ। घर पर कोई नहीं है और मैं बुरी तरह बोर हो रही हूँ। तुम क्या कर रही हो? आज तो सच मुसीबत आयी हुई है। अल्लाह मियाँ जितना बेवक़ूफ़ मैंने तुम्हारे सिवा कोई न देखा। यह भी कोई तुक है कि शाम को बारिश कर दो। सच कहती हूँ अगर कुछ देर बारिश और हुई और कोई अल्लाह का बन्दा यहाँ नहीं आया तो मुझे जहन्नुम जाकर ख़ुदा की ख़बर लेनी पड़ेगी। ख़ैर बताओ मेरे सरदार भाई कोई लम्बी-चौड़ी बेवक़ूफ़ी की। छोटी-मोटी का नाम न लेना वह तो तुम हर मिनट करती रहती हो।

तुम्हारे लिए स्कूल से एक ख़ूबसूरत गुलाब लेकर आयी थी। पर तुम्हारे सितारे गर्दिश में हैं कि बारिश हो गयी और तुम्हें नहीं मिल पायेगा।

अच्छा, अब बन्द करती हूँ। एक दफा में इतनी डोज़ काफ़ी है।

पिप-पिप। टूडलहू। चियरिओ। प्यार और वग़ैरह वग़ैरह।

मृदु

यह ख़त मैंने उसे चौदह बरस की उम्र में लिखा था। पिप-पिप, टूडलहू वग़ैरह पी.जी. वुडहाउस की बदौलत था जिसकी मैं ज़बरदस्त मुरीद थी। ख़ुद पढ़ती ही माँग ताँग कर अपनी क्लास लाइब्रेरी में अनगिन किताबें रख दी थीं। निलि को पी.जी. वुडहाउस छोड़ किताबों में ही रुचि न थी। अलबत्ता शेरो-शायरी का शौक़ था। सारसों का क़ाफ़िला नाम की नज़्म पर वह और मंजुल यकसां फ़िदा थे। पसन्द मुझे भी थी पर सुन कर होश गाफ़िल न होते। पिता की तरह उसे बाग़बानी का यकसां शौक़ और ज्ञान था। उँगलियों में वह कमाल कि जो जहाँ रोप दे लहलहा उठे। ग्रीन फ़िंगर्स। क़सीदाकारी, सिलाई, पाक कला, सबमें पारंगत मैं और मंजुल ज़ीरो। फ़र्क़ शौक़ होते हुए भी हम लम्बे अर्से तक दोस्त बने रहे। बचपन की दोस्ती ऐसी ही होती है। पहले प्रेम की तरह बेतुकी।

जब निलि के बच्चे स्कूल में नौवीं-दसवीं में पढ़ रहे थे उसके पति की आकस्मिक मृत्यु हो गयी। जिस तरह उसी घर में बने रह कर और ख़ुद स्कूल की नौकरी क़ायम रख उसने उन्हें अकेले दम पाला और ऊँचे ओहदों पर पहुँचने में मदद की वह उसे एक नायाब औरत बना गया।

वह बेहद भावुक लड़की थी और वैसी ही औरत भी बनी। मेरे लिए उसकी तरह बड़ी उम्र में टीनेजर की रोमानियत में जीना काफ़ी मुश्किल था, इसलिए रफ़्ता-रफ़्ता हमारा मिलना-जुलना कम हो गया। पर हैं हम भी वही अजब शै बचपन के दोस्त! जब मिलते हैं तो टीनेजर्स हो ही जाते हैं।

सती की कहानी अलग रही। अर्से बाद जवानी में दिल्ली वापस आयी तो याद नहीं कैसे सम्पर्क हुआ पर हम पक्की सहेलियाँ बन गयीं। क्या बिन्दास शख़्सियत थी! किताब हो या बग़ान ज्ञान का पिटारा थी। कॉलेज से मिले बड़े बंगले की सुविधाएँ मित्रों पर लुटाने में कोताही न करती।

पर उसका असल जलवा कॉलेज के कायाकल्प में नज़र आया। अमृत कौर उसकी पहली डायरेक्टर रही थीं यानी वह लहीम-शहीम कॉलेज साठ बरस पुराना था। कोई एकड़ भर ज़मीन बरसोंबरस परती पड़ी रही थी। सती ने किया यह कि वह ज़मीन जुतवा कर विदेशी मूल की महँगी सब्ज़ियाँ उगा दीं जो हाल फ़िलहाल न्यूट्रिशन सजग देश की पसन्द बनी थीं। ब्रोकोली, पार्स्ले, थाईम, फ़ेनेल, तरह-तरह के लेटिस, ज़ुकुनी, चीनी पत्तागोभी और जने क्या-क्या। हॉस्टल के किचन में इस्तेमाल और कामगारों के बीच बाँटने के बाद बेशुमार बची सब्ज़ी, पंचसितारा होटलों में बिकवा कॉलेज कोष के लिए काफ़ी पैसा कमाया।

कभी-कभार सब्ज़ी से भरा टोकरा लिए मेरे घर पहुँज जाती। ऐसी सब्ज़ियाँ जिन्हें पहले देखा न था। मैं दिमाग़ लगाती कि किसका क्या बनाया जाये। कभी सूप, कभी सलाद तो कभी देसी तरीक़े से मसाले डाल नयी क़िस्म की सब्ज़ी। ख़ासा मज़ेदार रहता। कभी टिक्की या कटलेट बना कर देखते। मधु और अपु के दोस्तों को भी हुनर आज़माने का मौक़ा मिलता। मालूम हुआ कि ज़ुकिनी का कप केक भी स्वादु बनता है। तो आज़मा लिया।

इस क़ामयाबी से मुराद पूरी न हुई मोहतरमा की। एक ज़हीन टीचर तैनात कर लड़कियों के लिए कम्प्यूटर कोर्स शुरू कर दिया। फ़ैशन की ट्रेनिंग दिलवाई और फ़ैशन शो कर डाला। तभी उसकी कोठी की बैठक की छत से एक टुकड़ा टूट कर गिर गया। मरम्मत करने आये मज़दूरों के साथ सती ने स्टेप लैडर पर चढ़ ऊपर का जायज़ा लिया। देखा मौजूदा छत मूल छत के नीचे डली दुछत्ती थी। ऊपरी छत सॉलिड बर्मा टीक की थी और दोनों के बीच बेशुमार पेंटिंग! विदेशी सरकार की लुटेरी नज़रों से छिपा कर रखी होंगी। दो पेंटिंग अमृता शेरगिल की निकलीं। सती ने नीचे की छत हटवा दी। बर्मा टीक की छत पॉलिश करवाई तो कमरा दमक उठा। नये फ़्रेम में मढ़वा पेंटिंग कॉलेज के दफ़्तर में लगवा दीं।

लोगों ने कहा अपनी कोठी में लगवाइए। पर सती को पैसे या बहुमूल्य वस्तुओं की चाह न थी। चाहत थी कॉलेज और छात्राओं की भलाई मनोबल में इज़ाफ़ा और कार्यक्षेत्र में बढ़ोतरी की।

आप सोच रहे होंगे ये अद्भुत क़दम उठाने के लिए कॉलेज ने उसे तमग़ा प्रदान किया होगा। तौबा! दस्तूरे हिन्दुस्तानी लालफ़ीताशाही गवर्निंग बॉडी ने आरोप लगाया कि उनकी अनुमति बिना उसने कॉलेज की ज़मीन पर क़ब्ज़ा किया और पाठ्यक्रम में इज़ाफ़ा। छात्राओं का मनोबल आत्मविश्वास गया भाड़ में। गवर्निंग बॉडी की अमीर महिलाएँ जिन्हें मैं जामावारी जत्था कहती थी कम्प्यूटर सॉफ्ट इंजीनियर/मैनेजर के पास पहुँचीं और माँग की कि कम्प्यूटर की तमाम सामग्री उन्हें दिखलाई जाये। हर कम्प्यूटर सॉफ्ट इंजीनियर की तरह वह भी निहायत शुष्क, रुक्ष, अहंकारी और काम से काम रखने वाला बाशिन्दा था। साफ़ इनकार कर दिया। कहा, 1. वह सिर्फ़ और सिर्फ़ डायरेक्टर को जवाबदेह था। उनसे अनुमति पत्र लायें तो सोचेगा। 2. कम्प्यूटर की सामग्री गुप्त थी सुरक्षा की ज़िम्मेवारी उसकी थी सो उन्हें नहीं दिखला सकता। 3. जब उन्हें कम्प्यूटर की कोई जानकारी न थी तो दिखलाना ग़ैर-मुनासिब था। 4. उसका क़ीमती वक़्त बर्बाद न करें वहाँ से तशरीफ़ ले जायें।

जामावारी जत्था फनफनाता हुआ हट गया और विज्ञान मन्त्रालय के कम्प्यूटर विभाग से शिक़ायत की। उनका जवाब आया कम्प्यूटर विभाग उनकी अनुमति से खोला गया है। कम्प्यूटर इंजीनियर भी उनकी अनुमति से रखा गया है। उसकी जवाबदेही केवल डायरेक्टर से है। ग़ैर-क़ानूनी फ़रमाइश करके गवर्निंग बॉडी उसका क़ीमती वक़्त बर्बाद न करे। कम्प्यूटर इंजीनियर ने कमरे पर ताला ठोक दिया। उस साल की छात्राओं के पास होने पर नयी छात्राओं को फ़िलहाल दाख़िला न दिया। अब जामावारी जत्थे ने फ़ैशन टेकनॉलोजी पर निशाना साधा। पर उस साल की पढ़ाई जल्दी पूरी करवा सती ने उसे बन्द कर दिया।

तो बची परती ज़मीन पर सब्ज़ी की खेती। जामावारी जत्था अपने जामावारी दुशाले सँभालता आदेश देने चला कि सब्ज़ी-भाजी के पौधे उखाड़ दिये जायें और ख़ाली ज़मीन उन्हें सौंप दी जाये। पहुँचा तो कुदाल-खुरपी थामे पाँचेक मालियों को क़तार में खड़े पाया। बोले एक पौधे को हाथ लगाया तो क़सम भोलेनाथ की हाथ काट कर फेंक देंगे। कायर जत्था यूँ ग़ायब हुआ जैसे गधे के सिर से सींग। वह फ़सल ले ली गयी तो सती ने नयी नहीं रुपवाई।

इस बीच दुर्भाग्य से उसी की कोठी में उसके विद्वान वैज्ञानिक पति का कैंसर से इन्तक़ाल हो गया। कोई औलाद न थी। पहले भाइयों के साथ रहते थे। जब गम्भीर रूप से बीमार हुए तो सती के पास आ गये। अन्तरराष्ट्रीय मशहूरियत की उनकी दर्जनों पुस्तकें थीं और सैकड़ों पाठक शोधकर्ता और कुलीग्स। मृत्यु के बाद अखण्ड पाठ में जुट के जुट शोक में शामिल होने आ पहुँचे। उन्हीं दिनों कॉलेज सती पर केस ठोके था। पर वहाँ अवतरित ख्यात विद्वानों को प्रसन्न रखना चाहता था जो सती को प्रसन्न किये बग़ैर मुमकिन न था। हालात का जायज़ा ले अदालत तारीख़ पर तारीख़ डालती गयी। सतिन्दर बजाज बदस्तूर काम करती रहीं। मन्त्रालय के निर्देश पर कम्प्यूटर क्लास में नयी छात्राएँ भरती हो गयीं और वही बेतमीज़ पर बामुनासिब बन्दा उसे चलाता रहा।

इस बीच एक मज़ेदार घटना हुई जो सती की शख़्सियत के एक और रुख़ पर रोशनी डालती है। उसके पास एक कुतिया थी, कुत्ता नहीं जिसका नाम था कुलवन्त कौर बजाज, "अब हमारे-आपके तीन नाम होते हैं तो उसके क्यों न हों?" उसका बिस्तर सती के बिस्तर से उम्दा था। पता यूँ लगा कि यह सोच कि बेहतर बिस्तर सती का होगा मैं उस पर अधलेटी हो गयी। सती ने आ कर कहा, "यह कुलवन्त कौर का बिस्तर है इस पर किसी को आराम करने की इजाज़त नहीं है।" कौन कुलवन्त कौर सती की भांजी होगी... चार बहनों के बीच अकेली बच्ची और सती की बेहद अज़ीज़। एक बहन ने कुछ बरस के लिए प्रेम विवाह किया था और बच्ची गोद ले ली थी। जब शौहर तलाक़ दे चलता बना तो बच्ची उसकी हो रही। जब-तब सती से पढ़ाई में मदद लेने आती और वहीं की हो जाती। जब से जामावारी जत्थे से लफड़ा हुआ था आयी न थी। "कहाँ है?" मैंने पूछा कि एक क़द्दावर कुत्ता (सॉरी, कुतिया) मेरे ऊपर कूदी। "कुलवन्त कौर, मृदुला गर्ग," सती ने परिचय करवाया। हँसी पेट में वापस धकेली और उसका बढ़ा पंजा हिला "हाई" कहा। कुलवन्त कौर और भांजी में कौन ज़्यादा अज़ीज़ था तय करना मुश्किल था। खाने में भी मीट का सबसे उम्दा लुक्मा कुलवन्त कौर के लिए आरक्षित रहता। जो व्यंजन बनते पहला हक़ उसका होता। देसी-विदेशी केक बिस्कुट, आइसक्रीम, मिठाई, समोसा, फल, सलाद जो हो।

सुबह की लम्बी सैर पर सती कुलवन्त कौर को साथ ले जाती। कभी दफ़्तर भी। जब से माहौल बिगड़ा बतौर साथी उसे पास रखना पसन्द करती थी। उस सुबह मौसम ख़ुशनुमा था। ठण्डी बयार चल रही थी। बग़ीचे के फूल बहार पर थे।

हवा पर सवार उनकी मिलीजुली ख़ुशबू मदहोश कर रही थी। फिर कुलवन्त कौर को क्या इलज़ाम दें कि हवा में झूमते एक जामावार के पीछे दौड़ ली। जामावार से ढका शख़्स भी दौड़ा। दौड़ा-दौड़ा कर कुलवन्त कौर ने पस्त कर दिया फिर मुहब्बत से टाँग पर बोसा ले लिया। फ्रेंच किस होगा क्योंकि दाँत का निशां बन गया। उसने वह हाय-तौबा मचाई कि पूछिए मत। कुलवन्त कौर बिजली की तेज़ी से ग़ायब हो गयी। सती आराम से घर आयी नहायी-धोयी नाश्ता किया फिर सजधज कर दफ़्तर चली गयी। कमरे में पहुँची कि कुछ देर बाद पुलिसवाले को साथ लिए जामावारी मर्द पहुँच गया। बोला, "इनके कुत्ते ने मुझे काट खाया। यहाँ दफ़्तर में छिपा रखा है घर पर नहीं है मैं देख आया।" "मेरे पास कुत्ता नहीं है," सती ने कहा। बात सच थी; कुतिया थी। "आप चाहें तो ढूँढ़ लें।" उसने पूरे दफ़्तर में ढुँढाई की। कुत्ते की दुम न मिली। मिलती कैसे? कुलवन्त कौर सती की कुर्सी के नीचे उसकी साड़ी के घेरे के बीच साँस रोक यूँ बेहरक़त बैठी थी जैसे कई दिन पहले मर चुकी हो। थक कर हज़रत वापस उसके घर गये ख़ाली हाथ लौटे। हर मुमकिन धमकी दे टले। पुलिसिया दर्शक की भूमिका निभाता रहा। उन्हें गेट पर अलविदा कह अकेले दफ़्तर लौटा और बोला, "हज़ूर बहुत चालबाज़ आदमी है। कुछ दिन आप कुलवन्त कौर को दफ़्तर न लायें तो बेहतर हो। कुलवन्त कौर तो शाही बन्दी है पर यह बन्दा माँगे का दुशाला ओढ़ता है।" इस बात पर कुलवन्त धीमे से भौंकी। सती को यक़ीन हुआ ज़िन्दा थी। अभिनय करते-करते फ़ना न हुई थी। पुलिसवाले से कहा, "आपके लिए चाय मँगायी है और बंगाली मार्केट से गुलाबजामुन। नोश फ़रमाइए। कुलवन्त को भी पसन्द है। कुलवन्त कौर!" आवाज़ दी तो भीगी बिल्ली की तरह मासूमियत और संकोच की तस्वीर बनी बाहर निकली। दुम हिला पुलिस वाले का दूर से अभिवादन किया और मुँह लटका बैठ गयी। पुलिसवाला बोला, "अब यह भला किसी को क्या काटेगी!" और दूसरा-तीसरा गुलाबजामुन गटक गया। फिर हँसी निकल ही गयी बोला, "इसे तो मैडम बॉलीवुड भेज दें।" सती भी हँस दी। बोली, "फाटक पर वह शख़्स दिखे तो फ़ौरन इत्तिला कर देना। मैं न हूँ तो कुलवन्त कौर को बतला देना।" तब जाकर कुलवन्त गुलाबजामुन की तरफ़ ताक कर भौंकी और सती ने फ़ौरन एक उसे दिया एक ख़ुद लिया।

एक बसन्त पंचमी मैंने दुपहर के खाने पर सती के साथ सरोज वशिष्ठ और अचला को बुलाया। सोचा मिल बैठेंगे दीवाने चार तो मजमा ख़ूब जमेगा।

सरोज अलग शै थी। बरसों दिल्ली की तिहाड़ जेल फिर शिमला की जेल में क़ैदियों को लिखाने-पढ़ाने, नाटक करवाने, कविताएँ पढ़वाने का काम किया और प्रकाशकों के पीछे पड़ उनकी कविताओं-कहानियों के संकलन छपवाये। क़ैद पूरी कर छूटे क़ैदियों को नौकरियाँ दिलवाती रही। किरण बेदी की संस्था पूरा सहयोग देती थी। बल्कि जब किरण बेदी तिहाड़ जेल की प्रमुख प्रबन्धक थीं तब उनके साथ शुरुआत की थी। सरोज छूटे क़ैदियों का परिचय, "मेरा बेटा" कह देती थी। मोतियाबिन्द का ऑपरेशन करवाने शिमला से दिल्ली आयी तो बोली, "मेरा दूसरा बेटा स्टेशन पर आ रहा है। घर पर बेटी आ जायेगी।" मैं जानती थी उसका बेटा अमरीका में था पूछा, अमरीका से कब आया?

"नहीं, यह तो मेरा तिहाड़ वाला बेटा है। आजकल बिजली के दफ़्तर में काम करता है।"

बेटी की शादी हो गयी एक बेटा अमरीका चला गया। छोटे बेटे को गम्भीर बीमारी के बाद किडनी ट्रान्सप्लांट की ज़रूरत पड़ी तो सरोज के पति सतीश ने किडनी दी। वह दुरुस्त हो जापान फिर अमरीका चला गया। जापानी भाषा का अन्तरराष्ट्रीय तौर पर विख्यात विशेषज्ञ है। सतीश अस्वस्थ रहने लगे तो दोनों शिमला चले गये जहाँ ख़ूब ऊँची चढ़ाई पर सरोज के सेब के बग़ान थे। बड़ी उम्र में भी सरोज बकरी की तरह उन पर चढ़ने में पर्वतारोहणियों को मात देती थी। पूरा शिमला उसे जानता था। सतीश नब्बे पार कर गये सरोज नब्बे पर पहुँच गयी। उन्हें नाटक देखना होता तो एंबुलेंस बुला लेते। वह ख़ुशी-ख़ुशी ले जाता बीच में मरीज़ पहुँचा आता फिर उन्हें वापस ले आता। मैं मार्च में शिमला गयी तो अचानक बर्फ़बारी हो गयी। लगा सर्दी से मर जाऊँगी। सरोज रात के लिए गर्म पानी की बोतल और दिन के लिए मोटा लबादा ले आ पहुँची।

फिर उसके क़िस्से कहानियाँ शुरू हुए। इतना हँसोगे तो सर्दी कहाँ लगेगी। इसी को लीजिए। वह किसी क़ैदी की भलमनसाहत के क़सीदे काढ़ रही हो और आप पूछ बैठें सज़ा किस बात की हुई थी तो सहज भाव से कहेगी, हत्या कर बैठा बेचारा। कोई कहे बेचारा वह था या जो मारा गया? वह आराम से कहे एकदम ज़लील आदमी था। उसकी हरक़तें ऐसी थीं कोई न कोई एक दिन मारता ही। बिट्टू ने मार कर अहसान किया। आप हँसेंगे नहीं तो क्या करेंगे। पर यक़ीन मानिए सरोज नाराज़ हो कर कहेगी तुम भी किसी को मारोगे एक दिन अगर मैंने तुम्हें पहले न मार दिया। तुम मारोगी! गर्म पानी की बोतल, लबादा

और रम की बोतल लिए क्यों चली आ रही हो? कुछ घूँट रम के और पी सरोज भी ठहाका लगा देगी।

सरोज का अन्त तकलीफ़देह हुआ। सतीश उससे पहले जा चुके थे। वह शिमला में अकेली रहती थी। एक रात कम्प्यूटर पर काम कर रही थी कि उठ कर गुस्ल में गयी। उतनी देर में बिजली में शॉर्टसर्कट हुआ और आग लग गयी। गुस्लखाने में ही उसका दम घुट गया। जिसने क़ैद में घुटे लोगों को दुबारा साँस लेने लायक़ बनाया वह ख़ुद दम घुटने से मरी। विडम्बना नहीं तो क्या है।

पर लौटूँ बसन्त पंचमी की दुपहर पर। सती और सरोज रम के मामले में यकसां सोच की थीं और सूरज डूबने के बाद का शग़ल मानती थीं। अभी जिंजर ऐल से काम चला रही थीं। कुत्ते के मामले में सरोज और सती का आँकड़ा छत्तीस का था। शिमला जाने से पहले सरोज दिल्ली के सुखदेव विहार में आर.डब्ल्यू.ए. की अध्यक्ष थी तो कुत्तों को अंकुश में रखने के लिए सख़्त नियम बनाये हुए थे। कुत्ते को घुमाने ले जाता तो निवासी को प्लास्टिक की थैली साथ रखनी होती। कुत्ता गन्दगी करता तो थैले में डाल नीली कचरा पेटी में फेंकनी होती। निजी तौर पर कुत्तों से कोसों दूर रहती। अचला सरोज की पुरज़ोर हिमायती थी। सती के सामने कह न पाती पर थी मैं भी।

सती साहिबा लंच पर कुलवन्त कौर को साथ ले पधारीं। कुत्तों के ख़िलाफ़ और क़ैदियों के पक्ष में सरोज की दलीलें पूरे ज़ोम पर थीं कि मैंने सती को आते देखा। बाहर जाकर कहा कुलवन्त को कमरे में न लाये गाड़ी में बिठलाये रखे खिड़की का शीशा खोल दे मौसम ख़ुशगवार है। कुछ देर यूएनओ के सचिव की तरह मैं सती और सरोज की बहस की एंकरिंग करती रही फिर हम खाने में मशग़ूल हो गये। इस बीच मैंने रसोईघर और सती ने बाहर के कई दौरे किये। कमरा छोड़ सरोज एक बार बाथरूम गयी तभी मैं रसोईघर और सती और अचला दूसरे बाथरूम में गयीं। जब खाने की मेज़ पर दुबारा इकट्ठा हुए तो सती ने ख़ुशनुमा और मज़ाहिया क़िस्म के क़िस्से सुनाने शुरू किये। खाने की बेहद तारीफ़ की ख़ास कर खजूर गुड़ की खीर की। खा भी ज़्यादा रही थी। यूँ भी उसकी ख़ुराक ठीक-ठाक थी पर उस दिन ज़्यादा हो रहा था। मैंने अचरज से देखा उसने दो कबाब और मेथी के दो पराँठे ऐसे खा लिए जैसे दो लुक्मे हों। बार-बार हाथ नीचे डाल देती जैसे जीमना ख़त्म हुआ फिर शुरू हो जाती। अचला उसे देख गुपचुप मुस्करा उठती। शक़ ने मेरे फ़ाख़्ते उड़ा दिये। तभी खीर आ गयी। जब सती ने दो कटोरियों में एक साथ पलटी तो शक़ यक़ीन में बदलने लगा।

पसीने छूटे कि अचला ने पैर पर टोहका मारा। साथ ही एक पूँछ मुझे छू गयी। यानी पूरा वक़्त कुलवन्त कौर मेज़ के नीचे बैठी थी! मैं प्रार्थना करती रही सरोज को पता न चले। खाना निबटने पर सती को बाहर जाने का इशारा कर सरोज को किताब पर दस्तख़त करवाने स्टडी में ले गयी। वापस आयी तो अचला ने "सब दुरुस्त" का इशारा किया। मैंने राहत की साँस ली। सती ने जैसे ही चलने को कहा मैंने कहा हाँ तुम्हें जल्दी जाना था न! सरोज को रोके रखा। ऐसे ही कटती होगी देशों की प्रमुखों की ज़िन्दगी। इससे उसको बचाना; उससे इसको।

तीन बरस तक बेमुरव्वत माहौल में काम करने के बाद अदालत का फ़ैसला सती के हक़ में आया तो उसने कॉलेज से इस्तीफ़ा दे दिया। उसके पति अपनी किताबें उसे सौंप गये थे और जायदाद भाइयों के बच्चों को। सती को गिला न था। उपयुक्त सम्पादन के साथ वह उनकी किताबों के नये संस्करण छपवाती रही और उनके चेले-चाँटों के पत्रों के उत्तर देती रही। उनका नाम चमकता रहे यही चाहती थी वह।

वह सिर्फ़ सुख के समय की उत्तम साथी नहीं थी। मेरे पहाड़ जैसे दुख में मेरे पीछे चट्टान बन खड़ी रही। सोचा था दुख का ज़िक्र न करूँगी। पर पिछले तीस साल से जो ज़िन्दगी बना हुआ है; ज़िन्दगी की कहूँ तो उसे अलग कैसे करूँ? मेरे बेटे अपु पूरा नाम शशांक विक्रम गर्ग की शादी आठ साल पहले से प्रेम में बँधे चित्रा और अवध मुद्गल की बेटी अपर्णा मुद्गल से 10 दिसम्बर 1992 को हुई। और 27 सितम्बर 1993 को प्रेमी युगल अलवर से दिल्ली आते हुए मोटर दुर्घटना में खेत हो रहा। आई.आई.टी. के पहले साल में अठारह बरस की उम्र में मुहब्बत की अपर्णा तब 14 की थी और स्कूल में पढ़ रही थी। 26 साल का हुआ नहीं और वह 22 की कि सब स्वाहा हो गया। यह पहाड़ जस-का-तस तीस साल से मेरे कन्धों पर खड़ा है। एक चट्टान सहारा तनिक सा ही दे सकती थी पर बोझ हल्का ज़रूर कर सकती थी। सती वह चट्टान थी। सब्ज़ी का टोकरा 1993 के बाद भी मेरे घर लाती रही। उससे पहले मौलश्री के फूलों की माला दी जो मैंने उनकी तस्वीर को पहना दी। सूख कर भी मौलश्री महक देती है जानते होंगे।

असल काम कुछ और किया उसने। मैं धार्मिक वृत्ति की नहीं हूँ फिर भी उस हादसे के बाद ख़ास कर अपर्णा के बार-बार किये दावे की वजह से कि अपु और वह शिव-पार्वती थे सुकून की तलाश में, हिन्दू धर्म के हर ईश्वरीय रूप के मन्दिर के साथ जैन मन्दिर, बहाई मन्दिर, बौद्ध धार्मिक स्थल और निज़ामुद्दीन की दरगाह हो आयी थी। तनिक सुकून न मिला। जहाँ दुर्घटना हुई थी वहाँ जंगल उगाया तपेदिक की दवा

बाँटी खुद तपेदिक की शिकार हुई पर पहाड़ ज़रा न धसका। फिर एक दिन सती मुझे गुरुद्वारे ले गयी। कुल सवा रुपये का प्रसाद लिया उसने कहा यहाँ प्रसाद सवा रुपये का लो या सवा लाख का फ़र्क़ नहीं पड़ता। हम अन्दर बैठ गये। भाई जी गुरु ग्रन्थ साहिब का पाठ कर रहे थे। कोई कर्म काण्ड न था। पर जब पाठ का समापन हुआ भाई जी ने गुरुग्रन्थ साहिब से दूर तक खुशबू फैलाती मोगरे की मोटी लम्बी माला उठाई। अचानक सती ने उनसे कहा यह माला इसे दे दें। निमिष भर उनकी दृष्टि मेरे भावहीन चेहरे पर पड़ी और माला मेरे हाथ में थी। बरसों बाद बदन और मन में हरारत हुई। चक्कर आ गया।

सती मुझे अपने घर ले गयी।

गुरुग्रन्थ साहिब मेरे पास रखा। कहा आँखें बन्द कर उसे खोल किसी पन्ने पर कहीं उँगली रख दूँ। जो पंक्तियाँ उँगली के नीचे हों उनका पाठ करूँ। सामने दीया जला कर उसकी लौ पर ध्यान केन्द्रित करूँ। कौन-सी पंक्ति निकली थीं अब याद नहीं। यह याद है कि लौ पर ध्यान केन्द्रित करती तो पंक्तियाँ बोलना भूल उसी में अटक जाती। पहले अपु का चेहरा दिखता फिर अपर्णा का फिर दोनों आपस में मिल दिव्य आकृति बनते... एक दिन सहसा शब्दों का उच्चारण होने लगा। रफ़्ता-रफ़्ता खुमारी दिलोदिमाग़ पर तारी हो कर नींद में तब्दील हो गयी। कुछ लम्हों के लिए सुकून मिल गया। मिलता रहा। चट्टान पहाड़ को तनिक हिला गयी।

उन्हीं दिनों एक अजीब अहसास होने लगा था। शाम चार बजे के क़रीब। लौ तो देर रात बैठक में जलाया करती थी। बैठक ही नहीं घर का सब कुछ अपु या अपु और मेरा डिज़ाइन किया हुआ था। दो मन्दिरनुमा आले थे। छोटे आले में दीया जला कर रखती। तीन तरफ़ से आड़ रहती तो लौ सीधी खड़ी जलती। चित्त एकाग्र करना सहज होता। ओह अपु हमने यह सोच कर इसे बनवाया था! कितने नासमझ भोले और भविष्य के लिए आस्थावान थे हम!

मैं नहीं, तुम ममी केवल तुम।

बतलाया था न अपर्णा ने? आशु को भी बतला दिया था जब वह ध्यान लगा रहा था। तभी अब प्रकृतिस्थ है। तुम भी हो जाओ। हम शिव-पार्वती थे। आये चले गये। शोक क्यों? पहली बार सुना फिर मन के कोने में सिमटा रहने लगा।

तीन-चार दिनों से शाम चार बजे तीन बजे होने वाले नाक़ाबिले बर्दाश्त तनाव से कुछ राहत मिलने लगी थी। तीन बजे तबीयत क्यों ख़राब होती थी कारण साफ़ था। मनोविश्लेषक की ज़रूरत न थी। तीन बजे अपर्णा के पिता ने उनसे

मोटरगाड़ी से दिल्ली आने की ज़िद की थी। जब तक अपु फ़ैक्टरी से घर पहुँचा फिर दिल्ली आने की तैयारी की शाम के सात बज चुके थे। रात को उस हाईवे पर गाड़ी चलाना ख़तरे से ख़ाली न था। आनन्द ने उन्हें क़सम दिलवा रखी थी कि किसी हाल रात में ड्राइव नहीं करेंगे। वे ख़ुद उसी सुबह अलवर से दिल्ली आये थे; आना होता तो उनके साथ आ जाते पर उनका कोई इरादा न था।

वह तो पिता पर बेटी को ऊँची तनख़्वाह पर फ़ैशन/मॉडलिंग पत्रिका का सम्पादक बनाने का भूत सवार था। वे फ़ोन पर फ़ोन करते रहे। आख़िर वे निकल पड़े। अपर्णा ड्राइव कर रही थी हाईवे पर गाड़ी चलाने का अनुभव था नहीं। अपु को भी ख़ास न था पर वह अपर्णा की तरह तेज़ रफ़्तार से गाड़ी नहीं चलाता था। यूँ टकराई तो वह बिना लालटेन टाँगे खड़ी ट्रेक्टर ट्रॉली से जिस पर सवार लोगों ने मदद करने की ज़रा कोशिश न की।

सामने से गाड़ी में आ रहा पुलिस अफ़सर दिल्ली न लाकर उन्हें अपने गन्तव्य नूह ले गया जहाँ इलाज नामचारे को मिल सकता था। उसी पुलिस अफ़सर ने आनन्द को सूचना दी। जब तक वे नूह पहुँच एंबुलेंस से उन्हें दिल्ली अस्पताल लाये सब शेष हो चुका था। मैं बनारस में थी बाद में पहुँची। तीस साल से शाम तीन बजे तबीयत ख़राब होने की वजह यह थी। किसी कार्यक्रम यात्रा या लिखने में मशगूल होती तो तबीयत बिगड़ने के बाद घड़ी देखती कि हाँ, तीन बज रहे थे।

उन दिनों चार बजे कुछ राहत मिलने लगी थी। जैसे शिवशंकर सिर पर हाथ फेर रहे हों ...या अपु! कुछ दिन बीतने पर अमरीकन सखी मेरी रैडिक का ख़त मिला। लिखा था, “मैं रोज़ सुबह चार बजे तुम्हारे लिए ॐ नमः शिवाय का जाप करती हूँ। तुम्हें कुछ महसूस हुआ क्या?” हाँ मैं चकित पर विभोर थी शाम चार बजे होता है सुकून महसूस रोज़, कैलिफ़ोर्निया अमरीका और दिल्ली के बीच बारह घण्टे का अन्तराल होता है न। क़रीब एक महीना उन्होंने पाठ किया। पूरे एक महीने सुबह उठ कर मेरे लिए दुआ माँगी हज़ारों मीलों की दूरी से और इतनी शिद्दत से कि मुझ तक पहुँच गयी। मेरी, किन शब्दों में तुम्हें याद करूँ शब्दातीत हो तुम!

मेरी रैडिक से पहली मुलाक़ात सेन फ्रांसिस्को में 1990 में हुई थी। यूनिवर्सिटी से सेबाटिकल लेकर जो कर रही थीं अजूबे से कम न था। तब एच.आई.वी. और एड्स का प्रकोप वहाँ नया-नया फैला था। परिवार तक रोगी को पनाह न देता सड़क के हवाले कर देता। मेरी ने एक खस्ताहाल मकान किराये पर ले

उसे अस्पताल और मन्दिर की मिली-जुली शक्ल दी। परित्यक्त युवक-युवतियों को वहाँ ले आतीं। उनकी तीमारदारी करतीं कनफ़ैशन सुनतीं दर्द बाँटतीं और सब मिल कर गीत गाते। मृत्यु होने पर जो अवश्यंभावी थी स्मृति सभा करतीं। अगरबत्ती ज़रूर जलातीं दीया अवश्य बालतीं। सब मिल कर कई मज़हबों के गीत, भजन, नाद, हिम्स गाते और इज़्ज़त के साथ उसे विदा देते। कितनी बार समझाने और सबूत देने पर भी कि एड्स या एच.आई.वी. पास आने या छूने से नहीं लगता, लोग कन्नी काटते रहे। पहली बार माँ-बाप आये, दूसरी-तीसरी बार बहन-भाई। फिर पुराने दोस्त, छूटे महबूब, परिचित, पड़ोसी, अजनबी सब आने लगे। कार्यक्रम सामूहिक श्रद्धांजलि या अपराध बोध निवारण बन गया; स्मृति से ग़ायब संसार छोड़े लोगों को स्मृति में दुबारा सँजोने का माध्यम। उनका कहना था भारत से सीखा था उन्होंने कि आत्मा न जलाई जा सकती है न दफ़न की जा सकती है इसलिए उसका उत्सर्ग मनाना ज़रूरी है। शरीर कितना भी गलीज़ हो आत्मा पाक होती है।

मेरी रैडिक सन्त नहीं समाज विज्ञान की प्रोफ़ेसर एन्थ्रोपोलोजिस्ट थीं। कोई उन्हें मदर टेरेसा की तरह याद नहीं करता। पर जो काम उन्होंने किया सन्त ही कर सकता था। वे साहित्य की पाठक प्रशंसक और अद्भुत मित्र भी थीं। 1991 में दूसरी बार मिलना हुआ तभी बेमिसाल मित्रता साबित कर दी। मैं आशु की जटिल सर्जरी के लिए अमरीका गयी थी। अपु साथ था। मेरी रैडिक एक शाम घर आयीं। नायाब पौधा तोहफ़े में लायीं। साथ चाय पी आलू टिक्की ख़ूब भायी। मैंने बेटे की सर्जरी के बारे में बतलाया। उन्होंने एक वाक्य भर कहा पर लम्बे प्रवचन से ज़्यादा मानीखेज़ था। "किसी चीज़ की ज़रूरत हो तो मुझे फ़ोन करके कहियेगा, मेरी, कम (मेरी, आ जाओ)। क्यों, किसलिए कुछ नहीं। मैं फ़ौरन आ जाऊँगी।"

वह मौक़ा नहीं आया। अपु के दोस्तों ने पूरा साथ निभाया। आशु स्वस्थ हो गया तो दोस्तों के आमन्त्रण पर अपु अमरीका के शहर और केनेडा घूमने चला गया। मैं टिकी रही। कई यूनिवर्सिटीज़ में रचना पाठ और व्याख्यान देने गयी। सिटी कॉलेज ऑफ़ सेन फ्रांसिस्को में कहानी पाठ किया तो मेरी ने मुझसे कहा, युवा अमरीकन पन्द्रह मिनट से ज़्यादा एकाग्र नहीं रहते। पॉपकॉर्न खाना होता है। ज़्यादा देर स्थिर न बैठें तो बुरा न मानूँ।

मैं अंग्रेज़ी अनुवाद में अपनी कहानी 'ग्लेशियर से' पढ़ने वाली थी। उससे पहले कहा, "मैं शुरुआत इन्सल्ट (अपमान) से करूँगी। मुझे बतलाया गया है कि आप लोग पन्द्रह मिनट से ज़्यादा ध्यान नहीं दे पाते। आज की एक्सर्साइज़ है; इसे ग़लत साबित करना।

"मैं दूसरे देश से हूँ। अंग्रेज़ी मेरी भाषा नहीं है इसलिए मेरा उच्चारण इंटोनेशन सब फ़र्क़ होगा। यानी आपको ज़्यादा ध्यान से सुनना पड़ेगा। तो मेरे नौजवान दोस्तो सुनिए कहानी टू द ग्लेशियर!"

क्या बतलाऊँ कितनी घनघोर चुप्पी में 30 मिनट तक तल्लीन हो उन्होंने कहानी सुनी। ख़त्म हुई तो मेरी ने पूछा, "एनी कमेंट्स?"

एक लड़के ने कहा, "जब आप कहानी पढ़ रही थीं तो द क्वालिटी ऑफ़ लाइट चेंज्ड इन द रूम (कमरे में रोशनी की प्रकृति बदल गयी।)" मुझसे ज़्यादा मेरी रैडिक गद्गद हुईं। और हम कह रहे थे कि युवा मन लगा कर सुनते नहीं!

उसके बाद यूएनओ के "कन्वेंशन ओन डिस्क्रिमिनेशन अगेन्स्ट विमेन इन थर्ड वर्ल्ड" में बतौर वक्ता भाग लेने का मौक़ा मिला। तब तक मेरा शुरुआती जुमला मैं शुरुआत इन्सल्ट से करूँगी मशहूर हो चुका था। जैसे ही कोई कहता सोच रही हूँ क्या कहूँ, लोग कहते स्टार्ट विद एन इन्सल्ट!

वहाँ तीन महिलाएँ आमन्त्रित थीं; अफ़्रीका से एक मुस्लिम औरत जिसके शौहर की दो बीवियाँ थीं; ईरान से एक डॉक्टर और भारत से मैं, लेखक। काफ़ी मज़ेदार कार्यक्रम रहा पर टी.वी. पर न दिखलाया जा सका क्योंकि ईरानी औरतों को टी.वी. पर दिखलाने की इजाज़त न थी। मेरी रैडिक ने मेरा परिचय देते हुए उस छात्र की टिप्पणी दुहराई।

मैंने आज़ादी के आन्दोलन में स्त्रियों की भागीदारी मुकम्मल करवाने के लिए गाँधी जी का हवाला दे कहा, गाँधी का नाम सुना होगा। वही जिस पर मशहूर फ़िल्म हस्ती रिचर्ड एटनबरो ने फ़िल्म बनाई है। ख़ूब शोर मचा। बहुतों ने कहा, "आप हमारी इन्सल्ट कर रही हैं; हम महात्मा गाँधी को बख़ूबी जानते हैं उनके मुरीद हैं... वग़ैरह वग़ैरह..." मेरी रैडिक ने कहा, "यह तो इनकी आदत है। ऐसे ही आपको उकसाती हैं।" सब ठहाका लगा गये।

शौहर की दो बीवियों में से एक होने पर लोगों ने अफ़्रीकन महिला को कठघरे में खड़ा किया तो उसने तपाक से पूछा, "आप दो हफ़्ते के लिए विदेश जाती हैं तो बच्चों को किस के भरोसे छोड़ती हैं?"

कुछ ने कहा, "उनके पिता के," पर झिझक कर क्योंकि काफ़ी औरतें तलाक़शुदा थीं और अमूमन पिता की नयी बीवी होती थी।

"मुझे सोचना नहीं पड़ा। अपनी साथी-बीवी के पास छोड़ आयी हूँ। वे कहीं जाती हैं तो मेरे पास छोड़ जाती हैं। लेन-देन का मसला है इसलिए एक-दूसरे के बच्चों का हम अपने बच्चों जितना ख़याल रखते हैं। छुटपन में वे जानते ही नहीं किस माँ के बच्चे हैं। आप मानेंगी न यह ज़बरदस्त सहूलियत है।"

कोई औरत माक़ूल जवाब न दे पायी।

ईरान की महिला ने कहा, "कोई हमसे छेड़खानी करे तो कड़ी सज़ा मिलती है। रेप का सवाल ही पैदा नहीं होता।"

"पर आप को टी.वी. पर नहीं दिखलाया जा सकता!" दर्शकों ने तंज़ किया।

"ज़रूरत क्या है। आप हैं न काफ़ी कमेन्ट्स आ जायेंगे। मेरा चेहरा और बदन तो ढका रहता किसी को ख़ाक मज़ा आता।"

फिर दर्शक मुझसे बोले, "आप सब ने इतने ख़ूबसूरत हाथ से बुने लिबास पहने हैं। औरतों ने कम मज़दूरी पर बनाये होंगे।"

"बदसूरत सच यह है कि इनमें से कुछ बच्चों ने बुने हैं। जो अमरीकन कम्पनियाँ चीन में करती हैं, हिन्दुस्तानी अपने मुल्क में करते हैं। पर हम शर्मिन्दा हैं और बाल श्रम ख़त्म करने की कोशिश कर रहे हैं। आपको अपनी उद्योगधर्मिता पर शर्म नहीं फ़ख़्र है और उसे सुधारने का इरादा नहीं है।" यूँ नोकझोंक चली और तीसरी दुनिया की औरतें अपनी शख़्सियत का जलवा मनवा कर रहीं। वैसे मेरी रैडिक और मैं इत्तिफ़ाक़ रखती थीं कि हर मुल्क में औरतों को दिक़्क़त का सामना करना पड़ता था।

विडम्बना है न कि जिसकी ऐसी नायाब सहेलियाँ हों उसे भी पहाड़-सा दुख भोगना पड़े।

सतिन्दर बजाज जैसी नायाब शख़्सियत वाली अपनी एक और सखी पवन सुराणा से आपको मिलवाना चाहती हूँ। मेरा उनसे सबसे पहले मिलना 1997 में हुआ जब वे महारानी कॉलेज जयपुर की प्रिंसिपल थीं और बतौर लेखिका मुझे वहाँ बुलाया था। वैसे विश्वविद्यालय में प्रोफ़ेसर वे जर्मन की रही थीं।

उसकी कहानी भी ख़ासी अद्‌भुत थी।

शादी से पहले वे पिलानी से संस्कृत में एम.ए. कर चुकी थीं और जर्मन का एक कोर्स भी। पर आगे जर्मन पढ़ने की प्रबल इच्छा थी। सुहागरात पर जब नये

पति ने कहा तुम्हें देने लायक़ उपहार मेरे पास नहीं है, क्या दूँ तो चट कहा बस जर्मन की पढ़ाई करवा दीजिएगा। शायद ही कभी किसी ख़ातून ने सुहागरात पर शौहर से ऐसा आला तोहफ़ा माँगा होगा! पति वकील सुराणा साहब ने वादा किया और निभाया। शुरुआती जर्मन के छह कोर्स और टीचर्स ट्रेनिंग का कोर्स पवन जी ने भारत में ही मैक्स म्यूलर भवन से किया फिर एक कोर्स जर्मनी जाकर। दो साल ओस्मानिया यूनिवर्सिटी में जर्मन की लेक्चरर रह कर म्यूनिख से दुबारा टीचर्स ट्रेनिंग कोर्स किया और राजस्थान वि.वि. में जर्मन की लेक्चरर हो गयीं। इस बीच दो बच्चे हो चुके थे। जब वे पाँच-सात साल के हुए तो जर्मनी जाकर पीएच.डी. की। लौट कर राजस्थान वि.वि. में रीडर और तरक़्क़ी करके प्रोफ़ेसर हो गयीं। 12 साल तक वहाँ पढ़ाया। यानी जर्मन पढ़ने का शौक़ हर रंग में परवान चढ़ा।

इस पूरे क़िस्से में मुझे जो बात सबसे दिलचस्प लगी वह यह थी कि पिलानी जाकर संस्कृत में एम.ए. करने वाली इस लड़की का परिवार बेतरह पर्दानशीं था। माँ कहीं बाहर निकलतीं तो चार औरतें चारों तरफ़ पर्दा ताने साथ चलतीं। बहन ससुराल से मैके आती तो जिस वाहन में सवारी करती उसे चाँदनी से ढँक कर पूरी तरह नक़ाबपोश बना दिया जाता। भाभियाँ बाक़ायदा घूँघट काढ़े रखतीं। उससे भी दिलचस्प तथ्य यह था कि उसी पर्दानशीं माँ के इसरार पर बेटी को पिलानी पढ़ने भेजा गया। उनका तर्क सरल पर बातुक था। बेटों को बढ़िया कॉलेजों में पढ़ाया तो उस बेटी को क्यों नहीं जिसके भीतर पढ़ने की अदम्य लालसा थी। पर्दे से बाहर ज़िन्दगी बसर करती आधुनिक कहलाने वाली कितनी माँओं के भीतर बेटी को बराबरी का दर्जा दिलवाने का ऐसा माद्दा होता है? अनुभव से जानती हूँ बहुत कम के पास।

मेरे हिसाब से पवन जी के बेमिसाल करतब के पीछे उनकी बेमिसाल माँ ज़रूर रही होंगी।

उन्हीं का असर रहा होगा कि जब संस्कृत में एम.ए. करके बेटी की शादी का मौक़ा आया तो उसने एक अनहोनी शर्त रखी। वह मंडप में तभी आयेगी यानी विवाह तभी करेगी जब भाभी, जिन्हें दूल्हे का स्वागत करना था और भाई के साथ मंडप में बैठना था घूँघट न करें। पवन जी जब चार साल की थीं तभी पिता गुज़र गये थे इसलिए भाभी-भाई को ही मंडप में बैठना था।

यह बम्बइया फ़िल्म होती तो आप क़यास लगा सकते हैं कि इस ज़िद का नतीजा कितना हंगामाई होता। पर यह पोंगापन्थी फ़िल्म नहीं उस परिवार की कहानी है जिसकी बेटी पर्दे की तमाम पाबन्दियों के बावजूद शहर से बाहर रह कर एम.ए. कर चुकी थी। ख़ुद पर्दानशीं माँ की पहल पर। तो साहब भाभियों ने घूँघट उलट दिया। तमाम शहर देखने आ जुटा कि नगर सेठ की बहू बिला घूँघट वर का आरता कर रही थी और ननद का विवाह सम्पन्न करवा रही थी। पवन जी गर्व के साथ बतलाती हैं उस दिन से हमारे घर में घूँघट का चलन ख़त्म हो गया।

बच्चों के साथ उन्होंने उम्रदराज़ सास की भी पूरी देखभाल भी। देखभाल करने में उन जैसी निपुण स्त्री नहीं देखी। मुझे भी तो ऐसे सहेज कर रखा था जैसे काँच की बनी हूँ। जितनी विद्वान थीं उतनी या उससे ज़्यादा कुशल प्रबन्धक। ऊर्जा इतनी प्रबल कि मैं अचम्भित हो सोचती क्या वाक़ई मुझसे कुल तीन साल छोटी थीं! सब चीज़ों के साथ साहित्य में उनकी गहरी रुचि है और पैठ भी! मैं ख़ुद को किताबी कीड़ा समझती थी पर वे मुझसे दो क़दम आगे थीं। जर्मन के साथ हिन्दी की भारी भरकम लाइब्रेरी है घर पर शोभा के लिए नहीं बार-बार पढ़ने की लालसा पूरी करने के लिए। मुझे ही नहीं इतनी हिन्दी लेखिकाओं को कॉलेज में मेहमान बनाया कि उनकी गिनती बेहिसाब ही कहनी पड़ेगी। मुझे तो बतौर वक्ता इंडो जर्मन सोसाइटी में भी बुलाया।

पहली बार कड़क सर्दी में जयपुर गयी थी। अलस्सुबह शताब्दी पकड़ने में कुछ आलस ज़रूर आया पर सोचा ठाठ से एयरकंडीशंड गाड़ी में नाश्ता और झपकी ले ख़ुशहाल वक़्त यानी ग्यारह बजे जयपुर में हूँगी। वि.वि. के गेस्ट हाउस में कॉफ़ी पी ताज़ा दम हो साड़ी बदल तसल्ली से कॉलेज पहुँच भाषण दे लूँगी। पर दिल्ली शहर में उस दिन ऐसा ज़बरदस्त कोहरा उतरा कि अपनी गाड़ी छोड़ पेशेवर टैक्सी चालक की शरण जाना पड़ा। स्टेशन पहुँच रफ़्तार के लिए ख्यात शताब्दी पकड़ ली तो सोचा क़िला फ़तह हो गया। पर कहाँ! जिन्न की मानिन्द कोहरा हमारे साथ-साथ चला और उसके हमले से बेदम शताब्दी रफ़्तार क्या पकड़ती केंचुए सी रेंगती आगे खिसकी। कोई ढाई बजे गाड़ी जयपुर पहुँची। पवन जी स्टेशन से सीधे मुझे कॉलेज ले गयीं क्योंकि आख़िर लड़कियाँ कितनी देर शाम तक घर से बाहर रह सकती थीं! मेरे भाषण के तुरन्त बाद उन्होंने एक ज़बरदस्त आयोजन किया हुआ था। कॉलेज की एक छात्र पूरी तैयारी के साथ मेरी कहानी 'मीरा नाची' का एकल नाट्य मंचन करने जा रही थी। पहले कोई जानकारी न थी इसलिए सुखद और रोमांचक आश्चर्य था। मन था बोलूँ नहीं सीधा मंचन देखूँ।

पर वह बदतमीज़ी होती। लड़कियों को इतनी देर इन्तज़ार करना पड़ा था कि कुछ-न-कुछ कहना ज़रूरी था। छोटा-सा वक्तव्य दे काम चलाया। मीरा नाची का एकल मंचन वाक़ई अद्भुत था। सब थकान दूर हो गयी। अगले जयपुर प्रवास में पता चला था कि बाद में उसका मंचन दीक्षान्त समारोह में भी करवाया गया था। उसे देख मुख्यमन्त्री अशोक गहलोत इतने भाव विह्वल हो गये कि पूरा नाटक देखा और तुरन्त लड़कियों की शिक्षा के लिए अनुदान दे डाला! उसका निर्देशन वि.वि. के ड्रामा विभाग की प्रमुख अर्चना श्रीवास्तव ने किया था। आज भी लोग रस लेकर उसे याद करते हैं। उसके बाद उस कहानी के कई एकल मंचन व पाठ हुए पर मेरे लिए जयपुर वाला यादगार बना रहा। उसे याद कर पवन जी का रोमांचित होना मुझे गहरे आह्लाद से भर देता है।

उस शाम तक सब लोग काफ़ी थक चुके थे पर जहाँ तक पवन सुराणा नाम की हस्ती का सवाल था शायद वे जानती ही न थी थकान होती क्या है? खाना-पीना कॉलेज में हो चुका था पर उसके बाद लगातार वे मेरे आराम के इन्तज़ामात में लगी रहीं। कहने को मैं गेस्ट हाउस में ठहरी थी पर लग रहा था पवन जी के घर रह रही हूँ। पहले उनके घर से हीटर आया फिर रज़ाई फिर मिठाई। मिठाई का आलम यह था कि जब जयपुर से लौटती न जाने कितने क़िस्म की मिठाई साथ बाँधी जाती। और भी कई तरह का पारम्परिक खानपान जैसे बेटी बिदा हो रही हो। उसमें काफ़ी से ज़्यादा हाथ वकील साहब का रहता। वे हर चीज़-बस्त एक के बजाय दो लेने में यक़ीन रखते थे। पवन जी के हर काम में साथ देते-देते मुझ पर ख़ास अनुग्रह होता गया। मैं भी उन्हें बहुत मानने लगी थी।

गेस्ट हाउस को मेरा ख़ास ख़याल रखने के लिए इतनी हिदायतें दी गयीं कि अलस्सुबह बढ़िया चाय मिली। चाय के लिए बढ़िया कहूँ तो मान कर चलिए नायाब होगी! फिर दिन भर सिलसिला चलता रहा क्योंकि कोई न कोई मिलने आता रहा और उस ज़बर ठण्ड में चाय की तलब उठती रही।

उसके बाद के दिनों में जब भी जयपुर गयी और अनेक बार गयी तो उन्हीं के घर ठहरी परिवार की ख़ासुलख़ास सदस्य की तरह। एक मर्तबा वि.वि. गेस्ट हाउस में कमरा न मिलने पर उनके यहाँ क्या ठहरी रिवायत बन गयी।

यहाँ तक कि जब उनके यहाँ एक जैन साध्वी ठहरने आने वाली थीं तब भी मुझे अपने घर में पनाह दी। पुस्तक मेला आयोजकों ने मुझे आई.ए.एस. ट्रेनीज़ के हॉस्टल की एक कॉटेज में ठहरा तो दिया पर यह नहीं सोचा कि छुट्टियों की

वजह से रसोई बन्द थी। मुझे वहाँ छोड़ मेरी तरफ़ से पूरी तरह उदासीन हो गये। यानी कुछ खा सकने के लिए एक किलोमीटर चल मुख्य दरवाज़े तक जाना होगा वहाँ से तिपहिया पकड़ बाज़ार पहुँच खा कर वैसे ही वापसी। भीषण गर्मी में उस क़वायद के बारे में सोच कर ही रूह फ़ना हो गयी। पर मुझे जाना ही न पड़ा। उन आयोजकों से पवन जी का कुछ लेना-देना न था पर जैसे ही उन्होंने वह कैफ़ियत देखी फ़ौरन मुझे अपने घर ले गयीं। अगले दिन जैन साध्वी के आगमन की तैयारियाँ देख मुझे अपनी क़ाहिली पर बहुत शर्म आयी। मैंने प्रस्ताव रखा कि उस दिन के लिए मैं वापस हॉस्टल चली जाती हूँ अगले दिन दिल्ली लौटना ही था। वे किसी हाल नहीं मानीं।

एक तरह अच्छा ही हुआ क्योंकि उन युवा मेधावी और कला मर्मज्ञ साध्वी से मिलना प्रीतिकर और नितान्त नया अनुभव था। कहने को मैं जैन थी पर उसके कर्मकाण्ड से पूरी तरह अनभिज्ञ। बाहर से लौटी तो बरामदे में उन्हें विराजे देखा। चप्पल उतार पैर और हाथ कस कर धोये पर खड़ी बाहर ही रही। पता नहीं था उनसे कितनी दूरी बना कर भीतर जाना चाहिए। मेरा संकोच भाँप उन्होंने स्नेहिल स्वर में कहा, “आ जाइए। आप लेखक हैं न आप पर कोई रोक नहीं है।” दूर से प्रणाम कर मैं भीतर सरकने लगी तो बोलीं, “हमारे पास बैठिये न।” मैं बैठ गयी। काफ़ी देर उनसे बात हुई साहित्य पर, कला पर, जीवन पर। कोई आडम्बर नहीं। दूसरे को तुच्छ मानने की ज़रा मंशा नहीं।

साध्वी जी की बात चली है तो एक क़िस्सा और कहती चलूँ। जब पवन जी नयी बहू थीं उनकी उम्रदराज़ सास घर से यह कह कर चलीं कि पीहर जा रही हूँ पर इरादा उनका साध्वी बनने का था। तो जा पहुँचीं उस गाँव जहाँ उनका उपासरा था। घरवालों तक ख़बर पहुँची तो मालूम हुआ कि तब तक उन्होंने कपड़े ही बदले थे बाक़ायदा दीक्षा नहीं ली थी। मतलब उन्हें लौटा लाया जा सकता था। तो वही करने सुराणा साहब और उनके बड़े भाई ने उस गाँव जाना तय किया। पवन जी साथ जाना चाहती थीं पर जेठ जी ने कहा कोई महिला नहीं जायेगी वहाँ कुछ भी अप्रिय घट सकता था। पवन जी ने संयमित तर्क दिया कि कपड़े बदलवाने में महिला की ज़रूरत होगी तो सोच कर बोले सही है बीनदणी को ले चलते हैं।

वहाँ पहुँच कर दोनों मर्दों ने माँ को थाम टैक्सी में बिठलाया कि हाथों में लालटेन लिए दर्जनों मर्द-औरत प्रकट हो गये। उपासरा का साधक गाड़ी के

आगे लेट गया और उसके हिमायती दोनों भाइयों को पीटने लगे। तब पवन जी ने बहू का चोला उतार फेंका और चण्डी का रूप धर लिया। गाड़ी के भीतर झाँकती औरत के हाथ से लालटेन छीन दूर फेंकी और दहाड़ कर कहा, वे अगले गाँव के नगर सेठ की बेटी थीं और जिन पर वे हाथ उठा रहे थे वे और उनके पिता नामी वकील। मारपीट और दख़लन्दाज़ी फ़ौरन रोकी न गयी तो समझ लें अंजाम बहुत बुरा होगा।

उनके रौद्र रूप ने लोगों को असमंजस में डाला नहीं कि वे लोग माँ समेत उड़नछू। नहीं उड़नछू नहीं इस वाक़ये का एक मज़ाहिया पहलू भी था। टैक्सी वाला बोला गाड़ी में पेट्रोल तो है ही नहीं! बिना औसान खोये उसे अगले गाँव की सरहद पर पहुँच गाड़ी रोकने को कहा। वहाँ एक गाँव वाले की मशीन से पाँच लीटर पेट्रोल ख़रीदा और जयपुर का सफ़र जारी रखा। यानी पवन सुराणा नाम की दुर्गा साथ न होतीं तो उस रोमांचक जोखिम यात्रा का सुखद अन्त शायद न हो पाता।

सास साहिबा कुछ दिन उदास ज़रूर रहीं पर मन ही मन समझ रही थीं कि उस उम्र में साध्वी बन कर उन्हें अपार कष्ट सहन करना पड़ता। शायद उसे झेल न पातीं। जब उनके पति का निधन हुआ तो उस विलक्षण बहू की शुभेच्छा और दबंगई का मान रख उनके पास रहने आ गयीं और मृत्यु होने तक वहीं बनी रहीं। वाक़ई वे दबंग या जैनेन्द्र जी के शब्दों में कहें तो प्रबल औरत हैं। और उतनी ही दिलदार और जोखिम उठाने की हद तक घूमने फिरने की शौक़ीन।

जिस दबंगई की मैं चश्मदीद गवाह थी वह निस्बतन मामूली थी पर उनकी शख़्सियत का मर्म उजागर कर गयी थी। केवल लड़कियों के लिए बने महारानी कॉलेज में एक बहुआयामी उत्सव का आयोजन था जिसमें कुछ शरारती लड़के घुस आये और दरबान को तंग करने लगे। उससे कुछ करते नहीं बन रहा था ज़ाहिर था वे गुल-गपाड़ा करने की तैयारी करके आये थे। तभी पवन सुराणा वहाँ पहुँची। मैं सोच रही थी अब शायद पुलिस बुलाई जाये या...

पवन जी ने सिर्फ़ इतना किया कि सख़्त पर गज़ब के संयत स्वर में कहा, "आप पधारिये!" दो शब्द, बस। लड़के कसमसाये तो उन्होंने बाहरी फाटक को इंगित कर उसी लहजे में दुहराया, "आप पधारिये!" पता नहीं कैसा रुआब और आतंक था उस स्वर में कि लड़के वाक़ई फाटक की तरफ़ बढ़ गये।

बाद में पता चला कि असल दबंगई और कूटनीतिज्ञता का जलवा तो रूपकँवर के ज़बरदस्ती सती करवाये जाने के ख़िलाफ़ प्रदर्शन करके दिखलाया था। क़ानून से माँग की थी, उसे हत्या माने और उसके महिमामण्डन पर रोक लगाये। उनके आह्वान पर काफ़ी पारम्परिक क़िस्म की औरतें भी उनके प्रदर्शन में शामिल हो गयी थीं। पवन सुराणा कितनी आला कूटनीतिज्ञ हैं, उसका परिचय इस निर्णय में मिलता है कि उन्होंने तय किया यदि किसी गण्यमान्य राजपूत महिला को उस हादसे के विरोध में आवाज़ उठाने के लिए तैयार किया जाये तो प्रभाव ज़्यादा पड़ेगा। पद्मश्री लक्ष्मी कुमारी चूड़ावत नाम की आला हस्ती ने उनका प्रस्ताव मान लिया और उनके प्रदर्शन के पक्ष में भाषण दिया। तब राजनीति में उत्पात मचाने वाले कई लड़कों ने उनके घर धावा बोल काफ़ी तोड़फोड़ की। पवन जी के लिए यह नाक़ाबिले बर्दाश्त था। उनकी नैतिक दृष्टि में लक्ष्मी कुमारी चूड़ावत ने जो किया उनके कहने पर इसलिए दोष उनका था और प्रतिकार भी उन्हीं को करना था। तो नपेतुले शब्दों में एक नवयुवती की मौत पर जश्न मनाने और एक औरत के घर हमला बोलने की भर्त्सना करते हुए ज्ञापन लिखा। उस पर क़रीब सौ महिलाओं के दस्तख़त करवाये और राजस्थान पत्रिका में छपने देने गयीं तो दो टूक कहा आपने चूड़ावत जी के घर पर हुए हमले का विस्तार से वर्णन किया है तो इसे भी छापिए। वरना लोग आपकी पत्रिका को पक्षपाती मानेंगे। ज्ञापन छपा और राजस्थान की औरतों पर ज़बरदस्त प्रभाव पड़ा। अनगिन सम्भ्रान्त राजपूत महिलाएँ उनके और चूड़ावत जी के समर्थन में आ जुटीं। काफ़ी महिलाओं ने फ़ोन करके लक्ष्मी कुमारी चूड़ावत जी से पूछा वे इस आन्दोलन में क्या मदद कर सकती थीं। वे नहीं चाहती थीं कि उनकी बेटी को कभी ऐसा दिन देखना पड़े। सती नहीं, कभी नहीं! यानी सोच के स्तर पर एक क्रान्ति हो गयी।

आगे चल कर जब महिला आयोग की अध्यक्षता और कुलपति के पद के बीच चयन करने का मौक़ा मिला तो उन्होंने महिला आयोग को चुना। उस पद पर रहते हुए अपनी नैतिक निर्भयता के बूते पर कई क़ाबिले तारीफ़ कामों को अंजाम दिया। बूढ़ी माँ से हिंसक बर्ताव करने वाले एक बेटे के पड़ोसियों को जब उसकी ख़बर हुई तो विरोध करने उसके घर जा पहुँचे। पुलिसवाले भी आ गये। तब पवन जी ने पुलिसवालों से कहा कि दंगा न करवाने का एक ही तरीक़ा था कि बूढ़ी माँ को बाहर निकालने में उनकी मदद करें। उन्हें बाहर निकाला गया और कुछ महीने वे पीड़ित महिला-गृह में रहीं। कुछ समय बाद उनके दूसरे बेटे ने

अदालत में हलफ़नामा दिया कि उनकी देखभाल करेगा और उन्हें अपने घर ले गया। तब तक उन्हें घर-परिवार याद आने लगा था! माँ का मन उसकी थाह कौन ले सकता है! न जाने कितनी मज़लूम औरतों की उन्होंने मदद की उनमें हिम्मत का संचार किया रोज़गार दिलवाया और अदालत की दिलचस्पी जगाई।

पर वे सिर्फ़ सामाजिक मंच पर ही निर्भीक नहीं थीं निजी ज़िन्दगी में भी उतनी ही बिंदास थीं। सामाजिक बातें तो मेरी देखी नहीं सुनी हुई हैं पर निजी जीवन में मेरे लिए सबसे यादगार और रोमांचक अनुभव था उनका ख़ुद गाड़ी चला कर एक शाम मुझे नाहरगढ़ ले जाना। नाहरगढ़ क़िला काफ़ी ऊँचाई पर है जहाँ से पूरे अरावली क्षेत्र का विहंगम दृश्य देखा जा सकता है। पवन जी योजनाबद्ध तरीक़े से ठीक सूर्यास्त की वेला वहाँ पहुँचीं। तभी वहाँ से दृश्य देखना सबसे रोमांचक होता है; सच और सपने का अद्‌भुत सम्मिलन। कभी हम ऊपर आसमान की तरफ़ देखते हैं तो कभी आँखों के दायें-बायें और सीध में फैले परिदृश्य को। जयपुर से वहाँ तक का रास्ता घुमावदार पहाड़ी चढ़ाई वाला यानी ख़ासा बीहड़ है; गाड़ी ख़ूब सँभाल कर चलानी ज़रूरी है। पवन जी को गाड़ी चलाते देख मैं क़तई क़यास नहीं लगा सकती थी कि वह नौसिखिया हैं।

ऊपर पहुँच कर क़िले के रेस्टोरेंट में खाना खा रहे थे तब उन्होंने बतलाया। मैं आँखें फाड़े विस्मय से उन्हें ताक रही थी कि हँसते-हँसते उन्होंने उससे भी लोमहर्षक कहानी सुना दी। जब वाक़ई गाड़ी चलाना सीखे कुल जमा एक दिन हुआ था वे कैमिस्ट्री में जर्मन नोबेल पुरस्कार विजेता को गाड़ी चला कर नाहरगढ़ ले गयी थीं। दो जवान पीएच.डी. छात्र पीछे बिठा लिए थे कि नोबेल विजेता की संगत में कुछ सीखने को मिलेगा। दरअसल सीख उन्हें पवन जी की संगत में ही काफ़ी मिल गयी। ख़ूब हँस कर उन्होंने कहा एक दुर्गम चढ़ाई पर गाड़ी को पहले गियर में करने का ख़याल न आया तो गाड़ी पीछे की तरफ़ लुढ़कने लगी। उनकी आँखों के सामने अख़बार की सुर्ख़ी तैर गयी, पवन सुराणा नाम की अब दिवंगत महिला ने जर्मन नोबेल विजेता को सड़क दुर्घटना में मरवाया!

पर उन्होंने औसान नहीं खोये! वही तो। किसी हाल औसान न खोना उनकी ख़ासियत है। छात्रों से कहा उतर कर एक बड़ा-सा पत्थर उठायें और पिछले पहियों से सटा कर रखें जिससे गाड़ी पीछे फिसलने से इतनी देर रुकी रहे कि पहला गियर लगा वे उसे ऊपर चढ़ा लें। लड़कों ने वही किया और फ़ुर्ती से वापस कार में घुस उनके साथ नाहरगढ़ पहुँच लिए। पूरी प्रक्रिया के दौरान नोबेल विजेता मूक बना रहा। हो सकता है उसकी आँखों के सामने भी अख़बार की सुर्ख़ी दौड़ी

हो और उसने उसे चुप करवा दिया हो या मेरी तरह उन पर इतना भरोसा रहा हो कि दुर्घटना की सम्भावना की तरफ़ ध्यान न गया हो!

मुझे लगा उनके पास जर्मन किताबों की भरमार देख और उनसे उन पर फ़र्राटे से जर्मन भाषा में चर्चा सुन इतना मुरीद हो गया होगा कि सोच न सका होगा कि वे कोई ग़लती कर सकती थीं। पवन जी ने बतलाया था कि भले नोबेल उन्हें कैमिस्ट्री में मिला था पर साहित्य का इतना ज्ञान था कि अनेक ख्यात जर्मन कवियों की कविताएँ ज़बानी याद थीं जिनका पाठ सस्वर सुनाते रहे थे। कथा साहित्य से भी काफ़ी उद्धरण याद थे, उन्हें भी सुनाते रहे थे। सालन के साथ चटनी समान व्याख्या भी की थी! साहित्य प्रेमी मिलजुल बैठें तो वह अपने में एक पुरस्कार होता है। इसलिए उनकी ख़ूब पटी और उन्होंने पवन जी के घर पर ही भारतीय और विदेशी व्यंजनों का मिलाजुला नाश्ता किया। फिर शाम को नाहरगढ़ यात्रा।

पवन जी ने यह भी बतलाया कि तब कभी-कभी उस रास्ते में चीते तेंदुए भी टहलते हुए सड़क पार करते दीख जाते थे। बदक़िस्मती से उस दिन मुझे एक न दीखा, दीखना उस रोमांचक सफ़र के मौज़ूं होता और उसे कुछ और नायाब बना देता।

पर बिला उन्हें देखे भी मेरी वह सहेली नायाब बनी रहीं। एक-दो नहीं पूरे तीस साल!

उन्हीं दिनों बनी एक और सहेली का ज़िक्र करती चलूँ। नाम था संगीता गुप्ता। उम्र में मुझसे आधी थी। पर ताल्लुकात सहेलियों के बने। बिस्मिल्लाह उसकी तरफ़ से हुई। 1997 रहा होगा। एक फ़ोन आया किसी मोहतरमा ने कहा, "मेरा नाम संगीता गुप्ता है। मैं इन्कम टैक्स विभाग में काम करती हूँ। कल आइफ़ेक्स में मेरे चित्रों की नुमाइश है। छह बजे उद्घाटन है। आप ज़रूर आइए।"

"सॉरी, मैं आपको जानती नहीं।"

"कोई बात नहीं। मैं तो आपको जानती हूँ। बचपन से आपको पढ़ती आयी हूँ। मेरा हक़ बनता है कि आप मेरी एकल प्रदर्शिनी में आयें," बहैसियत पाठक हक़ की ऐसी गूँज पहले न सुनी थी।

मेरी दिलचस्पी जग गयी। वहाँ पहुँची तो देखा अन्य लेखक-लेखिकाओं के साथ मंजुल भी मौजूद थीं। अपनी फ़ितरत के चलते मिठाई का डिब्बा साथ लायी थीं।

नुमाइश ठीक-ठाक थी। पर वह शुरुआत थी। उसके बाद उसने लम्बा सफ़र तय किया। दाद देने लायक़ बेहतरी और प्रगति दिखलाई। शायद दूसरी या तीसरी मर्तबा मैंने एक पेंटिंग ख़रीदी। सुखद यह हुआ कि हमारे अज़ीज़ और चित्रकला के पारखी प्रभु अग्रवाल को पसन्द आ गयी तो उन्हें बेच दी। कुछ चित्र अपनी सहेलियों को भेंट किये जिनमें सती एक थीं।

उसके बाद बेंगलूरु में उसकी प्रदर्शिनी में गयी और एस.जी. वासुदेव जैसे मशहूर चित्रकार से मिलवाया। उनकी पत्नी मेरी परिचित व दोस्त थीं। वासुदेव को उसमें काफ़ी सम्भावना दिखलाई दीं। संगीता अपनी कला को बेहतर बनाने के लिए बड़े कलाकारों के सुझाव धीरज से सुनती और नये प्रयोग करने से न क़तराती। काफ़ी बड़े कलाकारों का वरदहस्त उसके सिर पर था। एक थीं अनुपम सूद वाक़ई अनुपम ग्राफ़िक आर्टिस्ट। अकेली ऐसी औरत जिसने बेबाक कहा, "सॉरी, मैं नये दोस्त नहीं बनाती; दोस्ती के लिए वक़्त नहीं है मेरे पास।" पर कला पर बात करने के लिए था। ज़ाहिर है मैं उनकी दोस्त नहीं बनी पर दर्शक के साथ कला के मामले में राज़दार ज़रूर बनी। ख़ासी ख़ब्तुलहवास कलाकार थीं। रेलगाड़ी में दिल्ली से बेंगलूरु पहुँच गयीं पर यह न जानती थीं कि बेंगलूरु में जाना कहाँ है। हवाई जहाज़ के बजाय इतना लम्बा सफ़र गाड़ी से कर क्यों बेंगलूरु आयीं, उसकी ठोस वजह न आयोजकों के पास थी न ख़ुद उनके। ख़ुद मुझे बतलाया कि रास्ते भर सहयात्रियों से पूछती आयी थीं कि बेंगलूरु आने में कितनी देर थी। गाड़ी को बेंगलूरु पहुँचने में कितने घण्टे लगेंगे यह मालूम किये बिना आरक्षण करवा लिया था। संगीता की नौकरशाही दक्षता थी कि वह दिल्ली से आने वाली ट्रेन पर पहुँच उन्हें लिवा लायी। संगीता उन्हें दोस्त बनाने में क़ामयाब इसीलिए हुई ख़ास महारत थी उसमें।

संगीता में गज़ब का धीरज और मेहनत करने की अदम्य ऊर्जा के साथ शोहरत पाने की अपार लालसा थी। प्रचार-प्रसार की कला में अतिकुशल जैसे मुझे फ़ोन पर चुप किया था औरों को भी करती रहती थी।

एक बार हम पावस व्याख्यानमाला में भोपाल गये। आमन्त्रित वक्ताओं के व्याख्यान, वक्तव्य, टीका के बाद नामांकित टिप्पणीकारों को जो तब तक वक्ताओं की लफ़्फ़ाजी झेलते रहे थे कुछ कहने के लिए आमन्त्रित किया गया। हिन्दी की रिवायत है शुरू में हर शख़्स निर्धारित समय से ज़्यादा देर बोलता है। अन्त तक आते सहसा कालबोध जाग्रत होता है और वक्ता को आठ, नहीं, छह, नहीं, चार मिनट में बात ख़त्म करने को कहा जाता है। जब तक नामांकित टिप्पणीकारों

की बारी आयी कालबोध दो मिनट पर सिमट चुका था। युवा कवि संगीता गुप्ता ने मंच से बोलना शुरू किया कि अध्यक्ष ने दो मिनट कह रोक दिया। उसने दृढ़ स्वर में कहा, “मैं दिल्ली से आयी हूँ इतनी देर से चुपचाप आप लोगों को सुन रही हूँ। आपको मेरी बात सुननी होगी। पाठक और कवि के नाते हक़ बनता है मेरा।” सारा हॉल और मंच स्तब्ध! संगीता ने अपनी बात संक्षेप में पर पूरी कही। सबने चुपचाप सुनी। यह बानगी है कि किस तरह अपनी बात मनवाने में पारंगत थी। प्रतिभा के साथ यह गठजोड़ मारक था। बाद में मिलने वाली सफलता, नाम और चित्रों के दामों में बढ़ोतरी तयशुदा थी। चित्रों की क़ीमत बढ़ती है तभी इन्सान सफल चित्रकार साबित होता है। संगीता हुई। बरसों तक अनेक लोगों की अन्तरंग और दिलनशीं दोस्त बनी रही। उसमें ऊर्जा का ऐसा भण्डार है कि उसके सहारे कई काम एक साथ निबटा लेती है।

हमारी दोस्ती में एक परम्परा बन गयी कि तूफ़ान आये या भूचाल हर दीवाली दुपहर का खाना वह मेरे घर खाती। पारम्परिक खाना कम बनता प्रयोग ज़्यादा होते। कभी मेथी-पनीर की भुरजी के साथ मूँग की दाल का चीला तो कभी पास्ता तो कभी चाओमीन पर हर हाल, उसकी पसन्दीदा आलू की टिक्की और मेरा बनाया केक। रिवायत तब टूटी जब संगीता को कोविड ने धर पकड़ा। कुछ दिन कम मेहनत कर पायी पर जल्द फुल एनर्जी मोड में लौट आयी।

उसकी सहनशक्ति और इच्छाशक्ति कमाल की हैं। साठ बरस पूरे करने से कुछ महीने पहले, विदेश में बर्फ़ पर फिसल कर गिरी और दायीं कलाई की हड्डी का चूरा हो गया। आपात इलाज वहाँ हुआ पर सर्जरी करवाने हिन्दुस्तान लौट आयी। सर्जरी के बाद डॉक्टर ने फिज्योथेरेपी करवाने को कहा। यह भी कि काफ़ी सारी एक्सर्साइज़ करनी होंगी तो वक़्त काफ़ी लगेगा। संगीता ने कहा, अटरम-शटरम एक्सर्साइज़ करने से बेहतर है, उतना ही कष्ट उठा कर पेंटिंग बनाने की कोशिश करूँ। यानी पेंटिंग को चिकित्सा का माध्यम बना लिया। साठवें जन्मदिन तक छोटे आकार की साठ पेंटिंग बना डालीं। जब साठवें जन्मदिन पर उनकी नुमाइश लगा दावत दी तो मेहमान तय न कर पाये कि कला को सराहें, उसके पीछे के दर्द भरे जीवट पर हैरान हों या आँखें भीग जाने दें। वह जानती है और मैं भी कि कला दर्द से परवान चढ़ती है, फिर कोई बाधा देर तक उसे कैसे रोके रख सकती है। ज़िन्दगी भर वह नये रास्ते तलाशती रही। रफ़्ता-रफ़्ता अमूर्त

चित्रांकन में महारत हासिल कर ली। देश के नामचीन चित्रकारों की फ़ेहरिस्त में नाम आ गया। पर वह चित्रकला तक महदूद नहीं रही। उसने अमूर्त मूर्तिकला में दिलचस्प प्रयोग किये।

सबसे अद्भुत प्रयोग था; लोक कला और अमूर्त कला के मूल तत्त्वों का गठबन्धन कर नील से रंगी खादी पर 20 दिनों में अकेले, दिन-रात एक करके 606 फ़ीट 11 इंच लम्बी और 3 फ़ीट चौड़ी पेंटिंग बनाना। नाम हुआ आदियोगी शिव। वह शिव के लास्य मिश्रित ताण्डव स्वरूप की अनन्य भक्त व प्रेमी है। भक्त प्रेमी होता ही है सो शिव का हर मनोहारी और विकराल रूप उसमें चित्रित है। शिव से सम्बन्धित हर चिह्न डमरू, त्रिशूल, आग्नेय तीसरा नेत्र सजीव हो उभरे हैं। सांगानेरी लोक कला में पारम्परिक रूप से प्रयुक्त नील और उससे रंगी खादी से मोहित हो झोंक में दीर्घकाय पेंटिंग बनाने का फ़ैसला लिया और आदत के मुताबिक़ ऐलान भी कर दिया। लोगों ने सोचा नहीं था, वह उतने मीटर खादी प्राप्त कर लोक कला के गुरुमन्त्र में अमूर्त कला की बारीकियाँ जज़्ब कर कारीगर की तरह दीर्घकाय पेंटिंग बनाने में जुट जायेगी! पर उसने जो कहा कर दिखलाया। कारीगरी और कलाकारी के बीच का संस्कारगत अन्तर मिटा बड़ा काम किया। मिरेकल वर्ल्ड रिकॉर्ड बुक में दुनिया की सबसे बड़ी पेंटिंग की तरह उसका नाम शुमार हो गया है। पर असल उपलब्धि पेंटिंग की लम्बाई-चौड़ाई नहीं, धीरज, ज़िद और आस्था है। ऐसे काम को अंजाम देने के लिए प्रतिभा के साथ उनकी अपार ज़रूरत होती है। उसे फ़ीट और इंचों में नहीं नापा जा सकता इसलिए कोई रिकॉर्ड बुक उसकी क़ीमत नहीं आँक सकती। इच्छाशक्ति का चमत्कार मान कर सराहना होता है।

उसके अलावा अनेक रोचक सफ़रनामे चित्रित किये। हिन्दी में कॉफ़ी टेबल बुक्स बनायीं। और तो और फ़िल्में भी बना डालीं। लद्दाख पर बनी फ़िल्म और चित्रित किताब दोनों अनूठे रहे। चित्रकारी के साथ कविताई का मिलान कर अनेक अनूठी पुस्तकें मुद्रित कीं। हाल में हस्तलिखित सामग्री भी दी उनमें। इसके बावजूद कि बतौर नौकरशाह इन्कम टैक्स विभाग में चीफ़ कमिश्नर के पद पर पहुँच रिटायर हुई। जल्दी रिटायरमेंट ले लिया क्योंकि बाक़ी जीवन कला पर केन्द्रित करना चाहती थी। अपना प्रकाशन शुरू किया और मय आर्ट गैलरी एक कला संकाय भी, जहाँ पहले आमने-सामने फिर कोविड के दौरान ऑनलाइन संगोष्ठियाँ, साक्षात्कार, वर्कशॉप और जो आप कल्पना कर सकें मुकम्मल होता रहा। उसका प्रबन्धन, व्यवस्था दृष्टि और संयोजक शक्ति नौकरशाह की है और दिल कलाकार का।

ऐसे बेमिसाल दिलोदानिश को क़ामयाबी मिलनी ही थी। मिली और ख़ूब मिली। उसके साथ उसका जीवन स्व पर केन्द्रित होता गया। वह काफ़ी आध्यात्मिक है मन्त्रोच्चारण और ध्यान लगाने में आस्था रखती है। धीरे-धीरे बहिर्मुखी से अन्तर्मुखी बनी। संकट के समय सामाजिक सरोकार की पैरोकार बन लोगों की मदद अब भी करती है पर उतनी मासूम न रही कि हर किसी को माँ मान बैठे। ज़िन्दगी ने जितना दिया उतना इम्तिहान भी लिया। मासूमियत को जाना ही था। दुनियादारी आनी ही थी। पर हम अब भी दोस्त हैं। एक-दूसरे से अपनी रूह के राज़ पोशीदा नहीं रखते इसलिए लम्बी दोस्ती में भोगने के साथ भुगतना भी शामिल रहता है।

उससे भी पुरानी सहेलियाँ थीं मेरी जो अपने बलबूते पर वक़्त की पाबन्दियों से आज़ाद हुई थीं। सबसे पहला नाम था उर्मिल माथुर, जो मिरांडा हाउस में अर्थशास्त्र में बी.ए. ऑनर्स करते मेरी दोस्त बनी। बाद में हिन्दू कॉलेज के तमिल राजगोपाल से मुहब्बत हुई और शादी कर उर्मिल राजगोपाल बन गयी। मज़े की बात यह थी कि स्कूल से चली आ रही उर्मिल की तीन पक्की सहेलियाँ वहाँ पढ़ती थीं सरस, उषा और उर्वशी। उन चारों के ख़याल, शौक़, चीमेगोइयाँ यकसां थीं। मैं सिर्फ़ उर्मिल की दोस्त थी उनके बीच 'द अदर।' पर वे दोस्तनवाज़ ख़ातूनें थीं और मैं काफ़ी वक़्त उनके साथ बिताती थी ख़ासकर यूनिवर्सिटी कॉफ़ी हाउस जाने के लिए। अपनी उम्र के मुताबिक़ सब ब्वॉय क्रेजी थीं नज़रें लड़कों से टकराती रहतीं। अन्ततः उर्मिल माथुर की शादी तमिल लड़के और तमिल सरस की शादी पंजाबी कृष्ण खुल्लर से हुई। मगर माँ-बाप की तरफ़ से गुल-गपाड़ा सिर्फ़ उर्मिल और राज की शादी में मचा क्योंकि राज के पिता का ब्राह्मणत्व जाग्रत हो गया। मांसाहारी माथुर उनके लिए म्लेच्छ समान थे। काफ़ी इन्तज़ार के बाद बिना उनकी इजाज़त या उपस्थिति शादी हुई। फिर आई.ए.एस. होने से, डेप्युटी से शुरू हो फुल कलेक्टर की पोस्टिंग पर राज और उर्मिल जहाँ-तहाँ घूमे। कॉलेज में पढ़ते हुए राजगोपाल से मेरी मुलाक़ात हो गयी थी। बावजूद इसके कि हम बात-बेबात बहस करते, दोस्त बन गये थे।

कभी-कभी जब मैं उसकी बात काटती तो उर्मिल मुझे उकसाती। हाँ-हाँ, बतला इसे। वह ख़ुद ख़ूबसूरती के अलावा सभी क्षेत्रों में राज को श्रेष्ठ मानती थी। उसकी जानकारी, पदवी, ज़ेहनियत और अहंकार से आतंकित रहती थी। धीरे-धीरे ऊँचे पदों पर काम करके ख़ुदमुख़्तार हुई और उस आतंक से बाहर आ गयी।

आज़ाद वुजूद हासिल कर लिया। हद दर्जे की हिम्मती और स्वस्थ है इसलिए पूरी दुनिया में अकेले यात्राएँ कर अलग पायदान पा लिया है। राजगोपाल कभी साथ जाते कभी नहीं वह अकेली निकल जाती। उन चारों सखियों में सबसे ज़ेहनी सरस थी। इतिहास में बी.ए. ऑनर्स फिर एम.ए. किया। 1960 से 63 तक जानकी देवी कॉलेज दिल्ली में हमने साथ लेक्चररशिप की। मैंने 1963 में शादी करके आनन्द के साथ औद्योगिक क़स्बों में सालोंसाल बिताये पर पति की अक़ूत दौलत के बावजूद, सरस रिटायर होने तक इतिहास पढ़ाती रही। पंजाबी से शादी के बाद सरस के दक्षिण भारतीय नैन-नक़्श ऐसे तीखे हुए कि आम दक्षिण बाला से हट एकदम सिने तारिका सी ग्लैमरस हो गयी। मेकअप तो बी.ए. के तीसरे वर्ष में मैंने भी शुरू कर दिया था पर न पहले सरस की तरह आम थी न बाद में उसकी तरह ख़ासुलख़ास हुई।

सरस से मेरा मिलना तभी होता जब उर्मिल दिल्ली आती। उसका आना बहार के आने जैसा होता। सरस, वह और मैं महँगी जगह खाना खाते और मस्ती करते। उर्मिल अच्छी-ख़ासी पियक्कड़ थी पर सबसे उत्तम ब्रांड की व्हिस्की ही पीती थी। मैं एक पेग की तलबगार थी। उसके साथ कभी-कभाक नियम तोड़ देती। सरस हम दोनों के बीच की थी। दरअसल मुझे वाइन पीनी पसन्द थी उसमें सरस ही नहीं अनेक परिचित और दोस्त औरतों का साथ मिल जाता। सिर्फ़ एक पेग पीते देख वे ख़ासी अचम्भित होतीं क्योंकि पीने के लिए मैं माक़ूल माहौल बनाने में काफ़ी मशक़्क़त करती और करवाती थी।

मुझे याद है काली फॉर विमेन की प्रकाशक ऋतु मेनन ने जब कई स्त्री लेखकों को आनन्दग्राम जैसी हसीन बस्ती में कॉन्फ्रेंस के लिए ठहराया तो मैंने रात के वाइन सेशन को अपनी कॉटेज के कदम्ब के पेड़ तले रखने की ज़िद की। जश्न में एक गिलास के बाद हाथ रोक लिया तो ऋतु नाराज़ हो कर बोली, इतना तामझाम एक गिलास वाइन के लिए! मैंने कहा, हुज़ूर, सुरूर पैमाने में नहीं मेरे मस्ताने में है। पूछ लो चचा ग़ालिब से। उसकी नाराज़गी दूर करने और कदम्ब को वाज़िब इज़्ज़त देने की ख़ातिर एक जाम और पी लिया। मुश्किल यह थी कि जहाँ और लोग पी कर ख़ूब सोते, मेरी नींद ग़ाफ़िल हो जाती या मैं निहायत नामाक़ूल सपने देखती। हाँ, कभी-कभाक रचना की उलझी गाँठ भी वाइन के उनींदेपन में खुल जाती।

उर्मिल, सरस और मैंने कई यात्राएँ साथ कीं जिनमें रणथम्भोर और सरिसका के जंगल सबसे यादगार हैं। उर्मिल के पास रसूख रहता, सरस के पास अक़ूत पैसा।

मेरा और अपना पैसा आनन्द पहले ही लुटा चुके थे। रसूख था तो लेखक के नाते जो इज़्ज़त तो बख़्शता है ठोस कुछ नहीं। मैं बस मज़ेदार बातें कर सकती थी। तो क्या मैं कोर्ट जेस्टर की भूमिका निभा रही थी? नहीं उन दोनों ने मुझे ज़मीन से डेढ़ इंच ऊपर चलने वाला लेखक मान रखा था। यही था लेखक होने का फ़ायदा!

राजगोपाल के रसूख के चलते रणथम्भोर में हम बीच जंगल बने पुराने शिकारगाह जयमहल में ठहरे जिसमें तब तक प्रधानमन्त्री राजीव गाँधी ही ठहरे थे। वहाँ बिजली न थी और हमें मिले दो कमरों के बीच पूरा गलियारा था। सोने की बारी आयी तो ख़ुशी बल्कि सुकून के साथ मैं अकेले कमरे में सोने को तत्पर हुई। पर वे नहीं मानीं। कहने लगीं रात को शेर आ गया तो? तो तुम क्या करोगी? टॉर्च तो सबके पास है। उसकी रोशनी में प्यार तो किया जा सकता है बचाव नहीं। पर मैं बहस हार गयी। हालाँकि वहाँ आते शेर की छाया तक न देखी थी। सो एक गद्दा घसीट कर एक से दूसरे कमरे में ले जाना पड़ा।

वह ख़ला अलस्सुबह दूर हो गयी। जीप में बैठते ही बाउंड्री की दीवार पर लहीम शहीम बंगाल टाइगर पसरा दीखा। गाइड ने ओंठों पर उँगली रख चुप रहने का संकेत किया। बोलने लायक़ बचा कौन था! इतना पास था कि आँखों में आँखें डाल इसरारे मुहब्बत किया जा सकता था। ज़बान छोड़ हम बदन हिलाने तक से गुरेज़ किये रहे। बाद में कॉटेज के ठीक नीचे बनी झील के किनारे शेर ही नहीं मय बच्चों से खेलती शेरनी भी दिखलाई दी।

समझ लीजिए वह दृश्य मेरी और उर्मिल की दोस्ती का प्रतीक था जो आज तक क़ायम है।

2018 में जब 80 बरस पूरे करने वाली थी और अमनचैन था जाने क्यों 1993 से टल रहा अवसाद मुझे निगल गया। इस हाल पहुँच गयी कि ईमेल न कर पाऊँ, एटीएम न चला पाऊँ, अवन में केक तक न बना पाऊँ जो बायें हाथ का खेल होता था। मैं अकेली नहीं थी जिस पर सालों बाद पहाड़ से दुख ने अवसाद बन धावा बोला। निराला और शैलेश मटियानी उससे गुज़र चुके थे। अवसाद के छह महीनों में कोई बहन या भांजी मिलने न आयी। बस उर्मिल बिला नागा फ़ोन करती और बार-बार आग्रह करती जो मेरे साथ हुआ लिख डालूँ। ईश्वर की बख़्शी प्रतिभा का इस्तेमाल करूँ। होता बहुतों के साथ है पर वे ईमानदारी से लिख नहीं पाते। तुम लिखो मुझे वचन दो लिखोगी। एक उर्मिल दूसरे दिनेश द्विवेदी।

दिनेश पर बाद में विस्तार से लिखूँगी। अभी इस सन्दर्भ में उनकी भूमिका पर कहती चलूँ। काया से दिनेश द्विवेदी भले पुरुष हों संस्कृत और शास्त्रों के ज्ञानी हों पर उस कठिन समय में सब नायाब औरतों में सबसे ऊपर दर्जा उनका रहा क्योंकि वे मन से अप्रतिम सखी हैं। उर्मिल की तरह मुझे रोज़ फ़ोन करते। शुरू में मैंने उठाया नहीं तो आशु से मेरा हाल पूछा और शिक़ायत की कि मैं उनका फ़ोन नहीं उठा रही। आशु ने कहा उनसे बात करो चैन मिलेगा। वाक़ई मिला।

दिनेश ने मेरे लिए जिन अनगिन श्लोकों का पाठ किया सो अलग। पर सबसे मुफ़ीद उनका मुझे समझाना रहा कि हर चीज़ की मियाद होती है। ज़िन्दगी ख़ुद एक मियाद है। वक़्त से पहले कुछ नहीं बदलता और मियाद पूरी होने पर बदलता ही है। मैं मामाजी की तार्किक भांजी ठहरी यह तार्किक बात मन को बींध गयी तो उस दलदल से बाहर आने में मदद मिली।

बेटे-बहू के आग्रह पर जिस मनोविश्लेषक से मैंने पहले पहल बात की थी वह औरत थी और बतौर लेखक मुझसे परिचित। उसने कहा, “मैं नये केस नहीं ले रही पर आप जैसी तेज़तर्रार औरत को मनोविश्लेषक की क्या ज़रूरत? आपको मंच से सुना है। जिस मंच पर होती हैं हंगामा हो कर रहता है। मुझे यक़ीन है अपने लिए आप ख़ुद काफ़ी हैं। फिर भी अपनी जगह आये मनोविश्लेषक का नाम-नम्बर बतला देती हूँ।” यहीं चूक हुई। इच्छाशक्ति कमज़ोर थी सो उस नामाक़ूल आदमी से मिलने पहुँच गयी। जो दवाइयाँ उसने पकड़ायीं उन्होंने मुझे पागल बनाने में कसर न छोड़ी।

तब दूसरी मंज़िल पर रहने वाली सोनाली मेरे काम आयी वह बेटी जिसे मैंने पैदा न किया था। उसने आशु से भी पंगा ले लिया और अड़ गयी कि हर हाल वह बदनुमा जोज़र्ट नाम की दवा मुझे नहीं खानी चाहिए। आशु मुझे बेंगलूरु ले गया। वहाँ दूसरी डॉक्टर को दिखलाया दवा बदली गयी और मैं सेहत वापस पाने की राह पर चल पड़ी। संयोग से वह स्त्री थी। उसने भी उर्मिल की तरह कहा, “जिस दिन आप नयी रचना का पहला पन्ना लिखें मुझे ख़बर कर दें। उस दिन से आप सेहतमन्द होती जायेंगी।” वही हुआ।

ऐसा नहीं था कि तमाम औरतें संवेदनशील थीं। कुछ नामुराद स्त्रियों से भी पाला पड़ा। चारेक महीने पहले डॉक्टर श्रॉफ़ के क्लिनिक में आँखों का सालाना मुआयना करवाया था। डॉ. नौशेर श्रॉफ़ ने कहा था, “आपको तो मुझसे भी बेहतर दीख रहा है। पर रेटिना का मुआयना ज़रूर करवा लें।” मैंने हँस कर कहा था, “आप ख़ुदा हैं कि आप से बेहतर नहीं दीख सकता!”

रेटिना का मुआयना फ़ौरन नहीं करवाया। पूरा दिन खप जाता था। अब अचानक आँखें धुँधलाने लगीं। क़यास न लगा पायी कि यह क़हर भी जोज़र्ट का बख़्शा था। तो रेटिना टेस्ट करवाने चली गयी। दुर्भाग्य से बेहद ऊँची आवाज़ में बोलने वाली महिला से पाला पड़ा। मुझे तेज़ आवाज़ों से कोफ़्त होती है पर ख़ुदा मुझसे पूछ कर तो आवाज़ अता करता नहीं। उन्होंने पुरज़ोर आवाज़ में कहा, "बुढ़ापे में नज़र का धुँधलाना होता रहता है। उसके लिए कुछ नहीं किया जा सकता।" बाहर बैठे बेटे ने भी सुना। उसे सुनाने की ख़ातिर मैंने भी ऊँची आवाज़ में कहा, "चार महीनों में मैं बूढ़ी हो गयी? कुल चार महीने पहले डॉक्टर श्रॉफ़ ने कहा था मैं उनसे बेहतर देख सकती हूँ। धुँधलेपन का नामोनिशां नहीं था।"

"मुझे नहीं मालूम। कोई कभी भी बूढ़ा हो सकता है।"

"सिर्फ़ यह कहिए मोहतरमा कि आपको नहीं मालूम!" मैं बाहर आ गयी। ज़ाहिर है जवान बेटे को जवान डॉक्टर पर ज़्यादा यक़ीन था बूढ़ी माँ पर कम। पर जैसे ही जोज़र्ट नाम की बदनुमा दवा से पीछा छूटा दो बरस से आँखों पर जब-तब हावी होता धुँधलापन मिट गया। दो साल बाद पता चला कि बायीं आँख में मोतियाबिन्द ऑपरेशन के बीस साल बाद उसी तरह लेन्स वाली थैली नीचे सरक आयी थी जैसे छह साल पहले दायीं आँख की सरकी थी जिसकी वजह से तब और अब, रेटिना सर्जरी ज़रूरी हो गयी थी। धुँधलेपन का राज़ खुला तो डॉक्टर मोहतरमा के अनाड़ीपन और हद दर्जे की संवेदनहीनता पर मुहर लग गयी।

जैसे उर्मिल ने कहा था मैंने कहानी की शक्ल दे आपबीती लिख डाली और हंस पत्रिका में छप गयी। बीच-बीच में हँसी मज़ाक़ की बातें भी थीं। डॉक्टर के सिवा सब नाम असली थे। बहुत पाठकों के पत्र आये। सबसे सटीक था किसी का कहना जिसके दो ऐसे दोस्त हों जिनमें से एक मियाद का दर्शन समझा दे, दूसरा कहानी लिखवा ले जाये; वह अवसाद में कितने दिन रहेगा? सच है। पर दोस्त दो नहीं तीन थे।

तीसरा नाम सोनाली का जोड़ना चाहती हूँ। उर्मिल जब-तब मुझसे कहती थी जब अपनी ज़रूरत पड़ने पर तेरी बहनें-भांजियाँ महीनों तेरे घर रह सकती हैं तो तेरी ज़रूरत के वक़्त क्यों नहीं रह सकतीं? तू नहीं कह सकती तो मैं फ़ोन करके कह देती हूँ कि कुछ दिन तेरे पास रह जायें। मैं मना कर देती ज़रूरत नहीं है सोनाली है न! जो ख़ुद न आये उसे क्या बुलाना? मैंने यह सोच कर उन्हें पनाह नहीं दी थी कि मेरी ज़रूरत के वक़्त काम आयेंगी।

वैसे जब अपु गया, वह भूमिका वे काफ़ी निभा चुकी थीं। पहले वाली रेटिना सर्जरी के वक़्त भी। कौन कितनी बार वह क़र्ज़ चुकाये जिसे न क़र्ज़ समझ दिया गया न लिया।

फिर सोनाली थी न। अब तक वह मेरी बेटी की तरह बनी हुई है। की तरह क्यों कह रही हूँ, बेटी ही है और सहेली भी। मुश्किल छोटी हो या बड़ी सोनाली मदद के लिए मौजूद रहती है। 2020 में जब आनन्द को कोविड हुआ तो अपने परिवार के सदस्य जैसे अज़ीज़ और मददगार डॉक्टर की सलाह पर उन्हें अस्पताल नहीं ले गयी। उनका कहना था कि तेरह दिन बीत चुके तो बिना अस्पताल घर पर ठीक हो जायेंगे। पता नहीं किस बेवक़ूफ़ाना घड़ी में तय एंबुलेंस को आने से मना कर दिया, कहते हैं न विनाश काले विपरीत बुद्धि! फिर आयी वह क़हर की रात। कैट स्कैन करवा कर लौटे तो तबीयत एकदम बिगड़ गयी। रात का वक़्त! मैं अकेली उनके संग। न उन्हें लिटा पाऊँ न उठा। वे उठ-उठ कर गिर जायें। उस वक़्त पूरी क़ायनात में सोनाली अकेली शख़्स थी जिसने कहा, "मैं फ़ोन पास रख कर सो रही हूँ। आपसे न सँभले तो मुझे फ़ोन कर दें। मैं दो मास्क, दस्ताने और पूरा चोगा पहन कर आ जाऊँगी। कोविड नहीं छू पायेगा मुझे। आप झिझकें नहीं।" जानती हूँ बुलाती तो वाक़ई आ जाती। यह दीगर है कि मैं बुलाती नहीं; उसे ख़तरे में कैसे डाल सकती थी। किसी तरह सुबह हुई। डॉक्टर का फ़ोन आया कि फलाँ नम्बर पर फ़ोन कर एंबुलेंस बुला लें कोविड विंग में बिस्तर मिल गया है। कैट स्कैन काफ़ी ख़तरनाक है फ़ौरन अस्पताल में दाख़िला ज़रूरी है। दाख़िला हो गया। आशु आ गया। कोविड विंग में कोई आ-जा नहीं सकता था। हाँ, फ़ोन पर बात हो जाती थी। डॉक्टरों के निदान को धता बतला वे एक हफ़्ते में घर लौट आये पहले बतला चुकी हूँ।

उसके बाद कितनी बार मैंने सोनाली को गुहार लगायी। उसे ख़ुद कोविड हुआ पर गम्भीर नहीं था। 21 दिन में ठीक हो गयी। रोज़ मैं उससे बात करती पर वह इतने जीवट की औरत है कि पर-निर्भर हुई ही नहीं। सेहतमन्द होने में तो ख़ैर काफ़ी वक़्त लगा। जब ठीक हो गयी तो आनन्द को चेस्ट इन्फ़ेक्शन हुआ। सुबह सात बजे डॉक्टर से बात करनी पड़ी। उन्होंने कहा पास के एक्स-रे क्लिनिक में एक्स-रे करवा लें शाम को रिपोर्ट देख तय करेंगे आगे क्या करना है। मैंने सोनाली से कहा नेट पर चैक कर ले कौन-सा एक्स-रे क्लिनिक क़रीब है मैं उतने ड्राइवर को फ़ोन करती हूँ और आनन्द को तैयार। वह बोली, मुझे तो हाल में कोविड हो कर चुका है ख़तरे से बाहर हूँ। ड्राइवर को छोड़िए मैं ले जाती हूँ।

शाम को वह रिपोर्ट ले आयेगा और आगे जो करना है करवा देगा। रिपोर्ट के अनुसार इलाज हो गया और वे दुरुस्त हो गये। सोनाली प्रस्तुत न होती तो फिर से आपात स्थिति पैदा हो सकती थी।

एक रात मैं काफ़ी कष्ट में रही तो उसके व्हाट्सएप पर मैसेज छोड़ दिया। सुबह वह आयी और अपनी पहचान की डॉक्टर को मैक्स अस्पताल दिखला लायी।

ऐसा नहीं है कि हमारा रिश्ता उसके हमारी जान बचाने तक सीमित है। हम फ़ोन पर ख़ूब गप्पें मारते हैं, न निजी बात एक-दूसरे से कहने से हिचकते हैं न सलाह-मशविरा से। यानी एक-दूसरे का साथ भरपूर एन्जॉय भी करते हैं सिर्फ़ मुसीबत में काम नहीं आते। पर मैं उस पर बेटी की तरह निर्भर हो चली हूँ। नये ख़रीदे टेबलट में वेबिनार में झोल आ रहा है, सोनाली ज़रा बतलाना क्या करूँ? एक बार आ कर सेम्पल देखना परदे के लिए कौन-सा कपड़ा लूँ? मैं तो माँ की तरह उसे कुछ चटपटा खिला भर देती हूँ।

यह बुरा ही हुआ कि एक बार उसकी आपदा में काम आने का दुर्योग घट गया। उसकी बेटी के साथ भयावह दुर्घटना हो गयी। वह अपनी गाड़ी में उसे ले पास के अस्पताल भागी। कोविड के दिन थे। लोग बाहर निकलने से घबराते थे। ख़ास कर अस्पताल! पर दुनिया की कोई ताक़त मुझे रोक न सकती थी। कितनी देर बेटी के ख़ून से सनी सोनाली को बाँहों में लिए बैठी रही। बेटी इमरजेंसी में थी। फिर दाख़िला हुआ अन्ततः सोनाली की ननद आ गयीं पर उस दिन जिस तरह मैंने भगवान को याद किया सिर्फ़ एक बार पहले किया था। बहुत आहिस्ता-आहिस्ता उसकी तबीयत में सुधार हुआ।

सोनाली जैसी जिजीविषा से भरपूर हर हाल ख़ुश रहने वाली लड़की मैंने दूसरी नहीं देखी। अंग्रेज़ी में जिसे कहते हैं, सरवाइवर, ख़राब से ख़राब हालात से उबरने का माद्दा रखने वाली। उसकी निजी ज़िन्दगी काफ़ी हौलनाक रही है। कुछ बरस पहले पति नहीं रहे घर पर वह और पन्द्रह साला बेटी ही हैं। घरेलू मददगार आती रहती है पर जब महीनों नहीं थी तब भी सोनाली की चहक और काम करने की मुस्तैदी में फ़र्क़ न आया था। बिजली का काम हो, प्लम्बिंग का, ताला तोड़ने का या अजीबोग़रीब हालात से निबटने का सब में निपुण है। ख़ूब लड़ी वह तो झाँसी वाली रानी थी की याद दिलाती है, बशर्ते झाँसी की रानी बात-बात पर हँसने-खिलखिलाने और प्यार बाँटने को तैयार रही हो। जो सोनाली है। मुसीबतज़दा की मदद करने को तत्पर और पी.आर. से मसले सुलझाने में माहिर।

सबसे लोमहर्षक दिन वह था जब दूसरी मंज़िल की छत पर बने मेरे घर काम करने वाली लड़की सुनीता के कमरे में आग लगी। सोनाली दूसरी मंज़िल पर रहती थी तब मैं उसे न के बराबर जानती थी। उसके दरवाज़े के बाहर रखे इन्वर्टर ने आग पकड़ी। सब चीख़ते-चिल्लाते नीचे दौड़े। ग़नीमत सुनीता ने बिजली का मेन स्विच ऑफ़ कर दिया। नीचे भागते हुए सोनाली ने याद रखा कि आनन्द की स्पाइन में फ़्रेक्चर है; वे बमुश्किल बिस्तर से उठ पाते हैं। वह तूफ़ान की तरह मेरे घर में घुसी और किसी तरह आनन्द को बाहर ले जा एक गाड़ी में बिठला दिया। साथ ही फ़ायर ब्रिगेड को फ़ोन करती गयी। मैं अपना फ़ोन उठाने को रुकी तो चिल्ला कर कहा छोड़िए उसे बाहर आइए। उस हुक्म की तामील की ही जानी थी। तमाशा देखने सड़क पर निकले पड़ोसियों को उसने तेज़ आवाज़ में हिदायत दी सब लोग फ़ायर ब्रिगेड और पुलिस को फ़ोन मिलाते रहिए। उन्होंने भी हुक्म की तामील की। बीस-तीस मिनट बाद पुलिस और फ़ायर ब्रिगेड पहुँचे और आग पर क़ाबू पा लिया। सुनीता की उम्र भर की कमाई; उसका ख़रीदा और मेरा दिया तमाम साज़ोसामान जल कर ख़ाक हो गया था। सोनाली ने इन्वर्टर ऑफ़ कर दिया था पर कुछ नुक़सान हुआ ही। ऐसे वक़्त में क़रीब-क़रीब एक अजनबी की हालत याद रख उसे बचाने की कोशिश करना लड़ाई के मैदान में मिलने वाले शौर्य चक्र का तलबगार था। जब बाक़ी पड़ोसी मुझसे पूछ रहे थे आपका कोई रिश्तेदार नहीं है जो आपको अपने घर ले जाये तो सोनाली ने चुपके से एक पड़ोसिन से कहा, "इन्हें अपने घर ले जाकर लिटा दीजिए शायद वॉशरूम भी जाना हो और कुछ खिला दीजिए। रिश्तेदार जने कब पहुँचे। आंटी का तो फ़ोन भी घर में पड़ा है।" रिश्तेदार थे भतेरे पर दूर फ़ोन करके बुलाने और उनके आने में वक़्त लगता क्या यह क़यास सिर्फ़ सोनाली लगा सकती थी? शर्मसार हो पड़ोसिन हमें घर लिवा ले गयीं। कहावत है दो तरह के लोग होते हैं। जब तीसरी मंज़िल पर आग लगती है तो पहली क़िस्म के लोग खुद को बचाने दूसरी मंज़िल से नीचे भागते हैं। और दूसरी क़िस्म के लोग ऊपर कि किसी को बचा पायें। सोनाली दूसरी क़िस्म की सिरमौर है। हमारा इन्तज़ाम करवा कर ही अपना नुक़सान आँकने ऊपर गयी।

एक दिन नासिरा शर्मा ने तफ़सील से बतलाया कि उनकी बेटी ने किस तरह बीमारी में उनकी सेवा की मुझ से हमदर्दी ज़ाहिर की कि काश मेरी बेटी रही होती! मैंने हँस कर कहा पर मेरी तो बेटी है! ऐसी बेटी बहुत क़िस्मत वालों को मिलती है जब मिल जाये सिर आँखों पर।

काम वाली से यह अध्याय शुरू किया था उसी से ख़त्म करती हूँ। अपनी सबसे बड़ी उपलब्धि उसी के माध्यम से मिली। मस्जिद मोठ के घर पर। घरों से कपड़े ले जो महिला अंगूरी उन पर इस्त्री करती थीं, निहायत तहज़ीब पसन्द ख़ातून थीं। ज़रा मलिन होता तो लौटा देतीं कि दुबारा धो कर दें। एक पड़ोसिन के कपड़ों पर इस्त्री करने से मना कर दिया क्योंकि कई रात नाइटी पहन थमा देती थीं। इस्त्री इतनी बढ़िया करतीं कि कपड़ा नया लगने लगता।

उनकी मार्फ़त मुझे ज़िन्दगी की वह उपलब्धि मिली जिसके सामने लेखन पानी भरे। उन्होंने बतलाया कि उनका पाँच साल का बेटा शम्भु मूक-बधिर था जिसे वे स्कूल में पढ़ाना चाहती थीं। शम्भु से मिली तो उसकी ज़ेहनियत की क़ायल हो गयी। उसे डॉक्टर को दिखलाया तो उसने टेस्ट के बाद बतलाया कि वह बोल सकता है पर बोलता नहीं क्योंकि सुन नहीं पाता। अभ्यास से बोलना-लिखना-पढ़ना सीख सकता था। मैं अंगूरी और शम्भु को ले निपससड यानी सार्वजनिक सहयोग और बाल विकास के राष्ट्रीय संस्थान गयी; यह दरियाफ़्त करने कि आगे क्या करें और उसमें वे हमारी क्या मदद कर सकते थे? इस क्षेत्र की ज्ञाता अति-आधुनिका महिला पहले अंग्रेज़ी में बतियाती रहीं फिर बमुश्किल अंगूरी से बोलीं, "तू इससे संवाद किया कर।"

"क्या किया करूँ?" उसने मासूमियत से पूछा।

"कह रही हैं तुम बेटे से बोलती रहा करो।"

"तो ऐसा कहे ना।" हमने महसूस किया कि जो महिला कामगार औरतों से बात करना नहीं जानती उनकी मदद ख़ाक करेगी! हम उठ कर आ गये।

हमारी डॉक्टर ने एक एन.जी.ओ. की स्वयंसेविका का पता दिया जो मूक-बधिर बच्चों को सही तकनीक से मुफ़्त शुरुआती पढ़ाई करवा देती थी। उसके लिए ख़ास ट्रेनिंग की ज़रूरत होती है, मैं या उसके माँ-बाप नहीं करवा सकते थे। इशारों में बात करना तब सिखलाते हैं जब बच्चा जन्मजात मूक भी हो वरना लिप रीडिंग। उसी ने बतलाया कि मूक-बधिरों के लिए दिल्ली का सबसे बढ़िया स्कूल बलवन्त राय मेहता था, जो मेरे घर के काफ़ी क़रीब था। मैंने ठान लिया उसका दाख़िला उसी स्कूल में करवाऊँगी।

अगले दिन मैं धवल साड़ी में सज-सँवर, चश्मा और संजीदगी का मुखौटा लगा स्कूल पहुँची और डाइरेक्टर से मिलने की रट लगा दी। उन्होंने यह कह कर टाला कि वे स्कूल में नहीं थे और उस दिन शायद आयें ही नहीं। मैंने कहा, उनकी पत्नी ने बतलाया घर से स्कूल का कह कर चले थे तो न आने का सवाल

पैदा नहीं होता। मैं फ़ोन करके दोबारा पूछ लेती हूँ, बतला दूँगी स्कूल का कह कहीं और चले गये हैं। सती की बदौलत उनका फ़ोन नम्बर मिल गया था। दरअसल सती निपससड की प्रमुख थी और वहाँ की कार्यकर्त्री का खुलासा सुन काफ़ी शर्मिन्दा हुई थी। पर तड़ातड़ उसे बोलचाल की हिन्दी तो सिखलाई नहीं जा सकती थी। मैं बज़िद थी कि बच्चे को किसी की सिफ़ारिश पर नहीं उसकी गुणवत्ता के बल पर दाख़िला दिलवाऊँगी। ज़िद सिर चढ़ जाती है तो सिनबाद सेलर के पिशाच की तरह उतरती नहीं।

आराम से बग़ीचे में पसर पत्नी को फ़ोन मिलाती यूँ इन्तज़ार करती रही ज्यूँ अलिफ़ ख़ाली हूँ। फ़ोन लगा तो मैंने कहा, "जी, एम डी नागर साहब तो आज स्कूल आये नहीं।"

दूसरी तरफ़ से कड़क आवाज़ आयी, "कौन बोल रहा है?"

"उनकी सेक्रेटरी।"

"ग़लत। वे स्कूल में ही हैं। मैंने अभी बात की है। फ़ोन दो उन्हें।"

"बात कर लीजिए, श्रीमती नागर हैं", मैंने फ़ोन सेक्रेटरी को पकड़ा दिया।

"जी मैं ही सेक्रेटरी हूँ जी, मैं ही हूँ कोई औरत नहीं है जी। ये तो मिलने आयी हैं। जी, मैं अभी इन साहिबा को उनके पास भेजता हूँ।"

अन्दर पहुँच मैंने कहा, "एक मूक-बधिर बच्चे के दाख़िले के विषय में जानकारी लेने आयी हूँ। सिर्फ़ एप्लीकेशन देनी है या टेस्ट होगा?"

"किसका बच्चा है? आपका?"

"नहीं। पर है पाँच साल का बच्चा। टेस्ट कब है?"

"बाप का नाम एप्लीकेशन में भरना होगा।"

"जी, मिसेज़ नागर ने कहा था फ़ॉर्म दफ़्तर में मिल जायेगा। ले लेती हूँ। एक प्रति आपको दे दूँगी एक दफ़्तर में जमा कर दूँगी एक मिसेज़ नागर को भिजवा दूँगी।"

"उसकी ज़रूरत नहीं है।"

"मैं पास ही रहती हूँ आपको देने कल आ सकती हूँ। पर आज ले लें तो बार-बार नहीं आना पड़ेगा। मैं नहीं चाहती मिसेज़ नागर मुझसे तंग आ जायें। बड़ी प्यारी महिला हैं।"

"आप आज ही दे दीजिए।"

मैं फ़ॉर्म भर कर उन्हें देने गयी तो बोले, "ओहो, हवाई जहाज़ का मिकेनिक है बाप और माँ?"

"जी, माँ का कॉलम नहीं है।"

"उसे पढ़ाएगा कौन?"

"जी, आप", मैंने अज़ीम मासूमियत से कहा, "मेरा मतलब आपका स्कूल।"

"घर पर कौन पढ़ायेगा?"

"ज़रूरत नहीं होगी। आप बढ़िया पढ़ाएँगे तो घर पर पढ़ाने की क्या ज़रूरत होगी? मुझे बतलाया गया है मूक-बधिरों के लिए यह दिल्ली का सर्वोत्तम स्कूल है।"

"सो तो है। पर होमवर्क करवाना पड़ता है।"

"क्यों? बच्चा ख़ुद नहीं करता? मेरे बच्चे तो ख़ुद करते हैं। वेद व्यास जी उनकी जगह माँ-बाप के होमवर्क करने से नाराज़ हो जाते हैं।"

"वेद व्यास? मॉडर्न स्कूल में पढ़ते हैं आपके बच्चे? आप टीचर हैं? आप पढ़ायेंगी इस बच्चे को?"

"तौबा। मैं क्यों पढ़ाऊँगी! आपके सामने मेरी क्या बिसात!"

"देखिए माँ-बाप को अंग्रेज़ी नहीं आती होगी। बच्चा अंग्रेज़ी कैसे सीख पायेगा?"

"अंग्रेज़ी की फ़िक्र मत कीजिए। इस ग़ुलाम देश में अंग्रेज़ी सब सीख जाते हैं।"

"आपकी इस बच्चे में क्या दिलचस्पी है?"

"इस बच्चे पर अभाव की दुहरी मार है। मूक-बधिर है और ग़रीब भी। पर है ज़ेहनी। आप ज़ेहनी मूक-बधिरों के लिए दिल्ली का सबसे बढ़िया स्कूल चलाते हैं। मेरी दिलचस्पी इसमें है कि आप दोनों को मिलवा दूँ। दफ़्तर से पता कर लूँ टेस्ट कब होगा।"

"कर लीजिए," उन्होंने दीर्घ निःश्वास भर कर कहा।

"जी, मैं सहमत हूँ," कह मैं बाहर निकल ली। दफ़्तर वापस जा टेस्ट के बारे में पूछा तो सुखद अचरज हुआ कि क्लर्क बिशनोई की शम्भु में दिलचस्पी हो गयी थी। उन्होंने मुझे तारीख़ तो बतलाई ही कई पुराने टेस्ट पेपर्स थमा दिये कि उनके अनुरूप सवाल आयेंगे हम बच्चे की तैयारी करवा दें। यह भी बतलाया कि मेरी कुछ कहानियाँ पढ़ चुके थे। धर्मयुग और साप्ताहिक हिन्दुस्तान पत्रिकाओं की यही ख़ूबी थी। साहित्य के अलावा भी काफ़ी मसाला रहता था इसलिए घर-घर आती थीं और घरवालों को कहानी पढ़ने पर मजबूर कर देती थीं। एन.जी.ओ. वाली टीचर को पेपर्स दिये तो उन्होंने तैयारी करवा दी। उसके पिता ने भी मदद की। मैं जानती थी टेस्ट में वह जो करे दाख़िला तभी होगा जब डायरेक्टर नागर ख़ुद कहें उस पर दुहरा अभाव था, यानी उसे अपने मन में उपजा विचार समझें।

मैं हर दूसरे-दूसरे दिन सफ़ेद साड़ी में लैस उनके पास पहुँच जाती और कहती, "मैं आप से सहमत हूँ कि बच्चा दुहरे अभाव का शिकार है।"

टेस्ट हो गया। मैं नतीजे के ऐलान से पहले शम्भु के अंक जानना चाहती थी। दफ़्तर के हमदर्द बिशनोई से कहा। उन्होंने कहा वे भी बराबर नागर साहब से कहते रहे थे कि साहब आप कितना सही सोचते हैं, शम्भु पर दुहरा अभिशाप है। केवल आप ही उसकी मदद कर सकते हैं। मुझमें विश्वास का परिचय देते हुए बतलाया सभी पर्चों में शम्भु के उम्दा अंक आये थे ख़ासकर अंग्रेज़ी में। रेखांकन के पर्चे में उसका बनाया रेखाचित्र लाजवाब था।

मैं बेसब्री से नागर साहब के फ़ोन का इन्तज़ार करने लगी। न आया तो...

भगवान ने मेरी सुन ली। नागर साहब का फ़ोन आया, बोले, "मिसेज़ गर्ग, मैं बराबर महसूस करता रहा हूँ कि शम्भु पर दुहरा अभिशाप है। हमारा स्कूल ही उसे दूर कर सकता है। इसलिए मैं उसे दाख़िला दे रहा हूँ। एक बात बतला दीजिए आप करती क्या हैं?"

"इस वक़्त तो आपकी इन्सानियत के नाम पर दुआ कर रही हूँ। वैसे लेखक हूँ।"

"एक लेखिका ही इतनी ज़िद्दी हो सकती है।"

"आपने बच्चे का मान रखा शुक्रिया।"

"उसका रेखांकन बहुत बढ़िया है। मेरी नज़र पर यक़ीन कीजिए। एक दिन शम्भु कलाकार बनेगा।" क्या बन पाया?

अगले दिन मैं लीची का उम्दा शहद ले उनके घर गयी। आनन्द के मुजफ़्फ़रपुर के पार्टनर भेजते थे। मिसेज़ नागर से मिलना हुआ। कहा, "मिठाई जान कर नहीं लायी। यह क़ायनात ने बख़्शी है।"

वे हँस दीं, बोलीं, "सतिन्दर बजाज ने बतलाया था आप काफ़ी खरदिमाग़ महिला हैं। मैं भी। अच्छा हुआ इन्होंने अंक देख उसे दाख़िला दे दिया कहने लगे, इन्हें लगा उस पर दुहरा अभिशाप है।"

फिर वे ठहाका लगा गयीं, क्यों?

चलिए इस खुशगवार और राज़ से रौशन लम्हे पर ख़त्म करते हैं। सच बिला सिफ़ारिश शम्भु का दाख़िला करवाना मेरी ज़िन्दगी की सबसे बड़ी क़ामयाबी रही। अगली खेप में घर काम करने आयीं औरतों में सबसे नायाब औरत के बारे में कहूँगी।

एक कामवाली, चार सहेली कितनों पर भारी

दिसम्बर 1992 में दोनों बेटों की शादी हुई। जनवरी-फ़रवरी 1993 में मधु ने नौकरी छोड़ दी। उसके बाद घर पर रहने वाली मददगार न मिली। पर शान्ति नाम की ऐसी अनुपम कामवाली मिली जो मात्र दो घण्टे के लिए आकर बढ़िया खाना तो बनाती ही हँसता-दमकता चेहरा लिए काम निपटाती तो लगता क़ायनात हँस रही है।

तभी मैंने उपन्यास 'कठगुलाब' लिखना शुरू किया। लिखने की ख़ातिर कभी घर से बाहर न गयी थी। अलबत्ता कभी-कभाक कहानी वहीं बैठ कर ज़रूर लिखी जहाँ थी। जैसे 'ग्लेशियर से' सोनमर्ग से श्रीनगर लौटते ही हाउस बोट की छत पर बैठ कर। यक़ीन था एक बार पहाड़ छोड़ मैदान में लौट आयी तो जैसा मन में था वैसा न लिख पाऊँगी।

ढलती शाम को अकेली सोनमर्ग ग्लेशियर चली गयी थी। आनन्द कह रहे थे जल्दी क्या है कल सुबह जायेंगे कि मैं निकल ली। काफ़ी चढ़ाई अकेली चढ़ ली। जब ग्लेशियर पर चढ़ने की नौबत आयी तो पता चला उस पर स्लेड पर ही चढ़ा-उतरा जाता था। दिप-दिप करते सूरत-सीरत वाले एक मर्द ने तब चेताया जब मैं बर्फ़ के ऐसे भ्रामक पुल पर क़दम रखने वाली थी जो पत्थर की एक चोट से भरभरा कर ढेर हो गया। फिर उसने स्लेड पर पीठ पीछे बिठला इतनी बार ग्लेशियर पर ऊपर-नीचे ज़ूऽम-ज़ूऽम सैर करवाई कि बीती ज़िन्दगी के तमाम वर्क़ खुल गये। व्यतीत, वर्तमान और आगत का फ़र्क़ मिट गया। समझा भाड़ में जाये घर की साज-सज्जा और मेहमाननवाज़ी मुझे बस लिखना है या बच्चों को प्यार से बड़ा करना है। मैदान की सपाट धरती पर लौटने से पहले उस अद्भुत अनुभव और भाव को शब्द देने थे। 'ग्लेशियर से' वही कहानी है जिसे सुन अमरीकन छात्र ने कहा था पाठ के दौरान रोशनी की प्रकृति बदल गयी थी।

ऐसे दो-चार अपवादों को छोड़ लेखन करने घर से बाहर न गयी। हर गड़बड़झाले के दौरान घर बैठ कर लिखा। नाटक 'जादू का कालीन' लिखने को जादुई वक़्त मिल गया था। तीन दिन को आनन्द शहर से बाहर थे आशु अमरीका में और अपु आई.आई.टी. हॉस्टल में। तो बाहर के गेट पर ताला डाल मैं घूम कर पिछले दरवाज़े से भीतर आयी और साँकल चढ़ा ली। कामवाली आ कर लौट गयी। फ़ोन का चोंगा नीचे रखा चाय थर्मस में डाल डबलरोटी-मक्खन रख ऊपर के कमरे में बन्द हो गयी। तीन दिन और तीन रात में नाटक लिखा गया।

अब हालात अलग थे। 1993 में छोटी-सी घटना हुई जिसने अन्ततः हमारा जीवन तहस-नहस कर दिया। बॉस ने छेड़छाड़ की कोशिश की तो अपर्णा ने आनन-फ़ानन वीडियो पत्रकार की नौकरी छोड़ दी। वह और अपु आनन्द की फ़ैक्टरी चलाने अलवर चले गये। सुन्दर-सी कॉटेज ली जिसमें अपर्णा की बेशुमार सहेलियों में से कोई-न-कोई ठहरती रही। उससे पहले मेरी भांजी कल्पना क़रीब एक साल चित्रा मुद्गल के घर मुम्बई रह चुकी थी। बहुत अपनापन था चित्रा और अपर्णा में सब के प्रति। अलवर तो चले गये पर जब अपु दिल्ली आता या कोई सहेली वहाँ जा रही होती तो मेरे घर से खाना बनवा कर ले जाते।

दो-एक दिन फ्रिज में रख कर खाते। पहले दिन से मुझे उनके वहाँ जाने से अजब घबराहट होती रही थी। दिल्ली-मुम्बई जैसे महानगर की आदत वाले अपु-अपर्णा अलवर जैसे छोटे क़स्बे में कैसे रहेंगे बार-बार दिल्ली भागेंगे। मैंने बहुत मना किया पर आनन्द, अपर्णा, अपु सबने उसे मेरी बिला वजह चिन्ता करने की आदत कह दरकिनार कर दिया।

अन्त में वही हुआ जिसका मुझे अन्तर्ज्ञान था। ममी की तरह?

पर उस वक़्त जब अचानक मेरी पुरानी सहेली कृष्णा ने बनारस से फ़ोन करके दस दिन के लिए मुझे वहाँ बुलाया तो वह हवा के ख़ुशगवार झोंके की तरह लगा। उसने कहा ऊपर की मंज़िल पर तेरा अलग कमरा होगा जहाँ बन्दरों के सिवा किसी की आमद नहीं है। दरवाज़ा बन्द रख उन्हें भी छज्जे तक महदूद कर सकती है और अपना उपन्यास पूरा कर सकती है। कृष्णा मेरे साथ अर्थशास्त्र पढ़-पढ़ा चुकी थी। कुछ सालों से पति के साथ जर्मनी जापान वग़ैरह जाते रहने से साथ छूट गया था। उसने जर्मन भाषा में निपुणता हासिल करके जर्मनी में ही हिन्दी पढ़ाना शुरू कर दिया था। बनारस में पति ने बी.एच.यू. में डीन का पद सँभाला तो उनकी खस्ताहाल हवेली में हिन्दी सिखलाने का स्कूल खोल लिया।

मेधावी छात्रों के लिए घर पर ठहरने-खाने की व्यवस्था भी की। विदेशियों को हिन्दी सिखलाने के क़ायदे पर कई पुस्तकें लिखीं जो प्रकाशक रूपा ने छापीं। उसके पढ़ाने का क़ायदा कितना फ़र्क़ था, इससे अन्दाज़ा लगा सकते हैं कि मेरे उपन्यास 'चित्तकोबरा' के माध्यम से जर्मन छात्रों को हिन्दी पढ़ाई। कहती वे पहले पहल हिन्दी ज़रूर सीख रहे थे पर बच्चे नहीं थे कि गाय और कौए पर कहानियाँ पढ़वाई जायें! उनके विकसित दिमाग़ के अनुरूप कथ्य होना चाहिए। 1988 में चित्तकोबरा का जर्मन अनुवाद होते ही कृष्णा से हिन्दी सीखी युगोस्लाविया की प्रोफ़ेसर राडा इवोकोविच ने मुझे डुब्रोवनिक की फ़ेमिनिस्ट कॉन्फ़्रेंस का बुलावा भेज दिया था।

तो कृष्णा का सन्देश मिलने पर शान्ति के कन्धों पर घर-बाहर की ज़िम्मेवारी सौंप मैं बनारस चली गयी! सात दिन में कठगुलाब तीन चौथाई लिखा गया। एक जानकार ने टंकित भी कर दिया।

उसके बाद...मेरा जीवन ध्वस्त हो गया! सबकुछ भस्म हो गया।

22 सितम्बर को सुबह-सुबह भांजी शेफ़ाली का फ़ोन आया कि अपु-अपर्णा का अलवर से दिल्ली आते हुए कार एक्सीडेंट हो गया मैं फ़ौरन लौट आऊँ। जो हुआ मैं कल्पना भी नहीं कर सकती थी इसलिए कहा, "ख़ून की ज़रूरत पड़ेगी वह तो अपु के सब दोस्त दे देंगे। एम्स के डॉक्टर देखेंगे... टिकट मेरा कल की गाड़ी का है पर आज..."

"फ़ौरन प्लेन से आ जाओ। मैं कृष्णा जी को फ़ोन कर रही हूँ।" उसने फ़ोन काट दिया।

पाँच मिनट के भीतर कृष्णा आ कर मुझे नीचे ले गयी। उसके पति भी मौजूद थे। प्लेन शाम को दिल्ली जाता था। कोई सीट न थी। उसके पति ने हाथ खड़े कर दिये।

कृष्णा ने मेरा कुछ सामान हाथ में ले जाने वाली छोटी अटैची में डाला और समय से तीन घण्टे पहले मुझे ले हवाई अड्डे पहुँच गयी। यात्रियों से अनुरोध किया कि कोई अपनी सीट मुझे दे दे। कोई न माना। एक माँ-बेटी हमेशा याद रहीं। कृष्णा ने पूछा वे दिल्ली क्यों जा रही थीं? बोलीं, ख़रीदारी करने। उसने उन्हें अलग ले जाकर वह बतलाया जो मैं नहीं जानती थी और अनुरोध किया

कि वे अगले दिन चली जायें टिकट वह करवा देगी पर वे न मानीं। जिस उड़ान में सीट थी आगरा में टर्मिनेट हो रही थी। मैंने कहा ठीक है वहाँ से टैक्सी ले लूँगी। पर कैप्टन ने कहा, “नहीं, मैं आपको इस जोखिम में नहीं डाल सकता। कुछ न कुछ करूँगा।”

मैं बार-बार कृष्णा से कह रही थी पायलट से कहो ऐलान कर दे क्या कोई यात्री ऐसी महिला को सीट देने को तैयार है जिसका बेटा गम्भीर हालत में है। एक-एक आदमी से बात करने में देर हो जायेगी। हर बार वह कहती रुक ज़रा रुक, अभी हुआ जाता है। तब मैं नहीं जानती थी कि पायलट से घोषणा करवाने से क्यों डर रही थी। जो वह जानती थी और जिसकी पायलट घोषणा करता मैं नहीं जानती थी। उसे डर था सुन कर मैं दिल्ली जाने लायक़ न रहूँ! आख़िर मुझे सीट मिल गयी। दी किसने जान आप दंग रह जायेंगे। एक जापानी ने जो एक शिष्ट-मण्डल का हिस्सा था। आप जानते हैं एक विदेशी के लिए इस तरह टीम से अलग होना कितना मुश्किल रहा होगा। फिर भी दी जबकि महज़ ख़रीदारी करने जाने वाली हिन्दुस्तानी महिलाओं ने मना कर दिया। करुणा किसमें ज़्यादा हुई?

जब लोग कहते हैं स्त्रियों में करुणा ज़्यादा होती है मुझे वह दृश्य याद आ जाता है। प्लेन में जिस तरह वे मेरी देखभाल कर रहे थे मेरी आशंका बढ़ती जा रही थी। जब हम दिल्ली के क़रीब पहुँचे परिचारक ने आ कर कहा, “कैप्टन का आदेश है मैं आपको आपकी गाड़ी तक ले आऊँ। अगर कोई लेने न आया हो तो घर या अस्पताल पहुँचा दूँ।”

मैंने कहा, “मैं चली जाऊँगी टैक्सी लेकर आप फ़िक्र न करें।”

“नहीं। कैप्टन का आदेश मानना होगा।”

जैसे ही हवाई जहाज़ रुका मेरी अटैची पकड़े बराबर में आ खड़ा हुआ। मुझे साथ ले नीचे उतरा दरवाज़े की तरफ़ बढ़ा। मैं इतना घबरा गयी कि उसका हाथ पकड़ लिया। उसने उसे कस कर थामा और तब तक थामे रहा जब तक सामने खड़ी दो बहनें और दो भांजियाँ नज़र न आ गयीं। एक बहन को हाथ थमाया और सैल्यूट कर वापस मुड़ गया। किसी तरह मैं गाड़ी तक पहुँच भीतर लुढ़क गयी। फ़ौरन अचला ने कहा, “अपर्णा नहीं रही।” मेरे मुँह से निकला, “तब तो अपु भी जीना नहीं चाहेगा!” और अपने माथे पर लगी बिन्दी नोच कर फेंक दी। दुबारा कभी न लगाई।

क्यों कहा मैंने? क्यों कहा वह वाक्य? अस्पताल पहुँची तो वही हुआ मिला।

तब क़ानून ब्रेन डेड को मृत घोषित करने की इजाज़त नहीं देता था। पाँच दिन और पाँच रात मैंने और अपु के दोस्तों ने जिन्होंने एक पल भी मुझे अकेला न छोड़ा वह अभिशाप भुगता। मुझे याद है चाय लेकर राजी सेठ आयीं सबको दी मुझसे बोलीं, "तेरी बड़ी सख़्त ड्यूटी लगी है।"

ड्यूटी! ड्यूटी? मैं वहाँ थी क्योंकि मुझे वहाँ होना था। बस थी। उससे बात करती यह सोच कर कि शायद उसकी आत्मा सुन रही हो कि उसका अगला जन्म सुखी हो। यही कहा था ब्रेन स्पेशलिस्ट ने अगले जन्म के लिए प्रार्थना कीजिए। क्रूर पर सत्य! पर ड्यूटी! शब्द जाल बुनने वाली अप्रतिम लेखिका क्या कह रही थी? मैं ही नहीं दोस्तों ने भी उसे ड्यूटी न माना। वे वहाँ थे क्योंकि कहीं और हो नहीं सकते थे। वे बस थे जैसे मैं इच्छा-अनिच्छा से परे मन बुद्धि से अछूते केवल आत्मा। 26 को आशु और बहू वन्दिता अमरीका से आ पहुँचे। आख़िर वह घड़ी आ गयी जिसका हम न चाहते हुए इन्तज़ार कर रहे थे। 27 को। मैंने आई.सी.यू. के नौजवान डॉक्टर से वचन लिया था कि उस घड़ी के आते ही मुझे इत्तिला करेगा। फ़ौरन! इसीलिए मैं अपर्णा के संस्कार में भी नहीं गयी थी। अगर मेरे पीछे वह घड़ी आ गयी और मैं वहाँ न हुई तो? डॉक्टर ने वादा निभाया। बाहर आया, कहा आ जाइए और मुझे बेटे के पास अकेला छोड़ दस मिनट के लिए बाहर निकल गया। मैंने विदा दी बिला रोये अगला जन्म मुबारक़। किसमें करुणा ज़्यादा थी हवाई जहाज़ के जवान परिचारक और नौजवान डॉक्टर में या प्रौढ़ लेखिका में? जब लोग कहते हैं औरतों में मर्दों से ज़्यादा करुणा होती है मैं मूक रह जाती हूँ।

पर ठहरिये एक ऐसी करुणामयी औरत आयी मेरी ज़िन्दगी में कि वह अकेली सब पर भारी पड़ गयी। बेटे के अन्तिम संस्कार के पूर्व, पाँच दिन बाद घर लौटी। संस्कार हो गया। घर हमदर्दी जतलाने आये लोगों से भर गया। मैंने देखा पूरा समय शान्ति वहीं थी। जब नज़र उठाऊँ वहीं दिखे। पर वह तो मेरे घर मात्र दो घण्टे के लिए आती थी। आख़िर मैंने पूछ लिया, "तुम घर कब जाती हो?"

"घर क्यों जायेगा? तेरह दिन बाद जायेगा ना। सब घर से छुट्टी किया है। आप बैठो उधर हम देख लेगा सब।"

तभी एक ठसकेदार मारवाड़ी महिला ने जिन्हें मैं ठीक से पहचानती न थी मुझसे कहा, "खाने का वक़्त हो रहा है लोगों को खाना भी खिलाना है न। आपसे न होता हो तो मैं करवाऊँ?"

रंज में ग़ुस्सा मिला तो लगा सन्निपात हो गया। बाद में समझा हमारे समधी को सुना कर कहा गया था। शायद रिवायत है कि समधी खाना भेजें। आशु के सास-ससुर बेचारे भलेमानुस और विद्वान कवि आत्मा जब से ख़बर आयी थी हमारे साथ थे खाना बनवाने का कहाँ ख़याल आता।

"बेटा मेरा मरा है खाना भी मैं ही खिलवाऊँगी। पर आप पधारिये।" मैंने कहा और पस्त हो रही।

तब शान्ति ने अचला के होने वाले दामाद से कहा वह उसे अचला के घर ले चले, वहाँ खाना बना कर ले आयेगी। वही हुआ। सबने खाया सिवाय शान्ति और मेरे। आशु-वन्दिता विदेश से आये थे उनका ख़ास ख़याल रखती। बिना किसी के कहे अपनी करुणा से वशीभूत तेरह दिन तक मेरे घर बनी रही। बाक़ी घरों की मालकिनों की कहने की हिम्मत न हुई कि इतनी छुट्टी करने की क्या ज़रूरत थी? उसके बाद शान्ति ने दो एक घरों का काम छोड़ दिया जिससे मेरे घर को ज़्यादा वक़्त दे पाये।

1996 में मेरा उपन्यास 'कठगुलाब' छप गया। उसकी अजब कहानी है।

जब बनारस से आयी तो टंकित पाण्डुलिपि वहीं छोड़ आयी थी। उसे दुबारा देखने या पूरा करने का इरादा न था। पर घर का हंगामा ख़त्म होने पर दो हफ़्ते बाद कृष्णा आयी तो साथ लेती आयी। चुड़ैल की तरह जान को लग गयी कि उसे पूरा करना है। शुरू में ज़िद करके मैंने छूने से इनकार कर दिया पर रफ़्ता-रफ़्ता जैसे दिन बीते... समझ में आया कि एक-एक पंक्ति कर उसे न लिखा तो ज़िन्दगी कटेगी कैसे? पाण्डुलिपि को ऊपर की मंज़िल पर अपनी स्टडी की अलमारी में बन्द कर दिया। रोज़ सोचती निकालकर देखूँ पर ऊपर जा न पाती। दरअसल ऊपर की मंज़िल पर अपु-अपर्णा रहे थे कुल नौ महीने।

फिर एक दिन हंस पत्रिका के सम्पादक और पुराने दोस्त राजेन्द्र यादव का फ़ोन आया, "तुम्हारी एक कहानी चाहिए।" "मैंने तो कबसे कहानी नहीं लिखी।" "तुम्हारी बहन मंजुल से पता चला उपन्यास लिख रही हो। उसमें से अंश भेज दो आज ही।" "आज? वह तो ऊपर की मंज़िल में अलमारी में बन्द है ऊपर जाना पड़ेगा कब से नहीं गयी।" "तो आज जाओ। अभी। फ़ौरन भेजो। अंक प्रेस में जाने वाला है।"

"छोड़ दीजिए।"

"छोड़ कैसे दें। कह रहा हूँ न अभी जाकर देखो और अंश निकाल कर भेजो।"

दिमाग़ में कुछ उथलपुथल हुई पर बदन नहीं हिला। दो घण्टे बाद फिर फ़ोन आया, "निकाल ली पाण्डुलिपि?" नहीं अभी नहीं... "अरे जाओ निकालो न। मैं फ़ोन पर रुकता हूँ।" नहीं-नहीं वक़्त लगेगा। "मैं एक घण्टे बाद फिर फ़ोन करूँगा। देख कर रखना।" मेरे लिए एक घण्टा काटना मुश्किल हो गया। ठीक एक घण्टे बाद फिर फ़ोन आया। "निकाल ली?" नहीं बस जा रही थी ऊपर... और मैं स्टूडी में पहुँच गयी। काँपते हाथों से पाण्डुलिपि का बस्ता निकाल पन्ने बिस्तर पर फैलाये... ताके जा रही थी कि फ़ोन फिर बजा। ऊपर भी लाइन थी। कहा, "समझ नहीं आ रहा कौन-सा अंश भेजूँ।"

"सबसे आख़िर में लिखे पन्ने भेज दो।"

तब तक मेरा रचनाकार जग चुका था। ऐसे कैसे आख़ीर में लिखे पन्ने भेज दूँ? तरतीब भी तो बिठलानी पड़ेगी। एक मुकम्मल कहानी तो बने। आख़िर राजेन्द्र यादव की जीत हुई!

आख़िरी प्रवक्ता विपिन का कहा क़िस्सा निकाला और पढ़ा। जस का तस नहीं भेजा। आगे कुछ लिखा कुछ बदला सम्पादन किया। अध्यात्म और दर्शन से पग कर वह बयान काफ़ी हद तक बदल गया। अब जब फ़ोन आया मैं कह सकी कल भेज दूँगी तरतीब दे रही हूँ। यादव जी ने अतिरिक्त ख़ुशी ज़ाहिर नहीं की संजीदगी से कहा, "कल भेज देना। कूरियर करवा पाओगी न?"

"हाँ," कह पन्नों पर लौट गयी। नया लिखा कुल आधा पन्ना था पर लगा पूरा उपन्यास लिख डाला।

इस तरह दो-दो, चार-चार पंक्तियाँ रोज़ लिख उपन्यास पूरा किया।

पर अमरीकी मारियान का पूरा क़िस्सा बाद में लिखा।

पता नहीं क्यों मैं विदेशी मारियान की कहानी कहने से क़तरा गयी थी। क्या मन में था लोग फिर कहेंगे विदेशी मानसिकता! लोगों की परवाह न होते हुए भी बार-बार दुहराई तर्कहीन आलोचना या, "गाली" मन के भीतर कील सी गड़ गयी थी।

अब तो लोग दीखने बन्द हो चुके थे तो उनकी बख़्शी कील क्या मायने रखती?

मैंने अमरीकन मारियान की पूरी कहानी लिखी और उपन्यास में दूसरे नम्बर पर जोड़ी। अजीब बात यह थी कि उपन्यास के सब पात्रों में मारियान ही ऐसी पात्र थी, जिसमें काल्पनिक सबसे कम था। मेरी कई परिचित अमरीकन महिलाओं पर

आधारित थी। यूँ असीमा की माँ, नर्मदा और विपिन के शुरुआती जीवन पर भी कुछ जीवित इन्सानों की छाप थी। पर उस हद तक नहीं।

सुकूनदेह बात यह रही कि मारियान वाला अंश सभी परम्परागत मर्द-औरतों, सज्जनों-दुर्जनों को सबसे ज़्यादा मार्मिक और आत्मीय लगा। मेरी समझ में आ गया कि हर लेखक के पास एक ऐसा कथ्य होता है जिसे सिर्फ़ वही लिख सकता है। ज़रूर लिख लेना चाहिए। जैसे सिर्फ़ मनोहर श्याम जोशी 'हमज़ाद' और 'कुरु कुरु स्वाहा' लिख सकते थे; सिर्फ़ मैं 'चित्तकोबरा' और 'मारियान'। हमारा उन्हें न लिखना बेईमानी और बेइंसाफ़ी होती खुद से और पाठकों से भी।

उन दिनों मैं केवल सफ़ेद रंग पहनती थी। बाक़ी रंग देखते ही जी मिचलाने लगता। कोई गहना या मेकअप नहीं। सफ़ेद पर काले बार्डर वाली ढंग की एक ही ओड़िसा साड़ी थी। एक कॉलेज ने लेक्चर देने बुलाया तो मैं उस मैली मुसी साड़ी को इधर-उधर कर रही थी कि कैसे पहनी जाये अगली सुबह? फिर मैं जाकर सो गयी। उन दिनों रात को क़तई सो न पाती थी इसलिए दिन में कभी भी लुढ़क जाती थी। तीन बजे आँख खुलनी ही थी। घबरा कर कमरे से बाहर आयी तो देखा धुली कलफ लगी इस्त्री हुई सफ़ेद साड़ी हैंगर पर टँगी थी। मेरी दुविधा भाँप शान्ति इन्तज़ाम कर गयी थी। अंगूरी से इस्त्री करवाई होगी मन में बजा। यह भी कि शम्भु की बाबत कब से जानकारी नहीं ली। लेनी चाहिए उसके बारे में पूछने पर शान्ति ने बतलाया कि उसकी बेटी को ससुरालवालों ने जला कर मार दिया। कहा अगली शाम बुला कर लायेगी। कॉलेज से लौट आऊँ तब।

अंगूरी आयी चुपचाप घुटनों में मुँह दिये बैठी रही। न मैं कुछ बोल पायी न वह।

शान्ति ने दो प्याले चाय हमारे सामने रख दीं। मौक़े का तक़ाज़ा था उससे पीने को कहूँ। इशारा किया। उसने प्याला उठाया। मैंने गला साफ़ करके पूछा, "शम्भु कैसा कर रहा है स्कूल में?"

उसने घूँट भर कर कहा, "स्कालर्सिप मिले है महीने के महीने। पेंटिंग में कई इनाम मिले। ठीक है। आप ...को ...याद करे है।" पर कोई उल्लास चेहरे पर न दिखा, "उसे भी जो मैं स्कूल भेज देती..."

"हमारे हाथ में जितना है उतना ही कर सकते हैं..." मैंने अटक-अटक कर कहा।

"लेकर आना एक दिन और उसकी पेंटिंग देना बीबीजी को," शान्ति ने हुलस कर कहा। हमारा मन कुछ शान्त हुआ।

पर अभी बहुत कुछ बाक़ी था शान्ति को करना।

घर पर जो लेखक प्रकाशक आते उसके मुरीद हो जाते। टी.वी. वालों से ठसके से कहती, "मेरा फ़ोटो नहीं निकाला तो खाना नहीं मिलेगा।" वाक़ई उसका फ़ोटो पहले खिंचता, टी.वी. की कार्यवाही बाद में होती।

मेरी ही नहीं अचला की आँख की मोतियाबिन्द सर्जरी हुई तो उसके बाल धो आयी। नर्स जैसी क़ाबिलीयत थी हाथों में। पोती हुई तो उसकी मालिश की नहलाया, सजाया-सँवारा, हम बाहर गये तो सँभाला। आशु और उसका परिवार आता तो सब भांजियों-भांजों के परिवार जुट जाते। शान्ति सबके लिए ख़ुशी-ख़ुशी तरह-तरह के व्यंजन बनाती। सरसों का साग और मक्के की रोटी सब की पसन्द थी ही तरह-तरह के बंगला व्यंजन भी और प्याज़ से छुँकी सूखी हरी मटर। कभी वन्दिता मटर छीलने में मदद करने लगती तो फ़ौरन कहती, "तुम क्यों करता? जाओ भइया के संग एन्जॉय करो।"

हम बेटे की समाधि के रूप में बनाये रिवासन के पेड़ों और कमलिनी से घिरे तपोवन में डॉक्टर की मार्फ़त डब्ल्यू.एच.ओ. के निर्देशों के मुताबिक़ हर महीने सौ जनों को तपेदिक की दवाई दिया करते थे। हफ़्ते में कम-अज़-कम एक दिन वहाँ जाते। छह साल बीतते न बीतते आनन्द और मुझे तपेदिक ने आ घेरा। पहले आनन्द घिरे। पर उनका केस प्लूरेसी तक सीमित रहा। उनके परिवार में किंवदन्ती की तरह मशहूर डॉ. मित्तल ने इलाज किया एहतियातन तपेदिक की दवा दी और वे बिल्कुल ठीक हो गये। डॉ. मित्तल अकेले ऐसे डॉक्टर थे जिन्होंने हेम भाभी के दिल के कैंसर का निदान काफ़ी पहले कर दिया था। उनके बहुत इसरार पर भी भाईसाहब भाभी को वैलूर नहीं ले गये। तब वहीं उसका इलाज उपलब्ध था। जब पोस्ट मॉरटम में उनका निदान सही निकला वे धनवंतरी की तरह परिवार में किंवदन्ती बन गये।

जब 2002 में मेरी बारी आयी तो पता नहीं क्यों वे मुझे सँभाल न पाये। 103-104 डिग्री बुख़ार बढ़ कर 105-106 तक जाने लगा साँस पर बन आयी पर उनका निदान वाइरल रहा। बुख़ार 105-6 होने पर शान्ति ने बंगाली रीत से बाल धो और शरीर पर बर्फ़ीला स्पंज कर बुख़ार उतार दिया पर साँस अटक कर रह गयी। पहले भी वह आनन्द से कहती रही थी कि मुझे किसी दूसरे डॉक्टर को दिखलाएँ। पर जब कहती सौ बार की सुनी हेम भाभी के निदान की कहानी सुननी पड़ती। और कुछ न होता।

अब वह फ़ैक्टरी जाते आनन्द का रास्ता रोक कर खड़ी हो गयी और फुँफकार कर कहा, "अभी लेकर जाओ अस्पताल!"

वे डर गये। रूपा ने सीताराम भारतीय के डॉ. गुलेरिया का नाम सुझाया तो वहीं ओ.पी.डी. ले चले। ओ.पी.डी. बेसमेंट में था। मुझे सीढ़ियों के पास ले जाकर कहा, "तुम नीचे चलो मैं बिल भर कर आता हूँ।" वहाँ खड़े लिफ़्टमेन ने ग़ुस्से से कहा, "किससे कह रहे हैं नीचे चलो? यह तो ख़त्म हैं। इन्हें लिफ़्ट में लेकर जाइए व्हील चेयर अन्दर है। कागज़ मुझे दीजिए मैं पेमेंट करके आता हूँ।"

नीचे पहुँचे तो उसने डॉक्टर गुलेरिया के रिसेप्शनिस्ट से कुछ कहा और वह मुझे तुरन्त उनके कक्ष में ले गया। उन्होंने एक नज़र मुझ पर डाली और कहा, "माई गॉड शी इज़ डन फॉर!" (हे भगवान यह तो ख़त्म हैं!) कक्ष में उपस्थित मरीज़ को निबटाया इमरजेंसी कह औरों को रोका एक्स-रे करवा मुझे कमरे में पहुँचा इलाज शुरू कर दिया। तपेदिक के साथ न्यूमोनिया था। फेफड़े में ट्यूब डाल पानी बाहर निकालना था। डॉक्टर साहब ने सुझाव दिया कि वे मुझे एम्स भेज देते हैं, वहाँ मशीन द्वारा हो जायेगा यहाँ मेनुअली करना होगा। वहाँ आप होंगे मैंने पूछा। नहीं, पर मेरा बेटा है। मैंने जाने से इनकार कर दिया। उन्होंने ओ.टी. में सर्जन से कहा अल्ट्रा साउंड पर देख कर ट्यूब डाल दे। उसने कहा, मैं ख़ुद पर और ख़ुदा पर यक़ीन करना बेहतर समझता हूँ। फिर मुझसे पूछा, "क्या आप चाहती हैं कि आपके पति थियेटर में रहें?"

मैंने कहा, "इस प्रदर्शन को दर्शक की ज़रूरत नहीं है।" उन्होंने चौंक कर मुझे देखा। उससे पहले कह चुके थे किसी मरीज़ को याद नहीं रखते। वरना दूसरों को पूरी तवज्जह नहीं दे पाते। जब मैं ट्यूब डलने की वजह से हो रहे दर्द की दवा पूछने उनके पास गयी तो मुझे पहचान गये। मैंने कहा, "आपने तो कहा था आप किसी मरीज़ को याद नहीं रखते।"

"क्या करूँ आप भूलीं नहीं। आपने कहा था न, दिस परफोमेंस नीड्स नो ऑडिएंस।" उन्हें मेरे शब्द याद थे। ऊपर तो हिन्दी तर्जुमा था।

आप यक़ीन नहीं करेंगे एक सीनियर कन्सलटेंट की हैसियत रखने वाले डॉक्टर गुलेरिया सुबह-सुबह मेरे कमरे में आ नीचे ज़मीन पर बैठ ट्यूब का निरीक्षण करते कि पानी सही मात्रा और रफ़्तार से निकल रहा है। एक दिन मुझसे बोले, "प्रार्थना करती हो न। मैं रात भर तुम्हारी फ़िक्र में सो नहीं पाता।" ऐसा संवेदनशील डॉक्टर नहीं देखा। फिर एक दिन बोले, "व्हील चेयर में नहीं मेरा

हाथ पकड़ लिफ़्ट से एक्स-रे रूम चलो पता तो चले कैसा महसूस कर रही हो।" रास्ते में मैंने कहा, "रोज़ कितनी बार एक्स-रे करवाने ले जाते हैं वहाँ एक हेयर ड्रेसर का बन्दोबस्त करवा दीजिए न। देखिए मेरे बालों का हाल!"

उन्होंने एक नज़र मुझे देखा और बोले, "तुम नहीं मरोगी!"

मैं नहीं मरी। कुछ दिन बाद घर भेज दिया गया। जब लौट कर अस्पताल ज़रूरी राय लेने गयी तो लिफ़्टमेन समेत कई लोग जमा थे पूछा, "आप वही हैं न जिसकी जान बचाने को डॉक्टर गुलेरिया इतने परेशान थे?" हाँ वही थी। उनकी महानता थी संवेदनशीलता या करुणा। शुरू में उन्होंने कहा था किसी से मिलना चाहो तो बुलवा लो। मैंने आशु को बुलवा लिया। पर उसे आज तक यक़ीन नहीं है कि मैं वाक़ई इतनी बीमार थी क्योंकि उसकी भोली सूरत देख डॉक्टर साहब का ममत्व ऐसा उमड़ा कि कह दिया, "घबराने की बात नहीं है, जल्दी ठीक हो जायेंगी।" वह अगले दिन वापस चला गया। काम के सिलसिले में अमरीका जाना था। दुपहर को ट्यूब डलवाने आये तो पूछा, बेटा कहाँ है? "वह तो लौट गया।" वे भौचक! "आपको उस पर इतना प्यार क्यों आ रहा था? कह दिया घबराने की बात नहीं है। वह शत प्रतिशत तर्क पर विश्वास करने वाला बन्दा है। आपकी बात मान ली और चला गया।"

आशु की तर्क मान्यता का क्या बखान करूँ! जब हम एस.डी.ए. में पहली मंज़िल पर रहते थे तो एक रात नीचे मकान मालिक के घर में कुछ आग लग गयी तो हो-हल्ला सौगुना मचा। सर्दी का मौसम था। सब बिस्तरों में घुसे थे। हो-हल्ला सुन चेते। वे बार-बार चीख़ रहे थे गैस का सिलेंडर फट गया! हाय आग लग गयी!

आनन्द नीचे गये। कुछ देर में छिटपुट आग बुझ गयी। सिलेंडर फटा नहीं था। आशु तब दस साल का रहा होगा। हम दुबारा सोने को थे कि देखा बेहद परेशान आशु सिर ऊपर उठाये अधलेटा पड़ा था। पूछा क्या हुआ आग बुझ गयी तो बोला, "यह ग़लत है। या सिलेंडर फट सकता है या आग लग सकती है। अगर सिलेंडर लीक कर रहा होगा तो आग लगेगी पर वह फटेगा नहीं। फटने के बाद पूरी रसोई में गैस फैलने पर आग लगेगी तो फ़ायर ब्रिगेड बुलाना पड़ेगा इतनी आसानी से बुझेगी नहीं।"

"सिलेंडर नहीं फटा। वे यूँही चीख़ रहे थे..." मेरी बात का पहला हिस्सा सुनते ही वह धड़ाम से बिस्तर पर गिरा और सो गया।

तर्क मिल गया था। तो जब डॉक्टर ने कहा घबराने की बात नहीं है तो उसने घबराना बन्द कर दिया और काम पर लौट गया।

घर लौटी तो शान्ति ने पेशेवर नर्स से बेहतर मेरी देखभाल की। उन दिनों हमारे घर चिकन की आमद न थी। पर वह रोज़ मुझे चिकन का ताज़ा सूप बना कर पिलाने लगी। कभी फल कभी सलाद और बादाम। इतना खिलाया कि मेरा वज़न बढ़ गया जो ख़ासा दुश्वार था।

उर्मिल मिलने आयी तो उसे चटपटा खिलाया और कहा, "जब तक हमारा बीबीजी है हमें डर नहीं है।"

साहित्यकारों में अकेले मनोहर श्याम जोशी आये थे। उन्हें करीने से बिनार कर फलों की प्लेट सजा कर दी मुझे भी। जोशी जी उसे बंगाली जान बंगला बोलने लगे, "बऊदी आमि चा खाबो।" उसने मेरी तरफ़ देखा। "बना लो शान्ति बढ़िया बग़ान वाली। आमिई खाबो।"

वह ज़ोर से हँस दी उँगली दिखला कर कहा, "प्रोथम फल।" ख़ैर बढ़िया चाय बना लायी। जोशी जी बोले, "एकदम डिक्टेटर है तुम जल्दी स्वस्थ हो जाओगी।"

"हाँ, बंगाली है।"

कठगुलाब का अकेला पुरुष प्रवक्ता विपिन बंगाली है। क्या शान्ति उसमें भी प्रवेश कर गयी थी? नहीं अस्सी प्रतिशत तो वह दोस्त मिस्टर दत्ता की कहानी है। पर कुछ स्त्री वृत्ति शान्ति ने बख़्शी होगी ज़रूर।

बीमारी के दिनों की एक रोचक बतकही सुनें।

अस्पताल में रात में जब दो-एक घण्टे को बमुश्किल नींद आती तो पं. नेहरू और सरदार पटेल सिर पर सवार रहते। उनकी तक़रीरें सुन-सुन दिमाग़ बौखला गया। उसके साथ ढम-ढम डमरू बजने लगते जैसे गणतन्त्र दिवस पर ज़बरदस्ती लोक नृत्य करते आदिवासियों के साथ बजते हैं। मेरे लिए गाँव जुहार का नक़ली इज़हार नाक़ाबिले बर्दाश्त है। रात में शोर दसगुना हो बजता।

डॉक्टर से कहा, "ख़ुदा के वास्ते मुझे नेहरू जी से बचाइए!"

"नेहरू जी... वे तो..."

"रोज़ सपने में आते हैं लम्बी तक़रीर करते हैं। फिर पटेल शुरू हो जाते हैं...! प्लीज़ मुझे नींद की गोली दे दीजिए।" पहले हँसे फिर बोले, "अब भी न आये तो मीठा खा लेना।" डॉक्टर हो तो ऐसा! फ़ौरन चित्तरंजन पार्क से छैना जलेबी मँगवा कर कमरे में रखी। यूँ रात को मीठा खाने का चस्का लग गया। विदेश से जो आये चॉकलेट लेकर। वाह!

एक बात और थी जो रात-दिन परेशान करती थी। मन में बैठ गया कि मैं पहाड़ देखे बग़ैर मर जाऊँगी। चूँकि मरी नहीं इसलिए ख़ब्त पूरा हुआ अगले साल जापान जाने पर।

उन दिनों मेरे पास न कम्प्यूटर था न ईमेल। आनन्द के ईमेल पर जापान से न्योता आया ग़नीमत उन्होंने बतला दिया वरना मेरे ख़त ज़्यादातर हज़्म कर जाते थे। जवाब भी उन्हीं की मार्फ़त भेजा। फिर खाने-पीने और वहाँ क्या करना चाहूँगी पूछते हुए मेल आया। मैं नहीं जानती थी कि जापानी मेहमान के मुँह से निकली बात हर हाल पूरा करते हैं। मैंने लिखा शुद्ध शाकाहारी नहीं हूँ पर अफ़सोस मछली नहीं खा पाती अलबत्ता चिकन खा लेती हूँ। फिर तरंग में आ कर लिखा ख़रीदारी बिल्कुल नहीं करना चाहती जापानी संस्कृति क़रीब से देखना चाहती हूँ जैसे टी सेरेमनी और ज़ेन गार्डन। मैं क़तई न जानती थी कि टी सेरेमनी किस क़दर महँगा आयोजन था। जवाब आया आपकी सब इच्छाएँ पूरी करेंगे। बतौर तोहफ़े मैं सबके लिए क़ीमती और पारम्परिक स्टोल ले गयी।

सब वक्ताओं को व्याख्यान के अलग विषय दिये गये। किसी को भाषा पर बोलना था किसी को शिल्प पर। मेरा विषय पेचीदा था। साहित्य में भोग और त्याग की प्रवृत्ति। पहले मुझे लगा केवल मेरा विषय इतना दुरूह क्यों था पर रुचि जग गयी तो मन लगा कर लिखा।

उन्हीं दिनों बेंगलूरु गयी। बातों-बातों में वन्दिता को बतलाया कि बीस बरस पहले मिवाको कोएज़ुका नाम की जापानी हिन्दी विदुषी दिल्ली आयी थीं तो मंजुल और मेरा मिलना हुआ था। वे ओसाका में रहती थीं। हमारी कॉन्फ्रेंस उत्तरी जापान में यामागाता और राजधानी तोक्यो में थी। हमारे जापानी मेज़बान आसपास घुमा रहे थे पर मैं ओसाका और क्योतो जाना चाहती थी। तो क्या मिवाको कोएज़ुका से पूछूँ कैसे मुमकिन हो सकता था? मेरे पास सिर्फ़ डाक का पता था न फ़ोन नम्बर न ईमेल। बाद में पता चला मिवाको ईमेल का उपयोग नहीं करतीं। कहतीं उससे इन्तज़ार की घड़ियाँ मिट जाती हैं। वन्दिता ने शह दी तो मैंने झिझक-भरा मुख्तसर ख़त डाक से भेज दिया। सुखद आश्चर्य से सराबोर करता जवाब जल्दी आया। उन्होंने लिखा मंजुल के निधन पर उन्हें बहुत शोक था पहले पहल उनके साहित्य पर काम करने के सिलसिले में हमसे मिली थीं पर हम दोनों अच्छी तरह याद थीं। मैं जब तोक्यो में हूँगी अन्तिम दिन वे आकर मुझे अपने साथ ओसाका ले जायेंगी और वहाँ से क्योतो और नारा दिखलाने-घुमाने। मैं हतप्रभ थी। आभारी हुई और पूछा मैं आपको पहचानूँगी कैसे?

उनका जवाब था जापानी डाक टिकट पर जो श्वेत केश वाली औरत का चित्र है, मैं वैसी दिखती हूँ।

मैंने वापसी का टिकट ओसाका से करवाया और तीन-चार दिन और जापान में ठहरने की योजना बनायी। तोक्यो में जिससे कहती मेरी मित्र लेने आयेंगी कहता, ओह बहुत पुरानी मित्र होंगी। मैं कहती हम बीस साल पहले सिर्फ़ एक बार मिले थे तो यक़ीन न करता। सिर्फ़ ऋतु मेनन ने कहा सोचो कितना बेमिसाल असर रहा होगा तुम दोनों बहनों का। होटल जनपथ में हुई पहली मुलाक़ात का एक यादगार लम्हा वह था जब मंजुल केतली उठा कर प्यालों में चाय डाल रही थी, उसके हाथ और सलीक़ा बेहद ख़ूबसूरत था फिर भी मिवाको ने इशारे से उसे रोक दिया। दिखलाया कि पहले हर प्याले में एक चौथाई चाय डाले फिर उलटी दिशा में दुबारा बाक़ी चाय डाले। ऐसा करने से सबको एक जैसी चाय मिलेगी। न फीकी न ज़्यादा तेज़। वाह! कितनी तार्किक सुलभ पर सलीक़े की बात थी। मुझे हमेशा याद रही। जब उन्हें याद दिलाया तो बहुत हँसीं। बोलीं, इतनी बकबक की मैंने आपको सिर्फ़ यह याद रहा!

पर मिवाको के साथ हिरोशिमा, क्योतो, नारा और अन्तिम दिन ओसाका में बुनराकु थियेटर देखना नायाब तजुर्बा था। उन्हीं के साथ क्योतो में टी सेरेमनी का छोटा-सा अंश देखा। चाय पीने के बाद पूछे जाने पर कि चाय कैसी थी लोग चाय की तारीफ़ करने के बजाय आसपास के माहौल पर रसीली शायरी करते, हायकु कहते या टिप्पणी करते। कितना बेमिसाल था! कहीं और न देखा न सुना। शायद फ्रांस में उम्दा वाइन पी कविता कह देते हों पर पूरे परिवेश को काव्य में समेटना अद्‌भुत था और अलौकिक।

मिवाको के गाइड करने का सबसे बेमिसाल पहलू यह था कि वे हर बात का दृष्टान्त हिन्दुस्तान की मुग़ल या राजपूत परम्परा या ऐतिहासिक घटना से देतीं। ऐसा ही औरंगज़ेब और दारा शिकोह के बीच हुआ। जैसे नगरवधू के पास राजपूत हथियार बाहर छोड़ कर जाते थे वैसे ही जापान में सामुराई गीशा के पास जाते थे। साहित्य और संगीत के रसिक के रूप में तलवार भाँजते वीरों की तरह नहीं। उनका बयान सुन खँडहरों में लोग उभर आते और बीता समय साकार हो जाता।

सबसे पहले हिरोशिमा ले गयीं तो नवम्बर का महीना था। कनेर का मौसम न था। पर अचरज एक पौधे पर सफ़ेद कनेर के फूल खिले थे। देख कर मिवाको

ने बतलाया कि जब 6 अगस्त 1945 को यहाँ अणुबम गिरा तो हर तरफ़ लाल कनेर खिले थे। कुछ कवियों का कहना था अगर सफ़ेद होते तो बम न गिरता। जापानियों की एक विशिष्टता यह है कि वे हिरोशिमा-नागासाकी के बारे में बात नहीं करते तब बिल्कुल नहीं जब आत्मीय शहीद हुए हों। निजी त्रासदी को गोपनीय रखना उनकी संस्कृति का अंग है। हम जैसे भारत के विभाजन की, अमरीकन और यूरोपीय होलोकास्ट की कहानियाँ बयान करते हैं, जापानी हिरोशिमा-नागासाकी की या निजी त्रासदी की बात नहीं करते। पर बम गिरने के समय मात्र दो बरस की सदाको की अदम्य जिजीविषा और क्रौंच पक्षियों के ओरिगामी बनाते जाने की कथा हिरोशिमा के हिबाकुशा स्मारक स्थल पर दर्ज है। अदम्य आस्था के बावजूद दस साल बाद 1955 में उसकी मृत्यु हो गयी। जो वहाँ आता है प्रणाम कर काग़ज़ की क्रौंच आकृति लटका जाता है।

मिवाको ने जब मुझसे कहा कि यूरोप में क्रौंच पक्षी नहीं होता इसलिए वहाँ के लोग लम्बी आयु के प्रतीक जापानी क्रेन को सारस कहें तो माफ़ किया जा सकता है। पर भारतीय? जानते हैं, वाल्मीकि के मुख से स्वतः फूटने वाला रामायण का पहला श्लोक क्रौंच युगल में से एक के वध होने पर निकला था। वे जानते थे एक के अवसान पर दूसरा आत्मघात कर लेगा। फिर हम इतने नक़लची क्यों हैं कि क्रौंच को सारस कहते हैं! नोबेल पुरस्कार विजेता काबावाता ने "हज़ार सारस" नहीं, "हज़ार क्रौंच" लिखा था। पर हमने हिन्दी में अनुवाद "हज़ार सारस" नाम से किया। मैं शर्म से गड़ गयी। पहले क्यों नहीं सोचा!

वैज्ञानिकों ने कहा था हिरोशिमा में बरसों हरियाली नहीं होगी। पर उन्हें ग़लत साबित करते हुए अगले ही बरस सैकड़ों लाल कनेर खिल आये जैसे उस रात की याद दिला रहे हों, जो कुकुरमुत्ते सा सिर के ऊपर टँगा था। उसके साथ लाल कनेर जिजीविषा और प्रकाश का भी प्रतीक है। जापानियों ने इस ख़ुशनुमा पहलू को चुना। मेरे भारत लौटने के बाद बरसों मिवाको मुझे रंग-रंग के कनेर के चित्र भेजती रहीं। जापान से ही नहीं भारत के केरल, उड़ीसा और श्रीलंका से भी। क्योतो के मन्दिर की दीवारों पर उन तमाम पक्षियों की अलग-अलग आकृतियाँ देखीं जो हमारे लिए अंग्रेज़ी के प्रताप से सारस बनी पड़ी थीं। बगुला, हंस, सारस, क्रौंच।

उन्होंने मुझे ओसाका के मशहूर और तिलिस्मी बुनराकु कठपुतली थियेटर की प्रस्तुति भी दिखलाई। कमाल थी। देखते जाते तो भान होता कठपुतली इन्सान है

और इन्सान कठपुतली! लौटी तो दसियों साल नववर्ष की शुभकामनाओं के साथ मिवाको बुनराकु का कैलेंडर भेजती रहीं। मैं इतने देशों में गयी पर देश से महबूब की तरह मुहब्बत करने वाला जापानियों के सिवा कोई न मिला।

लौटने से पहले पशोपेश में डालने वाली एक घटना हुई। हमेशा की तरह मैं जापानी करंसी 'येन' के लिए ट्रेवलर्स चेक ले गयी थी। पर जापान में वे केवल बैंक में भुनवाये जा सकते थे दुकानों पर नहीं। हवाई अड्डे आने जाने वाला टैक्सी चालक भी येन के सिवा, डॉलर, युरो या पाउंड नहीं लेता था। मेरे पास अन्तरराष्ट्रीय क्रेडिट कार्ड नहीं था। मैंने कई बार कहा कि चेक भुनवाने बैंक जाना है। हिरोशिमा, नारा, क्योतो, ओसाका घूमने, खाने-पीने, होटल, नाटक आदि पर किये ख़र्च का भुगतान तभी कर पाऊँगी। पर सैर-सपाटे और इतिहास व भाषा चर्चा में दिन निकलते गये। अन्तिम दिन आया तो रविवार निकला। सब बैंक बन्द! अब? दिमाग़ लगा कर मिवाको से कहा मैं चेक उनके नाम एन्डोर्स कर देती हूँ। दूसरे देशों में चलता है पर यह जापान है! कितनी बार यह जुमला सुन चुकी थी; फ़ख्र से कहा यह जापान है!

मिवाको ने कहा कर दें। मैंने कहा अगर न भुने तो आप फूजी हिसाको से ईमेल करवा दीजिएगा। मैं बैंक द्वारा रक़म भिजवा दूँगी। फूजी हिसाको हमारी संगोष्ठी की प्रबन्धक थीं। मुझे परेशान देख मिवाको ने कहा, "मैं उन पैसों के लिए मरी नहीं जा रही। सुना आपने। मैं मरी नहीं जा रही।" जापान में न होती तो रो देती। चेक एन्डोर्स किये। ख़ुदा के फ़ज़ल से बैंक ने स्वीकार कर लिए वरना साँस गले में अटका रहता।

मिवाको कोएज़ुका ने ही मेरे उपन्यास 'कठगुलाब' का जापानी अनुवाद किया। पहले तीस-पैंतीस बरस का हिन्दी ज्ञानी युवक करने वाला था। ओसाका में वही मेट्रो द्वारा मुझे होटल से हवाई अड्डे ले जाने वाला था। मैं नियत समय से पहले सामान ले होटल के बाहरी लाऊंज में जा बैठी। कुछ समय गुज़रा तो घबराहट होने लगी जापानी कभी देर से नहीं पहुँचते...क्या हो गया! चहलक़दमी करते सड़क पर निकल आयी। होटल मालिक मेरा सूटकेस सड़क पर ले आया। अगर वह नहीं आया? मेरे पास डॉलर थे पर येन नहीं...टैक्सी ली तो हवाई अड्डे पहुँच उसे डॉलर थमा दूँगी। वहाँ तो करंसी बदलने की सुविधा होगी। पर अन्दर जाकर उसे बदल कर लाने तक इन्तज़ार करेगा या नहीं? मालिक ने उसके घर फ़ोन किया। जवाब मिला उसे गये घण्टा हो गया। मैंने होटल मालिक से टैक्सी बुलाने को कहा। उसने कुछ देर इन्तज़ार करने का इशारा किया।

मैं भगवान से प्रार्थना करने लगी। जानती थी जो मर्द भागता हुआ आ रहा होगा मेरा साथी होगा। मेरी प्रार्थना रंग लायी। होटल का फ़ोन बजा। वही युवक था। कहा मैं कब से इस नाम के होटल में खड़ा हूँ इस नाम का गेस्ट नहीं है यहाँ। माजरा समझ में आया। उसी नाम से एक और होटल था। मिवाको उसे लोकेशन बतलाना भूल गयी थीं। यानी परफ़ेक्ट कोई नहीं होता! एक नवयुवक भागता हुआ मेरी तरफ़ आ रहा था। मैं उसकी तरफ़ भागी। होटल मालिक सूटकेस ले साथ भागा। बीच सड़क मिले। युवक ने उनके हाथ से सूटकेस झपटा और हम मेट्रो स्टेशन की तरफ़ भागे। टिकट वग़ैरह पहले ले रखा था। वह हिन्दी-अंग्रेज़ी दोनों जानता था। समय रहते हवाई अड्डे पहुँच गये। मेरे पास उसे कॉफ़ी-मफ़िन खिलाने लायक़ येन थे।

कठगुलाब पर बात होती रही! उसकी नयी-नयी शादी हिन्दुस्तान में हुई थी पर हिन्दुस्तानी से नहीं। हिन्दुस्तान में प्रेम करना सुगम है उसने कहा तो मुझे अपार आश्चर्य हुआ। कहाँ! यहाँ तो प्रेम करना जुर्म या बेवक़ूफ़ी समझा जाता है। पर जापानियों की नज़र से देखें तो नियमों में बँधे उनके जीवन से ज़्यादा आज़ादी है यहाँ ख़ासकर विदेशियों को।

कठगुलाब पर काफ़ी बातचीत हुई; उन्हें उसका अनुवाद करना था। हिन्दी ठीक-ठाक थी पर मिवाको की तरह मुहावरेदार नहीं। उनके क्या कहने! पहली मर्तबा पूछा था, "आपने यह सलवार-कुर्ता सिलवाया है या सिला-सिलाया ख़रीदा।" अपने प्रेम विवाह पर कहा, "पसन्द किया तोक्यो में पर बात बनी दिल्ली में।"

बाद में युवक ने कठगुलाब का अनुवाद करने से मना कर दिया। वजह बेहद काव्यात्मक थी। कहा, "मैं अभी उतना जिया नहीं हूँ!" अन्ततः मेरी हमउम्र मिवाको कोएज़ुका ने अनुवाद किया। उस दौरान उन्होंने मुझे क़रीबन 200 ख़त हाथ से लिख कर भेजे। हर में 8-10 सवाल रहते थे। मैंने भी हस्तलिखित पत्र लिख डाक से जवाब भेजा पर वह पहुँचा नहीं। मज़ेदार था न। औचक लिखा पहला ख़त पहुँच गया था वरना मेरी और मिवाको की दुबारा मुलाक़ात ही न होती। मैंने तय किया कि मैं हिसाको फ़ूजी सान को जवाब ईमेल कर दूँगी और वे मिवाको सान को डाक से भेज देंगी। अनुवाद के दौरान मेरी समझ में आया कि हम जैसे अपने देश की अनेक भाषाओं और बोलियों के शब्दों के साथ आम चलन में आये अंग्रेज़ी के अल्फ़ाज़ भी अनायास इस्तेमाल कर लेते हैं उससे ग़ैर अंग्रेज़ चक्कर में पड़ जाते हैं। जैसे उन्होंने पूछा, अनपढ़ नर्मदा कान के ज़ेवर

को अंग्रेज़ी में 'टॉप्स' कैसे कहती है? मैंने बतलाया कि 200 साल की ग़ुलामी और ज़बरन अंग्रेज़ी थोपे जाने का नतीजा यह हुआ कि उसके आम बोलचाल के शब्द अनपढ़ों के शब्द बन गये। पढ़े-लिखे लोग बुन्दे या इयररिंग कहते हैं अनपढ़ टॉप्स। पूछा मेल शॉविनिस्ट का क्या अर्थ है? मैंने बतलाया तो बोलीं, वाक़ई भारत का अन्तरराष्ट्रीयकरण हुआ है। हम तो अब तक जापानी हैं!

वे सब कुछ जानना महसूस करना चाहती थीं जैसे ख़ुद उपन्यास लिख रही हों। ख़ुदा के फ़ज़ल से वे उर्दू बख़ूबी समझ लेती थीं और कुछ बंगला शब्द भी। पर सरसों के साग और मक्की की रोटी में क्या ख़ास बात है कठगुलाब कैसा दीखता है चिड़िया की बीट कन्धे पर गिरने पर अमेरिकन जारविस जैसे उछला कूदा हिन्दुस्तानी वैसे परेशान क्यों नहीं होते? राजस्थान के ख़ास पेड़ कैर, रोहड़ा आदि कैसे दीखते हैं...सब। मैंने नेट से निकाल कर कठगुलाब का चित्र भेजा पंजाबी के लिए सरसों के साग का मतलब उपन्यास में स्पष्ट था पर उसका और मक्की की रोटी का हुलिया बयान किया...कि कुछ अजब घटनाएँ होने लगीं। जो-जो मिवाको किताब में पढ़तीं उनके जीवन में घट जाता। वे बाज़ार में घूम रही थीं कि देखा भारत और अफ़्रीका से आयी प्रदर्शनी लगी है। भीतर गयीं तो साक्षात् कठगुलाब का फूल दिख गया! कुछ दिनों बाद एक मित्र ने भोजन पर बुलाया तो उनकी भारतीय मित्र सरसों का साग बना कर लायी थी। मिवाको के इसरार पर मक्की की रोटी भी बना दी। जिस दिन जारविस के कन्धे पर बीट गिरने का हाल पढ़ा दूसरे दिन, बंगाली मित्र के साथ बाग़ में घूम रही थीं कि चिड़िया उनके कन्धे पर बीट कर गयी! बंगला महिला फ़ौरन बोलीं शुभ होता है। मिवाको ने मुझसे पूछा आप सब ऐसा मानते हैं? उपन्यास में तो नहीं लिखा। मैंने बतलाया कुछ भदेस घट जाता है तो हम कह देते हैं शुभ होता है जिससे बन्दा परेशान न हो। बतलाया गर्भ के तीसरे माह में मेरी बहू को झटका दे कर कुछ करने की मनाही थी। जिस दिन बिस्तर छोड़ ज़मीन पर बैठने की इजाज़त मिली एक छोटा चूहा गोद में कूद गया। वह चूहे से बहुत डरती थी। इससे पहले कि अनर्थ होता मैं ज़ोर से चिल्लाई, "शुभ है! शुभ है। हिलो मत। गणेश जी चले जायेंगे।" धत तेरे की! झूठ की हद होती है पर प्राण रक्षा हेतु बोला झूठ झूठ नहीं होता। बहू जड़ हो रही। जल्द चूहा बाहर कूद गया और वह उठ गयी। फिर वह कभी न दिखा।

उन्होंने कठगुलाब में पढ़ा, नीरजा कहती है जैसे दुर्योधन को जीवन काल में नारकीय पीड़ा भुगत लेने के कारण नरक न मिला; उसी तरह बरसों फ़ालिज

में पड़े मेरे अधर्मी पिता को भी नहीं मिलेगा। उसी शाम ओसाका में कत्थकली नृत्य शैली में दुर्योधन प्रसंग देखने को मिल गया। दुर्योधन का जीवन चरित्र पारम्परिक नाट्यकर्मियों का प्रिय विषय नहीं है। ओसाका में उसका होना और मिवाको का देख पाना कल्पनातीत था। वे तब तक कुछ भयभीत हो चली थीं या रोमांचित? उन्होंने 'शिव-शिव कनेर' शीर्षक से एक आलेख लिखा क्योंकि सिलसिला हिरोशिमा में खिले श्वेत कनेर से शुरू हुआ था!

उपन्यास का अनुवाद पूरा हुआ; कुछ जवाबों का अन्तिम बार अनुमोदन हो गया और उसे प्रकाशक को सम्पादन के लिए सौंप दिया गया। तब उन्होंने लिखा, "आख़िर अनुवाद का काम पूरा हुआ। मेरी सौ वर्षीय माँ को उसकी प्रतीक्षा है। पहली प्रति उन्हें भेंट करूँगी और पढ़ कर सुनाऊँगी। मैं अपनी माँ से बहुत प्रेम करती हूँ और वे मुझसे। आपके उपन्यास में कितनी स्त्रियाँ हैं जो माँ नहीं बन पातीं, नर्मदा, मारियान, असीमा। उनमें मुझे भी जोड़ लीजिए। मैं माँ नहीं बनी। नहीं जानती क्यों नहीं? कभी पता न किया। कोएज़ुका साहब तफ़्तीश नहीं चाहते थे। मैं भी शायद... नहीं..." उनका सहज भाव से इस संयोग की बाबत कह देना इतना दारुण था कि मैं दहल गयी। शान्त स्थिरचित्त जापानी मिवाको सान के लिए यह कितनी बड़ी आत्म स्वीकृति थी आप अनुमान नहीं लगा सकते!

मैंने ठहर कर पत्र का लिखित जवाब डाक से भेजा। उसमें फ़ुकुशिमा के बारे में था, अपने मौसम के बारे में था, उनका आभार था कि इतनी निष्ठा से उन्होंने अनुवाद किया। पर उस विषय का ज़िक्र न था। जब कोई अपना राज़ अफ़शां कर जाये तो उस पर बात नहीं करनी चाहिए, उसे लज्जा महसूस होती है। इतना मैं जापान जाने से पहले जानती थी। वहाँ जाकर यह भी जान लिया था कि मेरी तरह जापानी भी दुख को राज़ रखते हैं कह जाने पर लज्जित महसूस करते हैं।

जैसे मैं यह अध्याय लिखते हुए करती रही हूँ।

इस बीच वे एक बार दिल्ली आयी थीं। मैंने दरख़्वास्त की थी कि राजस्थान के पेड़ों आदि को ले दिमाग़ न खपायें। उनका जवाब था अनुवाद के लिए नहीं परिवेश को जानने के लिए सवाल करती हैं। "मैं ख़ुद सबकुछ नहीं जानूँगी तो उस माहौल की कल्पना कैसे करूँगी जो मुझे अनुवाद में स्पन्दित करना है।" वाह! अनोखा था उनका अभ्यास!

विनोद भी ख़ूब कर लेती थीं। शुरुआती ख़त में पूछा भेजा खाना क्या होता है। मैंने लिखा भेजा खाना वह होता है, जो आप इतने सवाल करके मेरे साथ कर रही हैं। तब से हर ख़त में लिखतीं आपका भेजा थोड़ा और खाऊँगी! कठगुलाब का जापानी अनुवाद बढ़िया हुआ। अनुमोदन जापान की प्रख्यात लेखिका युको त्सुशिमा ने किया। मिवाको सान की सौ वर्षीय माँ उसे हाथ में ले पायीं, मिवाको के मुँह से पाठ सुन पायीं, अनुवाद और कथ्य उन्हें पसन्द आया, हमारे लिए वह सबसे बड़ा पुरस्कार था।

अन्य जापानियों के विपरीत युको त्सुशिमा जितनी प्रसिद्ध लेखिका थीं उतनी भावुक और उसे छिपाने की कोशिश नहीं करती थीं। उन्होंने भी बेटा खोया था। मेरे बेटे-बहू के बारे में पता चला तो लकड़ी की बेहद कलात्मक नर-मादा आकृतियाँ मुझे भेंट कीं और कहा, ये आपके बेटे-बहू की स्मृति हैं। उनके और मेरे बीच हर बात हो जाती थी। उन्होंने ही बतलाया कि कठगुलाब का अनुवाद पूरा होने पर तीन जापानी लेखक उसका सम्पादन करेंगे तभी छपने जायेगा। सुकून पहुँचाने वाली बात थी। 2011 में वह प्रकाशित हो कर आ गया।

युको त्सुशिमा का पत्र दे रही हूँ।

मृदुला-सान,

आख़िरकार आपका उपन्यास इस जापान में आ गया।

उसे पढ़ कर मुझे लगा कि बहुत से जापानी जो त्सुनामी और विनीकरण से गहन रूप से आहत हुए हैं आपका सन्देश स्वीकार करेंगे कि दुख की अतल गहराइयों से एक रहस्यपूर्ण आशा का जन्म होगा।

हम फ़ुकुशिमा हादसे के बारे में सोचना बन्द नहीं कर पा रहे और हमारे भीतर गहन रोष, भय, पीड़ा, लज्जा और असमंजस भरा है। बल्कि दिनोंदिन परमाणु रिसाव का हमारा डर बढ़ता जा रहा है। बहुत से लोग वहाँ से हट ओकिनावा या होक्काइदो में बस गये हैं। मेरी बेटी भी ओसाका चली गयी है।

पर जापानी सरकार जापान को अणु राष्ट्र बनाये रख कर अणु व्यापार करते रहने पर आमादा है।

हम तो ज़ाहिर है विरोध कर रहे हैं पर...?

फिर भी हम कभी हार नहीं मानेंगे।

प्यार

युको त्सुशिमा

जब जापान में थी तो अपनी बीमारी और पहाड़ देखने की चाहत के बारे में इस भावप्रवण सखी को बतला बैठी। उन्होंने ठान ली कि मैं पहाड़ ज़रूर देखूँगी। और साहब देखा। हम यामागाता से होक्काइदो गये। वहाँ से पहले जापान के मशहूर स्पा या गर्म पानी के सामूहिक नहान घर गये। नाम सही तौर पर याद नहीं पर शायद कवारायु पब्लिक बाथ था। मर्दों और औरतों के लिए अलहदा कमरे थे पर गर्म पानी का उद्गम स्रोत एक था। कहने की ज़रूरत नहीं है कि वहाँ कपड़े उतार कर जाना होता था। मुझे कोई एतराज़ न था पर यह ज़रूर पूछा, "नंगे बदन अन्दर जाऊँगी तो पासपोर्ट और नक़दी का क्या करूँ?"

"छोड़ दीजिए कपड़ों के साथ बाहर," लापरवाह जवाब मिला।

"ऐसे ही खुले में छोड़ दूँ..."

"यह जापान है!!" दो-तीन आवाज़ों ने एक साथ कहा। तो छोड़ दिये और सुरक्षित वापस पाये।

वहाँ बेहद मज़ेदार वाक़या हुआ। हमारे साथ महाश्वेता देवी के पुत्र बंगला के प्रसिद्ध कवि नबारुण भट्टाचार्य भी थे। नग्न देह की बाबत सुन आग बबूला हो गये। हमें बोलने का मौक़ा दिये बग़ैर तीखे स्वर में कहा, "भारतीय महिलाएँ इस तरह नहीं जा सकतीं समझे आप!" तीनों भारतीय महिलाओं गीता हरिहरण, मेरा और सारा राय का मुँह खुला रह गया। बिन बुलाई रहनुमाई नकार कर कहना पड़ा, "हम जायेंगे बेशक़! हमें एतराज़ नहीं है। प्लीज़ नबारुण निगहबानी के लिए शुक्रिया पर हमारे लिए फ़ैसला न लें।" यह न भूतो न भविष्यति मौक़ा कैसे छोड़ते। वे नाराज़ हो कमरे में चले गये। उम्र में मैं सबसे बड़ी थी इसलिए उनकी नाराज़गी सबसे ज़्यादा मुझसे थी। उम्र का लिहाज़ हमारे यहाँ भी होता है पर जापान जैसा नहीं। जिस होटल में हमें ठहराया गया सबसे बढ़िया कमरा मुझे दिया गया। शाम के चाय-नाश्ते का सरंजाम मेरे कमरे में किया गया। बाकियों को वहाँ आ कर चाय पीनी होती थी। गीता ने वजह पूछी तो मेज़बान ने मासूमियत से कहा, "मृदुला-सान आप लोगों से बुज़ुर्ग हैं न?" एक लड़की ने मेरे कपड़े सूटकेस से निकाल अलमारी में हैंगर पर टाँग दिये; झुक कर कमरे में पहनने वाले स्लीपर पैरों के पास रख दिये। तत्परता से पहन न लेती तो पहना भी देती।

उस प्राकृतिक गर्म पानी के नहान घर में हमने ख़ूब मस्ती की। पल भर को जो झिझक महसूस हुई। हम हिन्दुस्तानी यूँ भी हरिद्वार, बनारस के घाटों पर अधनंगे स्त्री-पुरुष देखने के आदी होते हैं। हाँ-हाँ, क़रीब-क़रीब नंगा होने और अलिफ़ नंगा होने में बहुत फ़र्क़ है। पर मन के उल्लास से उसे पाटा जा सकता है। कितना बोझा डालते हैं कपड़े मन पर। दिगम्बर हो तो दिक् जैसा लम्बा-चौड़ा अम्बर ढाँप लेता है हमें। जन्म से जैन होने के नाते इतना ज्ञान दिगम्बर जैन मुनियों के बारे में था। न मूर्तियाँ देख कभी क्लेश हुआ न साक्षात् देह। फिर यहाँ तो केवल औरतें थीं हालाँकि हाथ भर के फ़ासले पर मर्द थे।

फिर पहाड़ देखा। माउंट हकुअन गये नहीं-नहीं, हकुअन सान। ख़ूब क़शिश के साथ पर्वत और उसके आस-पास के माहौल को दिलो-दानिश में उतारा, भोगा, समाया और समझा जापानी अपने पर्वतों के नामों के आगे सम्मान सूचक 'सान' क्यों लगाते हैं। फूजीयामा कहते ही सबने कहा फूजी सान! हम तो श्री श्री हिमालय नहीं कहते अलबत्ता श्री केदारनाथ, श्री बदरीनाथ, श्री रामेश्वरम्, गंगा माँ और नर्मदा जी अवश्य कहते हैं क्योंकि तीर्थ स्थल होने के नाते, वे ईश्वर से सम्बन्ध रखते हैं। पर जापानियों के लिए हर पर्वत पूजनीय है क्योंकि वह पर्यावरण की रखवाली करता है। उनका मौसम भी उनकी सफ़ाई पसन्दगी में मदद करता है। रुक-रुक कर बारिश होती रहती है जिससे पेड़-पौधे साफ़-धुले हरे चमचमाते रहते हैं। माहौल धूल से निरस्त हरियाली लिए रहे तो अध्यात्म अपने आप सूझने लगता है। अध्यात्म, धर्म नहीं।

जब जापानी शिष्टमण्डल सर्दियों में दिल्ली आया तो हमारे हिसाब से मौसम बढ़िया था। पर जब जापानी लेखक हिरोमी ईतो ने पूछा, आप अपने पेड़ों से धूल कैसे साफ़ करते हैं तो पहली बार पेड़ों पर पड़ी परतदार धूल नज़र में रड़की। मौसम कितना भी सुहावना हो पेड़ चमकीले हरे तभी दीखेंगे जब बरसात हो। सर्दियों में बरसात होती है कुछ दिन। प्रार्थना कर उठी कि जापानी मेहमानों के रहते बारिश हो जाये! जापान जाने पर मालूम हुआ कि उनके पेड़-पौधे धूल का लिबास कभी नहीं ओढ़ते। पौधों को तो हम पानी से धो देते हैं पर लहीम शहीम पेड़ों का क्या करें। तब मैंने हिरोमी सान से कहा आप जब कलकत्ते, मुम्बई और बेंगलूरु जायेंगी तो धूल में लिपटे पेड़ नहीं देखने पड़ेंगे; जापान की तरह वहाँ भी रुक-रुक कर बारिश होती रहती है।

जापानी प्रकाशन का अनुभव भी अभूतपूर्व था। अनुबन्ध में लिखा था 30 सितम्बर को अग्रिम रॉयल्टी की राशि मेरे बैंक में पहुँच जायेगी। मैंने सोचा अक्तूबर की किसी तारीख़ को आयेगी। पर वह तो ठीक 30 सितम्बर को पहुँच गयी।

पहली अक्तूबर को रुपयों में तब्दील हो जापानी येन खाते में जमा हो गये। फ़रवरी 2011 को जापान के फ़ुकुशिमा में भयानक त्सुनामी आया। वहाँ के परमाणु संयन्त्र से रिसाव हो गया। युको त्सुशिमा के पत्र में उसका पर्याप्त संकेत है। मेरे प्रकाशक गेन्डाइकिकाकुशित्सु ने पुस्तक छपने की सम्भावित तारीख़ 2011 में बतलाई थी। त्सुनामी और परमाणु रिसाव के बाद सोचा उपन्यास शायद अब आये ही नहीं; दो-एक साल की देरी तो शर्तिया होगी। पर जैसा वे कहते थे...यह जापान है! अक्तूबर 2011 में जापानी अनुवाद मेरे हाथ में था। दो-एक़ महीने की देरी हुई थी जबकि फूजी सान ने लिखा था कि उसके काफ़ी प्रूफ़ त्सुनामी में नष्ट हो गये थे। वाक़ई वह जापान था! नायाब हस्ती का मालिक अप्रतिम देश।

युको सान कई वर्षों तक मेरे दिवंगत बेटे के जन्मदिन पर ख़त लिख मुझे मुबारक़बाद देती रहीं और उपहार भेजती रहीं। ख़तोकिताबत निरन्तर चलती रही। पर मिलना फिर न हुआ। उनकी मृत्यु का समाचार दे उनकी बेटी नेन इशिहारा ने लिखा कि युको त्सुशिमा के लेखन, शख़्सियत और अपनी दोस्ती के बारे में लिख कर भेजूँ, जिसका जापानी अनुवाद वे उनकी स्मृति सभा में पढ़ेंगे। मैंने भारी मन से लिखा, वे एक नायाब औरत थीं मैं हमेशा उनकी कृतज्ञ रहूँगी कि उन्होंने मुझे अपना मित्र स्वीकार किया। एक छोटा-सा आलेख भी भेजा जो पहले फ़ुकुशिमा के सम्बन्ध में युको सान को भेज चुकी थी; उन्होंने उसका जापानी अनुवाद सब मित्रों और लेखकों को भिजवाया था।

"इस बैशाख हमारे मोहल्ले के बग़ीचे में बेशुमार शिरीष खिला है। चारेक दिन सैर करने नहीं गयी। पाँचवें दिन देखा, नीचे-ऊपर हर तरफ़ बग़ीचा पीले-हरे फूलों से भरा था। रूई के फायों में तब्दील हो चुके पीले फूल ताज़ा हरे फूलों से लिपटे थे। जिन मुरझाये फूलों का हरापन पीले के आगे घुटने टेक चुका था उनमें भी आम की याद दिलाती सुगन्ध बरक़रार थी। नैसर्गिक इत्र की बोतल उलट गयी हो जैसे। पूरा मंज़र ख़ुशबू से लबरेज़ था। शिरीष के पेड़ के नीचे कुछ देर खड़े रहो तो बढ़िया वाइन सा सुरूर दिलोदिमाग़ पर तारी हो जाता है। नशा नहीं, मस्ती नहीं, उत्तेजना नहीं ख़ास क़िस्म की ख़ुमारी जिसका सही अन्दाज़ सिर्फ़ वे लगा सकते हैं जिन्हें अनिद्रा रोग हो। जो सोना चाहते हुए भी देर तक जगे रहें। जिन्हें सोते-सोते लगे जग रहे हैं। जगें तो लगे शायद चन्द पल सो लिए थे। नसों के तनाव को सहलाता सुकून मिले तो भी होश ग़ाफ़िल न हों। कुछ देर के लिए खुदी को भूले जायें पर बाक़ी अहसास बने रहें। नगरों में ख़ासकर महानगर दिल्ली में अब शिरीष के पेड़ कम दिखते हैं। ज़्यादातर लोगों को उनका नाम तक नहीं मालूम।

शुक्र है हमारे मोहल्ले के बग़ीचे का रख-रखाव ख़ास है नहीं। इसीलिए उन्हें काट कर नयी क़िस्म के पेड़ नहीं लगाये गये। लापरवाही से वे आबाद हैं। तभी देखा हरियाये पेड़ों को नज़रअन्दाज़ कर बग़ीचे की इकलौती कोयल, सारे पत्ते झाड़ चुके कीकर की काँटेदार टहनी पर निस्पन्द निश्चल बैठी थी। समाधिस्थ। किसके ध्यान में लीन थी? क्यों बैठी थी गुंजान को छोड़ वीरान पर? किसका शोक कर रही थी? मुझे लगा वह मैं हूँ। एकटक उसे देखते मैं अपने भीतर उस प्रदेश में पहुँच गयी जहाँ जो था वीरान था। पुष्पित शिरीष से मुँह फेर वीरान कीकर पर बैठी एकाकी कोयल मनुष्य की करतूतों का ही शोक कर रही होगी, जो आने वाले कल को बंजर बना रही थीं। प्रकृति विनाश करती है तो सृजन भी, बशर्ते हम उसकी सृजनशीलता कुण्ठित न कर दें।

शिरीष के साथ जापानी मित्र का भेजा चेरी के फूलों का चित्र नज़रों के सामने साकार हो गया। ख़त 5 अप्रेल 2011 को चल कर 11 अप्रेल को मेरे पास पहुँचा था। मार्च 2011 के भयानक त्सुनामी की पहली मासिक पुण्यतिथि पर। दुर्योग से फ़ुकुशिमा के पास उसी दिन फिर सात स्केल का भूकम्प आया था। मिवाको कोएज़ुका ने लिखा था, "भूकम्प और त्सुनामी के लिए तो दोष हम प्रकृति पर डाल सकते हैं लेकिन परमाणु ऊर्जा वाली गम्भीर समस्या तो हम आदमियों की ग़लती है। हम प्रकृति को बहुत गन्दा कर रहे हैं। हम किन शब्दों में माफ़ी माँगें दूसरे जीव-जन्तुओं से। फिर भी प्रकृति के आभारी हैं कि चेरी फूल खिलने लगे हैं। जो होना है होगा ही पर हमें भरसक कोशिश करनी होगी सब की भलाई के लिए।"

मैं भी प्रकृति की आभारी हूँ कि इतने शिरीष खिला दिये। पर क्या अगले बरस भी खिलेंगे और उसके अगले बरस? क्या हम उन्हें खिलने देंगे? शिरीष ही नहीं, नीम, जामुन, शहतूत, मौलश्री, कनक चम्पा हमारे पर्यावरण के अनुकूल वे सब पेड़ जिन्हें हम नष्ट करने पर आमादा हैं, क्या वे खिलते रहेंगे? क्या कोयल शोक मुक्त हो पायेगी?"

मैंने लिखा युको सान के लिए पूरी प्रकृति शोक करेगी। प्रकृति के साथ मैं भी उस बेमिसाल लेखिका, भावप्रवण मित्र और नायाब शख़्सियत को याद कर शोक करूँगी। पर हृदय से उनका आभार भी मानूँगी कि उन्होंने मेरे उपन्यास 'कठगुलाब' के एक अंश का पाठ सुन कर ही प्रकाशक को प्रेरित किया कि उसका अनुवाद प्रकाशित करे। आपको बतलाया था न कि मुझे "साहित्य में भोग और त्याग" पर बोलने को कहा गया था। मैं दॉस्तॉयव्स्की, जैनेन्द्र, मिलान कुण्डेरा

से होती अपने उपन्यास कठगुलाब पर पहुँची थी। यानी ब्रदर्स कारमज़ोव, त्यागपत्र, द लास्ट वाल्टज़ और कठगुलाब सब का एक-एक अंश पढ़ा था। दर्शन और अध्यात्म से आलोकित ज़मीनी के साथ रूहानी सफ़र, जापानी मनीषा के क़रीब था। हमारी संस्कृति के भी। आधुनिक भारतीय आलोचकों ने भले उसमें नारीवाद देखा, जापानी लेखकों ने मानवीय भाव के उदात्तीकरण को सही पकड़ा। मैं आश्वस्त थी कि उसके पीछे युको त्सुशिमा का हाथ था।

युको सान जितनी लाजवाब लेखक थीं, उतनी बेमिसाल मासूमियत के साथ फ़र्ज़ अदायगी में अव्वल। एक वाक़या याद आता है। एक शाम युको सान ने हम सब को अपने घर खाने की दावत दे रखी थी। वह पूरा दिन पास और दूर के सैलानियों के प्रिय स्थल देखते गुज़रा। शाम तक हम थक कर चूर हो चुके थे। सबसे ज़्यादा थकी युको सान लग रही थीं जैसे बदन का सारा पानी निचुड़ गया हो। मुझसे बोलीं, "मैं घर चलती हूँ खाना बनाना होगा। बाद में फूजी सान आप लोगों को ले आयेंगी।"

इतनी थकी-हारी हालत में खाना कैसे बनायेंगी। वह भी जापानी आतिथ्य! घर सँवारेंगी, फूल सजायेंगी, खाना बना कर प्लेटों में अदाकारी से परोसेंगी! मैंने कहा, "हर्गिज़ नहीं। आज आपके घर कोई नहीं आयेगा! आप थकी नहीं क्या?"

"थकी तो हूँ पर फ़र्ज़ है। बुलावा दे चुकी हूँ।"

"कोई बात नहीं। मैं रद्द कर रही हूँ आप पर ज़िम्मेवारी नहीं आयेगी।" मैंने गुपचुप फूजी सान को अपना इरादा बतलाया, फिर गीता हरिहरण, सारा राय और महेश दत्तानी से कहा सब मेरे साथ कहें, "युको सान हमें क्षमा करेंगी अगर आज हम आपके घर न आयें? यहीं होटल के रेस्त्राँ में खा लें, बहुत थके हैं। युको सान और नेन सान भी रुक जायें। प्लीज़ बुरा न मानियेगा। वापस जाने से पहले एक दिन ज़रूर आपके घर आयेंगे।"

आराम-तसल्ली से मसला हल हो गया। पर कितनी भोली थीं युको सान। कोई अमरीकन होती तो घर ले जाकर हर्बल चाय का टी बेग हाथ में थमा देती कि पीनी हो तो पी लो खाना रेस्टोरेंट में खा लेंगे। डच! हो चुका था मेरे साथ।

सबसे शरारती और हँसमुख हिरोमी ईतो अमरीका में रहती थीं पति अमरीकन थे तो अपनी आज़ादी से ख़ुश थीं। पर जापानी भाषा को याद कर शोकाकुल रहती थीं। पहले जापानी में लिखतीं फिर अंग्रेज़ी में तर्जुमा करतीं। मुझसे पहला सवाल किया, "साली क्यों नहीं पहनी?" "अरे! यात्रा में कठिन है। एक ख़ाली दिन दो तो पहन लूँगी एक लायी हूँ।" मौक़ा न आया। हमें बुलावा देने से पहले,

जापानी लेखकों का जो शिष्टमण्डल दिल्ली, कोलकाता, मुम्बई, बेंगलूरु आया था उसमें युको सान और हिरोमी ईतो भी थीं। अनेक लेखकों से मिलने के बाद जापान आमन्त्रित करने के लिए पाँच लेखक चुने थे।

सम्मिलन में सभी लेखिकाएँ उम्दा साड़ियाँ पहन कर आयी थीं। मैं भी साड़ी में थी जिसे हिरोमी ईतो जापानी उच्चारण में 'साली' कह रही थीं! हिन्दुस्तानी रिवायत के चलते सबके लिए बंगला मिठाई सन्देश ले गयी थी। राजी सेठ ने काफ़ी मखौल उड़ाया। ये क्या ले आयीं! इन लोगों को क्या समझ आयेगा! पर उन्हें पसन्द आया। मेरा वक्तव्य भी।

सब लोग कुछ न कुछ बोले थे जिसका फ़ौरी तर्जुमा कोई जापानी या जापानी बोलने वाला भारतीय कर रहा था। मुझे तरीक़ा जँचा नहीं। जब सब दुपहर के खाने में मशग़ूल थे मैंने मशहूर सरकारी दुभाषिये अशोक जी से पूछा, क्या हम अपनी प्लेटें ले एक तरफ़ बैठ सकते हैं? मैं अपने वक्तव्य को पैरा दर पैरा उन्हें दिखलाना चाहती थी जिससे वे उसका अनुवाद वैसे ही कर सकें। पल भर वे झिझके फिर प्रस्ताव में मज़ा लेने लगे। जो बोलने जा रही थी उन्हें दिखला दिया। अपनी बारी आने पर अन्तराल दे कर पैरा दर पैरा बोला और अनुवाद भी रुक-रुक कर हुआ। वे ठहरे प्रधानमन्त्री आदि के दुभाषिये योद्धा तो अनुवाद उम्दा होना ही था।

लेखकों के चुनाव में न जापानी दूतावास का दख़ल था न भारत के विदेश मन्त्रालय या साहित्य अकादेमी का। जापानी फ़ाउंडेशन की भी भूमिका न थी। पता यूँ चला कि साहित्य अकादेमी ने मेरी जगह अपने पसन्दीदा लेखक को ले जाने की सिफ़ारिश की तो जापानी फ़ाउंडेशन ने बेहिचक कहा उनकी तरह वे भी हाशिये में बैठे थे। अन्ततः अंग्रेज़ी के महेश दत्तानी और गीता हरिहरण, हिन्दी की मैं और सारा राय और महाश्वेता देवी के सुझाव पर उनके बजाय बंगला के उनके बेटे नबारुण भट्टाचार्य गये। तीन औरतें और दो घोषित मर्द! चित्रा मुद्गल ने कहा नैतिक रास्ते से भटके बोल्ड जन चुने! वही सही! यूँ क़तार से बाहर भी कह सकते थे।

मिवाको कोएज़ुका से बेहद दिलचस्प हालात में एक बार फिर मुलाक़ात हुई। जापानी नियम क़ायदों के सन्दर्भ में अभूतपूर्व हालात में! सर्दी की सुबह नौ बजे होंगे। मैं नहाने जाने वाली थी; फ़िलहाल ख़ासी मोटी, पुरानी और भद्दी नाईटी में थी। दरवाज़े की घण्टी बजी। उस वक़्त काम वाली ही आती थी।

दरवाज़ा खोला तो दंग रह गयी। बाहर मिवाको और उसके पति प्रोफ़ेसर कोएज़ुका खड़े थे। बिला सूचना, बिला फ़ोन, जापानी? अमरीका से आये हिन्दुस्तानियों की तरह अचानक दरवाज़े पर... जापानी! प्रोफ़ेसर कोएज़ुका से पहले मिली न थी। फ़ोन पर बात की थी और मिवाको की ज़बानी उनके जगतव्यापी ज्ञान की चर्चा सुनी थी। उनकी विद्वत्ता से आतंकित थी। सशरीर मेरे द्वार पर! क्षणांश को स्तब्ध रह उबरी और ज़ोरदार स्वागत कर भीतर बुलाया। भावावेग में पहली बार मिवाको को गले लगा लिया। साथ ही घरेलू मददगार नमूदार हो गयी। अपने कमरे से मेहमानों को आते देख लिया था। मिवाको ने कहा, "जिस डायरी में आपका फ़ोन नम्बर था, खो गयी। पिछला पत्र बैग में था उसमें घर का पता था। हम आज ही साढ़े ग्यारह बजे जापान रवाना हो रहे हैं इसलिए सोचा बिना इत्तिला मिल लें।"

"बहुत अच्छा किया। बिना मिले चले जाते तो हमें बहुत दुख होता," मैंने कहा, "प्रोफ़ेसर साहब आपका बहुत शुक्रिया कि मिवाको के साथ मेरे तुच्छ घर पधारे!" आनन्द बैठक में उपस्थित थे। उनके लिए हर स्थिति सामान्य होती है। परिचय करवाया तो उनके आगमन को ऐसे लिया जैसे रोज़मर्रा का वाक़या हो। तब तक मेरी मेज़बानी रूह तड़पने लगी थी। मैंने अपनी सुनीता को चटपट मूली के पराँठे और पत्ता गोभी-मटर की सब्ज़ी बनाने के लिए कहा। जापान प्रवास में जान गयी थी कि मूली और पत्ता गोभी सभी जापानियों को पसन्द थी। फिर ड्राइवर को फ़ोन करके कहा कि कुछ फल और दिल्ली के मशहूर गोपाला हलवाई से ताज़े रसगुल्ले ले फ़ौरन पधारे। दही घर में मौजूद रहता था तो उसके और फल की चाट के साथ पराँठे और सब्ज़ी खायी गयी। फिर रसगुल्लों और चाय की बारी आयी। जो मेहमान आता गोपाला के मुलायम स्पंजी रसगुल्ले खा अश-अश करता। पर मिवाको बोलीं, "ये रसगुल्ले नहीं हैं। रसगुल्ले तो इनसे ठोस और ज़्यादा मीठे होते हैं।"

मैं भौचक! पूछा, "कहाँ खाये थे कोलकाता में?"

"नहीं, मेरी बंगाली सहेली बनाती थीं ओसाका में घर पर, मुझे भी सिखलाये थे।"

ओह! घर के बने रसगुल्ले! क्या कहती जो सहेली की तौहीन न होती!

प्रोफ़ेसर साहब मुस्करा दिये, बोले, "नाम जो हो मिवाको जी बहुत स्वाद है!"

"हाँ-हाँ, पर रसगुल्ला नहीं है," मिवाको ने कहा।

गोपाला को बतलाती तो शर्तिया दिल का दौरा पड़ जाता। ख़ैर चाय से ज़रूर ख़ुश होंगे। दार्जिलिंग बग़ान से आयी बेहद नफ़ीस चाय बाक़ायदा बोन चाइना

केतली में बनाई थी; केतली और प्याले पहले गर्म कर लिए थे। दूध अलग, शक्कर अलग जिनकी शायद ज़रूरत ना पड़े। पर मिवाको से पहली मुलाक़ात में बतलाये प्यालों में केतली से चाय ढालने के नायाब तरीक़े का वही हश्र हुआ जो रसगुल्लों का। इस बार प्रोफ़ेसर साहब बोले, "पर हिन्दुस्तानी तो ऐसी चाय नहीं पीते। उसमें ढेर सारा दूध और शक्कर रहती है!"

"आपको वैसी चाय चाहिए तो बनवा देती हूँ," सुनीता को आवाज़ दे कर कहा, "जैसी चाय तुम पीती हो दो प्यालों में बना लाओ।" इधर मिवाको का हँसी से बुरा हाल उधर सुनीता का। बोली, "मैंने पहले ही कहा था मेहमानों के लिए तो दूध-शक्कर में कंजूसी मत कीजिए।"

मैं अपनी नायाब चाय पीती रही मिवाको ने हँसते-हँसते साथ दिया। ढाबे वाली चाय का एक प्याला प्रोफ़ेसर साहब ने और एक आनन्द ने पी लिया। वे आनन्दित थे कि चाय की मेरी नुक़्ताचीनी का यह हश्र हुआ।

जापानी सखियों की बात ख़त्म करती हूँ। पर विदेशी सखियाँ और हैं। सर्वोपरि, नादिया तेसिच। उसके लिए इन्तज़ार करना होगा। पहले अन्य विदेशी औरतें फिर नादिया। इन्तज़ार का लुत्फ़ अगर मिवाको को मालूम था तो हमें क्यों न होगा।

इन्तज़ार में जो मज़ा है, वो विसाल-ए-यार में कहाँ।
एक बार जो मुलाक़ात हुई, इन्तज़ार ख़त्म हो जायेगा।

बात इससे गहरी है जनाब, देखिए ग़ालिब का शेर...

मुझे मंजूर है इन्तज़ार उम्र भर का लेकिन
मेरी आँखों से वस्ल का वही एक रोज़ तुम देखो

तो अहद रहा वस्ल का दिन दिखलाऊँगी आपको। पर जनाब ज़रा सँभल कर। चचा ग़ालिब यह भी कह गये हैं...

तो फिर ना इन्तज़ार में नींद आये उम्र भर
आने का अहद कर गये आये जो ख़्वाब में...

भरोसा हो तो चले चलिए साथ वरना ...छोड़ दीजिए यहीं...

कभी ख़ुशी कभी ग़म अजब शै 1998

बरस पर बरस बीत रहे थे। 1996 में 'कठगुलाब' हिन्दी में छपा। कंट्री ऑफ़ गुड्बाइज़ नाम से अंग्रेज़ी में 2003 में, 2007 में मराठी और 2009 में मलयाळम में कठगुलाब नाम से छपा। 2011 में जापानी में वुडरोज़ नाम से प्रकाशित हो गया। जब अंग्रेज़ी में अनुवाद हुआ तो काली फॉर विमेन को वुडरोज़ में वह क़शिश महसूस न हुई जो कठगुलाब में थी, हालाँकि मैंने फूल के प्रचलित नाम वुडरोज़ का अनुवाद करके कठगुलाब गढ़ा था। जापानी उसका नाम विदेशी भाषा में रखना चाहते थे जिससे निराला लगे और जल्द समझ न आये। उन्हें कठगुलाब से ज़्यादा वुडरोज़ अलहदा लगा। क्या-क्या करिश्मे खिलाती है भाषा!

2003 से 2010 तक कटाक्ष नाम से इंडिया टुडे में पाक्षिक स्तम्भ लिखा; उसकी मार्फ़त दो नवाचार सीखे। अहसास हुआ कि बिला द्वेष तंज़ के लिए उर्दू, हिन्दी के निस्बतन ज़्यादा मुफ़ीद है। मेरी ज़ुबान में उर्दू अल्फ़ाज़ जुमले और मुहावरे इफ़रात से आने लगे। 2010 में उपन्यास 'मिलजुल मन' लिखा तो किरदारों को वह ज़ुबान रास आ गयी। मेरे पाठकों ने भी उसमें क़शिश देख ली। दूसरे, समझा कि पाठकों को हँसने के साथ सोचने पर मजबूर करना है तो ख़ुद पर हँसना होगा। तभी जलन, हसद, ईर्ष्या और कटुता से कटाक्ष बरी रह पायेगा। सात साल तक कमर कस ख़ुद पर हँसने का सरंजाम किया और निजी त्रासदी को हँसी के पीछे छिपाने का हुनर सान चढ़ाया। आम पाठक ख़ुश तो हम ख़ुश। अल्लाहताला हमसे बड़ा विदूषक ठहरा। 2013 में जब पिचहत्तर साल के हो लिए तो साहित्य अकादेमी ने हमें 'मिलजुल मन' के लिए पुरस्कार से नवाज़ दिया। फ़ेस बुक में किसी ने लिखा इतने बुढ़ापे में पुरस्कार देने की क्या तुक हुई। मन हुआ लिख दूँ बूढ़ा होगा तेरा बाप! पर लिहाज़ कर गयी।

दिमाग़ लगाइए 'मिलजुल मन' लिख चुका लेखक भला बूढ़ा किस बिध हुआ, जिसे पढ़ हरीश त्रिवेदी बेसाख़्ता कह उठे थे; यह उपन्यास है इतना उल्लास है इसमें!

बाद में, हिन्दी आलोचना की परम्परा निभाते हुए उसके ढाँचे को उपन्यास के मान्यता प्राप्त ढाँचे से फ़र्क़ बतला कर कहा, मैं उसे उपन्यास नहीं मानता। अपने राम को क़तई जो फ़र्क़ पड़ा क्योंकि बन्दापरवर हमने क़तई जो इस पर यक़ीन किया। बेसाख़्ता दी गयी राय असली राय होती है; पहली नज़र की मुहब्बत की तरह। तो हम सुर्ख़रू रहे। और जब उन्हीं सज्जन ने गीतांजलि श्री के उपन्यास 'रेत समाधि' का पारम्परिक ढाँचे का न होना क़ाबिले तारीफ़ चुना, तो मैंने 'मिलजुल मन' उसमें शामिल कर लिया। बहुत समझिए हरीश त्रिवेदी को शुक्रिया का ख़त न लिख मारा। बेकार शर्मिन्दा महसूस करते।

ख़ैरसल्लाह! इन बरसों में 1998 का साल अजब शै रहा; मसर्रत और ग़म का ऐसा घालमेल कि बॉलीवुड की घनघोर मसाला फ़िल्म 'कभी ख़ुशी कभी ग़म' याद दिला कर माना। 5 जनवरी 1998 को मेरी पहली और इकलौती पोती का जन्म हुआ। गर्भ के शुरुआती महीने ख़तरों से वाबस्ता रहे पर जो बीत गयी सो बात गयी। पोती के जन्म से ज़्यादा मसर्रत भरा वाक़या क्या हो सकता था!

वैसे उन दिनों नवजात बच्चे की देखभाल के लिए मानसिक रूप से तैयार न थी। तो वन्दिता की जचगी के लिए उसके माँ-बाप बेंगलूरु चले गये। पर वे तेरह दिन के अन्दर पलायन कर गये। बेटे का फ़ोन आया, "फ़ौरन आ जाओ। टिकट करवा दिया है सुबह आ जाना।" क्या कह सकता है इन्सान ऐसी स्थिति में! इन्सान-इन्सान क्या लगा रखी है। सीधे-सीधे औरत कहो!

भन्नाया दिमाग़ लिए डर से काँपती यह औरत पहुँची बेंगलूरु। पर एक बार नन्ही बच्ची को गोद में क्या लिया फटाक से दादी में तब्दील हो गयी। अपनी गाइनिकोलोजिस्ट की बात याद आ गयी। मेरी हिस्ट्रेक्टॉमी हुई तो होर्मोन्स नहीं दिये। कहा, "वैसे भी आप लेखक हैं। क्या ज़बरदस्त एडरिनलीन बनता है। बाक़ी होर्मोन्स की कमी पूरी करने को काफ़ी है। दसेक साल में दादी बनेंगी तो ख़ुद-ब-ख़ुद होर्मोन बनने लगेंगे जैसे बच्चे को जन्म दिया हो।"

अजब घनचक्कर औरत है!

कहा, "मेरी उम्र कुल पचास साल है," वे इतमीनान से बोलीं, "ख़ासे हैंडसम बेटे हैं...दस साल से पहले न बन जाओ दादी। तब तक एडरिनलीन से काम चलाओ!" हँसते-हँसते विदा ली पर मैं काफ़ी नाराज़ रही। धीरे-धीरे लेखन की रफ़्तार बढ़ी तो उनकी एडरिनलीन वाली थियोरी शत-प्रतिशत खरी उतरती दिखी।

बहुत कुछ भस्म होने पर भी दस साल बाद साठ साल की होते-होते दादी बन गयी। दूसरी भविष्यवाणी पूरी होती नज़र आयी। कुछ बरसों से जो नाहुआ सा था वह वक्ष स्थल ऐसे ठोस हुआ जैसे अभी बच्चे को जन्म दे कर चुकी हूँ। कमर तन कर सीधी हो गयी, गर्दन ऊपर उठी और बच्ची अपने आप कन्धे से लग गयी।

बच्ची को लेकर वन्दिता ज़्यादा ही पोज़ेसिव थी। उसका ज़्यादा काम ख़ुद करती थी। पर आधी रात को रो-रो कर सोना मुहाल कर देती तो आशु मेरे पास ले आता और भोलेपन से कहता, "अभी हम सीख रहे हैं न तुम इसे सुला सकती हो?"

क्या कहती! छातियाँ यूँ तन जातीं कि दूध अब छलका कि अब छलका। पर सवाल होता कि चिंघाड़ती बच्ची को चुप कैसे करवाया जाये। उसके कान में फुसफुसाती, "देख भई शृंगी मैं बहुत थकी हूँ। नींद ज़ोरों से आ रही है। तुझे उठा कर घूमना बस का है नहीं। गायत्री मन्त्र सुन और सो जा।" उसके कान में गायत्री मन्त्र तब तक पढ़ती जब तक हम दोनों सो न जाते।

एक-दो घण्टे बाद आशु उसे ले जाता, कहता, "तुम क्या करती हो?"

"कहती हूँ सो जा और गायत्री मन्त्र सुना देती हूँ।"

रिवायत बन गयी। बाद में भी जब रोती उसे ले पूजाघर में जा बैठती और गायत्री मन्त्र पढ़ने लगती। कुछ बड़ी हुई तो वन्दिता ने बाक़ायदा गायत्री मन्त्र सिखलाया। कमउम्र में उचारने लगी। मुझे यक़ीन है कुछ भूमिका नवजात कानों से सुने मेरे मन्त्र की रही होगी। दिल बहलाने को ख़याल अच्छा है।

एक और काम मैं कर पाती थी। जब दूध पीकर बेचैन हो दूध उलटने को हो मेरे कन्धे से लगते ही डकार ले चैन की मुस्कान दे दे। एक बार दिल्ली से उड़ान ले घर में घुसी कि शृंगी को रोते सुना। गोद में ले कन्धे से लगाया कि बड़ी-सी डकार ले सो गयी। तब से बेटा और बहू मुझे बर्प मास्टर कहने लगे।

दो महीने वहाँ रह दिल्ली लौट आयी।

फिर कभी ख़ुशी कभी ग़म वाली मसाला फ़िल्मी शैली में हालात ने पलटा खाया। 31 जुलाई की शाम मेरी बहन, दोस्त और सह-लेखक मंजुल भगत का कार्डियक अरेस्ट हो गया। उसी दिन प्रेमचन्द का जन्मदिवस होता है सो उनकी पत्रिका के नाम से अलंकृत राजेन्द्र यादव की हंस पत्रिका सालाना जलसा करती थी।

जी, मंजुल की पुण्यतिथि वही है जो प्रेमचन्द की जन्मतिथि है। डॉ. शुकदेव सिंह ऐसे विचलित हुए कि संस्मरण लिख मारा मंजुल भगत को मरने के लिए ख़ाली तारीख़ न मिली। उसी उन्वान से उसकी कहानी भी है। अपने लेखक आलोचक अजब शै होते हैं। रूपक मिल जाये तो मौत तक को भूल जाते हैं। डॉ. शुकदेव सिंह मंजुल के लेखन के प्रशंसक थे। पर रूपक, रूपक ठहरा ग़नीमत जानिए यह तोहमत न लगाई कि मंजुल भगत ने जानबूझकर मरने ले लिए वह दिन चुना जिससे उनकी कहानी का प्रचार हो सके। हम तो साहब वह भी झेल चुके। डॉ. निर्मला जैन ने कहा, चूँकि मृदुला गर्ग के उपन्यास 'चित्तकोबरा' के दो पन्नों का सबसे ज़्यादा प्रचार हुआ इससे साबित होता है कि उन्होंने वे पन्ने प्रचार करवाने के लिए लिखे। क्यू.ई.डी.। ऐं? तर्क तो ऐसा हुआ कि कहा जाये, चूँकि मुल्ज़िम पर हत्या का आरोप है इसलिए साबित होता है उसने सायास हत्या की है! बलिहारी।

ख़ैरसल्लाह। उस बार हंस के जलसे का विषय था हाल में प्रकाशित हिन्दी के चर्चित उपन्यास और प्रकाशक...दो बरस पहले कठगुलाब छपा था। मतिभ्रम में मुझे भी वक्ता बना दिया। पिछले पाँच साल अपने भीतर गुफ़ा में क़ैद थी इसलिए हिन्दी अदब के रस्मोरिवाज़ भूल चली थी। बेवक़ूफ़ी कहूँ कि ग़म से उपजी मासूमियत ख़ादिमा ने खुलूस के साथ पिछले दो सालों में छपे उपन्यासों पर ईमानदार राय दे दी। भूल गयी कि अपने यहाँ संगोष्ठी में ईमानदारी जैसी बेलुत्फ़ गिज़ा नहीं परोसी जाती। ख़्यालात का लेन-देन नहीं बाक़ायदा दंगल होता है। चटपटे, चरपरे, मिर्च-मसाले से अटे अल्फ़ाज़ की मार्फ़त दाँवपेंच लगाये जाते हैं। अपने पसन्दीदा अदीब की नवज़ीश और दूसरे के पसन्दीदा अदीब की मज़म्मत के लिए। उसे अंजाम देने को यदा-कदा उपन्यास का ज़िक्र कर दिया जाता है। जो ज़्यादा बालज़्ज़त गाली दे गोष्ठी लूट ले।

यही सोच रही थी कि हंस का जुलाई अंक बँटने लगा। उसमें मंजुल की कहानी रौनक़ थी। हंस तो बाद में भी मिल जाता पर जाने क्यों हाथ में लेने को बेकरार थी सो बेज़ारी के बावजूद बैठी थी। हंस हाथ में आया कि साफ़ सुना मंजुल कह रही है, 'छोड़ परे। घर लौट।' मैं उठी और बिना दुआ सलाम घर लौट आयी।

घर पहुँचते ही उसके बेटे शरत का फ़ोन आया, "कुछ देर पहले ममी का कार्डियक अरेस्ट से स्वर्गवास हो गया।"

कुछ देर अवाक् रही, फिर पूछा, "हुआ क्या था?"

"मैंने कहा न, कार्डियक अरेस्ट..."

"कार्डियक अरेस्ट बीमारी नहीं होती! मौत सभी की कार्डियक अरेस्ट से होती है। पर तकलीफ़ क्या थी? शक्कर और बी.पी. कैसा था?"

"वह तो..."

"टेस्ट नहीं करवाई होगी!" या ख़ुदा, मैं किस गुफ़ा में क़ैद थी ...बमुश्किल पोती के जन्म पर ज़बरन बाहर निकली थी। क्या मंजुल ने वाक़ई मुझे पुकारा था...जाते जाते!

संस्कार हुआ, साहित्य अकादेमी में स्मृति सभा हुई और यकायक मैं गुफ़ा से बाहर आ गयी। याद आया मंजुल बराबर मुझे सफ़ेद कपड़ों में बेनूर चेहरा लिए घूमने पर फटकारती थी। अपने ख़ास अन्दाज़ में कहती, 'ज़िन्दगी जी नहीं जाती तो नाटक कर। कपड़े हैंगर पर टाँगती है न जिस्म पर टाँग ले।' स्मृति सभा में गयी तो पाँच साल बाद लिपस्टिक लगाई, मेक अप किया बिन्दी फिर भी न लगा पायी, सलीक़ेदार साड़ी पहनी और ठसके से बोली।

कई लोगों ने आम बातें कहीं। बस मनोहर श्याम जोशी ने उस विवाद की कथा कह सुनाई जिसका ज़िक्र पहले कर चुकी।

क्या-क्या गिनाऊँ उस अज़ीम शख़्सियत के कारनामे। मरने से पहले एक-दो नहीं दर्जन कहानियाँ लिख ख़ुद पत्रिकाओं में भेज दी थीं। सब उसके न रहने पर छपीं। भारतीय ज्ञानपीठ ने 'अन्तिम बयान' नाम से संग्रह छापा। उन्हीं में कहानी रौनक़ थी जो ठीक उसकी मृत्यु के दिन छपी थी।

हम सभी बहनें, मैं भी मंजुल को दीदी कहती थीं। बाक़ी को नाम से पुकारती थीं। वैसे मैं उसे तू कहती थी। दीदी तो बचपन में उसने मार-मार कर कहलवाया था। तू पुकारना बहैसियत दोस्त था। ऐसा ही घालमेल रिश्ता था हमारा। और समझ रही हूँ ऐसा ही घालमेल यह संस्मरण बना जा रहा है। कुबेर दत्त ने मंजुल की कृतियों से स्मृति सभा की रपट जोड़ दूरदर्शन की 'पत्रिका' में बढ़िया कार्यक्रम किया। पर जो वाक़ई संग्रहणीय और नायाब था दूरदर्शन के अरकाइव्स में न मिला। एक रविवार मुम्बई में हम बहनों का डायरेक्टर तातारी साहब का लिया साक्षात्कार। तातारी साहब यकबयक स्टूडियो में नमूदार हुए और साक्षात्कार लेने की ख़्वाहिश ज़ाहिर की। लाइट-साउंड के कई प्रयोगों के बाद ओके किया। ज़ाहिर है बेमिसाल रिकार्डिंग हुई। पर हमारा मीडिया लेखकों को इतनी तवज्जह नहीं देता कि उनके बेमिसाल साक्षात्कार सँजो कर रखे।

तातारी साहब दूरदर्शन के डायरेक्टर जेनरल बने पर उसे हासिल न कर पाये। जब क़ायदा ही न हो तो बेक़ायदा काम भी मुमकिन नहीं!

उससे मंजुल से जुड़ा एक और वाक़या याद आया। 1983 में मेरी कहानी 'मेरा' पर भीमसेन ने 'तुम लौट आओ' नाम से फ़िल्म बनायी। सिर्फ़ एक हफ़्ता सिनेमा हॉल में चली और हटा ली गयी। बम विस्फोट हो गया था। दुबारा लगी नहीं। उन दिनों दूरदर्शन पर कई फ़िल्में दिखलाई जा रही थीं। भीमसेन ने फ़िल्म उन्हें भेजी तो मैं और मंजुल भी तातारी साहब से मिले। दूरदर्शन के नियम-क़ायदों का लेखा-जोखा रखें तो मज़ेदार प्रहसन बने। अलग वक़्त पर अलग क़ायदा! 1990 के आसपास उन्होंने फ़रमाया चूँकि फ़िल्म प्रदर्शित हो चुकी इसलिए दूरदर्शन पर नहीं दिखलाई जा सकती। आज जब हर अटरम-शटरम फ़िल्म दूरदर्शन के अनेक चैनलों पर दिखलाई जा रही है इस नियम पर यक़ीन करना मुश्किल है। ख़ैरसल्लाह।

भीमसेन ने कहा, "महज़ एक हफ़्ते के लिए एक हॉल में रिलीज़ हुई थी। अलबत्ता पहले राष्ट्रपति भवन में दिखलाई गयी थी।"

तातारी साहब ने जवाब दिया, "रूल्स आर रूल्स!" प्रगति रोकने को कहा गया दुनिया का सबसे पुराना जुमला।

तभी मंजुल ने कहा, "नथ उतर गयी न।"

तातारी साहब का चेहरा देखने लायक़ था! हम हँसी और असमंजस के बीच झूलते कुछ पल चुप रहे। फिर मेरा ठहाका बुलन्द हो गया साथ मंजुल का। एक ज़माना था जब हमें खोजते हर इन्सान से यही कहा जाता, "जहाँ से ठहाके उठते सुनाई दें वहीं होंगी दोनों।" एक बार पिताजी ने कहा था, "इतना मत हँसा करो रोना पड़ जाता है।" उन्होंने हँस कर कहा था पर उस वक़्त उनकी जिह्वा पर सरस्वती विराजमान होंगी। क्या करें सरस्वती को जाने कहाँ-कहाँ विराजमान होने का शौक़ है! पिटते हम भक्त गण हैं।

हिन्दी की अदबी दुनिया की ख़ासियत यह है कि बड़ी से बड़ी त्रासदी के दौरान कुछ हास्यास्पद ज़रूर घटता है। मंजुल की मौत अपवाद कैसे होती?

मंजुल पर मैंने एक संस्मरण क्या लिखा तमाम पत्रिकाओं के सम्पादक जान को आ गये कि उनके लिए भी लिखूँ। वैसे भी सिर पर दीदी सवार थी तो तेरह दिन मुतवातिर उसकी यादों को अल्फ़ाज़ देती रही और एक के बाद एक पत्रिकाओं में छपते रहे। तब भारत भारद्वाज की तरफ़ से हंस में यह जुमला आया, "अरे आप क्यों लिखती जा रही हैं अभी बहुत लोग लिखेंगे उन पर।"

ज़रूर लिखें। मेरा लिखा रोक कैसे रहा है उन्हें! समझ न आया हँसूँ या रोऊँ तो आदतन हँस दी। क़सम ख़ुदा की राजी सेठ और मृणाल पाण्डे के अलावा किसी ने जो क़लम पकड़ी हो भारत भारद्वाज ने क़तई नहीं।

बाद के बरसों में बहुतों ने उस पर शोध किया, आलोचनाएँ लिखीं और सुरैया ख़ान ने उम्दा किताब लिखी। शोध को मैं ज़्यादा तरजीह नहीं देती। पर किताबघर के लिए कमल किशोर गोयनका द्वारा सम्पादित रचनावली आलोचना और तक़रीर के लिए महत्त्व रखती थी। उसके साथ भी हास्यास्पद घट गया। रिवायत कैसे टूटे! रचनावली के लिए हमने बड़ी मेहनत से मंजुल से सम्बन्धित सामग्री जुटाई, जिसमें उनकी रचना प्रक्रिया, कुछ उनके लिखे और कुछ उन पर लिखे संस्मरण थे। गोयनका जी ने तमाम सामग्री किताबघर के मालिकों को सौंप दी। पर रचनावली छप कर आयी तो दो खण्डों में महज़ रचनाएँ थीं, कहानियाँ और उपन्यास पर मंजुल की पहचान बनाती रचना से इतर सामग्री ग़ायब थी। हम हतप्रभ रह गये। कारण पूछा तो जवाब सतही रूप से इतना तार्किक था कि निरर्थक था। मासूमियत से उन्होंने फ़रमाया, "चूँकि यह रचनावली है इसलिए इसमें रचनाएँ ही शामिल की जा सकती थीं।" तो बन्दापरवर बाक़ी क्या थीं, व्याकरण?

सबसे ज़्यादा यादगार रही मंजुल की कहानी पर बनी 'कबाड़' फ़िल्म जो बदक़िस्मती से उसने ख़ुद न देखी। मुम्बई की साधना चतुर्वेदी ने बनाई थी। उन्होंने बतलाया मौत से कुछ दिन पहले उसने फ़िल्म देखने की बेक़रारी ज़ाहिर की थी। उसमें सुरेखा सीकरी और रघुवीर यादव जैसे कलाकारों का यादगार अभिनय था और निर्देशन भी कमाल था। संस्था 'संवाद' में कुसुम अंसल ने मंजुल की स्मृति में उसका पहला प्रदर्शन किया। बाद में टीवी के स्टार प्लस चैनल पर कई बार प्रदर्शित हुई।

पर फिर हुआ एक हास्यास्पद वाक़या। जीवन की अनिवार्यता ठहरी। साधना चतुर्वेदी मेरे घर आयीं तो मंजुल के निधन पर और उनके कबाड़ न देख पाने पर शोक प्रकट करने के बाद बोलीं, "उसी फ़िल्म के सिलसिले में कुछ पैसों की ज़रूरत है। नासिरा आपा ने कहा था मृदुला गर्ग का बेटा-बहू तो मर गये अब उन्हें पैसों की ज़रूरत नहीं रही। आप उनसे माँग लें वे दे देंगी।" मैं नहीं जानती वाक़ई नासिरा शर्मा ने कहा था या उन्होंने आरोपित कर दिया पर सुन कर इतनी तकलीफ़ हुई कि फेंकने के अन्दाज़ में रुपये पकड़ा दिये हालाँकि माली हालत काफ़ी ख़राब थी। कौन हम ढिंढोरा पीट रहे थे मुफ़लिसी का!

कहना होगा कि दस साल बाद मुम्बई गयी तो उन्होंने मेरे पैसे लौटा दिये।

फ़िलहाल भारत भारद्वाज का श्राप फल गया। कुछ समय के लिए मंजुल पर मेरा लिखना बन्द हो गया। मैंने कहा था न 1998 का बरस 'कभी ख़ुशी कभी ग़म' मसाला फ़िल्म को मात देने पर आमादा था। फ़िलहाल ग़म का पलड़ा भारी था। मंजुल की तेरहवीं हुई नहीं कि बेंगलूरु से फ़ोन आ गया आशु की तबीयत ख़राब है फ़ौरन से पेशतर आ जाओ। मैं रवाना हो गयी।

मेरे पहुँचने के बाद ही बेहद क़ाबिल और एक नज़र में रोग का निदान करने वाले बेजोड़ डॉक्टर रमेश मिले। यह दीगर है कि वे आशु के दफ़्तर में काम करने वाली महिला के पति थे। वे और आशु दफ़्तर से आयोजित मनाली यात्रा साथ कर चुके थे। पर आशु जनाब को मालूमात ही न थी! जब यहाँ-वहाँ से जानकारी बटोर डॉ. रमेश के क्लिनिक पहुँचे और उन्होंने आशु को देखते ही कहा, "इट्स यू मिस्टर विक्रम!" कि उसने उन्हें पहचाना। जैसे एक नज़र में उसे पहचाना था बीमारी भी पहचान गये। रिपोर्ट दिखलाने लगी तो बोले, "बाद में। पहले मुआयना और निदान। मुश्किल नहीं है। ही हैज़ द टायफ़ायड फ़ेस (टायफ़ायड का चेहरा है इनका)।" वही था। इतना विकट टायफ़ायड सिर्फ़ शुभ का देखा था। उतने क़ाबिल डॉक्टर भी सिर्फ़ डॉक्टर पटवर्धन देखे थे। आशु स्वस्थ हो गया। पर उस दौरान उसने मेरा इतना भेजा फ़्राई किया कि ममी द्वारा अपने सामने गढ़वाये मेरे इकलौते हीरे के कर्णफूल का शर्तिया चोरी होना मन पर हल्की दस्तक ही दे पाया। ममी का जौहरी के सामने गर्मी में बैठ कर कुछ गढ़वाना कितना हैरतंगेज़ था तफ़सील से बयान की गयी ममी की शख़्सियत से आप अन्दाज़ लगा सकते हैं।

दिवाली से पहले दिल्ली लौट आयी। दिवाली के कुछ दिन बाद आशु का परिवार किराये का घर छोड़ अपने घर में प्रवेश कर गया। उस घर को बनते देख चुकी थी। मेरे सुझाव पर सामने आकाश मल्लिगे का पेड़ रोपा गया था। ख़ूब लम्बा होता है और बहुत ऊपर शाख पर तेज़ महक वाले फूल आते हैं। उनकी ख़ुशबू आकाश तक जाती है फिर वे ताज़ा के ताज़ा झड़ जाते हैं; पूरा मंज़र महक से भर जाता है। वन्दिता के माँ-बाप गृहप्रवेश के लिए दिल्ली से बेंगलूरु चले आये। पर मुझे और आनन्द को क्यों नहीं बुलाया आज तक मेरी समझ के बाहर है। तमाम मनोवैज्ञानिक संज्ञान के बावजूद पहेली अबूझ है और पीड़ादायक।

राहत सिर्फ़ यह थी कि जब आशु बीमार हुआ तो मेरी याद आयी वन्दिता के माँ-बाप की नहीं।

छोटी बच्ची शृंगी को जरासीम न पकड़ लें इससे आशु इस क़दर ख़ौफ़ज़दा था कि वन्दिता उसे ले दूसरे कमरे में सोती और मैं आशु के कमरे में। डॉक्टर रमेश ने काफ़ी डाँट कर कहा कि टायफ़ायड के जरासीम हवा में नहीं तैरते। छूने से भी नहीं पकड़ते। आपकी बेटी को कुछ न होगा। फिर भी सोने की व्यवस्था बदली न गयी। शायद वह रात भर मेरा भेजा फ़्राई करना चाहता था। हिन्दुस्तान को लेकर उसके पास ढेरों सवाल थे; कई बरस अमरीका रह कर लौटा था। मसलन, यहाँ टायफ़ायड क्यों होता है; हम सफ़ाई क्यों नहीं रखते, लोगों को रोज़गार मुहैया क्यों नहीं करवा सकते वग़ैरह वग़ैरह... सर्वज्ञ की तरह मुझे जवाब देना होता जो देने की हालत मेरी क़तई थी नहीं। मनोवैज्ञानिक संज्ञान ने जतला दिया कि उसका असली सवाल कुछ और था; कि अपु-अपर्णा सड़क पर दुर्घटनाग्रस्त कैसे हो गये? पर अब तमाम मनोवैज्ञानिक ज्ञान मुझे समझा न पाया है कि गृहप्रवेश जैसे महा समारोह में हमें क्यों नहीं बुलाया गया।

एक बात और। जैसे पहले मुझे रंग देख उबकाई आती थी आशु की विकट बीमारी के बाद सफ़ेदी से आने लगी। मैं अपने पुराने रंग में लौट आयी। शायद ज़्यादा शोख़ हो कर। उसमें एक और वाक़ये का हाथ रहा होगा। 1998 ही में बेमेकअप चेहरे के साथ सफ़ेद कपड़ों में मैं अचला के साथ किसी नाटक के पास लेने एन.एस.डी. के दफ़्तर गयी। एक सज्जन मुझे देख चौंक कर दो क़दम पीछे हट गये। ग़ौर से देखा नाट्यकर्मी मोहन महर्षि थे। कुछ समय पहले उनका नाटक आइंस्टीन देखा था। हम दोनों एक साथ सँभले। उन्होंने कहा, नमस्कार मृदुला जी। मैंने उनके नाटक आइंस्टीन की तारीफ़ की। दो-चार मिनट बात कर पास ले हम लौट आये। उदास भाव से अचला ने कहा, तुमने देखा तुम्हें देख कैसे चौंक गये थे। सोच रहे होंगे शक्ल तो मिलती है पर यह बेनूर औरत मृदुला गर्ग कैसे हो सकती है! पहली बार दिमाग़ पर हल्की दस्तक हुई। मंजुल के इन्तक़ाल से पहले की बात थी। उसने तो दिमाग़ पर हथौड़ा ही दे मारा। फिर आशु की विकट बीमारी। भूल गये तमाम सात्विक सफ़ेदी।

अक्तूबर महीने के अन्त में आशु ऑस्ट्रेलिया गया तो मेरे लिए एक काला ओपल लाया। साठवीं सालगिरह पर उपहार। मैंने फ़ौरन अँगूठी में जड़वा लिया। 'कभी ख़ुशी कभी ग़म' की यह अगली कड़ी थी। काले ओपल के अलावा मैंने

'साठ साल की औरत' कहानी लिखी जो मेरी साठसाला सहेलियों को पसन्द आयी। कथ्य था साठ साल की औरत को प्यार कर पाने की कूवत का एक नायाब जगह अहसास। निर्मल वर्मा को इतनी पसन्द आयी कि मेरे घर फ़ोन करने पर मुझे दिल्ली से बाहर पा आनन्द को ही टिप्पणी सुना दी। लौटने पर आनन्द ने यह तो बतलाया कि निर्मल वर्मा का फ़ोन आया था कि उन्हें मेरी कहानी पसन्द आयी। पर लाख झक मारने पर यह न बतला पाये कि कहा क्या था। पल भर को मेरी मानसिक हालत वही हो गयी जो गृहप्रवेश में न बुलाये जाने पर हुई थी। फिर ख़ुद को फटकारा और निर्मल जी की पसन्द, काले ओपल की मानिन्द उँगली में पहन ली।

एक बढ़िया बात यह हुई कि जोधपुर से मुझे जन्मदिन पर ग़ोष्ठी के लिए बुलावा आ गया। दिल्ली में रह कर अपु के साथ मनाये पचासवें जन्मदिन को याद कर तड़पने से निजात पायी। पर क्या बयान करूँ 'कभी ख़ुशी कभी ग़म' मसाला फ़िल्म ने वहाँ भी पीछा न छोड़ा। सारा दिन औरतें मंजुल के निधन पर शोक जतला कर मुझे सताती रहीं। हमारी संस्कृति में शोक जतलाने की कोई अवधि नहीं होती। मनाने की होती है, तेरह दिन, जब ठठ के ठठ जन औपचारिक रीति से शोक प्रकट करते हैं। पर बाद के दिनों के लिए रिवायत नहीं है। जिसके जब मन आये हमदर्दी जतला दे और तुरन्त पूछ ले उस किताब की तारीफ़ कैसे कर दी वह तो निहायत अश्लील है।

सबसे बीभत्स विद्रूप तब हुआ था जब बेटे की मौत के तीसरे दिन हमदर्दी जतलाने आयी पढ़ी-लिखी भद्र महिला अचानक बोलीं, "आप हिन्दी में लिखती हैं पढ़ता कौन है।" अबूझ-सी उनका चेहरा निहार रही थी कि अचला ने डाँट कर कहा, "अन्दर चलो।" कठपुतली-सी उठ मैं अन्दर चली गयी। वापस जाकर, उसने भद्र महिला से कहा, "मौक़ा माहौल तो देखा होता!" वे ज़रूरत से ज़्यादा भद्र थीं बुरा मान गयीं।

जोधपुर में जिस किताब के लिए मुझे कठघरे में खड़ा किया गया वह मेरी लिखी नहीं मनोहर श्याम जोशी की 'हमज़ाद' थी। कुछ औरतें आग-बबूला हो कह रही थीं ऐसी किताब को जला देना चाहिए। मैंने सर्द आवाज़ में कह दिया, "दुबारा पढ़ कर देखिए, उसमें निहित मोहभंग समझ आ जायेगा। न पढ़नी हो तो न पढ़िए। किताब है बीच सड़क चलता ट्रक नहीं कि आपसे टकरा जायेगा। आपको अश्लील लगी तो दस-पाँच पन्ने पढ़ छोड़ क्यों न दी? और छोड़ दी तो कैसे पता बाद में क्या हुआ?"

उनकी बेमतलब की गुफ़्तगू से शाम तक सिर में भयंकर दर्द होने लगा। गेस्ट हाउस वापस आयी तो ख़ुदा के रहमोकरम ने एक मखसूस औरत को मिलने भेज दिया। नाम फूलवती। जाने-माने आलोचक प्रोफ़ेसर रामबक्ष की पत्नी।

1993 से पहले जोधपुर जाना हुआ था तो उनके घर गयी थी। शाम को विश्वविद्यालय के रद्दी गेस्ट हाउस से वे मुझे लिवाने आयीं तो हम औचक नाटक देखने चले गये। गृहिणी के लिए खानपान की व्यवस्था छोड़ औघड़ मेहमान की फ़रमाइश पर बाहर निकलना कितना मुश्किल है हर औरत समझती है। फूलवती ने ज़ाहिर न होने दिया कि उनका दिमाग़ रात के खाने में उलझा है। मैंने कहा चाय-टोस्ट मिल जायें तो काफ़ी है। पर बाक़ी घरवाले भी तो थे। प्रभु की तरह हरदम विराजमान आलू की मदद से करारे-पतले-मुलायम उम्दा पराँठे सेंके फूलवती ने और खाये सबने। उसके बाद उन्होंने राजस्थान के गाँव की ससुराल में बिताये शादी के शुरुआती दिनों का जो बयान किया; तभी देखे नाटक से ज़्यादा रोमांचक था।

गाँव की अन्य औरतों की तरह वे हाथ भर लम्बा घूँघट निकालती थीं। पति के पीछे चलती पत्नी को सिर्फ़ उसकी जूतियाँ दिखलाई देतीं। रास्ते में साँप-बिच्छू होता तो भरतार मार लेता बहुरिया को तकलीफ़ न होती। पैरों में पहने ढेरों गिलट या चाँदी के मोटे ज़ेवर खेतों में विचरती जोंकों से बचाव करते। यानी हर परम्परा के पीछे तर्क था। पर उतने लम्बे घूँघट में दुनिया शौहर की जूतियों तक सिमट जाती थी। यक़ीन करना मुश्किल था कि फूलवती जैसी बिंदास औरत उस हाल रही। वे बातचीत में निपुण और हँसने-हँसाने को तैयार थीं। बतलाया कैसे जब एक बार वे घर पर अकेली थीं तो दामाद साहब तशरीफ़ ले आये। उन्होंने उन्हें बैठने तक को न कहा। सास गाथा सुन नाराज़ हुईं तो कहा, जब मैंने उन्हें कभी देखा नहीं तो पहचानती कैसे और ग़ैर मर्द को भीतर बुलाती कैसे? देखा कैसे नहीं इतनी बार आ चुके सास ने ग़ुस्से से कहा तो उन्होंने तर्क संगत जवाब दिया, "जो लम्बा घूँघट काढ़े रहती हूँ उसके नीचे से सिर्फ़ पाँव दिखते हैं शक्ल सूरत नहीं।" चकित सास बोलीं, "घूँघट तो सब औरतें करती हैं पर ऐसा क्या घूँघट कि फाँक तक न करो!" उसके बाद उनके घूँघट की लम्बाई कम हुई पर छुटकारा तब मिला जब पति की नौकरी शहर में लगी। वहाँ पहुँच एकदम अलहदा फूलवती नमूदार हुईं।

उनकी बेटी सपना बड़ी हुई तो उसकी फ़िल्मों में काम करने की तमन्ना हुई। आम माँ-बाप की तरह फूलवती या रामबक्ष ने उसका निषेध न किया। सिर्फ़ शर्त रखी कि बी.ए. की पढ़ाई पूरी कर ले जिससे वहाँ क़ामयाबी न मिले तो लौट कर आगे पढ़ाई या काम करने लायक़ रहे। उसने मुम्बई का रुख़ किया तो फूलवती साथ गयी। सपना ने छोटे बजट की कुछेक फ़िल्मों में काम किया पर हाशियाई क़ामयाबी के अलावा कुछ हासिल न हुआ। तजरबा करने के लिए पाँच साल का वक़्फ़ा तय हुआ था। उतने दिन माँ ने बेटी का साथ दिया फिर बिला बहस-मुबाहिसे दोनों ज़मीनी दुनिया में लौट आयीं। ऐसी अनूठी औरत थीं फूलवती।

पर मैं उस सबके घटित होने से पहले की बात कर रही हूँ। अपने सन्दर्भ में। 1998 की। जब प्रबुद्ध लेखिकाओं-शिक्षकों की बेसिर-पैर की हमदर्दी और तंगनज़र से बख़्शे सिरदर्द से बेहाल थी तो फूलवती मिलने आयीं। सुबह से पहनी उड़ीसा की मेरी सफ़ेद-काली सूती साड़ी बेतरह मुचड़ चुकी थी। बेसँवरे बालों के साथ चित लेटी थी। उन्हें देख अनायास प्रस्ताव रखा कि सैर करने चलें। एक नज़र मुझ पर डाल बिला कहाँ-क्यों पूछे वे साथ चल दीं। घण्टे भर हम भटकते रहे। सिरदर्द उस बिन्दु पर पहुँच गया जिसे लोग माइग्रेन पुकारते हैं। वापस आये तो मालूम हुआ घण्टा पहले उम्मेद भवन में रात के खाने के लिए राजमाता का न्योता आया था। हमें लिवा ले जाने फाटक पर गाड़ियाँ लग चुकी थीं। साड़ी क्या बदलती केश सँवारने में दम निकल गया। जैसी थी वैसी राजमाता के हुज़ूर में पेश हो गयी।

वहाँ सब कुछ इतना बेशक़ीमती, सूफ़ियाना और नफ़ीस था और प्रबुद्ध महिलाएँ इतनी शोख़ और महँगी साड़ियों में लैस कि अपनी मुसी साड़ी और बेसँवरे बालों के लिए राजमाता से माफ़ी माँग उठी।

"बिराजिये। महान लेखक ऐसे ही होते हैं," उन्होंने खुलूस के साथ कहा। सुसंस्कृति कहें या सलीक़ा; आख़िर वह जोधपुर की राजमाता थीं, जहाँ उम्मेद भवन दिन भर बनाया और रात भर ढहाया जाता रहा था जिससे ख़ुद्दार राजपूत बिला काम किये पैसे लेने से इनकार कर बेरोज़गारी में भगवान को प्यारे न हो जायें। ख़ुद्दारी अपने में भी कम न थी पर ज़ालिम सिरदर्द ने कुर्सी में निढाल बिठला दिया। महिलाओं का स्वागत करती राजमाता मेरे पास पहुँचीं तो आत्मीयता से कहा, "थारी तबीयत ठीक ना है।"

"बस सिरदर्द है," संकुचित हो मैंने कहा।

"अभी ठीक किये देते हैं। आइए बारादरी में बैठिए। संगीत आरम्भ होने वाला है। कुछ देर सुनेंगी तो सिरदर्द चला जायेगा।"

यक़ीन न हुआ पर मेज़बान के हुक्म की तामील कर बारादरी में जा बैठी। बाक़ी लोग भी आ गये। राग भूपाली आरम्भ हुआ... फिर राग यमन... कहाँ बिला गया दुश्मनों का सिरदर्द? बारादरी के श्रवण शास्त्र का कमाल था। जैसे पिरामिड वास्तुकला से पीड़ा निवारण करते हैं वैसे बारादरी श्रवण विज्ञान से!

स्वस्थ हो खाने के कमरे में पहुँची। राजमाता के रसमय अनुग्रह के लिए मुस्करा कर आभार कहा। उन्होंने पूछा थाली यहीं मँगवा दें या मेज़ पर चलेंगी? अवश्य मेज़ पर चलूँगी कह मैंने प्रसन्न चित्त भोजन किया। किसने पहनी थी मुचड़ी साड़ी? मैं तो झीना हल्का लिबास पहने हवा में उड़ रही थी। राग यमन ने पहनाया कि राग भूपाली ने... या राजमाता की आत्मीयता ने? प्रबुद्ध कहलाई जाने वाली लेखिकाओं और शिक्षकों ने अपने अशालीन व्यवहार से जिस संस्कृति को तार-तार कर दिया था अहंकारी समझी जाने वाली सामन्ती महिला ने विनम्र आतिथ्य से रागिनी सा तरंगित कर दिया।

एक बात और। रामबक्ष जब प्रोफ़ेसर नियुक्त हो जे.एन.यू दिल्ली आये तो फूलवती ने सादा भोजन की ऐसी कसर निकाली कि मुझे जोधपुरवासियों से किया इसरार याद आ गया; जोधपुर तभी आऊँगी जब वचन दें कि खाने के लिए नहीं कहेंगे। इतना विविध भोजन और इतने मनुहार से खिलाया गया कि चार जन्मों में पूरा खाया जाये। सबसे सुखद पहलू यह था कि उन्होंने उतने ही इसरार और आदर से हमारे ड्राइवर को जीमने को कहा। उसकी क़िस्मत ख़राब थी; तभी पीलिया हो कर चुका था। बेचारा उम्दा पूरी-कचौड़ी सूँघ भाग लिया।

यूँ 1998 पूरा हुआ। आगे चलें? 1998 को बीतना था बीत गया। कितना भी मसाला हो फ़िल्म तो थी नहीं कि जब चाहो दुबारा देख लो।

उसके बाद लोगों की ज़बान पर जिस धमाकेदार होनी का हरदम ज़िक्र रहता वह थी 2000 में शुरू होने वाली नयी सहस्राब्दी। लेखक, कवि, बौद्धिक जन यूँ बेचैन थे जैसे सहस्राब्दी का बदलना ज़िन्दगी में बेहतरी का पैग़ाम था। वे यकायक महान बनने वाले थे या उनकी महानता विश्व पर प्रकट होने को थी। सब ख़ुद को मिलेनियम का लेखक-कवि घोषित करवाने की जोड़-तोड़ में लगे थे। वही जुगाड़, या बुरा न मानें तो हिन्दुस्तान की ख़ास पहचान, प्रवंचना। देखा जनाब धोखा नहीं कहा हमने लेखक हैं मान्यवर शब्दों की तानाशाही समझते हैं।

लेडी इर्विन कॉलेज की निदेशक अपनी बेजोड़ दोस्त सती बजाज को ठिठोली भी बेजोड़ सूझी। हिन्दी-अंग्रेज़ी के मिलेनियम कला और साहित्य पर भारी भरकम संगोष्ठी कर डाली। नामचीन हस्तियों को बुलाया और लगे हाथों इला अंजली मेनन के कलात्मक हाथों मेरे विवादास्पद उपन्यास 'चित्तकोबरा' का ताज़ा छपा अंग्रेज़ी अनुवाद और अचला बंसल की कहानियों की किताब 'वन्स अ इयर इट्स मार्च' का विमोचन करवा दिया। हमने अपनी कहानियों का पाठ किया। कॉलेज की छात्राओं ने मेरी कहानी 'मीरा नाची' का नाटकीय पाठ कर श्रोताओं को ख़ुश कर दिया। इतने ताम-झाम से सब कुछ सम्पन्न हुआ कि वहाँ जमा पत्रकारों ने हमें मिलेनियम विमेन घोषित कर दिया। अब साहब सुझाया तो होगा किसी ने पर किसने मालूम न हुआ। भारत में आधा झूठ बोलने में पारंगत अनेक जन ठहरे। मेरे ज़मीर पर बोझ ज़रूर रहा पर व्यंग्य की धार ऐसी मारक थी कि हँसी के झटकों ने हल्का कर दिया। सती ने कहा उसने कोई ऐलान न किया था पर विदेशी विश्वविद्यालय जिस-तिस को मिलेनियम विमेन घोषित कर सकते थे तो लेडी इर्विन कॉलेज क्यों नहीं?

अपनी ज़बान से हमने यह वाक़या पहली मर्तबा बयान किया है।

2000 शुरू होता उससे पहले एक यादगार वाक़या हुआ। तब हमारी रिहाइश मस्जिद मोठ वाले मकान में थी। एक शाम के धुँधलके में मामूली आँधी में बगल का भीमकाय पेड़ ढेर हो गया। आँधी-सी आँधी न थी। वजह थी पेड़ के चारों तरफ़ के कच्चे दायरे को सीमेंट से पाटना जिसने उसका साँस लेना दूभर कर दिया था। वरना कितने अन्धड़-तूफ़ान झेल चुका था। यह था नयी सहस्राब्दी का ख़ैर मक़दम जो आने वाले दिनों की बदहाली की इत्तिला दे रहा था। उस रात जिस-जिसको लताड़ सकती थी लताड़ा। पेड़ों के दोस्त, इंटेक, सी.एस.आई. वग़ैरह को रपट बना कर भेजी पर जानती थी होना-हवाना कुछ था नहीं। आख़िर वही किया जो क़िस्मत का मारा रचनाकार करता है। पेड़ को नायक बना कहानी लिख डाली, 'इक्कीसवीं सदी का पेड़।' संयोग से पहली जनवरी को अक्षर पर्व पत्रिका में छपी। काफ़ी लोगों ने कहा, "लघु पत्रिका को दे दी! प्रचार करने वाली पत्रिका न मिली?"

ना जी। ढूँढ़ी नहीं तो मिलती कैसे? अक्षर पर्व के सम्पादक ने लिखा पर्यावरण से सम्बन्धित कहानी भेजें तो तत्काल भेज दी। हमारी फ़ुर्ती से गद्गद सोचा होगा ख़त पाया नहीं कि लिखने बैठ गयी। कहाँ बन्दापरवर घाव खाये हम पहले ही मुकम्मल कर चुके थे। आपका ख़त आया हमारे दिल जल चुकने के बाद।

उसका अनुवाद अंग्रेज़ी और जर्मन में भी छपा। जब काली फॉर विमेन ने स्त्री लेखकों की कहानियों के संकलन के लिए कहानी माँगी तो वही ठोक दी। औरत उसमें न थी अलबत्ता चिड़िया थी। उर्वशी बुटालिया ने उसे बतौर इको फ़ेमिनिज़्म लिया और ख़ुशी से छाप दी। जर्मन संस्करण भी उन्हीं की मार्फ़त हुआ।

यह तो हुआ रचनाकार का एक रुख़। दूसरा सुनिए। अगले दिन जब बुज़ुर्ग पेड़ काटने नगर परिषद का अमला जुटा तो नज़र धुँधलाई ज़रूर पर इतनी नहीं कि पहचान न पाऊँ कि कटे पेड़ का एक टेढ़ा-मेढ़ा हिस्सा नरसिंह अवतार-सा दीखता था। फ़ौरन लकड़हारे से दरख़्वास्त की कि वह टुकड़ा मुझे अता फ़रमायें।

"क्या करेंगी इसका?" उसने बेतहाशा हँस कर पूछा।

मेरे कहने पर "भगवान की मूर्ति का क्या करते हैं? देखो, नरसिंह अवतार हैं न सोल्हो आने।"

फ़ौरन नतमस्तक हो गया। हमारे भोले आम जन। पर लेखक भोला नहीं होता। ग्राहम ग्रीन ने यूँ ही नहीं कहा हर लेखक के दिल में बर्फ़ की कणी रहती है। पेड़ों को बचा कर रखना चाहिए दिमाग़ पैरवी कर रहा था पर कटे हिस्से में कलाकृति पा हर्षित भी हो रहा था।

कहानी छप गयी पर अपने राम फ़ौरन बीमार पड़ गये और सहस्राब्दी के शुरुआती दिन अस्पताल में कटे। 'कभी ख़ुशी कभी ग़म' फ़िल्म हाथ धो पीछे पड़ी थी। बुख़ार जो था, था पर कान में अजब आवाज़ें गुंजायमान होने लगीं। लोगों ने कहा टिनिटाइटिस है! या ख़ुदा हमें यक़ीन सिर्फ़ कानों पर था आँखें शुरू से दग़ा देती रही थीं। सर्जरी से ज़्यादा एम.आर.आई. से घबराते थे; असंगत शोर बर्दाश्त न था।

...रात साढ़े ग्यारह बजे तक ग़म खाया फिर अपु के दोस्त के पिता एम्स के डायरेक्टर और बेहद गुस्सैल ई.एन.टी. डॉक्टर कक्कड़ को फ़ोन घुमा दिया, "मैं शशांक (अपु) की माँ हूँ। मेरे कान में अजब आवाज़ें आ रही हैं। कल ही आपको मुझे देखना होगा।"

पल भर चुप्पी रही। फ़ोन काट दिया क्या? पता नहीं अपु के दोस्त-अहबाब के साथ मैं बालहठ पर क्यों उतर आती हूँ! डॉक्टर ने अपु की लाज रखी बोले, "घबराइए नहीं। अरविन्द से टाइम फ़िक्स कर कल क्लिनिक आ जायें। अभी एक एलेग्रा 120 खा लें।"

मुझे चैन न पड़ा कहा, "मैं अरविन्द को नहीं दिखलाऊँगी आपको देखना होगा।"

वे पुचकार कर बोले, "मैं ही देखूँगा। अब सो जायें और मुझे भी सोने दें।" अपनी प्रकृति के विपरीत गये थे वे। अपु के नाम का कमाल था।

"सॉरी थैंक्यू," मैंने साथ उचारे कि फ़ोन कट गया।

अगले दिन शर्मसार महसूस करती क्लिनिक पहुँची तो हँस कर बोले, "बच्चों वाली बीमारी पकड़ ली। कान में पानी है। दस रोज़ एलेग्रा लें और हमेशा पास रखें। जब प्लेन में ट्रेवल करें या अजब आवाज़ें सुनें ले लें।" अब अरविन्द और मैं भी हँस दिये।

कुछ साल पहले जब अपु था, इससे भी मज़ाहिया क़िस्सा हुआ था। निर्मला जैन के मुताबिक़ "मज़ाहिया" कोई लफ़्ज़ नहीं होता। नहीं होता तो होना चाहिए, जी, जेम्स थरबर ने भी एक लफ़्ज़ के लिए यही फ़रमाया था। मज़ाहिया क़िस्सा यूँ था। मेरी गर्दन ऐसी अकड़ी कि टस-से-मस न हो। डॉक्टर ने इतनी दर्द निवारक गोलियाँ खिला डालीं कि मैंने अहद किया दर्द निवारक गोली कभी न खाऊँगी। इससे तो बन्दा कॉफ़ी पी ले। धीरेन्द्र ब्रह्मचारी के योग के नुस्ख़े आज़मा ले। बुख़ार चढ़ा तो डॉक्टर साहब को मेननजाइटिस सूझी। पूछा, "एक के बजाय दो तो नहीं दीख रहे?"

"नहीं, पहले आधा दिखता था अब भी आधा दिख रहा है," मेरे जवाब से इतमीनान न हुआ बोले, "एम.आर.आई. करवा लें।" मेरे लाख मना करने और डॉक्टर को दस गालियाँ देने पर भी अपु न माना। ख़ुद आई.आई.टी. चला गया चार दोस्तों को पीछे लगा गया। मैंने कहा, "आप लोग जायें मैं हर्गिज़ एम.आर.आई. नहीं करवाऊँगी।" वे जिरह करते रहे तो मैंने कहा मेरे पास पैसे नहीं हैं। बोले, कोई बात नहीं बाद में दे देंगे आख़िर हमारे बाप डॉक्टर हैं। शैन्की (शशांक) ने कहा है करवाना है तो करवा कर रहेंगे। ख़ुद नहीं चलेंगी तो उठा कर ले जायेंगे। मैंने अपनी दुबली-पतली काया देखी फिर उनके बॉडी बिल्ट शरीर और समझी वह लफ़्फ़ाज़ धमकी न थी। तो गयी, करवाया, पैसे बर्बाद कर लौट आयी। न मेननजाइटिस न मेननजाइटिस की दुम! बस स्पोंडोलाइटिस थी। नयी बीमारी चली थी हर लेखक को होती थी। मसला केवल नियमित व्यायाम का था। धीरेन्द्र ब्रह्मचारी तो दुनिया से कूच कर गये थे पर उनकी बतलाई कुछ क्रियाएँ याद थीं। आलस पर क़ाबू कर उनकी बदौलत रफ़्ता रफ़्ता दुरुस्त हो गयी।

ये तो बन्धु टाइम पास था। बात हो रही थी नये मिलेनियम की। तो सबसे बड़ी ख़ुशख़बरी मिली अप्रेल 2000 में जब हमारा पोता घर आया। वन्दिता ने कहा वह शशांक के अर्थ वाला नाम रखना चाहती है! तो मृगांक रखा।

उसके इस भाव ने गृहप्रवेश का दुख धो-पोंछ दिया। फिर ज़िक्र क्यों कर रही हूँ? क्या करें दिमाग़ में याददाश्त का सन्दूक अपनी मर्ज़ी से खुलता-बन्द होता नहीं। जैसे-जैसे मृगांक बड़ा हुआ उसकी प्रकृति काफ़ी कुछ शशांक से मिलती गयी। कोरी कल्पना नहीं थी वाक़ई ऐसा था।

पर 'कभी खुशी कभी ग़म' ने पीछा न छोड़ा। अप्रेल में बेंगलूरु जाकर ख़ूब खुशी मना आयी। सबसे खुशगवार था शृंगी का उस पर जान छिड़कना जैसे वही उसकी माँ हो। ज़रा जो रश्क़ या हसद महसूस की हो। पौने दो साल की बच्ची में यह भाव खुशनुमा था और वह बराबर बना रहा। अलहदगी में शृंगी आशु से दो नम्बर आगे थी। मैं जब बेंगलूरु जाती उसे हिन्दी के कुछ ग़ैर-संसदीय शब्द सिखला आती जैसे धींगामुश्ती, भाड़ झोंको वग़ैरह।

वैसे वन्दिता बराबर बाल कविता लिखने वाले पिता दामोदर अग्रवाल की कविताएँ सुनाती रहती थी पर वे संसदीय थीं वरना हिन्दी वाले उन पर मुक़दमा न ठोक देते! जब तीन साल की थी तो खाने के बाद मैंने कहा, "कुल्ला कर लो।"

अनायास वन्दिता के मुँह से निकला, "माउथ वॉश।" उसे लगा होगा शायद न समझे...

फ़ौरन शृंगी बोली, "दादी जो कहती हैं उसे अंग्रेज़ी में मत बोला करो मुझे समझ आता है।"

स्कूल गयी तो वैली स्कूल जहाँ फ़र्क़ होना मज़हब है। वह ज़्यादा ही मज़हबी निकली। हिन्दी दिवस पर स्कूल ने मुझे बुलाया। शृंगी का बुरा हाल। हिन्दी टीचर ने मेरा परिचय दिया तो जोड़ दिया इनकी पोती शृंगी और पोता मृगांक यहीं पढ़ते हैं। मेरा सम्बोधन पूरा हुआ तो सहपाठी ने शृंगी से कहा, "तुम्हारी दादी हैं!" शृंगी का जवाब था, "तुमसे मतलब!" मृगु से कहा तो खुश हो कर बोला, "हाँ... पर अब हिन्दी टीचर मुझसे और बढ़िया करने को कहेंगी।"

शृंगी की झिझक से आशु याद आ गया। जब मैं अनित्य लिख रही थी एक अंश धर्मयुग में पढ़, हिन्दी टीचर ने उससे कहा, "स्कूल ख़त्म होने पर घर जाये तो बस में उन्हें साथ ले ले उसकी माँ से मिलना है।" स्वतन्त्रता आन्दोलन में उनकी ख़ास दिलचस्पी थी। गणित टीचर और उनकी बदौलत बच्चे उसकी भावपूर्ण जानकारी ले रहे थे। गणित टीचर जितना गणित पढ़ाते उतना इतिहास आशु को गुरेज़ इतिहास से नहीं मेरा नाम बीच में आने से था। टीचर को टापता छोड़ दूसरी बस पकड़ घर आ गया। वे भी ख़ूब थे। ज़रा बुरा न माने और कुछ अर्से बाद बिना आशु मुझसे मिल लिए।

जहाँ तक शृंगी का ताल्लुक़ था अलहदगी में दिनोंदिन बढ़ोतरी करती गयी। एक सुबह असेम्बली में निदेशक ने बच्चों से पूछा सालाना इम्तिहान होने चाहिए कि नहीं, अपनी राय दें। कुछ बच्चों ने हाँ कहा, कुछ ने ना। वे बात ख़त्म करना चाहें पर शृंगी बहस छोड़ने को राज़ी न हो। उनके हर तर्क को तर्क से काट विस्तार से सालाना इम्तिहान के न होने के पक्ष में बोलती गयी। आख़िर निदेशक ने कहा, "अब मैं बहस ख़त्म करता हूँ।" शृंगी ने तमक कर कहा, "यह बहस है आप अकेले ख़त्म नहीं कर सकते। मैं बोल रही हूँ।" स्कूल के निदेशक आज़ाद ख़याल थे पर उस हद तक नहीं। उन्होंने दृढ़ स्वर में कहा, "तुम्हें जो कहना है लिख कर मेरे दफ़्तर में दे दो। बतौर स्कूल निदेशक असेम्बली में मैं बहस ख़त्म कर रहा हूँ। उसका वक़्त पूरा हो गया अब क्लासेस होंगी।" शृंगी ने कन्धे झटक कर कहा, "ओ.के।"

कमाल था कि वैली स्कूल उस वाक़ये को ज़रा जो दिल पर लाया। शृंगी सितारा छात्र बनी रही और हर मुमकिन मौक़ा पाती रही।

ग्यारहवीं क्लास में विषय चुनने का वक़्त आया। गणित और साहित्य करना चाहती थी। वैली स्कूल में वह विकल्प न था। तो स्कूल बदल अपनी पसन्द के विषय ले या उसी स्कूल में रह दूसरे विषय ले? हफ़्तों की बहस के बाद तय हुआ कि स्कूल नहीं बदलना चाहती। सबने कहा साहित्य के साथ इतिहास ले ले गणित छोड़ दे और विकल्प था नहीं। तब तक हम समझ चुके थे कि विकल्प न होने का मतलब शृंगी के लिए बहस न करना नहीं था। काल्पनिक विषयों पर सपनीले विकल्पों पर धुआँधार बहस की जा सकती थी। बहस विषय चुनने से पहले ही नहीं चुनने के बाद भी महीनों चली। मैं कुछ दिनों के लिए बेंगलूरु गयी। देर शाम पहुँची तो तुरत शृंगी ने मेरी राय पूछी। सोचा बेहतर है कि दृढ़ता से एक बात कहूँ। हालाँकि हूँ पूरी तरह शृंगी की दादी दोनों तरफ़ के तर्क यकसां दिमाग़ पर दस्तक दिये चले जाते हैं।

थकान इतनी थी कि बात करते-करते सो गयी। थोड़ी देर में आँख खुली तो शृंगी ग़ायब। मेरे होश फ़ाख़्ता हो गये। पूरे घर में ढूँढ़ा; नीचे ऊपर, छत पर बने बग़ीचे में, बाल्कनी में, नीचे के बग़ीचे और आँगन में कहीं न मिली। प्राइवेसी की क़द्रदानी ताक पर रख आशु के कमरे का दरवाज़ा खटखटाने वाली थी कि वह नमूदार हुई। मुश्किल से आवाज़ संयत रख पूछा, "तुम कहाँ थीं..."

उसने चकित नज़रों से मुझे देखा तो सफ़ाई मैं देती नज़र आयी, "मैं यहाँ किताब लेने आयी तो देखा तुम न बिस्तर पर हो न यहाँ।"

आशु-वन्दिता और हमारे बेडरूम के बीच किताबों के आले थे कुछ आराम कुर्सियाँ और एक तिरस्कृत टी.वी.।

बड़ी मुश्किल से खुद को कहने से रोका कि दो घण्टे से उसे ढूँढ़ रही थी। कितना अहमक़ाना मालूम होता नहीं? पर ...क्या कहूँ कल्पना करने की कूवत अपने में कम नहीं।

शृंगी का जवाब निहायत तर्कहीन और सुकूनदेह था। उसने कहा, "मैं मृगु के कमरे में जाकर सो गयी थी। जब भी परेशान होती हूँ आख़िर में उससे पूछती हूँ। अधसोये वह जो बोल देता है मान लेती हूँ। फिर वहीं सो जाती हूँ। बेचैनी दूर हो जाती है।"

घुटी आवाज़ में पूछा, "क्या कहा उसने?"

"वैली स्कूल में साहित्य और इतिहास ले लूँ, गणित ममी से पढ़ लूँ और उसका भेजा न खाऊँ।"

"तो ...वही ...करोगी?"

"और क्या," वह कमरे में जा सो गयी। मैं काफ़ी देर किताबों के साथ बैठी रही। अब बन्दापरवर आपसे क्या छिपाना। अगर बीच रात मैं आशु-वन्दिता से कहती दो घण्टे से शृंगी को ढूँढ़ रही हूँ घर छोड़ कर तो नहीं चली गयी तो मेरा क्या हश्र होता। मृगु के कमरे में सोने की आदत मालूम होती तो ताउम्र मुझ पर हँसना न छोड़ते। अल्लाह के करम से बच गयी। पर वह ख़याल आया ज़रूर था। अब हुज़ूर कुछ तो बॉलीवुड फ़िल्में देखी हैं न!

स्कूल पास किया तो इतिहास में शत प्रतिशत अंक आये। लोग मुबारक़बाद देते तो कहती, कितनी बेवक़ूफ़ी की बात है इतिहास में किसी के सौ में से सौ आते हैं! जने किस बौड़म ने पर्चा सेट किया, किसने जाँचा।

दुविधा का असल दौर तो अब शुरू हुआ। बी.ए. में साहित्य और थियेटर करना चाहती थी। हिन्दुस्तान में किसी विश्वविद्यालय में विकल्प न था। अशोका यूनिवर्सिटी में दाख़िला मिल गया था पर थियेटर पाठ्यक्रम में न था। अमरीका के स्क्रिप्स कॉलेज में था और दाख़िला भी मिल गया पर मतलब था हिन्दुस्तान छोड़े। स्क्रिप्स कॉलेज क्लेयरमॉन्ट के पाँच 'द फाइव सीस' नाम से जाने वाले कॉलेजों में से एक था। बाक़ी थे पोमोना, मैक्केना, हार्वे मड्ड और फ़ाइजर। एक कॉलेज में दाख़िला ले बाक़ी कॉलेजों में विषय पढ़ सकते थे। जैसे ड्रामा के लिए वह पोमोना कॉलेज जाती थी। डाइनिंग हॉल लाइब्रेरी वग़ैरह साझा थे।

परिवेश में उसके मन माफ़िक खुलापन और चुनने की गुंजाइश थी। पर हिन्दुस्तान छोड़ना पड़ता... रोज़मर्रा की कशमकश ने इतना तूल पकड़ा कि कुछ समय के लिए वन्दिता का रुख़ अध्यात्म की तरफ़ मुड़ गया। पूरी तरह वापस न आया।

अन्ततः शृंगी स्क्रिप्स चली गयी। अशोका ने उदारता का परिचय देते हुए कहा एक सेशन बाद मन न रमे तो अशोका आ सकती है। उसका मन रमा भी नहीं भी। हिन्दुस्तान से जुड़ाव रहा; हर छुट्टी में यहाँ आती रही जबकि परिवार से गये बाक़ी बच्चे हिन्दुस्तान को हीन नज़रों से देखते, यहाँ-वहाँ घूम अमरीकन एक्सेन्ट पुख़्ता करने में लगे रहते। इन्टर्नशिप भी उसने यहीं 'द हिन्दू' में की।

अपने पहले साल में सीधा डीन से जाकर भिड़ गयी। बोली, "क्या आप जानती हैं, हमें जो दूसरे देशों से पढ़ने आते हैं कितनी तकलीफ़ उठानी पड़ती हैं। अलहदा संस्कृति, अलहदा रहन-सहन, नये वक़्त पर नया खाना-पीना सबसे निबटो। हमारी संस्कृति या हमें समझने में दिलचस्पी टीचर्स को है नहीं। इतना वर्क लोड पूरा करने की ऊर्जा कैसे पायें?"

डीन ने यह नहीं कहा फिर यहाँ पढ़ने आते क्यों हैं? वे जानती थीं विदेशी छात्र ही सबसे क़ाबिल होते थे और उन्हें बाक़ायदा छात्रवृत्ति दे कर बुलाया जाता था। नाराज़ नहीं हुईं आराम से कहा, "टीचर्स से कह दूँगी पहले वर्ष में विदेशी छात्रों का वर्क लोड कम रखें।"

स्पोकन पोएटरी पर लिखने को कहा गया तो अमरीकन कविता के साथ उसने नामदेव ढसाल आदि की दलित कविता और भारत के लोक काव्य से उदाहरण दिये। मैं वही भूमिका निभाती जो शर्लोक होल्म्स में वॉटसन। रफ़्ता-रफ़्ता शृंगी और स्क्रिप्स एक-दूसरे को समझने, बर्दाश्त करने और इज़्ज़त से देखने लगे।

सबसे रोचक बात यह हुई कि जब यहाँ से जा रही थी तो क़रीब-क़रीब सभी ने कहा था कि थियेटर में भूमिका मिलनी मुश्किल थी क्योंकि वह कालों के देश से थी। शृंगी न गोरी थी न होने को तरसती थी। पूरी तरह ओरियंटल नमकीन साँवला चेहरा था। मज़े की बात यह हुई कि चार साल बाद जब पोमोना कॉलेज ने डायना विन्न के निर्देशन में मैकबेथ नाटक का सार्वजनिक मंचन किया तो गोरियों को छोड़ शृंगी को लेडी मैकबेथ बनाया।

दूसरी मज़ेदार बात यह हुई कि पाकिस्तान से आये छात्रों को फ़र्राटे से उर्दू बोलते सुन उसने शर्मिन्दगी महसूस की और हिन्दी के ऑडियो सुन बढ़िया हिन्दी बोलने का अभ्यास किया। कभी-कभी कॉलेज के लिए अमरीकन साहित्य

या फ़िल्म पर लिखा आलेख देर रात मेल कर कहती, "सुबह तक तीन चौथाई कर भेज दीजिए। मैं सम्पादन करके छोटा नहीं कर पा रही।" पहले मुझे लगता कैसे कर दूँ मैं इसका कख नहीं जानती। पर पढ़ने पर बचपन या नौजवानी में पढ़ी-देखी फ़िल्में किताबें या बहसाए मुद्दे याद आ जाते, सम्पादन में रस मिलने लगता और उसे छोटा कर देती। फ़रमाइश कई बार दुहराई गयी तो कुछ काम आया ही होगा।

सबसे मज़ेदार वाक़या तब हुआ जब दुपहर एक बजे उसका फ़ोन आया कि वे लोग एक कार्यक्रम कर रहे थे, जिसमें पाकिस्तानी लड़का, हसन, उर्दू में कविता पढ़ेगा और श्रृंगी उसका अंग्रेज़ी तर्जुमा। फिर श्रृंगी हिन्दी में कविता पढ़ेगी और हसन, अंग्रेज़ी तर्जुमा। हिन्दी कविता बच्चन की नीड़ का निर्माण फिर फिर उसके पास थी पर अंग्रेज़ी तर्जुमा नहीं। तो कर लो मैंने कहा। दादी, प्लीज़ आप कर दीजिए। कब तक चाहिए? "वह... दादी... असल में अभी तीन बजे प्रोग्राम है। मैंने कविता आपको मेल कर दी है।"

"दिमाग़ ख़राब है तुम्हारा...इतनी जल्दी..." मैंने डाँटा तो बोली, "मुझे डाँटने में वक़्त ज़ाया करने के बजाय तर्जुमा कर दीजिए न।" बात थी तर्कसंगत। तो आधे घण्टे में कर के भेज दी। सवा दो बजे फ़ोन करके कहा, एक शब्द बदल दो। वह बोली, "प्रोग्राम हो गया दादी असल में दो बजे था। सबको पसन्द आया।" फ़ोन कट गया। डाँटने का कार्यक्रम मुल्तवी रखना पड़ा। अजब गज़ब था न कि अमरीका जाकर उसने बेहतर हिन्दी सीखी। तो परिवार की सबसे कमउम्र नायाब औरत का ज़िक्रेख़ैर कर अपनी कुछ विदेशी सखियों की तरफ़ रुख़ करती हूँ जो कमउम्र और हमउम्र के बीच की हैं।

विदेश की निराली औरतें और बल्ब वाले सरदारजी

बहैसियत लेखक पहली बार 1988 में विदेश गयी। भूतपूर्व युगोस्लाविया के अभूतपूर्व नगर डुब्रोवनिक में नारीवादी सम्मेलन में हिस्सा लेने। यूँ सम्मेलन तीसरी दुनिया पर एकाग्र था पर तीसरी दुनिया के मुल्कों से मैं अकेली भागीदार थी। चीन, अफ़्रीका, पाकिस्तान, श्रीलंका वग़ैरह पर अमरीका में बसी औरतें उद्‌बोधन दे रही थीं। कभी उनके दादा-दादी या माँ-बाप दूसरे देश से अमरीका पलायन किये थे। युगोस्लाविया ख़ुद तीसरी दुनिया में नहीं था; उसके विघटन से बरस पहले मैं वहाँ पहुँच गयी वरना बहुत कुछ अपनी आँखों से देख लेती। तब बस ज़बरदस्त मुद्रा स्फीति महसूस हुई और वह आशंका के साथ मज़ाक़ का सबब थी। हम कुछ औरतें बस से डुब्रोवनिक से पास के शहर कोरकुला गये तो जाने का टिकट कम था वापसी का ज़्यादा। पूछा ऐसा क्यों तो हँस कर एक यात्री बोला चार-पाँच घण्टों में दीनार गिर जायेगा न!

सम्मेलन में दो प्रमुख गुट थे; अमरीकन और फ्रांसीसी। अमरीकन गुट की औरतें आक्रामक, अहंकारी, मुखर, अमीर और कंजूस थीं। फ्रांसीसी गुट की साहित्य प्रेमी, आज़ाद ख़याल, समानता की पक्षधर और नपे-तुले शब्दों में बोलने वाली।

चूँकि मुझे फ्रांसीसी भाषा नहीं आती थी, मजबूरन अमरीकन गुट में शामिल होना पड़ा। आयोजन अमरीका के पैसे से चल रहा था; संयोजकों के ठोस पूर्वग्रह थे। प्रचारित कर रखा था कि तीसरी दुनिया की औरतें संकोची और लजालु होंगी लिहाज़ा अपनी बात कहने में क़तरायेंगी। जैसे पहले कहा तीसरी दुनिया से सिर्फ़ मैं थी। दूसरे दिन जब मैं बोली तो उस पूर्वग्रह के परखच्चे उड़ गये। मैं कॉलेज में पढ़ाने वाली पण्डित नहीं ख़ुद सोच-विचार करने वाली रचनाकार थी इसलिए मेरा पर्चा कुछ अलहदा था। मैंने भारतीय साहित्य में स्त्रीत्व के रूपक पर बात रखी। तीसरी दुनिया से बदतर पहली दुनिया की औरतों की मानसिकता की बात की तो

तीसरी दुनिया में राजनीति, चिकित्सा और विज्ञान के क्षेत्रों में ऊँची पदवियों पर आसीन विद्वान महिलाओं की भी। चिपको आन्दोलन का ज़िक्र करके कहा हमारे लिए देश और पर्यावरण की आज़ादी उतनी मानीखेज़ थी जितनी औरतों की। मर्दों को आज़ादी देने के भी क़ायल थे। अमरीकन रचनाकारों को मेरा अभिभाषण पसन्द आया नारीवादी विशेषज्ञों को नहीं पर तीसरी दुनिया की औरतों की सकुचायी, लजालु शख़्सियत का पैरोकार कोई न बचा। रचनाकारों ने अपनी रचनाएँ भी पढ़ीं। मेरी कहानियाँ ग़ैर-तीसरी दुनिया मार्का लगीं जैसे डैफ़ोडिल जल रहे हैं।

मैं यह बयान आपको उन औरतों से मिलवाने के लिए कर रही हूँ जो उस दिन के बाद मेरी दोस्त बन गयीं। अगले सालों में कइयों ने अमरीकन विश्वविद्यालयों में बोलने के लिए मुझे न्यौता। सबसे अहम था आइयोवा में यू.एन. के स्त्री कोलोक्यम में बीज वक्ता की तरह रात्रि भोज पर बोलना। बाद में वहाँ अनेक विश्वविद्यालयों में रचना पाठ किया।

डुब्रोवनिक में कई बेमिसाल औरतों से मुलाक़ात हुई। सबसे नायाब थीं नादिया तेसिच तो उनके बारे में सबसे बाद में कहूँगी। इसे कहते हैं नाटक में विरेचन।

पहले औरों की सुनिए।

एक बेमिसाल औरत थीं एक फ़्रांसीसी प्रोफ़ेसर। उन्होंने अंग्रेज़ी में लिखने वाली भारतीय लेखिका कमला मार्कण्डे के हवाले से कहा भारतीय साहित्य में औरतें मातृत्व पर लिखने से आगे नहीं बढ़ पायीं। मैं यह कहने से रुक न पायी कि यूरोप की तरह भारत में चौदह से ज़्यादा प्रमुख भाषाएँ हैं, जिनका साहित्य किसी विश्व भाषा के साहित्य से बृहत् और वैविध्यपूर्ण है। ज़ाहिर है आपको उनके बारे में नहीं मालूम। बेहतर है आप भारतीय साहित्य पर न बोलें। जब ढाई हज़ार वर्ष बिना पढ़े रह कर हम सकुशल हैं तो अगले ढाई हज़ार साल भी रह लेंगे। दरअसल क़सूर उनका नहीं अंग्रेज़ी से आक्रान्त हमारे विद्वानों का था जो हरदम भारत के अंग्रेज़ी लेखकों का नाम गिनाते थे।

उसके बाद जो हुआ उसने उनकी नायाब शख़्सियत से रूबरू करवाया। आख़िरी शाम मेरे कमरे में आयीं कहा, क्या रात मेरे साथ गुज़ार सकती हैं? वे शर्मिन्दा थीं कि बिना जाने टिप्पणी की और मुझसे लम्बी बात करना चाहती हैं। सुबह हम दोनों निकल जायेंगे फिर मिलना हो न हो इसलिए जितना सम्भव हो कम-से-कम हिन्दी साहित्य के बारे में जानना चाहती हैं। मेरा पर्चा हिन्दी साहित्य पर एकाग्र था। अपने कटाक्ष के लिए माफ़ी माँग हाँ कहा। हम पूरी रात बातें करते रहे। दो-चार हिन्दी से अंग्रेज़ी में अनूदित किताबें पास थीं वे उन्हें दे दीं।

हिन्दी लेखिकाओं की सूची भी। अविस्मरणीय रात थी। उनकी उदारता विनम्रता सच के लिए ललक ने मुझे अभिभूत कर लिया। उनके सामने अपनी कटुता के लिए मैं शर्मसार हो गयी। उन्होंने बतलाया उनकी माँ हाउसमेड थीं। वे उन अमरीकनों से जुड़ाव महसूस नहीं करतीं जिन्होंने बिना संघर्ष किये उच्च शिक्षा पायी और दूसरों को नीचा दिखलाने में व्यस्त हैं। मुझे अनाय निन का काव्यमय उपन्यास 'सिटीज़ ऑफ़ द इंटीरियर' भेंट किया। अनेक बार पढ़ा। फिर 2004 में मकान बदला तो किताबें इधर-उधर हो गयीं। उनमें वह भी रही होगी क्योंकि बहुत ढूँढ़ने पर न मिली। वरना उस पर लिखा उनका नाम जान पाती। एक रात की उस अनाम दोस्त के सामने मैं नतमस्तक हूँ। वे मेरे भीतर जी रही हैं। जब भी किसी सम्मेलन में बोलती हूँ मेरे बराबर आ खड़ी होती हैं।

अमरीका से आयी रॉक्ज़ान प्राज़नायक एक और विदुषी थीं जिनसे काफ़ी अलहदा रिश्ता बना। कई विषयों पर आत्मीय बातचीत चली, साहित्य, जीवन, स्त्री-पुरुष सम्बन्ध, विवाह, जीवन दृष्टि सब पर... अन्तिम दिन अपने पति के बारे में कुछ बातें बतला उन्होंने सहसा कहा, "आप प्राचीन संस्कृति से हैं। मुझे बतलाइए क्या फ़ैसला लूँ?" बिना झिझके, मैंने कहा, "तलाक़ दे दो।" वे हतप्रभ तक न हुईं बस धन्यवाद कहा। उसके बाद दो बार अमरीका गयी। 1990 और 1991 में। 1991 में बेटे की सर्जरी के लिए गयी थी पर उसके स्वस्थ होने पर, "अमरीका घूमो" का सस्ता टिकट बनवा कई जगह घूमी। रॉक्ज़ान और मैं अमरीका के दो छोरों पर थे इसलिए 1990 में मिलना न हुआ पर फ़ोन पर बात हुई। उनकी हिस्ट्रेक्टॉमी होने वाली थी, कुछ सवाल उन्होंने किये मैंने भरसक जवाब दिये, एक साल पहले मेरी हुई थी।

सर्जरी के बाद काफ़ी अटपटा सवाल पूछा। कहा, दूध पीने को मन करता है पर डॉक्टर कहता है ज़रूरत नहीं है। "भाड़ में गया डॉक्टर," मेरे मुँह से निकला, "अपनी देह को तुमसे बेहतर कोई नहीं जानता। मन करता है तो समझो देह की माँग है। ज़रूर पियो और ख़ुशी से पियो।"

अपनी देह को हमसे बेहतर कोई नहीं जानता बाद के वर्षों में नारीवाद का नारा बन गया। पर मैंने अन्तःप्रज्ञा से कहा था।

1991 में रॉक्ज़ान ने मुझे विर्जिनिया के हैम्पडन सिडनी कॉलेज बुलाया जो शायद पुरुषों का इकलौता कॉलेज था। मैंने कहानी 'नकार' के साथ 'रिकेन्टेशन' का पाठ किया। वह सीधे अंग्रेज़ी में लिखी थी और हिन्दी तर्जुमा नहीं था।

मज़े की बात हुई कि उसका अन्त छात्रों की समझ में आया प्रोफ़ेसरों की नहीं। छात्रों ने मुझसे पुष्टि करवाई और जोश से चिल्लाये, 'वी शुड बी द डॉन्स' (सरगना हमें होना चाहिए)!

विर्जिनिया का वह कॉलेज इतना ब्रितानी था कि कलकत्ते के प्रेजिडेंसी कॉलेज की याद दिला दी। हम ब्रिटिश से ज़्यादा ब्रिटिश ठहरे। फ़ोर पोस्टर बेड मैंने वहीं देखा अपने कमरे में जिस पर चढ़ने के लिए छोटी निसानी का इस्तेमाल करना पड़ा। वहाँ से कोई कभी हिन्दुस्तान न गया था। एक बन्दे को गेरुए कपड़ों में देखा तो सोचा वह गया होगा पर नहीं वहीं रहते वह बुद्ध से प्रभावित था।

2007 में जब विश्व हिन्दी सम्मेलन में गयी तो नादिया तेसिच के साथ रॉक्ज़ान से भी सम्पर्क किया। वे अमरीका से बाहर थीं। ताउम्र उन्होंने गहरी निष्ठा से युरेशियन साहित्य पर काम किया था और अन्ततः 2014 में उनकी पुस्तक छप गयी। उन्हें 2014 में फिर एक बार मेल लिखा क्योंकि तब मैं एक क्रोशियन पत्रिका के लिए डुब्रोवनिक की 1988 की यादों पर लिख रही थी। मेरी तरह उन्हें भी भागीदारों के नाम न मिले। तब उन्होंने मुझे यह मेल लिखा। "प्रियवर मृदुला, अन्ततः डुब्रोवनिक सम्मेलन इसलिए महत्त्वपूर्ण था क्योंकि आपसे मिलना हुआ। आपने मुझ पर गहरा असर छोड़ा। मैं कितनी बार लोगों को बतला चुकी हूँ कि आपने कहा था, आप कैमरा नहीं रखतीं तस्वीरें न खींचने की वजह से चीज़ों के ज़्यादा पहलू याद रख पाती हैं। मेरी अवांछित सर्जरी के दौरान जो सलाह आपने दी याद है मुझे।"

मुझ पर भी रॉक्ज़ान ने गहरा असर छोड़ा था और उन जैसी चन्द औरतों की वजह से ही डुब्रोवनिक सम्मेलन याद रहा है।

पहली विदेश यात्रा थी तो कुछ नयी और रोचक बातें भी हुईं। दार्जिलिंग की चाय बग़ान से आयी उम्दा चाय मैं साथ ले गयी। होटल में केतली थी नहीं पर दो दूधदान दे दिये गये, एक ख़ाली दूसरा खौलते पानी से भरा। सुबह नाश्ते पर एक दूधदान में चाय पत्ती डाली, दूसरे का खौलता पानी उसमें उड़ेला और सॉसर से ढक दिया। ऊनी स्टोल ओढ़ा दिया। कुछ देर में चाय तैयार थी। तब तक चारों तरफ़ काफ़ी औरतें जमा हो गयी थीं। पटोला साड़ी में लैस हिन्दुस्तानी न जाने क्या जादू टोना कर रही थी! अन्ततः एक औरत ने पूछा, "आप क्या कर रही हैं?"

"चाय बना रही हूँ। पियेंगी?"

"चाय तो हम सिर्फ़ बीमारी में पीते हैं।"

"श...श... नागवार बात न कहें चाय का स्वाद बिगड़ जायेगा!" मैंने संजीदा आवाज़ में कहा।

अचानक मेरे सामने एक प्याला लहराया; हँसी से खनकती आवाज़ ने कहा, "मुझे दीजिए।" मैंने चाय डाल दी। चुस्की लेने को ओंठों की तरफ़ बढ़ाया तो कहा, "ध्यान से बहुत गर्म है।" उन्होंने चुस्की ली हँस कर कहा, "वाक़ई! मैं अमरीका से केरन ब्लोमेन। इतनी बढ़िया चाय पहले नहीं पी।"

केरन कवि थीं मशहूर नहीं पर बेहद ख़ुशमिज़ाज और पहली दुनिया की होने के ग़ुरूर से ख़ारिज। तब तक कई औरतें प्याले लेकर आ गयी थीं। चाय उड़ेल दी। सवालों की झड़ी लग गयी। आप हिन्दुस्तान से चाय लेकर आयी हैं? जी मैं रद्दी चाय नहीं पी सकती। तो कॉफ़ी... जी चाय का पर्याय नहीं है। कॉफ़ी यहाँ बढ़िया मिलती है ...जी, जब धीरज से बनाई जाये, यूरोप में मिलती है पर गर्म नहीं होती; अमरीका में सिर्फ़ गर्म होती है। केरन मेरी बगल की कुर्सी पर बैठ चुकी थी। प्याला दुबारा भर महक भीतर उतारती, बोली, "हेवेन (बहिश्त)! ऐसी चाय पियो तो बीमार पड़ो क्यों।" बाक़ी औरतों ने कहा, "बेस्ट हॉट ड्रिंक आई हेड" (मेरा पिया सबसे बढ़िया गरम पेय।) धत् तेरे की!

केरन फिर हँस दी। मासूम कवि, ऊँट सी गर्दन ताने सम्मेलन की विदुषियों के सामने सकुचाई रहती थी! पर घूमने-फिरने के लिए आला साथी थी। यारबाश न हेकड़ी न पूर्वग्रह। हम साथ घूमे, कॉफ़ी पी, खाना खाया, मेरे समुद्री जन्तु न खाने पर अचरज न दिखला मीनू में दूसरे व्यंजन ढूँढ़ने में मदद की। हमने हर तरह की बातें कीं पर रचना का ज़िक्र छिड़ने पर पण्डिताई पर न उतरे; ख़ुशदिल रचनाकार बने रहे। सफ़र में ऐसे लोगों का साथ सुकूनदेह होता है अपने कहे हर वाक्य को तर्क से साबित करने की होड़ नहीं होती। तंज़ का बतौर तंज़ आनन्द ले सकते हैं यह साबित करने को मजबूर हुए बिना कि मोहतरमा आप ने कहा, कोविड पर कविता न लिखें तो क्या युद्ध पर भी न लिखें, कैंसर पर भी न लिखें, एड्स पर भी न लिखें। मज़े-मज़े में आप कह दें, तपेदिक, डेंगू और न्यूमोनिया तो छूट गया तो वह गाज गिरे सिर पर कि माइग्रेन होते-होते बचे। या ख़ुदा! केरन के साथ ऐसा मंज़र न आया।

एक बात मुझे नागवार गुज़रती थी। कैफ़े में चार-पाँच औरतें कॉफ़ी पीने जातीं तो अपने बिल का अलग-अलग भुगतान करतीं। जब कोई काफ़ी ज़्यादा खाता कोई निहायत कम तो चलो ठीक था। पर एक कप कॉफ़ी के लिए वही मशक़्क़त! लोगों के पास दीनार की माक़ूल रक़म न होने और कैफ़े के रेज़गारी न देने से देर तक मग़ज़ खपाई होती। खीज कर कह उठती, "इस बार मैं दे देती हूँ

अगली बार आप दे दीजिए।" पर उन्हें गवारा न होता। केरन के साथ यह पेंच न था। कभी वह पैसे दे देती कभी मैं। दो-चार दीनार इधर-उधर हो जाते तो क्या मुसीबत आ जाती! वैसे भी मुद्रा स्फीति काफ़ी दीनार हड़पने वाली थी।

आख़िरी रात खाने पर संयोजकों ने कहा मेरा कुछ और मेहनताना बनता था और काफ़ी दीनार पकड़ा दिये। मैंने ऐलान किया अपने ख़र्चे पर सब भागीदारों को वाइन पिला रही हूँ। मस्ती ख़ूब की हमने पर वे इस हरक़त पर यूँ हैरान थे जैसे जागीर बाँट रही हूँ। बस केरन समझ रही थी कि वह एक विंडफॉल था जिसे पा मैं शहनशाह महसूस कर रही थी। बाक़ी औरतों ने मुझे याद दिलाया कि मैं हवाई अड्डे पर ख़रीदारी कर सकती थी। हाँ, पर्फ़्यूम और चॉकलेट ख़रीद लूँगी। पर अगली सुबह इतनी मूसलाधार बारिश शुरू हुई कि बमुश्किल हवाई अड्डे पहुँची। घुटनों तक पानी में उतरी तो सूटकेस उठाये न उठा। हिन्दुस्तान की तरह एक नाजायज़ कुली नमूदार हुआ और बख़्शीश ले सूटकेस समेत शाही अन्दाज़ में काउंटर पर पहुँचा दिया। पर वक़्त इतना कम बचा कि कुछ चॉकलेट ख़रीद पायी बाक़ी दीनार हिन्दुस्तान पहुँच गये। इत्तिफ़ाक़ से अगले बरस आईसेक की तरफ़ से अपु पूर्वी यूरोप गया तो उसे दे दिये हालाँकि मुद्रा स्फीति ने उनका मोल काफ़ी गिरा दिया था।

बाक़ी की जो नायाब विदेशी औरतें याद हैं उनका ताल्लुक़ डुब्रोवनिक से न था। कुछ सखियाँ बनीं कुछ बनते-बनते रह गयीं।

1993 में इंटर्लिट 3 नाम के साहित्योत्सव में शिरकत करने जर्मनी गयी। पहली बैठक एरलांगन के क़स्बे में हुई फिर बर्लिन में। वहीं मेक्सिको की लेखिका मोनिका मंसूर से मुलाक़ात हुई। कमाल की औरत थीं। कोई सतही या बेहूदा बात करता तो कहतीं, "उसका क़सूर नहीं है। उसका जन्म इतनी कम बार हुआ है कि परिष्कृत न हो पाया माफ़ कर देना चाहिए।" फिर हम ख़ूब हँसते। एरलांगन छोटा शहर था पर कमाल के फल मिलते थे। मौसम भी वसन्त का था। एक दिन लम्बी सैर के दौरान बग़ानों के पास लगे फलों के बाज़ार में पहुँचे तो सभी ने ख़ूब फल ख़रीदे। सिवाय ख़ुशवन्त सिंह के। उनकी कंजूसी का ज़ायका पहले दिन ही ले चुकी थी।

हिन्दुस्तान से हमीं दो थे और एक ही होटल में ठहरे थे। उन्होंने मुझे सीख दी कि पहली रात उसी होटल में खाना चाहिए; अगले दिन से दूसरे ठौर ढूँढ़ने चाहिए। मुझे बात जँच गयी और हम खाने के कमरे में पहुँच गये। उन्होंने पूछा क्या पिऊँगी तो मैंने उनकी तरह बियर के लिए हामी भर दी। खाने की बारी आयी

तो उन्होंने अपने लिए बीफ़ मँगवाया। मैंने कहा मैं शाकाहारी थी और कॉटेज चीज़ स्टेक मँगवाये। वे ख़ूब हँसे और वही क्लीशे दुहराया घास-फूँस खाती हो जिसे सुन कान पक चुके थे। मैंने कहा जानवर नहीं खाती मर्द के भक्षण में एतराज़ नहीं है। उन्होंने पूछा, तुम्हारे 'चित्तकोबरा' में कितना सेक्स है? मैंने कहा, जितना आप ज़िन्दगी भर न कर पायेंगे। यहाँ तक चलताऊ नोक-झोंक के बावजूद उनका साथ क़ाबिले बर्दाश्त था। पर जब बैरा बिल लेकर आया और उन्होंने मुझसे कहा, "यू कैन पे" (तुम पैसे दो) तो बर्दाश्त बाहर हो गया। मर्द औरत को डिनर पर बुलाये और उससे बिल अदा करवाये ऐसी भदेस कंजूसी का पहला तजर्बा था।

अगले दिन भरी दुकान में मैंने उनकी कंजूसी के साथ काफ़ी मस्ती की। घरवालों के कहने पर कि वहाँ मई में बारिश नहीं होती मैं बरसाती लेकर नहीं आयी थी। अगली सुबह जम कर बरसा तो सोचा वहीं से ख़रीद लूँ। फलों के बाज़ार के रास्ते में एक दुकान पर रुके। मैंने सेल्सगर्ल से कहा, "यह भारत के मशहूर लेखक ख़ुशवन्त सिंह हैं मुझे बरसाती दिलवाने लाये हैं। कोई महँगी बरसाती दिखलाइए आप समझ रही हैं न इतनी मशहूर हस्ती सस्ती चीज़ के बारे में सोच नहीं सकती क्यों मोनिका?" मोनिका को मैं रात का क़िस्सा सुना चुकी थी। उसने ज़ोरदार हामी भरी और सेल्सगर्ल ख़ुशवन्त सिंह को आँखें फाड़ देख एक-से-एक उम्दा, महँगी बरसाती दिखलाने लगी। ख़ुशवन्त सिंह का बुरा हाल! शॉक के मारे बोल न फूटा। अ ब न करके रह गये। जब काफ़ी बरसातियाँ देख लीं और ख़ुशवन्त सिंह एपोप्लेक्सी के क़रीब पहुँच गये तो मोनिका ने कान में कहा, बस करो हार्ट फ़ेल न हो जाये। मैंने सेल्सगर्ल से कहा, "सॉरी आपसे इतनी मेहनत करवाई। एक ओल्ड मैन से इतना महँगा तोहफ़ा नहीं लेना चाहिए। प्लीज़ रोज़मर्रा के इस्तेमाल की सस्ती बरसाती दिखला दीजिए।" अब ख़ुशवन्त सिंह का बोल फूटा, "मैं पैसे नहीं दूँगा।" "बिल्कुल नहीं," मैंने फुसफुसा कर कहा, "मैं मज़ाक़ कर रही थी। पर हैं यह मशहूर लेखक इसमें शुबहा नहीं है और जो बरसाती पहने हैं साठ साल पहले जर्मनी से ही ख़रीदी थी। क्यों सच है न?" "पैंसठ साल पहले जब ग्रेजुएशन किया था।" उन्होंने घुटे स्वर में कहा; कहीं मैं दुबारा शुरू न हो जाऊँ, अब सेल्सगर्ल भी हँसी न रोक पायी। एक मामूली बरसाती निकाल लायी। ख़रीद ली अब तक पास है पहनने का ख़ास मौक़ा आया नहीं। विदेश की बारिश में लंडन फ़ॉग चलता था देश में हद से हद छतरी।

अब वे फल बाज़ार में ख़ाली हाथ बैठे दीखे तो करुणा की मारी औरतें कुछ न कुछ फल उन्हें दे आयीं। स्ट्रॉबेरी, चेरी, ब्लूबेरी, अलूचा, आड़ू, वग़ैरह। वे मुझसे बोले, "फलाँ औरत मुझे पसन्द करती है फल दे कर गयी है।" हद हो गयी यार! "दया भाव से यंग मैन प्रेम भाव से नहीं," मैंने कहा तो उनकी नाराज़गी में इज़ाफ़ा हो गया। अपने स्तम्भ में मेरे शाकाहारी होने का ख़ूब मज़ाक़ उड़ाया था। अपना-अपना सेंस ऑफ़ ह्यूमर है। मैंने मोनिका को बतलाया कि उसके फल देने का मतलब लगाया है कि वह उनसे सेक्सुअली आकर्षित है तो उसका मुँह खुला रह गया। तब पहली बार उसने वह जुमला बोला, "उनका क़सूर नहीं है। उनका जन्म इतनी कम बार हुआ है कि परिष्कृत नहीं हो पाये माफ़ कर देना चाहिए।"

एरलांगन शहर के बीचोंबीच एक तुर्की रेस्त्रां था। हर पार्टी वहीं होती। उसके बाहर पट्ट पर बड़े-बड़े अक्षरों में लिखा था, यहाँ हैम, पोर्क, सॉसेज जैसी चीज़ें नहीं परोसी जातीं। जिस तरह हिन्दू विदेश में बीफ़ न खाने को धर्म से जोड़ कर देखने में शर्म महसूस करते हैं, मुसलमान या यहूदी पोर्क के साथ नहीं करते। 1991 में अपने भांजे के पास बॉस्टन अमरीका गयी तो उसके दोस्तों समेत आई.आई.टी. की पुरानी पैदावार एक हज़रत के घर खाने पर गयी। सब हिन्दुस्तानी लड़के आई.आई.टी. की पैदावार ही थे यानी समाज की मलाई; बस एक लड़का हसन पाकिस्तान से था। मेज़बान ने हैम सॉसेज़ परोसे तो हसन ने यह कह खाने से इनकार कर दिया कि, उसका मज़हब हैम खाने की इजाज़त नहीं देता। तब हिन्दुस्तानी मेज़बान बोले, "हिन्दुस्तान की तरह यहाँ के सूअर गन्दे नहीं होते। आप खा सकते हैं।" हसन का हिन्दुस्तान से लेना-देना न था इनायतेनज़र थी कि आँख में उँगली डाल जतलाता न था। उनका जुमला बदतमीज़ी की वह इन्तिहा थी कि मैं शर्म से ज़मीन में गड़ गयी। पर तमग़ा जीता हसन के जवाब ने। उसने निहायत अदब और संजीदगी से कहा, "मेरा मज़हब साफ़ सूअर खाने की इजाज़त नहीं देता।"

एरलांगन में बैठक ख़त्म हुई तो विदाई भोज उसी रेस्त्रां में हुआ। ख़ुशवन्त सिंह ख़ुश थे कि सूअर न सही बीफ़ खाने को मिलेगा। उससे पहले जब हम दोनों जर्मन मध्यस्थ के साथ रचना पाठ के लिए जा रहे थे ख़ुशवन्त सिंह के इसरार पर रात का खाना ऐसे रेस्त्रां में खाने रुके जहाँ मशहूर जर्मन सॉसेज मिलते थे। जब मैंने खाने से इनकार किया तो दोनों ख़ूब हँसे। भूखे पेट हँसी बर्दाश्त नहीं होती पर आख़ीर में हँसी मैं वे नहीं जब ख़ुद रेस्त्रां मैनेजर, बियर के साथ मशरूम और चीज़ का लज़ीज़ कीश लाया और बोला, "हमारे यहाँ से कोई भूखा जाये हमारी और मेहमान दोनों की तौहीन है।"

वार ख़ाली जाने से चिढ़ पाठ के दौरान ख़ुशवन्त सिंह ने ऐसी बेशऊरी का इज़हार किया कि मैं तो मैं, तमाम नौजवान जर्मन श्रोता दंग रह गये। लोगों के इसरार पर मैंने 'चित्तकोबरा' के अंश हिन्दी में पढ़े। उसका जर्मन अनुवाद हो चुका था; हिन्दी-जर्मन विद्वान इन्दु प्रकाश पाण्डे और उनकी जर्मन पत्नी हाईडी पाण्डे ने मिल कर किया था। तो एक छात्र ने मेरे पढ़ने से पहले जर्मन में उसका तार्रुफ़ करवा दिया। ख़ुशवन्त सिंह ने अंग्रेज़ी में कहानी पढ़ी जो अच्छी ही रही होगी बस मुझे और कुछ श्रोताओं को रद्दी लगी। मेरे पाठ के निस्बतन तालियाँ कम बजीं। उसमें अंग्रेज़ी बोलने की महिमा बयान की गयी थी जिससे हिन्दुस्तानी भले बाग़-बाग़ हो जायें जर्मन क्योंकर होते? आग-बबूला हो वे बोले, "हिन्दी एकदम दरिद्र भाषा है उसमें पढ़ने का सबब?"

"दरिद्र मानी?" एक लड़के ने पूछा।

"उसमें रैट और माउस दोनों के लिए एक ही लफ़्ज़ है, चूहा! हा हा हा।"

मैं कुछ कहती, उससे पहले एक हिन्दी जानने वाला जर्मन लड़का बोला, "मेरा ख़याल था हिन्दुस्तान में रैट नहीं होते।"

"सिवाय एक के," किसी ने फुसफुसा कर जोड़ा पर इतने साफ़ तलफ़्फ़ुज़ में कि सुनाई दे गया।

"भाषा अमीर-ग़रीब नहीं होती बोलने वाले होते हैं। वैसे ही जैसे एक की माँ दूसरे की माँ से कम-ज़्यादा माँ नहीं होती। संस्कृति के हिसाब से भाषा में कम-ज़्यादा शब्द होते हैं। ऐस्किमो भाषा में बर्फ़ के लिए सौ शब्द हैं, अंग्रेज़ी में..."

बीच जुमले ख़ुशवन्त सिंह तमक कर खड़े हुए बोले, "मुझे जाना है!"

"ज़रूर," आयोजकों ने कहा, "गाड़ी मँगवा देते हैं।"

"चलो। देर हो गयी।" उन्होंने रुखाई से मुझसे कहा।

"उनके लिए अलग गाड़ी है," आयोजक बोले, "आप रुक सकें तो हम आभारी होंगे। छात्र आपसे सवाल पूछना चाहते हैं।"

ख़ुशवन्त सिंह धमधम करते निकल गये। मेरा सेशन देर तक चला। उनकी दिलचस्पी मेरी हिन्दी किताब और उसके जर्मन तर्जुमे में थी; हिन्दुस्तानियों के मुँह से बरसोंबरस अंग्रेज़ी का गुणगान सुन आज़िज़ आ चुके थे।

आप जानते ही होंगे ख़ुशवन्त सिंह के कॉलम के ऊपर बल्ब में क़ैद सरदार जी बने रहते थे। लगता है अब उन्हें बल्ब वाले सरदारजी पुकारना वाज़िब होगा। उस दिन की चकल्लस का उन्होंने कॉलम में इस्तेमाल किया। यह भी कहा कि मैं पाठ उम्दा करती थी पर मुझे अपनी आवाज़ से मुहब्बत थी इसलिए लम्बा पढ़ती थी।

अजब-गज़ब मर्द थे ख़ुशवन्त सिंह! अगर मुझे क्लीशे बोलने का शौक़ होता तो कहती, उनमें चंचल चित्त या ढुलमुल औरत के सब निशां मौजूद थे। कहते हैं न औरतें अस्थिर होती हैं। पल-पल मत बदलती रहती हैं। मैं नहीं मानती तो क्या मुहावरा वही रहेगा न? मुहावरों की मानें तो शर्तिया बल्ब वाले सरदारजी औरत थे। अपनी तमाम नाराज़गी और उसके इज़हार के बावजूद मेरी कहानियों का अंग्रेज़ी अनुवाद पढ़ा और तारीफ़ करते हुए ख़त लिखा। यही नहीं उनकी पसन्द से कम सेक्स होने के बावजूद पेंग्विन को 'चित्तकोबरा' का अंग्रेज़ी अनुवाद छापने की राय दी। तब उनके सलाहकार थे यह दीगर है कि डेविड डेविडार ने उनकी राय को तवज्जह न दी। अगर पेंग्विन पहले चित्तकोबरा छाप देता तो डेविड डेविडार का अर्से बाद आया उपन्यास उसका बच्चा लगता, नहीं?

यानी गज़ब या अजब औरतों की फ़ेहरिस्त में सरदारजी का होना वाज़िब है।

ख़ैर विदाई की पूनम की रात का बयान करूँ। एक डिश से अपनी प्लेट में परोसने लगी तो बैरा ने रोक दिया, "यह आपके लिए नहीं है। इसमें बीफ़ है।"

हुआ करे। मेरे लिए तय करने का हक़ आपको किसने दिया सोचा पर कहने की बदतहज़ीबी न कर पायी। वैसे भी मैं बैरों, सब्ज़ी-फल बेचने वालों, फेरीवालों और दुकान के कामगारों से तमीज़ से पेश आती हूँ। तमाम बेअदबी बड़े लोगों के लिए महदूद है। अंग्रेज़ी में कहावत है न, "नेवेर बी हम्बल विद द माइटी एंड माइटी विद द हम्बल" (महान लोगों से विनीत न हो और मामूली लोगों को ग़ुरूर न दिखलाओ) बचपन में सुनी होगी तमाम आएँ बाएँ शाएँ के साथ दिमाग़ पर क़ाबिज़ हुई कि भुलाये न भूली।

राज़ की बात बतलाऊँ। मैं पूरी तरह शाकाहारी हूँ नहीं। शौक़ से मुर्गा खा लेती हूँ बशर्ते खींच-खींच कर खाने वाला तन्दूरी न हो। चाइनीज़ में प्रौन वग़ैरह भी पसन्द हैं। पर बीफ़ और हैम से यकसां परहेज़ था और है। विदेश में शाकाहारी बन जाती क्योंकि कचास लिए व्यंजन खा नहीं पाती और अधभरी प्लेट लौटाने से तहज़ीबी परहेज़ रखती। तो बैरे से शुक्रिया कह उसके निर्देश पर बेहद लज़ीज़ खाना खाया जिसमें मुर्ग की तरी वाली उम्दा डिश शामिल थी। अब साहब, तुर्की खाना था नान के साथ क्या खाती अपना भेजा! तो चिकन खाना लाज़िमी और लज़ीज़ दोनों था।

हुआ यह कि वहाँ एक सज्जन पूर्वी बर्लिन से आये हुए थे। बर्लिन की दीवार हाल फ़िलहाल गिरी थी पर पूर्वी और पश्चिमी बर्लिन के बीच बड़ी खाई थी। वही जो अमीरों और ग़रीबों के बीच होती है। यह सज्जन भी उतना ही ठठा

कर हँस रहे थे जैसे मोनिका, मैं और तीसरी दुनिया के चन्द और बन्दे। सभी ने राईन वाइन कुछ ज़्यादा पी ली थी। बियर गयी भाड़ में असल पीने लायक़ चीज़ थी राईन वाइन। जब 1988 में युगोस्लाविया से जर्मनी गयी तो पाण्डे जी के घर ठहरी और जम कर राईन वाइन पी। रात में वाइन में स्ट्रॉबेरी डाल कर रख देते और सुबह वाइन से लबालब स्ट्रॉबेरी खाते। तमाम दिन सुरूर रहता पर हैंगओवर नहीं। और हाईडी जी का बनाया एपल केक, लाजवाब! चित्तकोबरा का जर्मन अनुवाद करें तो केक सा स्वाद आयेगा न?

रात के क़रीब बारह बजे होटल जाने को रेस्त्रां से निकले तब भी बेतहाशा हँस रहे थे। एक खुर्राट जर्मन ने टोका, "इतनी ज़ोर से हँसेंगे तो लोग पुलिस बुला लेंगे इतनी रात को शोर करना मना है।" हमने कहा, "वे सज्जन भी तो हँस रहे हैं।" जवाब मिला, "वे पूर्व बर्लिन से हैं।" मारे हँसी हमारा बुरा हाल! तभी किन्हीं बन्दों को ऊँची आवाज़ में सियार की तरह हुआँ-हुआँ करते सुना। इतना होश था कि समझ गये असली सियार न थे। "और वे जो सियार की तरह हुआँ-हुआँ कर रहे हैं?" "वे स्टूडेंट हैं, पूनम की रात करते हैं।"

"उन्हें पुलिस नहीं पकड़ती तो तीसरी दुनिया के बाशिन्दों को क्या खा कर पकड़ेगी! 200 साल तक हमारा काम ही पुलिस से लड़ना रहा है...खुशवन्त सिंह के अलावा उनके बाप रायबहादुर थे!" हमारी हँसी की गूँज सुन पूर्वी बर्लिनर आ पहुँचे। किसी ने पुलिस न बुलाई होटल पहुँचने तक खुर्राट जर्मन फिर न दीखे।

बर्लिन निकलने से पहले ईरान से आये नायाब अदीब और शायर दौलताबादी का ज़िक्र ज़रूरी है। अदीब न मर्द होता है न औरत बस अदीब होता है। हालाँकि दौलताबादी साहब तब के ईरान के क़ायदे मान औरतों से बात करते न थे। आख़िरी दिन रिवायत टूटी और क्या ख़ूब टूटी। पर वह क़िस्सा बर्लिन पहुँचने के बाद हुआ। एरलांगन में हम यह तक न जानते थे कि उनकी कुछ रचनाओं का जर्मन तर्जुमा हो चुका था। इतना ज़रूर जानते थे कि उनकी रचनाएँ गिरफ़्तार क्रान्तिकारियों के पास मिलीं तो कोई जुर्म न करने के बावजूद, शाह की ख़ुफ़िया पुलिस ने उन्हें दो साल जेल में रखा। जर्मनी आने से पहले सब के पास एक फ़ैक्स सन्देश गया था कि अपने शहर पर कुछ लिख कर भेजें और वहाँ पढ़ें। ईरान में फ़ैक्स उपलब्ध न था तो दौलताबादी को न मिला। पहले सत्र में सबने अपना वक्तव्य पढ़ दिया जो जर्मन में अनूदित हो चुका था। पर दौलताबादी का मौजूद न था। उन्होंने बतलाया उन्हें वैसा कोई सन्देश नहीं मिला इसलिए कुछ

लिखा या भेजा नहीं। पर लकीर के फ़क़ीर जर्मन आयोजक इसरार करते रहे कि कुछ बोल दें। फ़ारसी से अंग्रेज़ी में फ़ौरी तर्जुमा करने के 'क़ाबिल' एक मोहतरमा मंच पर उतार दी गयीं। कभी-कभी इसरार मार से ज़्यादा तकलीफ़देह होता है तो दौलताबादी ने शीरीं फ़ारसी में लय से बोलना शुरू किया। हमने ऐसे सुना जैसे संगीत सुन रहे हों मतलब पल्ले न पड़ा। अंग्रेज़ी में तर्जुमे का इन्तज़ार था। मोहतरमा की बारी आयी तो उन्होंने फ़रमाया, "शायर ने कुछ बेहद शायराना कहा। उसका तर्जुमा मैं नहीं कर सकती।"

अब बर्लिन चलूँ और फ़िलहाल चुटकुलों के लिए खुशवन्त सिंह पर बनी रहूँ। दौलताबादी का मानीखेज़ क़िस्सा बाद में। अपनी सबसे नाटकीय चाल खुशवन्त सिंह ने बर्लिन के लिए बचा रखी। ड्रामा करना हो तो मंच बड़ा चाहिए न!

दीवार ढहने से पहले पूर्वी बर्लिन में एक आलीशान पुस्तकालय था। मेरी कहानी का पहला जर्मन अनुवाद वहीं छपा था और 'विश्व की प्रेम कहानियाँ संकलन' में शामिल किया गया था। किताब का नाम यशपाल की कहानी के शीर्षक पर था पर पहले पन्ने पर उद्धरण मेरी कहानी 'अवकाश' से था। हिन्दी साहित्य जगत तो बेतरह भन्ना गया था। मर्द की निस्बतन औरत की कहानी की अहमियत कैसे बर्दाश्त करता! पर जर्मन्स को क्या फ़र्क़ पड़ना था। भन्नाते रहो!

दीवार क्या ढही पुस्तकालय हटा कर व्यावसायिक दफ़्तर बना दिया गया। किताबें रद्दी में फेंक दीं या जला दीं खुदा जाने या नालन्दा का भव्य पुस्तकालय जलाने वालों की भटकती रूहें। पर जैसे दुनिया में किताबों की नाक़द्री और अदीबों पर ज़ुल्म करने वाले बेअक़्ल सितमग़र मौज करते हैं; क्या पता उनकी रूहें भी जन्नतनशीं हो मस्त रहती हों।

बर्लिन जाने से पहले बल्ब वाले सरदारजी ने प्रचारित किया कि उनकी बुतशिकनी की वजह से उनकी जान को ख़तरा है किससे है तफ़्सील से न बतलाया। नतीजा यह हुआ कि हमें शहर बर्लिन के बीच मोबिट इलाक़े के होटलों में ठहराया गया उन्हें एक पोशीदा जगह ले जाया गया। मोबिट वह इलाक़ा था जहाँ के लोगों ने अकेले दम हिटलर को वोट न दिया था। इसलिए उसे नेस्तनाबूद कर दिया गया था। अब दुबारा बसा था। पहले दो दिन रचना पाठ आदि में वे न दीखे तो किसी ने तवज्जह न दी क्योंकि वे सम्मेलन में तभी आते जब खुद बोलना हो वरना कमरे में प्लेबॉय पत्रिका पढ़ते रहते। तीसरे दिन शाम को पार्टी थी मिले तो काफ़ी दुखी थे। बोले, "मुझे कहाँ वीराने में अकेले पटक दिया। बोर हो गया। आप लोग यहाँ मौज कर रहे हैं।" जर्मनी में राजनीतिक संरक्षण पाये

एक मुँहफट बंगलादेशी लेखक बोले, "तो आपने जान को ख़तरा बतलाया क्यों? आपको मारेगा कौन? गुनाह बेलज़्ज़त!" सरदारजी का बल्ब ऐसा बुझा कि मुझे दया आ गयी। मैंने कहा, "जहाँ आप ठहरे हैं रोमांटिक जगह है। दो मुहब्बत करने वालों ने वहीं के ताल में ख़ुदकुशी की थी। रात में उनके प्रेत आते हैं। आप ज़बरदस्त कहानी लिख सकते हैं।" उन्होंने मुझे खा जाने वाली नज़रों से देखा और उसी रात मोबिट आ गये। हिन्दुस्तानी होने के नाते बर्लिन रेडियो स्टेशन ने उन्हें बुलाया तो अंग्रेज़ी में बोलने लगे। उन्होंने टोक दिया आपको पहले ही बतला दिया गया था हिन्दी में बोलना है। कहानी ख़ुद उन्होंने सुनाई बेलिहाज़ हँसे और बोले, "मुझे हिन्दी कहाँ आती है मैंने गुरु ग्रन्थ साहिब से पद सुना दिये।" बंगलादेशी न चूके, बोले, "तो आपने पहले क्यों न कह दिया कि आपकी जगह मृदुला दी को बुला लें।"

ख़ैर यह टाइमपास नुमा बातें छोड़ कुछ काम की बात करें। बर्लिन में हम सभी भागीदारों को गाइड के रूप में कॉलेज का विद्यार्थी साथ किया गया था/थी। उनकी कुछ कमाई हो जाती और हम विशेषज्ञ की सलाह से या साथ मनपसन्द काम कर लेते। मेरे साथ एक कमसिन लड़की थी पारिवारिक रूप से दुखी और अभावग्रस्त। मालूम नहीं मेरी नियति है या उनकी मेरी हर मददगार या साथिन ऐसी ही होती है। जद्दोजहद करके अंग्रेज़ी में डिप्लोमा कर रही थी जिससे आगे चल कर दुभाषिये का काम कर सके। जिस दिन मैंने उससे ओपेरा जाने की ख़्वाहिश ज़ाहिर की उसी दिन उसका अंग्रेज़ी का इम्तिहान था। सब सांस्कृतिक मंच, नुमाइश-घर वग़ैरह पूर्वी बर्लिन में थे ओपेरा हाउस भी। उसने इल्तिजा की, मैं रेल से पूर्वी बर्लिन पहुँच जाऊँ तो वह इम्तिहान दे कर स्टेशन पर मिल जायेगी। मुझे क्या एतराज़ होता, बस इतना पूछा कि साड़ी-बिन्दी चलेगी? "बिल्कुल। उन्हें खुन्नस तुर्कियों से है हिन्दुस्तानियों की इज़्ज़त करते हैं।" पश्चिमी बर्लिन के बाशिन्दे बराबर आगाह करते पूर्वी बर्लिन मत जाइएगा वहाँ सब चोर होते हैं। जैसे दिल्ली के पॉश कॉलोनी वासी कहते हैं गोविन्दपुरी या मदनगीर मत जाइएगा वहाँ सब बदमाश रहते हैं। भले उनके घरों में काम करने वाले/वाली रोज़ वहीं से तशरीफ़ लाते हों। फ़र्क़ वही अमीर-ग़रीब का था। जब मन पसन्द सब पूर्वी बर्लिन में हो तो बन्दा पश्चिमी बर्लिन में प्लेबॉय पढ़े या मॉल में वक़्त बर्बाद करे।

तो ओपेरा देखा। कई उम्दा इजीप्शियन अजायबघर देखे जो अंग्रेज़ों की तरह जर्मन भी लूट कर लाये थे। क्या करें तीसरी दुनिया के होने से अपना लूटा माल यूरोप की उम्दा कलावीथियों या महारानी के मुकुट में मिलता रहता है।

मैंने उस कमसिन लड़की को बख़ुशी इम्तिहान देने क्या दिया वह इतनी मुरीद हुई कि यह भी बतला दिया कि बतौर गाइड, जिन लेखक मर्दों का साथ देना पड़ रहा था, उनमें सबसे शाइस्ता अफ्रीकन थे और सबसे लीचड़ एशियन ख़ास कर हिन्दुस्तानी। अपनी पोती की उम्र की लड़की से ख़ुशवन्त सिंह ने माँग की थी कि उन्हें पोर्नोग्राफ़िक फ़िल्म दिखलाने ले जाये। वहाँ सेक्स के बीभत्स पहलू देख फ़रमाया था, "ग़नीमत जानो मेरी उम्र पाँच साल कम नहीं है वरना हम दोनों यही कर रहे होते!" जाने दीजिए उसने मुझसे कहा था, "वह तो ज़बानी गुस्ताख़ी थी, ये (नाम लेकर) जवान लेखक तो मुझे छूने, चूमने, आलिंगन करने की कोशिश करते रहे हैं।" मैंने तुरन्त कहा, "मुझे पहले बतलाना चाहिए था एक पल में ठीक कर देती!"

"मेरी नौकरी चली जाती। मुझे पैसों की सख़्त ज़रूरत है। अब तो एक दिन बचा है।"

"अब जहाँ जाओ मुझे साथ ले लेना। कहना, आपकी प्रशंसक होंगी। बिना मुझसे पूछे साथ आना तय कर लिया। इतनी सीनियर लेखिका से मैं क्या कहती!" एक दिन में उन ज़लीलों को इतना ज़रूर समझा पायी कि तजर्बे और पैनी नज़र से मुझे उनके 'हरामीपन' का अहसास हो गया था और मेरे वकील ने सलाह दी थी उन पर यौनिक पीड़न का मुक़दमा कर दूँ। वहाँ की अदालत शर्तिया उन्हें जेल की हवा खिलायेगी। डेढ़ दिन के लिए कमज़ोर को सताने वाले डरपोकों को उस लड़की से दूर रख पायी पर उनकी फ़ितरत न बदल पायी। ज़्यादातर हिन्दुस्तानी लेखक काम से आयी हर ज़रूरतमन्द लड़की को गिज़ा का लुक्मा समझता है जिसे चखने का उसे पूरा हक़ है। चूँकि आदतन डरपोक होते हैं इसलिए उन्हें डराना आसान है बशर्ते आप उनकी भलमनसाहत के झाँसे में न आयें।

रफ़्ता-रफ़्ता मैं आख़िरी दिन पर आ रही हूँ।

उसके तीन अहम किरदार थे; दौलताबादी, बल्ब में क़ैद सरदारजी और मेरी कमसिन साथिन।

उससे पहले दो मोनिकाओं की बात कहनी ज़रूरी है। मैं उस पर कहानी भी लिख सकती हूँ। पर कुछ बातें बिना क़िस्सा बनाये साफ़ कहनी चाहिए। याद करें महादेवी वर्मा के रेखाचित्र!

जर्मनी में द्वितीय विश्व युद्ध के बाद होलोकॉस्ट के लिए प्रायश्चित्त की प्रक्रिया में सैलानियों को भूतपूर्व कॉन्सन्ट्रेशन कैम्प का दौरा करवाना शामिल था। 'सैर' करवाना नहीं कहना चाहती पर अन्दाज़ वही था। मोबिट में भी एक इमारत के

तहखाने में कैम्प हुआ करता था जहाँ पहली मंज़िल पर आला रसोईघर था और दूसरी पर नात्सियों की शानदार पार्टियाँ चलती थीं। हमें वहाँ ले जाया गया। उसके बाद आइसक्रीम का कार्यक्रम था। कैम्प का दौरा करने के बाद आइसक्रीम छोड़ मेरा मन कुछ खाने का न था। दिमाग़ में बज रहा था कि सैलानियों को वहाँ ले जाने की तुक क्या थी कि मोनिका ने उसे शब्द दे दिये। वहाँ काफ़ी अमरीकन मौजूद थे। अमरीकनों से ज़्यादा आत्मतुष्ट या ढोंगी क़ौम मिलनी मुश्किल है; हम हिन्दुस्तानी ही उनसे बाज़ी मार सकते हैं। तपाक से कई अमरीकन कण्ठों से निकला, "आस्क द ज्यूज़" (ज्यूज़ से पूछो!) "मैं ज्यू हूँ!" मोनिका ने भर्रायी पर कड़क आवाज़ में कहा तो सनाका खिंच गया। मुझे भी पहली बार मालूम हुआ। वह बाहर निकल गयी। मैं भी।

पर कहानी का असल आयाम कुछ और था। मैंने बतलाया था सब लेखकों के साथ एक साथिन थी; मोनिका की साथिन का नाम भी मोनिका था। वे दोनों काफ़ी अन्तरंग दोस्त बन गयी थीं पता नहीं आपस में क्या बतियाती रहती थीं। मैं ख़ुद को सरहद से बाहर मँडराते पाती तो रश्क़ होता। आख़िर मोनिका मेरी दोस्त पहले थी। वैसे दोनों के साथ फ़्ली मार्केट (अपना चोर बाज़ार) वग़ैरह घूमते या साथ कॉफ़ी पीते ख़ूब आनन्द आता पर...कुछ था जो मेरी पहुँच से बाहर था। आख़िरी दिन जर्मन मोनिका और मेरी साथिन विदा लेकर चली गयीं हम भागीदार लेखक रह गये।

जर्मन रिवायत के मुताबिक़ आख़िरी शाम समापन से पहले सर्वसम्मति से एक प्रस्ताव पारित होना था। ये वे दिन थे जब 'सैटेनिक वर्सस' लिखने को मुद्दा बना ईरान के ख़ुमैनी ने सलमान रुश्दी के ख़िलाफ़ फ़तवा जारी किया हुआ था जिसमें हर सच्चे मुसलमान को उन्हें मौत के घाट उतारने का फ़रमान था। पूरी दुनिया डर-डर कर थू-थू कर रही थी। सलमान रुश्दी सख़्त निगरानी में गोपनीय जगह पर थे पर उनके अनुवादकों या प्रकाशकों को वैसी पहरेदारी मुहैया न थी। कुछ दिन पहले जर्मनी से बाहर एक अनुवादक की हत्या हो गयी थी। समापन सत्र में पहुँचे तो सर्वसम्मति से पारित होने के लिए प्रस्ताव पेश किया गया। सलमान रुश्दी और उनके सभी प्रकाशकों और अनुवादकों से हमदर्दी जतलाते हुए ईरान के ख़ुमैनी की निन्दा की गयी थी। उन्हें चेतावनी दी गयी थी कि फ़तवा वापस न लिया तो अंजाम बहुत बुरा होगा। सुन कर मेरे होश फ़ाख़्ता हो गये। क्या कोई अक़्ल या इन्सानियत का इतना दुश्मन हो सकता था कि यह

न जाने कि ईरान से आये अदीब, महमूद दौलताबादी के वहाँ मौजूद होने का मतलब था, सर्वसम्मति से पारित प्रस्ताव को उनका समर्थन! एक दिन पहले ही जर्मन में अनूदित उनकी रचनाओं पर सत्र हुआ था। आज आयोजक ही नहीं भागीदार अदीब और शायर भी इन्सानियत और अक़्ल के दुश्मन नज़र आ रहे थे क्योंकि सब गर्दन हिला कर ख़ुश हो रहे थे। जब प्रस्ताव पढ़ा जा रहा था तभी मैं सभागार में लगे माइक के पास पहुँच ली।

प्रस्ताव पढ़ कर जैसे ही सभापति ने ऐलान किया, “सबकी सहमति है न? हाथ उठायें या हाँ कहें।”

मैं खड़ी हो गयी और ज़ोर से चिल्ला कर माइक पर कहा, “नहीं! मैं सहमत नहीं हूँ।”

ऐसी घनघोर चुप्पी पहले कभी सुनी न थी।

“क्यों समझा कर बतलाइए,” उन्होंने कड़ुवे तंज़ के साथ कहा।

ग़ुस्से के मारे मेरी नसें तिड़क रही थीं पर मैंने संयत और कठोर स्वर में कहा, “आप अच्छी तरह जानते हैं, ईरान के अदीब महमूद दौलताबादी यहाँ मौजूद हैं। सर्वसम्मति से पारित होने का मतलब होगा उस प्रस्ताव को उनका समर्थन है। तब ईरान वापस जाने पर उनका क्या हश्र होगा आप नहीं जानते क्या? इसमें समझाने को क्या है?”

“आप अकेले इसका विरोध नहीं कर सकतीं?”

ख़ुदा की मार उस दिन मैं तमाम काले कपड़े पहने थी। उन लहीम शहीम गोरे जर्मनों को मैं एक नाटी काली आतंकवादी लग रही हूँगी।

“बिल्कुल कर सकती हूँ। कर रही हूँ। आप हम पर ज़बरन सर्वसम्मति नहीं थोप सकते। जो मैं कह रही हूँ अनेक भाषाओं में रिकॉर्ड हो रहा है। आप मुझे जान से मार दें तब भी मेरी असहमति बहुत लोगों तक पहुँच गयी होगी।” मैं जानबूझकर अतिनाटकीय हो गयी।

तभी बगल से आवाज़ आयी, “मैं, मोनिका मंसूर, मृदुला गर्ग की असहमति का अनुमोदन करती हूँ।” मैं सोच रही थी अब तक चुप क्यों थी? बाद में उसने कहा, “मैंने सोचा तुम्हें एकल विरोध का आनन्द लेने दूँ। जानती थी बिना सर्वसम्मति जर्मन प्रस्ताव पास नहीं करते।”

कुछ आवाज़ें आयीं, “इनके डिसेंट के साथ भी प्रस्ताव पास किया जा सकता है।”

"नहीं!" सभापति ने डपट कर कहा, "हमारे प्रस्ताव हमेशा सर्वसम्मति से पास किये जाते हैं।" फिर मुझसे मुख़ातिब हुए, "प्लीज़ अपनी असहमति वापस ले लीजिए।"

"नही," अब सिंगापुर और अफ़्रीका से आये दो-तीन लेखकों ने भी आपत्ति दर्ज की। "मृदुला गर्ग ठीक कह रही हैं। हम महमूद दौलताबादी को ख़तरे में नहीं डाल सकते।"

मंच पर आसीन आयोजक आपस में गुफ़्तगू करने लगे। देर तक की। फिर पूछा, "आपका यह अन्तिम निर्णय है?"

"जी। मेरी असहमति है और रहेगी," मैंने कहा।

"तब हम इस सम्मेलन के बाद कोई प्रस्ताव पारित नहीं कर सकते," हतोत्साहित आवाज़ में सभापति साहब ने कहा।

"कोई और प्रस्ताव ड्राफ़्ट कर लीजिए," किसी ने तंज़ के साथ कहा, "यह कि हम फ़ैसला करते हैं कि यहाँ बुला कर लेखकों का अपमान करेंगे। यक़ीनन सर्वसम्मति से पारित हो जायेगा," मोनिका के सिवा कौन हो सकता था।

"मैं घोषणा करता हूँ कि इस बार हम कोई प्रस्ताव पारित नहीं कर रहे। सभा ख़ारिज!"

सभापति साहब खड़े हो गये। हम सब भी। सम्मेलन समाप्त हो गया।

थकान से चूर मैं कुर्सी पर ढह गयी। कई लम्बी-चौड़ी जर्मन औरतें मेरे पास आयीं और बोलीं, "बधाई। आप बहुत साहसी हैं!"

"इसमें साहस की क्या बात है? आपके ख़याल से वे मुझे मार सकते थे?"

"नहीं-नहीं। पर इतने मर्दों के ख़िलाफ़ एक औरत अकेली बोले...कभी नहीं हुआ।"

"मर्द! कौन मर्द? मुझे तो यहाँ महमूद दौलताबादी के सिवा कोई मर्द दीखा नहीं।"

"चलो, कॉफ़ी पियें," मोनिका ने कहा और हम चल दिये।

उसी रात मोनिका को फ़्लाइट ले वापस जाना था और मुझे बल्ब में क़ैद सरदारजी के साथ भारतीय कोन्सुलेट में डिनर लेने। ज़्यादातर भारतीय दूतावास या कोन्सुलेट भारत से आये बन्दों की मेहमाननवाज़ी करते नहीं। पर बर्लिन में कोन्सुलर बेहद ख़ुशमिज़ाज सरदार थे; हो सकता है ख़ुशवन्त सिंह के बहाने मुझे भी बुला लिया हो। पर वह बेहद वाक़ई कितना बेहद था वहाँ पहुँच कर मालूम हुआ। समापन में अपने सरदारजी नहीं थे प्लेबॉय पढ़ रहे होंगे या दारू पी रहे होंगे।

पर अभी तो मैं और मोनिका अपने पसन्दीदा कैफ़े में पसरे कॉफ़ी पी रहे थे। मुझे बिना हैंडल के चौड़े मुँह वाले पैमाने में कॉफ़ी परोसने का तरीक़ा बहुत पसन्द था। दोनों हाथों के बीच पकड़ने से सर्दी में मुँह के साथ हाथ भी गरमा जाते थे और अपना ददिहाल याद आ जाता था जहाँ दोनों हाथों में गिलास थाम चाय सुड़की जाती थी।

तभी दौलताबादी वहाँ आये। आते रहते थे। हमसे वाज़िब दूरी बना मेज़ पर बैठते थे। आज उधर जाने के बजाय हमारी मेज़ पर आ गये। शर्मीली मुस्कराहट के साथ अंग्रेज़ी में पूछा, "यहाँ बैठ सकता हूँ?"

"ज़रूर," सतर हो बैठते हुए मैंने कहा। वे बैठ गये। हमने एक और कॉफ़ी का ऑर्डर दे दिया। कॉफ़ी आने से पहले उन्होंने पूछा, "आप दोनों के साथ तस्वीर खिंचवा सकता हूँ?"

"ज़रूर," हम दोनों ने काफ़ी अचरज के साथ कहा। उन्होंने अपने साथ आये युवक को इशारा किया और उसने चित्र उतार लिया। कॉफ़ी आ गयी। प्याला होंठों से लगा उन्होंने धीमे से कहा, "शुक्रिया।" सिर्फ़ हमने सुना। पर तस्वीर खिंचते सबने देखा। तस्वीर अब भी मेरे पास है। हाल में मुझ पर केन्द्रित पुनश्च पत्रिका का अंक निकला तो उसमें थी। तब मैं नहीं जानती थी अब जानती हूँ दौलताबादी ईरान के अदीबों में सबसे ऊँचे पायदान पर हैं। लोग सवाल करते हैं तो यह कि उन्हें अब तक नोबेल पुरस्कार क्यों नहीं मिला? फिर भी उनका एक उपन्यास, 'द कर्नल' दुनिया की कई ज़बानों में अनूदित हो कर छपने के बावजूद, उनकी अपनी ज़बान फ़ारसी में नहीं छपा। जब लिखा गया था तो ईरान में ज़िक्र तक न हुआ था। उतना निर्मम सच सत्ता बर्दाश्त नहीं करती और शायद लोग भी नहीं। पर आज जब उनकी इतनी इज़्ज़त है तब भी मज़हब के कठमुल्लापन के तहत जो दरिन्दगी हुई थी, उसका बयान ईरान छाप नहीं पाया है।

कभी मैं उनके काम आ पायी थी मुझे उसका फ़ख्र है। कैफ़े में उनसे मिलना, बातचीत करना, साथ तस्वीर खिंचवाना ज़िन्दगी के अहम लम्हे थे।

उनसे विदा ले बाहर निकले तो मोनिका ने कहा, "घण्टे भर में साथ डिनर ले लें? फिर उड़ान के लिए निकलना होगा।" मैंने पूछा, "मोनिका हॉस नहीं आ रहीं?"

वह अपने भीतर डूब गयी। देर तक चुप रही। क्या हुआ... उसका नाम नहीं लेना चाहिए था...

पर क्यों?

"उसके बारे में जानना चाहती हो?" अतल गहराई से सवाल आया।

मैं चुप रही। हाँ कहने में संकोच हो रहा था और न कहना झूठ होता।

"अब बतला सकती हूँ क्योंकि तुम उससे कभी न मिलोगी... असल में... डिनर पर बतलाऊँगी..."

"नहीं अभी कहो। डिनर के लिए मुझे भारतीय कोन्सुलेट जाना है फ़ॉर्मल है अब मना नहीं कर सकती...चलो उस बाग़ में बैठ जाते हैं।"

हम जा बैठे। "यह बेहतर है डिनर नामुमकिन होता," उसने लम्बी साँस खींच कर कहा। मुझे उसने पहले दिन ही बतला दिया था। उसके पिता नात्ज़ी अफ़सर थे। दूसरों का हुक्म बजा लाने-भर वाले नहीं काफ़ी ऊँचे पद पर। वह ऐसा राज़ था जिसकी उनके परिवार में कोई कल्पना नहीं कर सकता था। जब उन पर युद्ध अपराधी की तरह मुक़दमा चला तब उनके असली नाम और काम का राज़ खुला। तब तक उन्हें कैंसर हो चुका था। मोनिका के बड़े जवान भाई ने सुनते ही ख़ुदकुशी कर ली। माँ ने तलाक़ ले लिया। उनकी संगीन हालत और उम्र को देखते हुए उन्हें जेल से बरी कर दिया गया। मोनिका को फ़ैसला लेना था, उन्हें मरने के लिए अकेला छोड़ दे या मौत होने तक उनकी देखभाल करे। उसने दूसरा रास्ता चुना... पर...वे कई बरसों से जीते आ रहे थे और मोनिका उनके साथ थी। मुझे उसे साथिन और सहेली की तरह क़ुबूल करने में ख़ुद से काफ़ी लड़ाई करनी पड़ी...उस दिन जब हम कॉन्सन्ट्रेशन कैम्प गये तो उसे साथ आने से मना कर दिया था। पर मैं ...पता नहीं क्यों उससे नाराज़ नहीं रह पायी... बल्कि उसकी इज़्ज़त करने लगी। तुम्हें बतला रही हूँ क्योंकि..." मैंने उसे बाँहों में भर लिया और देर तक हम चुप बैठे रहे...ख़ुदा की मार हम फिर कभी न मिले।

कोन्सुलेट जाकर बर्फ़ से ढके ऊँचे दिलकश पहाड़ पर चढ़ने के बाद नीचे खाई में गिरी मैं! कोन्सुलेट से मेरे पास फ़ोन आया था तो मैंने बतला दिया था मैं शाकाहारी हूँ। मैंने सोचा काफ़ी था आख़िर वह भारत का कोन्सुलेट था, वे जानते होंगे शाकाहारी के लिए क्या-क्या उम्दा व्यंजन पकाये जाते हैं। पर... मैं भूल गयी थी कि हद से गुज़रे लोगों की कोई हद नहीं होती।

काफ़ी देर तक जैसा अमूमन हिन्दुस्तानी मर्दों के साथ होता है ड्रिंक्स के साथ ख़ासा फूहड़ हँसी-मज़ाक़ चलता रहा भदेस चुटकुलों के बघार और फटे बाँस से क़हक़हों के सालन के साथ। मेरा मन कहीं और भटक रहा था कभी कारुणिक मनोभाव आँखें भिगोता तो कभी दिलफ़रेब जज़्बा हिलोर उठाता। अट्टहास की चोटी पर पहुँचने के बाद हम खाने की मेज़ पर पहुँचे। पता नहीं क्यों आँखों-आँखों में इशारे करते बल्ब वाले और कोन्सुलर सरदारजी अहमक़ जन्तुओं से नज़र आये। उस बेमज़ा वहम से ख़ुद को बाहर खींचा कि तमाम राज़ अफ़्शां हो गया।

बल्ब वाले सरदारजी की ख़ास फ़रमाइश पर दावत में बीफ़ बनाया गया था। यहाँ तक तो ठीक था। नाक़ाबिले यक़ीन यह था कि जहाँ मांसाहारियों की प्लेट में बीफ़ के साथ अनेक और व्यंजन थे; पुलाव, ब्रेड, पास्ता वग़ैरह, मेरी प्लेट में सिर्फ़ कुछ उबली सब्ज़ियाँ थीं। मेरे पति आनन्द के साथ एयर फ्रांस में ऐसा हो चुका था। पर यह तो भारतीय ज़मीन थी। विदेश में दूसरे मुल्क का दूतावास या कोन्सुलेट उसी मुल्क की ज़मीन मानी जाती है।

कुछ देर पहले की मेरी खीज हवा हो गयी। खीसें निपोरते सरदारों को सीख देना बख़ूबी आता था। चुपचाप अपने पड़ोसी सरदार के सामने से प्लेट उठा (पता नहीं बल्ब वाले थे या बिना बल्ब वाले) अपने सामने रखी; उसमें से बीफ़ का टुकड़ा उठा दूसरी प्लेट में रखा और प्लेटें अदल-बदल कर कहा, "बाक़ी सब मैं खा सकती हूँ लेडीज़ फ़र्स्ट," और खाना शुरू कर दिया। दोनों सरदारों का बुरा हाल! मैं प्लेट पर एकाग्र। अजब अफ़रा-तफ़री मची! अदब-क़ायदा भूल बिना बल्ब वाले सरदारजी ने चिल्ला कर अपने या बल्ब वाले सरदारजी के लिए और खाना मँगवाया। मैंने खाने की रफ़्तार धीमी की और मस्त-मगन आवाज़ में कहा, "डिलिशियस।" सरदारनी जी ने बिहँस कर थैंक्स कहा। हो सकता है उन्हें उस अश्लील हरक़त का पता न हो। मेज़बान की बीवी थीं पर चूँकि वहाँ सारा काम नौकरों के हवाले था मर्द मानुस भी हुक्म दे सकता था। पर वहाँ मर्द था कौन? ढंग की औरत भी न थी वरना उन भदेस चुटकुलों पर एतराज़ ज़रूर करती। पर साहेबान, मेहरबान, बल्ब वाले सरदारजी पेंग्विन इंडिया के सलाहकार थे। छपने की ख़ातिर औरत क्या नहीं कर गुज़रतीं वह तो ज़बानी दुत्कार थी। खाना सचमुच लज़ीज़ था। मीठा परोसे जाने से पहले मैंने शीरीं आवाज़ में सरदारनी जी से कहा, "शाकाहारी मान आप मुझे फल तो नहीं खिलाने वाली ना? बिना अण्डे का डिज़र्ट भला जर्मनी में कौन खाता है!" और मस्त हो हँस दी। वे भी हँसीं और कुछ देर बाद डिज़र्ट की ट्रॉली सबसे पहले मेरे सामने लायी गयी। मैंने कम-कम मिक़दार में सभी डिशेज़ से अपनी प्लेट में परोसा और उनसे कहा, "ख़ुदा का शुक्र है आपने यह काम अपने शौहर के ज़िम्मे न किया वरना ज़बरदस्त बद्दुआ लगती मेरी। अरे ख़ुशवन्त सिंह आपने तो लिया ही नहीं डाइबिटीज़ है क्या? च-च!"

"नहीं," सरदारनी ने फ़रमाया, "ज़्यादा पीने के बाद मीठा नहीं खाते। पैक करवा दूँगी कल प्लेन में खा लेंगे।" शायद उन्हें भी कुछ खुन्दक हो? या जो हुआ उस पर शर्मिन्दा हों? कितना भी नौकरों के भरोसे रहें थीं तो मेज़बान औरत!

जो उस बदनुमा दावत में हुआ था उसका बयौरा जब मैंने 'द वायर' नाम की बुतशिकन मानी जाने वाली ख़बरी वेबसाइट पर डाला; तब जब हमारे यहाँ बीफ़ खाने के लिए लोगों की हत्या की जा रही थी तो अजब माजरा पेश आया। उससे पहले भारतीय संविधान और सर्वोच्च न्यायालय द्वारा उसकी बदलती व्याख्या और गाँधीजी की बीफ़ बैन की मुख़ालफ़त के बारे में मेरा छोटा-सा लेख टाइम्स ऑफ़ इंडिया में अंग्रेज़ी में छपा था जिसे काफ़ी सराहा गया था। 'द वायर' को भेजा चटपटा संस्मरण उसकी अगली कड़ी थी। मुद्दा यह था कि बीफ़ खाने न खाने का मसला मज़हब ही नहीं जीभ के स्वाद से भी ताल्लुक़ रखता था। उसे खाने वाले हिन्दू उतने ही कठमुल्ला हो सकते थे जितने न खाने वाले। हैरान करने वाली बात यह थी कि 'द वायर' जैसी प्रगतिशील वेबसाइट ने मुझसे बिना पूछे आलेख में 'बीफ़' को 'मीट' कर दिया। यानी उसका निहितार्थ, भावार्थ या सतही अर्थ बेमानी कर दिया। क्यों? क्या वे यह कहने से डर गये कि भारतीय कोन्सुलेट में बीफ़ पकाया गया था? वजह जो थी मन बेहद खट्टा हो गया।

अगले दिन मेरी कमसिन साथिन मुझे पूर्वी बर्लिन के हवाई अड्डे पहुँचाने होटल आ गयी। उस लड़की ने मुझे जो दिया उससे कहीं ज़्यादा था जो मैं उसे दे पायी। उसने मेरा सामान वग़ैरह लदवाने में बहुत मदद की। उस काम की मैं निहायत चोर हूँ। जितने भी एथनिक आभूषण, बतौर उपहार लोगों को देने हिन्दुस्तान से लायी थी उसे दे दिये; एक को छोड़ जो मोनिका को दिया था। वह ऐसे ख़ुश हुई मानो खज़ाना हाथ लग गया। बच्ची थी आख़िर। उनकी क़ीमत ख़ास न थी पर थे बेतरह ख़ूबसूरत उसकी तरह।

जब हम सर्कस देख कर लौटते हैं तो याददाश्त में देर तक टँकी रहती है तनी रस्सी पर चलती नटी जो कुछ देर ही आँखों के सामने रही होती है; जोकर नहीं जो हँसाता-खिजाता पूरा वक़्त सामने रहता है। वैसे ही मुल्क लौटने पर आज 29 बरस बाद तक जो ज़ेहन में ज़िन्दा है, करवट बदल-बदल कर जब तब पास बुला लेती है, वह मोनिका हॉस है आधी हल हुई पहेली; लुगदी किताब से खुले बल्ब वाले सरदारजी नहीं। सच पूछिए तो उस पहेली को तार-तार निर्वसन करना गवारा नहीं। तो रहो मेरे साथ लाजवाब मोनिका मंसूर और मोनिका हॉस हमेशा हमेशा के लिए।

जैसी बेमिसाल औरतें थीं या रूस और स्विट्ज़रलैंड

कुछ और रंगों की विदेशी सहेलियों से मिलाती हूँ। सबसे पुरानी थीं रूस की ग्युज़ेल सत्रेलकोवा। यहीं दिल्ली में शायद 2007 में एक गोष्ठी में पहले पहल मिले। उन्होंने बतलाया मॉस्को विश्वविद्यालय में हिन्दी पढ़ाती हैं तो छात्रों को मेरी कुछ कहानियाँ पढ़ाई हैं। मेरे उपन्यास 'मैं और मैं' को पसन्द करने और उसका अनुवाद करने की इच्छा जतलाई जिससे मैं काफ़ी ख़ुश हुई। मुझे वह अपना बेहतरीन उपन्यास लगता है पर हिन्दी साहित्य जगत में उसका ज़िक्र कम या नहीं होता।

कई बार हमारी साहित्य अकादेमी से अनुरोध किया कि अपने प्रतिनिधि मण्डल में मुझे रूस भेज दें क्योंकि मेरा साहित्य वहाँ पढ़ाया जा रहा था, उस पर शोध कार्य हो रहा था और आलेख लिखे जा रहे थे पर मुझे नहीं भेजा गया। ग्युज़ेल सम्मेलनों में हिन्दुस्तान आती रहीं और दिल्ली आने पर हमारी दोस्ताना मुलाक़ातें होती रहीं।

एक मुलाक़ात ख़ास तौर पर याद है। माँ के निधन के बाद वे हरिद्वार गयीं और लौट कर दिल्ली के रूसी सांस्कृतिक भवन में ठहरीं। रूस की उड़ान लेने से पहले फ़ोन किया तो मैंने घर आने को कहा। अपनी माँ के बारे में बतला कर कहा कहीं जाने का मन नहीं है। मैं फ़ौरन स्कूटर पकड़ वहाँ पहुँच गयी। हम उनकी माँ की बातें करते रहे। मैंने समझा मैं उनकी माँ की हमउम्र थी। यह भी कि उनके पारिवारिक रिश्ते भारतीयों से भी ज़्यादा क़रीबी थे। दुख के बावजूद रूस के विश्वविख्यात कला संग्रहालय 'द हेरिटेज म्यूज़ियम' से भारत आयीं कलाकृतियाँ दिखलाने मुझे नीचे हॉल में ले गयीं। खुर्राट गार्ड को मना लिया कि बिना फ़्लैश एक प्रख्यात कलाकृति के साथ मेरा चित्र खींचने दे। कहा जब रूस जाऊँ तो हेरिटेज संग्रहालय ज़रूर देखूँ। एक सपना बन गया मेरे लिए।

रूस जाना बरसों से मेरा सपना रहा था। नौ बरस की उम्र से रूसी साहित्य चाट रखा था। नब्बे के दशक में मेरे दोस्त और उर्मिल के पति राजगोपाल केबिनेट सचिव थे तो उसूल ताक पर रख उनसे कहा मैं रूस जाना चाहती थी। व्यवस्था ही भेज सकती थी और वे व्यवस्था के अंग थे। उनका जवाब था उसमें क्या है रोज़ाना दसियों लेखक जाते हैं। मैं कह न सकी कि अपने ख़र्च पर जाने लायक़ पैसा न था। बेचारे कैसे जानते कि आनन्द तमाम पैसा नाली में बहा चुके। दुबारा उस पर बात न हुई।

2013 में साहित्य अकादेमी पुरस्कार मिलने के बाद भी मुझे विदेश न भेजा गया। जब बुलाया बाहर वालों ने। अमरीका, जापान पहले बुला चुके थे, 2012 में ग्युज़ेल के प्रयास से रूस ने आइकोसल सम्मेलन में बुला लिया। 2014 में डेन्मार्क ने और 1917 में चीन ने ब्रिक्स सम्मेलन में। व्यवस्था ने विश्व हिन्दी सम्मेलन में 2003 में सूरिनाम और 2007 में न्यूयॉर्क ज़रूर भेजा। दोनों यादगार बने तो दो नायाब औरतों की वजह से। रूस भी तो। पहले रूस और ग्युज़ेल की बात कर लूँ।

जुलाई में मॉस्को गयी। तमाम रात सूरज न छिपने से कुछ दिन पहले। कल्पनातीत गर्मी थी। इतने रूसी लेखक चाट गयी किसी ने भूले से जो गर्मी का ज़िक्र किया हो! जहाँ पढ़ो बर्फ़ और ठण्ड बर्फ़ की बेपनाह ख़ूबसूरती; उस पर मौज करते या मरते रूसी; साइबेरिया का बर्फ़ीला रेगिस्तान और बर्फ़ से पार न पाने से नेपोलियन और हिटलर जैसे दिग्विजयों की हार। नेपोलियन से सीख न ले सर्दियों में रूस पर हमला करने के हिटलर के आत्मघाती बौड़मपने का बयान। ठीक है साहब नुमाइन्दे की तरह बर्फ़ वाज़िब बिम्ब था। पर अलहदा बात भी कर सकता है न कवि-लेखक! अपन राम तो लेखकों के चक्कर में काम से गये! जो दो-चार गर्मी के कपड़े ले गये थे कि अपने देश से आते-जाते सफ़र में काम आयेंगे उन्हीं से काम चलाया। नतीजतन अपने दूतावास के रिसेप्शन में स्कर्ट में जाना पड़ा।

विश्वविद्यालय के गेस्ट हाउस के जिस कमरे में मुझे ठहराया गया उसकी खिड़कियाँ इतनी ऊँचाई पर थीं कि देर शाम जलते सूरज की आग से राहत पाने मुझे मेज़ के ऊपर कुर्सी रख उस पर चढ़ उन्हें खोलना पड़ा। बतौर मेज़बान, मॉस्को में इतिहास के प्रोफ़ेसर और प्रख्यात विद्वान सर्गे सब्रियानी साहब खाने-पीने का सामान ख़रीदवा मुझे वहाँ लाये थे। वहाँ रखी लहीम-शहीम बिजली की केतली दिखलाई तो बहुत राहत पहुँची। हमेशा की तरह उम्दा चाय साथ लायी थी।

एक छोटी-सी केतली भी। पर वह जीवनदायिनी केतली! सुब्हान अल्लाह! उसमें पानी उबाल दूध के पाउडर में डाल कॉर्न फ्लेक्स में डालने लायक़ बना सकती थी। उसमें से उड़ती भाँप से अपने मुसे कपड़ों की सलवटें निकाल सकती थी... वग़ैरह वग़ैरह। मैंने सर्ब्रियानी साहब से गुज़ारिश की कि वे खिड़कियाँ खोल दें। उन्होंने कहा रात में सर्दी हो जायेगी और मैं उन्हें बन्द न कर पाऊँगी इसलिए बन्द रहने दूँ। उतनी ऊँचाई पर इसलिए थीं कि बर्फ़ पड़े तो उनके ऊपर न जाये। वही सर्वोपरि बर्फ़! देर शाम रात या सुबह का पता कैसे चले जब बेशर्म की तरह सूरज हर वक़्त दाँत फाड़ता रहे। मुझे खिड़कियाँ खोलने के लिए वही सब करना पड़ा जो बन्द करने के लिए मैं न कर पाती।

सर्गे सर्ब्रियानी इतिहास का पुट दे बातचीत को रोचक बनाने के ख़लीफ़ा थे। आइकोसल के भागीदार की तरह बस से मॉस्को की सैर की तो गाइड इतिहास में एम.ए. थे। बारीक़ी से ऐतिहासिक तथ्य बतला बस रोकते कि सर्ब्रियानी साहेब शुरू हो जाते। ऐसी लोमहर्षक स्वयं भोगी कथाएँ बयान करते कि गाइड बेतवज्जह रह जाता। किस गली, किस नुक्कड़ पर इतिहास के क्या रोमांचक लम्हे गुज़रे थे, वे हाथ की लकीरों की तरह जानते-पहचानते थे। उन लेखकों के बारे में भी जिनके बुत जगह-जगह खड़े थे। तंग आकर गाइड ने कहा, "गाइड कौन है, मैं या आप?" "दोनों," सबने कहा, बस सर्ब्रियानी साहब लज्जित हो बोले, "आप। कहते रहिए।"

आख़िर हम वहाँ पहुँचे जहाँ लम्बे-चौड़े मैदान के बीच विजय स्मारक था। "द्वितीय विश्वयुद्ध में विजय के बाद बनाया गया था," गाइड ने बतलाया। सर्ब्रियानी साहब के पास असल रोमांचक कथा थी। गहरी खीज और तन्मयता के साथ वे कुछ टोह रहे थे। इतने ज्ञानी ध्यानी न होते तो कहती जासूसी कुत्ते की तरह सूँघ रहे थे। बिजली गिरने की तरह राज़ से पर्दा उठने को था। आख़िर माथे पर दर्जनों शिकन डाल उन्होंने कहा यहाँ वह टीला होना चाहिए जिस पर खड़े हो नेपोलियन ने इन्तज़ार किया कि मॉस्को नगर की चाभियाँ ले मेयर उसके पास आयेगा। सारा दिन बीत गया कोई न आया। आख़िर बिन बुलाये भीतर घुसा तो सब ख़ाक हुआ मिला।

इधर-उधर सूँघते खीजे, "बेकार के स्मारक बना ऐतिहासिक चिह्न मिटा देते हैं गधे!" कि टीला मिल गया! घास से ढका था और उतना ऊँचा न था जितना उनका ख़याल था। पर था देखा-पहचाना टीला! वे उस पर खड़े हो गये।

शागिर्दों की तरह हम आस-पास जमा हो गये। वे हँस दिये। हम भी हँस दिये। "तसव्वुर कीजिए। एक विश्वविजेता खड़ा इन्तज़ार कर रहा है कि हारे शहरी समर्पण करने आते होंगे। और शहरी हैं कि तमाम शहर और खाद्यान्न जला कर पलायन कर चुके हैं। फिर बर्फ़बारी और ख़ाली पेट फ़ौज के बीच ऐसा फँसा नेपोलियन कि ज़िन्दा बाहर आ तो गया पर फ़ौज के अन्धे अनुगमन की मौत हो गयी। उसके बिना कैसा सिपहसलार और कैसी जीत!"

"सोचिए इतनी बड़ी सीख के बावजूद, पूरी दुनिया में जीत हासिल कर चुके हिटलर ने वही ग़लती दुहराई! तानाशाहों की यही ख़ासियत है ख़ुद को दूसरों से बेहतर मानते हैं इसीलिए मारे जाते हैं।" तब तक अधिकृत गाइड की भावात्मक मौत हो चुकी थी। सर्ब्रियानी साहब जलवा अफ़रोज़ थे।

उनसे कई विषयों पर रोचक बातचीत हुई। आइकोसल में मेरे हिन्दी सम्भाषण में तशरीफ़ लाये और तारीफ़ की। दिल्ली आये तो घर खाने पर आये, आनन्द से मिले। जिनके घर ठहरे थे उन अति विद्वान दोस्त को साथ लाये, जिनके मुताबिक़ हम पहले शिमला के उच्च शिक्षा संस्थान में बहस कर चुके थे। ज़रूर। बहस से मुझे कब उज्र रहा!

सर्ब्रियानी साहब ने एक महत्त्वपूर्ण बात की तरफ़ ध्यान खींचा कि हिन्दी लेखकों के कहानी संचयनों में, कहानी का प्रथम प्रकाशन वर्ष नहीं रहता। पता नहीं चलता कौन-सी कहानी पहले लिखी गयी कौन-सी बाद में। कमाल कि हिन्दी के प्रकाशकों-लेखकों का उधर ध्यान न गया था। उनके कहने पर ही छपने को तैयार अपनी सम्पूर्ण कहानियों में मैंने हर कहानी का प्रथम प्रकाशन वर्ष नीचे लिख प्रकाशक से आग्रह किया कि पुस्तक में शामिल करें। ख़ुशी की बात है कि राजकमल प्रकाशन ने किया भी। प्रकाशन वर्ष का घालमेल हिन्दी के सब लेखकों पर लागू है। उपन्यास की दूसरी-तीसरी आवृत्ति छपने पर उसमें पहले प्रकाशन वर्ष की सूचना नहीं रहती। 1976 में लिखे मेरे 'वंशज' उपन्यास के दुबारा छपने पर आलोचक ललित कार्तिकेय ने उसे 1994 का लिखा बतला लिख मारा कि लेखिका ने श्रीलाल शुक्ल का 'बिसरामपुर का सन्त' पढ़ने के बाद इसे लिखा है! जबकि वह उससे 28 साल पहले छपा था! क़सूर उनका नहीं था बस तंज़ करने का मौक़ा न गँवाया था। 'आनित्य' के साथ भी हास्यास्पद यह रहा कि भगत सिंह की जन्म शताब्दी और आज़ादी के साठ साल होने पर 2007 में पुनःप्रकाशन पढ़, चमन लाल जी ने उसे वर्ष 2007 में लिखित घोषित कर दिया। वे बेचारे कैसे जानते कि 1980 में छपा था।

यह दीगर है कि बतौर भूमिका उसमें 1983 में लिखा आलेख शामिल था। उतनी जासूसी कौन करता है! सर्गे सब्रियानी साहब के सिवा।

सर्गे सब्रियानी साहेब से ईमेल पर भी साहित्यिक लेनदेन चलता रहा।

पर जब ग्युज़ेल ने रूसी अनुवाद के लिए मेरा 'चित्तकोबरा' चुना तो उन्हें रास न आया। शायद इसलिए कि उसकी अनुवादिका, सम्पादक और प्रकाशक सब औरतें थीं और सब्रियानी साहेब थे कि अपनी बीवी की शोहरत से परेशान थे।

मैं क़तई नहीं चाहती कि मानूँ कि औरतों को लेकर मर्दों के मन में पूर्वग्रह रहते हैं। पर मर्द हैं कि बार-बार मानने पर मजबूर करते हैं। सब्रियानी साहब और मेरी बातचीत कम होने लगी।

सम्मेलन के दौरान पैदल दूरी पर स्थित क्रेमलिन के बग़ान देख आयी। खाने की छुट्टी में जाते तो अनगिन जन अपार धीरज के साथ क्यू में खड़े दीखते। देखने के लिए कुछ नायाब होना ज़रूरी न था। पानी का हौज़ देखने के लिए भी लम्बी क़तार में धैर्य के साथ लोग खड़े रहते। मैंने ग्युज़ेल से पूछा क्या देखने को क्यू में इतनी देर से खड़े हैं तो उसका जवाब था, "इन्हें आदत है।" जब दो मुट्ठी चावल, एक डबलरोटी या दो गज़ कपड़े के लिए रोज़ दर रोज़ क्यू लगाते रहे हों तो बरसों पाबन्दी लगी चीज़ को देखने उम्र भर खड़े रह सकते हैं। ग्युज़ेल और मैं भी क्यू में लग गये। पर हमें क्रेमलिन की इमारत के भीतर नहीं जाना था सिर्फ़ बग़ान देखने थे। बाद में ग्युज़ेल सम्मेलन में चली जातीं और मैं म्यूज़ियम देख आती।

ग्युज़ेल इतनी बार हिन्दुस्तान आ चुकी थीं कि हमारी क्यू हीन संस्कृति में कुछ घुसपैठ हो गयी थी। हमारे पहले खड़े अमरीकन से कह कि उनकी जगह सुरक्षित रखे उन्होंने खिड़की पर जा दरख़्वास्त की कि उनकी मेहमान हिन्दुस्तान की ख्यात लेखिका थीं। कुछ देर में सम्मेलन में पर्चा पढ़ना था भीतर जाने का वक़्त न था सिर्फ़ बग़ान देख लौट जायेंगी। क्या उन्हें पहले जाने दिया जा सकता था? जवाब में ठेंगा ले लौटीं तो अमरीकी सज्जन बोले, न मैं लेखक हूँ न पर्चा पढ़ना है। आप दोनों मेरी और मेरी बीवी की जगह ले लें। अमरीकन दम्पती को बाज़ी मारते देख ताली बजाते अनेक रूसी हमें जगह देने लगे। ग्युज़ेल ने दिलकश मुस्कान के साथ थैंकयू कहा और मुझसे, "चलिए अब!" हम अमरीका ज़िन्दाबाद कहते कहते, "रूस ज़िन्दाबाद" कह दरवाज़े के भीतर घुस गये। ग्युज़ेल ने हिन्दुस्तान से सीखा भी तो क्या पर यार काम ख़ूब आया।

वहाँ से मैं अजायबघर देखने गयी। हज़ारों हज़ार अमरीकी और यूरोपीय सैलानियों की आमद के बावजूद किसी अधिकृत रूसी गाइड ने अंग्रेज़ी सीखने की ज़हमत न उठाई थी। न कोई ब्रोशर या सूची अंग्रेज़ी में थी। सब धाराप्रवाह रूसी बोलते सैलानी गया भाड़ में। पैसे वाले अमरीकन अंग्रेज़ी समझने-बूझने वाला गाइड खुद किराये पर लेते। रूसी गाइड्स ज़्यादातर कद्दावर औरतें थीं जिनके सामने मैं न पिद्दी, न पिद्दी का शोरबा! पर वे कहतीं, इंडिया! नेहरू? राज कपूर! कोई गा उठती, आवारा हूँ...ऊँ...ऽ! और इशारों में मुझे काफ़ी कुछ समझा देतीं। लिफ़्ट के सही तल पर पहुँच दरवाज़ा खोल देतीं। मैं मज़े से घूम-घाम नीचे पहुँची तो ऊपर चढ़ते वक़्त मिली अमरीकन बोलीं, "आप कौन हैं? वे आपसे इतनी अच्छी तरह क्यों पेश आ रही थीं? हमें तो कुछ बतला कर न देती थीं।" मैंने कहा, "तीन बातें हैं, एक, मेरे पास अक़ूत पैसा नहीं है। दूसरी, मैं हिन्दुस्तान से हूँ और तीसरी, आवारा हूँ...ऊँ...ऽ"

गेट पर पहुँची तो ग्युज़ेल मौजूद थीं। हम गर्मजोशी से मिले और हाथ थामे आगे बढ़ गये। "अगेन!" (फिर वही) उसी अमरीकन ने कहा।

ग्युज़ेल की जितनी तारीफ़ करूँ कम है। मेरी हर ख़्वाहिश पूरी करने में जापानियों को मात दी। बैले देखना ही देखना था। बदक़िस्मती से जुलाई में मॉस्को में बॉलशौय बैले नहीं होता दौरे पर निकल जाता था। पर ग्युज़ेल ने दूसरी कम्पनी के बैले सिंड्रेला के टिकट बुक करवा लिए। वहाँ भी वही हाल। प्रोग्राम, नर्तकों के नाम, ब्रोशर में कहानी बिना तर्जुमे रूसी में। शुरू होने से पहले ग्युज़ेल ने हिन्दी में सब समझा दिया। बैले देखने के बाद बढ़िया खाना खाया। हिन्दुस्तान से चली तो सबने डराया था कि रूस में बिना बीफ़, मटन, पोर्क खाये उपवास करना होगा। पर वहाँ रेस्त्रां में ही नहीं सम्मेलन स्थल पर भी स्वादिष्ट शाकाहारी भोजन बराबर मिलता रहा।

जैसे ब्लिनी नाम के क़िसिम क़िसिम के पैनकेक। ठीक है उनके भीतर मांस के टुकड़े भरने का रिवाज़ है पर सब्ज़ियों के साथ क्रीम चीज़ से भरे भी मिल रहे थे। जब-जब मैंने ख़ुद को तैयार किया कि चलो, ख़ासुलख़ास पेशकश का स्वाद लेने मांस खा लिया जाये, उसका शाकाहारी संस्करण मिल गया। जैसे रूस का पर्याय बना बोर्शच सूप कहूँ कि ब्रोथ। ग्युज़ेल ने कहा गर्म खाओ तो मीट वाला होगा ठण्डा सब्ज़ियों वाला। मामला फ़िट। इतनी गर्मी में ठण्डा और उम्दा।

फिर सब जगह यकसां मौजूद नमकीन और मीठा पिरोज़की। मेरे जैसे मीठे के दीवाने के लिए परतदार मेडोविक से उम्दा क्या हो सकता था! क़रीब 15 परतों में एक के ऊपर एक खड़ा; अदरक और दालचीनी से सुवासित, शहद का केक, बीच में मिठास ली खट्टी क्रीम और गाढ़े दूध का भराव। ख़ुदा के फ़ज़्ल से कुछ लेखन की मार से कुछ पेट की हम कभी मोटे न हुए। मॉस्को में शायद मैंने सबसे ज़्यादा खाया। मुटाई भी। जिसे बतलाऊँ अचरज करे तुम्हें रूस में बढ़िया खाना मिला बिला मीट खाये! अब साहब ग्युज़ेल जैसी सहेली हो तो सबकुछ मुमकिन है।

मॉस्को मेट्रो स्टेशन वास्तु कला के लाजवाब नमूने थे। हर दीवार पर बढ़िया पेंटिंग्स लगी थीं। पर नीचे इतनी गहराई तक जाना होता जैसे पाताल लोक जा रहे हों। साँस घुट जाता। रूसियों का कहना था कि स्टालिन ने ज़िन्दगी में एक ही ढंग का काम किया था; मॉस्को के मेट्रो बनाना। आइकोसल के भागीदार मेट्रो से सफ़र करते तो हिन्दी में बतियाते। हिन्दी सब जानते थे भाषाविद् ठहरे। एक अमरीकन प्रोफ़ेसर ने बीज वक्तव्य संस्कृत में दिया था हालाँकि भारत के राजदूत बेचारे, क़िस्मत के मारे हिन्दी भाषी होते हुए भी अंग्रेज़ी में बोले।

बेकार के गर्म कपड़ों से अटा सूटकेस विश्वविद्यालय के कमरे में छोड़ मुख़्तसर सामान ले रेल से पीटर्सबर्ग जाना हुआ। रूसी साहित्य की मार्फ़त मेरे लिए सेंट पीटर्सबर्ग रंगीनी और सपनों का नगर था। सत्तर बरस की बुज़ुर्ग होने पर भी वहाँ इतना घूमी कि पैरों में ख़ून के थक्के जम गये और लौट कर ज़िन्दगी में पहली बार हड्डी के डॉक्टर के पास जाना पड़ा। आख़िर वह सेंट पीटर्सबर्ग था! मैं वहाँ पहली और शायद आख़िरी बार थी। नेवस्की प्रॉस्पेक्ट की जग विख्यात हरियाली अब बची न थी। द्वितीय विश्व युद्ध के बाद तमाम पेड़ काट ईंधन की तरह इस्तेमाल कर लिए गये थे। भयंकर सर्दी में आधे पेट ही सही ज़िन्दा रहना था न! फिर भी बेइन्तिहा ख़ूबसूरत नगर था; कुछ था कुछ साहित्य की मार्फ़त कल्पना में देख लिया था। वहाँ पैदल न चले तो भाड़ झोंका।

मैं वहाँ 2012 में गयी थी। चारों तरफ़ एक जुमला सुनने को मिलता, "एम्बर रूम मिल गया!" ऐं कमरे भी गुम होते हैं क्या? दरअसल एम्बर रूम, एम्बर से नहीं बना था, बस एक कमरे के भीतर 55 वर्ग मीटर से ज़्यादा जगह में 13,000 पाऊंड से ज़्यादा वज़न के एम्बर पैनल्स लगे थे। जो मिला वह एम्बर रूम नहीं उसकी प्रतिकृति थी जिसका 2003 में उद्घाटन हुआ था।

अधीर न हों सुनाती हूँ उसकी कहानी। किसी जासूसी उपन्यास से कम नहीं। 1716 में मूल एम्बर रूम प्रशिया के महाराजा फ़्रेड्रिक विलियम ने रूस के ज़ार, पीटर द ग्रेट को उपहार दिया था। पुनःसृजन और अतिरिक्त गढ़न के बाद कैथरीन महल में स्थापित किया गया।

पराजित मुल्कों से कलाकृतियाँ चुरा जर्मनी ले जाने के लिए हिटलर बदनाम था। एम्बर रूम को तो वह मूलतः जर्मन मानता था जो दुनिया की अति नायाब कृतियों में से एक थी। कब से उस पर नज़र गड़ी थी। जब उसने रूस पर हमला किया तो रूस के एम्बर कला के विशेषज्ञों से कहा गया कि एम्बर पैनल्स उखाड़ कर किसी सुरक्षित जगह रख दें। पर उनका कहना था कि पैनल्स उखड़ नहीं पायेंगे टूट जायेंगे। तो वह काम न हो सका। जो वे न कर पाये, जर्मन लुटेरों ने 36 घण्टों में कर दिखलाया। तमाम पैनल्स उखाड़ जर्मनी ले गये। कोनिग्सबर्ग शहर में दुबारा स्थापित कर दिये। अलाइड हमले की बमबारी में कोनिग्सबर्ग तबाह हो गया। पर एम्बर रूम के जले अवशेष न मिले।

एक तरह से एम्बर रूम ग़ायब हो गया। बरसोंबरस खोजा जाता रहा जैसे कभी समुद्री डाकू पुराने-धुराने नक़्शे की मार्फ़त ख़ज़ाना ढूँढ़ते थे। हर सुराग़ बेकार निकला। आख़िर 1978 में मूल की प्रतिकृति बनाने का काम शुरू हुआ और 24 साल के अथक रचनात्मक श्रम के बाद 2003 में पूरा हुआ। फिर भी लोग मूल कृति को भूले नहीं हैं। दिलोदिमाग़ को झिंझोड़ने वाला सवाल है, क्या कभी मिल पायेगी? उद्घाटन के नौ साल बाद मैं वहाँ थी। रोमांचक था न! देखना बनता था!

मीलों पैदल चल हम वहाँ पहुँचे और ऐसा नायाब दृश्य देखा कि दिमाग़ के रेशे-रेशे में चमक के साथ बरक़रार रह गया। एक बार देख लो तो कहना पड़ेगा कि जो था उसका होना नामुमकिन था फिर भी था। पैदल न चलते तो क्या करते? विदेशों में टैक्सी लेने के पैसे होते नहीं। पैसे बचाने की ख़ातिर हमने मशहूर नेवस्की प्रॉस्पेक्ट पर बिना लिफ़्ट के होटल में तीसरी मंज़िल पर कमरा लिया था। पर दीवानों की ख़ुदा ख़ूब मदद करता है। ख़ुदा के फ़ज़्ल से एम्बर रूम देखने जाने का दिन रूस में मेरा आख़िरी दिन था, उसके बाद मेरे पैर जवाब दे गये।

उससे पहले ग्युज़ेल मुझे एक कल्पनातीत भव्य इमारत के आलीशान क्लासिक हाल में मशहूर बैले, 'बयादेरा' दिखला लायी थीं। वह भव्य भी था, भारतीय होने के नाते मनोरंजक भी। पोर्च्युगीज़ में नर्तकी को बयादेरा कहते हैं। अब भारत ठहरा तमाम यूरोपीय मुल्कों के औपनिवेशिक मंसूबों का मेज़बान तो पोर्च्युगल क्यों नहीं? छोड़ गये न गोवा में अपनी बिंदास छाप!

तो 'बयादेरा' को हिन्दुस्तानी तवायफ़ बना दिया गया। दूसरों की नज़रों से अपने मुल्क को कौतुकपूर्ण बना देखना हास्यास्पद था ज़रूर पर ज़ुबानों और संस्कृति की सरहदें पार कर नृत्यनाटक की रसना ने गिरफ़्त में ले लिया। कौतुक से परे नृत्य व उसका संयोजन इतना अनूठा था कि भूल गयी मैं किस देश की वासी हूँ।

और वह विराट, अभूतपूर्व हेरिटेज कला संग्रहालय जिसकी बाबत ग्युज़ेल ने बरसों पहले कहा था, मौक़ा मिले तो ज़रूर देखिएगा!

उसकी अलग कहानी है।

हेरिटेज के भीतर घुसने के टिकट के लिए लम्बा क्यू लगा था। सिर्फ़ मेरे लिए ख़रीदना था, 50 साल से ऊपर के नागरिक रूस में हर संग्रहालय में मुफ़्त जा सकते थे। ग्युज़ेल मुझे विंटर पैलेस के आँगन में बिठला क्यू में लग गयी। पास बेंच पर एक अधेड़ अमरीकन औरत बैठी थी जिसका पति टिकट के लिए क्यू में लगा था और टीनेजर बेटा बेचैनी से चहलक़दमी कर रहा था। शायद ग्युज़ेल को मुझसे हिन्दी बोलते सुन चुकी थी या यूँ ही मुझसे कहा, "आप भारत से हैं न, मैं अमरीका से हूँ।" हम बतियाने लगे। वे काफ़ी अवसाद में थीं। रुआँसी हो बोलीं, "मेरे पति घण्टे भर से टिकट ख़रीदने के लिए क्यू में खड़े हैं और बेटा भीतर जाने से इनकार कर रहा है।" टीनेजर्स! मेरे भी दो बेटे थे। मुझे उस पर बेतरह ग़ुस्सा और दया दोनों आये। "मुझे नहीं देखना हेरिटेज!" उसने बदतमीज़ी से कहा। "फिर क्या करोगे?" माँ ने रुँधे गले से कहा। "घूमूँगा।" "तुम्हारे पिता..." "क्यों ला रहे हैं मेरा टिकट? मैंने कहा था?"

मैं उठ कर उसके पास चली आयी। करारी अंग्रेज़ी में इतनी संजीदा आवाज़ में कहा जैसे मातम कर रही हूँ। "अगर आज तुम अन्दर नहीं गये तो सारी उम्र पछताओगे। अभी नहीं समझ पाओगे क्या खोया। पर ज़िन्दगी के हर मोड़ पर अपने को कोसोगे। दुबारा यहाँ आने का मौक़ा मिले न मिले। सारी ज़िन्दगी पछतावे में गुज़ारने से बेहतर है आज देख लो!"

मैं बेंच पर लौट आयी। माँ-बेटा भौचक मुझे देख रहे थे कि ग्युज़ेल टिकट ले लौट आयीं। मैंने कहा, "दो मिनट आराम कर लीजिए फिर चलते हैं।" वे कुछ दूर पड़ी बेंच पर बैठ पानी पीने लगीं। अमरीकन औरत मुझसे बोलीं, "आप उन्हें कितना पेमेंट कर रही हैं?" "श...श! पागल हैं क्या! वे मॉस्को यूनिवर्सिटी में प्रोफ़ेसर हैं, मेरी मित्र हैं!" तभी पसीना-पसीना उनके पति लौट आये। "चलें," मरियल आवाज़ में बेटे-माँ को समेटते हुए पूछा। माँ उठीं कि बेटा साथ आ खड़ा हुआ। माँ ने मेरा हाथ चूम लिया।

"चलिए," मैंने ग्युज़ेल से कहा। "वहाँ दोनों को क्यू में लगना होगा," उन्होंने कहा। मेरा टिकट और ग्युज़ेल का आई.डी. दिखला हम दरवाज़े के भीतर क्यू में लग गये। सहसा ग्युज़ेल अलग हो खिड़की पर जा पहुँची। मेरी उम्र का हवाला दिया या लेखक होने का इस बार सफल रही। हमें पहले भीतर जाने दिया गया।

किस क़दर लम्बा-चौड़ा था हेरिटेज का फ़ैलाव। एक दफ़ा में दसवाँ हिस्सा भी देख पाओ तो बहुत समझो। सोचा, पेंटिंग्स से शुरू करूँगी फिर क़दम जहाँ ले जायें चली जाऊँगी। उफ़, मेरे सूजे नामुराद पाँव! उन्हें भूल दिलोदिमाग़ से काम लिया फिर भी इतना देखा कि याददाश्त में गड्डमड्ड हो गया। जो याद रहा लुभावने सपने की तरह था; क्या अकेले देखा क्या ग्युज़ेल के साथ याद नहीं। दरअसल वहाँ हर दर्शक अकेला था। ख़ुदी से बेख़ुदी में उतरता और ख़ुदा से जा मिलता।

फिर भी कुछ पेंटिंग्स और कुछ मूर्ति कला की कृतियाँ मन में बस गयीं।

जिस प्रतिमा ने मुझे सबसे ज़्यादा मोहित किया वह थी संगेमर्मर में तराशी एंटोनियो केनोवा की 'क्युपिड एंड सायके।' दोनों यूँ अन्तर्गुम्फित थीं जैसे दो आकृतियाँ न हों एक हो। लयात्मक नर्तन मुद्रा में स्थिर पर गतिशील लगती उनकी काया को श्वेत संगेमर्मर की आभा और नैसर्गिक बना रही थी। न जाने कितनी देर मन्त्रमुग्ध उसके सामने खड़ी रही। लूव्र में मोनालिज़ा के चित्र को देख कर हुई थी वैसी अनुभूति।

ज़्यादातर पेंटिंग्स में धार्मिक व्यक्तित्वों का अंकन था जैसे रेम्ब्रां की 'रिटर्न ऑफ़ द प्रोडिगल सन', ल्योनार्डो द विंची की 'मेडोना लित्ता,' राफ़ेल की 'कॉन्स्टेबिल मेडोना,' टिटिअन की 'पेनिटेंट मेगडालेन'। उनसे इतर थीं केरावागियो की 'द ल्यूट प्लेयर' और शार्दीन की 'लोंड्रेस' या धोबिन। कुलीन और रईस मॉडल्स के बीच धोबिन की छवि अजूबा थी। यूँ ही शार्दीन को आम जनों का कवि नहीं कहा जाता! 'द ल्यूट प्लेयर' में संगीत को जन्म देती मुग्धा नायिका का जैसे बाह्य दुनिया से ताल्लुक़ ही न था। बारम्बार प्रचारित हेरिटेज की उपलब्धि माइकल एंजेलो कृत, 'क्राउचिंग ब्वॉय' तो छूट ही नहीं सकती। अब तो यह भी याद नहीं कि ख़ुद देख कर अभिभूत हुई या गुणगान सुन-पढ़ पहले से थी। रूस यात्रा का इससे उम्दा विरेचन नहीं हो सकता था।

रूस से चले, स्विट्ज़रलैंड में अटके। मैं वहाँ नहीं गयी। रीटा शुबनेल के ज़रिये स्विट्ज़रलैंड दिल्ली आया। 2008 में अचानक ज़्यूरिख़ से ईमेल आया कि विश्वविद्यालय के एशिया-ओरियंट विभाग की इंडोलोजिस्ट रीटा शुबनेल मेरे उपन्यास 'चित्तकोबरा' पर शोध कर रही हैं। हिन्दुस्तान आ कर मिलना चाहती हैं।

अब तक पाली और ब्राह्मी भाषाओं में काम कर रही थीं; मन हुआ प्राचीन भाषाएँ छोड़ समकालीन हिन्दी में काम करें। मेरे उपन्यास के सबाल्टर्न नज़रिये और उस पर विवाद की वजह से उसका चुनाव किया। ज़्यूरिख़, मानी स्विट्ज़रलैंड का जर्मन क्षेत्र। न कहने का सवाल न था।

उस पर सामग्री माँगते हुए जब उन्होंने वह सब बयान किया जो उन्हें मालूम था तो काफ़ी ऐसा निकला जो मुझे न था। दिल्ली आयीं तो उनकी सुराग़ तलाशने की ख़ूबी परखने के काफ़ी मौक़े मिले। आई.आई.सी. की सदस्य होने के नाते उनकी रिहाइश मैंने वहाँ करवा दी। पर लम्बा साक्षात्कार घर पर हुआ और कई दिन चला। हम जल्द घुलमिल गये। उनके इसरार पर सारिका के वे 12-14 अंक, जिनमें चित्तकोबरा की लानत मलामत की गयी थी और बाद के दो अंक, जिनमें जैनेन्द्र जी और कुछ लेखकों ने सम्पादक पर थू-थू की थी, एकत्र करने पड़े। उन्हें ले हम आई.आई.सी. पहुँचे कि जब तक लाउंज में चाय पियेंगे पुस्तकालय में उनकी फ़ोटोस्टेट प्रतियाँ निकल जायेंगी। दो सौ पन्नों के फ़ोटोस्टेट की माँग झेलने का उनका पहला मौक़ा लगा। कहा एक बार में दस-बारह पन्ने ही फ़ोटोस्टेट हो सकते हैं। रीटा ने कहा, "मैंने सुना था, आई.आई.सी. विद्वानों का अड्डा है, इसलिए थीसिस के लिए बमुश्किल मिले ऐतिहासिक दस्तावेज़ ले यहाँ आयी हूँ सीधे ज़्यूरिख़ से। आप समझ सकते हैं मेरे लिए रोज़ दस पन्ने कॉपी करवाने आना नमुमकिन है। मुझे ये 200 पन्ने एकमुश्त चाहिए और फ़ौरन। काम करके लौटाने हैं।" पुस्तकालय के संचालक का अहम् जग गया और हमारे उम्दा चाय के साथ नाश्ता करने तक पन्ने तैयार थे। सैंतीस साल की सदस्यता में खड़ूस प्रोटोकोल को ताक पर रख आई.आई.सी. में काम होते देखा। अलबत्ता बढ़िया दार्जिलिंग चाय बनाने के मामले में प्रोटोकोल की दाद देनी होगी। उसका सानी नहीं है।

रीटा घर आयीं तो दिलजोई से हिन्दुस्तानी खाना खाया कहा, मक्की की रोटी जैसी कॉर्न ब्रेड वे भी बनाते हैं। गाजर का हलवा और भरवाँ करेला स्वाद लगे। कहा भरवाँ करेले से उम्दा सब्ज़ी और नहीं थी तो आनन्द लट्टू हो गये। दरअसल जितने विदेशी घर आये रोज़मर्रा का हिन्दुस्तानी खाना लज़ीज़ लगा। पर हम उन्हें दावती खाना खिलाते हैं। खड़े मसालों की महक से लबरेज़ सादे चावल के बजाय तैलीय पुलाव और चपाती के बजाय पराँठा या पूरी! और हर व्यंजन पर क़ाबिज़ पनीर, दौलत का नज़ीर ठहरा! पालक पनीर, मटर पनीर, शाही पनीर, चीले में पनीर। सुनीता जैन के घर तो गजक तक में पनीर था।

तौबा! मुँह में डालने से इनकार किया तो देखा सुनीता भी नहीं खा रहीं! शान बघारने नये अमीर ने भेजी थी।

बिना पूर्व सूचना एक दुपहर एक अमरीकी महिला घर आयी तो हमारा भोजन देख बोली, आज तक मुझे मूँग की दाल, टिंडे की सब्ज़ी, पुरमहक सादा बासमती चावल और बिला घी चुपड़ी पतली रोटी खाने को न मिली। आप ख़ुद बढ़िया पौष्टिक खाना खाते हैं तो हमें मार कार्बो पर कार्बो, फ़ैट पर फ़ैट क्यों खिलाते हैं।

नयी अमीरी की गमक समझो बन्धु!

भारंगम में देवेन्द्र राज अंकुर ने मेरे उपन्यास 'कठगुलाब' के एक अंश पर आधारित नाटक किया। मैं रीटा और अचला की बेटी शेफ़ाली को साथ ले गयी। नाटक के बाद, आई.आई.सी. में खाना खाने गये। मेन्यू देख रीटा ने कहा, "आह करेला! यह लूँगी।" बेसाख़्ता शेफ़ाली के मुँह से निकला, "आप करेला नहीं खा सकतीं!"

"क्यों? कोई धार्मिक कारण है? शनिवार को करेला नहीं खाते," रीटा ने घबराकर पूछा। हँस-हँस कर मेरा बुरा हाल। "नहीं, करेला कम लोगों को पसन्द होता है। आमतौर पर मेहमानों के लिए नहीं बनाया जाता, ख़ास कर..."

"विदेशियों के लिए!" रीटा ने जुमला पूरा किया, "तब तो मुझे पनीर खाना पड़ेगा!" हमें हँसी से बेहाल देख शेफ़ाली भी हँस दी। धार्मिक कारण है पूछा जाना उसे कटाक्ष लगा था। पर था नहीं।

चौंकाने वाला तो वह था जो रीटा ने स्विट्ज़रलैंड की केथोलिक चर्च के बारे में बतलाया।

बातचीत के दौरान कहा, वह बोस्निया से आये ग़ैर-केथोलिक से शादी करने वाली थी पर चूँकि वह केथोलिक बनने को तैयार न था शादी चर्च में नहीं हो रही थी। माँ-बाप की मुख़ालफ़त के बावजूद रीटा चर्च छोड़ने पर आमादा थी।

"बाक़ायदा अर्ज़ी दे कर छोड़नी होती है चर्च?" मैंने हँस कर पूछा था।

जवाब संजीदा था। "हाँ। हम चर्च को टैक्स देते हैं। बदले में हमारे लिए काफ़ी कुछ करती है। चर्च से अलग होने का मतलब है उन सुविधाओं को छोड़ना। सबसे बड़ी बात चर्च के पवित्र क़ब्रगाह में दफ़न नहीं हो सकते।"

"टैक्स चर्च को देते हो सरकार को नहीं?"

"उसे तो देते ही हैं," वह हँस दी, "यह अलग है। अब मुझे लिख कर देना होगा कि मैं चर्च से अलग हो रही हूँ। मैं 'मास' के लिए नहीं जा पाऊँगी।"

मैं सोच रही थी मन्दिर हमें टैक्स देने को कहे तो बलवा हो जाये। पंडे-पुजारी चाहे जितना वसूलें कहने को हम अपनी इच्छा से देते हैं। वैसे समाज और बृहत्तर परिवार के दबाव में इच्छा काम आती नहीं। बँधे-बँधाये तरीक़े से टैक्स देना भले अजब लगा पर असल फ़र्क़ अनुशासन का था। व्यवस्थित तरीक़े से सालाना टैक्स दो या अव्यवस्थित तरीक़े से जब-तब रक़म। बोस्निया से आये कमोबेश मुफ़लिस शरणार्थी के प्यार में माँ-बाप के ख़िलाफ़ चर्च से निष्कासित होना सनक थी या मुहब्बत का इज़हार, आप ख़ुद तय करें।

शोध के दौरान, 2010 में रीटा की शादी हुई, एक गर्भपात, दो बच्चों का जन्म, सास की लम्बी गम्भीर बीमारी की तीमारदारी। इतने मोर्चों पर लड़ते हुए थीसिस पूरी करने में अनुमानित से ज़्यादा वक़्त लगा। अन्त में 2019 में थीसिस के बजाय डिसेरटेशन के रूप में प्रकाशित हुई और एक प्रति मुझ तक पहुँची। दे मार स्विस चॉकलेट के साथ! रीटा शुबनेल ने वायदा निभाया। बीमार सास की तीमारदारी को थीसिस को डिसेरटेशन में तब्दील करने देना, मुहब्बत की निशानी थी या सनक आप जानें।

थीसिस की तैयारी के कुछ दिलचस्प वाक़ये...

रीटा ने मुझसे दो नाम माँगे, जिनसे चित्तकोबरा पर राय ले थीसिस में शामिल कर सके। मैंने वागीश शुक्ल और हरीश त्रिवेदी के नाम सुझा दिये। वागीश शुक्ल इसलिए क्योंकि उन जैसा विद्वान मेरी समझ में दूसरा न था और वे मुझसे चित्तकोबरा पर बात कर चुके थे। हरीश इसलिए कि हिन्दी-अंग्रेज़ी साहित्य का यकसां ज्ञान रखते थे। मज़ेदार बात यह हुई कि बतौर रीटा वागीश जी ने जो कहा उसके पल्ले न पड़ा और हरीश दिलचस्प तो लगे क्योंकि दुनिया भर की बातें कीं पर चित्तकोबरा पर ख़ास कहा नहीं। मुझे इसका गुमान होना चाहिए था; हरीश मौखिक तौर पर जो कहते हैं लिखित में नहीं। हमारे आलोचना जगत का क़ायदा है। नामवर जी उसके पुरोधा हैं। मुझे लगा विदेशी के साथ हरीश शायद रुख़ बदल लें। अजी कहाँ! 2017 में उन्होंने चित्तकोबरा पर कुछ पंक्तियाँ निजी तौर पर मुझे लिख भेजीं। निजी तौर पर लिखना मौखिक जैसा हुआ न। तो वे ज्यों की त्यों मैंने रीटा को भेज दीं जो उन दिनों थीसिस का पुनरावलोकन कर रही थी।

"मैं अभी ताज्जुब और श्लाघा के साथ चित्तकोबरा पढ़ कर चुका हूँ, शायद दुबारा। इतने वर्ष पहले आप वहाँ पहुँच चुकी थीं, और वह सबकुछ कर चुकी थीं, जो बाद में भारती मुखर्जी और झुम्पा लाहिरी ने किया। विदेशी-आशिक़,

स्त्री की नज़र और नज़रिया, उत्तर आत्मासक्ति से ख़ुद को परखना और तो और झुर्रियों के लिए असामान्य ललक, गीतात्मक और अपराधबोध रहित 'बोल्डनेस' जो अब तक साहसी मालूम पड़ती है और इतने लच्छेदार विनोदपूर्ण संवाद कि कभी लगे कुछ ज़्यादा हो गया!

"यह भी याद रखने लायक़ है कि जहाँ रिचर्ड वाले प्रसंग सामाजिक यथार्थ का अमूर्तन करते हैं, वहीं महेश और ससुराल वाले प्रसंग दिलचस्प और सघन हैं। काफ़्का और कोफ़्ते, दोनों अपनी-अपनी जगह।"

इसमें मज़ेदार बात यह रही कि इस 'मौखिक नुमा लिखित' तारीफ़ के बावजूद हरीश भाईसाहब ने किसी विदेशी या देसी संगोष्ठी में उस पर बोलने का वायदा कभी पूरा न किया!

काम ख़त्म कर रीटा घर लौटने लगीं तो फ़ोटोस्टेट हुई सारी सामग्री कई बार चैक कर लौटा दी। फिर भी एक पन्ना साथ चला गया। माफ़ी माँगते हुए प्लास्टिक के लिफ़ाफ़े में सील कर मुझे कूरियर से लौटाया साथ में पहाड़ी फूलों से बनी चाय का पैकेट। कितना फ़र्क़ था विदेशी और देसी शोधकर्ताओं में! यहाँ तो दो दिन में लौटाने का वादा कर फ़ाइल ले जाते हैं और हज़म कर डकार तक नहीं लेते।

रीटा के चित्तकोबरा को शोध के लिए चुनने की वजह से एक और स्विस प्रोफ़ेसर, माया बर्गर ने 2010 में फ्रांसीसी इलाक़े लॉज़ोन के विश्वविद्यालय में, पाठ्यक्रम में 'चित्तकोबरा' पढ़ाई। वे हिन्दुस्तान आयीं तो आई.आई.सी. में उन्हें बुलाया। किसी से लम्बी बातचीत करने के लिए बढ़िया जगह थी। उनका कहना था बाक़ी क्लास में आने के लिए लड़कियों से अनुरोध करना पड़ता था पर चित्तकोबरा के लिए ख़ुद आकर पूछती थीं अगली क्लास कब है? सुकूनदेह था मेरे लिए। दिल्ली आने से पहले उन्होंने पूछा था, क्या स्काइप द्वारा मैं छात्राओं से बात कर सकती हूँ? मेरे पास स्काइप नहीं था। आज जब हर शख़्स के पास ज़ूम, गूगल मीट वग़ैरह की सुविधा है, 12 साल पहले किसी का स्काइप पर बातचीत न करवा पाना अजीब लगता है पर हुआ यही। किसी ने इम्पीरियल होटल में बन्दोबस्त किया भी पर अन्ततः हुआ नहीं। आख़िर माया बर्गर ने उनके सवाल ईमेल से भेजे और वैसे ही मैंने जवाब दिये। छात्राओं से बातचीत होती तो कितना रोमांचक रहता।

आख़िरी बात। हिन्दी लेखिकाओं की समझ में आज तक न आया कि रीटा शुबनेल ने हिन्दी में काम किया, सो तो ठीक पर चित्तकोबरा पर क्यों? सनक की कोई हद होती है! अजी नहीं होती क्या कीजिएगा?

लीक से हटी देसी लेखिकाएँ

सोचती हूँ कुछ हिन्दुस्तानी लेखिकाओं की बात कर लूँ। फिर लौटूँगी विदेश। स्वाद बदल बदल गिज़ा खाने में ज़्यादा मज़ा है। सबसे पहली बात कि कई नामचीन लेखिकाओं के साथ एक कमरे में प्रवास कर चुकी हूँ। बिना लाग-लपेट किसी को जानने का सबसे कारगर तरीक़ा है। उनमें प्रतिभा राय, इन्दिरा गोस्वामी, नबनीता देबसेन और गगन गिल जैसी लेखिकाएँ शामिल हैं। मुमकिन हुआ यात्राओं के दौरान।

सबसे नायाब थीं मेरी हमउम्र नबनीता देबसेन। कई गोष्ठियों में मंच साझा किया था। पर एक कमरे में साथ रहने का मौक़ा ऋतु मेनन ने दिल्ली के आनन्द ग्राम में सार्क लेखिकाओं के सम्मेलन में दिया। विदेशी लेखिकाओं और कुछ देसी लेखिकाओं को गुड़गाँव के चारसितारा होटल में ठहराया; बाक़ी को आनन्दग्राम की हरियाली घिरी कलात्मक कॉटेजों में। मेरी कॉटेज के आँगन में कदम्ब का पेड़ था! नबनीता देबसेन को होटल से नवाज़ा गया। वे सबके बाद आनन्दग्राम पहुँचीं और अड़ गयीं कि नामुराद होटल में नहीं आनन्दग्राम में ठहरेंगी। कॉटेजों पर क़ब्ज़ा हो चुका था। अचानक ऋतु के साथ वे मेरी कॉटेज में नमूदार हुईं बोलीं, "मैं तुम्हारे साथ ठहरूँगी।" पूछा नहीं कहा। "स्वागत," के सिवा मैं क्या कहती।

उनकी तशरीफ़ दुपहर में आयी। कोलकाता से बाहर होने से कार्यक्रम देखा न था। देखा तो भड़क गयीं, "देखो देखो! तुम्हारे तीन सेशन हैं फलाँ के दो और मेरा सिर्फ़ एक! और यह! माँ-बेटी पर सेशन है पर मैं नहीं हूँ! जबकि सबसे पहले विषय मैंने उठाया था।"

मैंने कहा, "एक सेशन में आप मेरी जगह ले लें मेरे लिए सेंसरशिप वाला काफ़ी है।"

"चोऽप," उन्होंने डपटा, "ख़ैरात में प्रोग्राम लूँगी! हाऊ डेयर यू!" फिर कहा, "छोड़ो बंगला कहानी का अंग्रेज़ी अनुवाद किया है; सुनो कुछ बदलना हो तो बतलाओ।"

मरता क्या न करता! सुनी। ग़ौर से सुनी...अन्त अटपटा लगा लिहाज़ा... चुप रही।

"बोलो।"

"बहुत दिलचस्प है," मैंने ख़ुद को कोसा दो कौड़ी का झूठ बोलने में जान क्यों निकल रही है।

"ऐई झूठ काए बोलता! सत्ती कहो।"

"नबनीता इसका अन्त बदल सकें...पर आपने तो बंगला से अनुवाद किया है..." मैंने अटक-अटक कर कहा। यार अभी तीन दिन इस कमरे में उनके साथ रहना था!

"बंगला से अंग्रेज़ी में की तो अन्त बदल दिया था।"

धत् तेरे की!

"बंगला वाला अन्त बतलाने की कृपा करें।"

बतलाया तो मैं उछल पड़ी, "यही तो सही अन्त है! बदल क्यों दिया?"

काफ़ी देर मुझे घूरा फिर मेज़-कुर्सी पर जा बैठीं। ज़ाहिर था अंग्रेज़ी कहानी का अन्त दुबारा लिख रही थीं।

उसी शाम मैंने ऑर्गनाइज़िंग कमिटी से दरख़्वास्त की मेरी कॉटेज साझा कर रहीं नबनीता देबसेन को हर हाल माँ-बेटी वाले सेशन में होना चाहिए। कॉटेज साझा करने का निहितार्थ उन तक पहुँच गया। सो नबनीता से गुज़ारिश की वे उस सेशन में हिस्सा लें कि उनका आना तय न था इसलिए गफ़लत हुई।

नबनीता का अजब हाल! सेशन में मौजूदगी क़ुबूल थी पर मुझ पर बरस पड़ीं, "ज़रूर तुमने सिफ़ारिश की होगी!"

"मैंने नहीं की। आप मना कर दीजिए," बन्दा कब तक झूठ से परहेज़ी रहे।

"क्यों मना करूँ! मुझे उसमें होना चाहिए!"

अगली सुबह बाहर लॉन में चाय पीने जाने लगी तो देखा नबनीता मगन मन लिख रही थीं। उन्हें टोकना वाज़िब न समझा। घर से लाये थर्मस में गरमागरम चाय डलवा लौटी। दो प्यालों समेत उनके सामने रख कहा, "चाय?"

नज़र उठाई तो कहा, "बाहर सब पी रहे हैं वहीं से लायी हूँ।"

नबनीता ने एकदम मुग्ध हो मुझे गले लगा लिया। हर किसी से कहा, "सुबह-सुबह मृदुला मेरे लिए चाय लेकर आयी इसे कहते हैं संस्कृति!"

जीवन में बहुत लोगों के लिए बहुत कुछ किया पर जितना प्रचार एक प्याला चाय पिलाने से मिला कभी न मिला। खट्टे-मीठे संवाद से ज़्यादा विवाद से भरपूर

सम्मेलन तीन दिन चला। कभी न कभी तो नबनीता देबसेन को नाराज़ होना ही था!

अन्तिम सेशन भाषा और राजनीति पर था। एक विदेशी लेखिका ने हिन्दी में लिखने वाली लेखिका होने के नाते बाक़ायदा नाम लेकर मुझसे टिप्पणी करने की गुज़ारिश की तो सहज भाव से मैंने हिन्दी में जवाब दे दिया। ऋतु मेनन भड़क गयीं बोलीं, "आप हिन्दी में क्यों बोल रही हैं दक्षिण भारतीय लेखिकाएँ नाराज़ हो रही हैं।"

"हम तो क़तई नाराज़ नहीं हैं," एक दक्षिण भारतीय लेखिका ने कहा, "पर ऋतु चाहें तो अंग्रेज़ी में अनुवाद कर दें।" ऋतु को ग़लती का अहसास हुआ बोलीं, "हमने तो सब भारतीय भाषाओं की लेखिकाओं का अंग्रेज़ी अनुवाद छापा है।"

अब नबनीता के भड़कने की बारी थी। "मेरा तो कभी कुछ नहीं छापा तुमने! मैं जा रही हूँ!" वे उठ कर चल दीं। ऋतु स्तब्ध देखती रह गयी पर सेशन छोड़ पीछे जा नहीं सकती थी।

कुछ देर बाद उन्हें मनाने कॉटेज आयीं तो मैं साथ थी क्योंकि मुझे तभी निकलना था। नबनीता सबकुछ पैक कर घर जाने की मुद्रा में थीं। मुझसे कहा, "मैंने बिस्तर ठीक कर दिया है। तुम्हें कुछ नहीं करना बस सामान लेकर निकल जाना बाय।" मैंने सुखद अचरज से देखा दोनों बिस्तरों पर पलँगपोश बिछे हैं और सब चाक चौबन्द है। नबनीता के साथ ऋतु बाहर निकल गयी। मेरा ड्राइवर देर से आने वाला था तो पलँगपोश बिछे बिस्तर पर दराज़ हो आराम फ़रमाया। ड्राइवर के पहुँचते ही अटैची उठा निकल पड़ी।

अगली सुबह आनन्दग्राम से फ़ोन आया, "आपकी कॉटेज से एक शॉल और एक साड़ी मिली है। आपकी हैं?"

मैंने अटैची चैक की। हाय मेरा इकलौता तूश का शॉल और उपहार में मिली सिल्क की साड़ी ग़ायब!

"हाँ-हाँ, मेरून रंग का शॉल है और काली सिल्क की साड़ी। कहाँ मिले?"

"बिस्तर पर बिछे पलँगपोश के नीचे। भिजवा रहे हैं।" पलँगपोश बिछाते हुए नबनीता इतनी आत्ममुग्ध रही होंगी कि उस पर क्या पड़ा था देखने की ज़हमत न उठाई होगी। मैं भी तो तैयार बिस्तर देख साड़ी-शॉल के ऊपर ही दराज़ हो ली। थोड़ी देर में देखती क्या हूँ कि नबनीता की बेटी अन्तरा देबसेन मेरी छतरी उठाये आ रही हैं कि ग़लती से माँ ले आयी थीं। मैंने "पलँगपोश के भीतर क्या है" क़िस्सा बयान किया तो हँस कर बोलीं, "दो पागल औरतों को एक कमरे में किसने ठहरा दिया!"

जैसा नबनीता का तंज़ीय लेखन वैसी खुद! उसके बाद नबनीता से कई सम्मेलनों में मुलाक़ात हुई। उनकी फ़ितरत वही रही पल में शिउली, पल में शोला।

कई सम्मेलन ऋतु मेनन ने संयोजित किये थे। वे एक अन्तरराष्ट्रीय महिला संगठन से जुड़ी थीं जिनके भरोसे खुले हाथ हिन्दुस्तान के विभिन्न क्षेत्रों से लेखिकाएँ आमन्त्रित कर सम्मेलन करती थीं। मुझ पर ख़ास इनायत थी। 2003 में मनीषा चौधरी ने मेरे कठगुलाब का अंग्रेज़ी अनुवाद किया था, जो काली फॉर विमेन से कंट्री ऑफ़ गुड्बाइज़, नाम से प्रकाशित हुआ था। भारत के उस पहले विमेन पब्लिशिंग हाउस को उर्वशी बुटालिया और ऋतु मेनन साझा रूप से चलाती थीं। क़ामयाबी का राज़ था कि ऋतु बेहतरीन सम्पादक थीं तो उर्वशी बुटालिया बाज़ार पर क़ब्ज़ा करने के गुरों में पारंगत। पर भीतर ही भीतर उसमें सफल विवाह टूटने के पहले के मनमुटाव चल रहे थे। संयुक्त रूप से छपी पुस्तकों में कठगुलाब का अनुवाद आख़िरी रहा। उसके बाद तलाक़ हो गया। कई लोगों ने कटाक्ष किया और छापो मृदुला की किताब!

ऋतु मेनन के नये प्रकाशन का नाम हुआ, विमेन अनलिमिटेड और उर्वशी बुटालिया ने नाम दिया, ज़ुबान! चूँकि कठगुलाब के अनुवाद का ज़िम्मा और सम्पादन ऋतु मेनन का रहा था इसलिए तलाक़शुदा जोड़ी की जायदाद के बँटवारे में, मैं और अनुवादक मनीषा चौधरी ऋतु मेनन के पाले में आये। खुशक़िस्मती से उर्वशी और मनीषा से मेरे सम्बन्ध मधुर रहे कंट्री ऑफ़ गुड्बाइज़ में हम तीनों की दिलचस्पी थी। उर्वशी ने मनीषा और मेरे बीच उस पर संवाद भी आयोजित किया। जब-जब लेखिकाओं की कहानियों का अंग्रेज़ी संकलन छापा मेरी कहानी शामिल की। वह दूसरी कहानी का अनुवाद भी मनीषा चौधरी ने किया। पर अनुवाद और सम्पादन की प्रक्रिया में मनीषा से ऋतु के सम्बन्ध बिगड़ गये। उर्वशी की तरह ऋतु के पास बेचने की कला न थी; उनके प्रचार-प्रसार में काफ़ी कमियाँ थीं। पर रार-तक़रार के साथ दोस्ती निभाने में लेखिकाओं को जोड़ने में उनका सानी न था।

2017 में नबनीता ने मुझे 'शोई मेला, बोई मेला' में कोलकाता बुलाया। मुझे और प्रतिभा राय को ख़ासुलख़ास मान वी.आई.पी. गेस्ट हाउस में ठहराया जिसमें सिर्फ़ दो कमरे थे। बाक़ी अनगिन लेखिकाएँ दूसरी जगह ठहरीं जहाँ कमरों के अलावा रसोई भी थी जहाँ सबके लिए ताज़ा खाना बनता था।

हमारे ठाठ निराले थे! मैं रात को कोलकाता पहुँची। प्रतिभा राय सुबह पहुँच गयी थीं। अन्तरा उसी फ़्लाइट में थी तो मुरव्वत के साथ अपनी गाड़ी से गेस्ट हाउस पहुँचा गयी। जब नाम में वी.आई.पी. जुड़ा हो तो खाने-पीने जैसे मामूली काम जायें भाड़ में। बाज़ार पास था हमीं उम्रदराज़ क़ाहिल उसका

तर माल खाने से क़तरा रहे थे। उस रात एक युवा कार्यकर्ता जो अला-बला खिलवा लायीं खा लिए पर सुबह से रात तक वही वर्जिश पेट को गवारा न थी। ग़ुस्लखाने में फ़्लश से मुतवातिर पानी बह रहा था। शिक़ायत दर्ज करने पर कहा गया सप्ताहान्त में भला काम होता है! सोमवार को शिक़ायत दर्ज होगी तब प्लम्बर आ जायेगा। प्रतिभा और मैं इस सक़ील लुक्मे को चुभला रहे थे कि लाव लश्कर समेत लाठी ठकठकाती नबनीता नमूदार हुईं। बोलीं, "चलो!"

"कहाँ?"

"जहाँ बाक़ी लोग हैं। कमरे का इन्तज़ाम हो जायेगा।"

हम तैयार बैठे थे। पहुँच गये दीवाने ख़ास से दीवाने आम! तब तक तमाम उम्दा बड़े कमरे भर चुके थे। हर कमरे में दो-तीन युवा लेखिकाएँ ज़बर मस्ती कर रही थीं। कैसे कहें कि हमें साथ ठूँस लें या उम्र का लिहाज़ कर एक कमरा हमें दे ख़ुद दूसरे में ठुँस जायें।

एक छोटा कमरा ख़ाली था। पूछा गया प्रतिभा राय और मैं उसमें साथ रहने को तैयार थे? हाँ कह प्रतिभा राय के साथ कमरे में रहने का सौभाग्य मिला। कमरा छोटा था ग़ुस्लखाना और भी पर हम एक-दूसरे को तकलीफ़ न देने को कटिबद्ध थे सो तकलीफ़ क़तरा कर निकल गयी। रसोई में पका ताज़ा खाना नियमतः था। कमरे तक पहुँचा दिया जाता तो आधा वापस कर हाज़मा दुरुस्त रखा।

मेला दिलनशीं और दिलदार था। माहौल ऐसा बना कि जो निजी अनुभव दिमाग़ के भीतर छिपा रखा था रफ़्ता-रफ़्ता बाहर आ गया। बिला ड्रिंक की रक़म चुकाये कथार्सिस हो गया। असर कुछ ऐसा हुआ कि कमरे में लौट प्रतिभा और मैंने कुटनियों की मेहनत से घुसाईं ग़लतफ़हमियाँ दूर कर लीं। नुस्ख़ा सादा था अपना 'आप' ख़ुद साझा कर लो। यूँ हम दोस्त बने रहे। सेमिनारों में जगह-जगह मिले, मेरा भुवनेश्वर जाना होता रहा और प्रतिभा का दिल्ली आना। मुलाक़ातें होती रहीं।

ओड़िसा की साड़ियाँ मुझे ख़ास पसन्द रही थीं एकाध सूती साड़ी ख़रीदी भी थी। पर यह गुमान कि ओड़िसा सिल्क की साम्बलपुरी साड़ी क़ीमत में कांचिपुरम, पटोला को मात देती है तब हुआ जब पोते के जन्म पर वन्दिता ने काले सिल्क की लाजवाब साम्बलपुरी साड़ी भेंट की। और चित्रा मुद्गल ने कहा, मृदुला गर्ग दस हज़ार की तो साड़ी पहने हैं।

गोवा लिट फ़ेस्ट गये तो देर शाम पहुँचने पर थकावट के बावजूद प्रतिभा ने उद्घाटन के लिए साड़ी पहनने पर बाध्य किया तो वही पहनी। अनायास उन्होंने कहा, "इतनी बढ़िया साम्बलपुरी तो मेरे पास भी नहीं है।"

दस साल पहले ही दाम सुन जान निकल गयी थी तो अब ख़रीदने की औक़ात कहाँ थी। पर प्रतिभा ने कहा कि सिल्क के कलात्मक डिज़ाइन सूती में भी बनते हैं और उन्हें 30% छूट मिलती है तो ठान लिया अगली बार भुवनेश्वर गयी तो अपने लिए ही नहीं, जिस बहन, भांजी या बहू का यादगार जन्मदिन होगा उसके लिए भी सिल्क-सी मुलायम ओड़िसा की सूती साड़ी ज़रूर लूँगी।

सैकड़ों काम होते हुए भी प्रतिभा हमेशा मेरे साथ गयीं और साड़ी पसन्द करवाने के दौरान पलक न झपकी। गोवा उद्घाटन के दौरान मेरी समझ में आया कि प्रतिभा अपना अतिव्यस्त शेड्यूल बिला तनाव कैसे निभाती थीं।

नेपोलियन के बारे में मशहूर था वह घोड़े पर बैठे-बैठे सो लेता था। हम होते तो घोड़ा सोता हम निगरानी में जगे रहते। नेपोलियन की तरह प्रतिभा उद्घाटन के बर्दाश्त बाहर ढोल ढमाके के शोर में मज़े से सो रही थीं। हर संगोष्ठी में उद्घाटन भाषण देने के बाद आराम से सोती होंगी। फिर कैसा तनाव और किस बात की थकन।

शोई मेला, बोई मेला की विदाई की रात नबनीता ने ख़ास बांगला रेस्त्रां में सबकी दावत की। पहले उनके घर पर मयनोशी हुई! आजकल हिन्दी के मर्द लेखकों-विद्वानों ने मयनोशी के लिए जो बदसूरत शब्द चला रखा है, रसरंजन, उसे सुनते ही "मय में वह मस्ती कहाँ ज़ो तेरे मस्ताने में है" का मस्त उद्गार हवा हो जाता है। अलबत्ता नबनीता, अन्तरा, ममता सागर वग़ैरह के साथ बेलौस मयनोशी रास आयी। नबनीता की ख़ासियत थी कि हर उम्र और प्रदेश के बाशिन्दे से दोस्त की तरह पेश आती। मयनोशी की मस्ती चढ़ती ही तब है जब बन्दिश न मानी जाये। चुहलबाज़ी से भरपूर मयनोशी के बाद नायाब खाँटी बांगला खाना, वाह सोने पर सुहागा! वह उन कम मौक़ों में से था जब दिमाग़ को हाज़मे से अलग कर मैंने खाना ख़ूब एन्जॉय किया।

ऋतु मेनन के सम्मेलन चलते रहे। गुवाहाटी में 2009 के सम्मेलन के बाद हम चार भागीदारों ने गंगटोक जाना तय किया था। ऋतु मेनन, रुक्मिणी भाया नायर, गगन गिल और मैं। गुवाहाटी से बागडोगरा तक का हवाई जहाज़ का टिकट ख़रीदा गया, गंगटोक में होटल में 5 दिन की बुकिंग करवाई गयी। दिल्ली लौटने से पहले कैलिम्पॉग जाने का इरादा भी था। बुकिंग करवाने का ज़िम्मा रुक्मिणी ने लिया।

गोष्ठी का शीर्षक याद नहीं पर मुद्दा नस्ली और मज़हबी भेदभाव और उससे पैदा दंगे थे। विरोध के बजाय सत्ता द्वारा उनका समर्थन। दिल्ली में वह स्थिति

1984 में सिख नरसंहार के दौरान बनी थी और 2002 में गुजरात में मुस्लिम क़त्लेआम के। काफ़ी हद तक गोष्ठी गुजरात दंगों पर एकाग्र हो गयी। सिर्फ़ 6 बरस गुज़रे थे।

जैसे ही जम्मू से आयी क्षमा क़ौल ने भुक्त भोगी की तरह ज़ुल्मोसितम हत्या और बलात्कार सहे हिन्दू पण्डितों के कश्मीर से ज़बरन बाहर निकलने का बयान किया ऋतु भड़क गयीं। उनका कहना था कि वह गुजरात जैसा 'स्टेट टेरर' नहीं था। ठीक वैसा न हो पर था तो सत्तासीनों का टेरर! जो स्पष्ट हो सामने आया वह हिन्दी के ख़िलाफ़ ऋतु का नज़रिया था! सार्क सम्मेलन में उसकी बानगी आप देख चुके। दूसरे के नज़रिये को बर्दाश्त न कर पाने से पैदा नाजायज़ ग़ुस्सा था ही, जो 'स्टेट टेरर' की परिभाषा को इन्सानी संहार से ज़्यादा महत्त्व दे रहा था पर हिन्दी विरोध भी था।

तब तक सभी वक्ता जैसी-तैसी अंग्रेज़ी में बोलते रहे थे। कुछ फ़र्राटे से ज़्यादा अटक कर। क्षमा क़ौल हिन्दी या उर्दू-हिन्दी मिली हिन्दुस्तानी में जिसे गाँधीजी हिन्दुस्तान की असल भाषा कहते थे बोलीं। मैं शर्त लगा सकती हूँ पंजाब की पैदाइश ऋतु को ज़रूर समझ आयी होगी। बोलने की आदत न हो तो अलबत्ता तमीज़ोतहज़ीब के मुहावरों की जानकारी कम हो सकती थी।

ख़ैर, क्षमा के वक्तव्य के बीच हस्तक्षेप करते रहने के बाद उनके बोल लेने पर ऋतु ने रुख़ाई से मुझसे कहा कि क्षमा के कहन का अंग्रेज़ी अनुवाद कर दूँ जिससे सब लोग समझ सकें। ग़ुस्से पर क़ाबू रख मैंने शाइस्तगी से कहा, "उससे पहले जानना चाहती हूँ कि यहाँ कितने लोग हिन्दी नहीं समझते। प्लीज़ हाथ उठायें।" जैसा सोचा था कुल जमा एक हाथ उठा अम्मु जोसेफ़ का। वहाँ पूर्वोत्तर के सभी राज्यों के अलावा, बंगाल, महाराष्ट्र, गुजरात ही नहीं दक्षिण भारत की प्रतिभागी मौजूद थीं। "एक इन्सान के लिए अंग्रेज़ी में अनुवाद करने की तुक नहीं है। अम्मु आपको बाद में बतला दूँगी," मैंने हँस कर कहा, "ऋतु के हस्तक्षेप से काफ़ी कुछ समझ ही गयी होंगी। क्षमा आगे कहो।"

क्षमा निहायत सलीक़े से बात रख रही थीं। बार-बार कहतीं, "आप मानें न मानें, मैं वही कह रही हूँ जो मेरे साथ घटा है।" ऋतु को उससे भी एतराज़ था बोलीं, "ये ख़ुद कह रही हैं हमारे मानने न मानने से इन्हें फ़र्क़ नहीं पड़ता।"

मैं और क्षमा यकसां भौचक! "अरे, इन्हें मुहावरों का क ख नहीं मालूम! "मोहतरमा," क्षमा को चुप देख मैंने कहा, "आप पंजाब से हैं उर्दू से मिलती-जुलती ज़ुबान की बारीकियाँ कुछ तो मालूम होंगी। आप मानें न मानें, निहायत तहज़ीब

के साथ यह कहता है कि, राज़ी हों या न हों आपकी मर्ज़ी, मैं वही कह रही हूँ जो मेरा सच है, हो सकता है आपका न हो। मुहावरे का इस्तेमाल इसलिए करते हैं कि दो-चार अल्फ़ाज़ में बात कह सकें पूरा दस्तावेज़ बयान न करना पड़े। अब हुज़ूर, आप मानें न मानें बात इतनी-सी है।" सब औरतें हँस दीं। अंग्रेज़ी में इस नाज़ुक ख़याली का तर्जुमा होगा ज़रूर पर साहब हमने ढूँढ़ने की ज़हमत न की।

क्षमा क़ौल के बारे में तफ़सील से बतलाना ज़रूरी है। वे वाक़ई नायाब थीं। ज़बरदस्त कविताएँ लिखती थीं, हैं। वहाँ सुनाई कविता, किताब पढ़ती नंगी औरत ने सतही स्त्री विमर्श के परखच्चे उड़ा दिये थे। अन्य कश्मीरी हिन्दुओं के साथ मन, रूह, ज़मीन-जायदाद और माली हालत पर गहरे जख़्म खा क्षमा ने जम्मू के शरणार्थी कैम्प में पनाह पायी और बरसों बरस दर्दोज़िल्लत की ज़िन्दगी बसर की। पर लिखना न छोड़ा। गुवाहाटी वहीं से आयी थीं।

रोंगटे खड़े करने वाला उपन्यास 'दर्दपुर' वहीं लिखा था जो 2004 में भारतीय ज्ञानपीठ से छपा। यानी 2009 में ऋतु के सम्मेलन से पाँच साल पहले और गुजरात दंगों के दो साल बाद। अचरज ऋतु एंड को जानकारी न रखता था यानी क्षमा को न्योता देने के पीछे उपन्यास नहीं कविताएँ थीं। उनके पति कवि अग्निशेखर से वे ज़्यादा परिचित थीं। कुछ मर्द होने से कुछ अंग्रेज़ी में अनूदित होने से। तमाम नारीवादी स्त्रियाँ मर्द नाम के जीव को ज़्यादा तवज्जह देती हैं और अंग्रेज़ी तो उनकी रोज़ी-रोटी है। उस औरत को जो 'दर्दपुर' लिख चुकी हो गुजरात दंगों का ज़िक्र करके छोटा बनाने की कोशिश हास्यास्पद होने के साथ कितनी दुखदाई थी सिर्फ़ महसूस की जा सकती थी कही नहीं। 'दर्दपुर' का पूरा संस्करण जल्द बिक गया। जो पढ़ना शुरू करता चोट खा सोचता आगे नहीं पढ़ेगा पर दिल था कि मानता नहीं। फिर भी भारतीय ज्ञानपीठ ने बरसों तक दूसरी आवृत्ति न छापी। क्यों? आप मानें न मानें मसला क़तई सीधा न था।

दस बरस बाद 2014 में एक छोटे प्रकाशक ने दूसरा संस्करण छापा। संयोग से एन.बी.टी. ने दिल्ली विश्व पुस्तक मेले में कार्यक्रम रखा जिसमें क्षमा क़ौल और मुझे बुलाया। वे शरणार्थियों को मिले जम्मू के एक छोटे से क्वार्टर से आयीं। बेसिरपैर के सोच की इन्तिहा थी कि बातचीत एक साथ 'चित्तकोबरा' और 'दर्दपुर' पर थी। मुझसे शुरुआत हुई। किन्हीं सज्जन ने क्लीशे नुमा सवाल पूछे तो मैंने कहा, "मैं चाहती हूँ आज सिर्फ़ और सिर्फ़ क्षमा क़ौल के दर्दपुर पर बात हो।"

मैंने बात शुरू की। क्षमा क़ौल के बयान के बाद कितने लोग 'दर्दपुर' ख़रीदने को आतुर हो उठे पर ख़ुदा का क़हर! न क्षमा क़ौल किताबें लायी थीं न उनके प्रकाशक! क्षमा को जानकारी इतनी देर से मिली कि किसी तरह अफ़रा-तफ़री में उड़ान ले दिल्ली पहुँच पायीं। वे शुक्रगुज़ार थीं कि अपने उपन्यास की पिसी पिट्ठी दुबारा पिसवाने से परहेज़ कर मैं उनके उपन्यास में दिलचस्पी ले रही थी। पिट्ठी पहली बार पिस रही होती तब भी वह दिन दर्दपुर के नाम करती।

मैं दर्द से सराबोर थी और किताब उपलब्ध न होने पर बेहद दुखी। अनुभव से जानती थी चोट तभी कारगर होती है जब लोहा गर्म हो बाद में कौन किताब मँगवाता है! काश ऋतु मेनन समेत उस सम्मेलन की औरतें वहाँ होतीं तो समझ पातीं कि किस इन्सान से किन दर्दीले हालात में अभद्रता हुई थी। पर क्या उन्हें अपना व्यवहार याद होता, जम्मू के शिविरों में रहने को मजबूर कश्मीरियों के बारे में समझ चुकी होतीं, 'दर्दपुर' का नाम सुन लिया होता, उस विषय पर अन्यत्र लिखे जा रहे में दिलचस्पी जगी होती? मुझे नहीं लगता। पूरा मुल्क न समझा तो वे कैसे समझ लेतीं? वाक़ई जिस तरह हिन्दुस्तान के लोग कश्मीरी हिन्दू पण्डितों के दर्द से उदासीन रहे तर्क सम्मत कदापि न था।

ख़ैर, वापस चलूँ गुवाहाटी के सम्मेलन के समाहार पर। गंगटोक के सपने लेते हम हवाई अड्डे पहुँचे। पता चला गंगटोक जाने वाली बागडोगरा की उड़ान रद्द हो गयी थी। सुनते ही ऋतु मेनन और रुक्मिणी भाया नायर ने हथियार डाल दिये और कोलकाता जाने को तैयार उड़ान ले फुर्र हो गयीं। रह गये गगन और मैं। मैंने गगन से कहा, "सत्तर पार कर चुकी, ज़्यादा वक़्त नहीं है मेरे पास मुझे गंगटोक जाना ही है बशर्ते तुम साथ दो। प्लेन न सही ट्रेन जाती है..." "सिलीगुड़ी और वहाँ से टैक्सी से गंगटोक," गगन ने जोड़ा।

ट्रेन सुबह चार बजे थी यानी रातगुज़र का इन्तज़ाम करना था। सम्मेलनी तम्बू उखड़ चुका था। हमने एयर इंडिया के मैनेजर को पटाना शुरू किया। पहले उस नाश्ते की माँग की जो उड़ान में मिलता न मिला क्योंकि उड़ान उन्होंने रद्द की हमारा क़ुसूर न था। वे मान गये और हमारे साथ रेस्त्रां चल दिये। हमने जम कर एयर इंडिया के फ़र्ज़ निभाने की तारीफ़ की। बातों-बातों में मैंने कहा इंडिया टुडे का अगला कॉलम एयर इंडिया की कार्यक्षमता पर लिखूँगी। यात्रियों का वाज़िब ध्यान रखने वाली मेहमाननवाज़ी का शुक्रिया कहूँगी। उन दिनों इंडिया टुडे में पाक्षिक स्तम्भ लिखती थी और असमय-कुसमय वह ख़ूब काम आता था। वे ख़ुश हुए और सुबह ट्रेन से सिलीगुड़ी जाने की योजना की तस्दीक की।

उम्दा नाश्ते का शुक्रिया दे हमने कहा, "रात गुज़ारने के लिए सरकारी होटल में एयर इंडिया हमें कमरा तो दिलवायेगा ही दोनों का काम एक से चल जायेगा..."

पल भर वे चुप रहे नज़र सामने रैक पर पत्रिकाओं के बीच रखे इंडिया टुडे पर गयी...मैं उठी अपने स्तम्भ वाला अंक ख़रीदा अपनी तस्वीर के नीचे दस्तख़त किये और उन्हें भेंट कर बैठ गयी। गगन ने मदद माँगती लतीफ़ पर बेचारगी से पुती मासूम आँखें पूरी खोल सज्जन का जायज़ा लिया। बन्दा गया काम से या कहूँ लगा काम पर! बोला, "देखता हूँ इतने आप मेरे दफ़्तर में बैठिए।" ख़ूब देखा। फ़ोन से ट्रेन से हमारी सीटें आरक्षित करवाईं और अशोका होटल में कमरा दिलवा अपनी गाड़ी से छुड़वा दिया। हम ममनून हुए। कमरे में पहुँच हमारे फितूरी दिमाग़ को सूझा क्यों न गंगटोक छोड़ टैक्सी ले तवांग चले जायें। टूरिस्ट ऑफ़िस फ़ोन लगाया तो उन्होंने कहा यूँ तवांग जाने के लिए परमिट की दरकार होती है पर चूँकि आप पत्रकार और क़लमकार हैं तो फ़ौरी परमिट बना देंगे बशर्ते आप टैक्सी का बन्दोबस्त कर लें। हमने कहा हम टैक्सी करके आते हैं आप परमिट तैयार रखिए। पर बन्दापरवर इतना आसां न था। हमने एक नहीं अनेक टैक्सी वालों से बात की। कोई ले जाने को तैयार न हुआ। हम किराया ज़्यादा देने को तैयार थे पर वे हमें ले जाने को नहीं। दलील थी कि अकेली औरतों को नहीं ले जायेंगे। मैंने बार-बार पूछा आदमी साथ होगा तो करेगा क्या? उन्होंने जवाब नहीं दिया। आप हैं न आदमी एक साथी ले लीजिए इस सुझाव से भी बेअसर रहे। आख़िरकार आज़िज़ आ एक बुजुर्ग टैक्सी ड्राइवर ने वजह बतलाई। "आज शनिवार है कल रविवार यानी हिन्दुस्तानी फ़ौज के ख़ूब पिएले जवान सड़कों पर होंगे। आप क्या हम भी सुरक्षित न होंगे। हम यह जोखिम नहीं उठा सकते।"

समझे! ख़तरा लुटेरों से नहीं पहरेदारों से था!

मन मार बैठ गये। तभी एयर इंडिया के रहनुमा का फ़ोन आया। गगन ने उठाया; उन्होंने इंडिया टुडे वाली मैम से बात करने की इच्छा जतलाई। यानी गगन की आँखों से ज़्यादा असरदार थी छपास। बोले, "आप शाम भर यहाँ हैं तो कामाख्या मन्दिर हो आइए।" तवांग हाथ से निकल चुका था। प्रख्यात कामाख्या मन्दिर देखना बनता था। "गाड़ी भिजवा दूँगा साढ़े तीन बजे? तब तक लंच हो जायेगा।" नेकी और पूछ पूछ!

मन्दिर के बाहर टिकट खिड़की पर अपार भीड़ थी पर सिर्फ़ मन्दिर प्रवेश के लिए ही भारतीय अनुशासन मानते हैं। क्यू तक बना लेते हैं! यहाँ भी था महिलाओं का अलग पर काफ़ी लम्बा हम सबसे पीछे थे। हमारे सिवा सब बांग्ला

या असमिया बोल रहे थे। यानी स्थानीय लोग थे। उनकी बातचीत से मालूम हुआ कि मन्दिर सात बजे बन्द हो जायेगा। मैंने उच्छ्वास भर कर कहा, "तब तो बिना देखे लौटना होगा!"

"कहाँ से आयी हैं?" मेरे सामने खड़ी महिला ने पूछा।

"दिल्ली से। आज भर हैं।"

दो-चार पल में महिला दर महिला बात पहले नम्बर पर खड़ी महिला तक पहुँच गयी। उन्होंने जो कहा अविश्वसनीय था, "आप हमारी जगह चली जाइए।"

"नहीं-नहीं," हमने चकरा कर कहा, "ऐसे कैसे हम ...आप..."

"पुण्य मिलेगा आइए," उन्होंने स्निग्ध स्वर में कहा। काफ़ी पाखण्डी महसूस करते हम आगे पहुँचे और कुछ देर में मन्दिर के भीतर थे। शक़ की गुंजाइश नहीं थी वह भव्यता और सौन्दर्य में विलक्षण था। पर जल्द यहाँ-वहाँ, इतने-उतने पैसे रखो की हिदायत देते दर्जनों पण्डे-पुजारियों ने हमें घेर लिया। चकराते सिर कुछ देर वह-वह करते गये जो हम पर लादा जा रहा था। आख़िर एक रक्षक प्रकट हुए। उन्होंने हम पर हाथों की छत्रछाया की और डपट कर कहा, "हटिये! इनके परिवार के पण्डे हम हैं!" पण्डों में आस्था न होने के बावजूद हम उनकी छाँव में दुबक लिए। उन्होंने ज्ञान दिया मन्दिर में शुरू में ही पण्डा साथ ले लेना चाहिए वरना जने कितने धूर्त आपको नोच खायेंगे। हम काफ़ी नुच चुके थे कुछ उन्होंने भी नोचा पर क़ायदे से। इसलिए महफ़ूज़ महसूस करते उनकी दामी निगहबानी में मन्दिर के अप्रतिम सौन्दर्य के दर्शन कर लिए। आगे के लिए सीख ले ली। गगन के सुझाव पर गंगटोक में हमने साझा फ़ंड बनाया जिसमें दोनों ने पैसा जमा किया। खाने-पीने, सैर करने का ख़र्च उससे करते। पैसे ख़त्म होने पर दुबारा डाल देते। किसका ख़र्च ज़्यादा हुआ किसका कम के जंजाल से मुक्त रहने का बढ़िया तरीक़ा था।

मगर पहले गंगटोक पहुँचें तो सही।

स्टेशन होटल के पास था। ट्रेन सुबह चार बजे की थी तो तिपहिया पकड़ पहुँच गये। बुकिंग क्लर्क ने समझाया कि दिन में किनारे की सीटों पर कोई नहीं बैठता हमें दो बर्थ पर दो सीट देगा तो हम लेट कर जा सकेंगे। ममनून हो लम्बी तान सोये दो बजे होटल से लाये सैंडविच खाये और शाम पाँच बजे सिलीगुड़ी स्टेशन उतरे। सोचा टैक्सी ले आराम से गंगटोक पहुँचेंगे सो ताज़ा अलूचे, ख़ुबानी, स्ट्रॉबेरी वग़ैरह की दो टोकरियाँ बनवाईं कि खाते-खाते जायेंगे। बेवक़ूफ़! अनाड़ी! बदक़िस्मत! हम और कौन!

न टैक्सी न टैक्सी की दुम! जो रही होंगी पिछले स्टेशन से यात्री लाद रवाना हो चुकी थीं। अँधेरा घिर आया! बस में जाना पड़ेगा हमने ऐसे कहा जैसे बस सरकार की नहीं हमारे बाप की हो! मय सामान बस अड्डे तक घिसटे पता चला गंगटोक की आख़िरी बस निकलने वाली थी और सीट मिलनी नामुमकिन थी। मुझे सूटकेस पर बैठे रहने को कह गगन दफ़्तर भागी कि कुछ करती हूँ। क्या उसकी आँखों का जादू चलेगा!

चला साहब, ख़ूब चला। बाहर आ बतलाया बस में सीट थी नहीं पर दो मज़लूम औरतों के रात भर सड़क पर बैठे रहने की हौलनाक तस्वीर ने कंडक्टर को एक सीट पर बैठे अकेले मर्द से कहने पर मजबूर किया कि वह दूसरे मर्द से सीट साझा कर ले। यूँ हम दोनों के बीच एक सीट मुहैया कर दी। सामान कैरियर पर चढ़ाया; फलों की टोकरियाँ साथ रखीं और हिचकोले खाती बस की एक सीट पर साथ बैठ छह घण्टे का सफ़र तय किया। फल सहयात्रियों से साझा कर खाये तो उनकी बेनियाज़ नज़रें कुछ ख़ैरख़्वाह हुईं। हमारी मजबूरी समझ नाराज़ गाँव वाले हँसमुख अन्दाज़ में लौट आये।

थके-टूटे बदन गंगटोक पहुँचे तो तिब्बत होटल में अपने नाम कमरा आरक्षित पाया। कहा गया बिना नज़ारे वाले कमरे से नज़ारे वाले कमरे के दाम चार सौ ज़्यादा थे कौन-सा चाहिए? नज़ारे वाला मैंने फ़ौरन कहा तो हँसी का विस्फोट हुआ। "देखिएगा क्या? बारिश जल्दी हो गयी इसलिए धुन्ध के सिवा कुछ नहीं है।"

"धुन्ध! धुन्ध! वही देखनी है!" मैंने उत्तेजित हो कर कहा तो बन्दे ने कन्धे झटक दिये। छठे माले पर या पहाड़ की नैसर्गिक ऊँचाई के चलते कहें दूसरे माले पर कमरा मिल गया। चौड़ी खिड़की से बाहर देखा, अहा पहाड़ों के बीच दूर-दूर तक धुन्ध थी। हमारे लिए मानीखेज़ दूर तक देख पाना था चाहे वह धुन्ध में डूब-उतरा रही हो या सूरज की किरणों में चमक रही हो।

कमरे में पहुँचते ही कमर सीधी कर मैं बिस्तर पर लम्बलेट हो ली। गगन बोली, "यह क्या! मैं तो घूमने जा रही हूँ।" जाओ बन्धु जवान ख़ून है। अपन को जल्दी नहीं है...बमुश्किल पन्द्रह मिनट हुए कि लौट आयीं। चक्कर-सा आ गया सुबह जाऊँगी...वे भी लम्बलेट हुईं। घण्टे भर बाद नीचे डाइनिंग रूम तक जाना काफ़ी मशक़्क़त थी। पर खाया जम कर। मोमो हम दोनों की यकसां पसन्द, वाइन भी पी।

मेरे चार सौ रुपये अगली सुबह वसूल हो गये। उस रात थकान के बावजूद अनिद्रा का प्रकोप रहा तो सुबह जल्दी उठ खिड़की पर चली गयी।

छह बजे थे कि सहसा धुन्ध ने अपने सफ़ेद बाल इधर-उधर छितरा ख़ासी चौड़ी माँग दिखला दी। सूरज ने उसमें सिन्दूर भले न भरा पर पहाड़ और बादल की अठखेलियों के बीच बार-बार सूर्य की खिलती किरणों का वहाँ चमकना और धुन्ध में गुम होना मेरे एकान्त को इतना उद्वेलित कर गया कि साथी तलाशने लगा। गगन थीं पर गहरी नींद में डूबीं। तो ख़ुद से बोलूँ? अर्सा पहले आवाज़ खो गयी थी तो वाणी विशेषज्ञ की सलाह पर ॐ का नियमित पाठ कर तलाशी थी। गला फँसा लगा तो मुँह बाहर निकाल, ॐ उचार बैठी। धुन्ध ने लय ताल पकड़ ली आगे बढ़ी, पीछे हटी, दायें-बायें हुई, चक्राकार घूमी और बादलों से जा मिली। पहाड़ ने चेहरा बाहर निकाला बदन सिकोड़ा और धुन्ध के आग़ोश में छिप गया। ॐ का पाठ मेरे हाथ से निकल ऊँचा होता गया। गगन की नींद में ख़लल पड़ा। वह कसमसाई कि मैंने चाय मँगवा ली। स्वेटर से केतली ढक आवाज़ देने को थी कि वह उठ बैठी। ग़ुस्साई नज़र मुझ पर फेंकी पर चाय देख सोचा होगा पहले पी ली जाये। चुप्पी में दो प्याले पी कहा, "इतनी सुबह धार्मिक पाठ करके मुझे जगाएँगी तो एक कमरे में रहना मुश्किल होगा। मुझे देर तक सोने की आदत है।"

"तो मैं कौन जल्दी उठती हूँ। आज की बात फ़र्क़ थी। नींद में गाफ़िल तुमने जो नज़ारा मिस किया उसकी भरपाई नहीं है। कौन-सा धार्मिक पाठ! मैं हिन्दू छोड़ जैन-बौद्ध मुस्लिम कुछ नहीं हूँ। अवरुद्ध वाणी खोल रही थी बस। तुम्हारी नींद में ख़लल पड़ा सॉरी। अलग कमरे के लिए अभी कह देती हूँ। अपनी वाणी से धुन्ध और अधखिली धूप में पहाड़ को घुमा कर देखना बहुत मज़ा आयेगा।"

नीचे रिसेप्शन पर कह रही थी कि गगन गिल के नाम बिला नज़ारा अलग कमरा चाहिए...कि गगन पहुँच गयी बोलीं, "रहने दीजिए, यही चलेगा। पर कल अपनी वाणी को कष्ट मत दीजिएगा, मैं दे लूँगी...और जगते ही गर्म चाय पिलवाने के लिए शुक्रिया।" फिर ओंठों-ओंठों में मुस्कराते हम खुल कर हँस दिये। "मेरी वाणी खुल चुकी। कल तुम चाय मँगवाना मैं लम्बी तान सोऊँगी।"

नाश्ता खा फ़ारिग हुए कि बारिश बरसनी शुरू हुई और बरसती गयी। छतरी के सहारे हम बौद्ध मठ हो आये छोटी-छोटी स्थानीय दुकानों से ख़रीदारी की और एवरेस्ट टूर ऑपरेटर से अगले दिन का नाथूला का प्रोग्राम तय कर लिया। रास्ते में 14,000 फ़ीट पर बने प्रख्यात बाबा मन्दिर और 12,000 फ़ीट पर स्थित दिव्य चांगु सरोवर या चांगुसर यात्रा में खुद ब खुद जुड़ गये। और भी कुछ व्यू पॉइंट। वैसे हर पॉइंट से दिखनी धुन्ध ही थी। पर हम इस और उस धुन्ध में फ़र्क़ करना सीख रहे थे।

बात-बेबात हँसी बिखेरते उन मासूम लोगों से कुछ भी कहना आसान था। गगन ने सुन रखा था कि स्थानीय जन बाँस के टुकड़े से खींच देसी दारु पीते हैं जिसका ज़बर नशा होता है। उस तरह शराब पीने की लालसा युवा गाइड से ज़ाहिर की तो बेचारा भौचक। "पर ...पर ...वहाँ औरतें नहीं जा सकतीं!" उसने कहा तो गगन ने अपनी मन भावन आँखें उस पर टिका दीं और टिकाये रखीं। फिर गहरी इल्तिज़ा और प्यास के साथ कहा, "आप लेते आइएगा न लौटते वक़्त हम अकेले बैठ कर पी लेंगे।" बेचारा भोला-भाला पहाड़ी इधर देखे उधर देखे जिधर देखे अपने चेहरे पर टिकी गगन की नज़र देखे तो... हामी भर दी। अगले दिन जीप में लेने आया तो सरंजाम साथ था। अब समझ में आया गगन ने बस में सीट कैसे हासिल की।

16 किलोमीटर दूर 14,200 फ़ीट पर स्थित नाथुला तो हम पहुँच न पाये। ऊपर चढ़ रहे थे तो उल्टी दिशा से आती फ़ौजी जीप ने आगाह किया कि भूस्खलन की वजह से, ऊपर रास्ता बन्द था, हम वापस मुड़ लें। एक फ़ौजी ने चाँगुसर तक लिफ़्ट भी ली। पर भारत-चीन की सरहद पर स्थित नाथुला के बारे में कुछ कहने से गुरेज़ किया। अपना नाम भी न बतलाया। इतना ज़रूर कहा, बाबा मन्दिर जाना न भूलें। हमारी दिलचस्पी मन्दिर में ख़ास थी नहीं पर जानते थे कि मन्दिर सबसे रमणीक प्राकृतिक स्थल पर बनाया जाता है; यानी मन्दिर न देखा तो नायाब नज़ारे से महरूम रहे।

पहले हम चाँगुसर रुके। भूटिया में चाँगु का मतलब है, स्रोत। यानी स्रोत भी वही और ताल भी वही। पहुँचे तो तिरछी बौछार मिली। ठण्ड का आलम यह कि बदन काँपना बन्द न करे। पर कहावत है न जहाँ घरवाली औरत होगी गर्माहट होगी। अब बन्धु औरतें तो हम भी थीं पर उस ठौर घरवाली न थीं। सोचा ढाबे में पेट पूजा करें तो कुछ गर्माहट मिले पर जनाब वहाँ थी न घरवाली। मेज़ के नीचे पाँव पसार कुर्सी पर बैठी तो गर्म हवा की लहर पैरों से उठ बदन को सहला गयी। अयं। क्या वाक़ई औरत के रहते गर्माहट पैदा हो गयी। ढाबे की मालकिन ने मेज़ के नीचे मिट्टी के तेल की सिगड़ी जला रखी थी! खाने को मिली आँच से ताज़ा उतरी सुनहले सैला चावल की ताहिरी। चाँगुसर देवखात माना जाता है इसलिए आसपास सिर्फ़ शाकाहारी खाना मिलता है। क़िस्सा था कि पहले देवसर कहीं और था। पर उसके किनारे किसी ने गोहत्या कर गोमांस खा लिया तो नाराज़ हो ताल यहाँ आ बिराजा। भले मिथक हो था मनमोहक।

किनारे खड़ा याक नथुने से धुआँ फेंक रहा था। मेज़बान ने कहा उनके बच्चे कहते हैं याक तुम्हारी तरह बीड़ी पी रहा है। खिलखिल हँसी से माहौल और गर्म हो गया।

मैंने गगन से कहा, "चाँगुसर की परिक्रमा कर लें। एवरेस्ट टूर वाले ने कहा था करेंगी तो जगह-जगह रुक स्वर्ग को पास से देख सकेंगी।" पर उसकी साँस अटक-अटक कर चल रही थी। 14,000 फ़ीट की ऊँचाई पर ऑक्सीजन कम हो जाता है पर अचरज मेरे बजाय गगन के फेफड़े मार खा गये। उसने हथियार डाल दिये। ज़िद में आकर मैंने बारिश और ज़बर ठण्ड में परिक्रमा की। मेरे लंडन फ़ॉग ओवरकोट का तो आनन्द ने राम नाम सत कर दिया था जो इस वक़्त बहुत काम आता। पर हिन्दुस्तानी औरत-सा जुगाड़ू कौन है! अपनी मेरिनो ऊन की गर्म मोटी शॉल को कन्धों से ले बदन पर लपेटा फिर दोनों सिरों को जोड़ सेफ़्टी पिन लगा लिया। मेज़बान ने देखा तो ख़ुश हुईं। यही तो सिफ़्त है साड़ी-दुशाले में चाहे थैला बना लो चाहे कवच। उसके ऊपर जर्मनी से ख़ुशवन्त सिंह को खिजा कर ख़रीदी मामूली पर मय हुड बरसाती पहन ली। हो गया ओवरकोट तैयार। फिर भी भीगती ठिठुरन से लोहा लेना उतना आसान न था जितना लंडन फ़ॉग में होता! धत् तेरे की। लालच बुरी बला।

परिक्रमा में वह बिन्दु आ गया जब बेआरामी भूल बुत बनी खड़ी रह गयी। ताल के बीच पत्थरों का प्राकृतिक बाँध बना था जिससे टकरा कर ताल का शान्त स्थिर पानी उत्ताल उछाल भर रौरव रार मचा रहा था। लास्य और ताण्डव एक साथ! स्वतः मुँह से ॐ फूटा। स्फूर्तिमान हो मैं पलट ली। घरवाली औरत की पैदा की गर्माहट से गगन स्वस्थ हो चली होगी।

वह बेहतर थी पर पूरी तरह स्वस्थ नहीं। उदास सुर में बोली, "आप तो सत्तर की हो चुकीं बहुत ऊर्जा कमा ली सो ऑक्सीजन की कमी झेल ली। मैं सिर्फ़ पचास की हूँ। वक़्त लगेगा।" हाँ, वक़्त के साथ वह मानसरोवर यात्रा तक कर आयीं। पर तब हाल यह था कि घर पहुँचने से पहले मायूस आवाज़ में ड्राइवर से कहा, "बाँस वाली दारु आप लोग पी लेना। मुझसे नहीं होगा।"

फिर भी बाबा मन्दिर होते हुए नीचे गये। लिफ़्ट लिए फ़ौजी ने जो बतलाया था वहाँ जाने को लालायित कर गया था। अमूमन मैं हर धर्म से दूर रहती हूँ बशर्ते प्रकृति नाम की दिव्य बला ॐ बोलने पर मजबूर न कर दे। पर यह मन्दिर फ़ौजी हरभजन सिंह की याद में उसके साथियों ने बनवाया था। तो क्या वह फ़ौजी धर्म का प्रतीक था? अपनी टुकड़ी या पलटन की रक्षा के लिए फ़ौजी वहाँ मन्नत माँगते थे। 4 अक्तूबर 1968 को बीस-बाईस बरस के सिपाही हरभजन सिंह

अपनी पोस्ट पर अकेले थे कि चीनियों ने हमला बोला। दिन भर वे अकेले लड़ते रहे। अगले दिन हिन्दुस्तानी फ़ौज की टुकड़ी मदद को पहुँची तो वे न मिले; न जीवित, न मृत। फ़ौजियों का कहना था वे अन्तर्धान हो गये थे। बाद में सपने में साथियों से मन्दिर बनाने को कहा, जहाँ से वे उनकी रक्षा करेंगे। मन्दिर बना, मन्नत माँगी जाने लगी...हम कैसे न जाते? ख़ास कर मैं जो भुक्त भोगी थी। जब मन्दिर के अन्दर एक बीस-बाईस साला जवान की फ़ोटो देख पूछा मृत्यु के समय उनकी आयु क्या थी तो जवाब मिला पर उनकी मृत्यु नहीं हुई; बैठे तो हैं फ़ोटो के नीचे कुर्सी पर। होश गाफ़िल हो गये। कितनी बार यही तो मान बैठती थी! पता चला हरभजन सिंह की पदोन्नति होती है, अब वे कैप्टन हैं, तनख़्वाह हर माह पत्नी को भेजी जाती है, सालाना छुट्टी मिलती है और उनकी वर्दी आरक्षित बर्थ पर एक फ़ौजी के साथ घर जाती-आती है! फ़ौज न हुई माँ हो गयी!

गगन की संवेदनशीलता की दाद देनी होगी कि मन्दिर में मुझसे बोली नहीं। तब भी नहीं जब हथेली पर प्रसाद लिए मैं सुन्न खड़ी थी। वापसी में दिमाग़ इतने अहसासात से जूझ रहा था कि नींद आने को होती तो कोई कौंधती स्मृति परे धकेल हावी हो जाती। होटल पहुँच मोमो खा बिस्तर में जा घुसे। नींद ने बेवफ़ाई न की। सुबह देर तक सोये। उठे तो वही ज़ोरों की बारिश! मन लगा कर नाश्ता किया कि आख़िरी डिश रम बाबा में निबोरी गिरी। होटल मालिक ने कहा, "आपका कमरा तीन दिनों के लिए आरक्षित था। आज बारह बजे तक होटल छोड़ना होगा।" रुक्मिणी के पास वजह रही होगी पर हमें क़तई इल्म न था। अब? मुझे हल सूझा। 2009 में हुए तभी सम्पन्न आम चुनाव की बाबत मेरा एक लेख पिछले रविवार 'द हिन्दू' में छपा था। पत्रिकाओं के रेक पर एक प्रति थी। मैंने अपने लेख और चित्र का पन्ना खोला और मालिक के सामने रख कर कहा, "मैं यह लेखक मृदुला गर्ग हूँ और ये, मशहूर कवि गगन गिल। इतनी बारिश में दूसरा होटल कहाँ ढूँढ़ेंगे; सामने सड़क पर डेरा डाल लेंगे। हाँ, दिल्ली जाकर कहेंगे ज़रूर कि सिक्किम वाले लेखकों की कैसी बेकद्री करते हैं।"

माना, बेजा ब्लैकमेल था पर क्या करते। मालिक ने पल भर हमें घूरा; मेरे चित्र और नाम को झुठला न सका। ज़्यादा देर इन लोगों का चेहरा संजीदा रहता कहाँ था! हँस कर बोला, "बिना व्यू का कमरा है एक चलेगा?"

"बिल्कुल। हम छतरी ले निकल जायेंगे बारिश में भीगने।"

"होटल की गाड़ी बुक कर लीजिए इधर-उधर घूमिए ऑर्किड बग़ीचा देखिए, बारिश में और मनोहारी लगता है।"

वही किया। बारिश से राहत मिली तो ख़रीदारी के साथ आम जनों से बातचीत करने मेन बाज़ार जा पहुँचे। तब तक कांग्रेस के जीतने और सोनिया गाँधी से प्रधानमन्त्री बनने की पार्टी की गुज़ारिश का समाचार आग की तरह फैल चुका था। पहली बार हँसमुख गंगटोकवासियों को ग़ुस्से में देखा कि एक विदेशी को प्रधानमन्त्री बनाने की कोशिश क्यों की जा रही थी! क्या नाटक था! एक तरफ़ लोग विदेशी मूल की सोनिया गाँधी के प्रधानमन्त्री बनाये जाने की मुख़ालफ़त कर रहे थे। भोले गंगटोक शायद इसलिए झाँसे में आये क्योंकि वे भारत में नये-नये शामिल हुए थे और ठोक-बजा कर खुद पर साबित करना था कि वे विदेशी न थे।

दूसरी तरफ़, उनके प्रधानमन्त्री न बनने पर कुछ जन ख़ुदकुशी की धमकी दे रहे थे। एक बन्दा ऊँचे पेड़ पर चढ़ नीचे कूदने को तैयार था। इमारत पर चढ़ कूद जाता! पर समझा करो जानम! वह पेड़ सोनिया गाँधी की नज़रे इनायत के दायरे में था। वे मौजूद थीं तभी हो-हल्ला मचा उसे रोका गया वरना अपने यहाँ कितने जन जहाँ-तहाँ से गिरते रहते हैं। मैं जानती थी हर हाल जीत विलक्षण औरत की होगी; प्रधानमन्त्री बन कर या न बन कर। जीतने का तरीक़ा नायाब ढूँढ़ा उन्होंने। प्रधानमन्त्री बनने से पहले पद त्याग दिया। पत्र की ज़रूरत न पड़ी। जयजयकार होने लगी। नाटक का विरेचन हो लिया। हालाँकि तय न कर पाये कि विदेशी से सहसा देसी बनी सोनिया गाँधी पर नाज़ करें या नहीं पर गंगटोक वासी मुस्कराने-हँसने पर लौटे और हम ख़रीदारी पर। वहाँ की तमाम मशहूर चीज़ों की मालूमात गगन को थी। सिक्किमी पोशाक बोखा, गोडा चीज़ और बहुत कुछ पर सर्वोपरि ब्रांडी। ये तीन चीज़ें मैंने भी ले लीं। गोल लाल आकर्षक डिब्बों में पैक्ड ब्रांडी की गगन ने तीन बोतलें लीं मैंने दो। पाँचों को गत्ते के एक डिब्बे में पैक करवाया।

मनभावन सफ़र का आख़िरी दिन आया। ढेर सारे फल ख़रीद बागडोगरा हवाई अड्डे के लिए सुबह होटल की गाड़ी में निकले। लम्बा रास्ता था बीच में बौद्ध मठ में मन्नत माँगी कि बागडोगरा की उड़ान रद्द न हो फिर फलों का नाश्ता करते रास्ता काटा। सुरक्षा जाँच के लिए पहुँचे तो झटका लगा। एक्स-रे मशीन ने ब्रांडी के गोल डिब्बों का जो सूरतेहाल दिखलाया बम जैसा था। अफ़सर ने हमें तलब किया, कहा, "ये क्या ले जा रही हैं आप महिलाएँ!" महिला ऐसे कहा जैसे गाली हो।

"क्यों, 'महिलाओं' को आपकी बेमिसाल ब्रांडी ख़रीदने की मनाही है?" गगन ने ओंठों पर बेधक मुस्कराहट और आँखों में बेलौस कौंध के साथ तंज़ का बेमिसाल परिचय दिया।

“ब्रांडी?” अफ़सर गड़बड़ाया।

“जी। लाल गोल डिब्बों में पैक्ड ब्रांडी की बोतलें, गंगटोक की ख़ास पेशकश और मेरे लेखक पति की फ़रमाइश। औरतों को लेना मना है क्या?”

“जेंडर डिस्क्रिमिनेशन!” मैंने धीमे से कहा।

“नेवेर! आमि बांगला मानुष! महिलाओं की इज़्ज़त करता हूँ। एक्स-रे मशीन ब्रांडी की बोतल दिखलाई? चैक करना होगा।”

“हमसे तो ऐसे पैक होंगी नहीं। अलग-अलग हाथ में पकड़ कर ले जानी पड़ेंगी,” मैंने उन्हें सुना कर गहरी मायूसी से कहा।

वे मज़े से हँस दिये। चपरासी से बोले, “चाक़ू दो।”

वह इधर-उधर ताकने लगा तो मैंने बड़ा-सा चाक़ू दिखला कर कहा, “या ख़ुदा यह मेरे पास ही रह गया। लीजिए।” वे चौंक कर पीछे हटे तो मैंने कहा, “बल्कि आप रख लीजिए। रास्ते में फल काट कर खाते आ रहे थे अटैची में रखने से रह गया। अब तो...सामान बुक हो चुका। हाथ में ले जा नहीं सकते। आप रख लें और यह उम्दा लाल नाक भी खायें।” इस बीच पल भर को जो गगन ने उनके चेहरे से नज़र हटाई हो।

माथे से पसीना पोंछ वे बमुश्किल हँसे, कारीगर की तरह गत्ते के डिब्बे के कोने से चकोर हिस्सा काटा इस तरह कि दुबारा ढका जा सके और एक लाल डिब्बा खींच बाहर निकाला। खोल कर देखा ब्रांडी की बोतल थी। सूँघी, चेहरे पर तृप्ति का भाव लहराया, डिब्बा दुबारा ढका और हमारी तरफ़ खिसका कर बोले। “मानेंगी, बांगला मानुष औधिक बुद्धिमान। डिब्बे का नुक़सान हुआ नहीं और मालूम हो गया।”

ओंठों पर आये शब्द वापस घोंट मैंने कहा, “जी! ओनेक धन्यबाद।”

वे मुस्काये और चपरासी को हुक्म दिया, “इनका अटैची वापस मँगाओ। फ़्लाइट लेट है। उसमें चाक़ू डालो तब वापस बेल्ट पर रक्खो। जाओ भारी डिब्बा पहुँचा कर आओ, महिलाएँ हैं।”

अपना बंगालीपन साबित कर महिलाओं को विदा दी। मैंने एक आड़ू पेश किया। “इसे बिना चाक़ू खा सकते हैं।”

अकेले हुए तो गगन ने कहा, “मेरा ख़याल था हर डिब्बा देखना चाहेगा।”

मेरे मुँह से निकलने वाला था बाक़ी के बम हुए तो? बड़ी मुश्किल से रोका।

“लगा, कुछ कशमकश चल रही है।”

“वाक़ई बंगाली था। अटैची वापस मँगवा कर चाक़ू रखवाया। बंगाली न होता तो करता!”

"कभी नहीं। एक पेग उसके नाम पीना पड़ेगा।"

हँसते-बतियाते हमने यात्रा की इतिश्री की।

इतना सुहावना सफ़र किसी भारतीय लेखिका के साथ अकेले फिर न किया। सफ़र किये कई औरतों-मर्दों के साथ पर हमेशा गुट में।

2003 में ही अजित कौर सार्क सम्मेलन में शिरकत करने मालदीव चलने का न्यौता दे बैठीं। पेरेडाइज़ आइलैंड में ठहरे। हर तरफ़ से कटा बहिश्त का कोना। चारों तरफ़ समन्दर बीच में हम। पहुँचे भी नाव पर, एक से दूसरे शहर नाव से ही आना जाना होता था। इन्दिरा गोस्वामी के साथ कॉटेज साझा किया। रेन फ़ॉरेस्ट से टक्कर लेती गज़ब गहन हरियाली और अनोखे फूल और फल और इन्दिरा जैसी दोस्तनवाज़ औरत का साथ! महँगी निराली क़िस्म की महक़दार चाय के बैग साथ लायी थीं। रोज़ सुबह बिजली की केतली में गरम सुवासित चाय बनातीं और आवाज़ लगा मुझे जगातीं। खुशबू से लवरेज़ गरम चाय की चुस्कियों से दिन शुरू होता। पहले हर कॉटेज में बिजली की केतली मुहैया थी पर पिछले साल से देना बन्द था। ख़ुशक़िस्मती से हमें माँगने पर मिल गयी। बैरे ने कहा लोग जला देते थे पर आप शालीन महिलाएँ हैं सही इस्तेमाल करेंगी। उसे मोटी टिप दे शालीनता पर मुहर लगाई और तय किया कि इस बरकत को पोशीदा रखेंगे।

एक सुबह सैर करते हुए कमलेश्वर ठीक उस वक़्त तशरीफ़ लाये जब हम चाय की चुस्कियाँ भर रहे थे। तहज़ीब का तक़ाज़ा था कि पेश करें तो केतली से प्याले में चाय ढालनी पड़ी। ख़ुदा का शुक्र मर्द जात थे नज़र चाय पर रही केतली को तवज्जह न दी। इससे पहले कि इन्दिरा उन्हें दो-एक बैग पकड़ातीं मैंने कहा, इन्दिरा दो-चार बैग ही घर से लायी थीं आज आख़िरी था अच्छा हुआ आप आज आये। मुफ़्त मिली नायाब चाय बचाये रखने की ख़ातिर एक सफ़ेद झूठ बनता था न।

इन्दिरा गोस्वामी जितनी मेहमाननवाज़ थीं, उतनी अपनी कृतियों के प्रचार में चाक-चौबन्द। पता चला कि सम्मेलन में मालदीव के राष्ट्रपति तशरीफ़ लायेंगे तो अपनी शानदार किताब पैक कर और ख़ुद सज सँवर उनके कमरे में जा भेंटने की योजना बनायी। मनुहार कर मुझे भी तैयार किया कि अपनी किताब लेकर उनके साथ जाऊँ, मेरे कपड़ों से एक बढ़िया साड़ी भी चुनी। मैं काफ़ी अटपटा महसूस कर रही थी पर मना न कर सकी। मेरी ख़ुशक़िस्मती कि उनका आना रद्द हो गया और अपना उल्लू बनाने से बच गयी।

पर इन्दिरा का सबसे खुशनुमा पहलू आख़िरी रात देखने को मिला। देर तक समुद्र का पानी पैरों से धकेल लौटी तो पाँव हाथी के पाँव मानिन्द सूजे थे। एक क़दम चलना दुश्वार था। बिस्तर पर लेट गयी और इन्दिरा से कहा रात के विदाई भोज में न जा सकूँगी। सोने की तैयारी कर रही थी कि इन्दिरा ने पास आ कर पाँव देखे, बोलीं, "मैं चिलमची में नमक का गर्म पानी लेकर आती हूँ पाँव डाल कर रखो कुछ देर। ठीक हो गये तो चलेंगे। तुम्हें छोड़ मैं भी न जाऊँगी।" मैं अचरज से उबरी न थी कि वे पानी ले आयीं। नमक के साथ कुछ जड़ी-बूटी डाल बिस्तर के पास ज़मीन पर रख मुलायम हाथों में पाँव थाम उसमें डाल दिये। धीमे-धीमे उन्हें सहलाने लगीं। मैं हतप्रभ उन्हें ताक रही थी। "देखना, अभी ठीक हो जायेंगे।"

क़रीब एक घण्टे बाद पाँवों की सूजन काफ़ी कम हो गयी। मेरे कहने पर कि चल सकते हैं उन्होंने कहा, "ऐसे ही चलो सलवार कुर्ते में, हवाई चप्पल पहन लो, पार्टी बीच पर है सही रहेगा।" खुद भी निस्बतन सादा साड़ी पहनी और मुझे बाँह से थाम चल दीं। ऐसी स्नेहिल तीमारदारी, स्वर्णा आया और पिताजी के बाद किसी ने न की थी। उन्होंने शुक्रिया तक न कहने दिया, बोलीं, "समुद्र में चलने से नहीं हुआ डॉक्टर को ज़रूर दिखला लेना।"

वे सही थीं। क़सूरवार मेरे पैरों का ज़रूरत से ज़्यादा गहरा आर्च था, जिसका पता 2012 में रूस यात्रा के बाद चला जब आख़िरकार डॉक्टर के पास गयी।

इन्दिरा गोस्वामी के सौजन्य से ही दो साल बाद 2005 में असम जाना हुआ। असम का छात्र संघ 'आसु,' 10 दिसम्बर 1979 को शहीद हुए 800 छात्रों की स्मृति में 18 दिसम्बर को डिब्रुगढ़ में शहीदी दिवस मनाता था। उसका उद्घाटन करने मुझे बुलाया गया। बतलाया गया कि 18 दिसम्बर की सुबह एक सज्जन मय इंडियन एयरलाइन टिकट मेरे घर से मुझे हवाई अड्डे ले जायेंगे। डिब्रुगढ़ हवाई अड्डे पर 'आसु' के लोग लेने आयेंगे, होटल में ठहरा देंगे और आयोजन स्थल पर ले जायेंगे। आने वाले लोगों का, होटल का या आयोजन स्थल का नाम नहीं बतलाया। बहुत इसरार पर एक मोबाइल नम्बर दिया। उसे अपने फ़ोन में यूँ दाख़िल किया जैसे साक्षात् ईश्वर हो बिना जाने कि डिब्रुगढ़ में 'हच' सर्वर की आमद ही न थी।

ढाई बजे डिब्रुगढ़ के उद्गाटन में क्या बोलती तीन बजे तक दिल्ली हवाई अड्डे पर अटकी रही। कोहरे के कारण सब फ़्लाइट देरी से चल रही थीं।

तीन बजे मालूम हुआ कि एयरलाइंस की उड़ान डिब्रुगढ़ न जाकर गुवाहाटी में ख़त्म हो जायेगी। सड़क से डिब्रुगढ़ पहुँचने में दस घण्टे लगेंगे और उसकी ज़िम्मेवारी एयरलाइंस नहीं लेगी। क्या टैक्सी लेकर जाऊँ? पूछा तो क़तार में खड़े गुवाहाटी निवासियों ने एक सुर में कहा, कदापि नहीं सेफ़ नहीं है, अटैची वापस मँगवाइए और घर लौट जाइए। एयरलाइंस कर्मचारियों ने तस्दीक की। मेरी अटैची वापस आ रही थी कि मोबाइल बजा, आसु के अध्यक्ष कोलकाता से बोले, "बच्चे गुवाहाटी हवाई अड्डे पर इन्तज़ार कर रहे हैं आपको डिब्रुगढ़ ले जायेंगे..." उन्हें बतलाया कि अब तो अटैची लौट आयी तो बोले, "तब कल आइए।" और फ़ोन कट गया। शाम छह बजे गुवाहाटी से आसु के लड़कों का फ़ोन आया कि हम इन्तज़ार कर रहे थे पर आप उड़ान में थीं नहीं। काफ़ी बेवक़ूफ़ महसूस किया।

अगली सुबह कोहरे ने कृपा की उड़ान लेकर डिब्रुगढ़ पहुँच गयी। सच कहती हूँ इतना शाही इस्तक़बाल और रिहाइश कभी न हुई थी। सच कहते थे लोग असम में आसु की समान्तर सरकार चलती थी। इच्छा प्रकट करने की देर थी कि पल भर में वापसी टिकट की तारीख़ बदलवा दी गयी और काज़ीरंगा जंगल जाना तय हो गया। इन्दिरा गोस्वामी ने उससे पहले साल भी असम बुलाने की बात कही थी। पर गयीं पद्मा सचदेव। उन्होंने कहा वे कश्मीर की बेटी थीं और असम की बहू। रिश्ते जोड़ने में हिन्दी साहित्यकार पारंगत हैं और मैं फिसड्डी।

'आसु' के खुर्राट माने जाने वाले भोले-भाले युवकों को बेटा ज़रूर कहती रही। वह भी मेरी आदत है। उन्होंने गुज़ारिश की कि दिल्ली लौट उनकी माँगों के बारे में लिखूँ। वे मासूम नौजवान विदेशियों की आमद से उद्विग्न थे। उनकी चिन्ता और माँग मुझे वाज़िब लगी। देश के किसी प्रदेश में, किसी व्यक्ति के ख़िलाफ़ शिक़ायत दर्ज की जाती कि वह विदेशी था तो ख़ुद को भारतीय सिद्ध करने का ज़िम्मा अभियुक्त का होता। पर असम में वह अभियोगी का ज़िम्मा था। आँकड़े निर्विवाद रूप से सिद्ध करते थे कि त्रिपुरा, मेघालय, असम आदि पूर्वोत्तर राज्यों में विदेशियों की प्रतिशत दर तेज़ी से बढ़ रही थी। बेरोज़गारी के आलम में श्रम की क़ीमत न्यूनतम मज़दूरी से नीचे गिर चुकी थी। जब दाँव पर रोज़ी-रोटी होती है तो हम उस पर नहीं, संस्कृति के संकट पर घमासान करते हैं, जिससे लघु मानव के बजाय उदात्त मानुष दीख सकें।

मैंने लिखा भी। इतनी बेवक़ूफ़ नहीं हूँ कि सोचूँ उसका लेशमात्र असर हुआ होगा। पर संयोग और सौभाग्य से 2005 में ही सर्वोच्च न्यायालय ने 1983 में बने आई.एम.डी.टी. पक्षपाती क़ानून को असंवैधानिक बतला रद्द कर दिया।

असम के बेटों ने मेरा आलेख पढ़ा और मुझे धन्यवाद कहा। पहली बार हिन्दी में लिखने को तवज्जह मिली क़ानून की नहीं असम के छात्रों की। हज़ारों की तादाद में जमा ये वही लोग थे जिन्होंने मुझसे ख़ास दरख़्वास्त की थी कि भाषण हिन्दी में दूँ अंग्रेज़ी में नहीं। पर क्या हमने इस सर्व व्याप्त हिन्दी की जानकारी का फ़ायदा उठा, असम को बाक़ी हिन्दुस्तान से जोड़ने की कोशिश की? तौबा कीजिए! अपने डिब्रुगढ़ प्रवास के दौरान सीमान्त चीन से आता हिन्दी-बहुल तुमुल प्रचार सुन पाती थी, जिसमें चीन में असमवासियों के लिए व्यवसाय के साधन और नौकरियाँ मुहैया करवाने का क़ौल भरा जाता था। और एक हिन्दुस्तान था जो सकारात्मक पहलुओं को नकार, नकारात्मक पहलू को पनपने दे रहा था।

असम के गाँवों के तमाम बच्चे-बड़े इन्दिरा गोस्वामी की जिन्हें सब मामुनी नाम से जानते थे बेतरह इज़्ज़त करते थे। मैं द्वार्स के एक चाय बग़ान गयी तो मैनेजर की पत्नी और मज़दूर वेलफ़ेयर बोर्ड की अध्यक्ष, संगीता, क़बीलों की क़सीदाकारी के कुछ आला नमूने ख़रीदवाने बोडोलैंड शरणार्थी कैम्प ले गयी। पर उन्होंने कहा बेचने को कोई तैयार माल नहीं था। "पर परसों तो कुछ स्टोल दिखलाये थे जो पूरे होने को थे," संगीता ने कहा। "वे हमारे अपने पहनने के थे," उन्होंने रुखाई से कहा। "मुझे सिर्फ़ देखने हैं ख़रीदने नहीं। मामुनी ने कहा था आपका बनाया अपूर्व होता है," मैंने कहा।

"आप मामुनी को जानती हैं?" चौंक कर मुखिया ने पूछा।

"हाँ, मेरी सखी हैं।"

"ओह, भीतर आइए एक स्त्री ने कुछ ख़ूबसूरत बनाया है।" वह मुझे एक झोंपड़ी के भीतर ले गये। पीछे तमाम औरत-मर्द! तीन-चार दुशाले दिखलाये। सचमुच अपूर्व थे। बहुत सुन्दर कह मैं मुड़ गयी। "रुकिए-रकिए आपके लिए हैं आधे दाम पर देंगे। आप मामुनी से कब मिली थीं?" संयोग से मैंने तभी इन्दिरा की आत्मकथा संगीता को भेंट की थी इसलिए साथ थी। उसके कवर पर उनका चित्र था। मैंने किताब दिखला कर कहा, "इस किताब के लोकार्पण पर।" उन्होंने चित्र पर ममता से हाथ फेरा फिर दुशाले के दाम बतलाये। मज़े की बात! संगीता और मैं उसके जो दाम लगायें वे उसके आधे पर अडिग रहें। आख़िर बीच के दाम तय हुए और तीन दुशाले लिए। एक संगीता को दिया दो दिल्ली लायी।

और सुनिए। असम में अपनी साख का उपयोग कर उन्होंने उल्फ़ा जैसे उग्रवादी संगठन को, दो प्रतिनिधि दिल्ली भेज प्रधानमन्त्री से मन्त्रणा के लिए

राज़ी कर लिया। सरकार की रज़ामन्दी मिल गयी। जिस दिन वे दिल्ली के लिए रवाना होने वाले थे प्रधानमन्त्री दफ़्तर से फ़रमान आया कि अपने हथियार उन्हें प्रधानमन्त्री के दफ़्तर की इमारत के बाहर छोड़ने होंगे। भयानक कुतर्क! हथियार छोड़ने पर दूसरा उग्रवादी गुट उन्हें मार न डालता! सरकार आख़िर सरकार थी! एक फ़ौजी दस्ता तैनात कर सकती थी, जो अपने संरक्षण में उन्हें प्रधानमन्त्री के दफ़्तर ले जाता और सुरक्षा में तैनात रहता? दरअसल उन्हें बातचीत से मसला सुलझाना ही न था! इन्दिरा गोस्वामी की तमाम मेहनत और नेकनामी बेकार गयी। इस छोटे से हादसे से आप सब कुछ क़यास लगा सकते हैं। कुछ और कहने की ज़रूरत नहीं है।

इन्दिरा गोस्वामी के निधन के बाद मैंने ये बातें स्मृति सभा में कहीं तो सब को अचरज हुआ कि पहले ज़िक्र न किया था। मुझे यक़ीन है कि उल्फ़ा को बातचीत के लिए मनाने और उनके साथ दुराचार के बारे में इन्दिरा गोस्वामी ने उन परम मित्रों से ज़रूर कहा होगा। उसका ताल्लुक़ विश्वविद्यालय या साहित्यिक उठापटक से न होने के कारण याद न रहा होगा; मेरे मुँह से सुन नया सा लगा होगा।

एक-दोस्त और बनीं, ऑक्सफोर्ड यूनिवर्सिटी प्रेस की अनुवाद प्रभाग की विलक्षण सम्पादिका, मिनि कृष्णन। लेखकों का सम्मान करने वाली ऐसी विदुषी और संवेदनशील सम्पादक और कोई नहीं देखीं। 'द हिन्दू' में कॉलम लिखती थीं जो पता नहीं कहाँ-कहाँ से एकत्रित ज्ञान सामग्री से दमकता ऐसी दिलकश शैली में लिखा होता कि मनोरंजन भी भरपूर करता। बात अनुवाद या भाषा के बहाने शुरू होती पर अनगिन कूचों-गलियों से गुज़रती। एक बार लिखा कि कभी-कभी अनुवाद मूल को और मानीखेज़ बना देता है। मुझसे कहा मैं अपनी कृतियों का अनुवाद करती रही हूँ तो उदाहरण दे उस पर कुछ लिख दूँ। मुझे अचरज हुआ पर मैंने लिख दिया और वह इज़्ज़त के साथ उनके स्तम्भ के साथ छपा। 2005 से 2012 के बीच मैं भी हिन्दू में बराबर छपती रही। मीरांबाई, रवीन्द्रनाथ ठाकुर, मनोहर श्याम जोशी वग़ैरह के अछूते पहलुओं पर लेख छपे। प्रचलित राय से अलहदा अन्ना हज़ारे के आन्दोलन का विश्लेषण छपा। शब्द सीमा 800 रहने से सम्पादकीय कौशल का अच्छा इस्तेमाल करना पड़ता। पुस्तक समीक्षाएँ भी अनेक लिखीं; कुछ इधर-इधर के क़िस्से भी। मेरी रचनाएँ इस हद तक उसमें छपीं कि निर्मला जैन बोलीं, अरे हिन्दू का अता पता चाहिए तो मृदुला से पूछो, हर हफ़्ते वहीं धरी होती है। ख़ैर 2012 के बाद निज़ाम बदल गया और मैं ग़ैर-ज़रूरी हो गयी। दुनिया का क़ायदा!

मिनि और मैं दोस्त बने रहे। उसका चरम बिन्दु 2010 के दो साल पहले आया जब मेरे अनित्य का अंग्रेज़ी अनुवाद ओयूपी से छपने को हुआ। संवाद, कथा-शैली और वैचारिक नज़रिये पर केन्द्रित, बतौर उदाहरण भेजे गये तीन लघु अंश पढ़ मिनि जैसी खुर्राट सम्पादक ने अनुवाद का ज़िम्मा सीमा सहगल को दे दिया। मनोवैज्ञानिक रूप से उनके पक्ष में गया अफ़्रीका में बिला बच्चे पति के साथ रहना। जिससे समय दे तन्मयता से अनुवाद कर पायेंगी। शायद यह भी कि वे प्रेमचन्द की पोती थीं। यहीं खा गयीं गच्चा! बदक़िस्मती हमारी कि तन्मयता या संवेदनशीलता के उन्हें अर्थ ही मालूम न थे! मोहतरमा ने वह घास काटी कि क्या कहूँ। एक उदाहरण काफ़ी है। उपन्यास में वाक्य है...उसमें गणेश शंकर विद्यार्थी भी मारे गये। सन्दर्भ अहिंसक स्वाधीनता आन्दोलन में ब्रिटिश हिंसा का था तो चार साल का बच्चा भी समझ जाता कि वे सज्जन महत्त्वपूर्ण स्वतन्त्रता सेनानी होंगे। मोहतरमा ने अनुवाद किया गणेश शंकर नाम का विद्यार्थी मारा गया। शायद हिन्दी-अंग्रेज़ी कोश में विद्यार्थी का अंग्रेज़ी पर्याय खोजा होगा। मैंने मिनि से कहा, "यह किसी हाल नहीं छप सकता। प्लीज़ इसे निरस्त कर दें।" पर वे बोलीं, "ऐसे तो मृदुला कोई अनुवाद छपे ही नहीं। यह तो पहला ड्राफ़्ट है। सीमा को कुछ सुझाव दे कर कहती हूँ संशोधित ड्राफ़्ट भेजें। और हाँ, अब वे दिल्ली आ गयी हैं तो कहूँगी तुमसे मिल लें। तुम्हारे घर के पास रह रही हैं।"

दोस्ती का तक़ाज़ा था कि कुछ दिन मन मार कर बैठें। हफ़्ते भर बाद एक सुबह सीमा का फ़ोन आया कि वे शाम को मेरे घर आयेंगी। ज़रूर आयें मैंने कहा शाम की चाय पियें। तय हुआ पाँच बजे आयेंगी। हम आलू टिक्की वग़ैरह बनवा उनके आने का इन्तज़ार करते रहे। सोचते रहे चाय पर गुफ़्तगू होगी तो दूसरे ड्राफ़्ट पर बात ज़्यादा करेंगे। असीम धीरज का उपयोग कर विद्यार्थी प्रसंग मुल्तवी रखेंगे। पर वहाँ तो धीरज की ऐसी धज्जियाँ उड़ीं कि सव योजना धरी रह गयी।

पाँच बजे। साहब अपने मुल्क में मुँह उठा कर वक़्त से आने का क़ायदा है नहीं कि उनकी तशरीफ़ आ जाती। छह बज चुके तो हमने उनके फ़ोन को ज़हमत दी। उठाया नहीं गया। हमने सोचा बीच रास्ते होंगी। उनका मोबाइल नम्बर पास था नहीं कि फ़ोन पर फ़ोन खड़का जान को आती। सब्र के सिवा चारा न था। सात और आठ बजे ज़रूर दो बार फ़ोन मिलाया और इतनी देर बजने दिया कि नसें तिड़क लीं। फ़िक्र हो चली कि ख़ुदा-न-ख़्वास्ता कोई हादसा न हो गया हो। दस बजे दम साध फ़ोन फिर घुमाया। ज़हे क़िस्मत! ख़ुद सीमा ने उठाया और आवाज़ काफ़ी चहकदार मालूम हुई। तो दन से कहा, "तुम मेरे घर आने वाली थीं, मैं इन्तज़ार करती रही तुम आयीं नहीं।"

"बाज़ार चली गयी थी देर हो गयी आ नहीं पायी किसी और दिन आती हूँ।"

"फ़ोन करके इत्तिला तो दी जा सकती थी। क्या तुम्हारे पास मोबाइल नहीं है?"

"नहीं। वहाँ तो वायरलेस था।" शौहर शायद यू.एन. जॉब पर थे।

गुस्से के मारे मैंने यह भी न पूछा कि ड्राफ़्ट में कुछ सुधार किया?

जब मिनि ने कहा कि न उन्होंने नया ड्राफ़्ट भेजा है न उसका ज़िक्र किया है तो दोस्त की ख़ातिर ग़ुस्सा थूक, सीमा को फ़ोन कर पूछ लिया कि मिनि ने जो ख़त लिखा था उसके बारे में बात करनी है, कहीं बैठ लेते हैं। "हाँ," उन्होंने फ़ौरन कहा, "कल ग्यारह बजे आ जाऊँ आपके घर?" "न आ रही हो तो इत्तिला ज़रूर कर देना दस से पहले," मैंने कुछ रौब से कहा। उन्होंने हामी भरी और दस तो नहीं उसके काफ़ी बाद फ़ोन आ गया कि वे आ नहीं पायेंगी।

ऐसा दो-तीन बार और हुआ। कह कर न पहुँचने पर माफ़ी नहीं माँगी। पर मिनि के पास जवाब ज़रूर आया कि उनके सुझावों को पढ़ कर सोचेंगी क्या करना है। मिनि ने मतलब लगाया कि उस पर काम कर रही हैं। उनके बर्ताव से खिन्न मैंने अनुवाद को ख़ारिज कर अनुबन्ध न करने का आग्रह किया। मिनि ने बतलाया अनुबन्ध तो सैम्पल पास करते ही हो जाता है। रॉयल्टी बेसिस पर है इसलिए लागू तभी होगा जब अनुवाद छपेगा।

"ठीक है। तब उसे रद्दी की टोकरी में फेंक हम और काम से लगते हैं।" कह मैंने अपनी तरफ़ से क़िस्से का तमाम शुद किया पर मिनि के धीरज और आशावादिता की क्या कहें, मेरा बकरा बना कर छोड़ा। उन्होंने मुझे तरह-तरह की वजूहात बतला कर उस निकम्मे ड्राफ़्ट को देखने-पढ़ने के लिए तैयार कर लिया। कहा, एक बार वे सम्पादित कर चुकी हैं पर मेरी तरह हिन्दी से मिलान करके नहीं देख सकतीं। वे और मैं दोनों जानते थे कि दुबारा पढ़ा तो मैं गयी काम से। संशोधन के नाम पर दुबारा लिख मारूँगी। यह डर भी सताने लगा कि उसे लेकर सीमा किसी नामुराद प्रकाशक के पास न पहुँच जायें! जानती हूँ, ओ.यू.पी. उसकी तौबा बुला देता पर डर का क्या कीजिएगा। क़िस्सा कोताह यह कि बेमन से उसे सुधार मिनि को भेज दिया।

बार-बार संशोधित हो कर भी पाण्डुलिपि मुकम्मल न हुई। मिनि मुझे उकसाती रहतीं। एक अंग्रेज़ी का जुमला लिख भेजा और कहा ज़रूर हिन्दी में अत्यन्त काव्यात्मक रहा होगा। तड़प कर मैंने उस अकाव्य को हिन्दी के काव्य के पास ला कर दम लिया।

दिल थाम कर बैठिए इस क़िस्से में कई सर्कसनुमा पल आने बाक़ी हैं। भलमनसाहत और तंज़ के साथ मिनि ने पाण्डुलिपि नं. 2 और सीमा की अनगढ़ पाण्डुलिपि नत्थी कर उन्हें पोस्ट कीं, देख लें हुज़ूर मुकम्मल पाण्डुलिपि में आपके ड्राफ़्ट में कितना जोड़ना-तोड़ना पड़ा। दन से जवाब आया कि दोनों में महज़ कुछ पंक्तियों का फ़र्क़ है; वह तो सम्पादक सही करते ही हैं। मिनि ने लिखा और लोगों को पढ़वा लीजिए; भाई आलोक राय को, बहन सारा राय को तब अन्तिम राय दीजिए। जवाब आया किसी को पढ़वाने की ज़रूरत नहीं है। ग़ुस्से के बावजूद मिनि ने शाइस्तगी से लिखा, चूँकि जो पाण्डुलिपि हम प्रकाशित करेंगे उसमें 80% काम मृदुला गर्ग ने किया है तो रॉयल्टी 50-50% में नहीं, 70-30% के हिसाब से बँटनी चाहिए। सीमा सहगल टुच्चेपन पर उतर आयीं। लिखा मेरे पास अनुबन्ध है अदालत में जाऊँगी। आप रद्दी सम्पादक हैं; दोस्त को ज़्यादा रॉयल्टी दिलवाने के लिए प्रपंच किया है। मैंने कहा जाने दो अदालत। हर पढ़ा-लिखा इन्सान दोनों पाण्डुलिपियों का अन्तर देख लेगा।

मिनि कृष्णन ज़्यादा अनुभवी थीं। जिन नामचीन विद्वान रिश्तेदारों को पाण्डुलिपि दिखलाने से क़तरा रही थीं, अदालत में वे हमारे नहीं उनके पक्ष में बोलेंगे। सीमा की सास मशहूर फ़िल्म अभिनेत्री ज़ोहरा सहगल का नाम भी जोड़ लें मैंने मन ही मन कहा। तो रॉयल्टी का बँटवारा वही रहा बस किताब पर लिखा गया, "इन कोलाबोरेशन विद द ऑथर।" एक बेमानी पद। मतलब हुआ 80% काम गधे लेखक ने किया। अनुवाद फिर भी सीमा सहगल का माना जायेगा। क़िस्सा कोताह यह कि बेमन से अनूदित फ़ाइनल पाण्डुलिपि दो समीक्षकों के पास भेजी गयी कि बतलायें छापने लायक़ है या नहीं। है तो क्या संशोधन/ सम्पादन की माँग करती है? उनमें से एक अंग्रेज़ी की प्रोफ़ेसर रूपा वाजपेयी थीं, दूसरी सुनीता जैन।

सुनीता ने एक नज़र पढ़ मेरे मन का चोर पकड़ लिया। बेमन से किया अनुवाद था; क़तई नहीं चाहूँगी कि जस का तस छपे। पाण्डुलिपि ले वे पाँच दिन के एकल प्रवास के लिए भाई के गुड़गाँव स्थित होटल चली गयीं। घोट-घाट कर जहाँ अंग्रेज़ी मुहावरे में संशोधन ज़रूरी था ताकि लयबद्ध हो सके और हिन्दी का अनित्य नज़र आये, निशान लगाये। कहा, "मैंने कहीं कुछ बदला नहीं है; बस जहाँ सम्पादन की ज़रूरत है निशान लगाये हैं। देखते ही समझ जाओगी। मृदुला, ज्यों का त्यों छप गया तो तुम्हारी विद्वत्ता की छवि ख़ाक में मिल जायेगी।" मैंने कहा, "मैंने पहले ही मिनि से कहा था इतना बकवास अनुवाद न छापें।"

"जब इतना पानी यमुना में बह चुका और तुम दोनों उस पर इतनी प्रतिभा नष्ट कर चुकीं तो थोड़ी ज़हमत और उठा लो। महत्त्वपूर्ण कृति है अंग्रेज़ी में आनी चाहिए। दोनों भाषाओं पर तुम्हारे जितना अख़्तियार मेरा होता तो मैं कर देती पर यह काम तुम्हें ही करना होगा। ज़रूरी है।" मुझसे वह सब कहना बेहद ईमानदारी, नाज़ुक बयानी और दोस्त नवाज़ी की माँग करता था। कोई और होता तो छपने लायक़ नहीं है कह ख़ाक डालता मसले पर। पर ये सुनीता जैन थीं।

क्षण भर को सर्वांग हिल गया। फिर उनकी नोटेशन की पाण्डुलिपि देखी, परखी, गुनी और आख़िर लेखकीय पैशन से आक्रान्त हो गयी। जब बातचीत के लिए रूपा वाजपेयी का फ़ोन आया तो कहने लायक़ थी कि उसमें काफ़ी संशोधन कर दिया है। नयी पाण्डुलिपि भेज रही हूँ देख लो फिर बात करेंगे। उन्होंने देखा और कहा, "अब परफ़ेक्ट हो गयी। ताज्जुब है, आप कितनी तेज़ गति और मशक़्क़त से काम करती हैं। मुझे तो पढ़ने में ही उतने दिन लग गये थे।" पुनः सम्पादित प्रति समीक्षकों की राय के साथ कि पाण्डुलिपि मुकम्मल है संशोधन की ज़रूरत नहीं है, मिनि कृष्णन को भेज दी गयी। ख़ुदा का शुक्र किया कि कमबख़्त से पीछा छूटा पर मिनि इतनी आसानी से बख़्शने वाली कहाँ थीं।

नाटक के तीसरे और अन्तिम अंक से परदा उठा। मिनि को सूझा कि अनुवाद की हर पंक्ति निर्दोष होनी चाहिए कि सीमा देखे सम्पादन कहते किसे हैं। उन्होंने कहा नहीं पर एक अदना अनुवादक का उन्हें रद्दी सम्पादक बतलाना अहम को चोटिल कर गया होगा!

चूँकि मिनि चेन्नई में थीं और मैं दिल्ली में तो योजना बनी कि मिनि रोज़ मुझे फ़ोन करें और अंग्रेज़ी अनुवाद को पंक्ति दर पंक्ति पढ़ें। मैं हिन्दी से मिलान करती चलूँ। कुछ बदलना हो तो आपसी तालमेल से बदल दें। बाप रे! कितने घण्टे हमने वार्तालाप किया! चारेक दिन, चार-पाँच घण्टे रोज़ प्रक्रिया चली। दो-तीन घण्टे बीत जाते तो मिनि कहतीं, "थक गयीं कॉफ़ी पी आइए एक घण्टे में शुरू करते हैं।" कॉफ़ी पी आइए का निहितार्थ था जो खाना हो खा आइए। ख़ास मतभेद हमारे बीच नहीं हुआ; कुछेक शब्द बदले; एकाध वाक्य विन्यास पर ज़्यादातर सहमति बनी रही। बस एक मतभेद हुआ। मुझे आज तक अफ़सोस है मैंने ज़िद क्यों छोड़ी। हिन्दी में वाक्य था, "भीड़ के ज्वार के सामने अंग्रेज़ सार्जेंट की राइफ़ल भिश्ती की ख़ाली मश्क सी ठण्डी पड़ गयी थी।" दिक़्क़त पैदा हुई मश्क और भिश्ती को लेकर। भिश्ती तो वॉटर कैरियर की तरह अंग्रेज़ी साहित्य में नुमाया था; सवाल था मश्क को क्या कहा जाये। कोश में तो गोट स्किन बैग

दिया था (बकरी की खाल से बना थैला)। लाहौल विला क़ुव्वत! मैंने किपलिंग की मशहूर 'गंगा दिन' कविता पर ख़ासा शोध किया और पाया जनाब किपलिंग साहब ने अंग्रेज़ी में लिखी उस कविता में जिसमें हिन्दी शब्दों की भरमार थी मश्क के लिए बिना खुलासा किये म्युसिक शब्द इस्तेमाल किया था।

युरेका के अन्दाज़ में मैंने मिनि से कहा मिल गया! घोड़े के मुँह से निकला मश्क का अंग्रेज़ी पर्याय! अपने घोड़े महाशय किपलिंग साहब मूल कविता 'गंगा दिन' के रचयिता। पर मिनि को एतराज़ था बोलीं कोई नहीं समझेगा; सब पाठक आप जैसे विद्वान नहीं होते। तो न समझें मश्क कितनों ने समझा और जो पापोश वग़ैरह उर्दू के इतने अल्फ़ाज़ हैं उपन्यास में। जुमला पढ़ कर आदमी समझ लेता है मुद्दा क्या है। पर मिनि अड़ी रहीं। दो कॉफ़ी ब्रेक के बाद भी बहस चलती रही। कहा गया शब्द प्रचलन में नहीं था। पर किपलिंग की कविता बरसोंबरस स्कूलों में पढ़ाई जाती रही थी। आजकल इस शब्द को कोई नहीं जानता। 'आर्कायिक' यानी न इस्तेमाल होने वाला शब्द है। मेरा सिर फटने लगा। मैंने कहा म्युसिक न सही हम मश्क ही लिख देते हैं; 'गंगा दिन' कविता तो हिन्दी शब्दों से अटी पड़ी है। पर मिनि को जने क्या झक चढ़ी कि इतनी तर्कसंगत बात न मानीं। शायद यही होगा सम्पादक का ग़ुरूर। मिनि ने तब तक विद्वत्ता का अहंकार इस्तेमाल न किया था। बकरे की माँ कब तक ख़ैर मनाती! अन्ततः अंग्रेज़ी में जो जुमला लिखा गया, ब्रिटिश सार्जेंट की राइफ़ल ख़ाली पानी के थैले सी ढुलमुल लटकी रही; उसमें न इतिहास की झलक थी न काव्यात्मक रस। भिश्ती का ज़िक्र तक न था। थकान के चलते उस दिन मैंने हथियार डाल दिये पर आज तक उसका अफ़सोस है और हमेशा रहेगा।

इसके अलावा कोई शिक़ायत मिनि से न हुई। किताब का कवर तलाशने में मुझसे ज़्यादा दिलचस्पी मिनि ने ली। ज़्यादातर प्रकाशक 'इन हाउस' तस्वीर बनवा लेते हैं या मुझसे पेंटिंग की माँग करते हैं। अन्त में अपने मित्र के घर लगी पेंटिंग का नायाब छवि चित्र खिंचवा ऐसा उम्दा कवर बनवाया कि लोग अश्श-अश्श कर उठे। कुछ वक़्त के लिए मैं 'म्युसिक' की पीड़ा भले भूल गयी पर वह फोड़ा अब तक टीसता है।

अंग्रेज़ी में नाम रखा गया 'अनित्य हाफ़्वे टु नोवेम्बर।' एक नया काम यह हुआ कि अनुवाद में हर अध्याय को शीर्षक दिया गया जो मूल में न था। अनुवाद की मुक्त कण्ठ से सर्वत्र तारीफ़ हुई पर कोई पुरस्कार न मिला। हर बार मिनि कहतीं सब सीमा के कर्मों का फल है। अनुवाद उसी के नाम से चल रहा था न।

गलत नहीं कहती थीं। जब सीमा का नाम लेकर लोग अनुवाद को सराहते तो गले में फँसी हड्डी न निगलते बनती न उगलते।

बाद में मिनि हमेशा कहती थीं, इतने उपन्यासों का अनुवाद करवाया, छापा पर जितना मज़ा मृदुला के साथ काम करने में आया कभी न आया। 'म्युसिक' हादसे के बावजूद। अब इतनी मासूमियत पर कौन न मर जाये! हमारी दोस्ती बरक़रार रही। जब वे दिल्ली आतीं हम आई.आई.सी. में चाय-कॉफ़ी पीते। या वाइन के साथ खाना खाते। मैं एक ही बार चेन्नई गयी पर मिनि ने सब कमी पूरी कर दी। जितना लाजवाब होटल था उतना लज़ीज़ डिनर। यहाँ-वहाँ गोष्ठियों में मिलना होता रहा। मिनि ने एक अनुवाद की पुस्तक में मेरे नाटक 'जादू का कालीन' का एक अंक दिया। और भी बहुत कुछ लिखने को आमन्त्रित किया।

2014 में हैदराबाद में हिन्दी पर केन्द्रित एक अन्तर्भारतीय संगोष्ठी हुई तो मुझे बुलाया गया। होटल में ठहरने और बैठक तक ले जाने-लाने का ख़र्च संयोजक उठा रहे थे पर हवाई जहाज़ का टिकट ख़ुद ख़रीदना था। साहित्य अकादेमी मदद करती थी पर मेरा नम्बर कई बार पहले आ चुका था। तभी-तभी मुझे 'मिलजुल मन' के लिए साहित्य अकादेमी पुरस्कार मिला था पर अकादेमी की माया अकादेमी जाने! मिनि ने पूछा तो बतला दिया क्यों नहीं जा रही थी। वे हाथ धो पीछे पड़ गयीं कि वे मेरा टिकट ख़रीदेंगी। मैंने घनघोर विरोध किया पर उन्होंने प्रकाशक होने का वास्ता दे कहा आप मुझ पर अहसान करेंगी। मैंने कुछ फ़ंड लेखकों के लिए रखा है, मना करेंगी तो मेरी अवमानना होगी। मैं मान गयी। हैदराबाद पहुँच गयी। 'समकालीन हिन्दी साहित्य' पर पर्चा पढ़ना था। तमाम ख़तोकिताबत ख़ालिस अंग्रेज़ी में हुई थी जिसमें हिन्दी का एक लफ़्ज़ न आया था तो सोचा हिन्दी पर भले केन्द्रित हो गोष्ठी होगी अंग्रेज़ी में। फिर भी संयोजक को मेल भेज पूछ लिया हिन्दी में बोलूँ या अंग्रेज़ी में? जवाब लाजवाब था। "हिंग्लिश में।"

मेरा भेजा गरमा गया। "इतने नीचे गिरना मुमकिन नहीं," कह पर्चा ख़ालिस अंग्रेज़ी में लिख डाला और हिन्दी की अपनी कोई किताब भी साथ न ले गयी। 'मिलजुल मन' तक नहीं!

वहाँ पहुँची तो पाया जनाब नन्दकिशोर आचार्य मेरे सत्र के अध्यक्ष होंगे। सत्र की पहली रात मेरे अंग्रेज़ी में बोलने की पेशकश पर अपार अचरज दिखलाया और बोले मेल अंग्रेज़ी में भले गयी हो कार्यक्रम तो हिन्दी में होगा। विश्वविद्यालय के हिन्दी विभाग से तमाम लोग आयेंगे। हिन्दी में नाटक भी हो रहा है।

कई लोगों ने कहा कम-अज़-कम 'मिलजुल मन' से एक अंश पढ़ दीजिएगा। अपन किताब ही न ले गये थे। रात हो चुकी थी सुबह दस बजे सत्र था। एक मोहतरमा ने वेब से एक अंश खोज निकाला और उसका बेहद रद्दी प्रिंट मुझे दे दिया। जैसा अपनी क़िस्मत का चलन था रातोंरात तेज़ बुख़ार के साथ स्टमक फ्लू हो रहा। होटल वाले काम के निकले। रात में ही दवा मँगा दी और सुबह खाने को केला और दही दे दिया। हम बुख़ार में तपते क़रीब-क़रीब ख़ाली पेट और 'हिंग्लिश' हादसे से ग़ुस्साये मंच पर पहुँचे। आचार्य जी ख़ार खाये थे कि उनकी जगह मुझे साहित्य अकादेमी क्यों मिल गया! अंग्रेज़ी बोलने पर रोष आक्रोश अवमानना वग़ैरह उड़ेलने को कमर कस कर आये थे।

मज़े की बात सुनिए। पहले न सुना होगा न देखा। मृदु भाषी संचालक ने जब उनके हाथ में माइक थमाया कि वे कार्यक्रम की बागडोर सँभालें तो अध्यक्ष जी ने मेरा कोई परिचय न दिया। नाम लेकर कह दिया ये समकालीन साहित्य पर बोलेंगी, मैंने सोचा था अपने लेखन पर बोलेंगी। क्यों हुज़ूर? आप कौन, न सहेली न ख़ाला, मेरी कार्यशैली पर सोचने को किसने मुकर्रर किया आपको! मैंने ख़ालिस हिन्दी में कहा मुझसे कहा गया था कि मैं हिंग्लिश में बोलूँ। माफ़ कीजिए ऐसी नामुराद हरक़त नहीं कर सकती। आचार्य जी मुस्काये कि अब आया अंग्रेज़ी का पर्चा! पर अपन भी कम नहीं। अंग्रेज़ी का पर्चा सामने रखा और उसका फ़ौरी तर्जुमा करते हुए हिन्दी में बोल दिया। इस क़िस्से में दो जुमले छूट गये जिनमें जैनेन्द्र का नाम था। उसके बाद, आचार्य जी के फुसफुसा कर बीच में रोकने की कोशिश के बावजूद 'मिलजुल मन' के रद्दी प्रिंट से पाठ भी कर दिया। आचार्य जी ने और कुछ नहीं कहा बस बोले, "आपने जैनेन्द्र का नाम नहीं लिया।" तब तक बुख़ार की गरमी, पेट में जलन-दर्द और आचार्य जी के अजीब बर्ताव से पैदा खुन्नस मेरा भेजा पूरी तरह तल चुकी थी। भलमनसाहत से कहने के बजाय कि हाँ, नाम रह गया, मैंने कहा, "ज़रूरत न थी। उन्हें सब जानते हैं।"

ग़ुस्से से उफन कर अध्यक्ष जी ने फ़रमाया, "गाँधीजी को भी सब जानते हैं उनका नाम भी नहीं लेना चाहिए।" आचार्य जी गाँधी विशेषज्ञ थे। एक मोटा ग्रन्थ उन पर लिखने के लिए फ़ेलोशिप पाये थे। मैंने कहा, "अपना मोल बढ़ाने के लिए क़तई नहीं लेना चाहिए।"

उनके कुछ कहने से पहले संचालक ने हस्तक्षेप किया, "अब सवालों के लिए दर्शक आमन्त्रित हैं।"

अब जो सवाल पूछा जाये उसका ख़ासा तबील जवाब फटाक से आचार्य जी दे दें। मैं दूसरे ध्रुव पर स्थित राय ज़ाहिर करूँ तो श्रोताओं को कुछ कहने देने के बजाय खुद बहस करने लगें। आख़िर एक नौजवान ने कह डाला हमने सवाल मृदुला गर्ग से पूछा है आपसे नहीं। वे और खुन्नस खा गये। अपन भी डटे रहे और ख़ाली पेट पानी पी-पी उन्हें पटकनी देते रहे। घण्टा पूरा हुआ; खुदा का नाम ले बिना गिरे-पड़े मंच से ज़मीं पर उतरे कि राजमोहन गाँधी भागते हुए आये और बोले, "व्हाट एन एस्टाउंडिंग प्रजेंटेशन, मृदुला जी। (कितना अद्भुत वक्तव्य!) काश अध्यक्ष ने आपका माक़ूल परिचय दिया होता।"

बाद में हार्पर कॉलिंस की कृतिका ने कहा, "आपकी आपसी नोकझोंक ने बातचीत का मज़ा दुगुना कर दिया था। पर अध्यक्ष महोदय ने आपका परिचय क्यों न दिया?"

"क्योंकि वे हिन्दी के मशहूर लेखक हैं।"

काफ़ी हो गया था; निढाल कुर्सी पर ढह गयी। संयोजक हरक़त में आ गये। गाड़ी से होटल पहुँचाया। खाने में दही-भात का जुगाड़ किया और हवाई अड्डे पर व्हील चेयर का। उनकी ख़ातिरदारी का शुक्रिया दे मैंने कहा, "आइन्दा हिन्दी लेखक के सत्र में दूसरे हिन्दी लेखक को अध्यक्ष न बनाइएगा। ख़ास कर जब वक्ता को साहित्य अकादेमी पुरस्कार मिला हो और अध्यक्ष को नहीं। ख़ामख़्वाह हुज्जत होती है और कृपया हिन्दी के लेखक को हिंग्लिश में बोलने की सलाह न दीजिएगा।"

दो-एक साल बाद आचार्य जी को साहित्य अकादेमी मिल गया। उतने ख़ार खाये न रहे होंगे। मैंने तय किया उस बदसलीक़ा हादसे को भूल जाना चाहिए तो एन.एस.डी. में उनके रचना पाठ में चली गयी; उनकी एक कविता की तारीफ़ भी कर दी जिसे और कोई तवज्जह नहीं दे रहा था क्योंकि द्रौपदी पर भी कविता कही गयी थी और नाटकीयता का तक़ाज़ा था उसी को सराहा जाये। पर भूल न पायी; न तब न अब!

गोली मारिये हिन्दी की हसद-जलन को। स्वाद बदलने को एक नायाब अहिन्दी लेखिका, लक्ष्मी कन्नण से आपका तार्रुफ़ करवाती हूँ। तमिल और अंग्रेज़ी में यकसां हक़ से लिखती हैं। पर उस महीन कते लेखन से ज़्यादा करिश्माई उनकी शख़्सियत है। इसमें अतिशयोक्ति न देखें कि उन सी पाक साफ़ दिल की औरत दूसरी नहीं देखी। हसद, जलन, रश्क़ से बरी; दूसरे की ज़िन्दगी और अन्दरूनी दुनिया को ही नहीं रचनात्मक नज़रिये को भी इतने बारीक और दिलदार तरीक़े

से रूह में उतारें कि यक़ीन न हो कि हम ख़ुद अपनी कृति के बारे में नहीं सोच रहे। मेरे अंग्रेज़ी उपन्यास 'द लास्ट ईमेल' को जैसे उन्होंने समझा किसी और ने नहीं। ईमेल और सिर्फ़ ईमेल के ज़रिये जब तमाम मन और देश काल की गाथा चले तो आप समझ सकते हैं कहन के कितने निहितार्थ अनकहे रहेंगे। उस अनकहे को केवल लक्ष्मी कन्नण ने सुना। उसके नाक़ाबिले बर्दाश्त दर्द को अनकहा रखने की पीड़ा को रगों में महसूसा। और एक बेहतरीन सतह से ऊपर उठती समीक्षा लिखी। जब हरीश त्रिवेदी कह रहे थे कि ताउम्र इश्क़ में मुब्तिला रहे दो महबूब चालीस साल बाद ईमेल की मार्फ़त मिले तो उससे चिपके क्यों रहे; हवाई जहाज़ वाली ज़मीनी उड़ान भर एक-दूसरे की बाँहों में सिमट क्यों न गये? वजह यही हो सकती थी कि पैशन बचा नहीं था। या ख़ुदा! तब लक्ष्मी साफ़ समझ रही थीं कि पैशन इतना था कि ईमेल से बह कर पाठक को भागीदार बना लेता था। पर बाँहों में पनाह लेने की दरकार थी नहीं। फिर ज़िन्दगी, परिवार, राजनीति, समाज के अविरल घटते हादसे ऐसी मसरूफ़ियत पैदा कर चुके थे कि ज़मीन पर पाँव टिका कर ही आसमान में उड़ा जा सकता था। उनके उड़ने की क्या कहिए। यादें मन पर दस्तक देतीं नहीं कि स्मृति की भरी पूरी दुनिया बस जाती। जीवन का सार संक्षेप क्या है, स्मृति। किरदार समझे अदीब समझा और समझीं लक्ष्मी। या जयपुर लिट फ़ेस्ट में स्कॉटलैंड से तशरीफ़ लायीं दो औरतें।

मेरी तमाम कृतियों को लक्ष्मी कन्नण ने उसी रचनात्मक मोह से समझा और बेहिचक सार्वजनिक रूप से कहा। साहित्य अकादेमी की गोष्ठी में 'कठगुलाब' की मीमांसा में जो कहा यादगार था। मौखिक रूप से नामवर सिंह से लेकर हरीश त्रिवेदी तक अनेक मर्द अदीबों ने तारीफ़ की पर काग़ज़-क़लम को ज़हमत न दी! क्यों? वे जानें या उनका ख़ुदा! लक्ष्मी का अपना लेखन भी उस भाव-सम्पूर्त पारदर्शिता और ईमानदारी का आईना था जो समाज से जुड़े रहने की दर्दीली ज़रूरत से पलायन नहीं करता। ख़ुद हम भगोड़े बन जायें पर दूसरों को बनने के लिए मजबूर कैसे करें?

कुछ दिन लक्ष्मी कन्नण, सुनीता जैन के साथ आई.आई.टी. में रही थीं। सुनीता उन्हें बेहद इज़्ज़त से याद करती थीं। पुरुष सत्ता की इबारत में हाशिये में ठूँसी जा रही बौद्धिक, कार्यदक्ष स्त्री का साथ देने के लिए मुखपृष्ठ से बैर लेना जिस उदारता और हिम्मत की माँग करता है, लक्ष्मी कन्नण ने बिला हिचक दर्शायीं! उदार इन्सान हर क्षेत्र में उदार होता है, कृतित्व हो आलोचना या दफ़्तरी आपसदारी। वही थीं लक्ष्मी कन्नण!

हिन्दी की बेमिसाल और दोस्तनवाज़ लेखिकाएँ

वक़्त आ गया है कि हिन्दी में लिखने वाली बेमिसाल और दोस्तनवाज़ लेखिकाओं के बारे में कहूँ।

कृष्णा सोबती की अलहदगी के काफ़ी क़िस्से सुन रखे थे। अपनी मर्ज़ी से अकेले रहीं, नौकरी की, अफ़सर बनीं। लेखन को अपार प्रशंसा मिली निस्संकोच स्वीकारी। लेखन में समझौता न किया। भाषाई खटपट के चलते पहले उपन्यास की पाण्डुलिपि प्रकाशक से वापस लेने की दास्तान दन्तकथा बन चुकी थी।

दिल्ली आकर जब पहला उपन्यास लिखा तो उस शोहरत के असर में पूरा करते ही उन्हें फ़ोन से ख़बर दी। "मुबारक़ मौक़ा है," उन्होंने कहा। ख़ुशी हुई पर ज़्यादा दिन टिकी नहीं। क्योंकि उस पर हुए आयोजन में वे आयी नहीं।

लोग उनके आतिथ्य की भी ख़ूब प्रशंसा करते थे; मुझे उसका अनुभव न हुआ। उन्हें कुछ जानने पर अहसास हुआ; सही था कि उन्होंने समझौते न किये पर जो किया सुनियोजित तरीक़े से। सोच-समझ कर मित्र बनाये आतिथ्य दिया भरपूर भक्त भाव की अपेक्षा रख कम उम्र लेखकों के सिर पर हाथ रखा। अलग राय फ़र्क़ नज़रिया बर्दाश्त न किया; आलोचना विरोध माफ़ न किया। अपना स्वाभिमान सहेजा दूसरों का नहीं।

1996 में जब तभी छपा मेरा 'कठगुलाब' उपन्यास चर्चा में था उन्हें मेरी ज़रूरत महसूस हुई। उन दिनों मैंने कहीं आना-जाना छोड़ रखा था। एक दिन साहित्य अकादेमी के सचिव सच्चिदानन्दन जी का फ़ोन आया कि कृष्णा सोबती को फ़ेलो बनाया जा रहा है और उनका आग्रह है कि उन पर मैं बोलूँ। अचरज हुआ क्योंकि बरसों पहले 1980 में छोटी-सी बात पर वे नाराज़ हो गयी थीं।

उनके बृहद् उपन्यास 'ज़िन्दगीनामा' को साहित्य अकादेमी पुरस्कार मिलना लगभग तय था। मैंने पढ़ा न था पर जाने किस मनहूस पल में जैनेन्द्र जी का

जुमला एक लेखक को बतला दिया कि वे उसे पढ़ न पाये क्योंकि उसमें पंजाबी बहुत थी। मुझे गुमान न था कि पड़ोसिनों की तरह हिन्दी लेखक भी इधर की उधर करने में उस्ताद थे। उन्होंने जैनेन्द्र जी के बजाय मेरा नाम ले कृष्णा जी के कानों में चो दिया। एक सम्मेलन में कृष्णा जी मिलीं तो इत्तिफ़ाक़ से मेरे हाथ में ज़िन्दगीनामा था। मैंने कहा, "पढ़ने जा रही हूँ।"

कृष्णा जी ने रुँधी आवाज़ में कहा, "आप नहीं पढ़ पायेंगी।"

"क्यों?"

"आपके लिए इसमें पंजाबी बहुत है!" मैंने अचरज से देखा उनकी आँखें छलछला रही थीं। मेरे साथ ऐसा तब होता है जब मैं ग़ुस्से में हूँ।

"किसने कहा? मैंने पढ़ा ही नहीं तो मुझे कैसे मालूम?"

मन में सोचा मुझसे कोई कहे आपकी कहानी में उर्दू बहुत है तो मैं ज़रा नाराज़ न हूँ पर कृष्णा जी बात-बेबात नाराज़ होने के लिए मशहूर थीं।

ख़ैर! जब सच्चिदानन्दन ने बोलने के लिए कहा तो मैंने हामी भर दी और दरख़्वास्त की कि उनकी किताबें भिजवा दें। अपने फ़ितूरी दिमाग़ के चलते गहराई से पढ़ीं और अन्ततः जो लेख लिखा उसका शीर्षक हुआ, "तरेड़ खायी केतली और स्त्रीत्व की भाषा।" बक़ौल फ्लॉबेयर भाषा वह तरेड़ खायी केतली है जिस पर हम भालुओं को नचाने के लिए धुनें बजाते हैं और चाहते हैं कि आसमाँ के सितारे तक करुणा से पिघल जायें।

उसमें भाषा के उत्सव के माध्यम से स्त्रीत्व की भाषा रचने की बात रखी यूँ कि ज़्यादातर उत्सव मनाने का ज़िम्मा औरतों पर रहता है। अपने यहाँ जन्म और मृत्यु दोनों उत्सव हैं, बेपसन्द का ब्याह और पसन्द का ऐलान उत्सव हैं। अपने वक्तव्य के दौरान जब मैंने कहा, "लगता है कृष्णा जी आपकी केतली में तरेड़ नहीं है" तो काफ़ी तालियाँ बजीं बिना समझे कि जब तक भाषा की केतली में तरेड़ न आये रचना होती नहीं। पर कुछ लोग जुमलेबाज़ी का मज़ा लेने में यक़ीन करते हैं मानी समझने में नहीं। मर्ज़ी उनकी!

एक बात और नोट की। प्रचार की घोड़ी पर कृष्णा जी डट कर सवारी कर रही थीं! नन्हा दूरदर्शन, वयस्क ऑल इंडिया रेडियो, लघु फ़िल्म बनाने वाले, टेढ़ी चाल चलने को मशहूर पत्रकार टोली सब उनके बतलाये रास्ते पर सधे पाँव चल रहे थे यानी सबकी लगाम उनकी पकड़ में थी। उसके बाद कई लेखकों-कलाकारों-विद्वानों को फ़ेलो बनते देखा वैसा सरंजाम कभी न देखा।

वक्तव्य के आख़िर में मैंने दो बातें कहीं।

पहली, असली वारिस वह नहीं होता जो आपकी तरह लिखे बल्कि वह जो आपकी तरह अपनी तरह लिखना चुने। उस हिसाब से मैं आपकी असली वारिस हुई।

दूसरी, 'मेरे मन में हमेशा सवाल रहा है कि आप मित्रो को लौटा क्यों लायीं?'

पता नहीं उस सवाल में क्या था कि कृष्णा जी हत्थे से उखड़ गयीं। सीधा जवाब न दे आपसी टकराव पर उतर आयीं। पोंगापन्थी पड़ोसिन की तरह कहने लगीं... आपके ज़माने में होता होगा हमारे ज़माने में नहीं... तो? ज़माने का अचार डालें जब बात मित्रो की हो जिसे आप ही ने हुज़ूर हमने नहीं ज़माने से अलहदा औरत बना पेश किया था।

एक ख़ुशनुमा बात यह हुई कि औरों के साथ निर्मला जैन को भी मेरा वक्तव्य पसन्द आया और मुक्त कण्ठ सराहा। मैंने कहा उनसे भी कहियेगा उसमें नाराज़ होने लायक़ कुछ न था। "वे ख़ुश नहीं हैं क्या!" उन्होंने अपार अचरज से कहा, "...वह तो उनकी अदा है।" लो साहब हम जान से गये उनकी अदा हो गयी। असल अचरज बाक़ी था। उनकी पड़ोसिन चित्रा मुद्गल ने जो उनकी क़रीबी होने का दावा करती थीं मुझसे कहा, वे ख़फ़ा थीं क्योंकि मैंने ख़ुद को उनका वारिस कहा। पूरी तरह यक़ीन न किया फिर भी ग़ुस्सा फ़नफ़ना गया ...हम तो आपको सुर्ख़रू कर रहे थे वरना होगी अदा आपकी अपना भी अन्दाज़ कम नहीं।

कभी-कभाक किसी सेमिनार के दौरान, मैं और मंजुल आई.आई.सी. लाऊंज में उनके साथ बैठ लिया करते थे। गपशप बढ़िया रहती पर कोई अहम मसला निशाने पर न होता। बस एक बार साहित्य अकादेमी के सचिव इन्द्रनाथ चौधरी के साथ किसी ने बदतमीज़ी कर दी तो कृष्णा सोबती उसके ख़िलाफ़ ज्ञापन पर दस्तख़त करवा रही थीं। मंजुल और मुझसे कहा तो हमने बख़ुशी कर दिये। दो-एक दिन बाद उन्होंने मुझसे फ़ोन पर कहा सूची कमलेश्वर को दिखलाई गयी तो बोले, "इसमें नामचीन लेखक तो हैं नहीं। कमलेश्वर तो मंजुल और आपको लेखिका ही नहीं मानते," और तंज़ से हँस दीं। मालूम नहीं उनकी मुराद क्या थी पर मैं क़हक़हा लगा गयी। "मर्ज़ी उनकी। हमीं कौन उन्हें 'लेखिका' मानते हैं।" यह मलंगपन उन्हें रास न आया।

असल मुद्दा मुद्दत बाद समझ में आया और था क़हक़हा लगाने लायक़। बदतमीज़ी करने वाला वामपन्थी था तो फ़र्ज़ अदायगी के लिए कमलेश्वर उसका बचाव कर रहे थे। मैंने और मंजुल ने कहा सानु की? यह ज़रूर समझ गये कि

कृष्णा जी हिन्दी की राजनीति में हिस्सा लेने और लेखकों के बीच रस्साक़शी करवाने में यक़ीन रखती थीं।

1980 में ही जब ज़िन्दगीनामा पर हमारी रुसवाई हुई थी, बतौर वैकल्पिक विषय हिन्दी साहित्य पढ़ रहे लड़कों से बातचीत करने मैं आई.आई.टी. दिल्ली गयी। 'अनित्य' पढ़ाया जा रहा था। पिछले साल कृष्णा जी का 'ज़िन्दगीनामा' पढ़ाया गया था। क़ायदा था कि एक दिन लेखक को बुला छात्रों से सवाल-जवाब करवाया जाता। वहाँ पहुँची तो आयोजक ने अजीबोग़रीब बात कही कि सबको हिदायत दे दी है कि सवाल अनित्य तक महदूद रखें। चित्तकोबरा का ज़िक्र न करें। मैंने कहा, "यह ज़ुल्म क्यों, बन्दापरवर?"

बोले, "पिछले साल ज़िन्दगीनामा पर बात करने कृष्णा सोबती आयी थीं। एक लड़के ने मित्रो पर सवाल दाग़ दिया तो रोने लगीं।"

"हुज़ूरेआला," मैंने कहा, "ख़ातिर जमा रखें मैं रोऊँगी नहीं अलबत्ता बच्चे नहीं रोयेंगे गारंटी नहीं दे सकती।" फिर बच्चों से कहा चित्तकोबरा पर सवाल ज़रूर करें।

कई हाथ खड़े हुए। आयोजक ने डाँट कर कहा, "पहले अनित्य!"

45 मिनट अनित्य पर बातचीत चली। ज़हीन बालक थे चर्चा चल निकली तो मन लगा लिया। पर भीतर-भीतर कुछ कसमसा रहा था। जैसे ही मंच से इति हुई क्लास में घमासान छिड़ा।

एक लड़का बोला, "कच्ची उम्र के लड़कों के लिए चित्तकोबरा नुक़सानदेह है।"

"किस कच्ची उम्र के?" पूछा तो जवाब मिला, "जैसे हम।"

"क्या उम्र है आपकी?" जवाब, "तेईस साल!"

"आपकी कच्ची उम्र है!" मेरा पारा सातवें आसमान पर, "तेईस की उम्र में भगतसिंह को फाँसी हो गयी थी! पढ़ा नहीं अनित्य में?"

"जी।"

"मानी?

"हो गयी थी।"

"आपने किन-किन आन्दोलनों में हिस्सा लिया है? 1975 में आपातकाल के दौरान जेल गये थे? नहीं; क्यों, आपके प्रोफ़ेसर तो गये थे। प्रोफ़ेसर साहब इनकी उम्र कब पक्की करवा रहे हैं? जेल जाये बिना मुश्किल है।" मैं एक के बाद एक सवाल दाग़ती चली गयी।

प्रोफ़ेसर साहब ने दूसरे खड़े हाथ को इशारा किया। वह बोला, "मैं सिर्फ़ उन्नीस का हूँ। चित्तकोबरा पढ़ने से गन्दे ख़याल आते हैं।"

"तकिये के नीचे छिपा कर जो पीत साहित्य रखते हो उसे पढ़ दुरुस्त कर लिया करो।"

सब लड़के खी-खी करने लगे; उसने न में सिर हिलाया तो उन्होंने हाँ में हिला दिया।

"कोई ढंग का सवाल हो तो करो वरना विस्तार से गन्दे ख़याल सब को सुनाओ।"

वह चुप रहा। मैंने दूसरे लड़के की तरफ़ उँगली घुमा कर कहा, "तुम बोलो।"

उसने आत्मविश्वास से कहा, "एक तरफ़ प्रेमी और प्रेयसी के बीच प्रेम का वर्णन अमूर्त है; दूसरी तरफ़ पति-पत्नी के बीच नसों को तिड़काने वाला मूर्त या यथार्थ। ऐसा क्यों?"

"तुम कौन हो भाई? आई.आई.टी. में क्या कर रहे हो? जवाब मालूम है न। तुम्हीं बतलाओ।"

उसने बतलाया। "एक तरफ़ दोनों तरफ़ तरंगित मन से किया प्रेम है, जिसे दृश्य में तब्दील नहीं किया जा सकता। दूसरी तरफ़ केवल देह का मिलन है। ऑर्गाज़्म है, विरेचन नहीं।"

"एकदम सही। अब औरत की नज़र से देखो। हिन्दुस्तानी औरत अजनबी से ब्याही गयी है। भला आदमी है शायद महान् भी हो। पर उम्दा इन्सान और पत्नी के लिए पति दो अलग शै हैं। इज़्ज़त करती है, फ़र्ज़ निभाती है, बच्चे पैदा करती है; घरबार परिवार सुचारु ढंग से चलाती है पर प्यार नहीं करती। अगर पति को पता न चलता तो शायद दर्द कम महसूस होता। अगर आन्ना कैरेनिना के पति की तरह माने रहता कि वह उससे प्यार करती है। पर दुर्भाग्य! पति जानता है फिर भी पतित्व जतलाता है। औरत सोचती है दूसरे से प्रेम करने के लिए पश्चात्ताप होना चाहिए पर होता नहीं। क़तई नहीं होता। फिर भी विवाह टूटता नहीं; बच्चों को पालना है न बढ़िया तरीक़े से तो ...बेटो, अब भी गन्दे ख़याल आ रहे हैं? या नहीं।"

आख़िर एक लड़का रुँधे गले से बोला, "नऽई।"

तभी प्रोफ़ेसर साहब ने कहा, "एक घण्टा हो गया। आपके आभारी हैं, वग़ैरह वग़ैरह ..."

बाहर निकले तो मैंने पूछा, "सोबती जी ठीक किस बिन्दु पर रोयी थीं प्लीज़ बतलाइए। आपके लिए इतनी ज़िल्लत सही..."

"कहाँ," उन्होंने टोका, "आप तो मज़े ले रही थीं।"

"तेईस साल का लड़का कच्ची उम्र का! मन कर रहा था पचास साल की अनुभवी स्त्री से ज़बरन फेरे फिरवा दूँ।"

"शान्त! सोबती जी तो यह पूछने पर रो दी थीं कि मित्रो की छातियों में क्या ख़ास बात थी?"

"बतलाया नहीं क्या थी?" कैसे बतलातीं? 16 बरस बाद 1996 में ही कहाँ बतलाया था, उसे लौटा क्यों लायीं?

पाँच बरस बाद 2001 में जब मंजुल भगत के कहानी संग्रह 'अन्तिम बयान' के भारतीय ज्ञानपीठ के लोकार्पण पर वे आयीं तब समझ में आया कि किस ख़ूबी से पड़ोसिन अपनी नाराज़गी दूसरे के सिर मढ़ गयी थीं...सुब्हान अल्लाह! सदके जायें!

कृष्णा सोबती का मेरे मुँह ज़बानी बुलावे पर वहाँ आना उनके अलहदा होने की तस्दीक कर गया। हुआ यूँ कि अपनी बहन और मशहूर लेखिका मंजुल भगत को जने क्या सूझी कि कुल बारह कहानियाँ लिख और बाज़ाब्ता पत्रिकाओं को भेज, 1998 में 31 जनवरी के दिन हंस के जश्न के दौरान इन्तक़ाल फ़रमा गयीं। पहली कहानी 'रौनक़' उसी हंस में छप रही। बाक़ी रफ़्ता-रफ़्ता पर ख़रामा-ख़रामा नहीं यानी अगले साल ही 11 अन्य पत्रिकाओं में छप गयीं। कई लेखिकाओं ने कहा भी कि जब बन्दा ही न रहा तो उसकी कहानियाँ छापने की क्या जल्दी? पर सम्पादकों को कौन समझाये! तो 2001 तक 'अन्तिम बयान' नाम से कहानी संग्रह भारतीय ज्ञानपीठ ने प्रकाशित करने की ठानी। घबराइए नहीं शीर्षक अति नाटकीय न था जनाब इसी नाम की एक कहानी उसमें शामिल थी। मंजुल के जन्मदिन 22 जून 2001 को लोकार्पण रखा गया। निर्मला जैन ने तत्परता से भूमिका लिख दी और लोकार्पित करने को राज़ी हो गयीं। अध्यक्ष खोजने में मुश्किल पेश आयी, मंजुल को भी इतनी भीषण गर्मी के दिन पैदा होना था! अन्ततः मैनेजर पाण्डेय अध्यक्ष हुए। आलोचक अर्चना वर्मा, जो मंजुल की क़रीबी दोस्त थीं वक्ता बनीं। मुझ नाचीज़ से मंजुल की ग़ैरमौजूदगी में उसकी कहानी 'रौनक़' का पाठ करने को कहा गया। मरने से कुल एक महीना पहले वे ख़ुद कर चुकी थीं। आसान काम क़तई था नहीं। मेरे और मुझसे ज़्यादा भारतीय ज्ञानपीठ के दिनेश मिश्र के कुछ दिन तो तलफ़्फ़ुज की पड़ताल करते बीते। मंजुल के बतलाये तलफ़्फ़ुज में किसी इल्मी ज़बानदराज़ ने अड़ंगा लगा दिया।

आख़िर दो-तीन मौलवियों की सलाह से तय रहा कि मंजुल सही थीं बाक़ी इल्मी ग़लत। पर इस क़िस्से में अपने को दिनेश मिश्र से यह पूछना याद न रहा कि कृष्णा सोबती आ रही हैं न? जब पूछा तो बोले, वे तो हमारे बुलाने पर आती नहीं सो हमने नहीं बुलाया! कमाल तर्क था! वक़्त कम था दो दिन बचे थे। बहस छोड़ कृष्णा जी को फ़ोन लगाया, कहा, "मंजुल भगत को श्रद्धांजलि देते हुए उनके कहानी संग्रह 'अन्तिम बयान' का लोकार्पण भारतीय ज्ञानपीठ उनके जन्मदिन 22 जून को कर रहा है। संग्रह की तमाम कहानियाँ उनके इन्तक़ाल के बाद छपी हैं। निमन्त्रण पत्र आपको मिल गया होगा। मेरी इल्तिजा है आप ज़रूर तशरीफ़ लायें। बाक़ी सब तो होगा ही मैं उनकी कहानी 'रौनक़' का पाठ करूँगी। निमन्त्रण न मिला हो तो मैं..."

"ख़ाक डालिए निमन्त्रण पर। आप वक़्त बतलाइए। मैं ज़रूर हाज़िर हूँगी।"

न दिनेश मिश्र ने इस पर यक़ीन किया न कृष्णा जी की दोस्त निर्मला जैन ने। "हुँऽ आ लीं कृष्णा सोबती!"

यहाँ तक कि मंच पर उनके लिए कुर्सी न रखवाई गयी।

पाँच बजा चाहते थे कि अन्य मंच जीवियों के साथ निहायत सूफ़ियाने रंग का गरारा फहराते कृष्णा सोबती तशरीफ़ ले आयीं! आख़िर मौत और पैदाइश का उत्सव एक साथ हो रहा था। अब जो अफ़रातफ़री मची तौबा! मंच पर जो कुर्सी मौजूद थी उस पर उन्हें रौनक़ अफ़रोज़ करवाया गया। अध्यक्ष के लिए एक कुर्सी ठूँसी गयी। क़िस्मत से वे गरारा न पहने थे!

प्रोग्राम शुरू हुआ। निर्मला जी ने लोकार्पण किया, बतौर वक्तव्य अपनी भूमिका पढ़ी कि सोबती जी ने कहा, "एतराज़ न हो तो मृदुला सबसे पहले आप 'रौनक़' कहानी का पाठ कीजिए।" मृदुला को क्या एतराज़ होना था। किया पाठ। मंजुल मानो सवारी कर रही थी। ठीक-ठाक हो गया।

हॉल खचाखच भरा था। देवेन्द्र राज अंकुर 'अनारो' की तमाम रंग मण्डली के साथ मौजूद थे। आख़िर उसके पचास से ज़्यादा शो किये थे। और तमाम लेखक, पत्रकार, दूरदर्शन कार्यकर्ता, ढेरों मुरीद!

मेरा ख़याल था पाठ के बाद सोबती जी चली जायेंगी। निर्मला जी ने भी अपने ख़ास अन्दाज़ में यही इशारा किया। पर वे तशरीफ़ फ़रमा रहीं। बाक़ी लोग बोल लिए तो मैनेजर पाण्डेय के भाषण से पहले, मैंने माइक क़ब्ज़े में कर सोबती जी से दरख़्वास्त की, "कृष्णा जी आप कुछ फ़रमायें। हम ममनून होंगे।"

"ज़रूर," कह माइक पर जा बोलना शुरू किया। क्या बोली थीं! सबसे पहले सक़ील आवाज़ में दिनेश मिश्र से पूछा, "कहानी पाठ रिकॉर्ड तो किया है न?" जवाब में वह... वह... सुन कहा, "आगे से ख़याल रखिएगा। एक नायाब कहानी उसका उतना ही नायाब पाठ और रिकॉर्ड तक न हुआ।" उसके बाद मंजुल पर, कहानी पर, साहित्य पर, प्रकाशक की भूमिका पर जो जम कर बोलीं कि पाण्डेय जी श्राद्ध करने भर को रह गये। हाँ, ये थीं वह कृष्णा सोबती जो उन्हें होना चाहिए था!

उसके बाद उनकी 'ए लड़की' पर जो मेरी नज़र में उनकी सबसे उम्दा कृति है मैंने शिद्दत से आलेख लिखा। बदक़िस्मती से गगनांचल में छपा जिसकी प्रति मुझे न मिली बाक़ी रुतबेदारों की क्या कहूँ। लिखा तुरत-फुरत था क्योंकि महात्मा गाँधी अन्तरराष्ट्रीय विश्वविद्यालय ने कहा था कि छपने को प्रस्तुत किताब के लिए चाहिए। अज्ञात कारणों से प्रकाशन टल गया। अपने उच्च संस्थानों के क़ायदे के मुताबिक़ कई बरस सूचना न मिली। अज्ञात, अज्ञात रहा। सिर्फ़ एक इन्सान/कवि/लेखक/आलोचक ध्रुव शुक्ल याद आ रहे हैं जिन्होंने उस पर प्रशंसापूर्ण टिप्पणी की थी पता नहीं किस जुगाड़ से पढ़ा।

जब कृष्णा जी का इन्तक़ाल हुआ उसका अंग्रेज़ी रूपान्तर साहित्य अकादेमी की पत्रिका 'इंडियन लिट्रेचर' में छपवाया। अंग्रेज़ी में यूँ कि माँगा उन्होंने हिन्दी पत्रिका ने नहीं।

उनके जाने से पहले कृष्णा जी से मेरी मुलाक़ात सिर्फ़ एक बार हुई।

पहली नवम्बर 2015 को दिल्ली में प्रतिरोध नाम से सम्मेलन हुआ। लोकतन्त्र के उसूलों की मुख़ालफ़त कर, लेखकों-कलाकारों से सरकार जो बदसलूकी कर रही थी सम्मेलन उसके ख़िलाफ़ था। वे सबसे आगे व्हील चेयर पर थीं उसी लक़दक पोशाक में। उन्हें नमस्ते कर जाने लगी तो मेरा हाथ पकड़ रोक लिया। बोलीं, "मेरे पास बैठिए।" मैं पास की कुर्सी पर बैठ गयी। अपनी जगर-मगर आवाज़ में उन्होंने कहा, "घर से चली तो ख़याल आया शायद यहाँ मृदुला मिल जाये।"

"मुझे बुला लिया होता...कभी भी...मैं आ जाती..." मैंने कहा।

"यह बेहतर है। हम पार्टनर हैं।"

कार्यक्रम शुरू हुआ। ऐलानिया दस्तावेज़ में कहा गया था सब प्रतिरोधी लेखक-चिन्तक बोलेंगे। उसे टँगड़ी मार सम्मेलन राजनीति की जेब में जा बिराजा और हम नज़ारा करते रहे। राजनीति से हमें परहेज़ नहीं है, हम भी मुँह में ज़ुबान रखते हैं और ठसके से इस्तेमाल करते हैं। पर हुज़ूरेआला राजनीति की

जेब से ज़रूर एतराज़ है जितना मुँह फाड़े हो उतना ज़्यादा। फिर कृष्णा जी से मिलना न हुआ।

अब आती हूँ अपनी हमउम्र दोस्त लेखिका सुनीता जैन पर। अनित्य के अनुवाद के सन्दर्भ में उन पर बात कर चुकी पर दोस्त के नाते विस्तार में कहना ज़रूरी लग रहा है। सुनीता और मेरी प्रकृति काफ़ी विपरीत थी। हम जानते तो एक-दूसरे को बरसोंबरस से थे पर क़रीब आये 1993 में मेरे बेटे के जाने के बाद। देखा कि अन्तर्मन में हम काफ़ी यकसां थे।

2017 में सुनीता जैन का 76 वर्ष की आयु में निधन हो गया। छह माह घातक रूप से बीमार रहीं पर कम लोगों को पता चला। वे लोगों की हमदर्दी नहीं अन्त तक रचनाशील रहना चाहती थीं इस विश्वास के साथ कि लिखा शब्द व्यर्थ नहीं जाता। अपार कष्ट में अन्त तक लिखते रहना एक अचम्भा था। अन्तिम कविता संग्रह का नाम 'ऐसे जाने देना' तर्क सम्मत है।

आँखों की तकलीफ़ के बावजूद बड़ी उम्र तक लिखते रहने के लिए कृष्णा सोबती की हज़ारां तारीफ़ हुईं पर सुनीता के लिए किसी लब्धप्रतिष्ठित साहित्यकार ने एक शब्द न कहा। क्यों? क्योंकि सुनीता जैन ठाठ से रहती थीं। किसी ने यह मालूम करने की कोशिश न की कि वह तमाम ठाठ-बाट उनका अपना कमाया था। पुश्तैनी और पति की तरफ़ से गिनती शून्य से शुरू हुई थी।

सबसे बड़ी बात थी कि जिन साहित्यकारों ने उन्हें पद्मश्री मिलने पर खिल्ली उड़ाई और उनकी सराहना या संवेदना में एक शब्द न लिखा, जैसे अशोक वाजपेयी उनकी कविता को भी सुनीता ने नकारा नहीं। सार्वजनिक तौर पर कहती रहीं अशोक वाजपेयी की प्रेम कविताएँ कमाल होती हैं। हिन्दी साहित्य समाज जैसा क्रूर समाज नहीं है। वह रचनाकारों की अलग आवाज़ों, उनके अलगाव के वैभव को पहचानने का क़ायल नहीं। इसलिए सुनीता के लेखन की वैसी पड़ताल न हुई जैसी होनी चाहिए थी। पर उनके चाहने वाले पाठक अनेक थे ख़ासकर कॉलेज में पढ़ते युवा। मैं समझती हूँ अगली पीढ़ी ही हमारा सही आकलन कर सकती है क्योंकि उन्हें ख़ुद को हमसे बड़ा बतलाने का मोह नहीं होता। सुनीता जैन का भी वे निरपेक्ष आकलन करेंगे देर-सबेर।

मुझे दुख था कि इतना काम करने के बाद भी लोगों की उदासीनता से सुनीता खिन्न थीं। जब उन्हें अपने खण्ड काव्य 'क्षमा' के लिए के.के. बिरला व्यास सम्मान मिला तो ज़रूरत से ज़्यादा ख़ुश इसलिए हुई क्योंकि हरयाणा गौरव के अलावा यही बड़ा सम्मान झोली में गिरा। ताउम्र मेरी आभारी रहीं कि उसकी प्रस्तावना मैंने की।

मैंने अहसान नहीं किया था। मेरे लिए वह एक अनुपम कृति थी, इसलिए उसे पुरस्कार निश्चित मिलना चाहिए था।

जो लोग सुनीता को कवयित्री की तरह जानते हैं शायद अचरज करें कि एक ज़माने में वे गद्य के लिए ज़्यादा जानी जाती थीं। सत्तर के दशक में धर्मयुग में पढ़ी कहानी 'झील की बत्तखें' के माध्यम से पहला साक्षात्कार हुआ। निर्मल झील की तरह वह निर्वेग मेरे भीतर उतर गयी। तब तक विदेश से मेरा साबक़ा साहित्य के माध्यम से रहा था इसीलिए उसके यथार्थ पर फ़ंतासी की झीनी-सी चादर पड़ी थी। अब जो झील और सुदर्शन युवक समेत विदेशी पृष्ठभूमि पर अपनी देशवासिनी की हिन्दी में संस्मरणनुमा कहानी पढ़ी तो झीनी चादर झर्र से उतर गयी। फिर पलटा खा फर्र से चढ़ गयी। एक अलग अन्दाज़ लिए फ़ंतासी-युक्त यथार्थ सामने आ गया। सुनीता का धीमा, हल्का, काँपता-सा रोमानी अन्दाज़ विदेशी को हिन्दुस्तानी बनाये दे रहा था आख़िर में यह फ़लसफ़ा! "अपने यहाँ रिश्तों की कई अनाम परतें होती हैं जिन्हें क़रीब से क़रीबतर लाने का मतलब है उन्हें खोना या कमतर बनाना, उसकी पेशकश न करें तो बेहतर है।" बरसों यह याददाश्त में टँका रहा। 1993 के बाद जब दोस्त की तरह जाना तो नोट किया वे कभी यह न कहतीं मैंने कविता लिखी; हमेशा कविता मेरे पास आयी।

उनकी तीक्ष्ण बुद्धि और प्रबन्धन दक्षता देख ख़याल आता व्यावसायिक क्षेत्र में भरी-पूरी पहचान पायी; विदुषी और कार्यदक्ष महिला, आई.आई.टी. में ह्युमेनिटीज़ विभाग की अध्यक्ष; किस मोहजाल में फँस साहित्य के दुखदायी क्षेत्र में विचरने आयी? समस्या थी साहित्य क्यों तो समाधान था साहित्य ही। हम विपरीत प्रकृति की औरतों को वही क़रीब लाया। साहित्य सुनीता का मूल क्षेत्र था। उसके अलावा जो किया, समय की माँग थी, जीवन की ज़रूरत और भव्य तौर पर जीने की लालसा। पर जब अध्यापन या प्रबन्धन किया तो हाशिये में न डाला। निष्ठा से निभाया बस कुछ बचाकर रखा जो साहित्य को अर्पित किया।

सुनीता का परिष्कृत, आभरण-युक्त, सजीला रख-रखाव और उनके लेखन की स्फूर्त सहजता के बीच तालमेल न था। हर व्यक्ति में व्यावहारिक और आन्तरिक का अन्तर होता है। सुनीता में कुछ ज़्यादा था। लेखन उनके आन्तरिक व्यक्तित्व का दर्पण था या उस सरस्वती का जिसे उन्होंने लेखन का पर्याय बना रखा था। वे ऐसे लिखती थीं जैसे पात्रों और पाठकों से संवाद कर रही हों और हम सम्प्रेषित भी उसी तरह करते थे। पर उसका यह मतलब क़तई न था कि वे लेखन का आधार केवल भावनाओं को बनाती थीं। बल्कि आसपास के जीवन को जितना महसूस करतीं उतना उस पर सोचतीं भी।

मैंने बहुत से उदास क्षण सुनीता के साथ गुज़ारे। सच्चा दोस्त वही होता है जिससे ख़ुशियाँ ही नहीं उदासी भी बाँटी जा सके। कुछ यात्राएँ भी साथ कीं। वे दक्ष चौकन्नी यात्री थीं, मैं एकदम नाकारा। इसीलिए यात्रा में हमेशा उनकी आभारी रही। वे मुझ पर अभिभावक की तरह नज़र रखतीं। "क्या कर रही हो चटनी मत खाओ, बिला पकी चीज़ से ही पेट ख़राब होता है।"

जब तक वे रहीं उनके फ़ार्महाउस से बराबर फल और जगह-जगह से लाये नायाब पौधे और फूल मुझे मिलते रहे। इतने बेशुमार नर्गिस के फूल किसी महबूब ने भी न दिये फिर पौधे भी चले आये। नर्गिस ही नहीं एक से बढ़ कर एक पौधा। उनके जाने के बाद मेरा बरामदा जो बग़ीचे-सा गुलज़ार रहता था फिर से गमले रखा बरामदा बन गया। मुझ जैसा मेरा बूढ़ा पुराना माली भी जब-तब सुनीता को याद कर लेता है। तब तो आलम यह था कि वे सफ़र पर छोटे शहर जायें तो बेझिझक कह दूँ नर्सरी से मेरे लिए फूल खिले पौधे ले आना। जानती थी पौधे सूँघती जायेंगी ज़रूर। लेकर आतीं। एकाध बार कहा तुमने तो फ़रमान सुना दिया। फूल खिले पौधे ले आना। पता है कितना भटकना पड़ा। पर वह उलाहना नहीं दोस्ती का इज़हार होता।

फलों में क़िस्म-क़िस्म का आम, कच्चा-पका केला, आँवला और बेल। एक बार लीची हो गयी तो आधी मेरे यहाँ चली आयी। उन्हीं के कहने पर मैंने बेल का शर्बत पीना शुरू किया। एक दिन में ज़रा सा गूदा इस्तेमाल हो पाता। सुनीता ने कहा, "जो बेल भेज रही हूँ उनका गूदा निकाल फ़्रीज़र में रख देना। मौसम ख़त्म होने पर भी पीती रह सकोगी।" मैंने हाँ कह दिया पर करा-कराया कुछ नहीं। फिर देखती क्या हूँ कि उनका भृत्य, फ़्रीज़ किये बेल के गूदे से भरा स्टील का बर्तन लिए चला आ रहा है। मैंने फ़ोन किया तो छूटते ही बोलीं, "मुझे पता था तुम करने वाली हो नहीं इसलिए सोचा मैं ही भेज दूँ।" मुझ नामुराद ने यह भी न कहा कि मैं कर लेती। उनकी बदौलत घर आयी सुधा अरोड़ा को भी बेल का शर्बत पिला दिया। वह ऐसी मस्त-मगन हुई कि सुनीता के घर जा पहुँची। साथ में सुमन केशरी थीं। सुनीता ठहरी सुनीता दोनों को ढेरों बेल और फल पकड़ा दिये। पर लोग उनके 'देने' को उसी अन्दाज़ में लेते थे जैसे राजा से मिली ख़ैरात। दे दी तो क्या हुआ भतेरा था उसके पास। कुछ क़ुसूर सुनीता का भी था। वह न अपने अभाव के दिनों का ज़िक्र करतीं न असाधारण संघर्ष और श्रम का, जिसके भरोसे सामान्य बी.ए. छात्र ने अमरीका में दो बच्चों को जन्म देने और काफ़ी हद तक अकेले पालने के बावजूद, अंग्रेज़ी साहित्य में एम.ए. और पीएच.डी. किया। पर ऐशो-आराम ख़ूब प्रचारित करतीं।

कितने उभरते कलाकारों चित्रकारों की मदद की। उनकी कृतियाँ ख़रीद घर पर गैलरी बना ली। अशोक भौमिक उनमें से एक थे जिन्हें सुनीता ने ख़ूब सहेजा-सँवारा।

जिन अमरीकन प्रोफ़ेसर से पहले पहल दाख़िले के लिए मिलीं उनका हौसला देख दंग रह गया। "आप अकेली ऐसी छात्र हैं जो इतनी शिद्दत से पढ़ने के लिए पढ़ना चाहती हैं।" उन्होंने नौकरी की, व्यावसायिक बुद्धि का इस्तेमाल कर निवेश किया और अपने बलबूते पर मकान, मन्दिर और फार्म हाउस बनाया। जायदाद भी। लोगों को जायदाद, भव्य घर, आर्ट गैलरी और ज़ेवरात दिखते थे पर आत्मबल, श्रम, बुद्धि, कला की पहचान, उदारता नहीं। 'शब्द काया' नाम से छोटी-सी आत्मकथा लिखी तो संघर्षमय पढ़ाई-लिखाई-नौकरी के बारे में लिखा पर पति की बेतरह ज़्यादातियों का ज़िक्र न किया। मैंने कहा कुछ तो इशारा कर देतीं तो बोलीं, "यहीं बराबर में बैठे हैं, कैसे ज़लील कर दूँ।"

1996 में मेरा उपन्यास कठगुलाब छपा तो भारतीय ज्ञानपीठ उस पर कार्यक्रम न रख पाया। तब सुनीता ने अपने घर दावत कर लोकार्पण करवाया। काफ़ी नामचीन लेखक आये जैसे निर्मल वर्मा, गगन गिल, मनोहर श्याम जोशी, मन्नू भण्डारी वग़ैरह। एक फ़ौजी हज़रत ने उसके समर्पण पर जो दिवंगत बेटे-बहू के नाम था भदेस टिप्पणी शुरू की तो सुनीता ने बीच वाक्य टोक दिया, "इस पर टिप्पणी नहीं होगी!" वे जितनी भावुक थीं उतनी दबंग।

उस शाम एक और शर्मनाक जुमला बोला गया था। कठगुलाब में एक बलात्कारी दुर्जन जीजा का चित्रण था। अचानक मन्नू भण्डारी बोलीं, "हमारे जीजाजी तो बहुत अच्छे थे!" मैं और सुनीता सन्न! क्या कह रही थीं ख्यात लेखिका! यानी कठगुलाब का जीजा लेखक का जीजा हो गया! साहित्य से कोरी औरत कहती तो मैं हँस कर रह जाती। पर सौम्य, शालीन होने के लिए मशहूर साहित्यकार यह कटाक्ष करे! कुछ कहते तो शर्मसार होते लिहाज़ा चुप रहे। तभी मनोहर श्याम जोशी ने कमान सँभाल ली। चल पड़ा व्यंजना पूर्ण विवेचन और बतकही का दौर, क़हक़हे पर क़हक़हे लगाते लोग कटुता भूल गये पर मैं न भूली।

सुनीता के भीतर दोस्त बनाने की उत्कट लालसा थी पर दोस्त मान लेने से ही कोई दोस्त नहीं बन जाता। दोस्ती निभाना प्यार निभाने से ज़्यादा विकट होता है। आप दोस्त चाहते हैं अपनी भावनाओं को प्रश्रय देने के लिए, अपने को खोल कर संवाद करने के लिए। पर दोस्त के नकार के अधीन भी हो जाते हैं। पर जिसे दोस्त चाहिए उसे चाहिए ही; सो सुनीता बराबर चोट खाने पर मजबूर होती रहीं।

चोट पर मलहम लगाने को रचनाक्रम था। सुनीता ने रचना में दोस्ती ढूँढ़ी। अन्तिम क्षणों तक रचना को अन्तरंग दोस्त बनाये रखा। ऐसी अदम्य रचना व्यथा और पूजा दुर्लभ है।

उनकी अन्तिम कविता यह मनोदशा साफ़ दर्शाती है।

आज और कल में सिमट जायेगा
तेरा मेरा नाम, साधो
नहीं किसी को याद आयेगा
दो दिन पीछे नाम, साधो
फिर भी कर तू
जो भी तेरा काम, साधो।

नहीं हम याद रखेंगे। मुझे विश्वास है कि उनके दोस्त रचनाकर्म की सही पड़ताल होगी और उसमें अन्तर्निहित अस्मिता बोध को समझा जायेगा। कभी न कभी।

समकालीन हिन्दी लेखिकाओं से मेरी अन्तरंग मित्रता कम हुई। कुछ हद तक अगली पीढ़ी की सुधा अरोड़ा और मधु कांकरिया से हुई। सुधा कब दोस्त बनीं कहना मुश्किल है। बरसों पहले शायद 1996 में मुम्बई गयी थी तो एक दुपहर साधना चतुर्वेदी, जिन्होंने 'कबाड़' पर फ़िल्म बनाई थी, उसके घर खाना खिलवाने ले गयी थीं। सुधा के पति, लेखक और कोरपोरेट हाकिम जीतेन्द्र भाटिया भी मौजूद थे। आम गृहस्थ माहौल था।

बाद में नये भव्य मकान में वसुन्धरा नाम से किताबों की दुकान खोली जो दुकान कम लेखकों का अड्डा ज़्यादा थी। वहाँ जाना हुआ तो एक समर्पित लेखिका और एक्टिविस्ट के दर्शन हुए।

जो वाक़या याददाश्त में टँगा है भोपाल की संगोष्ठी का है जहाँ मैं अध्यक्ष थी और सुधा वक्ता। सदारत औरत से करवाई जाये तो विषय स्त्री विमर्श होगा ही, था।

अध्यक्षीय उद्बोधन में मैंने एक ऐतिहासिक तथ्य का ज़िक्र किया कि शुरुआती दौर में नारीवाद सोच मातृत्व के विरुद्ध था ख़ास कर फ्रांस में जो नारीवाद का गढ़ था। वहाँ स्त्रियों ने जुलूस निकाला था, जिसमें ऐसी स्त्रियाँ भी थीं जो कभी गर्भवती न हुई थीं पर सभी के हाथ के पट्ट पर लिखा था, "मैंने गर्भपात करवाया है।" भारत की अधिकांश लेखिकाओं ने मातृत्व की महत्ता को न अस्वीकारा। अब नारीवाद के उत्तर-युग में हर देश में मातृत्व को एक शक्ति

की तरह पहचाना जा रहा है। इसमें बहस की गुंजाइश न थी ऐतिहासिक तथ्य था। धन्यवाद ज्ञापन होने वाला था कि सुधा अरोड़ा धड़धड़ाती हुई मंच पर पहुँचीं और माइक पर बोलीं, अध्यक्षीय भाषण हो चुका पर मुझे कुछ कहना है। संचालक ने मेरी तरफ़ देखा। शराफ़त का तक़ाज़ा... कहा कहिए। सुधा ने ताबड़तोड़ नारीवाद की हिमायत में बोलना शुरू किया। कहा, ऐसा कोई युग न था जब मातृत्व को नकारा गया। अध्यक्ष को तथ्यों को तोड़-मरोड़ कर कहने का हक़ नहीं है वग़ैरह, वग़ैरह। मैं, मंच और श्रोता दंग!

खाने के वक़्त मैंने सुधा से कहा तुम अपना नज़रिया नीचे आ कर भी मुझसे कह सकती थीं। तब क्या फ़ायदा होता उसने कहा लोग आपकी बात को अन्तिम मान चुके होते! अन्तिम न सही सत्य तो मान ही चुके हैं, मैंने सोचा पर समझ गयी सुधा तर्क-वितर्क से बाहर थी सो कहा नहीं। बाद में उसने दो एक बार कहा मैं ऐसी ही हूँ। दिमाग़ भन्नाता है तो बेलग़ाम बोल जाती हूँ। यानी उग्र नारीवादी होने के साथ ईमानदार थी। ईमानदारी की वजह से ही पीढ़ी के अन्तर के बावजूद हम दोस्त बने।

मुझे सुधा का लेखन पसन्द था। जिन पाँच कहानियों पर 'एकालाप का संवाद हो जाना,' शीर्षक से लेख लिखा, उनमें 'सात सौ का कोट', 'रहोगी तुम वही', 'अन्नपूर्णा मण्डल की आख़िरी चिट्ठी', 'ऑड मैन आउट उर्फ़ बिरादरी बाहर' और 'दहलीज़ पर संवाद' थीं। कहानियों की ख़ासियत के बारे में शीर्षक सब कुछ कह जाता है।

बाद की कहानियों में 'काँच के इधर उधर' मुझे विशेष रूप से पसन्द आयी। संयोग से उस पर फ़ेसबुक के माध्यम से हमारी एक लम्बी बातचीत हो गयी जिसमें हमने बहुत साफ़गोई से बात रखी और एक-दूसरे की समझी।

जो आपसी संवाद हमारा मेरे उपन्यास 'मिलजुल मन' पर हुआ वह ज़्यादा मानीखेज़ और नायाब था। उसके बारे में विस्तार से कहना ज़रूरी है। मैं बेंगलूरु बेटे के पास गयी तो उसका पहला ड्राफ़्ट प्रिंट करके साथ ले गयी। सुधा भी वहाँ बेटी के घर आयी हुई थी। प्रिंट सुधा को दिखलाया कि एक उसमें आये सक़ील उर्दू अल्फ़ाज़ पर अपनी राय दें। दूसरे, चूँकि मैं अन्तिम अध्याय से मुतमईन नहीं थी उस पर भी राय दें। राजेन्द्र यादव के सिवा मैंने कभी किसी को पाण्डुलिपि दिखलाई न थी; मंजुल को भी नहीं। 'मिलजुल मन' अचला को ज़रूर दिखलाया था कि बहन होने के नाते बतलाये ऐसा कुछ तो नहीं लिख दिया जो मंजुल को नागवार होता। उसने पढ़ा तो ज़ाहिर है कई तरह की राय भी दीं जिन्होंने बहुत हौसला अफ़ज़ाई की।

पहली बार उपन्यास मैं सीधे कम्प्यूटर पर लिख रही थी जिस पर अविश्वास कम करने में सुधा का काफ़ी हाथ रहा था। सुधा ने दो दिन के अन्दर पूरी पाण्डुलिपि बेहद बारीकी से पढ़ डाली। उर्दू के कई सक़ील अल्फ़ाज़ बदलने की राय दी जो मैंने मान ली। अपनी जीवन दृष्टि बिना थोपे एक नारीवादी लेखिका नितान्त भिन्न तरीक़े से लिखने वाली दूसरी लेखिका की कृति निर्बाध तरीक़े से पढ़े और सटीक-सधी पाठकीय और आलोच्य राय दे, जितना बेमिसाल था उतना ख़ुशनुमा। तारीफ़ भी की, शिल्प, भाषा और कथ्य में उपन्यास पठनीय और लीक से हटा लगा। उम्र के थोड़े से फ़ासले पर खड़ी दो लेखक बहनों की कहानी शायद पहले इतनी आत्मीयता और ईमानदारी से नहीं कही गयी थी। नाम भी पसन्द आया 'मिलजुल मन'। जो उसे मूल्यवान बनाता था, वह यह था कि उसके कहन में मुझे ख़ुश करने की ललक या अतिशयोक्ति क़तई नहीं थी। उसका सबसे बड़ा योगदान अन्तिम अध्याय को लेकर था। आन्तरिक तर्क की दृष्टि से, जहाँ उपन्यास का फ़ंतासी युक्त कथ्य ख़त्म हो रहा था वह काफ़ी क्षिप्र था इसलिए एक अध्याय और जोड़ा था। उसे लेकर मन में अपार दुविधा थी। सुधा ने बिल्कुल ठीक पकड़ा। कहा यह तो उपसंहार की तरह है। इसका होना ज़रूरी है वरना पाठक बीच अधर लटका महसूस करता है। तब अन्तिम अध्याय का शीर्षक कुछ अलग होना चाहिए मैंने जैसे ख़ुद से कहा। हाँ, सुधा ने ललक कर जो कहा मैंने सुना मंच से उतरे ज़मीं पर आये। हाँऽ ठीक है; मंच से उतरे ज़मीं पर आये। अब तक सभी पात्र जैसे मंच पर थे असल ज़िन्दगी में अब जज़्ब हुए मैंने समझौता करते हुए कहा। "मंच नहीं, मृदुला दी, मन मन।" उसने यक़ीन से खनखनाती आवाज़ में कहा। "वाह!" मेरे मुँह से बेसाख्ता निकला; "मन! यह हुई न बात। वाह! मन से उतरे ज़मीं पर आये।" उपन्यास में उपसंहार नुमा आख़िरी अध्याय का शीर्षक वही हुआ। अनमोल सलाह थी और एकदम मन से निकली। यानी वह मेरी कृति से आत्मसात हुई थीं। जब पुस्तक छपी तो मैंने अचला और सुधा दोनों का आभार ज्ञापित किया। सुधा को भला लगा बल्कि उसने उस उद्‌गार की ज़्यादा ही सराहना कर दी। इसी उपन्यास को साहित्य अकादेमी पुरस्कार मिला। उससे पहले लन्दन में इन्दु शर्मा सम्मान देने वाले तेजेन्द्र शर्मा ने उसमें उर्दू अल्फ़ाज़ की भरमार होने पर सुधा को एक टिप्पणी लिखी थी, जिसके कारण उसे वह सम्मान नहीं दिया जा सकता था। सुधा ने सटीक जवाब दिया कि वह किरदारों की ज़ुबान है जो कथा को बाधित नहीं करती बल्कि प्रभावशाली बनाती है।

संयोग से साहित्य अकादेमी पुरस्कार मिलने के फ़ौरन बाद यमुना नगर में प्रवासी लेखक सम्मिलन में तेजेन्द्र शर्मा से मुलाक़ात हो गयी। उन्होंने 'मिलजुल मन' की ख़ूब तारीफ़ की। और कर भी क्या सकते थे! सुधा ने वैसा आपात धर्म नहीं निभाया था मुक्त मन तारीफ़ की और बेख़ौफ़ सलाह दी। इसलिए वह नायाब थी।

कई बरस पहले साहित्य अकादेमी ने पुरस्कार के लिए, बतौर विशेषज्ञ, मेरी राय माँगी तो मैंने सुधा अरोड़ा का कहानी संग्रह 'काला शुक्रवार' प्रस्तावित किया। इतना वक़्फ़ा हो चुका था कि 'तू मेरी पीठ ठोक, मैं तेरी' लागू नहीं होता था। मुझे याद है कैलाश वाजपेयी काफ़ी नाराज़ हो गये थे। साहित्य अकादेमी की सूची में उनकी किताब का नाम था। उन्होंने काफ़ी ज़ोर लगा बतौर विशेषज्ञ कुछ लोगों का चयन करवाया था जिनमें नाचीज़ मैं भी थी। पर अपन कम खरदिमाग़ नहीं। जो बेहतर लगा उसका नाम ले लिया। दूसरे कितने भी वरिष्ठ और प्रशंसनीय क्यों न हों।

सुधा से न जाने कितनी संगोष्ठियों में मुलाक़ात होती रही। वह जहाँ जाती साथ एक टोकरी दवाई की और एक परहेज़ी खानपान की जाती। हवाई जहाज़ में चढ़ते हुए लोडर की माँग करती और मिल भी जाता। ज़्यादातर लोग बेचारे व्हील चेयर में समा जाते हैं पर वे सुधा अरोड़ा नहीं होते।

उसे पेट का रोग था और ज़बरदस्त परहेज़ कर उस पर क़ाबू रखती थी। एलोपैथिक दवा नहीं लेती; होमियोपैथिक कभी-कभी। ज़्यादातर नेचरोपैथी पर यक़ीन रखती। यानी अपनी डॉक्टर हकीम वैद्य खुद थी। कमाल का जिगरा था जो खाने पर इस क़दर पाबन्दी रख पाती। सक़ील खाना पूरी-कचौड़ी मैं भी नहीं खा पाती पर उस जैसा हाल न था और न वैसा उग्र परहेज़ का माद्दा। ज़ुबान की लताफ़त की ख़ातिर कुछ बार बदपरहेज़ी कर पछता चुके थे पर साहब सोचिए मज़ा भी था न उसमें। और फिर हम तो एलोपैथिक दवा लेने से परहेज़ नहीं करते थे। लेनी थी तो लेनी थी!

देखा जाये तो मैं और सुनीता जैन ही नहीं सुधा और मैं भी विपरीत प्रकृति के थे। मुझे नर-नारी दोनों की आज़ादी से लगाव था। औरतों के साथ होने वाली ज़्यादतियों पर ग़ुस्सा आता मुख़ालफ़त करती पर सुधा की तरह उन पर केन्द्रित न रह पाती। यूँ सुधा वर्ण और वर्ग विभेद, मज़हब की तंगख़याली को लेकर भी चौकन्नी और प्रतिबद्ध थीं। पर स्त्री पर ज़ुल्म जितना उग्र बनाता वे नहीं। समझिए स्त्री अत्याचार के ख़िलाफ़ वह अकेली एक जुलूस है!

पर यह किसने कहा कि विपरीत प्रकृति के इन्सान दोस्त नहीं हो सकते बल्कि वही अच्छे दोस्त होते हैं क्योंकि असहमत होते भी एक-दूसरे की मुश्किलों, ग़मों और मजबूरियों को समझते हैं। सुधा में कमाल की संवेदनशीलता थी और मेरी रचना और जीवन की जटिलताएँ यकसां समझ लेती थी।

तफ़सील से किसी ग़म का बयान नहीं करना पड़ता। तबीयत ख़राब होने पर इतना-भर कहना कि मन नहीं है काफ़ी होता। उसमें वह मेरे व्यक्तित्व की संगतियाँ-विसंगतियाँ नहीं ढूँढ़ती।

सबसे बाद में मेरी दोस्ती मधु कांकरिया से हुई रचना के माध्यम से और रचना संसार पर केन्द्रित। उसका उपन्यास 'सेज पर संस्कृत' पढ़ कर उसकी तारीफ़ करते हुए मैंने उसे पत्र लिखा था।

"पढ़ कर एकदम सक़ते में आ गयी। जिस बेबाक और निडर ढंग से तुमने जैन परिवारों में छोटी बच्चियों को ज़बरन साध्वी बनाये जाने की कथा कही है, वह अविस्मरणीय है। तुम ख़ुद जैन परिवार से हो जिससे साहस दसगुना हो जाता है। ख़याल आया मैंने भी तो जैन परिवार में जन्म लिया है उस विषय पर उपन्यास लिखने का विचार क्यों नहीं आया? सच मानिए एक लेखक के मन में दूसरे लेखक के लिए इससे बड़ा प्रशंसा भाव नहीं होता कि काश, मैंने यह लिखा होता। मधु सिर्फ़ ख़ूब विस्तार से लोमहर्षक शैली में उस कुरीति का चित्रण नहीं करतीं, उसका भावनात्मक और बौद्धिक विश्लेषण भी करती हैं। उस छोटी बच्ची की मासूमियत जिसे साध्वी बनने के लिए तैयार किया गया है और उसकी बलि देने को उद्धत माँ की निर्ममता रोंगटे खड़े करती है। माँ को अपनी निर्ममता का ज़रा भान न होना सबसे ज़्यादा उद्वेलित कर गया। वह अपना धर्म निभा कर कृतकृत्य थी। इसी में निहित था उस रूढ़ि का प्रतिरोध। उसका मूल प्रेरक स्रोत प्रतिरोध ही है।"

अन्त के पृष्ठों तक आते-आते लगा मधु कुछ अति नाटकीय हो गयी थी जिसकी ज़रूरत नहीं थी। अपने कथ्य और निर्वाह में उपन्यास पर्याप्त नाटकीय तत्त्व और मोड़ लिए था। कुछ झिझक के साथ मैंने इस त्रुटि के बारे में भी मधु को लिख दिया। सच्चे, गरिमावान और सतत विकास की ओर अग्रसर लेखक की तरह उसने ज़रा बुरा न माना। जिस स्नेह से प्रेरित हो मैंने उस छोटी-सी त्रुटि की तरफ़ ध्यान दिलवाया था उसी स्नेह और मर्यादा के साथ उसे स्वीकार किया। जैनेन्द्र ने कहा था, "लिखो अपने मन से पर दूसरों की बात ध्यान से सुनो। कुछ ग्रहण करने लायक़ लगे तो ग्रहण करो वरना सुन लो। वह तुम्हारी अगली रचना को तुम्हारी पसन्द के ज़्यादा क़रीब लायेगा।" मुझे बहुत काम की सीख लगी थी।

मधु का जैनेन्द्र की अनुपम सीख को सिर-माथे लेना भला लगा। शायद वही हमारी दोस्ती की नींव थी।

रचना को लेकर मधु की अपार संवेदनशीलता का ओर-छोर नहीं है। सिर्फ़ रचना की प्रशंसा नहीं करती रचनाकार को दोस्त नहीं बनाती उसके बारे में कोई अंट-शंट बोले तो उसका प्रतिकार करती है। बहुत कम लेखकों में यह भाव मिलता है।

वह मेरी रचनाएँ बेहद स्नेह, श्रद्धा और सद्भाव के साथ अपनी वॉल पर लगा देती कि उसकी मित्र सूची मुझसे लम्बी है तो ज़्यादा लोग उनसे मुख़ातिब-मुतास्सिर होंगे। मुतास्सिर तो मालूम नहीं कितने हुए पर लाइक टीपने लायक़ मुखातिब हो गये। मधु की आशावादी वृत्ति क़ायम रही कि वे क़ायल हैं तो बाक़ी लोग भी होंगे। दोस्ती का यह पहलू बहुत दिलकश था।

2019 में मधु को बाँदा में आयोजित प्रेमचन्द सम्मान मिला तो वे अड़ गयीं कि मेरे हाथों से ग्रहण करेंगी। मैं रेलगाड़ी में सफ़र से ज़रा क़तराती हूँ पर वह आग्रह टाला नहीं जा सकता था। चूँकि मेज़बान के भाई रेलवे में बड़े अफ़सर थे और पत्नी सहित साथ सफ़र कर रहे थे। हर मुमकिन सहूलियत मुहैया करवाई गयी। रेल का सफ़र बढ़िया रहा। हल्का उम्दा खाना साथ ले गये थे सो सुधा अरोड़ा की याद कर खा ट्रेन में सो भी ली।

मैंने पुरस्कार अर्पित करते हुए मधु के लेखन में सतत मानव कल्याण और प्रतिरोध के जज़्बे पर ज़ोर दिया और वह सब कहा जो 'सेज पर संस्कृत' के बारे में उन्हें ख़त में लिख चुकी थी। उनका जीवन भी मानव कल्याण के जज़्बे से ओतप्रोत है। 'लेट्स टीच वन' नाम से ट्रस्ट बना कर सौ से ज़्यादा अभावग्रस्त बच्चों के स्कूल की मासिक फ़ीस अदा करती हैं। मुझे सबसे ज़्यादा प्रभावित किया उसका सहज भाव से कहना कि वे डोनेशन की एफ़.डी. बनवा लेते हैं जिससे बच्चों की फ़ीस देने में व्यवधान न आये। यानी अहसान करने को नहीं दायित्व बोध से काम करती हैं। जैसे और लोग बाहर जाने पर दर्शनीय स्थल खोजते हैं वह ज़रूरतमन्द खोजती है और सम्पूर्ण जान-समझ कर उनकी मदद करती है। इसी व्रत में से उसके उपन्यासों के कथ्य जन्म लेते हैं। अनेक जन आन्दोलनों के जुलूसों में, बाक़ायदा झण्डा उठा हिस्सा ले जागृति लाने के लिए भाषण देती रही है। यह काम मैंने एकाध बार किया होगा वह भी झिझक के साथ। पर मधु उसमें सिद्धहस्त है।

श्रीलाल शुक्ल सम्मान के लिए उसके नाम की प्रस्तावना करते हुए चयन समिति को मैंने 'हम यहीं थे' के बारे में लिखा था, "वह हमें झारखण्ड के आदिवासी अंचल और वहाँ चल रहे व्यवस्था के छल-प्रपंच से इस अन्तरंगता के साथ रूबरू करवाता है कि आप समझ जाते हैं कि इसे दर्शक या शोधकर्ता ने नहीं भुक्त भोगी ने लिखा है। क़ैदी नम्बर 989 की तरह, उपन्यास की नायिका दीपशिखा जो बयान देती है वह आज के समय का ख़ौफ़नाक सच है। "आपकी जेलें अपराधियों से नहीं, निर्दोष आदिवासियों से और सच का साथ देने वाले लोगों से भरी पड़ी हैं। हालत यह है कि पीड़ित समुदाय को ही दोषी घोषित कर उसके ख़िलाफ़ माहौल बनाया जा रहा है। ज्यों-ज्यों विकास की रफ़्तार बढ़ रही है आपकी दीवारें ऊँची होती जा रही हैं। ज़मीन छीनने के कारण पैदा हो रहे हैं नक्सली।... यह विकास नहीं विकास का दहशतवाद है।"

भुक्तभोगी! वही होना मधु का सतत प्रयास है।

उसी का परिणाम है ताज़ा उपन्यास 'ढलती साँझ का सूरज'। उसके लिखने के दौरान हमारी काफ़ी बात हुई। एक दिलचस्प तथ्य सामने आया। उसके शिल्प में जो मुझे बेतरह रोमांचित कर रहा था वह था एक माँ के बेटे के नाम छोड़े गये पत्र की प्रतिक्रिया में उसका माँ से मिलने जाना और माँ के बजाय एक जगह से दूसरी जगह जाने के क्ल्यू पर क्ल्यू मिलना। बेटे की खोज का अन्त अकाल पीड़ित गाँव में आत्महत्या करते किसानों के पास पहुँच कर होना। वही माँ का अभीष्ट था। उस रोमांचक पर मानीखेज़ तलाश को मन में रख कर मैं उपन्यास के नाम सुझाती रही। पर उनके लिए ज़्यादा मानीखेज़ था किसानों की आत्महत्या का इतिहास और बेटे का उसके समाधान में जुटना। उन्होंने किसानों को इंगित करता उपन्यास को नाम दिया, 'ढलती साँझ का सूरज'।

आज ही मैंने मधु को लिखा है यह उपन्यास नहीं एक दस्तावेज़ है जिसे हर भारतीय को पढ़ना और हृदयंगम करना चाहिए। गाँव की समस्या का जो कारण-कारक सम्मत विश्लेषण तुमने किया है वह अभूतपूर्व है। जब हज़ारों लोग व्यवस्था पर दबाव डालेंगे कि क़र्ज़ देकर किसान के बाज़ार पर निर्भर होने की मजबूरी का शोषण न करें तभी वह बदल सकती है। उसका एक वाक्य संकट किसान पर नहीं हमारी पूरी सभ्यता पर है जो किसान को नष्ट करने पर तुली है, हृदय और दिमाग़ दोनों को झकझोरता है। क्या हम समझ रहे हैं हम किस वीभत्स व्यवस्था के अंग हैं? जैसे तमाम दुख-तकलीफ़ों को समझ-गुन कर अविनाश आशा का मार्ग थाम कर्म में विन्यस्त होता है हम सब के लिए प्रेरणादायक है या होना चाहिए।

उसके दुख में कमी नहीं आयी है बस उससे जूझने की हिम्मत बढ़ गयी है। इसलिए कहती हूँ तुम्हारा उपन्यास मील का पत्थर है। मन भीग जाता है पर गर्व होता है कि तुम कोई आसान रास्ता नहीं पकड़तीं न अविनाश को थमाती हो। इस मोह से बच कर तुमने इसे एक अविस्मरणीय कृति बना दिया है। वाक़ई त्रासद पर रोमांचक जासूसी उपन्यास की तर्ज़ पर चलता यह एक अद्भुत उपन्यास है।

अब रचना से इतर अपनी दोस्ती की दुनिया और मधु की शख़्सियत के विरोधी तत्त्वों का ज़िक्र करती हूँ। यूँ मधु मानवीय कल्याण के जज़्बे को निजी रिश्तों में भी इस्तेमाल करती हैं, मेरी बीमारी के दौरान जिस तरह मददगार हुईं मैं दंग रह गयी।

पर वे आपके बारे में सब कुछ जानना चाहती हैं जबकि मुझे दूसरे के निजी जीवन या व्यक्तित्व के अनजाने कोने जानने की तनिक इच्छा नहीं होती। अगर जीवन में मिला व्यक्ति, उपन्यास या कहानी में पात्र की तरह घुसपैठ करता है तो उसका फ़ंतासी युक्त रूप मेरे लिए काफ़ी रहता है; उसके जीवन के क्या कैसे क्यों हुआ औरों से उसके ताल्लुकात कैसे थे ये सवाल लेकर उसके पास जाने की सोच नहीं सकती। अपने बच्चों से भी निजी ज़िन्दगी या ख़यालात के बारे में सवाल नहीं किये। जानती हूँ मधु की जानने की चाहत दोस्ती की चाहत का हिस्सा है; सदयता और सहृदयता से पैदा होती है फिर भी थकान पैदा करती है।

कहना होगा कि जब-जब जो मेरे बारे में मधु ने जाना उसकी भरपूर से ज़्यादा तारीफ़ की, सहेज कर रखा। कहा, उससे प्रेरणा पायी, ज़रूर पायी होगी पर कमबख़्त मैं ही अपने जीवन की जानकारी से ऊब गयी भागना चाहा।

बार-बार एक ही सपना देखती हूँ; मैं भाग रही हूँ, घर से, गली से, शहर से कहाँ जा रही हूँ न जानती हूँ, न जानने की इच्छा है बस भागते रहने की तमन्ना है। पर... जगती हूँ तो वहीं के वहीं पाती हूँ ख़ुद को...भाग कर लेखन में जा घुसती हूँ... भागती रहती हूँ, निरन्तर, अविरल...

जब भी मैं किसी वजह से दुखी होती हूँ तो मधु हमेशा कहती हैं पर आप लिख रही हैं मेरा तो दिमाग़ रिक्त है। अपने दिमाग़ की रिक्ति से वे इस क़दर त्रस्त हैं कि उन्हें बाक़ी सब महत्त्वहीन लगता है। भले वे एक उपन्यास और कई कहानियाँ तभी लिख कर चुकी हों।

हमारे बीच फ़र्क़ यह है कि उसके लिए जीवन का केन्द्र लेखन है। इसलिए वह समझ नहीं पाती कि किसी लेखक के लिए नहीं हो सकता। वह स्वीकार नहीं कर पाती कि मेरे लिए नहीं है; कभी नहीं रहा। मेरे जीवन का केन्द्र मेरे बच्चे थे और हैं। लेखन न करूँ तो ख़ाली समय दीमक की तरह जीवन से मेरे मोह को चाट जायेगा। दीमक से बचने के लिए लेखन अनिवार्य है। जीवन लेखन का केन्द्र है लेखन जीवन का नहीं।

सुधा से इतना भर कहना काफ़ी था कि 22 सितम्बर गुज़र कर चुकी है। उसके बाद सवाल-जवाब स्थगित। उसने मात्र इतना कहा उन मारक दिनों को कौन भूल सकता है, भले उस पहली 22 सितम्बर को 30 साल बीत चुके। मधु नहीं समझ पाती कि लेखन मेरे लिए सर्वोपरि नहीं है फिर भी करती हूँ, निरन्तर अविरल...मधु समझ सकतीं तो हमारी दोस्ती ज़्यादा सुकूनदेह होती।

शायद वह सुकून चाहती नहीं। जवान है मन की रिक्ति से घबराती है। भगवान न करे ऐसा हो कि मेरी उम्र तक आते-आते वह रिक्त मन हो कर भी लिखती जाये, निरन्तर अविरल। पूरे मन से मेरी कामना है जैसे ही उसका मन रिक्त हो, त्रस्त होने के बजाय उपन्यास नहीं तो कहानी, लेख, संस्मरण कुछ भी लिख कर उसे भर ले और लिखती रहे... अनेक वर्षों तक। पर मेरी तरह डूब कर लिखते हुए भी असल में बिना डूबे रिक्त जीवन को ढोते अविरल... निरन्तर नहीं।

माफ़ करना मधु दोस्ती का फ़र्ज़ है ईमानदार आकलन। तुम अति प्रिय हो मुझे। हमेशा रहोगी। दोस्ती के अनन्त क़र्ज़ हैं तुम्हारे मुझ पर जिन्हें मैं उतारना नहीं चाहती।

नर काया में अन्तरंग नारी सखी

1979 से समान भाव से रही मेरी अन्यतम अन्तरंग सखी काया में पुरुष है स्त्री नहीं। यानी पुरुष देह में नायाब से नायाब औरत। नाम है दिनेश द्विवेदी।

मैं मानती हूँ मित्रता से बड़ा कोई सम्बन्ध नहीं है; चाहे स्त्री-स्त्री के बीच हो या स्त्री-पुरुष के। अकेला रिश्ता जिसे जब मन हो तोड़ा जा सकता है। न क़ानून बाधा देता है न नाते-रिश्तेदार। इजाज़त नहीं देता तो अपनत्व को पहचान चुका मन। यूँ कोई इन्सान निर्दोष नहीं होता पूरी तरह अच्छा भी नहीं लग सकता पर मन पूर्ण हितैषी मान ले तो निर्दोष और सम्पूर्ण बन जाता है। इसी को मित्र भाव कहते हैं। इसीलिए दिनेश से अपने रिश्ते को मैं "भाई जैसे" कह झुठलाना नहीं चाहती। यह दीगर है वे मुझे दीदी कहते हैं और मैं उन्हें तुम। शायद इसलिए कि मैं उनसे क़रीब बारह बरस बड़ी हूँ।

दिनेश जन्मजात ईमानदारी के जज़्बे से अभिशप्त हैं इसलिए समर्पित दोस्त ही नहीं ग़ैर-दुनियाबी और ईमानदार आलोचक भी हैं। कितनी विलक्षण और कष्टप्रद स्थिति है। दो-चार को गिराने-उठाने की ताक़त रखते हुए भी आदमी उसका इस्तेमाल अपने भले के लिए न करे। हिन्दी साहित्य जगत में ईमानदार आलोचक होने का मतलब सब जानते हैं। ईमानदार हुए नहीं कि आलोचकों द्वारा दुरदुरायी कृतियों का यथोचित न्यायसंगत विवेचन करने बैठ गये और मठाधीशों से बैर मोल लिया।

मेरी ख़ातिर सबसे बड़ा बैर उन्होंने 1981 में मोल लिया जब मेरे उपन्यास चित्तकोबरा को माध्यम बना मुझे साहित्य से नेस्तनाबूद करने की साज़िश पर अपनी अनियतकालीन पत्रिका, पुनश्च का पूरा अंक निकाल डाला। बात पुरानी है सो नेपथ्य गाथा सुनानी ज़रूरी है।

1979 में चार साल के भीतर मेरा तीसरा उपन्यास चित्तकोबरा छप गया। काफ़ी स्वागत-सुनाम हुआ। यह वह वक़्त था जब महिला लेखन को अलग करके

देखने की प्रवृत्ति शुरू ही हुई थी। साहित्य मठाधीश उन स्त्रियों से ख़ुश थे जो अपनी व्यथा-कथा बयान कर समर्थ पुरुष आलोचक या सम्पादक के कन्धे पर सिर टिका रोने-बिसूरने के बाद लेखन के लिए प्रश्रय माँगती थीं। बारम्बार याद दिलाती थीं बेचारी महिला हैं। और उनसे नाख़ुश जो अपने बलबूते पर लिखने की कूवत रखती थीं। पति व परिवार पर लांछन लगाने से ही नहीं समर्थ पुरुष साहित्यकार के कन्धे पर सिर टिकाने से भी इनकार करती थीं। इन नाख़ुश जनों में पुरुष ही नहीं समर्थ महिलाएँ भी शामिल थीं।

दुर्भाग्य से मैं दूसरी श्रेणी में आती थी। साहित्यिक हल्कों में मुझसे लोग कटे-कटे रहते थे। चित्तकोबरा छपा तो मौखिक या वाचिक परम्परा में साधुवाद देते हुए भीतर-भीतर कुछ और खिचड़ी पकाई जाने लगी। किसी आज़ाद ख़याल और ठसकेदार औरत को बलि का बकरा बनाना था। मुझसे बेहतर कौन था? सो युगों से चली आ रही परिपाटी के अनुरूप, उपन्यास को अश्लील बतला उसके विरुद्ध अभियान चलाया गया। क़रीब एक बरस तक टाइम्स ऑफ़ इंडिया समूह की पत्रिका सारिका में उसे अश्लील बतलाने वाले पत्रों को बाक़ायदा आमन्त्रित करके छापा गया। मंजुल भगत के शब्दों में, "आप लुक्मा फेंकेंगे तो कुत्ते टूटेंगे ही।" साहित्य में अश्लीलता के प्रश्न पर गम्भीर बहस करने वाले पत्रों से सख़्त परहेज़ रखा गया। बहस इतनी फूहड़ थी कि उसका बयान मुमकिन नहीं पर हिन्दी पट्टी के जानकार कल्पना कर सकते हैं। शुरुआत सूर्यबाला नाम की औरत लेखक ने की। बरसोंबरस मोहतरमा सरेआम और निजी तौर पर मिमियाती रहीं, "मुझे तो कुछ पता न था कैसे क्या हो गया!" बिना कुछ जाने मोहतरमा ने लम्बा ख़त लिख मारा कि "मैंने उपन्यास पढ़ा नहीं है पर सारिका में छपी चार पंक्तियों के आधार पर कह सकती हूँ कि उपन्यास चित्तकोबरा अश्लील है। डैफ़ोडिल जल रहे हैं के बाद का उनका पूरा साहित्य अश्लील है, हालाँकि मैंने उसे पढ़ा नहीं है।" सारिका के कई अंक छपे पर न मेरा पत्र छपा, न माफ़ी माँगी गयी, न साहित्य जगत के नामधारी जनों ने कृत्य की निन्दा की।

तभी दिनेश द्विवेदी का पत्र आया। लिखा था, "जब मैंने आपसे महिला कथाकार विशेषांक के लिए रचना माँगी थी तो आपने मना करते हुए मुझे डाँट कर पत्र लिख दिया था। पर इतना हो जाने पर भी सारिका के सम्पादकों व मालिकों से आपने कुछ न कहा।"

उनकी पहली आधी बात बिल्कुल सही थी। उसका खुलासा बाद में।

आख़िरी बिल्कुल ग़लत थी उसका खुलासा पहले। दुबारा चोट खायी घायल शेरनी की तरह मय विस्तृत सन्दर्भ दिग्गज महानुभावों को लिखे तमाम पत्रों का पुलिन्दा बना उन्हें भिजवा दिये। नतीजा सौ फ़ीसद रहा। काव्यात्मक अति की आज्ञा दें तो सौ फ़ीसद से ऊपर रहा। उस विषय पर पुनश्च का पूरा विशेषांक निकाल डाला। मेरे सभी पत्र संगृहीत थे साथ ही योगेश गुप्त और मेरी बातचीत के रूप में साहित्य में अश्लीलता के प्रश्न पर व्यापक लेख था। निर्मल वर्मा तक को जो अमूमन लोगों के फटे में पाँव डालने से हिचकते थे कहना पड़ा कि दिनेश द्विवेदी ने काम जोखिम का किया और अंक बढ़िया निकाला। वार्तालाप के रूप में लेख विशेष रूप से सराहनीय लगा।

ईंट और रस्सी तक सीमित छोटे-से क़स्बे इटारसी से एक पद-पदवीहीन व्यक्ति ने दिल्ली में बैठे आलिम-फ़ाज़िल ताक़तवर सत्तासीनों से लोहा लिया यह कितने जीवट की विराट घटना थी, उसका अनुमान सिर्फ़ हिन्दी पट्टी के लोग लगा सकते हैं क्योंकि कहीं और वैसी दादागिरी चलती नहीं। दिनेश पर ज़ोर डाला गया कि हीरो बनने की कोशिश न करें वरना ...देख लेंगे ...पर वे हीरो बन कर माने। उसका एक शुभ परिणाम यह हुआ कि जब टाइम्स ऑफ़ इंडिया ने वामा नाम से पत्रिका निकाली और मृणाल पाण्डे सम्पादक बनीं तो उन्होंने भी, पत्रिका के दूसरे अंक में महत्त्वपूर्ण कृतियों के तहत चित्तकोबरा का सार संक्षेप छापा। वरना ...का सामना उन्हें भी करना पड़ा पर वे डरीं नहीं। यानी एक औरत ने मर्द काया में जी रही औरत से सीख ले ली!

उत्तर-आधुनिक फ़लसफ़ा कहता है दोस्ती नाम का जज़्बा नहीं होता। महान अर्थशास्त्री एडम स्मिथ ने सदियों पहले कह दिया था चूँकि इन्सान सोच सकता है इसलिए पूरी तरह आत्मकेन्द्रित या आर्थिक प्राणी होता है यानी स्वार्थी। हम कह सकते हैं कि दिनेश न उत्तराधुनिक हैं, न आर्थिक प्राणी। लगभग भुलाये जा चुके समय का प्रतिनिधित्व करने वाले ऐसे स्नेहाधीन प्राकृतिक जीव हैं जिसने आत्मतुष्टि के लिए नहीं, साहित्य के प्रति समर्पण भाव के कारण इटारसी को सांस्कृतिक रस से आप्लावित किया। यह दीगर है कि एडम स्मिथ यह भी कह गये थे, दूसरे का भला करने में कोई सुख अनुभव करे तो वह भी स्वार्थ पूर्ति है। ख़ैर मर्म की बात यह है कि जो ईमानदार है, है! उसकी बला से एडम स्मिथ जो कहें।

2004 में जब मैंने दिनेश द्विवेदी का कविता संग्रह 'देह के उपसर्ग हैं कुछ' पढ़ा तो पहला ख़याल यही आया कि ये कविताएँ वही व्यक्ति लिख सकता था,

जिसने अपना जीवन सेवा में होम कर दिया हो। ऐसे करुणा-जनित प्रेम भाव जो सेवानिवृत्त होने का भीषण दर्द झेल न पाये। माँ का स्वर्गवास होने पर शून्य में विचरते दिनेश की यातना की मैं साक्षी रही हूँ। माँ की सेवा से विलग होना उनके लिए जीवन से अलग फेंके जाने जैसा था।

उनके कविता संग्रह की समीक्षा लिखी तो उसके कवित्व के लय और भाव की चर्चा की ही पर निहितार्थ था कि उसे नित्य और विलक्षण बनाने वाला तत्त्व करुणा है। उसका होना तभी सम्भव है जब मर्द की काया में नायाब औरत स्थित हो। तभी कवित्व और व्यक्तित्व का अद्‌भुत या दुर्लभ समन्वय हो सकता है जो दिनेश में है। यह समर्पण भाव कितना तनाव और कष्ट देता है, ऊर्जा का कितना अपव्यय माँगता है उसका अन्दाज़ा आप दिनेश द्विवेदी की क्षीण काया देख कर लगा सकते हैं। कम खाने और उससे कम पचा पाने की वजह से जो क्षीण काया उनके हिस्से आयी है, इसी ग़ैर-आधुनिक समर्पण भाव ने बख़्शी है। वाक़ई आज के युग में वे बेमेल हैं। उन्होंने गृहस्थी नहीं बसायी इसलिए वे समझौते नहीं करने पड़े जो वक़्तन-फवक़्तन सब करते हैं। बच्चे हमें जिस तरह कमज़ोर बनाते हैं माँ-बाप नहीं बनाते। चूँकि दिनेश ने बच्चों की नहीं, माँ-बाप की परवरिश की इसलिए उनमें आधुनिकता बोध कम व्यापा, कर्तव्य भाव का उदात्तीकरण अधिक हुआ।

मैं मानती हूँ कि दिनेश उन कम लोगों में से हैं जिनका रचनाकार उनकी जीवन पद्धति के अनुकूल कर्म करता है प्रतिकूल नहीं। इसलिए उनके व्यक्तित्व की बारीकियों को स्पष्ट करने के लिए भी उनके रचनाकर्म पर बात करना ज़रूरी है। उनका कविता संग्रह देह के उपसर्ग हैं कुछ, प्राकृत प्रेम को उस उदात्त आध्यात्मिक भाव तक ले जाने का प्रयास है जहाँ पहुँच पाना लगभग असम्भव है। यह निहित असफलता ही काव्य को जन्म देती है। दैहिक भोग और उससे जनित उल्लास कविता का विषय बनता अवश्य है पर शीघ्र उसका अन्तिम चरण आ पहुँचता है और कविता शेष हो जाती है। जो निःशेष है वह उल्लास के उस निर्दोष स्वरूप को पाने की ललक है जो हम जाने रहते हैं कि अप्राप्य है। कम-से-कम हम उसे अब तक पा न सके हैं। पर भविष्य में कभी न पाने से समझौता करने को तैयार नहीं हैं। देह उस अभिव्यक्ति का माध्यम है या वह स्वयं प्राप्य बन सकती है; यह दर्शन का शाश्वत प्रश्न है। मनोवैज्ञानिक परम्परा मानती आयी है कि पुरुष दैहिक आनन्द से सन्तुष्ट होता है पर देह से परिभाषित स्त्री को करती आयी है। विडम्बना यही है कि स्त्री को प्रेम के भावप्रवण रूप पर आश्रित भी माना जाता है और देह के निर्भाव कलुष का धारक भी।

पर हमारा प्राचीन अर्धनारीश्वर का सिद्धान्त स्त्री-पुरुष के समागम की बात करता है; यानी एक-दूसरे के पूरक होने की उनके परस्पर विलय की नहीं। तो क्या पूरक होने के नाते पुरुष स्त्री के अभाव में सम्पूर्णता प्राप्त नहीं कर सकता? कर सकता है पर तभी यदि वह अपने भीतर नारीत्व समाहित कर ले। पर तब क्या वह दो इकाइयों का समागम बन, एक प्रकार से सम्पूर्ण होते हुए भी हमेशा अकेला रहने को अभिशप्त न होगा? तब क्या उसका सारा रचनाकर्म सम्भोग के बजाय वियोग का काव्य न होगा; ऐसा वियोग जो आदर्श भोग की निर्व्याज कल्पना में सतत लीन हो। मैं मानती हूँ, दिनेश का काव्यकर्म इसी श्रेणी में आता है। और मुझसे उनका सखी भाव भी।

उनके काव्य में समाहित भोग में त्याग और त्याग में भोग की अवधारणा से यह बोध पुष्ट होता है कि अपने नैसर्गिक स्वभाव में दिनेश पुरुष कम स्त्री अधिक हैं। स्त्रीवादी विमर्श आधी सदी तय कर लेने पर इस निष्कर्ष पर आ टिका है कि भई, कुछ तो है जो स्त्री-पुरुष के स्वभाव को विलग करता है। दोनों बराबर होते होंगे ज़रूर पर एक जैसे कदापि नहीं हैं। करुणा, ममत्व, नज़र की बारीकी, भावों का तीव्र उच्छ्‌वास कुछ ऐसे तत्त्व हैं जो स्त्री के स्वभाव के अभिन्न अंग माने जाते रहे हैं। समय के साथ व्यक्ति के अधिकाधिक आर्थिक प्राणी बनते जाने के साथ मनुष्य के दैनिक व्यवहार से ये तत्त्व विलीन होते गये। हर देश में स्त्री समुदाय कमोबेश मुद्रा-निर्दिष्ट बाज़ार से विलग रहा है। स्त्री या फिर क़बीलों में जीने वाला आदिवासी समुदाय। इसलिए उनमें ये प्राकृत तत्त्व अब भी विद्यमान हैं।

इस टेढ़े-मेढ़े रास्ते से हो कर स्त्रियोचित विशिष्ट स्वभाव की पुष्टि होती है तो डंके की चोट पर हम कह सकते हैं कि दिनेश ने देह भले पुरुष की पायी हो मन-मस्तिष्क से वे स्त्री हैं। कुदरत के परिहास की थाह कौन ले पाया है! तभी न अपने काव्य संग्रह के आमुख में उन्होंने कहा है, "मेरा काव्य उन अल्पज्ञाता महानुभावों के लिए नहीं है जो उसकी आलोचना व निषेध करके उसे निरस्त करने को आतुर होंगे। बल्कि उन लोगों के लिए है जो मेरी प्रकृति के अनुरूप होंगे। अब नहीं तो तब ऐसे साधुजनों का जन्म लेना निश्चित है क्योंकि काल अनन्त है और धरणी निस्सीम।"

जहाँ तक दोस्ती का सवाल है उसका ताल्लुक़ मिलने-जुलने से नहीं मन के मिलने से है। उनसे पहली मुलाक़ात 1980 में उस ख़त के ज़रिये हुई थी जिसमें उन्होंने अपनी पत्रिका पुनश्च का महिला कथाकार विशेषांक निकालने के लिए

मुझसे रचना माँगी थी। महिला कथाकारों को अलग देखने के वे शुरुआती दिन थे। मुझे उसमें हाशिये में धकेले जाने की बू आती थी। बाद के तीन दशकों में दोनों तरह की स्थितियाँ उजागर हुईं। एक ने मेरे भय की पुष्टि की तो दूसरी ने महिला लेखन में निहित विशिष्टताओं का आकलन करने की ईमानदार कोशिश करके आलोचना धर्म निभाया। इस आलोचना कर्म में दिनेश की अभूतपूर्व भूमिका रही है।

बाद में महिला लेखन स्त्री लेखन के नाम से जाना गया। यानी महिला रूपी सम्भ्रान्त या सामन्तवादी स्वरूप से बरी करके स्त्री को नैसर्गिक इकाई के रूप में स्वीकार किया गया। दिनेश की विशिष्टता यह है कि उनके लिए हर स्त्री, महिला है चाहे किसी वर्ग, आयु, जाति या क्षेत्र की हो। महिला शब्द गरिमा का पर्याय है इलीट या विशिष्ट सामन्तवादी वर्ग का नहीं। सामन्तवादी और पितृसत्तात्मक दृष्टि से वे पूरी तरह मुक्त हैं इसलिए आज के धाकड़ स्त्री विशेषज्ञों की तरह स्त्री को मात्र देह नहीं मानते। 1980 से लेकर आज तक उन्होंने बराबर स्त्री लेखन की पड़ताल ही नहीं की उसे मंच भी प्रदान किया।

अमृता प्रीतम और इन्दिरा गोस्वामी से शुरू कर उन्होंने क़रीब सात महिला कथाकारों पर विशेषांक निकाले हैं। मैं भी शामिल हूँ। औरों के बारे में नहीं जानती। पर मुझ पर अंक निकालने की योजना बनाने से लेकर सामग्री एकत्र करने और उसे अन्तिम रूप देने तक उन्होंने अकेले संघर्ष किया। मेरी भागीदारी इतनी थी कि समीक्षाओं, पत्रों व चित्रों के बेतरतीब ढेर उनके हवाले कर दिये। बहनों व मित्रों के नाम-पते पकड़ा दिये। जिस स्नेह, निष्ठा और समर्पण से वह दुर्द्धर्ष कार्य पूरा किया उसे मापा नहीं जा सकता। स्नेह मेरे लिए, निष्ठा साहित्य के लिए और समर्पण, स्वयं से किये वचन के प्रति।

फिर तो एक तरह से दिनेश मेरे अंगरक्षक बन गये। जब-जब मैं बीमार हुई सारे डॉक्टर एक तरफ़ और दिनेश द्विवेदी नाम की नायाब सखी एक तरफ़। अवसाद के दौरान उनकी भूमिका दर्ज करवा चुकी हूँ। पर उससे पहले 1993 में बेटे को खोने के वक़्त, 2002 में गम्भीर रूप से बीमार पड़ने पर और 2014 में दायीं आँख की असफल रेटिना सर्जरी के बाद, उन्होंने जो किया अविस्मरणीय है। वे मेरी तकलीफ़ को अपनी मान लेते तो वह ख़ुद-ब-ख़ुद कम हो जाती। मेरे घर-परिवार में भी जब-जब विपदा आयी मैं दिनेश द्विवेदी की शरण में दौड़ी। शास्त्रों का इतना ज्ञान होते हुए भी दिनेश हिन्दुत्ववादी तत्त्वों को जिस तरह धिक्कारते हैं वही इन्सान कर सकता है जिसे कौड़ी भर मदद या प्रशंसा न चाहिए हो।

सबसे बड़ी बात यह है कि दिनेश निजता को स्पेस देना ख़ूब जानते हैं। मेरे जैसे इन्सान के लिए वह अहम है। 1979 से निरन्तर सखियाँ रहने का यह मतलब कदापि नहीं है कि हम रोज़ फ़ोन या व्हाट्सएप के ज़रिये एक-दूसरे के सिर पर सवार रहे हैं। व्हाट्सएप काम की चीज़ है पर मुझे उससे काफ़ी चिढ़ हो चली है। ख़ास कर 2019 के कोविड काल के बाद से क्योंकि जो जब चाहे लम्बा सन्देश उसमें टीपता रहता है। आप बिना पढ़े डिलीट कर दें तो शिक़ायत पर शिक़ायत दर्ज करता है कि मैंने चैक किया ऑनलाइन तो आप थे पर मेरा सन्देश न देखा। तो? आपका उधार खाया है! आपको किसने हक़ दिया मेरे ऑनलाइन या ऑफ़लाइन होने को चैक करने का! आपको सरकार ने भेदिया नियुक्त किया है? या ख़ुदा! क्या पता किया हो! आजकल कुछ भी हो सकता है। जिन महानुभावों से मैं अर्ज़ करती हूँ कि भई मैं 2 से 4 बजे दुपहर को आराम करती हूँ, वे बिला नागा ढाई बजे मुझे फ़ोन करते हैं। खीज कर अपनी निजी मजबूरी का खुलासा भी कर दिया कि अपन को रात में नींद आती नहीं अनिद्रा रोग है इसलिए दुपहर में सोने की कोशिश करते हैं। उनके कान पर जूँ न रेंगी। लिहाज़ा दिन में फ़ोन स्विच ऑफ़ करना पड़ता है। तब कोई इमर्जेन्सी होने पर पहाड़ टूट पड़ता है। इमर्जेन्सी से अपनी ख़ास यारी है। बिन बुलाये आती रहती हैं। अदीबों से भी ज़्यादा बेशऊर हैं।

दिनेश ने तो कुछ साल पहले अपने फ़ोन से व्हाट्सएप निकाल दिया। मैंने फ़ेसबुक तो निकाला पर व्हाट्सएप नहीं कारण वही इमर्जेन्सी और डॉक्टर से दो-चार होने की मजबूरी।

जब था तब भी मुतवातिर फ़ोन या व्हाट्सएप करके एक-दूसरे का भेजा खाने में यक़ीन नहीं करते थे। दिनोंदिन फ़ोन पर बात न होती तो मैसेज कर पूछ लेते तबीयत ठीक है न? हाँ-ना में जवाब मिलना काफ़ी होता। मन होता तो घण्टे भर बात कर लेते। जिसका मन होता फ़ोन मिला लेता दूसरे का मन होता तो बात करता वरना निस्संकोच कह देता बाद में करेंगे। गिले-शिकवे की गुंजाइश न वे तलाश करते न मैं।

बस एक बार रिवायत टूटी जब मैं अवसाद में चली गयी। तब दिनेश ने बेटे आशु को फ़ोन लगा कर मेरे बारे में पूछा और उसने गुज़ारिश की कि कम-अज़-कम उनसे बात कर लूँ सुकून मिलेगा। और सच सुकून ही नहीं अवसाद से बाहर आने का रास्ता भी मिल गया।

दिनेश को मेरे लेखन पर अपार यक़ीन है। वही एक ऐसे इन्सान थे जो ताल ठोंक कर कहते थे मुझे साहित्य अकादेमी पुरस्कार मिल कर रहेगा! उन्होंने जब मुझ पर पुनश्च का विशेषांक निकाला, संयोग से उसके बाद ही मुझे कठगुलाब के लिए व्यास सम्मान मिल गया। हिन्दी की लेखिकाएँ उनके पीछे पड़ गयीं कि उन पर विशेषांक निकालें। उन्हें लगा उनके अंक निकालने से करिश्माई तरीक़े से व्यास सम्मान मिल जाता है। कृति गयी भाड़ में।

यही हादसा देवेन्द्र राज अंकुर के साथ भी हुआ था। भलेमानस ने मेरे कठगुलाब पर आधारित नाटिका कर भारंगम में प्रस्तुत क्या की, लेखिका दर लेखिका अपने उपन्यास पर नाटक करवाने के लिए उन पर धावा बोलती रही।

ख़ैर, दिनेश की कहें तो पहली बार मैंने उन्हें शुद्ध व्यावसायिक सलाह दी। कहा, बन्धु मुझ पर विशेषांक निकालने में तो तुमने अपनी क़रीब-क़रीब ख़ाली जेब को कष्ट दिया था। पता नहीं किस अलादीन के चिराग़ की दुआ से छाप ले गये। पर ये समृद्ध महिलाएँ हैं। उनसे आर्थिक अनुदान लेकर ही उन पर विशेषांक छापना अन्यथा नहीं। वे विशेषांक के लिए आराम से रक़म दे सकती हैं और बख़ुशी देंगी। अपनी मेहनत कवर करने लायक़ पैसा तुम्हारे पास बच जायेगा। और आत्मा पर अयोग्य पर अंक निकालने का बोझ भी न होगा। इसे पूरी तरह 'काम' समझ कर अंजाम देना। सुझाव मैंने डर-डर कर दिया था। पर अपनी नितान्त ख़ाली जेब और महिलाओं की बेसबब आतुरता देख उन्होंने स्वीकार कर लिया। यूँ काफ़ी विशेषांक छप लिए। मज़े की बात उन तमाम महिलाओं में से किसी ने जो दिनेश द्विवेदी का या उनकी पत्रिका का नाम जिसमें वे छपी थीं किसी पुरस्कार, सम्मान या फ़ेलोशिप के लिए भूल कर प्रस्तावित किया हो। न पहले न बाद में।

कोई अपवाद थीं तो सुनीता जैन। उनकी तो प्रकृति ही थी कि जो क़ाबिलीयत रखता हो और ज़रूरतमन्द भी हो उसकी हर मुमकिन मदद की जाये। स्वाभिमानी व्यक्ति को पैसा नहीं दिया जा सकता। दिनेश द्विवेदी से ज़्यादा स्वाभिमानी इन्सान चिराग़ लेकर खोजने पर भी न मिलेगा। उन्होंने भोपाल में आयोजित विश्व हिन्दी सम्मेलन के निमन्त्रण को रुक्षता से अस्वीकार कर दिया था। जब विदेश के लिए कभी आमन्त्रित न किया तो भोपाल के फीके नामचारे को हो रहे आयोजन में बुलाने की हिम्मत कैसे हुई!

सुनीता ने कुसुमांजलि फ़ाउंडेशन की फ़ेलोशिप के लिए दिनेश का नाम सुझाया। कुसुम ने माना और दिनेश ने चयनित विषय पर लिख कर मानदेय कमाया।

यह उनकी सुनीता जैन के प्रति सदाशयता थी क्योंकि मेहनताना भी काफ़ी बेमानी था और विषय उतना ही बेकार। पर तरीक़ा सम्मानजनक था इसलिए मान गये। मेरी तरह सुनीता जैन ने भी दिनेश का और उनकी लघु पत्रिका का नाम कई सम्मानों के लिए प्रस्तावित किया पर मिला नहीं। मेरा मानना है इसलिए नहीं मिला क्योंकि जिस तरह के हाथ जोड़े खड़े बन्दे पुरस्कार दाता पसन्द करते थे दिनेश दूर-दूर तक थे नहीं। और उनसे कहीं ज़्यादा या उनके मुताबिक़ ज़रूरत से ज़्यादा क़ाबिल थे। पर किसी अन्य समर्थ महिला ने उँगली तक न हिलाई!

काम भी दिनेश उसी समर्पित भाव से करते हैं जैसे कृति रच रहे हों। अपनी मित्र और पसन्दीदा लेखिका, इन्दिरा गोस्वामी के असमिया उपन्यास 'नीलकण्ठी ब्रज' का हिन्दी अनुवाद किया; 2010 में भारतीय ज्ञानपीठ से छपा। उसमें दिनेश ने इतनी रचनात्मक ऊर्जा का निवेश किया कि खुद इन्दिरा गोस्वामी ने फ़ोन करके कहा, "तुम्हारा उपन्यास भारतीय ज्ञानपीठ से आ गया।" "कौन-सा उपन्यास? मैंने तो कोई उपन्यास लिखा नहीं।" 'नीलकण्ठी ब्रज'। "वह तो आपका उपन्यास है।" "नहीं दिनेश, आपने उसका जो भावार्थ किया है इतना रचनात्मक है कि सोच रही हूँ कुछ वाक्य अपने असमिया उपन्यास में जोड़ दूँ।"

यक़ीन नहीं होता न? जैसे दिनेश द्विवेदी, वैसी इन्दिरा गोस्वामी! उनके सिवा कौन इतनी फ़राकदिली से तारीफ़ कर सकता था। त्रासदी यह कि इसके बावजूद जब असमिया से हिन्दी में अनुवाद को पुरस्कृत करने का समय आया तो दिनेश को नहीं, किन्हीं और महानुभाव को मिला। आजकल प्रधानमन्त्री के श्रीमुख से सुबह-सकारे रोज़ कचरा गाड़ी से उद्‌घोषित महानुभाव शब्द कानों में पड़ता है। अपन को रास आ गया है। विश्वास है इतिहास इसके लिए उन्हें याद रखेगा।

क़िस्मत की मार! ज्ञानपीठ से दिनेश की हिन्दी कृति छपने के दस दिन बाद इन्दिरा गोस्वामी कोमा में चली गयीं और मृत्यु तक रहीं। उन्हें पता ही न चला किस महानुभाव को पुरस्कार मिला किसे नहीं। यूँ दिनेश किसी नज़र से महानुभाव हैं नहीं। उनकी महानता यह है कि उन्होंने कभी उसका ज़िक्र तक न किया। मैं साक्षी हूँ किस तरह इन्दिरा गोस्वामी को कोमा से बाहर लाने की कोशिश में उनके परिजनों का साथ देते रहे थे। और किस गहन पीड़ा के साथ इन्दिरा की हालत का बयान करते थे। उन्होंने ही मुझे बतलाया कि भूपेन हज़ारिका के गीत सुनाने पर कभी-कभी इन्दिरा जी कुछ सजग लगती थीं पर वह वहम होता। उनकी हालत में सुधार न आया। एक नायाब औरत चुप्पी साध इस दुनिया से कूच कर गयी।

पर दिनेश के अनुवाद के कृतित्व की प्रशंसा में उन्होंने जो भावपूर्ण शब्द कहे दिनेश ने उन्हें पुरस्कार के रूप में ग्रहण किया। ख़ुद मुझसे कहा और यह भी कि जब अमृता प्रीतम ने उनसे कहा, "तुम्हारा जन्मदिन मुझे मुबारक़! तभी उन्हें नोबेल पुरस्कार मिल गया!" उनकी ज़र्रानवाज़ी है कि मेरी हर जायज़ तारीफ़ को वे पुरस्कार की मानिन्द लेते रहे हैं।

मेरे लिए सबसे रोमांचक था उनके कविता संग्रह की कुछ कविताओं का पाठ करना। काफ़ी दिनों तक योजना बनाती रही। महेश दर्पण ने आश्वासन दिया, वे स्टूडियो का बन्दोबस्त कर रिकार्डिंग करवाएँगे। पर वह टलता गया। एक दिन सुबह, निपट भोर में जने क्या हुआ शायद सुनीता जैन की तथाकथित सरस्वती मुझमें प्रवेश कर गयीं, मैंने सीडी लगा बेलाग़ कविताओं का पाठ शुरू कर दिया। अब सरस्वती, सरस्वती ठहरीं। मेरी क्या मजाल उनकी बेक़द्री करूँ। मैं सस्वर ऐसे बोलती चली गयी जैसे मैं नहीं कोई और बोल रहा हो। सीडी मैंने दिनेश को मेल कर दी। उन्होंने उसकी अनेक प्रतियाँ बनवा कवर पर अपनी मोहक तस्वीर के साथ गीताश्री की ली मेरी बेहद बिन्दास तस्वीर लगा कई दोस्तों को भेज दी। यार लोगों को पाठ इतना भाया कि कई महानुभावों ने मुझसे अपनी कविताओं का पाठ करने का निवेदन किया। पर सरस्वती साफ़ मुकर गयीं और तमाम महानुभाव कोरे रह गये। सीडी की एक प्रति मैंने 'प्रतिलिपि वेबसाइट' की वृन्दा को भेज दी और काफ़ी समय तक पाठ यूट्यूब पर सुनने को मिलता रहा। फिर अचानक ग़ायब हो गया। जिस कविता ने मुझे सबसे ज़्यादा रोमांचित किया था उसका शीर्षक था, स्पर्श। उसे यहाँ देना बनता है। काफ़ी बाद में जब मुझे उन कविताओं का पाठ यूट्यूब पर न मिला तब भी पता नहीं कैसे स्पर्श कविता मिल गयी। सरस्वती का खेला! कविता लिखी गयी थी 30.7.1977 के दिन यानी 44 साल पहले पर अब भी उतनी ही सुर-सार गर्भित और कमनीय है।

यह स्पर्श

जैसे—
महा शून्य के कल्पित कपोल
पर सृष्टि-समारम्भ हेतु
महा चित्ति का
प्रथम चुम्बन
यह स्पर्श

जैसे—
शब्द रहित अनन्त
प्रशान्त नील निलय में
प्रथम ओंकार रूपी
ब्रह्म नाद
यह स्पर्श
जैसे—
मन्त्र स्रष्टा ऋषि के
मुख-सर से
निकली हुई
वेद की प्रथम ऋचा
यह स्पर्श
जैसे—
अविभाज्य सर्व कर्मा
सर्व भोग्या अमूर्त का
ग्रहण किया हुआ
प्रथम मूर्त रूप
यह स्पर्श
जैसे—
आदि कवि के
हृत्सरोवर में
प्रस्फुटित हो उठा
प्रथम काव्योत्पल
यह स्पर्श
जैसे—
कामजित नारद की
तन्मयी झंकारों से
झरता हुआ, प्रथम
नारायणी स्वरूप
यह स्पर्श

जैसे—
गन्धर्वराज की
कामायनी वीणा पर
प्रथम मन्मथी स्वर-सन्धान
यह स्पर्श
जैसे—
राधार्पित कृष्ण के
होंठों पर रखी हुई
मुग्धा वंशी
यह स्पर्श
जैसे—
क्षेत्र के देह मंडप में
क्षेत्रज्ञ द्वारा गर्व का
प्रथम धनुर्भंग
यह स्पर्श
जैसे—
प्रेम दीवानी मीरा के
हृदय-मुख से
फूटता हुआ
भक्ति संचित
कृष्ण मय कान्ता-भाव
यह स्पर्श
जैसे—
अनेक जन्म-जन्मान्तरों से
भोगे जाते हुए
द्वैत का
अद्वैत में महा विलय
यह स्पर्श
जैसे—
आत्मा का

चित्तानन्द मय हो
सहस्र कमल-दल पर
मुक्ति आरोहण
यह स्पर्श
जैसे–
पुण्यतोया जाह्नवी का
विष्णु पद-नख में
ब्रह्मा-कमण्डलु में
शिव-जटालय में
सहसा समा जाना

महानुभावो मन में आ रहा है कि कविता के पाठ की सीडी यहाँ ठोंक दूँ! डरिये मत ऐसा दुष्कर्म न करूँगी। प्रकाशक कोसेगा।

ऐसा नहीं है कि दिनेश और मैं हरदम साहित्य का जनाज़ा कन्धों पर उठाये मुँह बिसूरे एक-दूसरे के कन्धे थपथपाते रहते हैं। या दिनेश विपदा में अपने कवच कुण्डल मुझे देने अवतरित होते हैं। हमारी दोस्ती का रोमांचक और दिलचस्प पहलू भी है। दिनेश को यात्रा का उतना ही शौक़ या मिराक़ है जितना उर्मिल और सरस को। अपनी ज़्यादातर घुमक्कड़ी उन्होंने अपने यार विशाल के साथ की है। समझिए सारा हिन्दुस्तान माप डाला है। मेरा नम्बर बाद में आया। जब भी हम साथ गये तो उर्मिल से भी ज़्यादा मेरी देखभाल में दिनेश तैनात रहे पर गये एक धरातल पर खड़े साथियों की तरह। देखभाल की ज़रूरत इसलिए पड़ी क्योंकि मैं उनसे बड़ी उम्र की साथिन या सखी थी।

उनके साथ मैंने ख़ूब मौजमस्ती वाली यात्राएँ की हैं। उनके और बाक़ी दोस्तों के साथ मिल बैठ वाइन पी है। 2007 में की गयी पंचमढ़ी की यात्रा तो उतनी ही नायाब थी जितनी हमारी दोस्ती! दिनेश की एक ख़ासियत यह है कि उनके चाहने वाले हमेशा ऊँची पदवियों पर शोभायमान रहे हैं। दिनेश से उनका लगाव इतना गहरा रहा है कि आसानी से उनकी सखी यानी मुझे उसमें शामिल कर लेता है। ऐसे ही एक थे भोपाल में कार्यरत मध्य प्रदेश के लघु उद्योग विभाग के महाप्रबन्धक अनिल राजोरिया साहब। तो अपनी पंचमढ़ी की यात्रा की शुरुआत मैंने दिल्ली से भोपाल पहुँच अनिल और नीरा राजोरिया के मीठे आतिथ्यपान से की। दिनेश को तो वे पलकों पर बिठलाते थे।

तो उनकी बड़ी सी जिप्सी में राजोरिया साहब, दिनेश, विशाल और मैं पंचमढ़ी रवाना हुए। जगह-जगह रुकते जिनमें सबसे ख़ास था साँची का स्तूप। सरकारी आतिथ्य का भरपूर आनन्द उठाते शाम को पंचमढ़ी पहुँचे और सर्किट हाउस में ठहरे। बाद के वर्षों में राजोरिया साहब पर्यटन विभाग के सर्वेसर्वा हो गये और अपनी अज़ीम पदवी के छत्र तले मुझे और पत्नी नीरा को एक बार और साँची स्तूप की सैर करवा लाये। पर तब दिनेश साथ न थे।

फ़िलहाल पंचमढ़ी जो शिमला से आधी ऊँचाई, 1,067 मीटर पर स्थित वह कमाल का रमणीक पहाड़ी इलाक़ा है जहाँ अकूत हरियाली का लुत्फ़ उठाने के लिए बन्दे को ज़्यादा चढ़ाई-उतराई साधने की ज़रूरत नहीं होती। मीलों चहलक़दमी करते हुए उपवन दर उद्यान होते हुए सघन जंगल के बीच पहुँच सकते हैं। मानुष जात के हस्तक्षेप बिना वहाँ स्वयंभू दीर्घकाय पेड़ बरसोंबरस उगते पनपते रहे हैं।

पंचमढ़ी का मतलब है पाँच पाण्डवों की गुफ़ाएँ जहाँ अज्ञातवास के दौरान वे रहे थे। यूँ तो हिन्दुस्तान में शायद ही कोई प्रदेश होगा जहाँ पाण्डवों के रहने की किंवदन्ती प्रचलित न हो। राजस्थान में सरिस्का में भीम का रास्ता हनुमान ने धरती पर लेट कर रोका था; सबूत के तौर पर हनुमान की शैयाशायी दीर्घ प्रतिमा विराजमान है। मध्य प्रदेश में तो भीमबेटका है ही।

पंचमढ़ी में उस पर आसानी से विश्वास हो जाता है। धूप से चमकीली या गुनगुनी दुपहरी में पंच पाण्डव गुफ़ाओं में से किसी एक में पनाह ले आप किसी दूसरी सदी में पहुँच सकते हैं। यक़ीन कर सकते हैं कि सदियों पहले पाण्डवों ने उसमें पनाह ली थी। हम ठहरे थोड़े नहीं काफ़ी बावले। तो एक गुफ़ा में लेट, बैठ, पसर चुकने के बाद क्या सूझा कि ॐ उच्चारने लगे। मेरे लिए बेहद रोमांचक अनुभव था गुफ़ा में बैठ ॐ का उच्चारण करना और दिगदिगन्त से आती उसकी प्रतिध्वनि सुनना कौन जाने असलियत में या कल्पना में। उस प्रक्रिया में किसी दैवी लोक में पहुँच जाना और उनींदे होते-होते शनैः-शनैः नींद के आग़ोश में समा जाना। मेरा उच्चारण उतना शुद्ध न था कि किसी को दिव्य लोक में पहुँचा दे दिनेश का यक़ीनन था। उन पलों में हम दोनों के बीच संगति बन गयी और... चमत्कार! उनींदे होने और नींद में समाने के बीच की स्थिति में गुफ़ा में 1857 के ग़दर के दिनों के स्वतन्त्रता सेनानी नमूदार हो गये। उन्होंने भी वहीं पनाह ली थी। वाक़ई हुआ था; साबित ऐतिहासिक तथ्य था किंवदन्ती नहीं। स्कूल में जिसे दासगुप्ता जैसी इतिहास की टीचर ने पढ़ा कर कमउम्र में आज़ादी के महबूब जज़्बे से सराबोर कर दिया हो उसके लिए कहीं ज़्यादा रोमांचक!

तो यह सैलानीपन की हदों को पार करता रोमांच पंचमढ़ी में महसूस किया मैंने। दिनेश की अनुकम्पा से हवा को ललकारता ॐ का मुक्त कण्ठ से उच्चारण कर पाने की क़ूवत पा कर।

जिस रात हम वहाँ पहुँचे काफ़ी ठण्ड महसूस की। मेरा तजुर्बा है कि हल्की सर्दी वाली जगहों पर भी पहली रात ठण्ड लगा करती है। मन पर ज़ोर नहीं ग़ालिब! अनुमान होता है कि सर्दी होगी तो जनाब हो जाती है। अगली सुबह गुनगुनी धूप में घूमने क्या निकले बाक़ी के चार दिन ही नहीं रातें भी शीतल सुहावनी गुज़रीं।

अगली सुबह विशाल, दिनेश वग़ैरह बी फॉल या जामुन प्रपात जाने की बाबत बात कर रहे थे। मैंने सुना कहा जा रहा था दीदी (यानी मैं) उतना ऊबड़-खाबड़ रस्ता चल पायेंगी नहीं। किसने कहा! मैं बीच में टपकी दीदी बिल्कुल चल पायेंगी, ख़ास तौर पर उसी के लिए जूते लायी हैं। वहाँ पहुँच कर जल कुण्ड में पाँव धरने से पहले उतार देंगी। वहाँ नहीं गयीं तो क्या भाड़ झोंकने आयीं पंचमढ़ी।

मैं बिल्कुल गयी।

पहाड़ी हरियाली और परिन्दों के कलरव से गुंजायमान क्या लुभावना रास्ता था। चढ़ाई-उतराई थी ज़रूर पर मसूरी, शिमला की तरह नहीं। जूते ज़िन्दाबाद, क़रीब 400 सीढ़ियों की उतराई ख़रामा-ख़रामा तय हो गयी। गम बूट्स के सहारे, अपन वर्षा वन नाप आये थे। बदन को बींधती-काटती गुत्थमगुत्था नुकीली आइवी और आपस में सिर जोड़े खड़े आसमान से लोहा लेते पेड़ों के मुक़ाबले यह सघन वन और पहाड़ों के बीच से ऊपर नीचे होता अन्ततः नीचे उतरता पगडंडीनुमा रास्ता काफ़ी पालतू था। हालाँकि वहाँ चीते और जंगली भैंसे जैसे ख़तरनाक जन्तु मौजूद थे पर हमें एक जो दीखा हो। प्रपात का स्रोत काफ़ी ऊँचाई पर पहाड़ों के बीच था; वहाँ हम न चढ़े। नीचे उतर कर वहाँ गये जहाँ 35 मीटर पर प्रपात का तीव्रगामी जल गिर कर लम्बे-चौड़े तालाब या कुण्ड का रूप ले रहा था। झटपट जूते खोले और छाती तक के सर्द पानी में उतर गये। इस औचक छलाँग से डगमगाये पैरों पर टिके शरीर को सँभालने के लिए क्षीणकाय दिनेश के कन्धों का सहारा लेना पड़ा। समझ में आया जब वे कह रहे थे दीदी नहीं जा पायेंगी तो उनका अभिप्राय प्रपात के स्रोत पर चढ़ने से था, कुण्ड में उतरने से नहीं। हम शर्मसार हुए भी और नहीं भी। दबंगई न दिखलाई होती तो बी फॉल छूट जाता न। करना पड़ता है बन्धु! बी प्रपात नाम इसलिए पड़ा कि चहुँ ओर फैली मनमोहक हरियाली का उपयोग करतीं मधुमक्खियों की भरमार थी।

शहद भी ख़ासा लज़ीज़ और मशहूर था। ख़रीदा, खाया, साथ लाये। सूरिनाम के जंगल जितना निपट जंगली नहीं पर उतना ही लुभावना था सतपुरा का जंगल और पहाड़ और उसकी रानी होने का पंचमढ़ी को मिला ख़िताब एकदम वाज़िब।

लम्बे पैदल सफ़र से लौटे तो वाइन सूझी। मुझसे पूछा कौन-सी वाइन तो मैंने मासूमियत से कह दिया, रेड, बिना यह सोचे कि उसके मिलने में मुश्किल आ सकती है। पर आयी। व्हाइट वाइन तो फटाफट मिल गयी पर पास की दुकान पर रेड न मिली। तो जने कितने मील पैदल चल विशाल रेड वाइन लेकर लौटे। मालूम रहता तो मैं व्हाइट पी लेती। एक पेग की तो तलबगार थी। पर इतनी मेहनत से मुहैया हुई तो एक पेग पर तमाम शुद करना नामुमकिन था। मेरा क़ौल टूटा और मैंने जम कर पी। अचरज कि जम कर सोयी भी वरना एक पेग से ही मेरा दिमाग़ दौड़ने लगता था या मुड़-मुड़ कर देखने लगता था और नींद कोसों दूर भाग जाती थी। मेरा साथ देने को दिनेश ने रेड पी ली वरना... या ख़ुदा! दो दिनों में पूरी बोतल मुझी को पार लगानी पड़ती। वाइन के साथ यही समस्या है कि बचा कर नहीं रखी जा सकती। बाद में मैंने कहा भी कि जवान लोगों के साथ सफ़र करना ख़ूब दिलकश होता है। चाहे उम्र का फ़र्क़ सिर्फ़ बारह से बीस तक का था पर उन दिनों वे मुझे कमसिन लड़के लग रहे थे। मीलों चल कर जो रेड वाइन ले आये वह जवान से भी नौजवान हुआ न।

घूमते-घामते पंचमढ़ी में जिस रेस्टोरेंट में भी खाने के लिए रुके ख़ूब ख़ातिर-तवज्जह हुई; कमाल राजोरिया साहब के नाम का था हमारे लेखक होने का नहीं! पर पाठक भी मिलते रहे। जहाँ दिनेश हों वहाँ साहित्य प्रेमी न हों नामुमकिन है। इन पाठकों में फ़ौज के काफ़ी लोग थे। फ़ौज की लाइब्रेरी में समकालीन लेखकों की किताबें होना और उनका उन्हें पढ़ना काफ़ी रोमांचक था... पर उतना नहीं जितना दिनेश के दोस्त के रूप में उस सूरमा का मिलना जो सरकार के घनघोर विरोधी होने के साथ साहित्य के धुरन्धर पाठक भी थे। नाम था नीलेश व्यास। कमाल की शख़्सियत थी। कोई उन्हें क्रान्तिकारी बतलाता कोई अपराधी। वह तो आप जानो, सरकार के चमचों के लिए हर क्रान्तिकारी अपराधी होता है। जवान ख़ून था हर अत्याचार के ख़िलाफ़ मोर्चा लेने को तैयार चाहे पर्यावरण या जंगल बचाना हो, चाहे मज़दूरों को उनका हक़ दिलवाना। एक नहीं अनेक बार वे बड़े से बड़े अफ़सर से भिड़ कर उनका मारा जा रहा हक़ उन्हें दिलवा चुके थे। काश सरकार उनकी सलाह मान सरकारी जंगल विभाग आदिवासियों के हवाले कर देती जिससे वे जंगल और अपनी ज़िन्दगी की देख-रेख कर सकते!

पर तब सरकार द्वारा पोषित चोर जंगल की साहूकारी कर उसकी अक़ूत सम्पदा में से अधिकांश का नाश करते हुए बाक़ी बचे को बेईमानी से हड़पते कैसे! नष्ट होने के बजाय जंगल फलने-फूलने न लगता! ऐसे आदमी को जो सरकार के दामादों की नाजायज़ हरक़तों का पर्दाफ़ाश करके भी छाती तान कर घूमे, सरकारी अमला अपराधी नहीं तो क्या बतलायेगा, दबंग विरोधी? दरअसल वही समझता था वह उन्हें क्योंकि सीना ठोंक कर रास्ते से उन्हें हटाने की हिम्मत किसी में थी नहीं।

पंचमढ़ी प्रवास की सबसे यादगार और रोमांचक शाम उन्हीं की बदौलत गुज़री। फ़ोर्साइथ पॉइंट से सूर्यास्त दिखलाने के लिए तेज़ रफ़्तार से दौड़ती या कहूँ उड़ती जीप की सवारी करवा समय रहते वहाँ पहुँचाने का श्रेय उन्हीं को था। और ठीक सामने की पाटी पर बिठला एकान्त और चुप्पी मुहैया करवाने का भी।

1857 में, फ़ोर्साइथ नामक फिरंगी ने उस बिन्दु पर खड़े हो पंचमढ़ी का विहंगम अवलोकन किया तो अहसास हुआ क़ुदरत के किस क़दर दिलकश और नायाब मंज़र का नज़ारा कर रहा था। बाज़ पक्षी की पैनी नज़र से पूरे पहाड़ी इलाक़े की सुकूनदेह क़ायनात को देख-परख बाग़-बाग़ हो गया। तय किया उसे सबकी नज़र में लाना होगा। बेचारा फ़ोर्साइथ! सबके लिए नायाब नज़ारा खोजा-खोला पर लोगों की नज़रों में ख़ुद उसका नाम बना न रह सका। उसी की वजह से पंचमढ़ी का पहाड़ी इलाक़ा बसा, गुंजान हुआ, सैलानियों का महबूब बना। युनेस्को ने उसे अन्तरराष्ट्रीय बायोस्फ़ियर घोषित किया। पर प्रधानमन्त्री प्रियदर्शिनी इन्दिरा गाँधी उसे देखने क्या गयीं चमचों ने फ़ोर्साइथ पॉइंट का नाम बदल प्रियदर्शिनी पॉइंट रख दिया। जब मुझे इन छोटी-छोटी बातों में अन्याय दिख जाता तो नीलेश का हर तरफ़ अन्याय ही अन्याय देखना वाज़िब था। मेरे लिए उनका यह देखना, पुरक़शिश। ऐसा इन्सान मेरी किताबें पढ़ता था, वाह, क्या दिलदारी थी।

जब फ़ोर्साइथ पॉइंट से सूर्यास्त देखने के इरादे से नीलेश की जीप में बैठे तो अपनी नाउम्मीद फ़ितरत के चलते मैंने कहा, इतने कम वक़्त में कैसे पहुँचेंगे, हमारे पहुँचने से पहले सूर्यास्त हो चुका होगा। तब यह कहने के बजाय कि तो क्या मुसीबत आ जायेगी कल देख लीजिएगा उन्होंने कहा, सामने की सीट कस कर थामे रखियेगा दीदी पहुँचाने की ज़िम्मेवारी मेरी है। उन्होंने कहा नहीं पर मैंने यही सुना दिल थाम कर बैठो कि अब मेरी बारी है। और जब जीप सरपट दौड़ी या उड़ी तो पता नहीं कहाँ गया दिल मेरा; पेट में गिरा या पैरों में पहुँच लिया! सच इतना मज़ा कभी न आया था कि अपना आपा भूल जाऊँ।

समय रहते फ़ोर्साइथ पॉइंट पहुँच गये। उनके साथ रहने को मजबूर सरपट चलती मैं एकदम आगे पहुँच गयी। पता नहीं मेरा वहम था या वाक़ई लोगों ने हमारे लिए जगह ख़ाली कर दी और हम वहाँ बैठ गये, जहाँ से सूर्यास्त का सबसे उम्दा दीदार होता। जैसे वी.आई.पी. की मानिन्द नीलेश मुझे एस्कोर्ट कर रहे थे कुछ भी मुमकिन था। फिर एक ख़ुदाई चुप्पी पूरे माहौल पर पसर गयी। सूरज ज़ोम पर था कि तीन पर्वत चोटियाँ, महादेव, धौरागढ़ और चौरागढ़ पूरे जलाल में नमूदार हुईं। आग-सा धधकता सूरज कई रंगों में बँट गया। पहाड़ की चोटियाँ, उसके पल-पल बदलते रंग से खिलवाड़ करती रंग-बिरंग होने लगीं। दिलकश नज़ारा देता सूरज नीचे सरकने लगा। जैसे जानता हो जिस मंच पर है उसके सामने दर्जनों मन्त्रमुग्ध दर्शक बैठे हैं।

वह बामानी चुप्पी महीनों मेरी साथिन रही। बार-बार सोचती क्या दिनेश की फ़ितरत और नियति फ़ोर्साइथ जैसी न थी कि दूसरों को नज़ारा दिया ख़ूब पर उसके लिए शुक्राना पाने से महरूम रहे? उन्होंने उसका ग़म न किया तो क्या मुझे होता है न!

सनकी विदेशी सहेलियाँ

चलिए ऐसी सहेलियों की बाबत बतलाऊँ जो नायाब ही नहीं सनकी भी थीं। अब साहेब कुछ खिसके हुए बग़ैर रचनात्मक नहीं न होता इन्सान।

पहली थीं, फ्रांस की भाषा विदुषी और साहित्य की अनुवादक ऐनी मॉन्तो, दूसरी साहित्य अध्येता और शोधकर्ता के साथ गज़ब की साहित्य पारखी इटली की सिल्विया स्तौरेंगो और तीसरी, लेखक और अभिनेता होने के साथ राजनीतिक एक्टिविस्ट और क्रान्तिकारी, भूतपूर्व युगोस्लाविया की नादिया तेसिच। वे दोस्त बनीं तो मज़ा ख़ूब आया पर दिमाग़ में उथल-पुथल दुगुनी मची और समझिए नसें तिड़क-तिड़क कर सम पर आयीं।

ऐनी मॉन्तो सूरिनाम विश्व हिन्दी सम्मेलन में राजधानी पारामारिबो के कार्यक्रम से पहले औचक मिलीं। हम लोग 10 घण्टे की हवाई यात्रा कर दिल्ली से एम्स्टर्डम पहुँचे फिर सत्तू और उम्दा कॉफ़ी के भरोसे घण्टों हवाई अड्डे पर डटे रहने के बाद पारामारिबो के लिए दस घण्टे की फ़्लाइट पकड़ी। सत्तू मिला विद्यानिवास मिश्र जी के सौजन्य से और समझा उस-सा चमत्कारी फ़ास्ट फ़ूड न था न होगा। सूखे सत्तू को मीठे पानी में घोलो और शीरीं हलवा या शर्बत तैयार। महीनों रखो और जब चाहो इस्तेमाल कर लो।

सारी रात इकोनोमी बनाम शशि थरूर मवेशी क्लास में बैठे बीती हालाँकि अन्तरराष्ट्रीय उड़ान का बेवक़्ती खाना-पीना चलता रहा। भारतीयों से अटी फ़्लाइट में ज़्यादातर कर्मकाण्डी शाकाहारी थे जबकि जहाज़ में शाकाहारी भोजन पूरा भरा न जा सका था। परेशान-हलकान हवाई बालाओं को गुस्साये पर भूखे रहने को महत्त्वहीन बतलाते दर्जनों बुज़ुर्ग झेलने पड़ रहे थे। जितना कहते हम भूखे रह लेंगे उतना लगता तूफ़ान आने से पहले का संयम था जो किसी पल टूट सकता था। वे बेचारगी से उचार रही थीं, “करें तो क्या!”

मैंने उनके पास जाकर कहा, "मैं बतलाती हूँ! आपके पास फल हैं न?"

"हाँ," चौंक कर एक ने कहा।

"सब अच्छी तरह काट प्लेटों में सजाइए, कुछ मेवा यानी काजू, किशमिश हों तो रख दीजिए। हाथ जोड़ पकड़ाइए और मधुर स्वर में कहिए ख़ास आपके लिए फलाहार। अलग ट्रे में ब्रेड-बन वग़ैरह ले जाइए। बाक़ी लोग जिन्होंने खुद को शाकाहारी लिखवाया है कट्टर नहीं हैं। मांस छोड़ बाक़ी सब यानी चावल, ब्रेड, सेंडविच, केक खा लेंगे, चाहे मांस की डिश से उठाया गया हो (बतलाइएगा मत)।"

तरक़ीब क़ामयाब रही। ठण्डे पड़े बुज़ुर्गों ने आशीर्वाद दिया। फल उम्दा, ताज़ा और महँगे थे। शुक्रगुज़ार बालाओं ने मुझसे पूछा मेरे लिए कुछ...मैंने झिझकते हुए कहा, "एक प्याला चाय मिल जाती तो..." "अभी लीजिए," एक बाला चाय का गर्मागरम प्याला और बिस्कुट ले आयी। मैं कृतकृत्य हुई। पर हिन्दुस्तानी जवाँमर्द जलवा दिखलाये बिना कैसे रहते। चाय की फ़रमाइश करने लगे। बाला ने कस कर डाँट पिलाई। "कैसे लोग हैं आप! उन्होंने कुछ खाया नहीं इसलिए चाय बिस्कुट लायी हूँ। आप इतना खा चुके सो जाइए चुपचाप।" अपने संयत बुज़ुर्गों से कितना फ़र्क़ थे वे युवा।

देर शाम पालामारिबो पहुँचे। बाहर निकले तो जैसे गाँव हो। गम बूट्स, बरसाती, छतरी आदि ठूँसने से मेरा इकलौता सूटकेस काफ़ी भारी हो गया था। हमें लेने आयी बस हवाई अड्डे के दरवाज़े से काफ़ी दूर खड़ी थी और रास्ता था ऊबड़-खाबड़। जैसे-तैसे सूटकेस उठाया, बस तक ले गयी पर ऊपर चढ़ाना मुश्किल हुआ। एक भारतीय जवाँमर्द से दरख़्वास्त कर बैठी कि हाथ लगा दें। टका सा जवाब दे, "अपनी ताक़त से बड़ा सूटकेस क्यों ले आयीं!" बस में घुस गये। खींच-खाँच अकेले चढ़ाया।

पूरी दुनिया घूमी हूँ। किसी देश के किसी शहर में किसी मर्द ने ऐसा व्यवहार न किया। भूल गयी थी हिन्दुस्तानी जवान, मर्द नहीं माँ का बबुआ होता है जिसे शादी के बाद बीवी को थमा देती है कि ले अब तू पाल! होटल पहुँचते ही सब थकान मलाल दूर हो गये। मनभावन हरियाली के बीच बड़े भव्य कमरे। बिस्तर पर पड़ते ही गहरी नींद आयी। कमरे में अकेली थी क्योंकि साथ रहने वाली इन्दिरा गोस्वामी, निजी त्रासदी की वजह से आयी नहीं।

सुबह सम्मेलन स्थल पहुँची तो ऐनी मॉन्तो मिलीं। दोनों के मुँह से एक साथ निकला, मनोहर श्याम जोशी ने आपके बारे में बतलाया था। फिर उन्होंने अपने साथ हुई बदमज़गी का बयान किया। देर रात टैक्सी ले शहर से काफ़ी दूर ख़त में बतलाये होटल पहुँची तो उनके नाम कमरा न मिला।

आयोजकों से बात करने की कोशिश बेकार हुई। रिसेप्शन पर सामान छोड़ वहाँ आयीं कि शायद दफ़्तर कुछ बन्दोबस्त करे। मैंने कहा, "आप मेरे कमरे में रह सकती हैं जगह ख़ाली है। दफ़्तर में तैनात भारतीय सरकार के प्रमुख से मिल तय कर लेते हैं।" उन्हें ले धड़धड़ाती हुई दफ़्तर में घुसी। सचिव से कहा अन्तरराष्ट्रीय मुसीबत आन खड़ी हुई है प्रमुख से तुरन्त मिलना है। वह ना-नकुर कर रहा था कि हम उनके कमरे में घुस गये। दो महिलाओं को देख बाहर जायें कहते न बना। मैंने अपना और ऐनी मॉन्तो का परिचय दिया, बतलाया दोनों को वहाँ सम्मानित होना था। ऐनी के साथ हुए भदेस व्यवहार के बारे में बतलाया तो जैसे ही सॉरी कहा जोड़ा, "इन्दिरा गोस्वामी के न आने से मेरे कमरे में जगह ख़ाली है। एक गाड़ी दिलवा दीजिए जिससे इनका सामान दूरदराज़ होटल से ला इस होटल में रखें और नहा-धो कर ऐनी वापस यहाँ आ सकें।"

उन्होंने बौखलाये स्वर में कहा, "गाड़ी तो कोई है नहीं।"

मैंने बेहद प्यार और लताफ़त से पूछा, "आप यहाँ पैदल आये थे?"

"मेरी... गाड़ी..."

"दूसरी नहीं है तो वही दे दीजिए।"

वे और बौखलाये। हिन्दी छोड़ अंग्रेज़ी की शरण ली, बोले, "इज़ इट एन इमर्जेन्सी (कोई आपात स्थिति है?)"

"वी कैन क्रियेट वन! (हम बना सकते हैं)" मैंने संकल्प के साथ कहा।

एक पल उन्होंने मुझे घूरा, मैंने उन्हें।

वायरलेस पर कुछ कह मुझसे बोले, "जल्द से जल्द वापस आइयेगा।"

"प्रोंटो!" हम उनकी गाड़ी में हवा की रफ़्तार से गये सामान समेत अपने होटल पहुँच गाड़ी वापस भेज दी। सम्मेलन स्थल जाने के लिए होटल में बसें खड़ी रहती थीं। यूँ हम रूममेट और दोस्त बन गये।

एक काम मुझे हर हाल करना था रेन फ़ॉरेस्ट का भ्रमण। इसीलिए गम बूट्स वग़ैरह लाद कर लायी थी। पहली रात ही ऐनी मॉन्तो को अपनी ख़्वाहिश बतला दी। वे भी जाना चाहती थीं। मैंने आयोजकों से कहा उस सैर का इन्तज़ाम न होना वैसा था जैसे पेरिस जाकर लूव्र देखे बिना लौट जाना। मालूम हुआ सूरिनाम पर्यटन विभाग ने भारत के बुलाये हिन्दी प्रेमियों को मुफ़्त रेन फ़ॉरेस्ट की सैर करवाने की पेशकश की थी। पर भारतीय भागीदार जाना ही नहीं चाहते थे सो कार्यक्रम रद्द हो गया। जने भारतीय लेखक व अन्य हिन्दी सेवी/प्रेमी किस काम में मशग़ूल रहते थे कि कहीं आ-जा न सकते थे; अलबत्ता पीने में काफ़ी वक़्त लगता था सो मालूम था। पर पीने में कितने घण्टे लगते हैं; सारी शाम और आधी रात तो ख़ैर लगती थी।

पर दिन? सम्मेलन के सत्र चलते थे पर उनका ज़्यादा वक़्त वहाँ जमा मन्त्री, प्रकाशक, नामचीन आलोचक, पुरस्कार दाताओं को ख़ुश करने में जाता था।

तो हमने प्राइवेट पर्यटन कम्पनियों से सम्पर्क किया।

उससे पहले एक मज़ेदार घटना हुई। ऐनी मॉन्तो और मुझे सम्मानित किया जाना था। हमने कपड़े सहेजे। ऐनी भारतीय सलवार-कुर्ता पहनना चाहती थीं। पर...निहायत संकोच के साथ बतलाया कि कुर्ता तो लायी थीं सलवार भूल गयी थीं। ऐनी मुझसे भी नाटी थीं यानी मेरी नयी सलवार नहीं पहन सकती थीं। उन्होंने एक ख़ूबसूरत सफ़ेद गाउन निकाला पर कहती रहीं मैं विदेशी नहीं लगना चाहती। तब मैंने अपनी फ़ैशन डिज़ाइनर भांजी पूनम भगत का बनाया सफ़ेद रेशम पर कलात्मक काला ब्लॉक प्रिंट किया दुपट्टा दे कर कहा उसे स्टोल की तरह ओढ़ लें। सौ फ़ीसद एथनिक भारतीय लगेंगी। अपने को तो साड़ी पहननी थी। उस लिबास में वाक़ई वे इतनी दिलकश लगीं कि दुपट्टा उन्हें भेंट कर दिया।

उसके बाद असली मक़सद पर लगे। जानी-मानी पर्यटक कम्पनी के नुमाइन्दे ने कहा, चूँकि जीप में जाना है और रक़म काफ़ी लगेगी बेहतर होगा कि चार-पाँच जन चलें और ख़र्च बाँट लें। रहने के इन्तज़ाम में जैसे दो ठहरे वैसे पाँच; खाना वहीं पर बनेगा सो ख़ास महँगा न होगा। उतने जन आराम से जीप में फ़िट हो जायेंगे। कम पैसों में काम चलाना काफ़ी सुखकर था।

मैंने जंगल की सैर के लिए साथी लेखकों को मनाने का दुष्कर काम शुरू किया। इससे तो लोकसभा के लिए खड़ी हो जाती! इतनी दुश्वारी न झेलनी पड़ती। पूछने पर सबने कहा सोच कर बतलायेंगे। चार जन राज़ी हुए। अगली सुबह पुख़्ता तौर पर पूछने पर कहा शाम को बतलायेंगे; शाम को पूछा तो कहा अगली सुबह बतलायेंगे। अगली सुबह कहा, "चलेंगे ज़रूर पर पैसे शाम को देंगे।" कुल दो दिन बचे थे और सैर आरक्षित करवाने के लिए फ़ॉर्म और पैसे फ़ौरन भरने थे। शाम को जब वे वहाँ न पहुँचे जहाँ मिलना तय हुआ था तो सोचा बुक कर लेती हूँ पैसे बाद में ले लूँगी। सम्मेलन के दौरान सबको इत्तिला कर दी अगली दुपहर एक बजे, हम अपने होटल से निकल जीप से उन्हें उनके होटल से ले लेंगे।

मेरा देखा सूरिनाम पहला देश था जहाँ भारतीयों की बहुत इज़्ज़त थी। वरना कालों के देश हों या गोरों के, भारतीय नापसन्द किये जाते थे। गोरों के आगे बिछ जाना और कालों से बेतहज़ीबी वजह थीं। अर्सा पहले बिहारी भारतीय, बँधुआ मज़दूर या गिरमिटिया बना कर डच कॉलोनी सूरिनाम लाये गये थे।

तब उन्होंने जंगल काटे, धान बोया, इमारतें बनायीं और डच लोगों को रईस बनाया। अब व्यापार में सफल हो उनके वंशज ऊँची पदवियों पर थे। पहले दिन आश्चर्य के साथ देखा फ़ेडरेशन ऑफ़ चेम्बर्स के अध्यक्ष दफ़्तर से छुट्टी मना आलीशान मर्सीडीज़ में भारतीयों को आस-पास घुमाने आये हुए थे। अपने घर भी ले गये और बुज़ुर्ग माँ से मिलवाया। वे भोजपुरी के सिवा कुछ न बोलती थीं; बाक़ी परिवार धड़ल्ले से हिन्दी और भोजपुरी बोलता था। मॉरिशस की तरह यहाँ की सरकार हिन्दी स्कूल नहीं चलाती थी, न हिन्दी ज़ुबान को मान्यता दी थी। भारतीयों ने ख़ुद स्कूल खोले, चलाये; हिन्दी सीखी, सिखलाई और बोलना जारी रखा। हमसे मिल कर उनकी माँ भाव विह्वल थीं। काफ़ी बीमार थीं; डच डॉक्टरों का इलाज चल रहा था। मेरा हाथ थाम कर बोलीं भारत से आप लोग आ गये तो मैं स्वस्थ हो जाऊँगी! मैं भी भावुक हो गयी। समझ में आया कि समुद्र के किनारे प्रतिष्ठित, माई-बापू की प्रतिमा क्या मानी रखती थी! पुरखों की स्मृति जीवित रखने के हिन्दुस्तानी वंशजों के अटूट संकल्प का प्रतीक थी।

देर रात तक हम बतियाते रहे। जंगल की सैर से इतना उत्साहित थे कि सो न पाये। अगले दिन का पहला पहर बेसब्री से दुपहर का इन्तज़ार करते बीता। आख़िर एक बजा और ढलती जवानी के ज़िन्दादिल फ़्रैंक और मारिया होटल आये। ख़ुश-ख़ुश हम वहाँ पहुँचे जहाँ से तीन भारतीय लेखक व बुद्धिजीवी साथ आने वाले थे। तब...अतिनाटकीय हुए बिना काम नहीं चल रहा। कहना पड़ेगा वज्रपात हुआ! तीनों ने जाने से इनकार कर दिया! बिला माफ़ी माँगे। जबकि सबके पैसे मैं भर चुकी थी। पैसों का तो ख़ैर ज़िक्र ही न किया; न तब न देश लौटने पर। इस अकल्पनीय अभद्रता पर मैं और ऐनी ही नहीं जीप चलाकर आये फ़्रैंक और मारिया भी भौचक थे!

"पर आपने कहा था..." कहते-कहते मारे वितृष्णा के चुप हो गयी। क्या रह गयी होगी इ़ज़्ज़त से देखे जाने वाले भारतीयों की उनके मन में इ़ज़्ज़त!

हम निकल लिए। हमें सदमे में देख वे इधर-उधर के क़िस्से सुनाने लगे। एक यह कि कुछ दिन पहले जिस कॉटेज में हम ठहरने वाले थे उसके बाहर से उनके नन्हे कुत्ते को शेर उठा ले गया था। उसे याद कर मारिया रुआँसी हो गयीं और हम, मूक। उसी चुप्पी के दौरान मैंने फ़्रैंक को फ़ोन पर कहते सुना, "मुझे दो दुबली-पतली महिलाएँ भेज दी गयी हैं समझ नहीं आ रहा उन्हें कहाँ घुमाऊँ।" साथियों की बेशऊरी का खमियाज़ा कुछ तो हमें भुगतना था न! अहसास हुआ कि हमने सुन लिया तो फ़्रांसीसी अदब के साथ तुरत पूछा, "मैम, आप क्या करना चाहेंगी?"

"रेन फ़ॉरेस्ट घूमना," मैंने फ़ौरन जवाब दिया। "पर उसके लिए गम बूट्स चाहिए," उन्होंने जुमला पूरा भी न किया कि मैंने टोका, "लाये हैं न। उनके बिना आपके पास आकर क्या करते?" "दऽन आई लव यू।" तत्काल उनके मुँह से निकला। "वी लव यू टू," कहने का रिवाज़ ठहरा सो मैंने अंग्रेज़ी और ऐनी ने फ्रेंच में कह डाला। फ्रेंच सुन वे लट्टू हो गये; आख़िर वे आधे फ्रांसीसी यानी फ्रांसीसी जमा क्रियोल थे और ऐनी, पूरी। ऐनी की शाइस्तगी थी कि मेरी ख़ातिर बराबर अंग्रेज़ी बोलती रहीं। यही नहीं मेरे जमा किये पैसों के आधे देने पर अड़ गयीं। मैंने बहुत इसरार किया, "जो हुआ मेरे ग़लत भरोसे और मेरे साथियों की बेमुरव्वती से आप ज़िम्मेवारी क्यों लें?" उन्होंने कहा, "हम साथी हैं न। बल्कि सहयात्री यानी सबकुछ साझा।"

सुखद था कि मेज़बानों के मन में सूरिनाम के भारतीयों की इज़्ज़त क़तई कम न हुई थी। आख़िर वे उनके मुल्क के बाशिन्दे थे और "ये" ग़ैर-मुल्की। सफ़र में भारतीयों की तारीफ़ के क़सीदे सबसे ज़्यादा फ्रैंक ने काढ़े। बतलाया शुरू जवानी में उनका इश्क़ हिन्दुस्तानी लड़की से हुआ था; शादी करना चाहते थे पर उसके पिता न माने। कहा ग़ैर-बिरादरी में लड़की नहीं ब्याहते।

"यह संकुचित सोच आपको बहुत खला होगा," मैंने कहा।

"बिल्कुल नहीं मेरे मन में उनकी इज़्ज़त और बढ़ गयी। परिवार और हिन्दुस्तानीयत को बचा कर ही हिन्दुस्तानियों ने इतनी तरक़्क़ी की कि हम मान कर चल रहे हैं, अगला राष्ट्रपति भारतीय होगा।"

"समझी नहीं। उनकी वजह से तरक़्क़ी कैसे हुई?"

"एक सदी बाद डच कॉलोनाइज़र्स हॉलैंड लौटने लगे तो बँधुआ मज़दूरों को ज़मीन दे आज़ाद करने की पेशकश की। तब तक शहरों की बसावट की कल्पना की जाने लगी थी। स्थानीय काले लोगों ने क़बीले के मुखिया की बात मानी और गाँव में ज़मीन ली। हिन्दुस्तानी लोगों के हर परिवार ने केवल अपने परिवार के मुखिया की सलाह से फ़ैसला लिया और शहर बसाने की चुनौती स्वीकार की। बेबँटे परिवार का मतलब था ज़मीन का न बँटना। नया व्यापार-व्यवसाय शुरू करने में चुनौती के साथ जिस निधि की ज़रूरत थी बेबँटे होने से मिलनी कुछ आसान हो गयी। अथक परिश्रम कर वे हर क्षेत्र में सफल हुए और ख़ूब पैसा कमाया, पढ़-लिख कर ऊँची पदवियाँ पायीं। डच सीखी, हॉलैंड गये पर न अपनी ज़ुबान छोड़ी न संस्कृति या रीतिरिवाज़।

सूरिनाम में अनेक जातियों, नस्लों और ज़ुबानों के लोग रहते आये थे और अब भी रहते थे। अधिकतर काले क़बीलों के वंशज स्थानीय ज़ुबान की अलग बोलियाँ बोलते थे। फ्रांस से लोग आये तो क्रियोल लड़कियों से शादियाँ कर नयी नस्ल तैयार की, जो आपसे (ऐनी को इंगित करके) फ़र्क़ फ्रांसीसी बोलते हैं; उसमें क्रियोल के अल्फ़ाज़ भी रहते हैं और तलफ़्फ़ुज अलहदा होता है। देखा होगा क्रियोल औरतें ख़ूबसूरती की मिसाल आप हैं। हाँ, सूरिनाम की औरतों की बेमिसाल ख़ूबसूरती ग़ौर की थी! लम्बा, कसा जिस्म जैसे साँचे में ढल कर निकला हो कहीं झोल नहीं। नमकीन हुस्न से दमकता तराशा साँवला चेहरा! एक नज़र देखो तो देखते रह जाओ। रोमानी फ्रांसीसी उनके सामने ढेर न होते तो कहाँ जाते बेचारे।

यूँ गप्पें मारते क़िस्से कहते और फुटकर खाते-पीते हमने दर्मियानी दूरी तय की। बीच में एक-दो जगह रुके। बुश नीग्रो गाँव ने मुझे बेतरह मोहित किया। जैसे बहुत पहले वक़्त ज़रा देर को थमा और तिलिस्मी हवा के चलते थमा रह गया। तब तक देखे काले लोगों से वे नीग्रो अलहदा थे। क़द में हमसे भी छोटे। चेहरे हज़ारों बरसों का इतिहास लिए। निस्पृह भाव से मौन रह कर नक़्क़ाशी कर रहे थे। लकड़ी चिकनी मिट्टी की तरह मुलायम गुलाबी-मोतिया थी; उनकी त्वचा उतनी ही चिकनी, बेदाग़ पर आबनूसी थी। नक़्क़ाश थे कि वैरागी? हर भाव जज़्ब करता निर्वेद था चेहरे पर। नक़्क़ाशी इतनी बेपेचीदा कि एकबारगी समझ आ गया सादगी को संस्कृति का सबसे परिष्कृत रूप क्यों माना जाता है। मन बहुत कुछ ख़रीदने का था पर ले जाने को जगह न थी। भारतीय दुर्जन ताक़त से बड़ा सूटकेस लाने के लिए धिक्कार चुके ही थे। मैंने दुनिया के सबसे सुस्त जानवर कछुवे की नन्ही आकृति ख़रीदी। कहा, सुस्त नहीं स्थिरप्रज्ञ है। ऐनी ने दुनिया के सबसे बदसूरत जानवर ताबो की छोटी आकृति ख़रीदी, कहा बदसूरत नहीं अजीब है। या नायाब?

अँधेरा घिरने से पहले अपने गन्तव्य सबाना पार्क पहुँच गये। ऐनी और मैं फ़ौरन से पेशतर घूमने जाना चाहते थे। फ्रैंक ने कहा, "जाइए ज़रूर पर चारदीवारी के बाहर नहीं। जंगल में अँधेरा अचानक घिरता है, मालूम नहीं पड़ता और दिशा ज्ञान नहीं रहता। आप टॉर्च ले लें पर वह आपका कोई भला न करेगी। घड़ी में वक़्त देख कर जाइए और बीस मिनट चलने के बाद रोशनी नहीं घड़ी देख वापस लौट आइए...वरना..."

कहने की ज़रूरत न थी हमें याद था शेर उनका कुत्ता कॉटेज के अहाते से ले गया था। फ्रैंक ने दिलासा देते हुए कहा आपके बंगाल टाइगर जैसा नहीं होता यहाँ का शेर। छोटा होता है। हमारे लिए छोटा ही बहुत है ऐनी और मैंने काँप कर कहा और घड़ी से ऐसी वफ़ा निभाई कि क्या किसी अंग्रेज़ ने दिखलाई होगी। हम कॉटेज के अहाते में घुसे कि अँधेरा ऐसे उतरा जैसे भूत।

जाने से पहले मारिया ने मुझसे पूछा था हिन्दुस्तानी खायेंगी कि फ्रेंच? "यक़ीनन फ्रेंच," "आई लव यू", उनका जवाब था। ऐनी ने उन्हें फ्रेंच में समझाया था कि मैं बीफ़ या पोर्क नहीं खाती। उन्होंने क्या कहा मैं समझी नहीं पर शाकाहारी और मुर्ग मुसल्लम का मिला-जुला खाना इतना लज़ीज़ था कि काँटे-छुरी से न खा रहे होते तो उँगलियाँ चाटते।

यह तमाम क़सीदाकारी बतौर भूमिका है। असल तो जंगल की सैर है। रात को ऐनी और मुझे एक रमणीक कॉटेज में दो कमरे दिये गये। बत्ती जलाने की मनाही थी। सिगरेट लाइटर थमा दिया गया कि आपात स्थिति में काम आयेगा। बतलाया कि शौच कॉटेज के बाहर है सो अगर जाना हो तो ...जला लें। अजी कहाँ! डर के मारे हम भोर होने पर ही चेते। बाहर रोशनी देख गम बूट वग़ैरह से लैस पूछना शुरू किया, जंगल के लिए कब निकलेंगे? जवाब मिला नाश्ते के बाद। जब देखा नाश्ता काफ़ी ताम-झाम से बन रहा था तो आज़िज़ आ कर कहा, खाने का क्या है कुछ भी खा लेते हैं। ऐनी उतनी बेताब न थी पर वह ठहरी मेज़बानों से ज़्यादा फ्रांसीसी। सुबह का नाश्ता कर्मकाण्ड होता है उनके लिए। जब मैंने कई बार इसरार किया तो साथ जाने वाले गाइड स्टू ने कहा, "जब साँप सो जायेगा तभी जा सकते हैं।"

"मतलब?" कुछ जो पल्ले पड़ा हो फिर भी पूछा, "साँप कब सोयेगा?"

"आठ बजे," उसने कहा।

"रात के?" मेरे प्राण निकल गये। कल उन्होंने कहा था, "अँधेरा घिरने से पहले घड़ी देख लौट आइयेगा।"

सब ठठा कर हँस दिये। "नहीं मैम, सुबह के।" फिर दया करके तफ़सील से बतलाया, "रात भर पूरे जंगल में साँप ही साँप घूमते हैं। सुबह जब सो जाते हैं तभी महफ़ूज़ रह कर हम अन्दर जा सकते हैं। गम बूट्स के बावजूद।" फिर मगन मन सब कॉफ़ी के साथ ख़ास तरह की डबलरोटी और तरह-तरह की 'चीज़' नोश फ़रमाने लगे। मैं भी पर घड़ी देखती रही। आख़िर आठ बजे। हम तीनों, साढ़े छहफ़ुटा गाइड और पाँच फ़ीट दो इंची ऐनी और मैं बाहर निकले।

गाइड के हाथ में तलवार थी जिससे ज़मीन पर सर्वत्र बिछी काँटेदार आइवी काट कर चलने लायक़ रास्ता बना रहा था। दो घण्टे बाद जब लौटे वे दुबारा गुत्थम-गुत्था हो रास्ता घेर चुकी थीं। रेन फ़ॉरेस्ट में पेड़ के तने में जहाँ खोखल हो, लम्बा-चौड़ा पेड़ उग आता है। तनों से फूट आती हैं लताएँ, वल्लरियाँ और झाड़ियाँ और पूरी ज़मीन पर रेंगती अनादि अनन्त आइवी। अनन्त-अनादि ही होता है वर्षा वन का वितान। कुछ देर चलने के बाद, एक काली झील नज़र आयी। स्टू ने बुदबुदा कर कहा, "छाती तक पानी है। चल कर पार कर सकते हैं।"

"किसकी छाती तक?!" मेरे मुँह से निकला।

वह हँस दिया। "ठीक है, घूम कर चलते हैं।"

घनी गुत्थमगुत्था हरियाली थी पर फूल बहुत कम। सूरज ही न निकले तो फूल कहाँ से हों। वही हाल जीव-जन्तुओं का था। कुछ अनचीन्हे और नायाब फल ज़रूर लगे थे। स्टू ने एक फल तोड़ कर हमें दिया। नाशपाती के आकार का पर अखरोट की तरह सख़्त छिलका। छीला तो टूट-टूट अलग हुआ। भीतर का गूदा जैसे चीज़ सेंडविच! वाह, अलहदा स्वाद के लिए ही तो आये थे हम।

चलते-चलते हम निस्बतन कम गहरी क्रीक पर पहुँचे। पानी मेरी छाती तक था। पार करते हुए स्टू मेरा हाथ थामे रहा। काला ठण्डा पानी। आसपास उगे कोको, कॉफ़ी और अनगिनत जड़ी-बूटियों के पत्ते पानी में गिर उसे काला और औषधि युक्त बना देते थे। वैसे भी वह वर्षा का शुद्ध नैसर्गिक पानी होता है। सिर पर डालो तो दर्द फ़ौरन ग़ायब।

ख़ुदा के फ़ज़ल से एक भी साँप न दिखा; न जगा न सोया। डरती हूँ साँपों से फिर भी एकाध देखने का मन था। थे ज़रूर बस दीख नहीं रहे थे। क्या-क्या बयान करूँ वहाँ की तिलिस्मी क़ायनात। अहसास की ज़मीन पर पहली मर्तबा समझा कि सुनसान साँय-साँय क्यों करता है? सब तरफ़ साँप सोये होते हैं न सोते-सोते साँस लेते हैं, साँय-साँय। उसके अलावा कोई आवाज़ थी तो टपटप टपकते पानी की। आसमान से नहीं, बादलों से नहीं, पेड़ों से गिर रही थीं बूँदें। कसी मुट्ठी से झरती रेत की तरह, सर्र-सर्र। पेड़ों के तम्बुओं में बारिश से हर पल ताज़ादम होते पानी के ख़ज़ाने से मिली थी वह बख़्शीश।

वापस आये तो वही तलवार, वही काट कर बनाया नया रास्ता। वही कोको कॉफ़ी के पौधों की तेज़ गन्ध से लबरेज़ फिज़ा। वही साँय-साँय साँपों की सरसराहट! दो घण्टों में एक उम्र बीत गयी। जैसे पहली बार मुहब्बत कर नींद से जगे हों।

मेरे गम बूट्स घुटनों से कुछ पहले ख़त्म हो जाते थे। इसलिए उनके भीतर जाँघ तक आती दिवंगत बेटे की दो मोटी सूती जुराबें पहन रखी थीं। जूते उतारे तो देखा पूरी तरह कीचड़ में लथपथ थीं। अपनी होतीं तो फेंक देती पर जो रहा नहीं उस बेटे की अमानत कैसे फेंकती! फ़िलहाल ग़ुस्लखाने में छोड़ सोचा, खाने से निबट कर धो लूँगी और प्लास्टिक के थैले में डाल हिन्दुस्तान ले जाऊँगी। वापस आयी तो अपार अचरज से देखा धुली-निचुड़ी वे अलगनी पर टँगी थीं। ऐनी! ऐनी ने मेरी इस क़दर गन्दी जुराबें धो कर फैला दीं। ऐनी...मेरा गला रुँध गया। तुमने कहा था तुम्हारे दिवंगत बेटे की हैं, मैंने सोचा तुम फेंकने पर मजबूर न महसूस करो। ऐनी-ऐनी! मैं कहती चली गयी। ऐसा नायाब तोहफ़ा! ऐसी नायाब सखी! ऐसी नायाब औरत!

भागमभाग पारामारिबो के होटल पहुँच आख़िरी बस में दाख़िल हुई जो भारतीयों को हवाई अड्डे ले जा रही थी। ऐनी की उड़ान बाद में थी। उससे विदा ली तो उसने पाँच युरो मेरे हाथ पर रख दिये। एम्स्टर्डम में मेरा नाम ले कॉफ़ी पी लेना। बाद में ऋतु मेनन को बतलाया तो उन्होंने कहा, "हैं! ऐनी बिल्कुल पागल हो गयी क्या!" पर मुझे क़तई बुरा न लगा था। जो देना था पहले ही सबाना पार्क में दे चुकी थीं। यह तो यादगार के नाम प्रतीक था। कॉफ़ी पीते वाक़ई मैं ऐनी के साथ थी। वैसे ही जैसे जंगल में अनदीखा साँप मौजूद था।

यूँ तो जंगल की सैर के बारे में बहुत कुछ कहने लायक़ था पर इस जुमले ने कि तब जायेंगे जब साँप सो जायेंगे मुझे जादू में बाँध लिया। बस में हवाई अड्डे तक के सफ़र में मैं उस पर काफ़ी कुछ कहती रही। जनाब रवीन्द्र कालिया साहब भी मेरी बात सुन रहे थे। हवाई अड्डे पहुँचे कि वह बारिश शुरू हुई जिसका हवाला दे हमें बराबर डराया जाता रहा था पर जो उस पूरे हफ़्ते जब हम पारामारिबो में थे नज़रें चुराये रही थी। अब बरसी तो यूँ बरसी कि समझिए तोपें दाग़ी जाने लगीं। हर तरफ़ अँधेरा उतर आया जैसे जंगल में भूत की तरह उतरा था। छाता उन गोलों के सामने बेकार था तो अपने औसान और सूटकेस सँभाल तेज़ भाग भीतर पहुँची। जनाब रवीन्द्र कालिया साहेब रौनक़ अफ़रोज़ थे। अब जो बन्दा भीतर आये उससे निहायत संजीदगी से पूछें, "साँप कब सोता है?" बारिश में भीगा बौखलाया बन्दा कहे, "पता नहीं!" तो कालिया साहेब उसी संजीदगी से फ़रमायें, "मृदुला गर्ग से पूछो!"

मज़ाक़ इतना पुरक़शिश बना कि "साँप कब सोता है!" उन्वान से वर्षा वन की सैर का वृत्तान्त वागर्थ पत्रिका में लिख मारा। उसी के चलते यात्रा वृत्तान्त की किताब, 'कुछ अटके कुछ भटके' लिखने की सूझी। खुशक़िस्मती से 2003 से 2012 तक लकीर से हटे कई मुकामों की सैर की; जैसे जापान, मालदीव;

इटली में फ़्लोरेन्स; सिक्किम में नाथु ला; कोच्चि के बैक वाटर्स; असम में डिब्रुगढ़ और काज़ीरंगा; एम्स्टर्डम में वेन गॉग गैलरी; कोषिक्कोड में वायनाड... तो लिखने के लिए मसाला मिलता रहा। उनका ज़िक्र यहाँ जो घुसा आ रहा है वह किन्हीं बेमिसाल औरतों की मार्फ़त है। जुगराफ़िया चाहिए न साहेब!

अब आती हूँ सहेली नम्बर दो यानी इटली की सिल्विया स्तौरेंगो पर। सहेली हैं हालाँकि उम्र बेटी से कम है। सबसे पहले उनसे जयपुर लिट फ़ेस्ट 2010 में मिलना हुआ। उन्होंने आगरा के हिन्दी संस्थान में हिन्दी सीखी थी और ख़ासे तल्ख़ अनुभव हुए थे। काश उन्हें कृष्णा नसीब हुई होती!

ख़ैर! हिन्दी में दो शब्द बहुत काम के हैं, वग़ैरह और ख़ैर! उन्होंने कहा फ़ेस्ट की वेबसाइट में मेरा नाम पढ़ मिलान विश्वविद्यालय से ख़ास मुझसे मिलने जयपुर आयी थीं। जग ज़ाहिर है जयपुर लिट फ़ेस्ट अंग्रेज़ी में लिखे साहित्य और फ़िल्मों पर केन्द्रित रहता है। हिन्दी लेखन और लेखक मजबूरी का नाम गाँधी होते हैं। हिन्दी के दो दिग्गज लेखक विनोद कुमार शुक्ल और मैं एक सत्र में ठुँसे थे। सम्मिलन की जगह भी उस नज़रिये की तरह तंग और पिछवाड़े थी। जो श्रोता आये हिन्दी से निजात न पा सकने की देसी मानसिकता के चलते आये। पर साहेब सबकी कमी अकेली सिल्विया स्तौरेंगो पूरी कर रही थी। हमारे पाठ के दौरान बराबर नोट्स लेती रही। शुक्ल साहेब को जयपुर लिट फ़ेस्ट ने यूँ आतंकित किया कि अपने हिन्दी उपन्यास 'नौकर की क़मीज़' का मूल छोड़ अंग्रेज़ी अनुवाद का पाठ करने लगे। अनुवाद उम्दा रहा होगा पर पाठ काफ़ी रद्दी था। अपन राम हिन्दी में लगे रहे। कम-अज़-कम लौटने पर होटल के बैरे ने दरख़्वास्त की कि दस्तख़त की मेरी किताब चाहिए। मैंने कहा उनमें से कुछ के नाम बतला दो तो दे दूँगी। उसने बतलाये, मैंने कहानियों की किताब दी; उसने उपन्यास माँगा वह भी नाम से कठगुलाब, तो ख़ुश हो कर दिया। अंग्रेज़ी में लिखने वाली गीता हरिहरण ने कहा, अंग्रेज़ी के लेखक के साथ यह कभी नहीं हो सकता। जी हज़ूर, पर यह जज़्बा छुटभय्ये भारतीयों तक महदूद नहीं है।

अगले रविवार सुधीश पचौरी ने जयपुर लिट फ़ेस्ट की विरुदावली गाते हुए इंडिया टुडे में लिख मारा कि विदेश में हिन्दी प्रेम का प्रतीक था कि विनोद कुमार शुक्ल जो बोल रहे थे, एक इतालवी छात्र उसके नोट्स ले रही थी। अहसास को बतौर तथ्य पेश करते हुए उसकी सच्चाई जाँचने-परखने का रिवाज़ अपने यहाँ है नहीं। मारे ग़ुस्से के सिल्विया लाल भभूका। धड़धड़ाती हुई इंडिया टुडे के दफ़्तर पहुँची और सम्पादक के सिर वह लानत-मलामत उड़ेली कि बेचारे सकपका कर रह गये।

पहला झूठ, सिल्विया छात्र नहीं प्राध्यापिका थीं। दूसरा झूठ वे मेरे विचारों के नोट्स ले रही थीं विनोद कुमार शुक्ल की बतकही के नहीं। मुझसे मिलने मिलान से जयपुर आयी थीं किन्हीं विनोद कुमार शुक्ल से नहीं। अगले रविवार इंडिया टुडे ने मुख्तसर सा माफ़ीनामा छाप दिया। हमारी पत्रकारिता अपनी ग़लतियों को तरजीह नहीं देती। पर अशोक कुमार ने हिले अन्दाज़ में मुझसे यह ज़रूर कहा, ज़बरदस्त मुरीद हैं आपकी! उन दिनों मैं इंडिया टुडे के लिए पाक्षिक स्तम्भ, 'कटाक्ष' लिखा करती थी।

सात बरस लिखा। बफ़ेलो विश्वविद्यालय के हिन्दी विभाग में पाठ्यक्रम में पढ़ाया गया। उनका सवाल था उसका अंग्रेज़ी अनुवाद क्यों नहीं होता जबकि हर आएँ-बाएँ-शाएँ अंग्रेज़ी का हिन्दी अनुवाद उनके माथे पटका जाता है कि पढ़ो हिन्दुस्तान का रद्दी माल। जवाब मेरे पास न था।

वैसा हादसा दुबारा न हुआ अलबत्ता यह ख़याल ज़रूर आता रहा कि सिल्विया मुझे लेकर इतनी मालिकाना क्यों थीं? सहेली थी कि स्टॉकर? नहीं-नहीं मुझसे ज़्यादा वे मेरी निजता बचा कर रखती थी। एक फटफटिया किराये पर ले रखा था उसी के हाथों उपहार भेजती जो वह बाहर मेड को दे जाता। कभी-कभाक सिल्विया खुद आ कर मेड के पास फूल-मिठाई छोड़ जाती, सख़्त हिदायत के साथ कि मुझे डिस्टर्ब न किया जाये।

आख़िर मैंने मेड से कहा जब दूर से आती दीखे तभी फ़ोन से मुझे ख़बर कर दे। यूँ उसे धर पकड़ा। कुछ तिलिस्म टूटा और माँ-बेटी की उम्र की हम साहित्य मुग्धा औरतें सहेलियाँ बन गयीं। वह मुझे सरस्वती जी कहती थी। पढ़ती तो कहानी का सत्त निचोड़ कर रख देती। 1972 में मैंने 'कितनी क़ैदें' कहानी लिखी थी। कोयना बाँध की सीसमिक उथल-पुथल के कारण कोयना नगर में आया भूचाल जिससे बाँध में दरारें आ गयी थीं, पृष्ठभूमि में था। निर्मला जैन जैसी मशहूर हिन्दी आलोचक के लिए मुद्दा, पति-पत्नी के बीच लिफ़्ट के लम्बे-चौड़े कठघरे में हुआ सहवास था। क्या खुद को मृत्यु के नज़दीक पा वह मुमकिन था और क्या उतने बड़े कठघरे में उसका होना प्रामाणिक था! भूचाल गया बट्टे खाते में। पर सिल्विया और उसके साथी छात्रों ने जम कर शोध किया कि 1967 में कोयना नगर में आया भूचाल उन्हीं कारणों से था जिसके संज्ञान ने पूरी दुनिया हिला कर रख दी थी और जिसकी पड़ताल 1972 में लिखी कहानी में मैंने की थी। उसी भूचाल ने मेधा पाटकर के नर्मदा बाँध के ख़िलाफ़ और अन्य बड़े बाँधों के ख़िलाफ़ आन्दोलनों की नींव रखी। पर हमारे आलोचकों को उन दिनों 'इकोफ़ेमिनिज़्म' में फ़ेमिनिज़्म की बू आती थी इसलिए बदनाम शब्द था।

इससे भी ज़्यादा सनकी बात सिल्विया ने यह की कि जब आमिर ख़ान ने 'रंग दे वासन्ती' फ़िल्म बनाई तो मेरे उपन्यास 'अनित्य' के हवाले से उन्हें लिख मारा कि क्या उन्होंने मृदुला गर्ग से अनुमति ली थी? शायद विदेशी जान उनका गोलमोल जवाब भी आ गया कि उन्होंने बहुत कुछ पढ़ा था इत्यादि... सिल्विया बस सिल्विया थी। एक दिन घर आयी तो यूँही कह दिया कल मोतीचूर के लड्डू खाने का इतना मन हुआ कि पैदल मिठाई की दुकान जाकर दो लड्डू ख़रीदे। अगले दिन सिल्विया पाँच-छह क़िस्म के लड्डू लिए चली आयी।

बिना कहे सिल्विया जानती थी इटली जाने के लिए मैं कितनी बेताब थी। आप कहेंगे, यह औरत हर जगह जाने को बेताब थी। बेताबी बढ़ इसलिए जाती क्योंकि पैसों की क़िल्लत की वजह से निजी तौर पर विदेश जाने की क़ूवत थी नहीं। ज़्यादती हुई न? विदेश से कोई सिरफिरा मुझे बुलाये तो मैं जाऊँ! सिल्विया ने मुझे मिलान विश्वविद्यालय से दावतनामा भिजवाने को एड़ी-चोटी का दम लगाया। दिल्ली से मिलान का जेट एयरवेज़ का टिकट भी ख़रीद लिया कि बाद में वे भुगतान कर देंगे। मैं अक्तूबर माह में गयी बला की सर्दी थी। मेरे पास माक़ूल लम्बा कोट था नहीं तो भांजी से उधार लिया।

पहुँची तो देर शाम का अँधेरा घिरने लगा था। सिल्विया हवाई अड्डे पर पार्ट टाइम काम करती थी सो सामान की बेल्ट के पास मिल गयी। अन्धा क्या चाहे दो आँखें। कोट-जूतों के मारे यूरोप जाता सामान वज़नदार होता है। पर सिल्विया ने ऐसे उठाया जैसे बिस्तरबन्द हो और मेट्रो के बाद टैक्सी से हम गन्तव्य की तरफ़ चले। पर अचरज! जहाँ रुके मेरे लिए कमरा आरक्षित न था। सिल्विया ने धुआँधार इतालवी में निर्देशक से बात की। यूँ भी इतालवी की फ़ितरत है कि आराम से बोलो तो भी धुआँधार लगे पर यहाँ तो गर्जनधार बोली जा रही थी। आख़िर गाड़ी से उतर एक भुतहा इमारत के भीतर घुसे। ऐसी इमारत 'बीस साल बाद' या 'महल' जैसी फ़िल्मों में ही देखी थी। भीतर घुसते ही फाटक बन्द हो गया। 'पास' के बिना कोई भीतर न आ सकता था। भीतर से बाहर जाना हो तो? मैंने पूछा तो जवाब न मिला। खटारा लिफ़्ट में ऊपर जाते मैं णमोंकार मन्त्र पढ़ती रही। भाड़ में जाये नास्तिकता! कुछ ठहर कर सिल्विया ने माजरा समझाया। जिन मोहतरमा को नये गेस्ट हाउस में कमरा बुक करवाना था गफ़लत में करवाया नहीं और फ़िलहाल वे शहर से बाहर थीं। इसलिए इस फटीचर भूत बँगले में ठहरना पड़ रहा था। कुछ देर बाद अपनी आई.डी. इस्तेमाल कर वह बाहर गयी और दूध, फल, डबलरोटी, चीज़, न्युटैला वग़ैरह ले लौटी। सोचिए इटली में हैं और फटेहाल कमरे में बैठे टीवी डिनर कर रहे हैं।

डबलरोटी पर चीज़ और न्युटैला लगा खाना बुरा न था पर इटली का सपना क़तई न था। छोटे-से कमरे में तंग-सा बिस्तर था। सिल्विया को घर भेज थकान से चूर उस पर सो ली।

मज़ेदार वाक़या अगली सुबह हुआ। बाथरूम का गीज़र चला कमरे में आ कपड़े निकाले तो कमरे का हीटर बोल गया। फिर से चलाया तो गीज़र बोल गया। बाथरूम इतना छोटा था कि वहाँ साड़ी पहननी नामुमकिन थी। गर्म पानी से नहा कर सर्द कमरे में कपड़े बदलने का ख़याल रूह कँपा रहा था। मैनेजर के कमरे में पहुँची। मैं इतालवी न जानूँ, वे न अंग्रेज़ी न हिन्दी तो भरतनाट्यम और कथकली का थ्योरिटिकल ज्ञान लगा हस्त मुद्राओं से समझाने की कोशिश की। उन्होंने भी काफ़ी नृत्य नाट्य किया पर बात बनते न देख डर हुआ भलेमानुस को कपड़े उतार कर समझाना न पड़ जाये। तभी उनके दिमाग़ में बिजली कौंधी। एक एशियन छात्र को बुला लाये। वह टूटी-फूटी अंग्रेज़ी बोल लेती थी। उसने समझाया बिजली का वोल्टेज कम होने से या गीज़र चलता है या हीटर दोनों साथ नहीं। मैं पहले गीज़र में पानी गर्म कर लूँ। फिर उसे बन्द कर कमरे का हीटर चलाऊँ और आराम से कपड़े बदल लूँ। ममनून हो मैंने कहा मेरे कमरे में खाने का काफ़ी सामान है; चीज़, न्युटैला वग़ैरह, आ कर नाश्ता करें। वे बोलीं मैं उस लिफ़्ट में नहीं जाऊँगी! अयं, तो मैं कैसे जाऊँ? मैंने हर नृत्य मुद्रा में उन सज्जन से अनुरोध किया कि वे साथ चलें। कितनी देर उज्र करते? आख़िर इतालवी थे जीसस-जीसस जपते चल दिये। लिफ़्ट के कपाट बन्द हुए तो मुझे ठिठोली सूझी। कहा कल मैंने यहाँ भूत देखा था। घोस्ट शब्द के साथ जो भाव भंगिमा दिखलाई अभिप्राय समझ गये। पहले सिकुड़े फिर कन्धे चौड़े कर बोले, "नो प्रोबलम! मैं हूँ न!" नो प्रोबलम अंग्रेज़ी में कहा, बाक़ी मेरे कन्धे घेर ढेर सारी इतालवी में। बिला भूत से मिले भुतहा गेस्ट हाउस के गीज़र लो या हीटर नुमा कमरे में पहुँच नहा-धो कर तैयार हो ली।

इटली के फ़ैशन कैपिटल में बिना सजे-सँवरे बाहर निकलो तो हंसों में कबूतर लगो। पता नहीं इतालवी मोहतरमाओं में क्या जादू था कि सुबह सज कर निकलें तो शाम तक ताज़ादम दिखें; वह भी तीन इंची हील की सैंडल या जूते में। जवानी में हम भी तीन इंची हील की सैंडल पहन सात मील चल चुके थे। अब भी जिस दिन विश्वविद्यालय में व्याख्यान देने गयी साड़ी पहनी तो तीन इंची सैंडल भी पहन ली। शाम तक तौबा बोल गयी।

पहली महत्त्व की गोष्ठी पहली सुबह अकाडिमिया एम्ब्रोसियाना में आधुनिकता और परम्परा पर थी। लिवा ले जाने के लिए सिल्विया आ गयी। अपनी कहानी विनाश दूत के हवाले से, जो कालिदास के मेघदूतम् का आधुनिक त्रासद रूपान्तर थी, मैंने अपनी बात रखी। कैसे कवि कालिदास ने जो पर्यावरणविद भी थे मेघ में 'इन्सान से आगे का दूत' देख लिया था जबकि आज मेघ की हस्ती क्षीण होती हुई मानव और वनस्पति संसार को संकट में डाले थी।

बाहर ही कलात्मक लिखावट में दर्ज था, "यहाँ ल्योनार्डो द विंची सोचा करता था।" वाह! भीतर शानदार आर्ट गैलरी थी; टिकट ख़ासा महँगा था पर बक़ौल निर्देशक चूँकि मैं वहाँ बोल रही थी मुफ़्त देख सकती थी। जहाँ ल्योनार्डो द विंची सोच पाता हो हम अदना जन कुछ क़द तो पा ही जायेंगे न। गैलरी कला समृद्ध कर गयी तो गोष्ठी बढ़िया हुई।

पर हमारी क़िस्मत ऐसी चिपकू है कि जलवा दिखलाये बिना न मानी। गोष्ठी में एक हिन्दुस्तानी संस्कृत ज्ञाता होने ही थे। इतालवी सदर के कहने पर व्याख्यान अंग्रेज़ी में दिया था। उन साहब ने फ़रमाया कि अंग्रेज़ी में 'दूत' का तर्जुमा मैसेंजर नहीं होता। तो क्या होता है मैंने निहायत तमीज़ से पूछा। जवाब उनके पास न था। अम्बैसेडर तो नहीं होगा मैंने गुज़ारिश की कालिदास कवि व प्रेमी थे, सन्देश प्रेयसी को भिजवा रहे थे शासक को नहीं। उनकी मंशा संशय पैदा करने की थी उसे दूर करने की नहीं। सो चुप रहे। इतिश्री!

विभाग की निर्देशक ने धुआँधार इतालवी में उस मनहूस कमरे के लिए माफ़ी माँगी जो नये आये छात्रों के लिए महदूद था, जिसे हमने 'भूत बंगला' नाम दे मस्ती और जोखिम का पर्याय बना लिया था। रात को सोने के अलावा मैं उसमें रहती कहाँ थी। गोष्ठी या विश्वविद्यालय में व्याख्यान दे रही होती या भारतीय दूतावास में मिली उर्मिला चक्रवर्ती और सिल्विया के साथ घूम रही होती।

उर्मिला चक्रवर्ती हर दिल अज़ीज़ क़िस्म की महिला थीं और हम तीनों की महफ़िल ख़ूब जमती। एक दुपहर मिलान विश्वविद्यालय में भाषण और बातचीत के बाद साड़ी का सरंजाम उतार चूड़ीदार कुर्ते पर कोट व जूते पहनने के इरादे से भूत बँगले में पयाम किया तो उर्मिला साथ थीं। उन्होंने भूत के आसपास मँडराने को विनोद का मसला क़ुबूल कर लिया। सिल्विया को उर्मिला से कोई शिक़ायत न होना उनकी हर दिल अज़ीज़ शख़्सियत साबित करता था। वरना वह ज़्यादातर लोगों को शक़ की निगाह से देखती थी। वह शाम हमने मिलान शहर के फ़ैशनेबुल इलाक़े में घुमक्कड़ी करते बिताई। फिर शानदार कैफ़े में कॉफ़ी पी, दूसरे में उम्दा खाना खाया। इतालवी खाने का कोई तोड़ नहीं है लाजवाब होता है।

सिल्विया के साथ मिलान में एक और नायाब जगह गयी। ग्योटो टॉवर। शिखर तक पहुँचने के लिए पूरी 414 सीढ़ियाँ चढ़नी थीं। सत्तर पार औरत के लिए चढ़ना क़तई ज़रूरी न था पर ख़ब्त! तो चढ़े। क़ुतुब मीनार की तरह ग्योटो टॉवर में भी जैसे-जैसे ऊपर चढ़ते हैं रास्ता तंग होता जाता है। बन्दे भी उतने थे वहाँ। कई बार ख़याल आया कि कोई गिर जाये तो वह भगदड़ मचे कि काफ़ी जनता नीचे गिर अल्लाह को प्यारी हो जाये। सिल्विया के कान में फूँका तो घबरा कर बोली लौट चलते हैं आप फ़ौरन पलट जाइए। "प्यारी सिल्विया मैंने कहा, "पलट कर घूमी तो गिरने का पूरा अन्देशा है। जब-जब गिरी हूँ पलट कर घूमते हुए।" "ठीक है घबराइए मत हम धीरे-धीरे ऊपर चढ़ते हैं।" "प्यारी सिल्विया वह जनता जनार्दन के अख़्तियार में है। उनके क़दम से क़दम मिला कर न चढ़े तो धक्का खा कर गिरेंगे। और घबरा मैं नहीं तुम रही हो।" ख़ुदा के फ़ज़ल से हम साबुत ऊपर पहुँच गये।

बालकनी में खड़े हो नज़ारा देखा जो बक़ौल सिल्विया टॉवर के सामने पहली मंज़िल के आइसक्रीम पार्लर से भी देख सकते थे। इतना ख़ब्त काफ़ी न था। हमने टॉवर के भीतर बनी दुकान से काफ़ी मोलभाव कर अपनी समझ में आधे दामों पर एक-एक छतरी ख़रीद ली; बारिश बस हुआ चाहती थी। पर न बारिश हुई न हमारा मोल-भाव खरा उतरा। बाहर आने पर देखा सड़क किनारे की हर दुकान वैसी छतरी आधी क़ीमत पर बेच रही थी! मैं तो हूँ ही मोलभाव में सिफ़र। पर इतालवी सिल्विया की अक्ल क्यों घास चरने गयी! सोहबत!

काम ख़त्म करके हम सैर करने फ़्लोरेन्स जाने वाले थे। इस बीच मैं ट्यूरिन हो आयी थी। हिन्दी साहित्य पर बातचीत करने बुलाया गया था। इटली बुलाने का औचित्य साबित करने को साहित्य चर्चा लाज़िमी थी। वहाँ थे कुल पाँच-दस जन पर उनमें दो औरतें ऐसी निकल आयीं जो हिन्दी साहित्य पर बातचीत करने की क़ाबिलीयत रखती थीं।

वैसे शहर की ख्याति का कारण शैक्षिक नहीं आध्यात्मिक था। मान्यता थी कि 1567 से जीसस क्राइस्ट का प्रामाणिक श्राउड वहीं था। सिल्विया समर्पित कैथोलिक थी। तो साहित्य निबटा अजायबघर में रखी श्राउड की प्रतिकृति के दर्शन करने चल दिये। श्राउड को सार्वजनिक रूप से नहीं दिखलाया जाता था। फिर भी हम वहाँ गये जहाँ श्राउड था। जैसे खुली आँख सपने ले रहे हों। धार्मिक स्थल हमेशा काफ़ी ऊँचाई पर बनाये जाते हैं। दम साध साँस लेती चारों तरफ़ फैली चुप्पी में इन्सान धर्म भूल शुद्ध आध्यात्मिक हो जाता है, यानी प्रपंच से बाहर निकल मन के भीतर पहुँच जाता है। खुली आँख सपने लेने में माहिर मैं कैसे चूकती? बिना देखे ख़ूब देखा।

आख़िरी दिन जिन मोहतरमा की ग़लती से भूत बँगले में ठहरना पड़ा था छुट्टी मना मिलान लौट आयीं। मेरे कमरे में आ कर इतनी नफ़ीस अंग्रेज़ी में माफ़ी माँगी और इतनी शोख़ गालियों से कमरे को नवाज़ा कि मैं तमाम अलामातों का तफ़सील से बयान कर बैठी। चुड़ैल लिफ़्ट का बयान शामिल होना ही था जो अपनी मर्ज़ी से जब चाहे रुक जाती और भीतर आपात स्थिति में मदद की गुहार लगाने को बटन न था।

वे ज़रा पशेमां न हों मैंने कहा। मैं ठहरी भारतीय दो-चार भूत चाकरी में रहते ही हैं, मनबहलाव के लिए एक को बुला लेती थी। उसकी सोहबत का मज़ा वाज़िब वक़्त के लिए ले डायन लिफ़्ट दुबारा चल पड़ती। उस पर सिल्विया और मैं इतना हँसते कि भूत रूठ जाता और अगले दिन नमूदार न होता। वे लज्जित हो हँसीं, मैं और सिल्विया खुल कर।

पर आख़िरी हँसी वे हँसीं मैं नहीं। ज़िन्दगी की सबसे बड़ी बेवक़ूफ़ी वहीं करनी थी! आख़िरी रात भारतीय कॉन्सुलेट में रुख़सती डिनर था। शीत से लोहा लेने को साड़ी के ऊपर भांजी का लम्बा काला कोट ही नहीं पहना सिल्विया और उर्मिला के इसरार पर गले में पश्मीने का स्टोल भी डाल लिया। कोन्सुलर साहेब के दौलतखाने पर पहुँचे तो सभी से कोट ले बाहर कमरे में क़ायदे से हैंगर पर टाँग दिये गये। सब कुछ लाजवाब था खानपान, बातचीत, संगीत वग़ैरह। संगीत पर बॉल रूम नृत्य भी जम कर हुआ, कुछ आला दर्जे का कुछ हम जैसे नौसिखियों का। काफ़ी देर रात प्रोग्राम ख़त्म हुआ और हम कोट लेने पहुँचे। सर्दी इतनी बढ़ चुकी थी और गले में खराश महसूस हो रही थी। एक मोहतरमा से बात करते-करते जो काला कोट नज़र आया एक सज्जन की मदद से पहन ल़िया। अहसास हुआ कि कोट का कॉलर मेरे वाले कॉलर से कुछ फ़र्क़ था पर ध्यान न दिया। सोचा वाइन का सुरूर होगा जो था। साहेब एक तो कोट अपना न था; दूसरे ब्रांड देखने की आदत न थी।

उसके लिए मैं आशु को दोष देती हूँ। आठेक साल का होगा कि उसके चाचा अमरीका से लीवाए जीन्स लाये। उन दिनों उसी ब्रांड का जलवा था। अपने बर्ख़ुरदार का जलवा अलग था। सूई ले मनोयोग से लीवाए लिखा लेबल उधेड़ कर अलग किया। क्या हुआ मैंने पूछा तो बोला, "मैं किसी का लेबल नहीं हूँ।" फ़िकरा माबदौलत को पसन्द आया और दो क़दम आगे जा लेबल देखने छोड़ दिये। अब मज़े से कोट पहन भूत बँगले पहुँच गले की खराश के लिए गोली सटकी और घोड़े बेच सोयी। सुबह सिल्विया आ गयी और हम फ़्लोरेन्स के लिए निकल गये। ज़ाहिर है उसी कोट में।

किस क़दर ख़ूबसूरत शहर है फ़्लोरेन्स! मुकम्मल आर्ट गैलरी हो जैसे! दो दिन वहाँ रह मिलान के हवाई अड्डे पहुँचे। वहाँ छोड़ा भारी सामान उठा उड़ान पकड़ने बढ़े तो सिल्विया ने देखा, उसके फ़ोन पर ढेरों मैसेज आये हुए थे कि कहीं मैं या वह ग़लती से बेनेटन का कोट तो नहीं ले गये! कोन्सुलेट में जो काला कोट आख़ीर में टँगा पाया गया केलडो ब्रांड का था। मुझसे कहा तो कोट उतार कर जाँचा। बाक़ायदा बेनेटन का लेबल लगाये बरामद हुआ!

अब! फ़्लोरेन्स में फ़ोन न जाँचने की एक वजह यह थी कि वर्जिन मेरी के ख़ास चेपल में मेरा हीरे का कर्णफूल गिर कर गुम हो गया था। माँ के बनवाये कर्णफूलों की जोड़ी में से एक के बेंगलूरु में खोने के बाद बचे वाले को बाँट कर दो बनवाये गये थे। इन्हीं में से एक यह था। चप्पा-चप्पा खोजने में ढेरों वक़्त बर्बाद करने पर सिर्फ़ पीछे का पेंच हाथ लगा कर्णफूल नहीं। सिल्विया ने वही कहा जो उस हाल कहा जा सकता था। वर्जिन की भेंट हो गया। मेरे लिए शुभ होगा!

हर जगह सिल्विया मेरा ख़याल बेटी की तरह रख रही थी। इटली में परिवार का उतना ही महत्त्व है जितना हमारे मुल्क में। सिल्विया का अपनी दिवंगत बहन के लिए प्यार मुझे अपने बेटों की याद दिलाता था। फ़्लोरेन्स में उसने बहन की अँगूठी मुझे पहना दी तो उस हादसे को नज़रअन्दाज़ कर शहर घूमने लगे। फ़ोन पर नज़र न रखी गयी। पहले पता चल जाता तो मिलान के हवाई अड्डे पर समय बर्बाद करने के बजाय शहर जा कोट अदल-बदल लेते। कोट उतार सिल्विया को दे सकती थी। पर दुखते गले और खाँसी के साथ उस ठण्ड में बिला कोट सफ़र करने देने के लिए वह तैयार न थी। पहने-पहने दिल्ली पहुँची। इतना बेवक़ूफ़ कभी महसूस न किया था। बड़े आये तीसमारखाँ, ब्रांड नहीं देखेंगे!

असल में कोट उधार लेने के लिए ख़ुद को कोस रही थी। उसकी ज़रूरत हर्गिज़ न पड़ती अगर मुश्किल से पैसे जमा कर ख़रीदा मेरा लंडन फ़ॉग आनन्द ने बरसाती मान नये ड्राइवर को बारिश में पहनने को न थमा दिया होता। पाँच फ़ुट दो की औरत के ओवरकोट में उन्हें छह फ़ुटे मर्द की यानी अपनी बरसाती दिखी कैसे आज तक समझ न आया। वह, जो न बरसाती थी न उन्होंने कभी ख़रीदी थी! चूँकि गर्मी में लन्दन से लायी थी सो विदेश जाते हुए दो भांजियों ने बारी-बारी माँग लंडन फ़ॉग पहन लिया पर मेरे पहनने का मौक़ा आने से पहले, इनायते आनन्द ड्राइवर की नज़र हो गया। भरी गर्मी की बरसात में इतना ज़बर गर्म कोट पहना था तो पसीने धारोधार छूटे। जब पहनने से पहले ड्राइक्लीनर को दिया तो उसकी शानदार लाइनिंग तार-तार हो लौटी! कोट किसी काम का न रहा। मन इतना खट्टा हुआ और बटुआ इतना ख़ाली कि दुबारा ख़रीदने की औक़ात न हुई।

तो एक क़र्ज़दार भांजी से कोट उधार ले इटली चली गयी। दो सीख मिलीं। एक, किसी को उधार दो तो वापसी में उधार मत लो! दो, हर ज़रूरी कपड़े का ब्रांड ज़रूर देख लो।

कोट तभी इटली भेजा जा सकता था जब वहाँ से कोई दिल्ली आता। उसके ग़ायब होने से युवा मालकिन इतनी ख़ौफ़ज़दा थी कि डाक या दूतावास पर भरोसा करने को तैयार न थी। दो महीने बाद वह मुबारक़ दिन आया जब प्रोफ़ेसर दोलचीनी इटली से दिल्ली आयीं और मैंने आई.आई.सी. में लंच पर बुला कोट लौटाया। भांजी का कोट मुझे दिया गया। भांजी कल्पना, आख़िर आशु की मौसेरी बहन थी। अपने केलडो कोट की जगह बेहतर ब्रांड बेनेटन लेने से साफ़ इनकार कर दिया था। "मैं किसी का ब्रांड नहीं हूँ!" वल्लाह!

लेखक होने का फ़ायदा ज़रूर हुआ कि अदबी खिसकापन मान हादसे को कुछ जल्द भुला दिया गया। चलते-चलते सिल्विया के बाँकपन की एक बानगी और। वापसी में मिलान हवाई अड्डे पर वेनिशियन ऑपेरा की चीनी मिट्टी की बनी एक शुभ्र कपूरी मुखाकृति को निमिष भर ताक हासिल न कर पाने की मजबूरी में दीर्घ निःश्वास ली कि सिल्विया ने सुन ली। चलते वक़्त एक पैकेज मुझे पकड़ाया। चॉकलेट समझ जहाज़ में बैठने पर खोला तो देखा वही नूरानी चेहरा! मन की बात जान लेने वाली ऐसी दानवीर कर्ण थी अपनी सिल्विया! वह तब जब आमदनी ख़ास थी नहीं। दौलत होती तो पूरी क़ायनात नज़र कर देती!

चलते-चलते कहती चलूँ कि इटली की नौकरशाही अपने देश की बदनाम नौकरशाही से भी तंगदस्त थी। सिल्विया ने अपने पैसों से दिल्ली-मिलान का मेरा टिकट ख़रीदा था जिसका भुगतान विश्वविद्यालय को करना था। फ़्लोरेन्स के लिए निकलने से पहले दिन की दुपहर, हम वि.वि. के दफ़्तर पहुँचे। धुआँधार इतालवी में सिल्विया और दफ़्तरी के बीच बात हुई। इतालवी न समझते हुए भी समझ गयी कि कुछ काग़ज़ात पर दस्तख़त न होने का हवाला दे वे भुगतान अगले हफ़्ते करने को कह रहे थे। यह भी समझी कि दफ़्तरी को अंग्रेज़ी का ज्ञान था। मैं मैदान में कूद पड़ी। "मोमेंटो!" मैंने उँगली उठा कर ज़बर आवाज़ में कहा। "मेरे कुछ सवाल हैं। जवाब प्लीज़!"

"सिल्विया स्तौरेंगो ने यह टिकट ख़रीदा है?" टिकट की कॉपी सामने लहरा कर पूछा।

"हाँ!"

"आपको इसका भुगतान करना है?"

"हाँ।"

"आज दफ़्तर खुला है?"

"हाँ।"

"तो भुगतान कर दीजिए। अभी। फ़ौरन। प्रोंटो!!"

पता नहीं क़िस्मत अच्छी थी या नौकरशाही में अचानक झोल आ गया, मुझे देख-सुन शायद अपनी दबंग माँ याद आ गयी हो; इतालवियों को हिन्दुस्तानियों की तरह जब-तब माँ याद आ जाती है। नौजवान ने "ना" नहीं कहा। मैंने फिर कहा, "प्रोंटो! हमें फ़्लोरेन्स के लिए निकलना है। आई लव इटली!"

देखा भुगतान की प्रक्रिया शुरू हो गयी थी ...और ...ये लोऽ भुगतान हो गया! वाह! बतौर उत्सव हमने बढ़िया रेस्टोरेंट में खाना खाया वाइन पी और मज़े से सोये।

पर नौकरशाही से छुटकारा न मिला। मेरा मानदेय उसके सिपहसालार कोडिस फ़िस्काल के शिकंजे में जकड़ा रहा। जब बैंक अकाउंट की पूरी जानकारी, वि.वि. के मुंशी को भेज दी तो जवाब आया कि भुगतान करने से पहले कोडिस फ़िस्काल चाहिए। क्या बला थी न मुझे मालूम न सिल्विया को। मैं दिल्ली लौट आयी पर न कोडिस फ़िस्काल ने दीदार करवाया, न भुगतान आया। लोग ब्रह्मा-विष्णु-शिव का मर्म खोजते हैं, हम कोडिस फ़िस्काल का ढूँढ़ते फिरे। विकीपीडिया से पता चला कि उसकी रूह टैक्स वालों की क़ैद में थी पर ताले की कुंजी न मिली। महीनों बीत गये; सिल्विया दनादन दिल्ली के इटली दूतावास मेल भेजती रही; जवाब में कोडिस फ़िस्काल माँगा जाता रहा। एक दिन नारद मुनि धरती पर आये; दूतावास के नौजवान की काया में प्रवेश किया और मैसेज भेजा कि कोडिस फ़िस्काल प्राप्त करने के लिए इतना भर करना था कि जो जानकारी वि.वि. के मुंशी को भेजी थी दूतावास को भेजनी थी। तत्काल भेजी, कोडिस फ़िस्काल पाया और पैसे के साथ इतालवी नौकरशाही से निजात। नौजवान को अर्ज़ी के साथ सिल्विया अपनी तस्वीर भेज चुकी थी। हो सकता है उसकी ख़ूबसूरती का कमाल हो कि इतालवी नौजवान नौकरशाही की गाँठ खोलने पर राज़ी हुआ। या सारा जलवा नारद मुनि का हो!

इस ख़ुशनुमा मुकाम पर सिल्विया स्तोरैंगो पर अपना बयान ख़त्म करती हूँ।

इटली और इतालवी औरतें मुझे ख़ास प्रिय हुईं। पर सभी संवेदनशील न थीं। एक अजब बदसलीक़ा औरत से भी मुलाक़ात हुई यहीं दिल्ली में 2002 के विश्व पुस्तक मेले में। मनोहर श्याम जोशी साथ थे। जोशी जी ने परिचय करवाया, यह हैं प्रख्यात विद्वान डॉक्टर मारियोला इटली के...(नाम मुझे याद नहीं) विश्वविद्यालय में हिन्दी पढ़ाती हैं और यह हैं अपनी गज़ब लेखिका मृदुला गर्ग (जोशीनुमा स्टाइल)! छूटते ही मारियोला ने कहा, "मैं आपको नहीं जानती!"

अमूमन ऐसी बदतमीज़ी पर मैं तंज़ कस कर रह जाती हूँ। एक बार बड़े ठसके से जब महेन्द्र भल्ला ने मुझसे कहा, "मैंने आपको नहीं पढ़ा," तो मैंने हँस कर कहा, "यक़ीन जानिए नुक़सान आपका हुआ।" तब भी मनोहर श्याम जोशी साथ थे। महेन्द्र भल्ला को उस जवाब की उम्मीद न थी। जोशी जी मुस्काये तो भल्ला साहेब ने लज्जित सुर में कहा, "आजकल क्या लिख रही हैं?"

"आजकल ...करवट ले रही हूँ!"

वे अबोल हुए और जोशी जी ने हँसते हुए डपट कर मुझसे कहा, "क्यों बेचारे के पीछे पड़ी हो। मर्द मानुष है कहाँ समझेगा!"

उस दिन पता नहीं क्या हुआ, शायद अगले दिन आने वाली ज़बर बीमारी का प्राक्कथन था, जोशी जी ने कहा भी था, तुम .फ़्लश्ड लग रही हो; सर्र से ख़ून सिर चढ़ गया। मैंने कहा, "आप विश्वविद्यालय में हिन्दी पढ़ाती हैं और मुझे नहीं जानतीं! लानत है!" मैं पलटने को मुड़ी पर जोशी जी ने बाँह पकड़ रोक लिया और कहा, "जवाब दो मारियोला, मृदुला गर्ग का नाम नहीं सुना। क्या वाक़ई?"

मारियोला अचम्भित! एक भूरी औरत की यह मजाल! पर जोशी जी सिर पर सवार थे। तो सुनिए मारियोला उवाच, "मैं 1993 में दिल्ली आयी थी तब आपकी बहन मंजुल भगत से मिली थी। उन्होंने कहा आप किसी से मिलतीं नहीं! कहानियों की आपकी एक किताब भी दी थी।"

"यानी आप मुझे जानती हैं। मंजुल ने यह कदापि न कहा होगा कि मैं मर चुकी। अलबत्ता यह ज़रूर बतलाया होगा कि तभी मेरे बेटे की असामयिक मौत हुई थी इसलिए उन दिनों मैं किसी से मिलती न थी। आपका कोई बेटा है? ख़ुदा उसे लम्बी उम्र दे!"

कह मैं पलट गयी। नहीं चाहती थी लपलप जल रही मेरी आँसू विहीन आँखें देखें। जोशी जी साथ बाहर आये। बोले, "घर जाओ मृदुला मेरी गाड़ी ले जाओ। तुम्हें आराम की ज़रूरत है।" ठीक समझा था। घर पहुँच देखा 105 डिग्री बुख़ार था। पर कोई मलाल न था। कुछ लोगों से 105 डिग्री बुख़ार में ही मिलना चाहिए!

मेरी बीमारी लम्बी चली। ठीक हुई तो एक दिन देखा कुँवरनारायण जी मारियोला के साथ घर आये हैं। तबीयत का हाल पूछा शायद जोशी जी से मालूम हुआ हो।

फिर बोले, "मैं मारियोला को आपके मिट्टी के गमलों में खिलते पौधे दिखलाना चाहता था।" "वे तो आम होते हैं," मैंने कहा तो बोले, "पर आपने उन पर महज़ गेरू पोती है कोई रंग नहीं लगाया।"

मारियोला ने जोड़ा, "मैंने पहले नहीं देखे। हमारे यहाँ प्लास्टिक या सिरेमिक के होते हैं, सिरेमिक महँगा होता है इसलिए ज़्यादातर प्लास्टिक इस्तेमाल किया जाता है।"

श्वेत पताका थी। मैंने कहा, "अन्दर आइए आइसक्रीम खाइए।" यूँ कि उस वक़्त घर में सिर्फ़ आइसक्रीम थी। कोई मददगार न थी कि फटाफट कुछ बना देती और मैं अब भी ढुलमुल हाल थी। लम्बे अस्पताल प्रवास से लौटी थी। मय तपेदिक निमोनिया हँसी मज़ाक़ नहीं। पर कुँवरनारायण ठहरे कुँवरनारायण! मारियोला ने जितना अचम्भित हो आइसक्रीम खायी; हिन्दुस्तानी गृहिणी से यह उम्मीद न थी! उतनी उन्होंने मज़े लेकर।

उसके बाद एक दुपहर ठीक खाने के वक़्त मारियोला का फ़ोन आया कि आ़ना चाहती हैं। मैंने कहा खाना खाइए हमारे साथ। बोलीं, भारतीय व्यंजन नहीं खा पाऊँगी पेट गड़बड़ है। मैं हँस दी, कहा खिचड़ी बनी है चलेगी? चलनी ही थी। पर आनन्द भी कम अजब शै नहीं।

पता नहीं मनोविज्ञान क्या दलील दे पर जब भी किसी हिन्दी बोलने वाले विदेशी या दक्षिण भारतीय से मिलते हैं तो अंग्रेज़ी बोलने लगते हैं। मारियोला तेवर चढ़ा कर कहे, "मैं इतालवी हूँ मुझे अंग्रेज़ी नहीं आती। आप हिन्दी में बोलें।" आनन्द पर न तेवर का असर हो न हिन्दी बोलने का। वे मुसलसल अंग्रेज़ी बोलें और मारियोला कुढ़े। इस सिलसिले में खिचड़ी ठण्डी हो गयी। उसके चार यार बेचारे, दही, पापड़, घी, अचार मुँह बिसूरते रहे।

मारियोला से एक बार और साहित्य अकादेमी की राष्ट्रीय महिला कथा गोष्ठी में मिलना हुआ कोलकाता में, जहाँ उनका पयाम अलका सरावगी के घर था; उनके उपन्यास का इतालवी तर्जुमा कर चुकी थीं या कर रही थीं। उनका विज्ञापित हिन्दी प्रेम झेल आनन्द की मजबूरी का नाम अंग्रेज़ी से सहानुभूति हो आयी। बोला करें मारियोला हिन्दी उन्हें अंग्रेज़ी बोलनी है तो बोलेंगे।

गोष्ठी में अहिन्दी और हिन्दी भाषी लेखिकाएँ बराबर की संख्या में मौजूद थीं। अहिन्दी भाषियों का मुसलसल इसरार कि जो पढ़ा जाये अंग्रेज़ी अनुवाद में हो और हिन्दी भाषियों की ज़िद कि हिन्दी में पढ़ेंगी लेखिकाओं के दरमियान कुरुक्षेत्र मचाये रहा। चित्रा मुद्गल और जसबीर जैन के बीच वह घमासान हुआ कि महाभारत पानी भरे। जसबीर जैन ने मात्र इतना कहा कि अगर चित्रा पठित कहानी का सार अंग्रेज़ी में बयान कर दें तो हिन्दी न समझने वाले भी एन्जॉय कर लेंगे। पर चित्रा भड़क गयीं कि उन्हें बतौर हिन्दी लेखिका बुलाया

गया है जसबीर रखें अंग्रेज़ी अपने खीसे में! जसबीर जैन को सलाह देने का हक़ न था और शायद वह अंग्रेज़ी पर उनके ग़ुरूर से उपजा था, पर चित्रा भी...

जब मेरी बारी आयी तो उबाल पर पानी के छींटे मारने के इरादे से मजलिस से पूछा, "किस ज़ुबान में पढ़ूँ मूल हिन्दी या अनूदित अंग्रेज़ी में?" बदक़िस्मती या ख़ुशक़िस्मती से साहित्य अकादेमी के इंडियन लिटरेचर के ताज़ा अंक में उसी कहानी का अंग्रेज़ी अनुवाद छपा था, जिसे हिन्दी में पढ़ने के इरादे से साथ लायी थी। सब के हाथ में अंक था। पच्चीस प्रतिशत जनता चिल्लाई, "हिन्दी" तो पचहत्तर प्रतिशत हमलावर अन्दाज़ में "अंग्रेज़ी! वरना हम दक्षिण भारतीय वॉक आउट करेंगी।"

मारे गये गुलफ़ाम! कूटनीतिज्ञता झाड़ने चले थे। पर मैं आसानी से हार मानने वाली न थी। मैंने कहानी अंग्रेज़ी में पढ़नी शुरू की। लोग कुर्सियों पर जम गये तो एक पन्ना पढ़ कर कहा, "मज़ा नहीं आ रहा!" और हिन्दी में शुरू हो गयी। शुक्राना कहानी के तंज़ का किसी ने वॉक आउट न किया पत्रिका में आँखें गड़ा सुना हिन्दी में और कभी-कभाक झाँका अंग्रेज़ी में। मेरी तरक़ीब काम आयी। पर मारियोला भी तो थीं! जैसे ही अंग्रेज़ी में कुछ शब्द उचारे शोर के साथ कुर्सी पीछे फेंक मारियोला वॉक आउट कर गयीं। बाहर निकल मृदुला गर्ग की लानत मलामत करते हुए टाइम्स ऑफ़ इंडिया के सायंकालीन संस्करण, सान्ध्य टाइम्स के पत्रकार को साक्षात्कार दे डाला। अंग्रेज़ी का प्रकोप है तो हिन्दी में रचना करने का हक़ नहीं है।

संयोग से उसी शाम मैं और मारियोला एक ही उड़ान से दिल्ली जा रहे थे। सान्ध्य टाइम्स हर यात्री को पकड़ा दिया गया था। एक बार फिर ख़ून सर्र से सिर जा चढ़ा। एयर होस्टेस से दरख़्वास्त कर अपनी सीट मारियोला के बराबर बदलवाई। फिर चित्रा मुद्गल से बढ़ कर मारियोला पर हल्ला बोल दिया। धाराप्रवाह हिन्दी में बोलना शुरू किया तो अ...अम...वम के अलावा कुछ न उचार पायीं। किसी को धर पकड़ने को हवाई जहाज़ से बढ़िया जगह नहीं! बन्दा जाये तो कहाँ?

मैंने कहा, "आप प्राइमरी स्कूल में पढ़ने वाली बच्ची नहीं बालिग़ हैं तो कुछ संज्ञान होना चाहिए। एक, आप मेरी कहानी के कुछ जुमले सुन उठ गयी थीं तो उस पर टिप्पणी करने का क्या हक़ था? क्या आपने जानने की कोशिश की कि कुछ जुमले बाद मैंने कहानी का पाठ हिन्दी में किया। यह बीसियों मूल साहित्यिक भाषाओं वाला हिन्दुस्तान है; एकभाषी इटली नहीं।

हर रचनाकार को, अपनी मूल भाषा में कहानी पढ़ने का वही संवैधानिक अधिकार है जो मुझे हिन्दी में पढ़ने का। तमिल, ओड़िया आदि में पढ़े का फ़ौरी अनुवाद अनेक भाषाओं में करने का तामझाम हमारे पास नहीं था; इसलिए तमिल, कन्नड़ या बंगला में पाठ न करवा पाये। सुना है आप विश्वविद्यालय में पढ़ाती हैं तो इतनी मोटी बात न समझें हो नहीं सकता।

"दो, आप हिन्दी रचनाकार नहीं हैं तो आपको हक़ नहीं है कि हिन्दी रचनाकारों को बतलायें वे किस भाषा में रचना करें और किसमें पाठ। आप हैं कौन? एक श्रोता जो इतालवी के साथ हिन्दी जानता है, बस। यहाँ अनेक रचनाकार हैं जो चार-पाँच भाषाएँ जानते हैं। जिसमें मन आये लिखें जैसी हिन्दी चाहें लिखें आपसे मतलब!

"तीन, आप पत्रकार को साक्षात्कार देते हुए तथ्यों की मालूमात करना ज़रूरी नहीं समझतीं। आपने मेरी मानहानि की है लिखित माफ़ी माँगिये। वे पत्रकार यहीं हैं बुला लाती हूँ।" मैं बुला लायी। पूरा क़िस्सा सुनाया। उन्होंने कहा बहुत ग़लत हो गया। आपका बयान जस का तस छापेंगे। पर कौन रोज़-रोज़ सान्ध्य टाइम्स पढ़ता है! हाँ मारियोला की बात का किसी ने समर्थन न किया; थी जो झूठ! नहीं जानती मारियोला को सीख मिली या नहीं पर मैंने फिर से समझा कि एक विदेशी हिन्दी किताब का तर्जुमा विदेशी भाषा में कर दे तो उसे हिन्दी विद्वान मान उसके आगे बिछने की दरकार नहीं है।

मारियोला ज़बरन कथा में घुस आयीं या मैंने घुसा दिया उसके लिए माफ़ी माँग, नसें तिड़काने वाली तीसरी सखी पर आती हूँ...

आह नादिया, वाह नादिया

अब मैं तीसरी सनकी विदेशी सहेली नादिया तेसिच पर आती हूँ। आप कहेंगे क्या बेसिलसिलेवार कहानी कह रही हो। बन्दापरवर, यह कहानी नहीं आपबीती है जो यादों के सहारे चल रही है। अचानक आज़ाद होने का मौक़ा मिल जाये तो क़ैदियों की तरह यादें भी लस्टम-पस्टम बाहर भागती हैं। शुरू में उनकी उद्दाम फ़ितरत पर अपने अदीब को क़ाबिज़ कर एक सिलसिला बनाये रखा। तब तक चला जब तक बरसों पहले के वाक़ये दुहरा रही थी; दूर से देखा वक़्त जो था। अब मुमकिन नहीं। आप अदब के आशिक़ हैं तो सिलसिलेवार चलने से ज़्यादा लुत्फ़, ज्वार भाटे पर ज़ूऽम फिसलने में आयेगा।

तो ले चलती हूँ 1988 में डुब्रोवनिक में नादिया तेसिच नाम की ज़िन्दादिली की मशाल से मुलाक़ात के बीस साल बाद, 2007 के न्यूयॉर्क में अपनी दूसरी मुलाक़ात की तरफ़।

डुब्रोवनिक की मुलाक़ात का ज़िक्र किया तभी कह दिया था उसकी कहानी बाद में कहूँगी। यूँ कि उस मुलाक़ात ने हमेशा के लिए नादिया को मेरे दिलो दिमाग़ का हिस्सा बना दिया था। पर उस दरमियान जो हौलनाक सफ़र उसके पूरे मुल्क ने तय किया, उसका बयान किये बग़ैर उस अलमस्त, हँसमुख और तंज़ में पारंगत औरत का बुतशिकन से क्रान्तिकारी बनने का सफ़र बयान नहीं किया जा सकता।

छुटपन में ज़बरन उसे साथ ले माँ अमरीका जा बसी थी। वहाँ रहने को मजबूर नादिया अपने मुल्क से बेइन्तिहा प्यार करती रही। डुब्रोवनिक की फ़ेमिनिस्ट कॉन्फ्रेंस में मिले तो देखा, उसकी आधी बातें अहंकारी अमरीकन औरतों की समझ से परे रहतीं पर मुझे ख़ूब रास आतीं।

सफ़र का सबसे बढ़िया और सस्ता खाना उसने हमें सरकारी रेस्टोरेंट में खिलवाया। अमरीकन महिलाएँ बोलीं कम्यूनिस्ट रेस्टोरेंट में बढ़िया खाना अचरज है!

रेस्टोरेंट कम्यूनिस्ट नहीं सरकारी था। उनका क्या क़सूर! अमरीका में महज़ सरकार सरकारी होती है, बाक़ी सब प्राइवेट। खाने के साथ उम्दा वाइन और बाद में उतनी ही बेमिसाल कॉफ़ी। उसे बनाने में लगी मशक़्क़त को अमरीकन महिलाएँ वक़्त की बर्बादी बतलाती थीं और हम, ज़िन्दगी सँवारने की इबादत।

नादिया ने अपने उपन्यास 'शेडो पार्टीसान' में राजनीतिक, सामाजिक, पारिवारिक सभी बातों को समेटा तो ख़ुद-ब-ख़ुद कॉफ़ी बनाने का सलीक़ा और कभी मुकम्मल तौर पर न बन पाना शामिल हो गया। मुझे वहीं दे दिया था और हिन्दुस्तान लौटते ही पढ़ डाला। तभी उसकी अंग्रेज़ी कहानी 'द लास्ट स्टेटमेंट' का हिन्दी अनुवाद किया जो 1989 में हंस पत्रिका में छपा। कहानी में एक क्रान्तिकारी औरत मरते हुए कुछ अति आक्रामक कहने का मन बनाती है पर कहती है, "जिये ज़िन्दगी!" यूँ कि असल में वह मर नहीं रही थी युद्ध-स्थल पर बच्चे को जन्म दे रही थी। कहूँ कहानी शिद्दत से नादिया की शख़्सियत बयान करती थी तो कुछ हद तक आप समझ जायेंगे नादिया क्या थी। लेखक के अलावा, आला अभिनेत्री, पत्रकार, चिन्तक, एक्टिविस्ट बहुत कुछ। एरिक रोहमर जैसे कलाकार ने उसकी पेरिस रिहाइश को कथ्य बना कर 1964 में ही फ़िल्म 'नादिया अ पेरिस' फ़िल्मा ली थी, अभिनय नादिया ने ख़ुद किया था।

कहानी का हिन्दी तर्जुमा हंस में छपा तो हमारी कुछ ख़तोक़िताबत हुई। युगोस्लाविया पर ख़तरा मँडराना शुरू हो चुका था। शुक्र था मैंने सोचा था नादिया वहाँ नहीं थी अमरीकन पति के साथ न्यूयॉर्क में थी। पर कहाँ! वहाँ न होने पर ज़्यादा ज़िल्लत और त्रासदी झेल रही थी।

पर पहले 1988 में हुई ख़ुशनुमा मुलाक़ात के बारे में सुनें। डुब्रोवनिक से फ़ैरी पर समुद्र तट पर बसे दूसरे क़स्बे लोकरम जाना, उसके साथ फ़ैरी में गपशप, वहाँ घूमना, वापस लौटना रोमांचक अनुभव था। छोटे-से ख़ूबसूरत क़स्बे लोकरम पहुँचे तो मालूम हुआ वहाँ के तमाम बीच न्यूडिस्ट थे। यानी स्विमिंग कॉस्ट्यूम पहन कर पाँव रखने की इजाज़त न थी। उससे उनकी वैसी ही अवमानना होती जैसी मर्दों की बैठक में गाने वाली फड़कती कामुक ग़ज़ल औरतों के बीच गाने में बाईजी की होती। शुरू में ही बतलाया था न, कैसे ठसके से उन्होंने कहा था औरतों के सामने हम वह नहीं गातीं।

मेरे पास एक अदद स्विमिंग कॉस्ट्यूम था ज़रूर पर तैरना मुझे नहीं आता था। समुद्र की लहरों से खेल भर सकती थी। अमरीकन औरतें बज़िद थीं कि मेरा न

तैरना धार्मिक मनाही की वजह से था। नादिया ने कहा मज़ा लेने दो बेचारियों को तुम्हें क्या! तो हाँ-ना कहे बग़ैर मैं मुस्कराती रही। हमें तय करना था कि ठीक किस न्यूडिस्ट बीच के लिए कपड़े उतारे जायें। रेत पर चलते चले गये तो न्यूड मर्द-औरतों से पटे दो-चार बीच नज़र से गुज़रे पर हर बार नादिया ने कहा, यह नहीं बहुत भीड़ है मैं आपको परफ़ेक्ट बीच ले जाऊँगी जहाँ दो-चार लोग ही होंगे। यूँ डेढ़ बज गया, परफ़ेक्ट बीच मिला नहीं, मशहूर बोटेनिकल गार्डेन घूमते-घूमते पेट में चूहे अलग कुलबुलाने लगे।

हम लोग जैसे ही लोकरम में उतरे थे फ़ैरी के तमाम यात्री कैफ़े में खाने-पीने बैठ गये थे। यूरोप में बारह बजे लंच होता था। नादिया ने कहा नहीं पहले घूम लें फिर खायेंगे। तो घूमने चल दिये।

जब लौटने की सूझी तो देखा हम उस तटीय कैफ़े से काफ़ी दूर निकल आये थे। कोई और कैफ़े नज़र न आया तो तय किया, परफ़ेक्ट बीच की तलाश छोड़ इकलौते कैफ़े की तरफ़ लौट चलें। असल में नादिया ने परफ़ेक्ट बीच की बेमतलब तलाश बिना तैरे न्यूड होने के असमंजस से मुझे बचाने को की थी। अब लौटे सरपट रुक-रुक नज़ारा करते नहीं। पहुँचे तो दो बज चुके थे। कैफ़े की सब मेजें ख़ाली थीं मेज़पोश हटाये जा रहे थे। यानी लंच का वक़्त ख़त्म! मैंने भूखे रहने से समझौता कर लिया पर नादिया ने नहीं। वह मैनेजर के पास गयी और मासूमियत से पूछा, "आपने लंच नहीं किया न अभी?"

"नहीं, क्यों?"

"जानती हूँ कैफ़े का टाइम ख़त्म। अब आप लोग लंच करेंगे। पर इस मुसीबत का क्या करें!" उसका लहजा मासूम और कामुक दोनों था।

"क्या हुआ?"

"वह महिला हैं न, हमारी कॉन्फ्रेंस की मेहमान हिन्दुस्तान से हैं। आज उनका उपवास था। बिना पूजा किये खा नहीं सकती थीं। इतनी देर लग गयी कि समय से खाने आ नहीं पाये। अब मेहमान को भूखा रखना पड़ेगा। बुरा लगेगा न? युगोस्लाविया के बारे में उनकी राय काफ़ी ऊँची है... मेज़बानी को बहुत मानते हैं ये लोग... पर... कॉफ़ी ही मिल जाती तो..."

"कॉफ़ी क्यों सब मिलेगा। हमारे साथ खाइए। मुझे ख़ुशी होगी।"

उसने झुक कर मेरा अभिवादन किया और पुरक़शिश अंग्रेज़ी में खाने की दावत दी।

फ़ैरी में लौट रहे थे तो सामने की सीट पर बैठे जर्मन लड़के ने मेरी सीट तक पाँव पसारे और अपने मोटे मैले जूते समेत पाँव, मेरे बराबर में रख मज़े से हिलाने लगा।

गन्ध के भभके फ़िज़ा में डोलने लगे। मैं तय नहीं कर पा रही थी क्या करूँ या कहूँ। और कोई सीट नाव में थी नहीं। मेरे चेहरे का खिन्न भाव पढ़ नादिया उसके पास जा पहुँची। गाल पर चुम्बन दे कान में जने क्या कहा कि फ़ौरन पाँव समेट कोर्निश के अन्दाज़ में मुझसे माफ़ी माँगी। मुझे दिल्लगी सूझी। हाथ आगे बढ़ाया पर मिलाने को नहीं। उसने कोताही नहीं की यूरोप की लाज रख उसे चूम लिया। माफ़ी पर मुहर लग गयी!

क़रीब-क़रीब हर हिन्दुस्तानी के पास चाँदी की एक डिब्बी होती है जिसमें मुख सुख के लिए इलायची, सुपारी वग़ैरह रहती है। मैं गला साफ़ करने को खदिरादी बटी नाम की छोटी काली बेहद कड़ुवी आयुर्वेदिक गोली भी साथ रखती थी। फ़ैरी में बीच सफ़र आदतन डिब्बी खोल गोली मुँह में डाली। फिर तहज़ीब के मद्देनज़र, खुली डिब्बी नादिया से मुख़ातिब की कुछ लेना चाहे तो ले ले। नादिया ने डिब्बी निहायत मासूमियत से थामी पर ज़ोर से चिल्लाई, 'ड्रग पैडलर!' पूरी फ़ैरी दंग। "क्या बचपना है नादिया!" मैंने बरजा, "मौक़े की नज़ाकत समझा करो!" वह ठठा कर हँसी ज़रूर पर शर्मसार होने का भाव भी साफ़ झलका। "सॉरी राजकुमारी!" कह डिब्बी से कड़ुवी काली गोली मुँह में डाली और बुदबुदाई, "सही सज़ा मिली। अब चुभलाओ इसे!" मैं हँस तो दी पर छाती रौंदता हौल का गोला पेट में ऐलान करता उतरा कि यह लड़की एक दिन भयानक मुसीबत में फँसेगी। उस मनमौजी सखी के लिए मन में हमेशा अपार मोह के साथ भय तरंगित होता रहा। यूँ उन्नीस साल गुज़र गये।

13-15 जुलाई 2007 को न्यूयॉर्क में हिन्दी विश्व सम्मेलन होने की घोषणा हुई। यानी वहाँ नादिया से मुलाक़ात हो सकती थी! साहित्य अकादेमी ने प्रतिनिधि मण्डल में मुझे शामिल कर लिया। पौबारह! पर नादिया तेसिच के बारे में बस इतना मालूम था कि उन्नीस साल पहले वह अमरीकन पति के साथ वाशिंगटन हाइट्स न्यूयॉर्क में रहती थीं।

1991 में युगोस्लाविया ख़ास कर क्रोशिया के साथ जहाँ डुब्रोवनिक भी था जो हंगामाए हिंसा हुई उसके बारे में कुछ मालूमात थी पर पूरी नहीं। जैसे हमारे देश में 1919 के जलियाँवाला बाग़ और 1943 के बंगाल के अकाल के नृशंस नरसंहार की नियोजित ब्रिटिश साज़िश को गोपनीय रखा गया था, वैसे ही युगोस्लाविया में अपने कारनामों को नेटो ने गोपनीय रखा। बल्कि जम कर उलटा प्रचार किया। जैसे हमें अपने हादसों की आधी-पौनी जानकारी,

खुफ़िया क्रान्तिकारी पत्रकारों से मिली; वैसे ही युगोस्लाविया के नृशंस पतन का बयान भी कुछ जांबाज़ पत्रकारों ने मुहैया करवाया। उनमें नादिया भी थी।

1990 तक युगोस्लाविया का विच्छेद कर छह मुल्क बना दिये गये थे जो आपस में लड़ रहे थे। नादिया की मित्र क्रोशियन लेखिका और ज़ेगरेब वि.वि. की प्रोफ़ेसर, रादा इवोकोविच से मालूम हुआ था कि सर्बियन नादिया तेसिच, ज़ार-ज़ार रोती डुब्रोवनिक की गलियों में भटकती दिखी थी। यह भी कि उनसे चार वर्ष छोटे परम प्रिय भाई, 53 वर्षीय स्टीव तेसिच दिल का महाकाय दौरा पड़ने से 1996 में दुनिया से रुख़सत हो गये थे। मामूली हस्ती न थे। हॉलीवुड फ़िल्म जगत के विख्यात निर्देशक, उपन्यासकार, नाटककार और स्क्रीनप्ले लेखक थे। अपनी पहली फ़िल्म 'ब्रेकिंग अवे' के स्क्रीनप्ले के लिए 1980 में ही ऑस्कर मिल चुका था। इस सदमे को नादिया झेल न पायीं। अमरीका के ख़िलाफ़ यू.एन. में गवाही देते हुए बराबर कहा, स्टीव की मौत अमरीकन तानाशाही बर्दाश्त न कर पाने से हुई। स्टीव के लिए सर्ब क़ौम पर हो रहा नृशंस अत्याचार झेलना ज़्यादा मुश्किल था क्योंकि कुछ समय पहले तक, वे अमरीका से मुहब्बत करते थे। अमरीकन ड्रीम में यक़ीन था। 1990 में जब मुहब्बत नफ़रत में तब्दील हुई तो वह संवेदनशील और नाज़ुक-ख़याल कलाकार उसे बर्दाश्त न कर सका।

क्रोशियन लेखिका और पत्रकार मित्रों की मार्फ़त सुना कि द्वितीय विश्व युद्ध के होलोकास्ट में जितने यहूदी मारे गये थे, 1999 की नेटो की व्यापक बमबारी में उससे कुछ ही कम सर्ब मारे गये। कुप्रचार की दीवार में सेंध लगाना दुष्कर काम है। स्टीव तेसिच ने अमरीका की युगोस्लाविया साज़िश के ख़िलाफ़ बेशक़ीमती लेख लिखे जो किसी ने प्रकाशित न किये। सपना टूटने के साथ उनका मन और तन टूटते गये और आख़िर दिल का वह महाकाय दौरा पड़ा कि तुरन्त मृत्यु हो गयी। नादिया ने सुनते ही कहा, "अमरीका ने उन्हें मार डाला!" नादिया और स्टीव तेसिच युगोस्लाविया के बालकनाइजेशन के लिए अमरीका को ज़िम्मेवार ठहराते थे। कोसावो का नाम ले अमरीका का 78 दिनों तक वहाँ बमबारी करना हिरोशिमा और नागासाकी पर अणु बम फेंकने जैसी दरिन्दगी थी। बहाना वही था उसके बाद शान्ति बहाल हो जायेगी।

इतना मेरा सुना हुआ था। यह भी कि 1995 में नादिया ने सिटी कॉलेज न्यूयॉर्क में एक व्याख्यान दिया था, "अमरीकन पैंटागन के बॉसनिया युद्ध की हक़ीक़त।" तभी से अमरीकी सरकार उनसे नाराज़ थी। 1996 में जब स्टीव तेसिच की मृत्यु को हत्या बतलाया और अपनी राजनीतिक सरगर्मियाँ तेज़ कीं

तो अमरीकी तन्त्र उनके ख़िलाफ़ होता चला गया। इसका भी अनुमान था पर यह नहीं जानती थी कि युगोस्लाविया के पतन के बाद, वे उसका कितना भयावह खमियाज़ा भुगत रही थीं।

2007 में नादिया कहाँ थीं कैसी थीं पता न था।

कई अमरीकन लेखिकाओं और कॉलेज शिक्षकों की मालूमात गाहे बगाहे वेब पर खोज कर की थी। नादिया तेसिच के साथ भी कोशिश की। वेबसाइट मिली पर उस पर समसामयिक जानकारी न थी। लिखा था उनका ईमेल गोपनीय था। कोई सुराग़ न मिला तो 19 साल पहले का पता और फ़ोन नम्बर ही डायरी में दर्ज कर न्यूयॉर्क रवाना हो गयी।

नादिया के बारे में न शिष्टमण्डल के किसी साथी से बात की न आनन्द की भतीजी भारती और उसके पति सुरेश से जो अर्से से न्यूयॉर्क रहते थे और अमरीका को बहिश्त से कम न मानते थे। सुरेश की शिक्षा-दीक्षा अमरीका में हुई थी। अमरीका के लिए उल्लास और भारत के लिए हिकारत को देखते हुए शिक्षा से ज़्यादा दीक्षा शब्द उपयुक्त था। नादिया के बारे में इतनी जानकारी तो थी ही कि अमरीका से उनका रिश्ता प्रेम का न था। लगा सुरेश को बतलाने से नादिया के लिए मुश्किल न खड़ी हो जाये।

पहले दो दिन गोष्ठी की औपचारिकताएँ निभाने और पर्चा पढ़ने में बीते। शामें भारती और सुरेश के साथ न्यूयॉर्क घूमने और ब्रॉडवे पर नाटक देखने में। नादिया का पता ब्रॉडवे की एक स्ट्रीट का था पर उसका ज़िक्र न किया। 9/11 को न्यूयॉर्क ट्रेड सेंटर पर हुए हादसे को छह बरस गुज़र चुके थे पर हिन्दुस्तानी पहले से भी ज़्यादा फूँक-फूँक कर क़दम रख रहे थे।

नाटक देख बाहर निकले तो स्टारबक्स के छोटे-से कैफ़े में कॉफ़ी पीने घुस गये। काउंटर पर एक अकेला गोरा अमरीकन खड़ा कॉफ़ी ले रहा था। हम ख़ुशमिज़ाजी से हँसते-बतियाते एक मेज़ पर बैठ गये और सुरेश कॉफ़ी लाने काउंटर पर चले गये। अचानक वह अमरीकन हमारी मेज़ पर आया और निहायत अभद्र तरीक़े से बोला, "आप लोग मेरी मेज़ पर बैठे हैं। दूसरी पर बैठिए।"

"आपकी मेज़?" मैंने अचरज से कहा, "यहाँ तो कुछ न था जिससे पता चलता आपने रिज़र्व की है।"

"मेरे दोस्त आने वाले हैं। हमें यहाँ बैठना है उठिए यहाँ से।" उसने उसी बदतमीज़ लहजे में कहा।

"आप दूसरी मेज़ पर बैठ जाइए सब तो ख़ाली हैं। हमें क्यों तंग कर रहे हैं," भारती कह रही थी कि सुरेश कॉफ़ी की ट्रे लेकर आ गये। उन्हें देख उसने चीख़ कर कहा, "यू डर्टी एशियन्स!" सुरेश दूसरी मेज़ पर बैठ गये और हमें वहीं आने का इशारा किया। मैं मेज़बान सुरेश की नाटक दिखलाने की नेक और पुरमशक़्क़त मेहमाननवाज़ी को बदमज़ा नहीं करना चाहती थी इसलिए उठ गयी। समझ गयी कि हिन्दुस्तानियों के बीच ख़ुद को बड़ा दिखलाने वाले ऊँची पद-पदवी वाले हिन्दुस्तानी भी वहाँ डर कर रहते थे। शायद गुण्डे से बहस करने का फ़ायदा न था; मारपीट पर उतर आता तो...शायद सुरेश ठीक थे और हम ग़लत। पर...मन था कि मानता न था।

अपनी इज़्ज़त बचाने की ग़लती का खमियाज़ा अमरीका में घुसते ही भुगत चुकी थी। न्यूयॉर्क हवाई अड्डे पर उतरे तो इमिग्रेशन पर हिन्दुस्तानियों की लम्बी क़तार थी। विश्व हिन्दी सम्मेलन में भाग लेने ठठ के ठठ हिन्दुस्तानी आये थे। उँगलियों के निशान लिए जा रहे थे। जहाँ से शिक़ायत आ सकती थी, ऐसी जगहों पर अमरीकनों ने काली औरतें बिठला दी थीं जिससे ख़राब बर्ताव की तोहमत उनके सिर आये। अपनी बारी आने तक मैं पक चुकी थी। अमरीकनों के काम करने के रद्दी तरीक़े का एक नमूना यह था कि मोहतरमा के पास उँगली के निशां लेने को स्याही पैड तक न था। मेरी उँगलियों के निशां न आये तो फ़रमाया अपने बालों से तेल ले निशान बनाऊँ। मैंने कहा, "सॉरी, मेरे बालों में तेल नहीं है आपके बालों से ले लूँ?"

अचरज के साथ मैंने देखा ग़ुस्से में भर कर मोहतरमा ने मेरे वीज़ा से उस दफ़ा अमरीका ठहरने की अवधि तीन महीने से काट एक महीना कर दी। मुझे फ़र्क़ न पड़ा क्योंकि रहना ही पन्द्रह दिन था। पर सोचिए, वापसी का टिकट डेढ़ महीने बाद का होता तो क्या हश्र होता? उसका इरादा सिर्फ़ मुझे परेशान करने का था। जानती थी अमरीकन क़ानून में इमिग्रेशन अफ़सर के ख़िलाफ़ पैरवी का प्रावधान नहीं था। सभी हिन्दुस्तानी साथियों ने कहा तुम्हें उसे नाराज़ नहीं करना चाहिए था।

मुझे उस बेचारी काली औरत से शिक़ायत न थी जो इमिग्रेशन पर इसीलिए बिठलाई गयी थी कि अपने बर्ताव से 'एशियन्स' को बेइज़्ज़त करे और बदनाम काले हों। क्या इसलिए शिक़वा जायज़ था कि वह ख़ास नहीं आम अमरीकन थी? नहीं न?

हिन्दुस्तान लौटते समय फिर अप्रिय घटना हुई। भारती ने बेटों के लिए किताबों का पूरा बक्सा देने का आग्रह किया। दिलासा दिया सामान काउंटर तक पहुँचा देगी चूँकि एक आदमी को साथ जाने की इजाज़त थी। दिल्ली में ट्रॉली मिल ही जायेगी। लदे-फदे एयर इंडिया के काउंटर के सामने पंक्ति में लगे। हमारे पीछे हिन्दुस्तानियों की लम्बी क़तार थी। आदतन पूछने लगे आंटीजी दिल्ली जा रही हैं, कहाँ रहती हैं वग़ैरह वग़ैरह... मेरी बारी आयी तो वहाँ बैठी काली मोहतरमा डपट कर बोलीं, "एक यात्री के साथ एक आदमी जा सकता है।"

"जी, मैं जा रही हूँ इनके साथ," भारती ने सहज भाव से कहा।

"और ये सब?"

"इस हवाई अड्डे पर जितने हिन्दुस्तानी हैं सब मेरे रिश्तेदार नहीं हैं!" मैंने उसी जैसे लहजे में कह दिया। पीछे चलते जन ठठा कर हँस दिये।

उसका पारा चढ़ गया, बोली, "आप इनके साथ नहीं जा सकतीं।"

भारती ने कहा, "ये 69 बरस की सीनियर सिटिज़न हैं। आप इन्हें इतना सामान उठाने पर मजबूर नहीं कर सकतीं।"

"तो छोड़ जायें सामान!"

"आप व्हील चेयर दिलवाइए।"

"पहले बुक करनी थी। आगे बढ़िए आप क्यू रोक रही हैं।"

हिन्दुस्तानियों से अमरीकनों की बदतमीज़ी से बेज़ार मैंने भारती से किताबों का बक्सा ले रस्सी के दूसरी तरफ़ खिसका दिया और आगे बढ़ गयी। कुछ दूर चली कि देखा बक्सा उठाये भारती आ रही है।

"आने दिया?"

"नहीं मामीजी, जुगाड़! कुछ दूर रस्सी के उस पार चल भीतर आ गयी। पीछे वाले सज्जन ने बक्सा पकड़ा दिया। काउंटर पर आपका सामान चैक करवा सीट दिलवा कर ही जाऊँगी। किसी ने चूँ-चपड़ की तो केस ठोंक दूँगी।"

"शान्त," मैंने कहा, "शान्त!"

"शुक्रिया थैंक्स धन्यवाद मैं पीछे वालों से कहती चली गयी। "छड्डो जी! आदमी बुज़ुर्ग के काम न आये तो डूब मरे। फिकर नॉट। ज़रूरत होए तो आंटी जी को दिल्ली घर तक पहुँचाएँगे जी।"

और मैं कह रही थी वे मेरे रिश्तेदार नहीं थे!

अमरीका में कई और मज़ेदार वाक़ये हुए। जिस होटल में मैं ठहरी थी मेनहैटन की काफ़ी मशहूर गली में था। हफ़्ता पहले वर्जिनिया से हमारे अज़ीज़ प्रभु अग्रवाल ने उसके पते पर मेरे नाम स्थानीय मोबाइल भेजा था। मेरी आमद को दो दिन बीत गये पर वह मुझे न मिला। रिसेप्शन पर पूछा जवाब मिला आपके नाम कुछ नहीं आया। प्रभु को बतलाया कि मोबाइल नहीं मिला तो वह आगबबूला हो गया। प्रोफ़ेसर था प्रोफ़ेसराना अन्दाज़ में होटल वालों को डपटा। काफ़ी बहस के बाद उन्होंने माना कि मेरे नाम एक पैकेट आया तो था पर चूँकि होटल का पूरा पता न लिखा था इसलिए मुझे न दिया गया। गोदाम में पड़ा है। प्रभु ने फिर प्रोफ़ेसरी दिखलाई तो कहा उस पर गली और होटल का नाम तो था पर नम्बर न था।

तब प्रभु ने मुझे एक मज़ेदार क़िस्सा सुनाया। 9/11 के हादसे की पूर्व सूचना देता एक पत्र पैंटागन के दफ़्तर भेजा गया था पर हादसा हो लिया और ख़त डाकखाने में पड़ा रहा; इसलिए कि पते में पैंटागन की गली का नम्बर समेत नाम न था! पैंटागन के साथ हो सकता था तो हम किस खेत की मूली थे! होटल वालों ने दिलदारी से कहा मैं गोदाम जाकर मोबाइल ढूँढ़ सकती थी। मैंने अमरीकनों की मूल कमज़ोरी पकड़ पैसे को हथियार बनाया। कहा, मेरे कमरे में भिजवा दीजिए सर्विस चार्ज दे दूँगी। आधे घंटे के भीतर मोबाइल आ पहुँचा।

"डेढ़ डॉलर," सामने लहरा कर वाहक ने कहा।

"आप लोगों को परेशान करने के भी पैसे लेते हैं?" मैंने ठिठोली की।

"येस मैम!" उसने डॉलर लेते हुए यन्त्रवत कहा।

तीसरे दिन भगवान का नाम ले सुबह ग्यारह बजे नादिया का फ़ोन मिलाया। फ़ौरन उठा लिया गया। महिला की आवाज़ में हलो के बजाय जो कहा गया, अप्रत्याशित था।

"आपको मेरा फ़ोन नम्बर कैसे मिला?" आवाज़ में ख़ुद्दारी और ख़ौफ़ का अजब घालमेल था।

"आपने दिया था... डुब्रोवनिक में... 1988 में फ़ेमिनिस्ट कॉन्फ्रेंस के दौरान। मैं मृदुला गर्ग हूँ इंडिया से। डायरी में लिखा मिला," मेरी आवाज़ रुँध रही थी और डूब भी।

क्षणांश को चुप्पी रही। मैं फ़ोन रखने वाली थी कि एक अधचीन्ही काँपती आवाज़ सुनाई दी, "डार्लिंग डार्लिंग मृदुला! यू आर इन न्यूयॉर्क (तुम न्यूयॉर्क में हो)?"

"हाँ, नादिया, तुम्हें याद है...डुब्रोवनिक..."

"याद है..." आवाज़ का कम्पन बढ़ा फिर क़ाबू में आ गया पूछा, "कब तक हो?"

"दो दिन...मिल सकती हो?"

चुप्पी छा गयी। मैंने तय किया फ़ोन किसी हाल काटूँगी नहीं। उसने काट दिया तो...

"मेरे घर आ पाओगी?"

"ज़रूर। पता बतलाओ।"

"क्यों, वह डायरी में नहीं लिखा?" हाँ, वह नादिया थी। हँसी का स्पर्श लिए वही चीन्ही आवाज़!

"बिल्कुल लिखा, वाशिंगटन हाइट्स 157 स्ट्रीट, हाउस नम्बर 103।"

"सही।"

"वहीं हो?"

"हाँ। शाम पाँच बजे आ सकती हो?"

"बिल्कुल। टैक्सी ले लूँगी।"

"दरवाज़े पर घण्टी बजा कर इन्तज़ार करना। मैं ही खोलूँगी।" क्या था उस आवाज़ में, मैं पसीने से सराबोर क्यों हो गयी?

भावुक हो गयी थी और... क्या नादिया भी...

पाँच बजे से काफ़ी पहले होटल लॉबी में थी। टैक्सी बुलवाई तो क़िस्मत से चालक बंगलादेश का निकला। हम हिन्दी में बतियाने लगे। उसने कहा, "पहले टैक्सी भारतीय चलाते थे फिर वे पढ़-लिख कर दूसरे काम करने लगे ऊँची पदवियों पर पहुँच गये। तो हम बंगलादेशी टैक्सी चलाने लगे।" मैंने कहा, "बुरा लगता है दादा?" वह हँस कर बोला, "ना रे माँ, कुछ दिन बाद हमारे बच्चे पढ़-लिख कर ऊँचे पद पर होंगे।" यूँ बातों-बातों में वाशिंगटन हाइट्स की गली 157 आ गयी। उसने घर का नम्बर पूछा मैंने बतला दिया 103। घर के सामने पहुँच पूछा कितने डॉलर तो बोला, "आप जिनके पास जा रही हैं उन्हें अच्छी तरह जानती हैं न?"

मुझे अटपटा लगा कहा, "हाँ, मैडम मशहूर लेखक और अभिनेता हैं। क्यों पूछ रहे हैं?"

"ओन्यथा न लें पर बस्ती बोदनाम है।"

“अभिनेताओं की बस्ती बदनाम ही होती है। कोलकाता में नहीं है?”

“ना माँ, बंगाली शम्मान देते।”

“सो ठीक दादा,” किराया अदा कर बाहर निकलने लगी तो बोला, “मैं यहीं खड़ा हूँ। आप भीतर चली जायेंगी तब जाऊँगा।”

मैं कुछ विचलित हुई पर हँस कर कहा, “माँ की इतनी फ़िक्र है तो तीन घण्टे बाद लेने आ जाना।”

“आऊँगा, बुक कर रहा हूँ,” उसने कहा तो ख़ुशी के साथ पेट में घबराहट का गोला उठ गया।

तेज़-तेज़ चल फ़्लैट के दरवाज़े पर पहुँची और घण्टी बजा दी। काफ़ी देर दरवाज़ा न खुला। मुड़ कर देखा टैक्सी खड़ी थी।

दुबारा बजाने को हाथ बढ़ाया फिर लौटा लिया। नादिया ने कहा था न, दरवाज़े पर घण्टी बजा कर इन्तज़ार करना। मैं ही खोलूँगी।

कुछ पल और बीते। खटखट करती धीमी पदचाप सुनाई दी। बैसाखियों के सहारे आती औरत दरवाज़ा खोल वापस मुड़ गयी। ध्यानावस्थित-सी मैं पीछे गयी और दरवाज़ा बन्द कर दिया। टैक्सी का इंजिन चालू होने की आवाज़ आयी।

वह मेरी तरफ़ मुड़ी। और कोई नहीं वह नादिया थी। मैंने उसे बाँहों से घेर लिया पर सावधानी से कि बैसाखी हिले नहीं। उसी ने पास खींचा और सीने से लगा लिया। मेरी आँखों में आँसू आ गये। उन पर क़ाबू किया कि नादिया ने अलग हो पूछा, “सरप्राइज़्ड (आश्चर्य हुआ)?”

“हाँ, पर तुम वैसी ही ख़ूबसूरत और युवा दिखती हो।”

“बैठो सब बतलाती हूँ। फिर मेरे पसन्दीदा कैफ़े में वाइन पीने चलेंगे।”

विस्तार से बहुत कुछ बतलाया। भाई स्टीव की मृत्यु के बारे में, उसके महत्त्वपूर्ण लेखों के बारे में, जिन्हें उनकी साख के बावजूद किसी ने न छापा। युगोस्लाविया तोड़ने की अमरीका की साज़िश के बारे में और अपने बारे में।

स्टीव की मौत पर उसके अमरीकी विरोधी बयान सुनते ही अमरीकन पति उसे छोड़ भाग गया। एक शादीशुदा बेटा कैलिफ़ोर्निया में रहता था। एक पोता भी था। बेटा-बहू उसका बहुत ख़याल रखते थे। मिलने आते आग्रह करते उनके साथ रहे पर वह ब्रॉडवे छोड़ कर नहीं जाना चाहती थी। लेख, कहानी, नाटक लिखती रहती थी। फिर लय में बजती घण्टी-सी परिचित हँसी के साथ कहा, “अभिनय तो तभी कर सकती हूँ जब किरदार को बैसाखी पहननी हो। हो जाता है कभी-कभाक।”

फिर संजीदा हो बोली, "मैं तुरन्त तुम्हारा फ़ोन न उठाती तो तुम्हें रिकार्डेड मैसेज सुनाई देता, यह दिवंगत नादिया तेसिच का नम्बर है। गत सप्ताह अवसाद ग्रस्त नादिया तेसिच ने ख़ुदकुशी कर ली।"

"क्या कह रही हो!"

"हाँ, यन्त्रणा पहुँचाने का अमरीकी सरकार का नायाब तरीक़ा है। और बहुत कुछ कर चुके। पति तो ख़ैर अमरीकन था उसे समझाना आसान था कि मैं देशद्रोही हूँ। यू.एन. में अमरीका की बमबारी का खुलासा करती और उन झूठी ख़बरों का पर्दाफ़ाश जो सर्ब और क्रोट लोगों को अत्याचार करने का दोषी ठहराती थीं तो तरह-तरह से मुझे सताते। नग्न करके देह की तलाशी लेते। तनाव के कारण बी.पी. इतना बढ़ गया कि स्ट्रोक हो गया। बाक़ी ठीक हो गया पर टाँगें नाकारा हो गयीं।"

उसने विस्तार से उस समय के स्वतन्त्र पत्रकारों की रपट और दलीलें सुनायीं पर नादिया आख़िर नादिया थी। बीच-बीच में किसी हास्यास्पद वाक़ये का ज़िक्र करती तो विषाद को चीर उसकी जानी-पहचानी हँसी किलक उठती।

युगोस्लाविया विशेषज्ञ माइकल पेरंटी के अनुसार, 1960 और 1980 के बीच युगोस्लाविया की विकास दर अत्यन्त सम्मानजनक थी; मुफ़्त चिकित्सा और शिक्षा के साथ रोज़गार की गारंटी थी, जिसमें तनख़्वाह समेत एक महीने की छुट्टी मिलती थी। साक्षरता दर 90 प्रतिशत और जीवन प्रत्याशा 72 साल थी। अपनी बहुजातीय आबादी को वह सार्वजनिक परिवहन, आवास, जन सेवाएँ उपलब्ध करवाता था। उसकी अर्थव्यवस्था बिला मुनाफ़े सार्वजनिक लाभ के लिए चलाई जाती थी। आमतौर पर वैश्विक पूँजीवाद के लिए यह बर्दाश्त बाहर स्थिति थी!

आज पूरी दुनिया जान गयी है कि युगोस्लाविया की आर्थिक तरक़्क़ी और अनेक जातियों का मिलजुल कर सोशलिस्ट ढाँचे के भीतर रहना अमरीका की विश्व में पूँजीपति व्यवस्था क़ायम कर उस पर एकछत्र मालिकाना हुकूमत करने की महत्त्वाकांक्षा में, एक विकट अवरोध था। इसके बावजूद, समाजवादी युगोस्लाविया को 45 वर्षों तक बने रहने दिया गया तो इसलिए क्योंकि वह वॉरसॉ पैक्ट और नेटो देशों के बीच मध्यवर्ती राज्य का काम करता था।

पर जब काफ़ी समय बीतने पर युगोस्लाविया, समाजवादी ढाँचा छोड़ पूँजीवादी व्यवस्था स्वीकार करने को राज़ी न हुआ तो अमरीका ने आक्रामक क़दम उठाने शुरू किये। तय किया कि व्यापक मीडिया प्रोपोगंडा द्वारा वहाँ की विभिन्न जातियों

के बीच जाति-आधारित मतभेद पैदा करवायेगा और कुछ समय में युगोस्लाविया के टुकड़े करवा देगा। अपनी चाहत पूरी करने से कौन रोक सकता था उसे। उस चाहत को बेहद पाशविक तरीक़े से अंजाम दिया उसने। जैसे पहले वियतनाम, कोरिया, पनामा और बाद में इराक़ में दिया।

काँग्रेस पर दबाव डाल कर बुश सरकार ने '1991 विदेशी संचालन विनियोग क़ानून' पारित करवा लिया। उसके अन्तर्गत कहा गया कि युगोस्लाविया के उन हिस्सों को, जो छह महीने के भीतर स्वतन्त्रता घोषित नहीं करेंगे, अमरीकी आर्थिक मदद नहीं मिलेगी। उसकी माँग थी कि युगोस्लाविया के छह गणतन्त्र, बॉसनिया, हर्जेगोविना, क्रोशिया, मेकेडोनिया, मॉन्तिनेग्रो, सर्बिया के दो स्वतन्त्र प्रदेश, कोसोवो और वोइविदोनो, अपने अलग चुनाव करवायें। भावी आर्थिक मदद तभी मिलेगी जब अमरीकी सीनेट उनकी प्रक्रिया और नतीजों का अनुमोदन करे। यानी मदद युगोस्लाव सरकार को नहीं उन हिस्सों को दी जानी थी जो अमरीका के हिसाब से लोकतान्त्रिक थे। यानी जो खुले बाज़ार और जातीय बँटवारे के हिमायती थे। निहितार्थ, जो प्रतिक्रियावादी और दक्षिणपन्थी थे।

समझ रहे हैं न ...अमरीका उसी ब्रितानी उपनिवेशवाद का 'बाँटो और हुकूमत करो' का अनुभव सिद्ध नुस्ख़ा इस्तेमाल कर रहा था जिससे हम ख़ूब वाक़िफ़ हैं। युगोस्लाविया को तोड़ बिना लाग-लपेट उस पर औपनिवेशिक क़ब्ज़ा कर लिया गया। नज़ीर हाज़िर है। 1999 में बॉसनिया के भीतर के सर्ब राज्य में राष्ट्रपति चुनाव में जब स्थानीय प्रत्याशी ने नेटो के चयनित प्रत्याशी को हरा दिया तो नेटो फ़ौज ने ज़बरदस्ती उन्हें पद से हटा दिया।

युगोस्लाविया के ख़ून ख़राबे के लिए सर्ब, क्रोट या मुस्लिम नहीं अमरीका और पश्चिमी ताक़तें ज़िम्मेवार थीं। अमरीकन नेताओं ने क्रोशिया से कोसोवो तक लगातार अलहदगी के प्रतिक्रियावादी हिमायतियों की मदद की पर प्रचारित उन्हें लोकतन्त्र के रक्षकों की तरह किया जाता रहा। विडम्बना थी भी और नहीं भी क्योंकि वही ध्येय रहा था। बल्कि अमरीका के लिए विडम्बना यह थी कि लाख छिपाने पर भी सच बेनक़ाब हो गया।

माध्यम बना ख़ुद न्यूयॉर्क टाइम्स, जिसने 1987 तक पूरी तरह अपनी आज़ादी खोयी न थी। तब उसने जो लिखा, सच को बेनक़ाब करने को काफ़ी है। "सरकार के संजातीय अल्बानी तबकों ने सामूहिक निधि और नियमों को इस तरह तोड़-मरोड़ कर इस्तेमाल किया है कि सर्बों की ज़मीनें हड़प सकें। स्लाविक ओर्थोडोक्स चर्च पर हमले किये हैं, उनके ध्वज फाड़ दिये गये हैं।

कुओं में ज़हर मिला दिया गया है, फ़सलें जला दी गयी हैं और स्लाविक युवकों की चाक़ू मार कर हत्या की गयी है। लगातार हो रही हिंसा से बचने के लिए स्लाव, कोसोवो छोड़ कर भाग रहे हैं। उस तरह कोसोवो जातीय रूप से 'शुद्ध' अल्बानी प्रदेश बनता जा रहा है। अल्बानी राष्ट्रवादी बरसों से यही माँग करते रहे थे। जिन सर्ब्स को जातीय संहार का दोषी बतलाया जा रहा है दरअसल वही सर्बियन जनराज्य ऐसा अकेला राज्य है जहाँ बहुजातीय समाज बचा है; बेलग्रेड और उसके आसपास क़रीब छब्बीस राष्ट्रीय समूह जी रहे हैं। उनमें अल्बानी भी हैं।"

माइकल पेरंटी को उद्धृत कर नादिया ने कहा, "हमें याद रखना होगा कि निरन्तर बमबारी या के.एल.ए. और युगोस्लाव फ़ौज के बीच ज़मीनी लड़ाई की वजह से हज़ाराहज़ार लोग कोसोवो से भागे। सर्ब्स के कारण नहीं। एक समाचार मण्डली ने मेकेडोनिया जा रही अल्बानी औरत से ललक कर पूछा उसे सर्ब पुलिस ने खदेड़ा था न?" "सर्ब्स! सर्ब्स कहाँ थे वहाँ! हम तो नेटो के फेंके बमों से डर कर भागे हैं।"

वैसे काफ़ी तादाद में सेहतमन्द जवान अल्बानी, गरम पोशाकों में कोसोवो से ट्रेक्टर, ट्रक या गाड़ियों में बाहर निकल रहे थे। पर ज़्यादातर इसलिए कि वहाँ रहते जाते तो क़ानूनन फ़ौज में भरती होना पड़ता। प्रचारित यह किया जा रहा था कि उनका जातीय संहार हो रहा है। वाशिंगटन पोस्ट ने लिखा कि क़रीब 350 अल्बानी, एक पहाड़ी गाँव के पास सामूहिक क़ब्र में दफ़न थे। पर ख़बर का कोई स्रोत न बतलाया। जब बार-बार तथ्य माँगे गये तो कहा कि राख के एक ढेर के पास चार सड़ते शव मिले थे पर वे किसके थे और कैसे मरे थे मालूम न था। निगरानी में तैनात छायांकन करने वालों का कहना था, नेटो के उस कुप्रचार का कहीं कोई प्रामाणिक सबूत न मिला था।

सहसा नादिया मोहक तंज़ से हँस कर बोली, "चलो एक पुरज़ोर मज़ेदार वाक़या सुनो। एबीसी नाइट्लाइन कार्यक्रम मुतवातिर कोसोवो में व्यापक सर्ब अत्याचार की गुहार लगा रहा था। मगर आँकड़े देने से क़तरा रहा था। पत्रकार टेड कोप्पल ने ग़ुस्साये अल्बानी शरणार्थियों से पूछा ठीक क्या देखा उन्होंने? कुछ लोगों ने ऊनी टोपी लगाये बूढ़े आदमी की तरफ़ इशारा करके कहा, सर्ब्स ने उसकी टोपी ज़मीन पर फेंक पैरों से लथेड़ी थी। वे जानते थे उसके लिए वह कितनी महत्त्वपूर्ण थी। एक घण्टे के युद्ध अपराध के कार्यक्रम में यह उदाहरण सुन कोप्पल सकते में आ गया। ऐसे ही हँसा होगा," कह नादिया तंज़ से पुष्पित अपनी यादगार मनोहारी हँसी हँस दी। साथ देने को मैं भी हँसी पर आँसू रोक कर...

ब्रिटेन की पत्रकार जिलियन ने भी कोसोवो शरणार्थियों से अत्याचार और उत्पीड़न सम्बन्धी साक्षात्कार लिए तो सबूत ग़ायब पाये। यू.एन. के शरणार्थी विभाग के उच्च कमिश्नर ने सामूहिक बलात्कार और नरसंहार का आरोप लगाया था। जब जिलियन ने आँकड़ों की बात उठाई तो बोला, पाँच-छह युवतियों से बलात्कार हुआ था पर न किसी चश्मदीद गवाह से बात हुई न आरोप का सबूत मिला। जब अफ़सर उसे बतलाते कि फलाँ गाँव में पचास या साठ लोगों की हत्या हुई है तो वह ख़ुद गाँव वालों से बात करती। कोई आदमी ऐसा न मिला जिसके अपने गाँव में वारदात हुई थी। लोग कहते हमारे नहीं दूसरे गाँव में हुई थी। तहक़ीक़ात करने दूसरे गाँव जाती तो वहाँ भी लोग यही कहते। फिर भी पश्चिमी पत्रकार रोज़ सैकड़ों हत्याओं और बलात्कारों की रपट दर्ज करते रहे। कभी-कभाक इतना ज़रूर जोड़ देते कि ख़बरों की पुष्टि बाक़ी है।

तो भाईजान प्रचारित करने की इतनी हड़बड़ी क्यों थी? नादिया फिर हँसी। मैंने फिर बेमन से साथ दिया। जर्मनी के विदेश दफ़्तर ने निजी तौर पर कहा कोसोवो में जातीय नरसंहार का कोई सबूत नहीं मिलता पर सार्वजनिक तौर पर अत्याचार और नरसंहार की ख़बरें फैलाता रहा। बहुत शातिर चाल थी, नाज़ी जर्मनी के गोएबल्सनुमा प्रचार की आवृत्ति! कुप्रचार इतना व्यापक, अविराम और दुहराव भरा था कि तथाकथित स्वतन्त्र चेता और उदार बौद्धिक जन भी वाक्‌जाल में फँस गये। कोई विरोध में न बोला।

असली युद्ध अपराधी, अमरीका और यूरोपीय देश नहीं तो कौन थे जिन्होंने 78 दिनों तक जनसंख्याबहुल शहरी इलाक़ों पर व्यापक और अविराम बमबारी की। सारा कुप्रचार इसी बमबारी को सही ठहराने के लिए तो था। जब झूठा प्रचार करना हो तो क्या पुष्टि और क्या पुष्टि का इन्तज़ार? ख़ुद बुश सरकार के स्टेट डिपार्टमेंट के पूर्व अफ़सर जार्ज केनी ने कहा, “भारी जनसंख्या वाले शहरी इलाक़ों पर क्लस्टर बम फेंकने से हुई मौतें दुर्घटनावश नहीं कहलाई जातीं। यह बमबारी जानबूझकर किया आतंकवादी हमला है।”

1999 में अन्तरराष्ट्रीय अर्थशास्त्री ख़ुफ़िया इकाई ने अपनी रपट में कहा कि नेटो की बमबारी से युगोस्लाविया की आधारभूत संरचना का इतना व्यापक नुक़सान हुआ है कि 1999 में ही, उसकी आन्तरिक सकल घरेलू उत्पाद दर, 40 प्रतिशत से ज़्यादा नीचे गिर जायेगी। आगामी वर्षों में भी पिछले दशक के स्तर से कहीं नीचे बनी रहेगी। युगोस्लाविया यूरोप का सबसे ग़रीब मुल्क बन जायेगा। यानी नापाक़ मिशन पूरा हुआ!

कुछ देर हम सहमे से बैठे रहे फिर उसने पर्स से दर्पण निकाला, चेहरे पर पाउडर लगाया, लिपस्टिक दुरुस्त की और उठ खड़ी हुई। बैसाखियाँ सँभालीं और बोली, "बहुत हुआ। अब चलो मेरे फ़ेवरिट कैफ़े में वाइन पियें।"

मैं भी उठी। देखा उसकी त्वचा अब भी उतनी ही मुलायम उजली थी। अमेरिकनों और पश्चिम युरोपियनों की तरह चिट्टी नहीं, जिसे मेरे अंग्रेज़ दोस्त 'धोबी धुली' कहते थे, पर सेंधा नमक सी उजली, सलोनी, चमकीली।

हम सड़क पर निकले। धीरे-धीरे आगे बढ़ रहे थे। पैदल। उसकी शख़्सियत का कमाल था कि जल्द मैं भूल गयी कि वह बैसाखियों के सहारे चल रही थी। वही नादिया लग रही थी जिसके साथ चलते मैं बमुश्किल पिछड़ने से बचती थी।

लगा पूरा वाशिंगटन हाइट्स उसे जानता था। हर पल कोई न कोई 'हलो नादिया' कह उसे गले लगाता और गाल पर चुम्बन देता। मेरा परिचय करवाती तो तपाक से 'हलो मृदुला' कह मुझे भी बाँहों में भर लेता। आख़िर वे अभिनेता या अभिनय की लालसा रखने वाले युवक-युवतियाँ थे। पर नादिया से स्नेह में कुछ नाटकीय न था। कुछ लोग हमारे साथ चले पर किसी ने उसकी मदद करने की कोशिश न की। एक-दो ने यह ज़रूर कहा, "टू पीट्स कैफ़े। एन्जॉय!" यानी सब जानते थे उसका पसन्दीदा कैफ़े कौन-सा था।

उसने व्हाइट वाइन ली मैंने रेड, पहले की तरह उसने हँस कर कहा, "अब तक नहीं सीखी असल किक वाली वाइन पीनी। कोई बात नहीं पीट्स के पास उम्दा से उम्दा रेड वाइन है। हेऽ पीटी, योर बेस्ट रेड वाइन फॉर माई लांग लॉस्ट फ़्रेंड फ्रॉम इंडिया। (हेऽ पीटी, अर्से बाद मिली मेरी हिन्दुस्तानी दोस्त के लिए तुम्हारी सबसे उम्दा रेड वाइन!)"

वाइन वाक़ई उम्दा थी। रहाइन वाइन होगी कभी जर्मनी में पी थी। कुछ किक तो किया पर मैं लड़खड़ाई नहीं। नादिया को मुझे अपनी बैसाखियों में समेटना पड़ता तो कितना शर्मनाक होता। सोच मैं हँस दी। वापसी में भी लोग नादिया को उसी तरह सलाम कर रहे थे। अब बोले, "हाड फ़न लव?" कितना प्यार करते थे अपनी भूतपूर्व अभिनेत्री, नाटककार और उपन्यासकार से। मिलीजुली जातियों से थे पर काफ़ी अमरीकी भी थे; उदार कलाकार जो साथियों को इज़्ज़त और स्नेह देना जानते थे। उन पर हुए सरकार के अत्याचार को समझते थे। उनकी निजी ज़िन्दगी में घटे दुख से द्रवित थे पर दया भाव दिखला कर छोटा नहीं बनाना चाहते थे। दुनियादार इन्सानों से अलहदा थे। कुछ नादिया की तरह नायाब तो कुछ बस अलमस्त।

“तुम्हें अपना उपन्यास देना है नेटिव लैंड, नादिया कह रही थी, “डुब्रोवनिक की फ़ेमिनिस्ट कॉन्फ़्रेंस से शुरू होता है। तुम एक किरदार हो। माफ़ करना, आम हिन्दुस्तानी बना दिया तुम्हें, मीरा नाम दे दिया। तुम्हारा नाम लेने में अंग्रेज़ी भाषियों की ज़बान अकड़ जाती जाने क्या बना डालते। डुब्रोवनिक की बात और थी। याद है, तुम जब बाज़ार से गुज़रतीं, कैफ़े वाले गाने लगते, “मृदुला, ओ मृदुला... हे मृदुला।”

“बिल्कुल याद है। वहाँ मैं अकेली हिन्दुस्तानी थी। हर बात पर पूछते, इंडियन...”

“और तुम कहतीं इंडियंस को डिस्काउंट मिल रहा है? तो दो। वे शर्मसार हो जाते। पर तुम्हारे नाम का उच्चारण एकदम सही करते थे।” नादिया ने बात काट कर कहा और हँस दी।

“अचरज है तुम्हें याद है। मैं तो...”

“तुम्हें मीरा बनाते काफ़ी बुरा लगा पर प्रकाशक की मार। वैसे ही कम लोगों ने पढ़ा। भला हो एक नन का, समीक्षा लिख दी तो लोगों ने ख़रीद ली।”

उसके घर पहुँची नहीं कि टैक्सी वाला आ पहुँचा। नज़ूमी था क्या?

“दो मिनट,” मैंने कहा तो नादिया के सामने कॉपी बढ़ा कर बोला, “ऑटोग्राफ़ प्लीज़।”

नादिया हँस-हँस कर बेहाल। “क्या कहा मेरे बारे में?”

“कि तुम लेखक और अभिनेता हो। दादा बंगलादेश से हैं।”

“दस मिनट रुकिए दादा,” उसने कहा, “इन्हें एक किताब देनी है फिर आपको ऑटोग्राफ़...”

नेटिव लैंड पर दस्तख़त कर नादिया ने मुझे दे दी। बाहर आ कर टैक्सी चालक की कॉपी में दस्तख़त किये और कहा, “दादा आप भी मृदुला की किताब पर दस्तख़त कर देना। दिन और यादगार हो जायेगा।” दादा तो मस्त मग्न। रास्ते भर बंगला नाटकों के संवाद बोलते रहे।

नेटिव लैंड हवाई जहाज़ में ही पढ़नी शुरू कर दी। पर फ़र्राटे से नहीं। आख़िर साहित्यिक किताब थी फ़िक्शन नहीं। नन ने समीक्षा में लिखा था पुस्तकालय में दो खाँचे रहते हैं, साहित्य अलग फ़िक्शन अलग। लोग साहित्य से दूर भाग फ़िक्शन के पास आते हैं।

आधी पढ़ पायी कि लन्दन हवाई अड्डा आ गया। अब जो सर्कस हुआ क्या बयान करूँ। दो ऐलान एक साथ हुए। यात्री सिर्फ़ एक थैला साथ ले नीचे उतर सकते हैं। यात्री हवाई जहाज़ में कुछ नहीं छोड़ सकते। ऐं? मैंने अंग्रेज़ सुरक्षा अफ़सर से पूछा इंगलिस्तान में गणित नहीं पढ़ते क्या? कृपया बतलायें बिना कुछ सामान बाहर निकाले दो थैलों को एक में कैसे तब्दील किया जाता है? "सेवा में प्रस्तुत कर्मचारी" से भी गुज़ारिश की कि सुरक्षाकर्मियों से कहे कोई सामान हवाई जहाज़ में न छोड़ा तो एक से ज़्यादा थैला लेकर ही यात्री नीचे जा सकता है। पर बेकार! उड़ान एयर इंडिया की थी। परिचारिकाओं से कैप्टन तक ऐसे घबरा रहे थे जैसे हवा में उड़ते-उड़ते हिन्दुस्तान फिर इंग्लिस्तान का उपनिवेश बन गया हो।

हिन्दुस्तान से चली तो दवा वग़ैरह का एक थैला था। जे.एफ.के. हवाई अड्डे जल्दी पहुँच गयी तो बच्चों के लिए इफ़रात से चॉकलेट ख़रीद लीं और दूसरा थैला बन गया। मुझे क्या मालूम था कि बम फटने से लन्दनवासी यूँ बौरा जायेंगे कि गणित के उसूल तक भूल जायेंगे। मैंने खुदरा सामान दो थैलों में अटाया और यह दुहराते लन्दन का हवाई अड्डा पार करने लगी कोई बतलाये दो का एक कैसे बनाया जाये? इस क़िस्से में सीट की जेब में रखी किताब वहीं छूट गयी। किसी ने मुझे दो थैलों के लिए नहीं बरजा बल्कि हिफ़ाज़त में तैनात मोहतरमा बोलीं, "हनी आपके दो और लोगों के एक से छोटे हैं डोंट यू वरी।" समझ आया ब्रितानी सुरक्षाकर्मियों को देख अपने लोगों का ग़ुलाम भाव ऐसा जाग्रत हुआ कि सवाल-जवाब करने की ताब न रही वरना कोई आपदा थी नहीं।

जब हवाई जहाज़ में वापस आने के लिए अन्तिम सुरक्षा जाँच हो रही थी तब मुझे नेटिव लैंड याद आयी। "हे भगवान!" मैं इतनी ज़ोर से चीख़ी कि जाँच करता कर्मचारी घबरा कर हिन्दुस्तानी में बोला, "मैंने तो आपको छुआ तक नहीं।"

"वह नहीं यार, मेरी किताब प्लेन में छूट गयी! आप लोगों के आदेशों ने दिमाग़ फ़ेल कर दिया था।"

किताबी कीड़ा होगा। चऽच करके बोला, "वे जाहिल कचरे में फेंक देंगे!"

"या ख़ुदा! लेखक ने दस्तख़त करके दी थी।"

फिर चऽच कर बोला, "कोई भला आदमी रहता है तो किताबें पायलट को दे देता है।"

"आप हिन्दुस्तानी हैं?"

"पाकिस्तान से हूँ।"

"कोई तो हमज़ुबां मिला।"

तब तक पीछे खड़े हिन्दुस्तानी अधीर होने लगे थे। एक ने पूछा, "हो क्या रहा है इतनी देर...?"

घुड़क कर उसने कहा, "आपस की बात है। चुपचाप खड़े रहो।" वह एकदम दुबक गया।

"प्लीज़ ऐसा मत कीजिए। वे पहले डरे पड़े हैं।"

"ख़ुदा से दुआ करूँगा आपकी किताब मिल जाये... नेक्स्ट।"

अफ़सोस किताब न मिली। पायलट से पुछवाया पर उन्हें कोई किताब नहीं दी गयी थी। किताब नष्ट करके क्या मिला उन्हें... वैसे किताब में बम हो सकता था!

सबसे बड़ी समस्या थी नादिया से क्या कहूँगी? हरगिज़-हरगिज़ नहीं कह सकती थी कि पूरी पढ़ी नहीं। गोल-मोल तारीफ़ कर ख़त लिख तो दिया पर ज़मीर पर आधे सच का बोझ बना रहा। पता नहीं धर्मराज युधिष्ठिर ने कैसे झेला, मुझे तो पूरे झूठ से ज़्यादा तकलीफ़ देता रहा। दिल्ली के बाज़ार में किताब ढूँढ़ी नहीं मिली। सती से पूछा, उसने अपने प्रभावी मित्रों से पूछा, नहीं मिली। मन पक्का कर पुस्तकालयों में खोजी कि मिली तो चुरा लूँगी, नहीं मिली। फिर जो लेखक करता है वही किया।

लन्दन में बम विस्फोट से आतंकित सुरक्षाकर्मियों की नाजायज़ हरक़तों की वजह से नादिया तेसिच का दस्तख़त किया उपन्यास, 'नेटिव लैंड' कैसे कचरे के हवाले हुआ, उसका पूरा ब्यौरा लिख विमेन राइटर्स वेबसाइट पर डाल दिया। यह भी लिखा कि एक चौथाई ही पढ़ पायी थी। फिर लगा फ़ालतू लिखा। राँड रोना मान कोई हज़रत ब्रितानी सुरक्षा तन्त्र की तारीफ़ करने लगे तो दिल और जलेगा।

अपार आश्चर्य! हफ़्ता बीता कि डाक से 'नेटिव लैंड' की प्रति मिली। पेरिस से भेजी गयी थी। लन्दन से होती तो शर्तिया मान लेती कि हवाई अड्डे वाले पाकिस्तानी ने भेजी होगी। पर पेरिस? अल्लाहताला पेरिस रहने लगे क्या? किताब बाहर निकाली तो एक पत्र भी मिला। पेरिस रहने वाली लेखिका ममता चौधरी फ़्रायर ने मेरी दर्दीली आपबीती पढ़, बाज़ार से ख़रीद किताब भिजवाई थी। कुछ दिनों बाद मेरे पौधे की तस्वीर देख, उन्होंने उसका बोटेनिकल नाम ब्रुन्फ़ेल्सिया और मिष्ठी नाम येस्टरडे, टुडे, टुमोरो (कल आज और कल) भी बतलाया था। पहले उस पर बैंगनी रंग का फूल आता था, अगले दिन ख़ुशरंग गुलाबी हो जाता और तीसरे दिन, क्रीमिया। कुछ दिन तीनों रंगों के फूल साथ खिले दिखते।

जैसे नादिया के रंग। जैसे फूल रंग बदलता महक और मदमस्त हो जाती। पौधा क्या पूरा बाग़ था पर अनाम। दिमाग़ पर दस्तक देता रहता बुझो तो जानूँ। शुक्रिया अनुपम ममता चौधरी फ़्रायर! लगता तुम मेरे मन की हर गुत्थी सुलझाने का बीड़ा उठाये हो।

उपन्यास पूरा पढ़ा तो खुले मन से उसके भावप्रवण कथ्य को सराह सकी। अपने देश से बाहर रह, वापस आयी औरत के मनोभाव यूँ खुले मानो साक्षात् नादिया बोल रही हो। निजी ज़िन्दगी की त्रासदियाँ झेलती औरत नहीं संस्कृतियों की मुठभेड़ और इतिहास के निर्मम प्रहारों की भुक्तभोगी मैदान में उतर कर लड़ती वीरांगना। हर राजनीतिक उलट-फेर, दाँव-पेंच से लोहा लेती मेरी प्रिय और अद्‍भुत सखी। उतना ही अलबेला और अद्‍भुत है उपन्यास जितनी नादिया थी। नहीं, नादिया की निराली शख़्सियत एक उपन्यास में नहीं समा सकती। उसके लिए उसे जानना ज़रूरी था और उसका बहुत-सा लेखन पढ़ना। सिर्फ़ गल्प नहीं, मुल्कों के अत्याचार, दरिन्दगी, झूठ और कुप्रचार से रूबरू हो कर लिखे लेख, यू.एन. में दी गवाही और देखना, नाटकों में अभिनीत, उसके उबलते-खौलते जज़्बात।

इति

□□

लेखिका परिचय

मृदुला गर्ग के रचना-संसार में सभी गद्य विधाएँ सम्मिलित हैं। उपन्यास, कहानी, नाटक, निबन्ध, यात्रा साहित्य, स्तम्भ लेखन, व्यंग्य, संस्मरण, पत्रकारिता तथा अनुवाद।

उनका कथा-साहित्य, कथ्य और शिल्प के अनूठे प्रयोग के लिए जाना जाता है। व्यक्ति व समाज के मूल द्वन्द्व उसमें एकमएक हो जाते हैं और अपनी विडम्बनाओं में गहराई तक परखे जाते हैं। भाषा की लय और गत्यात्मकता उसे अत्यन्त पठनीय बनाती है।

प्रकाशित साहित्य : नौ उपन्यास : *उसके हिस्से की धूप* (1975); *वंशज* (1976); *चित्तकोबरा* (1979); *अनित्य* (1980); *मैं और मैं* (1984); *कठगुलाब* (1996); *मिलजुल मन* (2009); *वसु का कुटुम* (2016); *द लास्ट ईमेल* (अंग्रेज़ी में 2017)। *80 कहानियाँ :* 2003 तक प्रकाशित 8 कहानी संग्रहों की सम्पूर्ण कहानियाँ *संगति-विसंगति* नाम से 2003 में, दो खण्डों में प्रकाशित। 2022 तक की **सम्पूर्ण 86 कहानियाँ** प्रकाशित 2022। **2003 के बाद के उल्लेखनीय चयनित कहानी संग्रह** : *संकलित कहानियाँ* (2012) नेशनल बुक ट्रस्ट; *दस प्रतिनिधि कहानियाँ* (2008) किताबघर; *यादगारी कहानियाँ* (2009) हिन्द पॉकेट बुक्स तथा *प्रतिनिधि कहानियाँ* (2013) राजकमल प्रकाशन। **चार नाटक** : *एक और अजनबी* (1978); *जादू का कालीन* (1993); *साम दाम दण्ड भेद* (बाल नाटक, 2011); *क़ैद-दर-क़ैद* (2013); *कितनी क़ैदें* और *कठगुलाब* नाटक राष्ट्रीय नाट्य विद्यालय के रंग महोत्सव में मंचित। **सात निबन्ध संग्रह :** *रंग-ढंग* (1995); *चुकते नहीं सवाल* (1995); *कुछ अटके कुछ भटके* (यात्रा-वृत्तान्त, 2006); *मेरे साक्षात्कार* (2011); *कृति और कृतिकार* (संस्मरण, 2013) *कृति में स्त्री पात्र* (आलोचना, 2016); *आमने सामने* (साक्षात्कार, 2018)। **दो व्यंग्य संग्रह :** *कर लेंगे सब हज़म* (2007); *खेद नहीं है* (2010)।

अनूदित कृतियाँ : इनके उपन्यास व कहानियाँ अंग्रेज़ी, जर्मन, चैक, जापानी, रूसी आदि विदेशी तथा अनेक भारतीय भाषाओं में अनूदित-प्रकाशित हैं। प्रमुख हैं : *चित्तकोबरा : द जिफ़्लेक्टे कोबरा* नाम से जर्मन में (1988), *चित्तकोबरा* नाम से अंग्रेज़ी में (1999), *कोबरा मॉएगो रज़ूमे* नाम से रूसी में (2016) और *कोब्रा दे ले इस्प्री* नाम से फ़्रांसीसी में 2022 में प्रकाशित। **कहानियाँ :** *डैफ़ोडिल्स ऑन फ़ायर* नाम से अंग्रेज़ी में अनूदित कहानियाँ (1999); *कठगुलाब : कंट्री ऑफ़ गुड्बाइज़* नाम से अंग्रेज़ी में, काली फ़ॉर विमेन द्वारा (2003); *कठगुलाब* शीर्षक से ही मराठी में साकेत प्रकाशन द्वारा (2007) और मलयाळम में ज्ञानेश्वरी प्रकाशन द्वारा प्रकाशित (2009); *वुडरोज़* नाम से जापानी में गेन्डाएकिकाकुशित्सु पब्लिशर्स, तोक्यो द्वारा प्रकाशित (2012); *अनित्य : अनित्य हाफ़वे टु नोवेह्यर* नाम से अंग्रेज़ी में ऑक्सफ़ोर्ड युनिवर्सिटी प्रेस से प्रकाशित (2010); और *अनित्य* नाम से मराठी में मनोविकास प्रकाशन द्वारा प्रकाशित (2012)। *मैं और मैं* उपन्यास *मी अणि मी* नाम से मराठी में और *मूँ ओ मूँ* नाम से ओड़िया में प्रकाशित (2020)। *मिलजुल मन* उपन्यास बंगला, तेलुगु, तमिल, पंजाबी, उर्दू, राजस्थानी में अनूदित। *वसु का कुटुम* मलयाळम में *दिल्ली की लड़की* नाम से अनूदित (2022), ज्ञानेश्वरी प्रकाशन।

विशिष्ट पुरस्कार सम्मान : हैलमनहैमट ग्रांट, ह्यूमन राइट्स वॉच, न्यू यॉर्क 2001, *कठगुलाब* उपन्यास को व्यास सम्मान 2004, *मिलजुल मन* को साहित्य अकादेमी पुरस्कार 2013, राम मनोहर लोहिया सम्मान, उत्तर प्रदेश हिन्दी संस्थान 2015। **अन्य पुरस्कार :** साहित्यकार सम्मान, हिन्दी अकादेमी दिल्ली 1988, साहित्य भूषण, उत्तर प्रदेश हिन्दी संस्थान 2002, महाराज वीरसिंह पुरस्कार, मध्य प्रदेश साहित्य परिषद, उपन्यास *उसके हिस्से की धूप* 1975, सेठ गोविन्द दास पुरस्कार, *जादू का कालीन* नाटक को 1993।

अन्य उपलब्धियाँ : मृदुला गर्ग युगोस्लाविया, जर्मनी, इटली, डेनमार्क, जापान, अमरीका, चीन व रूस आदि देशों के सांस्कृतिक संस्थानों व विश्वविद्यालयों द्वारा आमन्त्रित हुई हैं। उन्होंने वहाँ अपना रचना पाठ किया है व समकालीन साहित्यिक मुद्दों पर व्याख्यान दिये हैं। ये व्याख्यान तथा अंग्रेज़ी में लिखे अन्य चिन्तनपरक लेख देशी-विदेशी पत्रिकाओं व संचयनों में संकलित हैं।

सम्पर्क सूत्र : ई-421(भूतल), जी.के. (ग्रेटर कैलाश), भाग-2, नयी दिल्ली-110048

—लेखिका का फ़ोटो 'द हिन्दू', 1982 से साभार।

रेणु से भेंट